Scheidewege

Jahresschrift für skeptisches Denken

Herausgegeben von der
Max Himmelheber-Stiftung

Jahrgang 50 · 2020/2021

S. Hirzel Verlag

Scheidewege
Jahresschrift für skeptisches Denken

Herausgeber:
Max Himmelheber-Stiftung gemeinnützige GmbH, Reutlingen,
in Verbindung mit Dr. Frédéric Holzwarth und Prof. Dr. Walter Sauer
Internet: www.himmelheber-stiftung.de

Redaktion:
Michael Hauskeller, Walter Sauer

Anschrift von Redaktion und Stiftung:
Scheidewege, Heppstraße 110, 72770 Reutlingen
Telefon: 0 71 21/ 50 95 87; Fax: 0 71 21/ 55 07 76
E-Mail: Redaktion_Scheidewege@t-online.de
Internet: www.scheidewege.de

ISSN 0048-9336
ISBN 978-3-7776-2924-7

Verlag:
S. Hirzel Verlag, Birkenwaldstraße 44, 70191 Stuttgart
Telefon: 07 11/ 25 82-0; Fax: 07 11/ 25 82-2 90
E-Mail: service@hirzel.de
Internet: www.hirzel.de

Alle in dieser Jahresschrift veröffentlichten Beiträge sind urheberrechtlich geschützt. Jede Verwertung des Werkes, oder Teilen davon, außerhalb der engen Grenzen des Urheberrechtsgesetzes ist unzulässig und strafbar. Dies gilt insbesondere für Übersetzung, Nachdruck, Mikroverfilmung oder vergleichbare Verfahren sowie für die Speicherung in Datenverarbeitungsanlagen.

© 2020 Max Himmelheber-Stiftung, Reutlingen
Alle Rechte vorbehalten. Printed in Germany
Herstellung: Druckerei W. Kohlhammer, Stuttgart
Einband: Großbuchbinderei Josef Spinner, Ottersweier

Walter Sauer

50 Jahre *Scheidewege*
Jahresschrift für skeptisches Denken

Jubiläum und Ende

Mit dem vorliegenden Band 50 erscheinen die *Scheidewege* nunmehr seit einem halben Jahrhundert in unveränderter Konzeption und Programmatik. Es könnte gute Gründe geben, diese lange Zeitspanne zu würdigen und mit Genugtuung zurückzublicken auf diese so unspektakulär erscheinende und doch vielfältig herausfordernde *Jahresschrift für skeptisches Denken*, könnte zugleich Ansporn bedeuten, sich zukünftigen Herausforderungen zu stellen. Indessen, es soll eine Zukunft der *Scheidewege* nicht weiter geben; der Herausgeber, die Max Himmelheber-Stiftung, wird mit diesem Jubiläumsband die *Scheidewege* einstellen. Im Folgenden seien einige der Gründe genannt, die zu dieser Entscheidung geführt haben, mit dabei auch ein gelegentlicher Blick zurück auf die Geschichte der Jahresbände.

Es wäre ein Leichtes, die finanzielle Situation der Stiftung im Zeichen sinkender Zins- und Null-Zinserträge dafür verantwortlich zu machen, was jedoch eher ein vorgeschobener, wenngleich zutreffender Grund bliebe. Die Herausgabe der *Scheidewege* war seit ihrem ersten Erscheinen über all die Jahrzehnte hinweg immer schon ein erheblicher Zuschussbetrieb, verlangte doch die relativ anspruchsvolle Ausstattung ihren Preis, auch wurden für eine Zeitschrift dieser Art vergleichsweise ordentliche Autorenhonorare bezahlt. Die finanziellen Gegebenheiten hängen natürlich auch ganz direkt mit der Anzahl der Abonnenten zusammen, die sich seit längerem und zunehmend rückläufig zeigt, was vermehrte Mittel und Aufwendungen seitens der Stiftung bedeutet.

Dass Bindungen an Abonnements tendenziell zurückgehen, trifft auf nahezu alle Zeitschriften und Printmedien zu, wie ganz allgemein verpflichtende Bindungen immer weniger eingegangen werden. Und selbst wer jahrzehntelang gerne Abonnent und Leser der *Scheidewege* war, gelangt irgendwann an einen Punkt, an dem er aus Altersgründen auf die Lektüre wird verzichten müssen. Es gibt entsprechend anrührende Briefe an Redaktion und Verlag von solcherart Mitteilungen, mehr und mehr auch Kündigungen aufgrund des Ablebens der Abonnenten. In aller Regel bleiben Nachfolger aus, eben weil eine heutige Generation Bindungen zu meiden scheint, auch weil in anderen Medien Orientierung gesucht wird, andersartige Ansprüche an eine Jahresschrift gestellt und andere Lesegewohnheiten gepflegt werden. Ob es jemals Bezieher gab vom ersten Jahrgang, über das halbe Jahrhundert hinweg, bis heute? Vielleicht in seltenen Einzelfällen.

Was zum Schwinden der Leserschaft angeführt wurde, gilt in ähnlicher Weise für die Autorenschaft. Auch langjährige, eine Zeitschrift prägende Autoren geraten in ein Alter, in dem Schreiben und Publizieren in den Hintergrund treten und irgendwann ihnen, um es poetisch auszudrücken, der Tod die Feder aus der Hand nimmt. Wären Leser prinzipiell zu ersetzen, auch neu zu gewinnen, so anders bei den Autoren. *Scheidewege* verstehen sich gemäß ihrer Konzeption gerade nicht als wissenschaftliche Zeitschrift mit Beiträgen zu einzelnen Fachdisziplinen, sie wollen sich vielmehr der gesellschaftlichen und geistigen Situation der Zeit in ihrer ganzen Vielfalt widmen und aus den unterschiedlichsten Gebieten Themen und Probleme aufgreifen, kritisch reflektieren und „Scheidewege" aufzeigen, die Entscheidungen und Lösungen fordern. Dies kann weniger in Fachaufsätzen erfolgen, bedarf eher des anspruchsvollen Essays, der zu kritischem, skeptischem Nachdenken anregt über Fächergrenzen hinaus. Über diese Kunst des Essays verfügen jüngere Autoren eher weniger, verlangen doch Tätigkeit und Karriere im akademisch-wissenschaftlichen Betrieb heute hochspezialisierte Arbeiten, verfasst in spezifischem Fachjargon, um beruflich zu reüssieren; selbst dem sogenannten „gebildeten Laien" bleiben entsprechende Publikationen oft unzugänglich. Wohl oder übel muss man sich eingestehen, dass es zunehmend Schwierigkeiten bereitet, Manuskripte zu erhalten, die den Ansprüchen der *Scheidewege* genügen, nicht zuletzt einer der geradezu zwingenden Gründe, die Jahresschrift einzustellen.

Wie schon angeführt, die konzeptionelle und programmatische Ausrichtung ist in all den Jahrzehnten unverändert geblieben, findet sich, höchst knapp und prägnant formuliert, gleichsam in nuce, seit den ersten Jahrgängen Band für Band auf dem Rückumschlag abgedruckt und kann in dieser Prägnanz als eine Art *Manifest* der *Scheidewege* gelten[1].

Veränderungen haben sich eher in Äußerlichkeiten ergeben, so sind die *Scheidewege* in den ersten zwölf Jahrgängen als *Vierteljahresschrift* erschienen, zunächst im Verlag Vittorio Klostermann, ab dem fünften bis zwölften Jahrgang bei Klett-Cotta. Um die redaktionelle Arbeit zu vereinfachen, wurde danach auf die Herausgabe als *Jahresschrift* umgestellt, nunmehr im Eigenverlag der Stiftung. Ab dem Jahrgang 34 bis heute übernahm der Verlag S. Hirzel die verlegerische Betreuung. Diese Veränderungen blieben für Leser und Autoren letztlich ohne Belang, etwas augenfälliger um diese Zeit die wechselnde farbliche Gestaltung des Umschlags samt Prägung des Titels, die das Erscheinungsbild etwas zeitgemäßer, bunter und attraktiver machen sollten, auch die einzelnen Bände besser unterscheidbar. Bedeutsamer vielleicht, dass zugleich Bildbeiträge aufgenommen wurden, sowohl Schwarz-Weiß-Fotosequenzen wie Farbabbildungen von Kunstwerken unterschiedlichster Art, in der Überzeugung, auch und gerade mit und durch Kunst ließe sich *skeptisches Denken*, zumindest Besinnung und Kontemplation evozieren.

Wenn nun der Eindruck entstanden sein sollte, die *Scheidewege* seien sich über ein halbes Jahrhundert nahezu gleich geblieben, so muss dies, jedenfalls was die Themen betrifft, differenzierter betrachtet werden. Als 1971 der erste Jahrgang erschien, begründet und herausgegeben von Friedrich Georg Jünger und Max Himmelheber[2], stand der gesellschaftlich-öffentliche Diskurs vorwiegend im Zeichen der Nach-68er-Bewegung, drehte sich um Kapitalismuskritik und Auseinandersetzungen mit marxistischen Ideologien, führte zu politisch motivierten Jugendprotesten, bewegte sich in soziologisch-philosophischen Diskussionen im Umfeld der „Frankfurter Schule". Themen wie Natur, Umwelt, Ökologie blieben in einer breiteren, auch politischen Öffentlichkeit außen vor, schienen eher randständig oder gar rückwärtsgewandt.

Just zu dieser Zeit treten die *Scheidewege* auf den Plan. Noch ist die Meadow-Studie des Club of Rome *Grenzen des Wachstums (1972)* nicht erschienen, als im ersten Quartal 1971 das erste Heft der neu gegründeten *Vierteljahresschrift für skeptisches Denken* sich dieser bislang meist übergangenen Themen annahm und damit einem interessiert-engagierten, wenn auch zunächst kleinen, nur allmählich wachsenden Kreis nahebrachte. Mit Fug und Recht darf festgestellt werden, dass die *Scheidewege* den Vordenkern und Vorreitern der aufkommenden Ökobewegung zuzuzählen sind, die etwas zeitversetzt auch andernorts aufbrachen. Die Autoren zeichnen sich vor allem dadurch aus, ihre Einsichten und Impulse, ihre Forderungen und Mahnungen für einen anderen Umgang mit Natur und Umwelt höchst eindringlich, auch streitbar vorzutragen, zugleich philosophisch fundiert, einem skeptischen Denken verpflichtet. Damit zeigt sich die Zeitschrift überaus anspruchsvoll, vielleicht auch elitär, entsprechend findet sie weniger den Weg in eine breite Leserschaft und zu hohen Auflagen, bleibt eher einem engagierten Insiderkreis vorbehalten, dort hochgeschätzt und vielbeachtet, gilt gar als Geheimtipp, wie gelegentlich vermerkt.

Im Zentrum der Themen und Probleme geht es unmittelbar um Grenzen des Wachstums, um Grenzen des technischen Fortschritts, um ein Umdenken im Umgang mit der Natur und endlichen Ressourcen, um die Rückbesinnung auf menschliches Maß, um Ökologie und Ethik. In dem sogenannten *Bussauer Manifest zur umweltpolitischen Situation*[3] aus dem 5. Jahrgang 1975 werden diese hohen Ansprüche detaillierter ausgeführt, geradezu katalogartig aufgelistet. Um nur einige der Punkte des Manifestes aufzugreifen: Da werden Energiekrise und erneuerbare Energien genannt, Kreislaufwirtschaft und Recycling angeführt, da sind alternative Verkehrssysteme, atomare Endlagerung und nicht zuletzt auch bereits der Klimawandel explizit angesprochen, Themen, nach Jahrzehnten aktueller und drängender denn je zuvor – offensichtlich bedurfte es des halben Jahrhunderts, um in Politik und Öffentlichkeit anzukommen.

Die in dieser Epoche entstehenden Ökobewegungen und in deren Folge das Aufscheinen eines veränderten Natur- und Umweltbewusstseins bilden unübersehbar einen Schwerpunkt der *Scheidewege;* nicht zu Unrecht werden sie als *ökophilosophische* Publikation wahrgenommen. Im Übrigen aber bleibt „kein Bereich des Lebens ausgespart", wie es programmatisch heißt, der nicht auf den Prüfstand skeptischen Denkens und vor Scheidewege gestellt wird, wobei die Auseinandersetzungen weniger in der Art akademischen Philosophierens stattfinden, eher orientiert an Phänomenen konkreter Lebens- und Erfahrungswelt. Auch kommen neue Themen aus Gesellschaft und Politik hinzu, die vor neue Scheidewege führen; entsprechende Schlagworte lauten etwa Globalisierung und Digitalisierung und deren Folgen; Migrations- und Flüchtlingsproblematik; Extremismus und Radikalisierung in Gesellschaft und Politik – eine kaum abschließbare Liste. Insgesamt finden sich in diesem halben Jahrhundert an *Scheidewege*-Bänden weit mehr als tausend Beiträge, verfasst von ganz unterschiedlichen Autoren ganz unterschiedlicher Generationen des 20. Jahrhunderts, die sich gewiss nicht auf einige wenige gemeinsame Nenner zurückführen lassen. Allesamt aber führen diese Beiträge an Scheidewege, die skeptisches Denken und kritisches Prüfen provozieren sollten.

Alles in allem kann mit einer gewissen Befriedigung auf diese *50 Jahre Scheidewege* zurückgeblickt werden. Gewiss sind sie Kind ihrer Zeit und deren Probleme, sind, wie alle Zeit-Schriften, Schriften *in* einer bestimmten und *für* eine bestimmte Zeit. Sie haben jedoch immer wieder auf Scheidewege hinweisen können und beigetragen, ein verändertes Bewusstsein gegenüber Natur und Mitwelt zu schaffen, das weithin Allgemeingut geworden, wenn auch nicht durchgängig Akzeptanz erlangt, auch nicht immer zu Lösungen geführt hat. Mit den zurückgehenden Mitteln der Stiftung, mit der schwindenden Leser- und Autorenschaft, mit dem Rückzug traditioneller Kulturzeitschriften und Printmedien generell geht eine Zeit, auch die Zeit der *Scheidewege,* zu Ende. Die verbleibenden Mittel der *Max Himmelheber-Stiftung* können anderweitig wahrscheinlich wirkungsvoller eingesetzt werden als in gedruckten Publikationen in kleinen Auflagen, so etwa in der Förderung von überschaubaren ökologischen oder humanitären Projekten, ohne an dieser Stelle irgendwelche Festlegungen treffen zu wollen. Zum Ende dieses letzten Bandes der *Scheidewege* verzeichnet ein *Register* sämtliche Autoren und Beiträge der fünfzig Jahresbände.

Anmerkungen

[1] Zuerst in: Scheidewege, Jg. 4, 1974, H. 1, S. 1, unter der Überschrift *Scheidewege*, ohne Autorenangabe. Die Verfasser waren wahrscheinlich Max Himmelheber zusammen mit Jürgen Dahl. Ab Jg. 5, 1975 abgedruckt auf dem Rückumschlag jeden Heftes bzw. jeden Bandes bis einschließlich Band 50.

[2] Nähere Angaben zu Max Himmelheber finden sich in: Sauer, Walter (Hrsg.): Max Himmelheber – Drei Facetten eines Lebens. Philosoph – Erfinder – Pfadfinder. Ausgewählte Schriften. Baunach: Spurbuchverlag 2016, 376 Seiten mit Abbildungen und Dokumenten. Der Band bietet eine Einführung in Leben und Werk Max Himmelhebers, gibt Auskunft über Zustandekommen und Intentionen der Scheidewege, stellt umfangreich die wichtigsten Veröffentlichungen zusammen.

[3] Bussauer Manifest zur umweltpolitischen Situation, in: Scheidewege, Jg. 5, 1975, S. 469-486. Entstanden bei einer Zusammenkunft auf dem Kragh-Hof in Bussau. Mitverfasser: Jürgen Dahl, Max Himmelheber, Gert Kragh, Michael Lohmann, Gerhard Helmut Schwabe. Als Sonderdruck neu herausgegeben von der Gesellschaft für Umweltfragen und Naturschutz e.V. (GUN), Lüchow 1985 (unveränderter Nachdruck), auch als separate Beilage zu Scheidewege, Jg. 15, 1985/86. Wiederabdruck in: Quis, August: Hinterwalden. Berichte eines Dienstes im Wendland 1959-1982, Schnega: Xquisiv 2015, S. 290-309.

Günther Bittner

Skeptisches Denken?

Die nachfolgenden psychologischen Überlegungen zum Nutzen und Nachteil skeptischen Denkens sind veranlasst durch den Umstand, dass die „Scheidewege", die sich im Untertitel „Jahresschrift für skeptisches Denken" nennen und denen ich mich seit mehr als zwanzig Jahren als Autor verbunden fühle, mit dem vorliegenden fünfzigsten Band ihr Erscheinen einstellen.

Die Erörterung dessen, was „skeptisches Denken" ist und was es leisten (bzw. auch: nicht leisten) kann, soll sich in drei Schritten vollziehen

– in einem ersten suche ich das Verständnis von „skeptischem Denken", das diesem Jahrbuch zugrunde lag, zu vergegenwärtigen und wo nötig zu hinterfragen;
– in einem zweiten skizziere ich ein alternatives, eher psychologisch und psychoanalytisch begründetes Verständnis;
– in einem dritten schließlich will ich begründen, dass das Leiden an der „Mechanisierung der Seele" (Max Himmelheber 1993/94) in der modernen Welt radikalere Antworten verlangt als „skeptisches Denken" sie zu geben vermag.

1. Das skeptische Programm der „Scheidewege"

Bei der Gründung der damaligen Vierteljahresschrift 1971 nahmen die „Scheidewege" Anliegen jener 1970er Jahre auf, wie sie z.B. in den Ideen des Club of Rome mit seiner Kritik an Naturzerstörung und ungebremstem Wachstum ihren Ausdruck fanden. „Skeptisches Denken", lesen wir im Editorial, habe jene im Visier, „die glauben, den Code des Lebens und des Zusammenlebens entschlüsselt zu haben und daraus schnellfertig die Verfahren ihres Handelns ableiten zu können". Der imaginierte

Diskursgegner wäre demnach so etwas wie ein hypertrophiertes technologisches Denken. „Skeptisches Denken" hingegen erbringe „Einwände und Einsichten, die nicht immer Weg und Ziel, aber doch eine Richtung anzeigen". Es gehe um „Prüfung", die „überall ansetzen" könne: „Kein Bereich, in dem nicht ältere oder brandneue Gebrauchsanweisungen gültig wären, die der Prüfung bedürfen". Das lässt skeptisches Denken als eine Art TÜV erscheinen, der technologische Fortschritte und Gebrauchsanweisungen auf ihre Realitäts- und Lebenstauglichkeit zu prüfen hat.

Ich hätte ein solches Prüfen schnellfertiger Gebrauchsanweisungen eher „kritisches Denken" genannt, das zugrunde liegende Denkfehler aufdeckt, und begründet, warum etwas nicht so funktionieren kann, wie es die Gebrauchsanweisung verspricht. Skeptisches Denken scheint mir dem gegenüber ein eher allgemeines Unbehagen zu artikulieren: „Na, wenn das nur gut geht ...". Es erinnert mich an Mephistos Kommentar, nachdem er den Faust auf die Unterweltsreise zu „den Müttern" geschickt hat:

Wenn ihm der Schlüssel nur zum besten frommt!
Neugierig bin ich, ob er wiederkommt.

Walter Sauer (2013) hat das Editorial der „Scheidewege" aus der Rückschau erläutert: Skepsis sei hier, dem griechischen Wortsinn folgend, nicht als eine „destruktive, paralysierende" Haltung, sondern als „umherschauen, betrachten, prüfen, sorgfältiges Zusehen" aufzufassen – als „Skepsis insbesondere auch gegenüber einem rasanten, unkontrollierten und unkontrollierbaren wissenschaftlich-technischen Fortschritt", „einem Fortschritt, der die Selbstzerstörung in sich trägt". Diese Konzeption der Zeitschrift, inklusive Titel und Untertitel, sei von den ersten Herausgebern Friedrich Georg Jünger und Max Himmelheber „einvernehmlich gefunden worden" (S. 170).

Ich frage mich: Kann man einem solchen Fortschritt derart gelassen „umherschauend" und „prüfend" entgegen treten? Dies wäre in meinen Augen wiederum eher Kritik als Skepsis. Das von Sauer mit Recht benannte Selbstzerstörerische moderner Entwicklungen hätte darüber hinaus in meiner Sicht Antworten verlangt, die sich nicht scheuen gegebenenfalls auch „destruktiv" und „paralysierend" zu sein: Wie schon die 68er sagten: „Macht kaputt, was euch kaputt macht". Und schon

1912 hatte eine kluge Psychoanalytikerin einen bedenkenswerten Aufsatz geschrieben: „Die Destruktion als Ursache des Werdens" (Spielrein 1912).

Sauer hat sich mit dieser Erläuterung ganz überwiegend auf ein rationales Konzept von Skepsis festgelegt. Das mag angehen (idealiter wenigstens), was die wissenschaftliche Skepsis betrifft; es wird dort problematisch, wo lebenspraktische Fragen zur Diskussion stehen. Die kann man nur schwer „umherschauend" und „prüfend" ins Auge fassen. Die Fragen im Zusammenhang mit Umweltzerstörung und Techniküberhang sind eminent lebenspraktisch, wie heute z.B. durch die Friday for Future-Bewegung langsam ins allgemeine Bewusstsein dringt. Von daher meinte ich in vielen meiner Beiträge in den „Scheidewegen" (1993, 2016, 2017, 2018) den von Freud ausgeleuchteten affektiven Unterboden von Skepsis in die Debatte einbringen zu müssen. Skepsis versucht (wie ich meine vergebens), diesen ihren affektiven Unterboden auszuklammern.

Vielleicht hätte ich mit diesem Anliegen Unterstützung bei Max Himmelheber (1993/94) gefunden, dessen Aufsatz von 1941 ich viel zu spät erst zu Kenntnis genommen habe, obgleich er gerade neben meinem Beitrag von 1993 abgedruckt war. Himmelheber war dort entschiedener und radikaler in seiner Kritik an der Welt der Technik, als dass das Programm eines skeptischen Denkens ihm hätte gerecht werden können. Bei ihm sind Sätze zu lesen wie diese, dass „die Technik ... aus der Loslösung des Geistes von der Seele entstanden ist" (S. 375); er spricht von einer „Diktatur der Mechanisierung über die menschliche Seele" (S. 377). Dort geht es nicht zuletzt um die Unterdrückung der „Seele" in einer Welt hypertropher Technik. Diese „Seele" – was ist sie denn anderes als die Welt der subjektiven Befindlichkeiten: der leidenden, der sich auflehnenden, der wütenden, ja sogar der mörderischen Gefühle?

Was machen wir Menschen in und mit dieser Welt, haben die „Scheidewege" immer wieder mit Recht gefragt. Als Psychoanalytiker füge ich nur hinzu: Was machen wir *mit uns* in dieser Welt? Vielleicht wäre es hilfreich gewesen, näher an der von Himmelheber aufgeworfenen Frage entlang zu denken: wie kann „die Seele" in der modernen Welt ihr Recht zurückgewinnen (S. 377). Von dieser „Seele", scheint mir, ist in den „Scheidewegen" allzu selten die Rede gewesen.

2. Skepsis – ein intellektuell gebremster Gefühlszustand?

Ich komme zur Antithese. Skepsis hat zweifellos mit Denken zu tun, scheint aber im Kern eher prärational. Der Altmeister der Persönlichkeitspsychologie Philipp Lersch (1956) sieht hier Vernunft und Reflexion in den Dienst einer Gebremstheit des Gefühls gestellt: Skeptiker sträuben sich dagegen, „sich als Wesen, die Entscheidungen treffen und handeln, mit den unmittelbaren Ergriffenheiten ihrer Gefühlsregungen zu identifizieren. ... Sie stehen der Tendenz der Gefühlsergriffenheiten, für das Verhalten bestimmend zu werden, mit einer gewissen Skepsis, mit einem intellektuellen Mißtrauen gegenüber" (S. 484).

Ich versuche dies am Beispiel Sigmund Freuds, der sich selbst als Skeptiker bezeichnet (und der zweifellos einer war), aufzuweisen. Er legt sich in einem bemerkenswerten Gratulationsbrief zum 60. Geburtstag an den Wiener Arztkollegen und Dichter Arthur Schnitzler die Frage vor, warum er dem Kontakt mit ihm über all die Jahre aus dem Weg gegangen sei? Freud meint, er habe Schnitzler gemieden „aus einer Art von Doppelgängerscheu". Was er bei Schnitzler Verwandtes finde, sei unter vielem anderen „Ihr Determinismus wie Ihre Skepsis" gewesen – „was die Leute Pessimismus heißen" (Freud 1960, S. 357).

Man kann in der Tat viel Gemeinsames zwischen Freud und Schnitzler finden, nur ob die „Skepsis", die Freud mit dem „Determinismus" assoziiert sieht, dazu zählt, erscheint zweifelhaft. „Gefühlsgebremst" war Schnitzler wohl eher nicht. Umso mehr gewinnt diese Äußerung als Selbstcharakteristik Freuds an Gewicht: er sieht seine Sicht der Welt als „skeptisch" an, und zwar assoziiert mit seinem Determinismus und mit dem, „was die Leute Pessimismus heißen".

Das Wort „Skepsis" gehört so sehr zum allgemeinen Sprachgebrauch, dass es schwierig ist, eine exakte und allgemein verbindliche Bedeutung anzugeben. Mit der Berufung auf die alten philosophischen Skeptiker kommt man nicht weit, man muss die Bedeutung aus dem je individuellen Sprachgebrauch ermitteln.

Die früheste Fundstelle stammt aus einem Brief des 23jährigen Freud an den Jugendfreund Eduard Silberstein. Dieser hatte ihn eingeladen, zu einer der damals üblichen öffentlichen Hypnose-Darbietungen des berühmten Bühnen-Hypnotiseurs Carl Hansen mitzukommen. Freud lehnte ab; er habe keine Zeit. Er gibt dem Freund aber noch die Mahnung mit auf den Weg: „Ich hoffe, Du wirst skeptisch bleiben und daran denken, daß ‚wunderbar' ein Ausruf der Unwissenheit und nicht die Anerkennung eines Wunders ist" (Freud 1989, S. 204).

„Skeptisch bleiben" würde demnach für ihn heißen: sich nicht blenden lassen von Erscheinungen, die naiven Gemütern wie Wunder vorkommen mögen, und sich vor Augen halten, dass wir nur nicht wissen, wie das scheinbare „Wunder" zustande kommt.

„Skepsis" bedeutet für den jungen Freud freilich auch, den kritisch distanzierten Blick auf sich selbst zu richten: „Glaubst Du wirklich, daß ich von außen so sympathisch bin? Schau, ich zweifle sehr daran", schreibt er in einem der frühen Briefe an seine Braut (zit. nach Schur 1973, S. 52). In unzähligen Äußerungen manifestiert sich diese skeptische Grundhaltung, die sich weigert, sich „Sand in die Augen streuen", vom schönen Schein blenden zu lassen. Was die Analyse als Therapie leisten könne, schreibt er in den frühen „Studien über Hysterie" (1895), sei vielleicht nur, „hysterisches Elend in gemeines Unglück zu verwandeln" (S. 312), und in dem späten „Unbehagen in der Kultur" (1930) steht der Satz, „daß der Mensch ‚glücklich' sei, ist im Plan der ‚Schöpfung' nicht enthalten" (S. 434). In diesem Sinn hält er gleichermaßen Distanz zu politischen Heilsversprechen ebenso wie zu einem naiven Fortschrittsglauben.

Skepsis als wissenschaftliche Grundhaltung würde für ihn bedeuten, „dass man nie in absoluter Sicherheit von etwas behaupten kann, es zu wissen" (Walter und Kennedy 2013, S. 49); als Lebenseinstellung hingegen bedeutet es die Absage an jegliche Art glücksverheißender Utopien, bezogen gleichermaßen auf das persönliche Lebensglück wie kollektiv auf menschheitliche Glücksverheißungen politischer oder religiöser Art.

Skepsis will sich nicht täuschen bzw. enttäuschen lassen. Sie setzt daher voraus, dass man diese Erfahrung irgendwoher kennt, getäuscht bzw. enttäuscht worden, auf irgendetwas oder irgendwen „hereingefallen" zu sein. „Gebranntes Kind" scheut bekanntlich das Feuer. Natürlich liegt es nahe, solcherart Enttäuschungen zukünftig vermeiden zu wollen. Es würde sich daher bei der Skepsis um eine Vorsicht handeln, die dem Selbstschutz vor schmerzlichen Enttäuschungen dient.

Kinder glauben zuerst einmal alles, was man ihnen erzählt: sie glauben an Märchen, gegebenenfalls auch an Gespenstergeschichten, an das Christkind oder den Weihnachtsmann. Die erste, auch für die Erwachsenen unüberhörbare Manifestation kindlicher Skepsis ist die Frage: gibt's den Weihnachtsmann „in echt"? „Skepsis" beinhaltet ein Stück Distanzierung vom naiven Kinderglauben.

Freud und sein Schüler und späterer Gegenspieler Jung waren in dieser Hinsicht die denkbar größten Gegensätze, wie sich an ihrer Einstellung zu okkulten Phänomenen zeigte (vgl. Bittner 2020, S. 107 ff.). Jung war geradezu leichtgläubig; ihn faszinierten diese Phänomene. Seine medizinische Doktorarbeit basierte auf den Erkenntnissen, die er in spiritistischen Seancen mit seiner Cousine(!) gewonnen hatte. Freud stand allem Okkulten dezidiert skeptisch gegenüber, auch wenn ihm selbst wohl gesonnene Weggefährten insgeheime abergläubische Neigungen und paranormale Interessen bescheinigten (Schur 1973, S. 273; Steiner 1998, S. 370). Man sieht daran: er hatte gute Gründe, seine eigenen irrationalen Tendenzen skeptisch im Auge zu behalten. Erst als nicht nur Jung, sondern auch andere, Freud-treue Analytiker glaubhafte Belege für paranormale Erfahrungen präsentierten, schrieb er halb resigniert, halb selbstironisch an Jung: Er „verspreche, alles zu glauben, was sich irgendwie vernünftig machen lässt" (Freud und Jung 1974, S. 474) – worin man ein Stückchen „skeptischer Distanzierung" von der eigenen Skepsis erblicken mag.

Skepsis hat ein Doppelgesicht. Sie ist einerseits die notwendigerweise distanzierte Beobachterhaltung des Wissenschaftlers, sie ist anderseits auch Ausdruck eines etwas gebremsten und gebrochenen Lebensgefühls, wie der Altmeister Philipp Lersch ausführte.

Was zugleich heißt: skeptisches ist ein abwägendes vorsichtiges, prüfendes, aber kein schöpferisches Denken, weil es nicht im Einklang steht mit den Gefühlen, die ihm Schubkraft verleihen könnten. Es bleibt abgespalten von der Himmelheber'schen „Seele". Es kann uns davor bewahren, in vermeidbare Fallen zu tappen, aber es kann keinen Weg zeigen, der „ins Freie" führt.

Als Ergebnis dieser psychoanalytischen Überlegungen lässt sich zweierlei Skepsis festhalten
- als allgemein wissenschaftliche Grundhaltung ist sie ein genaues und vorurteilsloses Hinschauen auf die Dinge und ihre eventuellen Schattenseiten, idealiter ohne die Einmischung von eigenen Wünschen und Emotionen;
- als lebenspraktische Einstellung ist sie tief im Emotionalen verankert und geprägt von erlebten und erlittenen Enttäuschungen, die man in der Zukunft nicht aufs Neue erleiden möchte.

Schwierig wird es jedoch, wenn, wie beim Psychoanalytiker, Wissenschaft und Lebenspraxis allzu nahe beieinander liegen und die Versuchung groß ist, zum „Wissenschaftler seiner selbst" zu werden, wie dies die empirische Psychologie zeitweise als erstrebenswert postuliert hat. Vielleicht wäre Freud glücklicher gewesen, wenn er sich mehr vom Draufgängertum seines Schülers und späteren Kontrahenten Jung erlaubt hätte.

3. Und wie weiter?

Die von Himmelheber schon 1941 konstatierte „Mechanisierung" (man könnte auch sagen: Versklavung) der Seele hat heute ein von ihm noch nicht einmal entfernt erahnbares Ausmaß erreicht, so dass man sich mit Fug und Recht fragen mag, ob es überhaupt noch ein „Weiter" geben kann.

Ich versuche – sozusagen anekdotisch – die Befindlichkeit der „Seele" zu schildern, wie sie sich mir heute darstellt.

„Aufbruch. Unser Leben mit der Digitalisierung" ist der programmatische Titel einer „Anzeigensonderveröffentlichung" von Google, die kürzlich dem „Spiegel" beilag. Sie will „Menschen und Entwicklungen vorstellen, die inspirieren, motivieren oder zu eigenem Handeln anregen" (S. 2). Da wimmelt es von „spannenden Projekten", z.B. eine „fest installierte Chip-Zeitmessung auf Hamburgs beliebtester Laufstrecke rund um die Alster. Sechs Messstationen erfassen automatisch Zeit und Strecke und führen die Daten zu einem individuellen Lauftagebuch zusammen. Dafür wird ein Laufchip am Turnschuh befestigt, der beim Passieren einer Messstation kurzfristig mit Energie versorgt wird, so dass er seine Nummer funken kann. Die Station speichert die Uhrzeit und übermittelt die Daten an den Server. ... Auf der Webseite sind die Ergebnisse in einem persönlichen Laufprofil zu sehen, man kann sie aber auch mit der Community teilen" (S. 5).

Als passionierter, wenn auch nur mäßig ehrgeiziger Läufer frage ich mich, ob es mich locken würde, dort zu laufen. Wohl eher nicht. Meine Armbanduhr gibt mir über meine tägliche Laufzeit hinreichend Auskunft. Genauer will ich es gar nicht wissen. Manchmal schreibe ich meine Zeiten ein paar Tage lang hinter einander auf.

Unser Mathematiklehrer in der Schule hat uns bereits beigebracht, auf Pseudo-Genauigkeiten zu verzichten; er hat uns diese sogar als Fehler angekreidet: es bringe nichts, die Länge z.B. einer Straße auf den Millimeter genau anzugeben. Wenn es wenigstens noch biometrisch relevante Daten wie Puls und Blutdruck wären, die in diesen Laufprofilen erfasst werden, aber die reine Geschwindigkeit – was soll das bringen? Ich finde, es schadet sogar; es entfremdet mich von meinem Körpergefühl, das mir mit normalerweise hinreichender Genauigkeit sagt, wie schnell ich gerade unterwegs bin.

Oder ein anderes Beispiel aus derselben Broschüre: der Informatiker Jakob Uszkoreit wird mit den Worten zitiert: „Künstliche Intelligenz bietet ein riesiges Potential, die Gesellschaft positiv zu beeinflussen". „Mich treibt es an, mit künstlicher Intelligenz Werkzeuge zu bauen, die Menschen helfen, sich kreativ auszudrücken". Das sagt ein Mann, von dem mitgeteilt wird, dass er „in seiner Freizeit Klavier spielt, aber auch im berühmten Technoclub ‚Berghain' Nächte durchtanzt". Bei einem Gleitschirmflug im vorigen Sommer habe er sich acht Stunden lang in der Luft gehalten – „ganz ohne künstliche Intelligenz" (S. 12). Quod erat demonstrandum: für seine eigenen kreativen Betätigungen scheint er jedenfalls keiner künstlichen Intelligenz zu bedürfen.

Ich habe mich durchaus bewusst und absichtlich auf einen Selbstversuch eingelassen: ich wollte ausprobieren, wie es einem geht, der sich von den Mechanismen und Zwängen der digitalen Welt so weit als irgend möglich abkoppelt. Ich kann mit dem Handy telefonieren, ich kann Mailkontakt aufnehmen und im Internet „surfen" (warum heißt das eigentlich so? Ist der Computer so etwas wie ein Surfbrett? Welch absurde Metaphorik!) Das ist aber schon (fast) alles. Ich wollte die Gesetze der modernen Welt nicht lernen.

Aber wenn eine dieser Unglücksmaschinen (Computer, Mobiltelefon usw.) kaputt geht, bin ich schnell am Ende mit meinem Latein. Wenn früher ein technisches Gerät kaputt ging, konnte ich zum Telefonhörer greifen und einen ortsansässigen Reparaturdienst anrufen. Heute ist das alles zentral geregelt: ich muss mich von der obligaten Computerstimme einweisen lassen, nicht ohne mich vorher mit der zehnstelligen Kundennummer ausgewiesen zu haben. Wie viele solcher Kundennummern, Kartennummern und Kontrollnummern zu den Kartennummern habe ich eigentlich, von den ebenso zahlreichen Passwörtern gar nicht zu reden? Wehe, wenn eine solche Kontrollnummer nicht aufzufinden ist – dann steht das ganze Räderwerk still – wenigstens für mich.

Selbst wohlmeinende Mitmenschen sagen: Du bist selbst schuld, dass du nicht zurechtkommst; du wolltest es ja gar nicht lernen. Das stimmt, antworte ich, aber war ich denn verpflichtet dazu? Gibt es in unserer so minderheitenfreundlichen Welt keinen Schutz für die Minderheit der (eventuell auch nur altersbedingten) Digitalisierungsverweigerer? Die Mehrheit fühlt sich im Einklang mit dem Fortschritt („Mit uns zieht die neue Zeit") und zu keinerlei Toleranz den Digitalskeptikern gegenüber verpflichtet. Sie genießt es, vom „Cockpit" ihres Schreibtischs aus ihre jeweilige kleine Welt mit Computer-„Befehlen" zu steuern. Sie meint aber nur zu befehlen, und merkt gar nicht, wie sie auf Schritt und Tritt Befehlen folgt, denen sie unterworfen ist.

Ich sehne mich zurück nach den 1980er Jahren, wie ich in meinem Beitrag „Lob der Nostalgie" in diesem Jahrbuch (2018/19) zum Ausdruck gebracht habe, und nehme gelassen die süffisanten Bemerkungen zu Kenntnis, Leute wie ich wollten zurück ans „Stammesfeuer" eines Gestern (Bauman 2017, S. 65).

Ja, ich hasse die Welt, wie sie seither geworden ist – es ist nicht mehr meine Welt, und ich glaube, dass viele Menschen, nicht nur „Ewig-Gestrige", dieses neue Unbehagen in der Kultur in der einen oder anderen Weise teilen. Aber warum kristallisiert sich aus solchen Gestimmtheiten kein Wille heraus, die Dinge zu ändern?

Die Antwort könnte lauten: weil die Bequemlichkeiten zu groß sind, die dieses neue Leben mit sich bringt, als dass man sie missen möchte. Würdest du ernstlich auf das Internet verzichten wollen, werde ich gefragt, und für deine Schreiberei wegen jeder Kleinigkeit in die Uni-Bibliothek laufen wollen? Natürlich nicht. Also „verdränge" ich lieber meinen Hass und murre nur so vor mich hin.

Oder ein Beispiel von allgemeinerer Reichweite: alle reden vom Klimawandel und von der Notwendigkeit, etwas dagegen zu tun. Aber die meisten scheuen vor konkreten Einbußen an sogenannter Lebensqualität zurück, gleichgültig ob es um die Verteuerung von Flugbenzin oder um die Geschwindigkeitsbegrenzung auf Autobahnen oder um was immer geht. Als Ausrede bietet sich an, die Belastungen müssten „sozial verträglich" gestaltet werden, was in der Praxis darauf hinaus läuft, dass möglichst niemand etwas von diesen Belastungen spüren soll, außer irgendwelche ominösen Großverdiener.

Eine kleine „moralisch gesinnte" Minderheit legt sich Verzichte auf: sie isst vegan, verzichtet auf das Fliegen oder anderes mehr. Sie versucht, das Meer sozusagen mit dem Fingerhut auszuschöpfen und tröstet sich mit dem Anspruch, mit ihren vorbildlichen Verhalten „Zeichen zu setzen", denen – später, irgendwann, eventuell – andere folgen werden. Auch das sind Alibi-Strategien, sich den Affekt des Hasses auf die Welt, in der wir leben, zu ersparen – in diesem letztgenannten Fall durch ökologische Bravheit, nach dem Motto: „An mir liegt es nicht, ich tue doch alles".

Ich muss mir den Hass auf diese brave new world von der Seele reden, die uns Wissenschaft, Technik und Politik in seltener Einmütigkeit, unterstützt und befeuert von den Medien beschert haben. Hass ist, wie mir bewusst, ein starkes Wort. Gegenwärtig findet es vor allem im politischen Diskurs, im Kontext von Fremdenhass, Hassbotschaften, Hassprediger etc. eine ausfernde Verwendung, während es im psychologischen und psychoanalytischen Kontext eher gemieden wird. Die psychologischen Definitionen sind zum Teil inhaltsleer, z.B. Hass als gesteigerte Form von Abneigung. Ergiebiger ist die psychoanalytische Darlegung von Kernberg (2008): Hass als die „Transformation des vorübergehenden Affekts der Wut in einen dauerhaften, strukturierten Affekt", der den Wunsch impliziert, das Objekt des Hasses zu „zerstören" (S. 283 f.). Er sieht zudem, im Unterschied zu vielen zeitgenössischen Analytikern, den Hass als verankert in neurobiologischen Strukturen (S. 285).

Der Homo digitalis befindet sich in einer Art Problembox, wie sie seinerzeit für Lernexperimente mit Ratten und ähnlichem Getier erfunden wurde. Zum gewünschten Futterplatz führt ein Parcours mit mancherlei kunstvoll aufgebauten Hindernissen, an denen die Ratte ihre Intelligenz und Lernfähigkeit unter Beweis stellen und das ersehnte Stück Speck als „Belohnung" sich verdienen kann. „Dressur" nennt man das bei Ratten; müsste man es nicht bei Menschen, die sich in ihren digitalen Problemboxen zu ihren „Futterplätzen" bewegen, genau so nennen?

Es fällt schwer, in der Gesellschaft nicht den emotionalen Zustand einer Grund-Unzufriedenheit und Gereiztheit zu erkennen, der sich bald auf diese, bald auf jene Weise zum Ausdruck bringt: in der Wahl sogenannter „populistischer" Parteien, in Meinungsäußerungen im Internet, in Fremdenfeindlichkeit und anderem mehr. Mich erinnert dieser kollektive Gemütszustand in den westlichen Zivilisationen an die „große Gereiztheit", die Thomas Mann im „Zauberberg" (1939, S. 974 ff.) beschrieb.

In E.T.A. Hoffmanns romantischem Märchen „Der goldne Topf" (1819) hat der Student Anselmus aus Unachtsamkeit einen Tintenkleks ins Zauberbuch des Geisterfürsten gemacht. Seine Strafe war, dass er in eine Art Laborglas eingeschlossen in ein Regal gestellt wurde, wo er zahlreiche Leidensgenossen fand, die gleichfalls in solche Laborgläser eingeschlossen waren. Der einzige Unterschied: Anselmus merkte, dass er eingeschlossen war, die anderen merkten es nicht.

„Ich weiß gar nicht, was Sie wollen, Herr Studiosus, warum lamentieren Sie so über alle Maßen?" … „Ach, meine Herren und Gefährten im Unglück", rief er aus, „wie ist es Ihnen denn möglich, so vergnügt zu sein. … Sie sitzen doch ebenso gut eingesperrt in gläsernen Flaschen als ich und können sich nicht regen und bewegen, ja nicht einmal was Vernünftiges denken".

„Sie faseln wohl, mein Herr Studiosus … nie haben wir uns besser befunden als jetzt …" (S. 206).

Ich wäre demnach der Student Anselmus, der sich seiner Freiheit beraubt fühlt, während die „vernünftigen Menschen" keinerlei Leidensdruck empfinden und sich ihr Schlammassel schön reden. Aber anders als der seelenvolle und obendrein verliebte Anselmus empfinde ich nur diesen abgrundtiefen Hass. Angesichts der allgemeinen Billigung dieser modernen Errungenschaften kann ich nur mit Goethes Mephisto empfinden: alles was entsteht, ist wert, dass es zugrunde geht.

Die heutige Technik-Welt hat Himmelheber in seinem 1941 verfassten, 1993 in den „Scheidewegen" abgedruckten Text noch nicht einmal ahnen können. Umso kühner erscheinen seine Schlusssätze: „Wir können nicht annehmen, dass Technik für immer auf der Erde bleibt. Als etwas von einem bestimmten Zeitgeist Geschaffenes wird sie wohl auch einmal wieder verschwinden, wird anderen Formen menschlichen Lebens und menschlicher Bewußtseinsäußerung, neuen Kulturen, Platz machen" (S. 381). Solche Sätze wären heute nicht mehr möglich. Dieser „point of no return" ist längst verpasst und überschritten. Nur ein Ereignis von der Urgewalt eines Asteroideneinschlages könnte diese ihrer selbst so sichere, keinen Zweifel an ihrer Sinnhaftigkeit zulassende Menschenwelt eventuell noch erschüttern.

Die menschliche Seele ist eingesperrt in Laborgläsern, wie der düstere Romantiker ETA Hoffmann phantasierte, und sie merkt es nicht einmal; sie scheint sich pudelwohl dabei zu fühlen und verlacht alle, die nicht die richtigen Knöpfe an den Armaturen zu drücken verstehen. Vielleicht war auch Himmelshebers Vorstellung von der Seele zu schwach: sie erscheint bei ihm eher als ein „Seelchen", das alles mit sich machen lässt. Mein Hass kommt mir im Vergleich dazu konstruktiv vor: als der notwendigerweise frustrane Aufstand der Seele.

So ist auch das Resümee über die fünfzig Jahrgänge dieser „Scheidewege" zwiespältig. Angesichts dieser seit dreißig oder vierzig Jahren voraussehbaren Entwicklungen hätte es eines entschiedeneren Entgegentretens bedurft, um sie aufzuhalten. Ein skeptisch besorgter Blick auf den Weltlauf konnte dies nicht leisten.

Stärkere, auch bösere Affekte wären vonnöten gewesen, wie ich es vor Jahren schon den angeblich „skeptischen" Psychoanalytikern mit Robert Gernhardts provokativen Versen (1996) ins Stammbuch schreiben wollte:

Ach nein, ich kann kein Schächer sein,
da müßt' ich wilder, frecher sein
wahrscheinlich auch viel böser;

und weil ich lahm und feige bin,
nicht Bratsche und nicht Geige bin
langt's nicht mal zum Erlöser (S. 238).

Abgabe des Manuskripts am 6. Februar 2020.

Literatur

Bauman, Z. (2017): Retrotopia, Frankfurt/M. (edition Suhrkamp).
Bittner, G. (1993/94): Patientenorientierte Medizin?, Scheidewege 23, S. 339-355.
Bittner, G. (2016/17): „Die individuelle Freiheit ist kein Kulturgut". Über das Freiheitsgefühl und dessen kulturelle Surrogate, Scheidewege 46, S. 349-366.
Bittner, G. (2017/18): „Verlorne Liebesmühe" – oder: der vergebliche Versuch, die Menschen ethisch aufzurüsten, Scheidewege 47, S. 88-106.
Bittner, G. (2018/19): Lob der Nostalgie, Scheidewege 48, S. 370-392.
Bittner, G. (2020): Mit dem Feuer gehen. Ein Streitgespräch mit und über C.G. Jung, Würzburg (Königshausen + Neumann).
Freud, S. (1895): Studien über Hysterie, GW I, Frankfurt/M. (Fischer), S. 75-312.
Freud, S. (1930): Das Unbehagen in der Kultur, GW XIV, Frankfurt/M. (Fischer) S. 419-506.
Freud, S. (1960): Briefe 1873-1939, Frankfurt/M. (Fischer).
Freud, S. (1989): Jugendbriefe an Eduard Silberstein, hrsg. v. W. Boehlich, Frankfurt/M. (Fischer).
Freud, S., Jung, C.G. (1974): Briefwechsel, Frankfurt/M. (Fischer).
Gernhardt, R. (1996): Gedichte 1954-1994, Zürich (Haffmans).
Google (o.J.): Aufbruch. Unser Leben mit der Digitalisierung, Anzeigensonderveröffentlichung.

Himmelheber, M. (1993/94): Mißverständnisse, Irrtümer, Utopien, Scheidewege 23, S. 356-382.

Hoffmann, E.T.A. (1819): Der goldne Topf. In: ders.: Meistererzählungen, hrsg. v. J. Fierz, 7. Aufl. Zürich (Manesse) 1993, S. 91-237.

Kernberg, O.F.: (2008): Hass. In: W. Mertens und B. Waldvogel (Hrsg.): Handbuch psychoanalytischer Grundbegriffe, 3. Aufl. Stuttgart (Kohlhammer) S. 283-286.

Lersch, Ph. (1956): Aufbau der Person, 7. Aufl. München (Barth).

Mann, Th. (1924): Der Zauberberg 169.-172. Tsd. 1966, Frankfurt/M. (Fischer).

Sauer, W. (2013): Begegnungen und Schicksale. Autobiographische Aufzeichnungen, Zug (Die Graue Edition).

Schur, M. (1973): Sigmund Freud. Leben und Sterben, Frankfurt/M. 1982 (Suhrkamp Tb).

Spielrein, S. (1912): Die Destruktion als Ursache des Werdens, Jahrbuch für psychoanalytische und psychopathologische Forschungen 4, S. 465-503.

Steiner, R. (1998): Who influenced whom? And how? – a brief series of notes on E. Weiss., M. Klein (and J. Svevo) and the so-called 'originis' of projective and introjective identification, Internat. Journal of Psychoanalysis 80, p. 367-375.

Walter, H.J. und Kennedy, P. (2013): Freuds Skeptizismus. In: H. Hierdeis (Hrsg.): Psychoanalytische Skepsis – Skeptische Psychoanalyse, Göttingen (Vandenhoeck & Ruprecht) S. 31-53.

Josef H. Reichholf

Skepsis ist nötig:
Es wandelt sich nicht allein das Klima

Ich bin ein Skeptiker. Ich werde einer bleiben. Weil ich Naturwissenschaftler bin. Skepsis ist das Grundprinzip der Naturwissenschaft. Ein widersprechender Befund genügt prinzipiell, die schönste, die überzeugendste Sichtweise (Theorie) zu Fall zu bringen. Falsifizierung ist für den Fortschritt des Wissens und für die Vertiefung der Kenntnisse wichtiger als jede erneute Bekräftigung dessen, was Mainstream geworden ist. Denn unzutreffende Annahmen können zugrunde liegen. Die gesamte moderne Welt ist das Ergebnis von Skepsis, die allgemein Geglaubtes und Akzeptiertes in Frage gestellt hat. Obgleich längst bekannt, wird es dennoch nicht von den Meinungsbildnern akzeptiert. Ganz im Gegenteil. Skeptiker werden wie Aussätzige behandelt, mit denen man besser keinen Umgang pflegen sollte.
    Übertrieben? Ich sei ein Klimaskeptiker, so ist im Wikipedia-Eintrag über mich zu lesen. Ein Klimaleugner, heißt es andernorts. Ein so gefährlicher sogar, dass prominente Mitglieder der Partei „Die Grünen" nicht einmal im Wald mit mir zusammentreffen wollten. Im Frühjahr 2019 war meine Frau eingeladen worden, bei einer Veranstaltung im fränkischen Steigerwald eine Lesung aus ihrem Buch „Eintauchen in den Wald" zu halten und einen Shinrinyoku-Waldgang zu machen. Die öffentliche Veranstaltung sollte dafür werben, Teile des Steigerwaldes zum Nationalpark zu machen. Doch dass meine Frau von mir hingefahren würde und ich auf dem Waldgang mit dabei wäre, genügte, um sie wieder auszuladen, weil meine Anwesenheit nicht vermittelbar sei. Ausgrenzung eines Skeptikers von einer Partei, die sich weltoffen gibt und verbal besonders heftig gegen das politisch rechte Spektrum kämpft. Einzelfall? Sonderfall? Darüber will ich nicht befinden, sondern an einigen Beispielen darlegen, worauf sich meine Skepsis im konkreten Fall des Klimawandels gründet. Unabhängig vom Einzelfall wird dadurch das Prinzip zunehmender Meinungsdiktatur sichtbar.

Zwei Feststellungen vorab: Erstens gibt es „das Klima" nicht wirklich. Es ist ein rechnerisches Konstrukt aus Messwerten und Annahmen („Proxy-Daten") für letztlich beliebige Zeitspannen, deren Abgrenzung keinen objektiven Gegebenheiten folgt. Zusammengefasst und gemittelt wird dabei das Wetter. Welche Region dafür gewählt wird, liegt ebenfalls nicht von Natur aus fest. Die Wetterberichte im Fernsehen zeigen, dass in aller Regel politische Grenzen gewählt werden, von denen, um es salopp auszudrücken, das Wetter keine Ahnung hat. Zweitens ergibt jede Form von Rückblick, dass über kürzere oder längere Zeitspannen das Wetter nie unverändert stabil war. Die atmosphärischen Ereignisse, die „Wetter" genannt werden, ändern sich. Das Wetter ist das Reale, die Mittelwerte sind es nicht. Unveränderte Stabilität annehmen zu wollen, ist ziemlich absurd. Sie wird uns suggeriert, wenn so getan wird, als ob sich das Klima erst in unserer Zeit geändert habe.

Historische Perioden, die schon lange vor der Diskussion um den Klimawandel als solche speziell benannt worden waren, wie „Kleine Eiszeit", „mittelalterliches Klimaoptimum", „nacheiszeitliches Klimaoptimum", „Warm- und Kaltzeiten" im „Eiszeitalter" (Pleistozän) beziehen sich auf klimatische Veränderungen unterschiedlichen Ausmaßes. Auch historische Sturmfluten, Hochwasser, Dürren und Nässeperioden oder Eiswinter, die so kalt waren, dass nicht nur die Seen, sondern auch die Flüsse zugefroren waren, sind umfassend dokumentiert. Klimaänderungen sind nichts Neues; neu ist die Art und Weise, wie die gegenwärtigen Veränderungen aufgenommen werden, und wie gegen diese vorgegangen werden soll. Dabei ist völlig klar, dass das gigantische Anwachsen der Menschheit innerhalb eines Jahrhunderts auf das Zehnfache global auf alle Vorgänge in der Natur einwirkt.

Die Globalisierung gestaltet den Globus in einer Weise um, die einer erdgeschichtlichen Katastrophe gleicht. Niemand kann und wird bestreiten, dass sich der Zustand der Erde gegenwärtig sehr stark von dem unterscheidet, der vor zweihundert Jahren gegeben war. Die Charakterisierung der Neuen Zeit mit dem Ausdruck Anthropozän ist vollauf gerechtfertigt. Um diese grundlegende Umgestaltung der Erde geht es bei den nachfolgenden Beispielen nicht.

Die Problematik, die größte Skepsis erfordert, ist anders gelagert. Derzeit wird fast alles, was sich irgendwie ändert, sogleich „dem Klimawandel" zugeschrieben. Überprüfungen werden für überflüssig gehalten. Weil doch „klar ist", dass der Klimawandel „schuld ist". Das könnte man als Oberflächlichkeit abtun, zumal wenn die Medien darüber berichten, weil bei Berichten zum Klimawandel auch im guten Journalismus immer häufiger das Grundprinzip aufgegeben wird, kritisch zu hinterfragen, ob die Meldung oder Deutung tatsächlich stimmt. Solche Oberflächlichkeiten sind vor allem dann nicht zu dulden, wenn uns die daraus abgeleiteten Maßnahmen sehr viel Geld kosten, die eigentlichen Ursachen für die Veränderungen aber mit der Zuschreibung zum Klimawandel geschickt kaschiert werden. Für die Verursacher sind dies ideale Rahmenbedingungen, die sich zu goldenen Zeiten ummünzen lassen. Etwa wenn dem Klimawandel Forste zum Opfer fallen, die einfach an ungeeigneten Stellen gepflanzt worden waren, und sich dies nun bei warmen, niederschlagsarmen Sommern rächt. Oder wenn sehr Wasser bedürftige Kulturen in wasserarmen Regionen (mit Förderung aus dem EU-Agrarhaushalt) angelegt werden und es dann tatsächlich zu wenig regnet. Dann ist der Klimawandel schuld und die Allgemeinheit soll erneut zahlen.

Die Problematik verschärft sich bei Naturkatastrophen. Solche gab es früher scheinbar nicht, weil da das Klima ja noch in Ordnung war. Katastrophen in unserer Zeit verursacht der Klimawandel: Überschwemmungen, Sturmschäden und Hitzetote. Kältetote gab es früher anscheinend keine, Hitzetote in jenen klimatischen Regionen offenbar auch nicht, in denen warme Sommer normal oder noch viel heißer sind. Weil alles nicht (mehr) zählt, was außerhalb des gerade gewählten Katastrophenberichtsbereichs existiert. Da gilt, was der Münchner Humorist Karl Valentin vor rund einem Jahrhundert schon klargestellt hatte: „Außerhalb Bayerns gibt es kein Leben – und wenn doch, so nicht dieses!".

Betrachten wir daher kurz einige „bayerische Verhältnisse". Sie eignen sich im Hinblick auf den Klimawandel besonders, weil es in Oberbayern, in der Nähe des Alpenrandes südlich von München, eine der ältesten Wetterstationen gibt: Die Station Hohenpeißenberg in ziemlich genau 1000 Meter über Normalnull. Die Messreihen von dort reichen zurück bis 1780, also ein Jahrhundert weiter als gegenwärtig für den „Beginn der Wetteraufzeichnungen" festsetzt wird (und so tut, als ob es vorher nichts gegeben hätte!). Anfang der 1990er Jahre wertete der Klimatologe Christian Schönwiese die dortigen Temperaturmessungen über die Zeitspanne von zwei Jahrhunderten aus und stellte in seinem Buch „Klimaänderungen" fest (p. 67): „Trends sind bei dieser Betrachtung kaum zu erkennen" (nämlich in den Temperaturen seit 1780, weil

Anfang des 19. Jahrhunderts die Temperaturen ähnlich hoch lagen, wie in den 1980er und 1990ern). Ein Anstieg der Durchschnittstemperaturen kommt nur zustande, wenn man ein Jahrhundert später, um 1870 oder 1880 beginnt. Denn damals war ein vorübergehendes Minimum erreicht. Wird auch die erste Hälfte des 20. Jahrhunderts ignoriert, lassen sich Veränderungen in der Natur, die in den letzten Jahrzehnten festzustellen waren, ganz bequem auf eine Erwärmung des Klimas zurückführen, ob diese eine Rolle gespielt hat oder nicht. Doch von 1780 bis 1870 gab es nur einen strengen Winter (1829/30), danach bis 1970 deren sieben und in den fünfzig Jahren seither keinen vergleichbar kalten mehr. Wie der Wintertrend ausfällt, hängt ab von der Wahl des Zeitausschnitts. Gleiches gilt für die heißen Sommer, von denen es vor 1870 sechs und danach bis 2000 auch wieder sechs gegeben hat. Beginnt man mit 1960 und dem Extremwinter 1962/63, steigen die Durchschnittstemperaturen der Jahre deutlich an.

Wiederum ließe sich eine genauere Betrachtung der Messergebnisse abtun als müßige Datenspalterei, geht es doch längst ums Globale. Doch wenn es darum geht, all die schrecklichen Folgen des Klimawandels darzulegen, wird einfach behauptet, diese seien bereits überall zu sehen an unseren Seen, Flüssen, Wäldern, Pflanzen und Tieren. Fordert man die Befunde und Nachweise, ist man „Klimaleugner", obwohl über die offiziellen „Roten Listen" sehr wohl bekannt ist, dass seit 1960 die Wärme liebenden Tier- und Pflanzenarten in ihrer weitaus überwiegenden Mehrzahl nicht nur nicht zugenommen, sondern abgenommen haben. Einzelne Beispiele sich ausbreitender Arten herauszugreifen, kommt dem „Rote Auto Prinzip" gleich: Wieder eines, wieder eines! Alle übrigen Farben zählen dabei nicht. Der Rückgang der Wärme bedürftigen Arten wird einfach missachtet, weil es nicht ins vorgeschriebene Denkschema passt, ebenso wie die Tatsache, dass zahlreiche in ihren Vorkommen sich ausbreitende und in der Häufigkeit zunehmende Arten aus klimatisch kühleren, nördlicheren und nordöstlicheren Regionen stammen. Schellente, Seeadler, Kranich und der kleine Karmingimpel haben nichts mit dem Klimawandel zu tun, da sie sich aus dem Norden und Nordosten Europas ausbreiten, der „südliche" Bienenfresser aber schon, auch weil er so „tropisch bunt" aussieht. Dabei gab es in Bayern im 19. Jahrhundert mehr Nachweise und Brutversuche, als im 20. Jahrhundert. Früher wurden Bienenfresser jedoch als Bienenfeinde heftig verfolgt. Dass sie nun unter Schutz stehen, spielt als Ursache für ihre Zunahme nicht einmal mehr für Vogelschutzverbände eine Rolle. So vertrat der Landesbund für Vogelschutz in Bayern in seiner Mitgliederzeitschrift ganz klar die Ansicht, dass die Klimaerwärmung zur Ausbreitung des Bienenfressers geführt hat. So bedeutungslos und damit verzichtbar sind offenbar Artenschutzmaßnahmen.

In den 1980er Jahren bewegte das „Waldsterben" die Gemüter und bescherte den damals noch überwiegend dem Printbereich zugehörigen Medien gesteigerte Verkaufszahlen. Bis zum Jahr 2000 sollte es keinen Wald in Deutschland mehr geben. Doch am Beginn des neuen Jahrtausends stand der Deutsche Wald reicher an Holzvorrat da, als im Vierteljahrhundert davor, in dem er bereits zu Grabe getragen worden war. Die regelmäßigen Waldzustandserhebungen hatten jedoch so gut wie keine Verbesserungen ergeben. Irgendetwas stimmte also grundsätzlich nicht mit dem „Waldsterben", aber skeptisch durfte man nicht sein. Der international sehr angesehene Münchner Botaniker Professor Otto Kandler musste erfahren, was es heißt, eine eigene, und wie sich herausstellte, die richtige Meinung zum „Waldsterben" zu haben. Die Medienschelte, der er ausgesetzt war, wurde nie zurückgenommen. Jetzt stirbt er aber wieder, unser Wald, weil die gepflanzten Forste den Klimawandel nicht aushalten. Vielleicht wandelt sie dieser tatsächlich um zu dem, was sie von Natur aus sein würden: Wald und keine Baumplantagen für Intensivnutzung.

Das „Waldsterben" hatte einen echten Schwachpunkt: Sein Ende war auf einen zu frühen Zeitpunkt angesetzt, der überprüfbar wurde. Die Modellbauer der Prognosen zum Klimawandel gehen daher von Szenarien aus, die mit dem Jahr 2100 jenseits ihrer eigenen Lebenserwartung liegen. Je weniger direkt an der Natur nachprüfbar, desto besser, so offenbar die Haltung. Sie wird begründet, dass das Wetter eben variabel sei. Doch Wetter ist das, was geschieht, Klima hingegen das, was über längere Zeiträume gemittelt errechnet werden kann. Schwierigkeiten bereiten den Modellbauern offenbar die Unterschiede zwischen rein physikalischen Effekten, wie dem Schmelzen von Eis oder Veränderungen in der Schneefallmenge, und den Lebensvorgängen. Diese folgen aber nicht automatisch den physikalischen Vorgaben, weil die Organismen regulieren können. Und dies umso mehr, je weniger sie von der physikalisch-chemischen Umwelt abhängen, weil ihr Stoffwechsel fern vom Gleichgewicht funktioniert. Es würde zu weit führen, dies zu vertiefen. Bezüglich der Modelle zu den Änderungen des Klimas reicht es aus zu betonen, dass für kaum einen Organismus, außer vielleicht für einige wenige Bakterien, eine direkte und ausschließliche Abhängigkeit von der Temperatur nachgewiesen ist. Temperaturen bilden in aller Regel Rahmenbedingungen. Wie wenig diese festlegen, zeigen die Verbreitungsgebiete der Organismen. Höchst ungleiche Temperaturverhältnisse in unterschiedlichster Verteilung können in diesen gemessen werden. Wer das nicht glaubt, sollte mit dem Thermometer losziehen und alle Temperaturen messen, unter denen zum Beispiel Kohlmeisen oder Stechmücken in ihrem gesamten Verbreitungsgebiet tagaus tagein und jahraus jahrein vorkommen. Und jeweils die Häufigkeiten der Meisen oder Mücken mit dazu bestimmen, die allerdings von Jahr zu Jahr und von Jahrzehnt zu Jahrzehnt stark schwanken. Den Computermodellen, die hierzu erstellt werden, darf man dennoch nicht skeptisch gegenüber stehen, denn das würde ja wiederum den Klimawandel in Frage stellen oder gar verleugnen.

Um die wirklichen Veränderungen in der Natur zu erfassen, müssten vor allem die Einwirkungen der Menschen so vollständig wie möglich berücksichtigt werden. Wenn sich aufgrund zunehmender Temperaturen Verbreitungsgebiete von Arten nordwärts oder im Gebirge in die Höhe verschieben, liegt dies nicht allein an der Wärme, sondern meistens viel mehr an der Art der Bewirtschaftung. Die Almen im Gebirge sind von den Menschen künstlich geschaffen. Sie gehören zur Kulturlandschaft. In dieser sind gegenwärtig sehr viele Arten sehr stark rückläufig. Das liegt an der Art der Bewirtschaftung, nicht am Klima. Global wird nicht der Klimawandel entscheiden, wie viele oder wie wenige Arten überleben, sondern das Wirtschaften. Bei den derzeitigen Verhältnissen werden Klimaänderungen kaum noch etwas vernichten können. Die Verlagerung des Naturschutzes auf den Klimawandel ist daher die ärgste Bedrohung des Fortbestandes der Lebensvielfalt der Erde, der Biodiversität, weil sie die Verursacher der Rückgänge aus der Verantwortung entlässt.

Entsprechendes gilt, gleichwohl in noch viel komplexerer Weise, für die Wirkung des Klimawandels auf „die menschliche Gesellschaft" Sie ist genauso fiktiv, wie das Klima selbst, weil Menschen unter den verschiedensten Bedingungen leben und sich eigene Lebenswelten schaffen. „Außerhalb Bayerns/Deutschlands gibt es sehr wohl Leben und sogar sehr vielfältiges" sollte Karl Valentins Diktum umformuliert werden. Die Deutungsoberhoheit haben wir nicht. Änderungen in Wetter und Klima werden stattfinden und sich mit zunehmender Umgestaltung der Erde durch die wachsende, prosperierende Menschheit sicherlich verstärken.

Das ist keine Frage. Fraglich hingegen sind viele Prognosen und der Missbrauch des Klimawandels als Erklärung für alle Veränderungen. Da täte Skepsis wirklich not. Vorsorge ist geboten. Im Privaten und Kommunalen sollte sie beginnen und sich, der jeweiligen Bedeutung entsprechend, auf den nationalen Bereich ausdehnen. Notwendigkeiten, Aufwand und Erfolg lassen sich ökonomisch sinnvoll abwägen. Wer aber zuerst die Welt retten will, scheitert ganz gewiss an dieser Überheblichkeit.

Gerhard Fitzthum

Verbundenheit und Ausbeutung

Überlegungen zu einer postindustriellen Rückkehr zur Natur

So alt die Klage über den Lärm auch sein mag, in den letzten Jahrzehnten ist sie lauter geworden. Aber was will eigentlich, wer diese Klage erhebt? Dass eine bestimmte Dezibel-Marke nicht überschritten wird, egal woher das aufdringliche Geräusch kommt? Dass die schlimmsten Nervensägen, Laubbläser etwa, aus dem Verkehr gezogen werden? Oder träumt der Lärmgeplagte von einer Umwelt, in der es so still ist, dass er nur sich selber hört?

Wie die Dinge stehen, wird sich kaum einer dieser Wünsche erfüllen, am wenigsten natürlich die Vision von der vollständigen Abwesenheit aller Fremdgeräusche. Wenn nämlich Stille etwas nicht ist, dann lautlos.

Solange es gibt, was wir Natur nennen, werden auch dann Schallwellen an unser Ohr dringen, wenn nirgendwo Maschinen surren, brummen und dröhnen oder Menschen reden, singen und lärmen – wird das Meer rauschen, der Bach plätschern, der Wind die Blätter bewegen oder ums Haus heulen, werden Tiere mähen und muhen, wiehern, grunzen, pfeifen, quaken, miauen, bellen, hämmern, schnattern, zischen, zwitschern, tirillieren. Gerät man mal in einen der selten gewordenen Landstriche, in die keine Zivilisationsgeräusche mehr hindringen, so wird einem schnell klar, dass die ‚stumme Kreatur' ziemlich laut sein kann. Selbst das Leben in der Großstadt ermöglicht solche Erfahrungen – dann etwa, wenn wir an einem Frühjahrstag viel zu früh aufgewacht sind und von irgendwoher eine Nachtigall hören, weil das urbane Klangspektrum noch nicht vom Berufsverkehr beherrscht wird.

Den meisten von uns dürfte der Gesang einer Nachtigall sympathischer sein als die wummernden Bässe aus den Musikanlagen vorbeifahrender Autos. Aber selbst solche Wohllaute pflegen zum Störfaktor zu werden – wenn man schlafen will. Wie es scheint, wollen wir auf den akustischen Eigensinn der kreatürlichen Welt aber trotzdem nicht verzichten. Der „stumme Frühling", den der gleichnamige Bestseller der amerikanischen Umweltaktivistin Rachel Carsons zum geflügelten Wort machte, gilt keineswegs als verheißungsvolle Utopie, sondern als Schreckensszenario, geradezu als Ruhe vor dem Sturm der apokalyptischen Reiter. Warum eigentlich? Warum sehen wir den Vögeln, den Fröschen und den Zikaden ihre akustische Aufdringlichkeit nach, während uns eine Motorsense auf die Palme bringt? Weil wir deren Lärm für gottgegeben halten und uns deshalb mit ihm abgefunden haben? Weil wir uns ohne die Tiere, die der biblische Gott seinem Adam tröstlich zur Seite stellte, allzu einsam fühlen würden? Weil wir uns nach wie vor für einen Teil der Natur halten, wir also gleichsam die Lieder unserer Heimat verlieren würden?

Dass sich der Mensch mit Flora und Fauna derart tief verbunden fühlen soll, ist für viele schwer zu glauben. Aus dem Blickwinkel der philosophischen Anthropologie betrachtet, ist der Mensch ja das einzige Lebewesen, das nicht auf eine bestimmte Umwelt geprägt und angewiesen ist. Frei von Habitat-Bindungen sind ihm die naturräumlichen Kontexte, in denen er lebt, egal, könnte er sich überall wohl fühlen, notfalls auch auf dem Mars. Darüber hinaus haben wir es gelernt, stolz zu sein auf eine kulturelle Entwicklung, die uns von den Bevormundungen seitens der Natur befreit hat. Zugleich ist die antiquiert klingende Thematik aber auch höchst aktuell, verweist sie doch auf eine der Schlüsselfragen des 21. Jahrhunderts: „In welcher Beziehung wollen wir zum Rest jener Natur stehen, die wir so erfolgreich aus unserem Lebensalltag verdrängt haben und die doch in dieser oder jener Form zurückkehrt."

Gewiss: in einer Zeit, in der die technokratische Avantgarde darauf spekuliert, das Bewusstsein vom biologischen Körper abzukoppeln und damit das Individuum unsterblich zu machen, wirkt die Annahme einer unauslöschlichen Verwurzelung im Reich der Natur anachronistisch, wenn nicht sogar reaktionär. Wer an eine solche glaubt, hat die Empirie ohnehin nicht gerade auf seiner Seite: Zwar steht der freizeitmäßige Naturkonsum höher denn je im Kurs und unterhalten viele Zeitgenossen Beziehungen zu ihren Haus- und Schoßtieren, die an emotionaler Tiefe kaum zu überbieten. Zugleich pflegen wir aber einen Lebensstil, der nur mit der radikalen Ausbeutung unserer natürlichen Umwelt zu haben ist. Und was unsere sogenannten ‚Nutztiere' anbelangt, so haben wir uns an eine Praxis gewöhnt, in der diese als Sachen behandelt werden – als biologische Ressourcen für die Fleischindustrie etwa, oder als Milch- und Eierproduzenten, die man in Ställen einpfercht, die nach den Kriterien der wirtschaftlichen Rentabilität konzipiert sind, und nicht nach denen des Tierwohls. Wie ist es möglich, dass sich so viele Menschen als Naturfreunde bezeichnen und zugleich darüber hinwegsehen, wie Schweine, Rinder, Puten, Gänse und Hühner behandelt werden, bevor sie auf den Tisch kommen? Wie ist es möglich, dass sich Hundeliebhaber Möpse oder englische Bulldoggen zulegen, Zombieprodukte einer systematischen Qualzucht, die aufgrund ihrer Kurzköpfigkeit nicht einmal richtig atmen können? Oder anders gefragt: Welchen Sinn macht es, ein libidinöses Band zu Flora und Fauna zu unterstellen, wenn es so schwach ist, dass allenfalls das eigene Haustier davon profitiert? Ist unser Vertrauen auf die kapitalistische Weltordnung nicht der schlagende Gegenbeweis zur These von der existenziellen Bedeutsamkeit der Naturbeziehung? Schließlich ist hier die ursprünglich auf Mater, auf Mütterlichkeit, verweisende „materielle" Welt nichts anderes als Rohstoff und frei verkäufliche Ware.

Wer von einer emotionalen Grundierung des Mensch/Naturverhältnisses ausgeht, sieht sich in der Tat einigem Begründungsdruck ausgesetzt: Er muss zeigen, dass uns mit dem Reich des Organischen mehr gegenübersteht als eine unbeseelte Gegenstandswelt, die zur freien Selbstbedienung einlädt, muss zeigen, was die unterstellte Zusammengehörigkeit von Mensch und Natur eigentlich bedeutet und ob sie uns letzterer gegenüber zu etwas verpflichtet. Ob es beispielsweise in Ordnung sein kann, nur die Achseln zu zucken, wenn die Biomasse der Insekten in Deutschland in 27 Jahren um 78 Prozent abgenommen hat; wenn man durch den Fleischeinkauf im Supermarkt eine Massentierhaltung unterstützt, die den natürlichen Bedürfnissen der Tiere spottet, oder wenn man sich in einem Feinschmecker-Restaurant einen Hummer bestellt, von dem man weiß, dass er bei lebendigem Leibe in kochendes Wasser geworfen wird?

Die Annahme, in Bezug auf unseren Umgang mit Flora und Fauna einen klaren Trennungsstrich zwischen richtigem und falschem Verhalten ziehen zu können, ist freilich illusionär. Umso eindringlicher sollen hier die Fragen gestellt werden, für die keine endgültigen Antworten in Sicht sind – Fragen, die längst auch Einzug ins öffentliche Bewusstsein gefunden haben. Nicht zufällig hatte das in Bayern lancierte Volksbegehren „Artenvielfalt – rettet die Bienen" beispiellosen Erfolg: Die Schlange vor dem Münchner Rathausbüro, in dem die Unterschriftenlisten auslagen, reichte tagelang bis zur Mariensäule hinaus. Ein deutliches Signal, dass heute wichtig genommen wird, was noch vor zwanzig Jahren nur eine kleine Minderheit interessierte.

Versucht man die Mensch-Natur-Beziehungen näher zu konturieren, so liegt es nahe , bei den sogenannten ‚höheren Tieren' anzusetzen. Affen, Pferde, Kühe, Schafe, Ziegen, Hunde und Katzen stehen uns emotional ja näher als Amphibien, Insekten, Flechten, Pilze und die restliche organische oder gar die anorganische Natur. Ausnahmen wie die durch Kinderfilme befeuerte Sympathie für die Bienen bestätigen die Regel. Es bleibt nunmal schwierig, sich in einen Tausendfüßler hineinzuversetzen, sich in einer Motte wiederzuerkennen oder einem Baum in die Augen zu schauen. Was immer auf dem Land lebende Wirbeltiere sonst noch auszeichnen mag, sie besitzen auch die Fähigkeit sich deutlich vernehmbar zu artikulieren, was sie uns – im Unterschied zu den stummen Fischen etwa – verwandt erscheinen und sie womöglich sogar verstehen lässt. Mittels ihrer Stimmorgane rufen sie sich uns gewissermaßen in Erinnerung. Man muss die Vögel im Garten gar nicht sehen, allein schon ihre akustische Präsenz kann uns den Gedanken nahelegen, dass wir Teil einer Lebensgemeinschaft sind, die weit größer ist als die menschliche – dass wir einem erdumspannenden Biotop angehören, zu dem wir vielfältigste Beziehungen unterhalten, die die kalte Distanz des instrumentellen Denkens transzendieren.

Hier pflegt man natürlich unterschiedlicher Meinung zu sein. Weil sich viele Tiere zwar lautstark artikulieren, uns aber trotzdem keine Auskunft darüber geben, was genau in ihnen vorgeht, lässt sich viel spekulieren, aber auch grundsätzlich bestreiten, dass das irgendwas mit uns zu tun hat, sich irgend davon etwas verstehen und nachempfinden lässt.

Handelt es sich bei dem, was wir hier hören, um Betriebsgeräusche von Bioautomaten, oder um Formen der Kommunikation, die sich in menschliche Sprache zurückübersetzen lassen? Haben wir es gar mit Botschaften zu tun, die auf eine Innenwelt ihres Absenders schließen lassen, auf souveräne Individuen, die sich ausdrücken, ihre Wünsche und Befindlichkeiten mitteilen, uns in eine Welt hineinziehen, die ihre und zugleich auch unsere ist? Sagen sie uns also etwas, auch wenn sie nicht zu sprechen vermögen?

Für den Poeten in uns eine schöne Vorstellung. Unsere wissenschaftliche Sozialisierung mahnt aber zur Vorsicht: Für Zeitgenossen, die animistische Vorstellungen für esoterischen Unsinn halten, ticken unter der hübschen Oberfläche eines Singvogels oder eines Eichhörnchens jedenfalls nur molekulare Uhrwerke, die von ihrer genetischen Software ferngesteuert werden. Zudem weiß jeder, der ein paar Semester Philosophie studiert hat oder einfach nur belesen ist, dass wir es sind, die mittels unseres Verstandes und unseres Vorstellungsvermögens Schönheit und Bedeutung in die materielle Welt hineinlegen. Und dass ausschließlich der Mensch ein Selbstbewusstsein besitzt, ein reiches emotionales und geistiges Leben führt, nicht festgelegt ist auf Instinktreaktionen, sich also als handlungsfähiges und zukunftsorientiertes Individuum begreifen kann, als Person, die sich ihrer Bedürfnisse bewusst ist und diese zu artikulieren vermag.

Aber entspricht dergleichen noch dem Stand der Wissenschaft? Dürfen wir uns für die einzigen Lebewesen dieses Planeten halten, die ein emotionales und kognitives Innenleben haben, planend und interagierend mit ihrer Umwelt in Beziehung treten?

Bevor man nach Belegen für höhere Eigenschaften und Kompetenzen der Tiere Ausschau hält, lohnt es sich, die Frage erstmal andersherum zu stellen: Wie konnte man eigentlich auf die Idee kommen, dass die nichtmenschliche Kreatur lediglich Epiphänomen und Rohstoff ist, der seelenlosen Materie zugeschlagen werden kann? Etymologisch kommt der Begriff animal, animalisch, ja von anima, Seele.

Natürlich darf man davon ausgehen, dass die Abwertung ein kulturelles Produkt ist – das Relikt von Denkepochen, in denen wir uns wie selbstverständlich ins Zentrum des Universums gesetzt hatten. Die Vorstellung von der Dinghaftigkeit der nichtmenschlichen Natur dürfte sich in erster Linie unserer geistesgeschichtlichen DNA verdanken: philosophischen und theologischen Setzungen, die unser Weltbild seit Jahrhunderten geprägt haben und noch immer prägen.

Am Anfang dieser Entwicklung steht die aristotelische Philosophie. War Platon noch von einer Seelenverwandtschaft mit den Pflanzen ausgegangen so spricht sein Schüler Aristoteles diesen bereits jegliche Empfindungsfähigkeit ab. In seinem Hierarchiemodell der Lebewesen haben Tiere und Pflanzen kein Eigenrecht mehr, sondern sind nur noch für die an der Spitze der Lebenspyramide stehenden Menschen da. Die Stoiker verschärfen seine Position und sprechen in Bezug auf die Flora erstmals von „automatos". Pflanzen gelten jetzt als seelenlose Automaten, die von der Natur gesteuert werden, eine Annahme, die von den Denkern des Mittelalters mit ganz wenigen Ausnahmen fortgeschrieben wird und sich bis in die Neuzeit zieht. Réné Descartes schließt dann noch die Tiere aus dem Kreis des Beseelten aus und legitimiert damit die Vivisektion – das medizinische Aufschneiden der Tiere ohne jede Betäubung:

„Tiere sind nichts anderes als Maschinen, … bewegen sich nach rein mechanischen Gesetzmäßigkeiten, … sind gefühllos wie Metall und verspüren keinen Schmerz. Forschergeist darf sie bedenkenlos erkunden, darf Organ für Organ demontieren, gerade so wie der Uhrmacher das Räderwerk einer Uhr. Brennt man ihre Haut mit glühenden Eisen, dann winden sie sich zwar, schneidet man mit einem Skalpell in ihr Fleisch, dann schreien sie zwar, aber da ist kein wirkliches Empfinden. Ihre Schmerzensschreie bedeuten nicht mehr als das Quietschen eines Rades."

Der erkenntnistheoretische Subjektivismus eines Immanuel Kant gibt sich deutlich zurückhaltender. Bei genauerem Hinsehen zeigt sich jedoch, dass auch dieser die Vorurteile des anthropozentrischen Weltbilds bestätigt: Dass hienieden alles von den vermeintlichen Ebenbildern Gottes ausgeht und auf diese bezogen bleibt, dass alles, was nicht denken und sprechen kann, auch keine Stimme hat, dass Verpflichtungsgefühle gegenüber der bloß materiellen Welt irrational wären, keine triftigen Gründe beizubringen sind, warum wir irgend davon etwas ähnlich ernst nehmen sollten wie uns selbst. Tiere schlecht zu behandeln war zwar auch für den Meisterdenker aus Königsberg verwerflich – aber nur, weil er annahm, dass dies zu einer Verrohung der Sitten führen würde, die negativ auf die zwischenmenschliche Praxis zurückschlagen könnte. Die Rücksicht galt also nicht den Tieren selbst. Aus dem Blickwinkel der kantischen Philosophie sind sie lediglich Übungsmaterial für den rücksichtsvollen Umgang mit dem Menschen, der als Vernunft- und Geistwesen alle Rechte für sich beanspruchen kann.

Von den wenigen der großen deutschen Denker, die das damals anders sahen, war Arthur Schopenhauer der prominenteste. Der philosophische Alleingänger, Misanthrop und Hundefreund insistierte, dass Tiere um ihrer selbst willen geschützt werden müssen, weil sie „im Wesentlichen dasselbe sind wie wir selbst" und blieb auch damit ungehört, auf kontinentalem Boden jedenfalls.

Wirkmächtiger war der angelsächsische Utilitarismus, der schon lange vor Schopenhauer mit den selbstgefälligen Räsonnements der Vernunftethik gebrochen hatte. Jeremy Benthan 1789:

„Ein voll ausgewachsenes Pferd [...] oder ein Hund ist unvergleichlich verständiger und mitteilsamer als ein einen Tag oder eine Woche alter Säugling oder sogar als ein Säugling von einem Monat. Doch selbst wenn es anders wäre, was würde das ausmachen? Die Frage ist nicht: können sie verständig denken? oder: können sie sprechen? sondern: können sie leiden?"

Bentham und seinen Kollegen kommt das unschätzbare Verdienst zu, den Tierschutzgedanken in unsere Rechtsvorstellungen verankert zu haben. In der Praxis scheint das aber kaum etwas verändert zu haben, abgesehen davon, dass sich strafbar macht, wer ohne Not grausam zu Tieren ist. Wie wenig das hierarchische Weltbild zur Disposition gestellt wurde, lässt sich dem philosophischen Schlüsselwerk des frühen 20. Jahrhunderts entnehmen – Heideggers ‚Sein und Zeit', ein Werk, das den Anspruch einer Fundamentalontologie zwar nicht einlösen kann, immerhin aber eine profunde Analyse des modernen Alltagsbewusstseins liefert. Für dieses ist der Wald Forst, Wasser Wasser auf den Mühlen, sind Tiere Vieh, hat die nichtmenschliche Welt den Status von „Zeug", das zum Gebrauch und Verbrauch vorgesehen ist, das in Verwendung zu nehmen nicht die geringsten Skrupel erzeugt. Die ethische Umweltbeziehung ist in hohem Maße unselbstverständlich und der Mensch ein homo faber, dem emotionale Anwandlungen in Bezug auf die ‚Sachwelt' fremd sind.

Allzuviel scheint sich in den letzten hundert Jahren nicht verändert zu haben. Noch immer trifft man auf Zeitgenossen, die einen seltsam anschauen, wenn man von miteinander kommunizierenden Bäumen, sich um ihre Fortexistenz sorgenden Tieren und der unauflöslichen Verschränkung von Mensch und Natur spricht – oder gar von einer Leidens- und Schicksalsgemeinschaft alles Lebendigen. Wer unseren Mitgeschöpfen ein ausgeprägtes Empfindungsvermögen, je eigene Interessen und andere Personeneigenschaften zuschreibt, gilt ihnen als jemand, der sich den Grundfesten des aufgeklärten Bewusstseins verweigert – die beruhigende Tatsache leugnen will, dass der Mensch im Universum des Lebens eine Sonderstellung besitzt, das Nonplusultra der Evolution darstellt und mit dem, was da sonst noch kreucht und fleucht, keine tiefere Verbindung hat.

Es handelt sich um jenen kollektiven Dünkel, den der australische Philosoph und Tier-Ethiker Peter Singer seit langem als „Speziezismus" geißelt, als Ausdruck einer angemaßten Überlegenheit gegenüber allem, das nur Natur ist. In seinem 1975 erschienenen Buch „Animal Liberation" hat er die systematische Diskriminierung, Geringschätzung und Ausbeutung von Tierarten aufgrund eines vermeintlichen Vorranges der eigenen Spezies beschrieben – und sich damit nicht nur Freunde gemacht.

Dabei meint der Begriff kein gelegentliches moralisches Versagen Einzelner, sondern die prägende Haltung moderner Gesellschaften, eine Engführung unserer moralischen Vorstellungen, die sich im kollektiven Bewusstsein sedimentiert hat. Warum für viele der Widerstand gegen die Singersche Öffnung der Ethik so groß ist, ist klar: Nach der kosmologischen, der evolutionsbiologischen und der psychoanalytischen Kränkung mutet sie dem Menschen eine weitere zu – den Verlust des Glaubens an seine Einzigartigkeit, daran, dass nur wir ein emotionales Innenleben besitzen, das Privileg eines Bewusstseins haben, oder kurz: dass auch die Tierwelt einer ethischen Inblicknahme bedarf.

Auch die Zunft der Biologen hat sich nicht gerade beeilt, ein differenzierteres Bild zu zeichnen. In den 1960er und 1970er Jahren waren es Außenseiter, die teilweise nicht einmal eine akademische Ausbildung hatten, die sich für das Innenleben der Tiere und deren intellektuelle Fähigkeiten zu interessieren begannen. Erst nach und nach, mit steigender Evidenz, sind solche Fragestellungen in den Bereich des wissenschaftlichen Mainstreams aufgenommen worden. So gibt es inzwischen zahllose Studien mit Affen, Delfinen, Elefanten und Raben, die gezeigt haben, dass auch nichtmenschliche Lebewesen zu erstaunlichen Reflexionsleistungen fähig sind. Als Meilenstein gilt ein Experiment, das der amerikanische Psychologe Gordon Gallup 1970 durchführte. Er hatte einem im Narkoseschlaf befindlichen Menschenaffen einen Farbfleck auf das Gesicht gemalt. Kaum hatte dieser sich nach dem Erwachen im Spiegel entdeckt, fing er an, sich selbst zu reinigen und nicht etwa das Spiegelbild, was auf eine gewisse Bewusstseinsstufe schließen lässt.

Ähnliches ließ sich unlängst sogar für die nur 5 Zentimeter großen Putzerlippfische nachweisen. Man hatte ihnen eine braune Markierung auf die Brust gepinselt und einen Spiegel im Aquarium montiert. Für den Beobachter unübersehbar hatten sie daraufhin begonnen, die betroffene Körperpartie am Boden zu reiben, ganz offenbar, um die Farbe wieder runterzubekommen. Zudem schwammen sie zwischendurch immer wieder zum Spiegel, um den Erfolg ihres Tuns zu überprüfen und dann wieder mit den Reinigungsversuchen fortzufahren. Ein solches Verhalten war bei dieser tropischen Art nie zuvor beobachtet worden. Es zeigte sich auch bei der Kontrollgruppe nicht, die ebenfalls einen Spiegel erhielt, aber nicht eingefärbt worden war.

Nicht weniger aufsehenerregend sind die Ergebnisse der Verhaltensforschung an Walen. Schon seit langem weiß man, dass sich die größten Säugetiere über akustische Signale verständigen, und das – wie im Fall der Blauwale – so laut, dass sie über hunderte von Kilometern zu hören sind. Als wahre Meister der Kommunikation haben sich inzwischen aber die Buckelwale erwiesen, die unter der Meeresoberfläche regelrechte Gesänge anstimmen. Basierend auf Tonfolgen, die einige Sekunden dauern, werden eine Art Strophen gebildet, die zwei bis vier Minuten wiederholt werden. Mehrere dieser Sequenzen ergeben dann ein Lied, das etwa zwanzig Minuten lang ist – kein mechanisches Abspulen genetisch verankerter Lautgebilde, sondern eine freie Komposition, wenn man ein Wort aus der Musiktheorie verwenden will. „Die Lieder der Buckelwale gelten als die komplexeste Form der Kommunikation, die es im Tierreich gibt," versichert der Meeresbiologe und Walschützer Fabian Ritter.

Auch die naheliegendste Erklärung für dieses Verhalten ist bereits vom Tisch: dass es sich einfach nur um eine besonders virtuose Form der Partnerwerbung handelt. Die Tiere singen nämlich auch außerhalb der Paarungszeit, unterwegs auf ihren weiten Wanderungen durch den Ozean. Alles deutet darauf hin, dass eine Population von Walen sich auf diese Weise mit anderen per Gesang austauscht. Besonders erstaunlich: jedes Jahr werden ganz neue Tonfolgen produziert, die dann für alle Teilnehmer der Gruppe verbindlich werden, aber eben nur für diese Saison. Dabei folgen diese Veränderungen keinem festliegenden Muster, Gründe und Logik des Themenwechsels bleiben rätselhaft. Fast scheint es, als würden die Tiere ihr Repertoire ändern, weil sie des alten überdrüssig sind, weil auch das schönste Lied seinen Reiz verliert, wenn man es allzu oft intoniert. Womöglich probieren sie genau dann, wenn ihnen die bisherige Melodie nicht mehr gefällt, etwas neues aus, wobei sie Töne und

Melodien anderer Populationen übernehmen und in die eigene Tonsprache einbauen, ohne diese vollends aufzugeben.

Von ‚Kultur' zu sprechen ist deshalb nicht übertrieben: Kultur im Sinne von Gewohnheiten und Fertigkeiten, die Mitglieder einer Lebensgemeinschaft von anderen Artgenossen unterscheiden, und die sie untereinander weitergeben, nicht etwa via Vererbung, sondern durch soziales Lernen. Voraussetzung einer solchen Kultur ist es, in komplexen sozialen Gefügen zu leben, in denen man sich gegenseitig als Individuum wahrnimmt, miteinander kommuniziert und kooperiert.

Ähnlich bemerkenswert sind die Ergebnisse einer Studie, von der die Fachzeitschrift Science Advances unlängst berichtete. Als Probanden dienten sieben Orang Utang-Mütter mit ihrem fünf bis neun Jahre alten Nachwuchs. Die Forscher verkleideten sich mit einem Tigerfell und näherten sich ihnen auf allen Vieren, um ihr Stressverhalten zu testen. Zu erwarten war das bei Primaten übliche Reaktionsmuster, dass die Gruppenmitglieder, die die herannahende Gefahr zuerst erkannten, sofort in lautes Warngeschrei ausbrechen würden. Doch die Affenmütter unterdrückten den Reflex, und taten das umso anhaltender, wenn ihre Kinder schon älter waren und ihnen deshalb schon ein hohes Maß an Selbständigkeit in der Risikoabschätzung zuzurechnen war. Laut wurden sie erst, als das vermeintliche Raubtier bereits wieder weg war. Die Deutung der Forscher: Die Mütter reagierten nicht mit dem zu erwartenden Verhaltensmechanismus, sondern wogen ab zwischen der Gefahr, die von den sich nähernden Raubkatzen ausgingen und der, die dadurch entsteht, dass man diese durch das Gekreische überhaupt erst auf sich aufmerksam macht. Abwägen heißt, einen intellektuellen Prozess in Gang zu setzen, eben nicht instinktiv zu reagieren, und deshalb keineswegs ein bloßes Reiz-Reaktionsbündel zu sein, das mit der Zuverlässigkeit eines Bio-Automaten funktioniert.

Besonders aufschlussreich ist es, dass die Primaten die brenzlige Situation erst kommunizierten, nachdem diese vorüber war. Mittels Sprache auf Ereignisse zu verweisen, die bereits vergangen sind, gilt als Privileg der menschlichen Kommunikation und ist Bestandteil aller gesprochenen Sprachen. Tieren hatte man solche Fähigkeiten bislang nicht zugetraut. Offenbar leben sie nicht in einer endlosen Gegenwart, sondern sind auch in der Lage, sich zur Vergangenheit ins Verhältnis zu setzen, zeigen also Merkmale, die bis vor kurzem als exklusiv menschlich betrachtet wurden.

Selbst die Disposition zu altruistischem Handeln ist inzwischen bewiesen: Schimpansen etwa werfen sich ins Wasser, um einen ihrer Angehörigen zu retten, obwohl sie gar nicht schwimmen können. In zweifelhaften Versuchen, bei denen ihren Artgenossen immer dann ein Stromstoß zugefügt wurde, wenn sie selbst sich Futter nahmen, zogen es die meisten Affen vor, zu verhungern, als den anderen ständig großes Leid zu bereiten.

Alles gut also? Sind wir auf dem besten Weg, unsere Überlegenheits-Position zu räumen, unsere enge Verwandtschaft mit den Tieren anzuerkennen. Stehen wir am Anfang eines Prozesses, in dem wir sie mit ganz anderen Augen zu sehen beginnen, sie als komplexe und empfindsame Individuen zu betrachten lernen? Ein Prozess der zunehmenden Achtung unserer Mitschöpfe, der unumkehrbar ist?

Ganz so schnell geht es vielleicht doch nicht. Auch wenn sich die Nachrichten von der Komplexität des tierischen Innenlebens über Funk, Fernsehen und Internet massenhaft verbreitet haben: Die Mehrheit dürfte dazu neigen, die erstaunlichen Befunde als kuriose Einzelfälle wahrzunehmen, als Ausnahmen, die die Regel bestätigen – die Regel, dass Tiere im Vergleich zum Menschen nur über eingeschränkte kognitive Fähigkeiten verfügen, nur ein reduziertes emotionales Innenleben haben und deshalb zuletzt nichts dagegen spricht, sie weiterhin in den Dienst unserer Interessen zu stellen, wenn man sie nicht quält jedenfalls. Und ganz abwegig ist diese Einschätzung ja auch nicht. Die präsentierten Forschungsergebnisse lassen jedenfalls stets mehr Fragen offen als sie beantworten.

Die Frage etwa, ob sich die intellektuellen und emotionalen Fähigkeiten bestimmter Arten auch auf andere Gattungen oder sogar auf die ganze Tierwelt übertragen lassen? Oder die, ob man wirklich einen Einblick in das Innenleben eines animalischen Individuums bekommen kann, wo dies doch nicht mal bei unseren Mitmenschen gelingt, so sehr wir uns auch in sie hineinzuversetzen versuchen? Dass wir in dieser Hinsicht in absehbarer Zeit genauere Aufschlüsse erhalten werden, ist nicht zu erwarten. Auch wenn die Verfahren, Hirnströme und Hormonspiegel zu messen, weiter perfektioniert würden, wird es sich wohl nie ergründen lassen, wie es sich für einen Fisch anfühlt, mit seinem Spiegelbild konfrontiert zu werden. Er mag Fähigkeiten besitzen, die denen einer menschlichen Person ähneln, er bleibt aber ein Fisch – ein anderes Wesen, über dessen Formen der Selbstbeziehung wir nur spekulieren können. Freilich hat der Spiegeltest den guten Sinn, uns von der irrigen Meinung abzubringen, dass nur Menschen zu Reflexionsleistungen in der Lage sind. Versagt ein Tier bei dieser Versuchsanordnung, so erlaubt das aber nicht den Schluss, dass es kein Bewusstsein von sich selbst habe, sagt der renommierte Verhaltensforscher Frans de Waal. Das Sicherkennen im Spiegel zum Ausschlusskriterium aufzuspielen, heißt, im zweitausend Jahre alten Hierarchiemodell gefangen zu bleiben, heißt, die spezifischen Merkmale des Menschen zum Maßstab zu nehmen und die animalischen Lebensformen danach ein- und abzustufen. Es bedeutet, die Tiere insgeheim zu vermenschlichen, sie nach unserem Bilde zu betrachten, ihr letztthiniges Fremd- und Anderssein nicht wahrhaben zu wollen. Tiere sind aber keine Menschen mit Fell oder Flossen, ihr inneres Wesen bleibt unerforschlich, und auch die Analyse, wieviele ihrer Genome mit den unsrigen übereinstimmen, bringt nicht wirklich weiter. Welchen Wert hat die Erkenntnis, dass ein knappes Drittel unseres Erbguts mit dem der Bäckerhefe identisch ist? Heißt das, dass wir modellierte Hefe sind, oder dass die Hefe menschliche Eigenschaften besitzt?

Darüber hinaus ist ohnehin nicht zu bestreiten, dass die auch bei den Tieren festgestellten Fähigkeiten beim Menschen in einer einzigartigen Kombination auftreten und er zudem über eine Vielzahl von exklusiven Kompetenzen verfügt, die die Überzeugung von unserer evolutionären Spitzenposition immer wieder befeuern: Eine Sprache mit einer Grammatik etwa, die Fähigkeit zum Aufbau einer Sozialgesetzgebung, die Kunst Geräte zu ersinnen, die – einmal in Gang gesetzt – ganz alleine weiterarbeiten. Nicht zu vergessen die Begabung, abstrakte Ideen zu entwickeln und danach zu handeln, ein so erstaunliches wie doppelgesichtiges Vermögen: kein Tier kann die Mitglieder seiner Gruppe davon überzeugen, einen Krieg gegen eine weit entfernt lebende Sippe zu führen, weil diese anders aussieht oder andere Götter anbetet. Kein Tier ist in der Lage, eine Ethik für den Umgang mit anderen Arten zu entwickeln – mit solchen etwa, von denen es sich bislang zu ernähren pflegte. Und kein Tier ist wie der Mensch imstande, seine Wünsche und Bedürfnisse zu *rechtfertigen,* den eigenen Egoismus mit Argumenten zu untermauern, seiner natürlichen Umwelt gegenüber Ansprüche zu stellen, denen diese mangels Fähigkeit zur Gegenrede nichts entgegensetzen kann.

Das heißt: Wie viele Ähnlichkeiten zwischen menschlichen und nichtmenschlichen Lebewesen die Forscher in Zukunft noch finden werden, es werden auch genug Unterschiede übrig bleiben. Oder anders gesagt: Wenn eine an die menschliche Alleinwichtigkeit gewöhnte Gesellschaft ihren Respekt für nichtmenschliches Leben gering halten will, wird sie stets fündig werden und sich mit immer subtileren Differenzierungen zu helfen wissen.

Und selbst wenn dereinst der Nachweis gelänge, dass Lebewesen aller Arten ein dem menschlichen verwandtes Selbstbewusstsein besäßen, wäre damit nicht viel gewonnen. Denn was folgt denn für unseren Umgang mit ihnen, wenn erwiesen wäre, dass es sich in jedem Fall um ein eigenständiges, komplexes und empfindsames Individuum handelt? Dass Tiere den Status von Personen bekommen müssen? Auch Nacktschnecken, Stechmücken, Viren? Dass wir die seit ewigen Zeiten in unserem Dienst stehenden Nutztiere sofort frei lassen müssten, sie keinesfalls töten und essen und nicht einmal als Lieferanten von Eiern, Milch und Honig nützen dürften? Dass wir vielleicht sogar die Pflanzen als Nahrungsmittel ausschließen sollten, weil auch sie ein tiefes Bedürfnis spüren, nicht geerntet und verspeist zu werden?

Zudem bliebe das Problem, wie sich aus den neu gewonnenen Einsichten ein adäquater Verhaltenskodex destillieren ließe. In Deutschland ist der Tierschutz 2002 zwar ins Grundgesetz aufgenommen worden, anwenden lässt er sich aber allenfalls für einige der sogenannten ‚höheren Tiere' – über den Kunstgriff menschlicher Treuhänder, die in ihrem Namen das Wort ergreifen und doch niemals ihre direkten Sprachrohre sein können. So hat die Tierschutzorganisation PETA vor Kurzem eine Verfassungsbeschwerde eingereicht – mit dem Argument, die massenhafte betäubungslose Kastration männlicher Ferkel widerspreche ihrem Grundrecht auf körperliche Unversehrtheit. Die grausame Prozedur muss hier gar nicht im Detail beschrieben werden. Es ist nicht schwer sich vorzustellen, dass Tiere sich über ihre Peiniger beklagen würden, wenn sie in der Lage wären, unsere Sprache zu sprechen.

Der Bundestag hat bereits 2013 entschieden, dass diese Praxis beendet werden muss, die Umsetzungsfrist aber auf 2017 gesetzt und dann immer wieder verlängert, zuletzt auf das Jahr 2021. Möglich wurde die für die PETA nur schwer erträgliche Verzögerung dadurch, dass nach der Logik unseres Rechtssystems Tiere nach wie vor als Sachen betrachtet werden und in Bezug auf den Tierschutz eine Abwägung der Ansprüche vorgesehen ist, die Bedürfnisse der Tiere also mit denen der Schweinemäster gegengerechnet werden dürfen. Den von einer mächtigen Lobby vertretenen Tierhaltern und Fleischproduzenten erschien der Aufwand und die Kosten für die Betäubung als einfach nicht zumutbar, sodass im Moment noch immer jedes Jahr 20 bis 25 Millionen Ferkel diese Qualen aushalten müssen. Dazu kommt, dass die Gerichte bei Vergehen gegen das Tierschutzgesetz ausgesprochen lax reagieren. Mehrere rechtswissenschaftliche Studien beweisen, dass solche Verstöße als Bagatelldelikte behandelt und nur in den seltensten Fällen überhaupt bestraft werden. Für ein Rechtsverständnis, das die wirtschaftlichen Interessen als mindestens so relevant betrachtet wie die gesetzlich verbürgten Tierrechte, bleibt die Vermeidung unnötiger tierischer Leiden ein Argument unter vielen.

Darüber kann man sich mit Recht empören. Andererseits dürfte es kaum möglich sein, auf ein Rechtssystem umzustellen, das zwischen Mensch und Tier keinen Unterschied mehr macht. Da es ausschließlich für Einzel- und Rechtspersonen konzipiert ist, macht es auch nur dort wirklich Sinn. Nicht abwägender, sondern kategorischer Natur, schließen die Menschenrechte eo ipso aus, dass die Interessen der Sklaven mit denen der Sklavenhalter verrechnet werden. Ein Fehlverhalten wäre hier mit sofortiger Wirkung einzuklagen. Ein analoger Gesetzespassus, der die vollständige Unantastbarkeit der tierischen Würde proklamiert, wäre hingegen absurd. Allen Lebewesen ein Grundrecht auf Leben zuzusprechen würde nicht nur mit den Grundlagen der Jahrtausende alten Domestizierungsgeschichte kollidieren, sondern auch mit den Spielregeln jedes Ökosystems. In letzter Konsequenz müssten dann auch die Mäuse vor den Katzen, die Fische vor den Fischreihern und die Mücken vor den Vögeln geschützt werden.

Trotz all dieser Hemmnisse, Ambivalenzen und Aporien besteht aber kein Zweifel daran, dass in den letzten Jahren einige Bewegung in die Sache gekommen ist. Wie groß das Interesse an den komplexen Vorgängen in der Tier- und Pflanzenwelt inzwischen ist, zeigen allein schon die Entwicklungen auf dem Buchmarkt: „Das geheime Leben der Bäume", das 2015 erschienene Buch des Försters Peter Wohlleben stand Monate lang auf der Spiegel-Bestsellerliste, ist inzwischen in der 37. Auflage erschienen und kürzlich sogar verfilmt worden. Dabei ist es nicht die einzige Publikation, die sich solch ungewöhnlichen Fragestellungen widmet. Stapelweise liegen sie heute auf den Tischen der Buchläden, Titel wie: „Die Wurzeln der Welt" „Was Fische wissen", „Das verborgene

Leben der Meisen"; „Die Weisheit der Wölfe" oder „Die verborgene Seele der Kühe".

Noch in den 1980er- und 1990er-Jahren hätten die Literaturagenten der größeren Verlage müde abgewinkt, wenn man ihnen solche oder ähnlich betitelte Manuskripte angeboten hätte. Damals hatte auch niemand gedacht, dass die eigentliche Karriere des Tierfilms im Fernsehen noch bevorstand, dass „Landlust" zu einer der auflagenstärksten Zeitschriften aufsteigen würde und dass es mittlerweile mehr als ein Dutzend weiterer Journale gibt, in denen Monat für Monat das Leben am Busen der Natur beschworen wird. Was passiert da? Handelt es sich lediglich um kleine Fluchten aus der Wirklichkeit, um Selbsttäuschungsmanöver, gar nur um private Gewissensberuhigung, einen leicht durchschaubaren Versuch, sich mit den eigenen Widersprüchen auszusöhnen? Oder handelt es sich um Anzeichen einer echten Neuorientierung in der Frage des menschlichen In-der-Welt-Seins, um einen Kurswechsel in der Selbst- und Naturwahrnehmung? Um ein Umdenken, das nicht nur den Umgang mit unseren Nutztieren verändern könnte, sondern auch den mit der Natur insgesamt und damit auch mit uns selbst, mit dem Tier, das wir selbst sind?

Völlig auszuschließen ist das nicht. Der Glaube, dass uns das Leid, das die Wohlstandsgesellschaft unseren Mitgeschöpfen antut, nichts angeht, befindet sich wohl tatsächlich in einem Erosionsprozess. Um das zu erkennen, genügt heute ein Blick auf die Speisekarten der Gasthäuser, gleich ob in der Stadt oder auf dem Land. Selbst bei den berüchtigten Fast-Food-Ketten, in denen lange Jahre neben Salat fast nur Fleischvariationen auf den Tisch kamen, ist der Veggie-Burger nicht mehr wegzudenken. Zum gesellschaftsfähig gewordenen Vegetarismus, zu dem sich in Deutschland bereits jeder Fünfzehnte bekennt, addiert sich nun auch noch der Veganismus, bei dem alle Nahrungsmittel verweigert werden, die auf einer Indienstnahme der Tiere fußen, selbst der Genuß von Honig.

Welch überwältigende Karriere der Veganismus in diesen Tagen macht, zeigt sich schon daran, dass der Börsenwert des US-amerikanischen Start-up-Unternehmenses ‚Beyond Meat' in rund drei Monaten von 1,5 Milliarden auf 13,4 Milliarden gestiegen ist – absolut beispiellos. Als Lidl die aus Fleischersatzstoffen bestehenden Burger ins Sortiment nahm, waren sie in einer Viertelstunde ausverkauft – restlos, in allen Filialen des Landes.

Dabei ist der radikale Verzicht auf das Konsumieren tierischer Produkte wohl nur die Spitze des Eisbergs, hat sich die Abscheu für Massentierhaltung, tagelange Tiertransporte und industrielle Schlachtanlagen längst auf große Gesellschaftsgruppen ausgedehnt. Jedenfalls wüssten aktuellen Umfragen zufolge immerhin vier von fünf Deutschen gerne, ob ihre Steaks und Würste aus tierfreundlicher Haltung stammen. Ob das den verbleibenden zwanzig Prozent tatsächlich ganz egal ist, oder ob sie es aus Gründen des Selbstschutzes einfach nur nicht wissen *wollen*, muss dahingestellt bleiben. Fragen des Tierwohls seien in den Fokus einer medialen und gesellschaftspolitischen Debatte geraten, konstatiert ein Funktionär eines großen deutschen Landwirtschaftsverbands: „So hoch wie jetzt war das Interesse der Menschen an landwirtschaftlichen Themen noch nie, insbesondere im Zusammenhang mit der Haltung von Nutztieren." Die Gunst der Stunde nutzend schaltet der irische Butter-Gigant Kerrygold hierzulande nun ganzseitige Anzeigen, in denen er mit artgerechter Haltung wirbt – mit kleinen, freilaufenden Herden und Kühen, denen keine Turbo-Euter angezüchtet wurden. Noch vor zwei Jahren wäre eine solche Kampagne undenkbar gewesen. Tierschutz ist zu einem schlagenden Verkaufsargument geworden. Wer anständige Zucht- und Haltungskonzepte verspricht, erhöht seine Umsätze (freilich auch dann, wenn er Etikettenschwindel betreibt und das Versprochene gar nicht einlöst!).

Folgerichtig hat sich auch die Politik mit der Zertifizierung tierischer Lebensmittel zu beschäftigen begonnen. Sich auf die langwierigen Entscheidungsprozesse der EU ausredend, ist das hierzulande seit langem diskutierte Tierwohllabel allerdings nur auf freiwilliger Basis eingeführt worden. Einzelhändler, die das wollen, können ihren Kunden also verraten, ob die Ware von Betrieben stammt, in denen einem Mastschwein nach wie vor nur ein Dreiviertelquadratmeter Bewegungsraum zugestanden wird, oder etwas mehr. Die Großen der Branche tun dies bereits, nicht weil sie sich plötzlich auf die Seite der Tierschützer geschlagen hätten, sondern weil sie mit einer realen Nachfrage konfrontiert werden; weil immer mehr Menschen die Vorstellung unangenehm ist, ihren kulinarischen Genuss mit offensichtlicher Tierquälerei erkauft zu haben; weil eine Diskussion in Gang gekommen ist, die den Fleisch- und Wurstfabrikanten gefährlich werden könnte.

Warum aber gerade jetzt? Im Grunde war das, was hinter den verschlossenen Toren der Zucht- und Schlachtanstalten passiert, doch schon seit langem bekannt. Trotz der gelegentlichen Horrormeldungen über Rinderwahnsinn, Vogelgrippe und dergleichen konnten sich die entsprechenden Agrarunternehmen bislang prächtig entwickeln, Billigfleisch und Farbstoffwurst war in aller Munde und niemand hatte sich aufgeregt, abgesehen von jener kleinen Minderheit, die gerne als militante Tierschützer belächelt wurde. Genauso wenig sind die tagelangen Tiertransporte eine Erfindung der letzten Jahre. Unter dem Einfluss der Agrarlobby haben sich die EU-Politiker immer schon auf die Seite der Großproduzenten gestellt und damit den gnadenlosen Preiskampf angestachelt, der für das Schlachtvieh fatal ist. Bemühungen um ein länderübergreifendes Kontrollsystem, das die Einhaltung der festgelegten Mindeststandards sicherstellt, sind nach wie vor nicht zu erkennen. Warum, ist klar: Würden die animalischen Morituri den Vorschriften gemäß unterwegs anständig gefüttert und auch mal ins Freie gelassen, wären die bis in die Türkei, den Libanon und nach Usbekistan führenden Transporte nicht mehr rentabel. Also darf man gar nicht kontrollieren, woran sich die Behörden der meisten EU-Länder dank ihrer chronischen Unterbesetzung auch halten, von denen der außereuropäischen Handelspartner gar nicht zu reden.

Was also mag passiert sein, dass in den letzten Wochen und Monaten kaum ein Tag verging, an dem große Zeitungen nicht mindestens einen Artikel brachten, der sich der Frage des Tierwohls oder der Biodiversität widmete? Dass fast zwei Millionen Bayern ihre Regierung per Unterschrift zu ernsthaften Artenschutzmaßnahmen zu zwingen versuchen? Woher die plötzliche Sympathie für Lebewesen, die die meisten von uns so lange vornehmlich unter kulinarischen Gesichtspunkten betrachtet hatten?

Eine einzelne und einzige Ursache für die erstaunliche Entwicklung ausmachen zu wollen, wäre natürlich naiv. Unterschiedlichste Faktoren dürften hier ineinanderspielen. Naheliegend ist zum Beispiel die medienpsychologische Erklärung: Wenn die Schreckensnachrichten nicht enden, funktionieren die üblichen Selbstberuhigungsstrategien irgendwann nicht mehr. Schließlich weiß man aus geheim gemachten und ins Netz gestellten Videoaufnahmen, dass die fließbandartige Verarbeitung der betäubten Tiere in den heutigen Schlachtfabriken zuweilen so schnell vor sich geht, dass manches Tier noch bei Bewusstsein ist, wenn es schon mit

Motorsägen in Stücke geschnitten wird. Inzwischen gingen auch Bilder um die Welt, die belegen, dass es den männlichen Kälbern, die das Pech haben in einem Großbetrieb der Milchviehindustrie das Licht der Welt zu erblicken, kaum besser ergeht als den männlichen Küken, die in der Geflügelindustrie direkt nach dem Schlüpfen millionenfach geschreddert werden. Weil die Stiere in spe partout keine Milch geben werden und sie aufgrund der Zugehörigkeit einer allein auf Euter gezüchteten Rasse zu wenig Fleisch für die Mast ansetzen, besitzen sie einen Marktwert zwischen einem und acht Euro. Am besten ist es da, sie verenden einfach in den ersten sieben Tagen ihres Lebens, in denen sie noch nicht gemeldet werden müssen. 200 000 neugeborene Kälber verschwinden in Deutschland auf diese Weise – so schätzt man – aus den Statistiken. Das Konfrontiertwerden mit solchen Praktiken könnte die in uns schlummernde Empathiefähigkeit zu neuem Leben erweckt haben, vorübergehend jedenfalls – die kurze Halbwertszeit medial erzeugter Empörung ist ja bekannt. Skeptiker glauben deshalb, dass es sich um einen Sturm im Wasserglas handelt und bald alles wieder beim Alten sein wird, für die allermeisten zumindest. Und dass es der Fleischindustrie ohnehin genügt, wenn sie die kleiner werdende Gruppe der passionierten Fleischesser dazu bringen kann, sich immer größere Portionen auf den Teller zu laden.

Eine zweite Deutungsmöglichkeit: Die Aufmerksamkeit gegenüber den Tieren ist gestiegen, weil Biomediziner ihre enge genetische Verwandtschaft bewiesen und Ethologen immer mehr Wissen über ihr Innenleben zusammengetragen haben, wodurch sich unsere Meinung über sie verändert, unser Horizont sich erweitert hat. Dass wissenschaftliche Erkenntniszugewinne nicht gänzlich folgenlos bleiben, lässt sich schwer bestreiten. Brauchte es aber wirklich einen wissenschaftlichen Beleg, dass die in Frage stehenden Nutztiere empfindende Wesen sind? Ist das nicht ohnehin jedem klar, auch ohne tragfähige szientistische Beweisführungen? Belehrt nicht auch schon der Volksmund die Kinder mit dem Merksatz „Quäle nie ein Tier zum Scherz, denn es fühlt wie Du den Schmerz"? Wenn es stimmt, dass viele Zeitgenossen sensibler geworden sind, so dürfte es kaum daran liegen, dass sie etwas verstehen, was sie bislang noch nicht verstanden hatten, wofür es also der Ergebnisse der einen oder anderen Wissenschaft gebraucht hätte.

Die dritte Erklärung: Gerade bei jüngeren Menschen hat sich die Erkenntnis durchgesetzt, dass es einer ökologischen Wende bedarf, um unsere Lebensgrundlagen nicht völlig zu zerstören, und nun suchen sie verzweifelt nach einem Beitrag, den sie selbst zur Rettung vor der selbstverschuldeten Katastrophe leisten können. Die ältere Generation tut das mit akribischer Mülltrennung, die jüngere mit Veganismus.

Solche Erklärungen haben ihre Plausibilität, reichen für sich genommen aber kaum aus, die ausgebrochene Dynamik zu verstehen. Man wird deshalb wohl auch tiefergreifende gesellschaftliche Veränderungen annehmen müssen, auf deren Grundlage die Frage nach den Tieren eine neue Bedeutung bekommen konnte. Die so plötzliche wie vehemente Hinwendung zu unseren Mitgeschöpfen könnte Teil einer Entwicklung sein, die sich in den letzten Jahren eher im Verborgenen vollzogen hat – eine Entwicklung, die sich als Erschütterung des modernen Selbstverständnisses, als Bruch mit den Grundfesten unserer Kultur bezeichnen ließe. Das Interesse am Tierwohl, so könnte die entsprechende Hypothese lauten, verdankt sich einer um sich greifenden Verunsicherung, ist das Produkt eines zunehmenden Orientierungsverlustes, weniger hehrer Erkenntnis- und Bewusstseinsfortschritt also als Krisensymptom.

Die Ursachen dieser Krise sind jedenfalls unschwer zu konturieren: Der Fortschrittsglaube der 60er- und 70er-Jahre ist Geschichte, die zunächst begrüßte Beschleunigung aller Lebensvorgänge wird vermehrt als Überforderung erfahren, die Anfangsbegeisterung über Komfortgewinn und endlosen Konsum ist verpufft, auch wenn man nach diesem Strohhalm im Ozean der neuen Unübersichtlichkeit nur allzu gerne greift. Besonders in den gebildeten Schichten besitzen die technischen Innovationen keinen metaphysischen Mehrwert mehr, gilt das Glücksversprechen der kapitalistischen Warengesellschaft als ein für allemal entzaubert. Darüber hinaus beginnt der beziehungslose, von körperlichen Auseinandersetzungen mit der Umwelt entlastete Alltag selber zur Last zu werden. Er wird als Verlust der Bodenhaftung spürbar – als Sinnverlust und Zukunftsangst. Der Soziologe Hartmut Rosa: „Wir stecken in der Situation eines rasenden Stillstands, in der die Steigerungsleistungen nicht mehr als Teil einer Fortschrittsgeschichte hin zu einer gestaltbaren Zukunft verstanden werden, sondern als Kampf gegen das Abrutschen in den Abgrund des Zusammenbruchs. ... Spätmodernen Menschen erscheint ihre Welt in paradoxer Verkehrung der Verfügbarkeitsverheißung als versteinert und entfremdet. Sie erfahren sich nicht als souverän Handelnde, sondern als ohnmächtig Erleidende."

Kurz: Worin genau die Forderungen nach einem Paradigmenwechsel im Umgang mit unseren Nutztieren auch gründen, sie verdanken sich nicht nur journalistischen Enthüllungen, wissenschaftlichen Erkenntnissen und sonstigen *Bewusstseinserweiterungen*. Sie verdanken sich auch dem diffusen Gefühl, dass das zivilisatorische Programm der Emanzipation von der Natur gescheitert sein könnte – durch seinen überwältigenden Erfolg. Kleinlaut und verunsichert wenden wir uns nun dem zu, was jetzt noch Halt verspricht: die Natur.

Betrachtet man die Naturferne, in der die Menschen in den Industrienationen heute leben, so erscheint diese These ziemlich gewagt. Die Tiere sind jedenfalls auf zweifache Weise aus unserem Leben verschwunden. Einmal durch eine zivilisatorische Praxis, die immer mehr Arten aussterben lässt, und zum anderen, weil sie gerade in den Landstrichen, in denen sie massenhaft gezüchtet und verarbeitet werden, in fensterlosen Zuchtanlagen kaserniert und damit für die Öffentlichkeit unsichtbar geworden sind. Obwohl die Zahl der auf diese Weise gehaltenen und verbrauchten Nutztiere weiterhin steigt, begegnen diese uns fast nur noch folienverschweißt in portionsgerechten Stücken an der Fleischtheke, in Tetrapacks mit dem Schwindeletikett ‚Bergbauernmilch', oder in Heimatfilmen, Reisereportagen und Kinderbüchern.

Zu den Zeichen der Zeit gehört außerdem, dass sich kein kleiner Teil der Zeitgenossen zur Befriedigung ihres angeborenen Bewegungsdrangs in kaum weniger abgeschirmte, vollklimatisierte und mit Kunstlicht ausgeleuchtete Fitness-Studios zurückzuziehen pflegt, in geschlossene Einrichtungen, in denen das einzige Stück Natur, unser eigener imperfektibler Körper, mit Hilfe von Maschinen optimiert, selber zur Maschine, zu einem Produkt werden soll – getragen von der verwegenen Hoffnung, man könne der gespürten Leibentfremdung mit noch mehr Entfremdung beikommen. Wie also sollte eine Beziehung zur natürlichen Umwelt aufgenommen werden, wenn das unter freiem Himmel-Sein zumeist auf die kurzen Wege von und zum Auto beschränkt bleibt? Und vor allem, wenn wir uns in unserer restlichen Freizeit zunehmend in virtuellen Paralleluniversen aufhalten, in denen naturgemäß nichts Lebendiges vorkommen kann?

Andererseits gibt es aber auch einige unübersehbare Indikatoren für den Wandel, hierzulande zumindest: Der Wanderboom etwa, oder der des Radfahrens. Hätte man Mitte der neunzehnhundertachtziger Jahre prophezeit, dass es innerhalb von zwei Dekaden an jedem deutschen Fließgewässer einen durchgehenden, straßenentflochtenen Radweg geben würde und dass dort jährlich drei Millionen Deutsche mit vollgepackten Gepäcktaschen unterwegs sein würden, man wäre für einen Tagträumer gehalten worden. Damals waren Zeitgenossen, die die Mühen der Selbstbewegung durch die Natur auf sich nahmen, als Masochisten und Sonderlinge belächelt worden, als Fortschrittsverweigerer, die die Entlastungen durch Technik nicht zu würdigen wussten und die Zeit zurückdrehen wollten. Inzwischen ist es aber gesellschaftsfähig – das Bedürfnis nach intensiven Selbst- und Naturerlebnissen – nach einem Austausch mit den Elementen, bei dem – wie Nietzsche sagen würde – „auch die Muskeln ein Fest feiern." Nach der aktuellen Studie der ‚Forschungsgemeinschaft Urlaub und Reisen' ist für jeden zweiten Deutschen das Naturerlebnis das wichtigste Urlaubsmotiv. Und im Segment der Wanderer und Radler steht dieses immer an erster Stelle, weit vor Sport, Geselligkeit und Gesundheit. Mit Reisen, die keinerlei Anteil an körperlicher Eigenaktivität haben, kann man gerade auch in wohlhabenden und gebildeten Kreisen kaum noch Eindruck machen. Die Alpenüberquerung per Pedes gehört seit Jahren zu den Rennern im Tourismusgeschäft – in nahezu allen gesellschaftlichen Schichten.

Kein Zweifel, dass es für viele dieser Aktivurlauber vor allem um ein körperliches Sichauspowern geht, mit dem man sein Ich zu stabilisieren versucht, und die durchquerte Natur nur noch Staffage ist. Kein Zweifel auch, dass solche Unternehmungen lustgesteuert sind. Zugleich verweisen diese aber auch auf eine Not: auf das Gefühl eines eigentümlichen Abgetrenntseins, auf die schmerzliche Beziehungslosigkeit des Büromenschen und Stubenhockers, der sein Dasein in immer steriler werdenden Umgebungen fristet, in denen er sich nicht mehr berührt und im Vollsinne lebendig erfährt. So groß die praktischen Vorzüge eines Lebens auch sein mögen, bei dem man vor allem auf rechteckige Leuchtflächen schaut und dabei allenfalls ein paar Finger bewegt, die damit verbundene Lebensform wird auch als Entzug wirklicher Erfahrungen, als große Leere empfunden. Eine Leere, bei der der eigene Leib einem zunehmend wie ein freischwebender Fremdkörper erscheint, von dem man sich mehr bedroht als getragen fühlt. Einerseits brauchen wir das angeborene Instrumentarium unseres analogen Körpers im Alltag der medial vernetzten Welt kaum noch, weder für die Arbeit noch für die Fortbewegung, andererseits sind wir auch nicht in der Lage, seiner kreatürlichen Schwerkraft zu entkommen. In erster Linie gilt das in Bezug auf die körperlichen Verfallserscheinungen, unser Alt- und Krankwerden. Es gilt aber auch im Blick auf die Stoffwechselvorgänge: über die Nahrungsaufnahme bleiben wir an die uns fremder und fremder werdende Welt da draußen gebunden, ob wir wollen oder nicht. Verunsichert den multimedial sozialisierten Zeitgenossen schon der Gedanke an die Tatsache seiner irreduziblen Fleischlichkeit, dann tut dies die Vorstellung, andere Körper zu essen, erst recht. Der kategorische Verzicht auf Fleisch zeigt womöglich nicht nur, dass der Veganer gesund bleiben möchte und ihm das Wohl der Tiere am Herzen liegt. Er zeigt auch, dass ihm das Leben insgesamt unheimlich geworden ist, ihm die Conditio humana, in der es Schmerz, Krankheit und Tod gibt, Angst zu machen beginnt, dass er sich nach einem Dasein sehnt, das so schwerelos, schmerzfrei und aseptisch ist wie der Aufenthalt im Universum der digitalen Simulationen. Die Rigorosität, mit der heute auf bestimmte Nahrungsmittel oder einige ihrer Bestandteile Verzicht geleistet wird, macht den Grad der Verunsicherung und der Entfremdung deutlich. Sie macht deutlich, dass die Natur wieder in den Blick geraten ist, man zugleich aber nichts mehr fürchtet als sich auf sie wirklich einzulassen. Oder kurz: Dass sich die Tierwohldiskussion weniger aus einer gewachsenen und gelebten Empathiefähigkeit speist, denn aus der Sorge um sich selbst.

Alles andere wäre allerdings auch ein Wunder. Nicht, weil der Mensch nun mal so ist, dass er sich immer nur für sich selbst interessiert, sondern weil der Mensch, wie wir ihn kennen, das Produkt einer zweitausendjährigen Kulturgeschichte ist, in der die sichtbare Welt mit ihren zahllosen Formen und Lebewesen niemals die zentrale Orientierungsgröße war, vielmehr als Ort der Unvollkommenheit und der falschen Verführungen galt. Was unter der jahrhundertelangen Vorherrschaft des christlichen Weltbildes zählte, war nicht die Vielstimmigkeit der Natur, sondern das eine Wort, die Stimme Gottes, die in einer uns verständlichen Sprache spricht, weil sie ausschließlich an uns, seine vermeintlichen Ebenbilder, gerichtet ist – eine Stimme, die die irdischen Stimmen unhörbar macht und machen soll. Weghören- und Wegsehen gehörte für Kirchenvater Augustinus zu den obersten Pflichten eines Christenmenschen, jede Art der Hinwendung zu den Schönheiten der materiellen Welt galt ihm als Sünde.

Vorchristliche Alpenbewohner hatten an ihren Kultplätzen noch den Gestirnen gehuldigt – unter freiem Himmel. Die christliche Missionare des fünften und sechsten Jahrhunderts übernahmen alle diese Orte und überbauten sie mit festen Gebäuden, den Kirchen, in deren Innerem von der realen Außenwelt nichts mehr zu sehen und zu hören war. Die Mächte der Natur waren nun gebannt, zugleich war aber auch der Grundstein für die moderne Naturbeherrschung gelegt. Die technische Macht, die Natur zu unterwerfen, war noch außer Reichweite, für die Kulthandlungen konnte man sie aber schon mal aus dem Blick schaffen!

Unser Planet und der Kosmos, in den er eingebettet ist, galten fortan nicht als letzte Heimat und primärer Referenzpunkt, sondern als Nebenschauplatz einer allein auf den Menschen bezogenen Heilsgeschichte, oder – später – nachdem die Lehren Calvins dem Kapitalismus den Boden bereitet hatten, als Selbstbedienungsladen, in dem sich als gottgefällig erwies, wer monetären Reichtum akkumulierte.

Aber ist die religiös motivierte Geringschätzung der realen Welt nicht längst Geschichte? Ist die Natur nicht schon vor zweihundert Jahren positiviert worden, von Rousseau und von den Romantikern? Und leben wir nicht seit langem im Reich des Profanen, in dem das theologische Koordinatensystem keine Gültigkeit mehr besitzt? Oberflächlich betrachtet – ja! Aus der Kirche auszutreten heißt aber noch lange nicht, in ein offenes Verhältnis zur uns umgebenden Welt zurückzukehren. Hartmut Rosa hat deshalb Recht, wenn er der gegenwärtigen Gesellschaft die Aufnahme sogenannter Resonanzbeziehungen empfiehlt, einen wechselseitigen Austausch zwischen Mensch und Umwelt, der nicht auf Herrschaft zielt. Und er hat Recht, wenn er in der entgegengesetzten, auf Autonomie und innere Unberührtheit fixierten Grundhaltung moderner Technokratien eine spirituelle Dogmatik entdeckt: „Der moderne Souverän beansprucht die territoriale Souveränität, d.h. die Kontrolle über einen ‚Lebensraum', der nicht nur sozial, sondern immer auch materiell geformt und bestimmt ist. Souveränität bedeutet auch, über die Natur und ihre Ressourcen, über Berge, Flüsse, Täler, Wasser, Sonne und alles, was sie bergen, autonom und rational zu verfügen." Diese der materiellen Welt jedes Eigenrecht absprechende Haltung ist folglich nicht das Zeichen der nüchternen Vorurteilslosigkeit, für die sie sich hält. Sie hat geradezu religiöse Züge, den Status eines Glaubensbekenntnisses, das seine Gültigkeit längst noch nicht verloren hat. Zudem steht die auf christlichem Auserwähltheitsdenken aufruhende Naturbeherrschungsdoktrin auch deshalb nicht einfach zur Disposition, weil sie sich in marktwirtschaftlichen Gesetzen und politischen wie auch juristischen Institutionen materialisiert hat, die kein kollektives Umdenken so schnell beseitigen kann.

Alle Mühen also vergeblich? Ist uns der achtsame Umgang mit unserem Heimatplaneten auf ewig verstellt? Werden wir diesen, zumindest unsere Lebensgrundlagen, zerstören, die Atmosphäre bis zum Klimakollaps aufheizen, Wasser und Böden weiter vergiften – auch und gerade mit den Nitraten aus der Massentierhaltung? Werden wir die Meere übersäuern, vermüllen und leerfischen, noch mehr Arten ausrotten als die eine Million, die wir in den letzten fünfzig Jahren schon ausgerottet haben?

Das ist zwar wahrscheinlich, aber weit davon entfernt, sich mit der Unabänderlichkeit eines Naturgesetzes zu vollziehen. Auch wenn dies die Geschichte des Abendlands auf den Kopf stellen würde, es bleibt denkbar, dass wir wieder Ausschau nach dem halten, was uns mit der irdischen Welt verbindet, uns wieder an dem zu orientieren beginnen das übrig bleibt, wenn die kulturspezifischen Verblendungen verloschen sind: das Reich der Natur, mit dem wir in einer unauflöslichen Beziehung stehen, nicht weil es von Lebewesen bevölkert ist, die uns gleichen und die sich uns gegenüber verständlich machen, sondern weil unsere ideologischen Scheuklappen durchlässig werden, wir einem Rationalismus zu misstrauen beginnen, der alle anderen Stimmen übertönen zu können meint – weil wir uns nicht länger taub stellen für das, was von der äußeren und inneren Natur an uns herandringt, wenn wir es nicht unter den Zugriff des Besitzens und Verstehens nehmen. Es mag hochgradig utopisch klingen, ist aber nicht grundsätzlich auszuschließen, dass wir uns zunehmend wieder als Teil jener Welt wahrnehmen, die uns hervorgebracht hat und zu der wir zuletzt auch zurückkehren – die Welt, in der wir und von der wir leben. Immerhin hat jetzt sogar die Theologie begonnen, ihren einseitigen Menschenbezug aufzugeben. Der promovierte Jesuitenpater Rainer Hagencord meint jedenfalls, dass die von der klassischen Theologie hartnäckig ignorierten Tiere endlich wieder als Teil der christlichen Heilsgeschichte begriffen werden müssten – passend zur 2015 erschienenen Enzyklika von Papst Franziskus, die von einem Himmelreich spricht, in dem Menschen und Tiere gleichermaßen und gleichberechtigt Platz finden.

Ein postindustrielles Zurück zur Natur? Bei gleichzeitigem ungebremsten technischen Fortschritt? – Hört sich geradezu verrückt an: Gegen die Eigendynamiken der kapitalistischen Wachstumsgesellschaft und ihre mächtigen Lobby-Verbände scheint ja kein Kraut gewachsen. Auch wenn es eine höchst sympathische Idee ist, die in Vergessenheit geratenen Resonanzbeziehungen mit neuem Leben zu füllen – wer wäre naiv genug zu glauben, dass sich ein solch sinnlich-affektiver Austausch zwischen Mensch und Natur einfach wieder herstellen ließe?

Dass wir unseren Mitgeschöpfen wieder räumlich und emotional näherkommen, ist in einer hochkomplexen, arbeitsteiligen und speziezistisch vorbelasteten Gesellschaft in der Tat nicht sehr wahrscheinlich. Womöglich kommt der nötige Anstoß aber von dort, wo man ihn gar nicht erwartet hätte: vom unabweisbaren Gefühl des Selbstbedrohtseins. Wenn uns das Reich der Pflanzen und Tiere heute nähertritt, dann wohl vor allem über diesen Umweg: Durch das Unwohlsein in der eigenen Haut, durch die Ahnung, dass das Artensterben nicht nur ein Problem für die betroffenen Lebewesen ist, sondern auch uns selbst betrifft, unser eigenes Überleben in Frage stellt. Das Moment des Wissens und der Tatsachen ist dabei sekundär, es gibt keinen Beweis, sondern nur die unheilvolle Ahnung, dass, was heute den Vögeln passiert, morgen uns passieren könnte. Unter den Gefährdungsszenarien der Gegenwart spüren wir wieder, in welch elementarer Weise wir verbunden sind mit der außermenschlichen Natur, die unsere Kultur so lange als etwas Fremdes, Äußeres zu begreifen pflegte.

Es könnte also sein, dass der abendländische Mensch unter dem Druck der Verhältnisse zu erkennen beginnt, was er tief in seinem Inneren schon immer geahnt hat, aber nicht wahrhaben durfte: dass für uns die mit den Tieren und Pflanzen geteilte Welt maßgeblich ist, und nicht die Welt, die wir darüber gebaut haben und auf die wir viel zu lange so stolz waren.

Frédéric Holzwarth

Verbundenheit – ein leibliches Phänomen

„Der Teil und das Ganze" ist eine übliche Redewendung, um zu verdeutlichen, dass alles, was wir betrachten, jeweils Teil eines größeren Zusammenhanges ist und erst in diesem Zusammenhang Sinn ergibt und als Teil verständlich wird. Die Erde ist Teil des Sonnensystems, die Zelle Teil eines Organs und eines Organismus, der Baum Teil des Waldes und einer Biozönose, der Mensch Teil von Gemeinschaften und Gesellschaft. Das Ganze ist jeweils das, was aus der Menge der Teile und ihrer Beziehungen untereinander entsteht und ebenso, was sie birgt, sodass letztlich beide einander bedingen. Menschen bilden Gemeinschaften und sie sind auch *nur* in Gemeinschaft ganz Mensch. Menschsein ist gebunden an die Einbindung in menschliche Gemeinschaft und das Netzwerk des Lebens.

Diese Verbindungen und Beziehungen des Lebens und der Menschen untereinander können als Faktum der Ökologie betrachtet werden. Doch so leicht es nachvollziehbar sein mag, dass die Teile der Biozönose, der Gemeinschaft des Lebens, miteinander in Beziehung stehen und aufeinander bezogen sind, so wenig stellt sich doch durch das bloße Wissen darum gleich ein *Erlebnis* dessen ein. Es macht einen Unterschied, den Zusammenhang zu wissen oder ihn zu *schauen*, gleichsam neben dem Wissen innerlich zu erleben und damit die Verbindung an und mit sich selbst zu fühlen. Um Beziehung zu erleben, muss ich durch sie betroffen sein, die Beziehung an mir selbst erfahren. Ich muss von der Schau der Beziehung angerührt werden: Ich bin gemeint und ich bin selbst ein Teil dieses Ganzen. Dann wird gewusste Beziehung zu *gefühlter Verbindung*, wird zu *Verbundenheit*. Schließlich kann sich aus dieser Verbindung und dem Betroffensein die Erkenntnis ergeben, dass es *gut so ist*. Wo nicht, wo diese Bindung als aufgenötigt, gar empörend empfunden wird, wandelt sie sich in Gefangenschaft – was ich hier jedoch nicht weiter betrachten werde. Kurz: *Verbundenheit ist das Gefühl, mit Anderen in guter Verbindung zu stehen und in dieser Beziehung aufgehoben zu sein.*

Ich werde zunächst kurz auf die Grundbedingungen von Verbundenheit und ihrem Gefühlswert eingehen und dann auf den Begriff der Leiblichkeit. Danach werde ich ausführlicher anhand von vier teils persönlichen Beispielen mögliche Weisen, wie das Gefühl von Verbundenheit entstehen kann, illustrieren. Dabei werde ich das Augenmerk darauf richten, inwiefern gerade die Leiblichkeit sowohl Vermittlerin als auch Resonanzraum für Verbundenheit ist und sie somit als *leibliches Phänomen* zu verstehen suchen. Darauf folgend werde ich die Fähigkeit Beziehung abzulehnen als notwendiges Gegenstück zur Verbundenheit bestimmen. Ich schließe mit einer Einladung zur Öffnung.

Begriffsbestimmungen

Verbindung bedeutet sowohl sich gegenseitig wahrnehmen, wie auch ein Band, das von einem verwandten Schicksal zeugt. Das Schicksal wird nicht nur alleine erlitten, sondern auch geteilt, weil wir einen Sinnzusammenhang teilen, Teil eines Ganzen sind. Eine *gute* Verbindung ist erwünscht oder wird bejaht und weitet das verbundene Ich statt von ihm zu nehmen. Gleich ob selbst gewählt oder nicht, die Entscheidung fällt *für* die Verbindung aus, die Verbindung wird versucht aufrecht zu erhalten und sie wird als bereichernd, gar als lebendig erlebt, es gibt einen Austausch. Die *Anderen* sind zunächst andere Menschen. Es sind Freunde und flüchtige Bekannte oder auch Fremde bis hin zur Menschheit. Jenseits der Menschheit kann Verbundenheit mit allem Lebendigen, der Natur, dem Universum oder abstrakten Entitäten (z.B. Gott, Weltgeist, Naturgesetze) erlebt werden. Das Andere bleibt hier Gegenüber und verliert doch die Fremdheit, bleibt verschieden und wird verwandt. Kurz, das Andere ist die Welt und Verbundenheit ist, wenn die Welt in mir widerhallt. Sie ist eine Form „resonanter Weltbeziehung"[1] (Hartmut Rosa).

Verbundenheit geschieht zwischen mir und Welt, sie wird innerlich erlebt. Als Erlebnis ist sie nicht eine bloß geforderte oder gewusste, sondern eine *gefühlte* Gewissheit von der Verbindung. So kann allein schon die eigene innere Haltung, die Offenheit für Verbindung, das Gefühl von Verbundenheit bedingen, wenn ich die Ahnung habe, dass der andere Mensch oder das Andere schlechthin mein Angebot bejaht. Die Brücke der Verbindung beginnt mit einem *Ja* meinerseits und schließt sich mit dem gehörten oder erahnten *Ja* des Anderen. Schließlich erleben wir die Verbundenheit als eine Art Ankommen. Dieser Aspekt macht den Erlebnisbogen erst zu dem Gefühl, das sich als eine Gewissheit einstellen und ausbreiten kann. Ich bin in dieser Verbindung gut *aufgehoben*, geborgen in einer Beziehung, die Vertrauen verdient und Vertrauen stiftet. Sie ist gut für mich und ich bin dadurch weniger einsam. Verbundenheit kann mich in der Tiefe anrühren und mich damit sowohl in meiner einzelnen Identität bestätigen wie auch diese in dem größeren Zusammenhang, dessen ich Teil bin, wieder auflösen.

Als *leibliches* Phänomen verstehe ich Verbundenheit, weil sie in einem Resonanzkörper erklingt, der dem je Anderen verwandt ist. Diese Verwandtschaft zum Lebendigen, zur Welt, mag durchaus auch im Geist nachvollzogen und tief verstanden werden, doch bleibt sie als Verständnis noch abstrakt und mehr begreiflich denn ergreifend. Erst in der Körperlichkeit wird sie zwingend. Der menschliche Körper gehorcht den gleichen Gesetzen und ist aus gleicher Materie wie die Umwelt. Ihn bildet und durch ihn fließt der Strom der Materie. Als fühlender und erleidender Leib hat er Teil am Kreislauf von Werden und Vergehen, ist einzigartig und verletzlich. Während der eigene Körper *als Körper* dem Menschen auch fremd werden kann, bis hin zu der Vorstellung, einen Körper *zu haben* (Helmuth Plessner), ist der *Leib* uns qua Natur „nicht bloß gegeben, sondern er drängt sich geradezu auf. Dass ich dieser Leib selbst bin, ist keineswegs selbstverständlich, wohl aber wird in der Betroffenheit durch den Leib erfahren, dass ich ihn zu sein habe."[2] Als Leib bin ich mit mir selbst in Beziehung und damit auch mit meiner Umwelt: „Das leibliche Spüren ist immer ein Sich-Spüren."[3] Und in dieser zwingenden Deckung von Ausdruck und Betroffenheit, von Erleben und Erleiden ist der Leib „Resonanzraum aller Stimmungen und Gefühle, die uns ergreifen."[4] Dabei ist „die Leiblichkeit etwas, was einem widerfährt, was man an sich selbst spürt und wovon man betroffen ist; hier zeigt sich der Leib als *affizierbarer oder pathischer Leib*." Als dieser bin ich in eine mir ähnliche, eine tief verwandte Welt gestellt, die ebenso *berührbar* und mir anheimgegeben ist. Und so wie ich dieser Leib *zu sein habe*, hat auch die Welt stets sie selbst zu sein und kann wie ich der Beziehung nicht ausweichen. Sie ist mir Raum, in dem ich mein Werden entfalte und ich bin ihr ein Raum, in dem sie widerhallt. Diese Verwandtschaft ist unkündbar und die Welt ist mir sowohl gegeben, wie ich ihr ergeben. Ich werde in den folgenden Beispielen immer wieder auf die leibliche Bestimmtheit und Gestimmtheit in Bezug auf mögliche Verbundenheit hinweisen.

Der geteilte Blick

Zwei Augenpaare – wohlwollend, fragend und liebend – begegnen sich, die Augen weiten sich und verharren beieinander. Sie ziehen alle Aufmerksamkeit auf sich und gleichsam schwebt diese in der Leere des Zwischenraumes, wie auch pendelt sie hin und her, zwischen Ich und Du, zwischen Sehen und Gesehen werden. – Ich kann nicht wahrlich sehen, ohne nicht auch gesehen zu werden. Der geteilte Blick braucht sowohl eine Öffnung wie eine Hinbewegung. Er kann nicht eingefordert werden, doch kann er eingeladen werden. Wenn mein Blick sich so weit öffnet, dass ich das Bild des Anderen in mich einlasse, ich wach und ohne Forderung *schaue*, und ich in dieser Öffnung zulasse, in meiner Tiefe, in meinem Geheimnis *gesehen* zu werden, lade ich zum Teilen ein. In diesem Moment kann sich Verbundenheit einstellen: das Gefühl mit meinem Wesen an das Sein des Anderen angebunden zu sein und gleichwohl im Gesehenwerden ich selbst sein zu dürfen. Für diesen Moment bannt mich der Blick in meinen Leib und ja: Ich bin dieser. Der Blick legt mich sowohl fest auf mich selbst wie auch befreit er mich, dieses Selbst durchlässig zu machen, um sich zu verbinden. So kann ich verwundbar und gleichsam heil werden.

„… denn da ist keine Stelle, / die dich nicht sieht."[5] (Rilke) – wenn ich mich dem Blick nicht verschließe, mich sehen lasse, so wie ich gerade bin, so fallen Körperlichkeit und Selbst zusammen. Ich bin dieser Leib und erlebe den Blick, erleide das Leibsein: ich bin festgelegt auf diesen Körper und auch von ihm befreit hinaus in die Verbindung mit meinem Gegenüber. Der Blick kann nur ein Gefühl von Verbundenheit auslösen, wenn da nichts zwischen uns ist. Kein Medium, keine Maske. Ich bin seelisch, zumindest an dieser Facette des Hier und Jetzt, nackt und bin es in der Gewissheit, dass wir Beide uns nackt und unmittelbar begegnen. In meinem Gesehenwerden sehe auch ich unverstellt und klar. Keine Maske, die meinen Blick färbt und verengt.

So ehrlich wie ein leibhaftiges Berühren kann auch der Blick sein und uns ehrlich sicht- und spürbar machen. Jedoch, im Blick der Verbundenheit begegnen wir einander und auch nicht. Wir begegnen dem gewordenen Ich und doch auch seiner Unabgeschlossenheit, dem zeitlosen wie dem ganz und gar anwesenden Ich. Zwischen uns ist es dicht von Leben wie auch weit und zeitlos. Weil der Blick so zwingend sein kann, kann auch die Zeitlichkeit – der, der ich eben noch war, der, der ich für dich bin und sein könnte – in den Hintergrund sinken und sich so der Raum öffnen, in dem Ursachen und Zwecke bedeutungslos werden. Und so begegnen wir uns vielleicht und schon verlieren wir uns ein wenig ineinander. Ob sich durch die entstehende Verbundenheit die personalen Identitäten aufweichen oder umgedreht, durch das Durchlässig werden erst Verbundenheit möglich wird?

In meinem Gesicht hat sich mein ganzes Leben eingeschrieben: Jede wiederholte Mimik gräbt Fältchen, Krankheiten und Lebensgewohnheiten färben und formen die Haut, so auch Arbeit und Wetter. Sorgen und Freuden schreiben sich nach und nach ein. Und ganz besonders um die Augen herum. Diese Augen schauen aus meiner körperlichen Biographie und geben Zeugnis, wie es mir darin geht und wie ich mein Schicksal nehme. Dies kann ich nicht verbergen, wenn ich mich sehen lasse. Und all dies erfahre ich auch von meinem Gegenüber in einem Augenblick. Und da ich selbst Mensch und von gleicher Gestalt bin, kann ich auch unmittelbar, ganz ohne den Verstand zu bemühen, eben am eigenen Leib, etwas vom Wesen des Gegenübers erfahren. So trägt unser Leibsein schon das Verstehen leiblicher Zustände von Anderen in sich.

Auch nach langer Prägung durch das Leben, entstehe ich neu in jedem Augenblick, besonders in *deinem* Augen-Blick. In der Mitte des gesunden Auges kann noch im hohen Alter ein frischer Glanz schimmern, der ganz ins Jetzt zurückholt und dem Schauenden mitteilt: ich bin hier ganz neu und ungeprägt, du siehst inmitten meiner Geschichte die leibliche Gegenwart. Im wertschätzenden Blick helfen wir einander zu sehen, helfen einander aus der Notwendigkeit ein Ich zu sein, dahin, auch das Wir zu spüren. Mein Erleben weitet sich über die leibliche Verwandtschaft in den Leib des Gegenübers: der Blick „wirkt bannend, anziehend, ja einverleibend". „Der *liebende Blick* […] enthält die ursprüngliche zwischenleibliche Kommunikation und führt doch nicht zu einer Verschmelzung."[6]

Gemeinsamer Tanz

Im *Tango* beginnt der Tanz mit einer Umarmung im Stehen, in die die Tänzer ihre ganze Aufmerksamkeit legen und sich dem Anderen zeigen, spürbar machen: ich spüre Haltung, Körperspannung, Wärme, Duft des Tanzpartners und erfahre etwas zum gewünschten Abstand, zur gewünschten Nähe, dem Grad der Hingabe und Reserviertheit in diesem Moment und gebe mich selbst ebenso preis. In dieser Umarmung verschmilzt meine Wahrnehmung von diesem Körper mit der Wahrnehmung der Person als ganzer. Und auch ich bin spürbarer Leib, ganz durch alle Facetten meiner Körperlichkeit, die ich atme. In der Umarmung wird oft schon deutlich, wie tief die Verbindung gehen kann. Ob eine vermutete Sympathie bestätigt wird oder nicht oder etwa ganz unerwartet eine Passung erlebt wird.

So wie es Menschen gibt, die einander wenig bedeuten und doch gut miteinander klar kommen, gibt es viele Tänze, die ohne unangenehm zu sein, schnell vergessen sind. Und doch, wenn die Aufmerksamkeit der Tänzer stark beieinander ist, die Hinwendung zum Anderen innerlich vorbereitet und in der Berührung bestätigt wird, kann selbst und gerade in schlichten Schritten, im Wiegen oder Verharren auf der Stelle, ein Gefühl der Verbundenheit auftauchen: mein Leiberleben weitet sich auf den anderen Menschen. Ich spüre unmittelbar die Bewegung oder Stille des Anderen, spüre durch ihn hindurch den Boden, den Raum hinter ihm und nehme wahr, wie jede Regung meinerseits über meine Körpergrenzen hinaus schwingt und widerhallt. Ich habe den Eindruck, mein Leib weitet sich um den des Anderen, ich erahne dessen Bewegung schon in der Anmutung und erlebe sie wie selbst ausgeführt. Momenthaft ist der Tanzpartner Teil meines Körperschemas[7] geworden und ich erlebe die Verbindung als verleibliche Einheit zweier Körper, verbunden durch das Wechselspiel von Gehen und Mitgehen, Lauschen und Bewegen.

Einmal sah ich einen Mann mit einem Baby im Tragetuch an der Brust mit seiner Partnerin tanzen. Das Baby schlief, fest eingewickelt, eng an der Brust des Vaters. Es schien als habe er, wie seine Partnerin, die Augen geschlossen und sie schritten behutsam und klar über das Parkett, das Kind zwischen beiden. Mich ergriff dieser Moment von außen vermuteter Verbundenheit und ich fühlte mich gleichsam selbst verbunden: im Schauen dieser Intimität dreier Menschen, die in zarter, enger Berührung waren und deren Leben vermutlich inniglich miteinander verwoben war.

Im gemeinsamen Tanz ist mir der Körper des Anderen gewärtig und ich gewähre sinnenhaften Zugang zu meinem Körper – wir nehmen jeweils Bezug auf den Anderen. Der Körper des Anderen kann vergegenwärtigt werden durch: Sehen, Berühren, Hören, etc. – meine *Aufmerksamkeit* ist auf den Körper gerichtet. Schließlich stelle ich meine Körperlichkeit zur Verfügung, erlaube gesehen, gespürt, gelesen zu werden und lade gestisch und intentional dazu ein. Je mehr meine Aufmerksamkeit dabei dem Menschen *in* der Bewegung gilt, desto mehr nehme ich ihn leiblich wahr. „Im *Tanz* werden [...] Weltbeziehungsmuster, -formen und -möglichkeiten sogar unmittelbar anschaulich sowie leiblich spürbar, fühlbar und modellierbar, oft ohne die Sinnebene zu berühren. Der Körper selbst wird hier zu einem Resonanzraum."[8]

Contact Improvisation ist eine Tanzform, in der sich zwei oder mehr Tänzer einander an beliebigen Stellen des Körpers berühren und dabei lehnen und Gewicht teilen können. Zu den Grundprinzipien zählen die aufmerksame Wahrnehmung des eigenen Körpers und der Umgebung, der achtsame Kontakt im Miteinander und die Integration der physikalischen Kräfte. Das Erforschen von Flieh- und Schwerkräften in der Bewegung eröffnet eine Vielfalt und Dynamik im Tanz: Balance, Fallen, Rollen, Gleiten, Heben, am Boden oder in der Luft. Jede Bewegung entsteht unmittelbar aus der vorangegangenen – improvisiert und orientiert am gemeinsamen Kontaktpunkt. Es gibt weder Schrittfolgen, noch feste Rollen zwischen den Tanzenden. Die Fragen, ob, wo und wieviel berührt wird, wann genau der Tanz beginnt und wann er endet, bleiben immer ein Stück weit offen und werden in actu miteinander ausgehandelt. Gerade dieser Mangel an Festlegungen fordert eine ständige Wachheit für den Moment. Wo – innerhalb eines vereinbarten Rahmens – nichts klar ist, braucht es meine ständige Aufmerksamkeit, um mich zu verorten, zu beziehen und reagieren zu können. In der Contact Improvisation begegne ich anderen Tänzern jenseits der Worte und doch ist es ein Gespräch, in dem wir uns austauschen, etwas voneinander erfahren, Einvernehmen möglich ist und Missverstehen, Aneinander vorbeireden wie auch gelungener Austausch.

Klarheit für den Beginn des Tanzes schafft eine Berührung, ein beliebiger Teil meines Körpers berührt irgendeinen anderen meiner Tanzpartnerin und in diesem Moment fordert der Kontaktpunkt alle Aufmerksamkeit: Was erfahre ich von ihr, von ihrer Körperspannung, ihrer Struktur und ihrer Bewegungsrichtung? Was sende ich aus? Die Berührung reicht durch viele Schichten: die Haare an der Hautoberfläche geben erste Signale, die Haut vermittelt Haften oder Gleiten, Klarheit oder Unschlüssigkeit, Wärme und Weichheit, das Bindegewebe und die Muskeln vermitteln Spannung und Intention, Offenheit und Bereitschaft, die Knochen schließlich geben Auskunft über die Passung der Körper an dieser Stelle:

Welche Strukturen kommen hier in Kontakt, wieviel Kraft kann hier übertragen werden, welche Bewegungsentwicklungen sind wahrscheinlicher, sind anatomisch möglich? In dieser körperlichen Begegnung offenbart sich mein Zustand ungefiltert, meine Anspannungen werden spürbar und meine Zurückhaltung ebenso wie meine Bereitschaft mich einzulassen. Ich werde für die Andere spürbar. Und das genau so, wie ich gerade in dieser Begegnung bin. *Am Du werde ich zum Ich*[9] (Martin Buber). In der Beziehung offenbart sich für uns Beide, wer wir jetzt jeweilig sind. Die Begegnung zwingt mich anwesend zu sein und zwar als Berührender und als Berührter. „Vom Anderen berührt werden heißt daher, in einer elementaren Weise von ihm erkannt zu sein und sich selbst zu erkennen. Im ‚Kontakt' mit dem Anderen werden wir einander nicht nur im körperlichen, sondern im personalen Sinn wirklich."[10]

Ich nehme von meiner Partnerin vielfältige Informationen auf, ich könnte versuchen, sie einzeln zu benennen und doch ist vorher schon ein Bild in Gänze da: das von ihrer Leiblichkeit zu dem mein Leib in Resonanz geht. Mein Leib zeigt sich empathisch für den anderen Menschen und seiner Körperlichkeit, schwingt ein und erlaubt ein unmittelbares Verständnis von der körperlichen Beschaffenheit, der anatomischen Struktur und auch wie der Körper gestimmt ist. Ich spüre meine Tanzpartnerin am eigenen Leib. Wir sind verflochten in einem „wechselseitigen leiblichen Spüren und Umbilden", schwingen in einer *„zwischenleiblichen Resonanz"*.[11]

Es bildet sich ein labiles Gleichgewicht, in dem sich die Körperspannungen annähern, die Nähe bestimmt ist, die Aufmerksamkeit fokussiert – und doch ist es kein Verharren, sondern ein Spüren, ein Lauschen auf das, was passiert. Bleibt es bebende Stille oder ist schon der nächste Moment voller Bewegung? In dem Punkt der Berührung kulminiert die Wahrnehmung, doch geht die Beeinflussung durch alle Zellen: alle Gelenke zwischen Boden und Partnerin ermöglichen den Kontakt und fragen schon nach der weiteren Entwicklung, die abgewandte Körperseite bildet die Balance, jede Muskelfaser nimmt die Spannung oder Entspannung an, die vom Kontakt ausgeht. Und so geschieht die Improvisation, die nichts anderes ist als Spontaneität: das Fließenlassen im Wirkungsfeld des anderen Leibes.

Vordergründig bestimmen physikalische Kräfte den Tanz: eine leichte Regung, schon ändert sich der Schwerpunkt, ich korrigiere meine Haltung und so auch meine Tanzpartnerin. Und so flieht der Schwerpunkt weiter und jede Bewegung fordert eine Anpassung, eine neue Bewegung und das Spiel ist, ob im Kleinen oder Großen, sofort im Gange. Je länger dieses Spiel geht und je mehr wir uns darauf einlassen, desto mehr dehnen sich unsere Körperschemata aufeinander aus. Wie bei meinem eigenen Körper habe ich durch die Berührung und Bewegung eine Vorstellung des Schemas meiner Partnerin. Auch wenn ich sie nicht sehe, habe ich stets eine Ahnung wo und wie ihr Körper im Raum und zu mir steht und sich bewegt. Diese Ahnung ist unmittelbar leiblich abrufbar. So wie ich meinen Körper unvermittelt erlebe, erlebe ich ihren Körper in der Bewegung gleichsam mit. Dies wird insbesondere beim Fehlgehen der Ahnung anschaulich: Wenn dort Leere ist, statt des erwarteten Arms, oder wenn am Ende einer streichenden Bewegung nicht der Torso, sondern die Hand spürbar wird, bin ich irritiert. Meine Aufmerksamkeit geht aus dem Spüren in das Denken, aus der verleiblichten Wahrnehmung in die Kognition und ihr Körper fällt aus meinem Spürbewusstsein heraus – bis durch neue Orientierung und Gewöhnung ihr Schema wieder integriert wird und die Wahrnehmung ihres Körpers wieder in die Tiefe meines leiblichen Verstehens sinken kann.

Je mehr dieses Vertrautsein der Körper wächst, desto mehr wird es ein leibliches Vertrautsein. Meine bewusste Aufmerksamkeit kann von der Ebene der Raumkoordination und der Bewegungsdynamik tiefer gehen zur Wahrnehmung des lebendigen Leibes, des Menschen. In ihrer Leiblichkeit erlebe ich meine Tanzpartnerin auf subtile Weise ganzheitlich. Ihre Leben ist eingeschrieben in ihren Körper und vielmehr noch in die Landschaft von Anspannung und Entspannung, von Bewegungsgewohnheiten spontanen Impulsen und Reaktionen. So wie ihr Leib biographisch geformt ist, drückt er sich auch im Hier und Jetzt aus. Und ebenso bei mir. In diesem Prozess der „Wechselwirkung von leiblichem Ausdruck, Gestik und affektiver Resonanz"[12] begegnen wir uns subtil und notwendig authentisch, geraten in eine leibliches Mitschwingen: ein sich Zeigen und gleichzeitig sich Einschwingen und im Kontakt verändern. Ich bin nicht mehr der, der ich noch eben war und bin umso mehr ich, als ich mich in der Beziehung anrühren lasse. „Wer in der Beziehung steht, nimmt an einer Wirklichkeit teil, das heißt: an einem Sein, das nicht bloß an ihm und nicht bloß außer ihm ist."[13] Ich stehe in einer Verbindung in der ich leibe und *dem gegenüber ein Du leibt*[14]. Wer ist dieser Mensch, wer bin ich in dieser Beziehung? Eine Frage, die ihre Antwort findet im Befragen, im Lauschen, im Sich-Zeigen!

Dieses Sich-Zeigen und auf die Beziehung lauschen geschieht im kleinen Moment des Jetzt – Bewegungen, fein oder grob, schnell oder langsam, fordern auf, mit der Wahrnehmung im Moment zu bleiben. Je mehr der eigene Körper und der gemeinsame Körper – verbunden durch Blick, Gehör und Berührung – selbstverständlich werden, also in eine vorbewusste Verfügbarkeit gleiten, gleichsam zuhanden (Heidegger) und damit transparent und unauffällig werden, desto mehr kann die Wahrnehmung anderweitig fließen. Gedanken können in die Umwelt oder nach innen abschweifen – doch ebenso in die Beziehung: in die Befragung der Begegnung. Dort wo wir eine Ahnung des gemeinsamen Körperschemas teilen, wir einander unmittelbar am eigenen Leib erfahren, und die Aufmerksamkeit auf das Zwischen-Uns gerichtet ist, geschieht Verbundenheit. Hier „fungiert der Körper als Medium der emotionalen Wahrnehmung"[15] und der Tanz, die Gewöhnung aneinander, das Spüren und Handeln im Kontakt können den Raum zwischen uns dafür öffnen. Wer ist meine Tanzpartnerin? Eine offene Frage, die in ihrer Offenheit fesselnd und befreiend zugleich ist. „Der Zweck der Beziehung ist ihr eigenes Wesen, das ist: die Berührung des Du. Denn durch die Berührung jedes Du rührt ein Hauch des ewigen Lebens uns an."[16]

Miteinander Singen

Neben Fahrt und Feuer wird das Lied als das dritte wesentliche Ritual in der Bündischen Jugend, der Welt der Wandervögel und Pfadfinder, genannt. Die Bündische Jugend hat unter anderem das miteinander Singen bis in die heutige Zeit als einen Kern ihres Tuns bewahrt. So verlaufen Abende in kleiner Runde am Feuer ebenso wie große Feste in Zelten oder Kellergewölben nicht selten darauf hinaus, dass über Stunden hinweg gesungen wird.

Auch ich habe diese Singerunden oft miterlebt, am eindrücklichsten die kleinen am Abend nach beschwerlichen Wanderungen im Zelt: Ich sitze am rauchenden Feuer, immer wieder sinkt der beißende Qualm tiefer in der Kohte, dem typischen Stoffzelt mit Rauchöffnung, ich ducke mich in die kühle Luft am Boden, bis die Schwaden abziehen. Ich tauche wieder auf und starre diffus in die Flammen oder dahinter. Meine Aufmerksamkeit ist seltsam geteilt: zwischen vorbeihuschenden Gedanken, dem Feuer mit seinem Rauch und dem Klang der Lieder. Eine einzelne Gitarre begleitet mit einfachen Akkorden die schlichten Strophen, die wir in der kleinen Fahrtengruppe ums Feuer kauernd singen. Die Liedtexte sind vertraut, vielfach gesungen, im Singen selbst verfügbar, der Mund kennt sie auswendig, wenn die Melodie und die eigene Singstimme sie rufen. Und so werden die Texte oft sekundär, während Intonation und Melodie in den Vordergrund treten. So geht es auch mir. Ich singe, die Texte kommen aus der Tiefe, während ich mich mit ganzem Erleben der Stimmung hingebe. Nach und nach, mit mehr Liedern und auch indem ich der Erschöpfung des Tages erlaube, sich meiner zu bemächtigen, tauche ich ein in einen See des miteinander Singens, des miteinander Erlebens. Hier, wo das Außen des Zeltes völlig im Dunklen und Bedeutungslosen liegt und auch das Feuer nur die Gesichter vor schwarzem Hintergrund der Zeltbahnen sichtbar werden lässt, bin ich eingetaucht in eine Welt von Klang, die ebenso real wie die Flammen zwischen uns aufscheint: Der Klang ist Raum, Mitte und Bezug untereinander.

Immer wieder fühle ich das Mitschwingen der eigenen Stimme im gemeinsamen Klang der Gruppe. Immer wieder taucht meine Stimme unter und wieder auf und ich meine, mich hineinzuweben in ein Tuch, das uns verbindet. Ein Tuch, das die Gemeinschaft am Feuer schafft, das ebenso auch viel weiter noch ausgebreitet auf der Welt liegt. Im Moment des Aufgehobenseins im Klang stellt sich auch ein Gefühl von Verbundenheit ein. Ich bin aufgehoben in der Welt. Meine Stimme ist gleichsam Schlüssel zu diesem Gefühl als auch Anker darin. Ich singe, also bin ich eingebunden. Im umschauenden Blick bestätigt sich die Teilhabe: Lächeln, blitzende Augen und das gelegentliche Heraushören anderer Stimmen machen es auch konkret. Hier hat sich eine Gruppe gefunden, die mit ihren Stimmen das Band der Zugehörigkeit bekräftigt. Mag am Tag vorher gewesen sein, was mag und der kommende das seine bringen, im Singen lösen sich Unstimmigkeiten auf und wir sind miteinander kraft der Stimme verbunden. Ein unmittelbar leibliches Phänomen, wie der Rhythmus des Atems und das Schwingen des Brustraumes sich in den Raumklang einfügen, ihn mitschaffend und mir ein tiefes Vertrauen geben: Ich gehöre dazu.

„Nirgendwo sonst lässt sich dies [das Einstimmen der Seele in alles] so unmittelbar erfahren wie beim gemeinsamen Singen [...] Wer sich daran beteiligt, erfährt in den gelingenden Momenten eine ‚Tiefenresonanz' zwischen seinem Körper und seiner mentalen Befindlichkeit zum Ersten, zwischen sich und den Mitsingenden zum Zweiten sowie die Ausbildung eines kollektiv geteilten physischen Resonanzraumes [...] zum Dritten."[17] So fasst Hartmut Rosa zahlreiche Studien zur Wirkung des Singens zusammen und deutet die Erfahrungen des Singenden als etwas, das er Resonanz nennt. Diese Resonanz – ein Mitschwingen mit der nahen wie fernen Umwelt und nicht zuletzt in und mit sich selbst – ist eben genau Verbundenheit.

Während im Wandervogel-Liedgut die Texte oft reich an Bildern und konkreten Beschreibungen sind und somit auch beim Singen immer wieder Aufmerksamkeit fordern, gibt es Traditionen des spirituellen Singens, wo sowohl Text als auch Melodie einfach und eingängig gehalten sind, damit die Lieder wie ein Mantra wirken können. In den verschiedenen Städten, in denen ich gewohnt habe, gab es jeweils Singkreise, in denen solche spirituellen Lieder in Gemeinschaft gesungen wurden. Sind die Melodien meist den hiesigen Hörgewohnheiten angepasst, so entstammen die Texte oft verschiedensten religiösen und spirituellen Traditionen, thematisieren den Bezug zur Natur oder beschwören Einssein und Einheit. Bei den Treffen der Singkreise steht genau das Eintauchen in einen Zustand der Versenkung, der Verzückung, schließlich der Verbundenheit durch das Singen im Vordergrund. Die Inhalte der Lieder mögen das unterstreichen, doch ist es vor allem das andauernde, wiederholende Singen – das auch zaghaften Menschen irgendwann den Einstieg erlaubt, das mich schließlich mitreißt: Meine Stimme ist aufgesprungen auf den schwebenden Klang aller Stimmen. Meine Aufmerksamkeit ist nicht mehr durch das Was und Wie des Singens gebunden und ich kann pendelnd wahrnehmen, wie mein Körper im Klang meiner Intonation bebt und durch den Raumklang mitschwingt. So fühle ich Raum und Selbst durch den Klang „ganz durchdrungen, dass ich nicht scheide mein und dein"[18] (Hesse) und auch die Blicke finden einander immer wieder und schenken und erwecken ein Lächeln! Die Stimme wird hier Stimmung und nahezu greifbar im Raum, scheint alles zu durchtränken und wie die Euphorie in mir wächst, wächst sie auch nach außen, scheint die mitsingenden Menschen zu umarmen und darüber hinaus zu reichen: Kurze Gedanken reisen zu geliebten Menschen und auch mit umarmender Geste zu ungeliebten, zu Orten des Unfriedens. Aus der erlebten inneren Fülle scheine ich die Welt umarmen zu können. – In der folgenden, langen Stille schwingt vor allem eines nach: das Gefühl mit der Welt verbunden zu sein.

Naturerleben

Innerhalb der Trias der Rituale des Wandervogels – Fahrt, Feuer und Lied – bildet die Fahrt den Wesenskern. In ihr wiederum befruchten sich drei Erlebnissphären: das Erleben des Selbst, das Gemeinschaftserlebnis und das Naturerlebnis. „Aus grauer Städte Mauern" hinein in bäuerliche Idylle und die Wildnis ist ein früher Ruf der Wandervögel an sich selbst gewesen und so führte die Fahrt oft über Tage bis Wochen in nahezu unberührte Natur. Nach einigen Tagen abseits des Lärmes von Städten und den Ablenkungen des Alltags kann sich so ein ruhiger Blick, ein waches Gehör, ein feines Gespür für die Sprache der Natur und ihrer Bewohner ausbilden. „Ist der Zustand der ‚Leere' eingetreten, so werden sich Erlebnisse melden von ganz ungeahnter Art und Kraft. Fels und Wasser, Sonne und Baum und Tier werden auf einmal Stimme bekommen."[19] – so beschreibt es Max Himmelheber. Was sonst von der kultivierten Umwelt ausgegrenzt oder durch sie eingehegt ist und als kontrolliert und verfügbar erlebt wird, wird nun wirkmächtige Mitwelt, in der die Fahrenden aufgehoben und ihr zugleich ausgeliefert sind. Wilde Tiere können, selbst durch ferne Rufe nur, Schaudern auslösen. Kälte und Durst können existentiell werden und die Tiefen des Waldes, die Weite der Wildnis machen die eigene Kleinheit, die körperliche Bedingtheit und Verletzlichkeit deutlich. Hier sind Menschen Teil von etwas und der eigene Blick, die Erlebnisfärbung bestimmt entscheidend, ob dieses Teilhaben als Eingefügt-Sein oder Ausgeliefert-Sein empfunden wird. Der Naturraum ist kein weiterer Raum, den ich betreten oder verlassen kann. Ich kann ausblenden, wie weit er ist, doch wirklich bin ich immer mittendrin: Alle meine Sinne sind zur Natur hin gebildet und durch sie gestaltet. Sie ist zugleich außen, fremd und groß und ich mithin klein und in ihr einsam und sie ist auch innen, mich gebärend, mich umarmend und ich mithin in ihr aufgehend und geborgen. „In ihr [der Natur] begegnen die Subjekte einer Entität, welche die für Resonanz konstitutive Bedingung des tendenziell Unverfügbaren, Widerständigen, Eigensinnigen, aber eben auch des *Antwortenden* erfüllt."[20]

Was passiert in mir beim Naturerlebnis? Ich erinnere viele Moment des Schauens in die Ferne, von Berghängen, Wüstendünen oder Klippen: die Weite. Ich erinnere Momente des im Gras Liegens, des dem Regen Lauschens, während ich trocken unter einer Fichte liege. Ich erinnere Momente des lachend in einem kalten Bergsee Schwimmens, des

Kletterns auf den höheren Ästen einer Waldbuche, des erschöpften Stapfens durch Dornenhecken mit zerschrundenen Beinen. Es sind für mich Staunen, Geborgensein und Leiblichkeit, die mir im Naturerlebnis zuteil und spürbar werden. Max Himmelheber nennt, „was uns seelisch mit den Tiefenkräften der Natur, den Hintergründen des Kosmos, verbindet", das Magische.[21] Diese Verbindung wird wesentlich über unseren der Natur inniglich verwandten Leib, diesem einen großen Sinn, vermittelt, sodass die Eindrücke des „Landschaftsraumes dabei in eine leibliche Wechselwirkung mit dem Subjekt treten: Angesichts der Weite des Meeres oder einer Landschaft oder unter dem Eindruck von Sonne und Wärme [...] verändern sich buchstäblich Atmung, Körperhaltung, Hautwiderstand und die Einstellung beziehungsweise Ausrichtung des Sinnesapparates, ändert sich unsere psychophysische Weltbeziehung; wir sind im Wald, auf dem Berg oder am Meer auf eine andere Weise *in die Welt gestellt* als im Büro oder im Shopping-Center."[22]

In der Erfahrung der Elemente, nicht bloß im Schauen, sondern in der leiblichen, unmittelbaren Wider- und Erfahrnis, drängt sich die Beziehung zur Natur auf. Diese muss keineswegs als resonant oder verbindend erlebt werden, kann gar bedrohlich oder abweisend wirken. Hier muss der Mensch schon Kulturmensch sein, um sich zur Natur rückbinden zu können. Es ist die Anbindung an die Welt der Menschen, Gemeinschaft und Kultur, d.h. gestalteter Umwelt, die mir eine staunende und friedliche Hingabe an die Natur ermöglicht. Und doch muss ich mich hingeben, mit meinem verletzlichen, meinem pathischen Leib im Naturgeschehen anwesend sein. Ob ich in die Ferne über Waldgebiete in der Böhmischen Schweiz schaue oder dem Spiel der Schmetterlinge auf einer Hangwiese der Schwäbischen Alb beiwohne, ob ich frühmorgens in einem Tümpel im dichten Wald des Sollings bade oder vor den sommerlichen Mückenschwärmen fliehend in einen Weiher in Südschweden untertauche – ich bin mittendrin! Und der Natur ein Gegenüber. Und vielleicht wird dann auch „die ganze Natur für mein Ich zu einem Du."[23]

Für Andreas Weber (siehe auch die beiden Beiträge in diesem Band) ist es die „Zentralerfahrung des Lebens: Dass alles mit allem verbunden ist."[24] Und es ist eine *Erfahrung*, nichts was sich produzieren oder erklären ließe: „Die Resonanzbeziehung zur Natur etabliert sich nicht über kognitive Lernprozesse und rationale Einsichten, sondern sie resultiert aus praktisch-tätigen und emotional bedeutsamen Erfahrungen."[25] Und genau das kann die Fahrt ermöglichen. Im Wechsel von Ausgeliefertsein und Hingabe, von Aneignung und Staunen kann ich der Natur ein forderndes und verletzliches Gegenüber wie auch Teil von ihr sein.

Alleinsein und Abgrenzung

„Wer allein ist, ist auch im Geheimnis"[26] dichtete Gottfried Benn, der die emotionale Trennung zwischen sich und der Welt zur Grundbedingung seines Schaffens machte. „Ohne Rührung sieht er, wie die Erde / eine andere ward, als ihm begann" und steht doch auf ihr. Man kann sich auch einfach unverbunden fühlen, ob gewollt, ungewollt oder nachträglich gewollt. Es ist nicht nur ein Recht, sich abzugrenzen und Beziehung zu unterbrechen, es ist womöglich auch die nötige Kehrseite des Sich- Verbinden-Könnens. Hartmut Rosa zufolge ist Resonanzunterbrechung und -abwehr „hinsichtlich der intersubjektiven Begegnung und der moralischen Entwicklung von Individuen eine eminent wichtige Fähigkeit"[27], gar eine essentielle Kulturtechnik.

Warum zitiere ich hier Benn und was fasziniert mich an ihm und seinen Texten? Benn – kaum ein geeigneterer advocatus diaboli in der Verhandlung, ob Verbundenheit ein wünschbarer, ein guter Zustand sei, gar ein gerechtfertigter und dem Menschen erlaubter. Gerade weil, trotz der unleugbaren materiell-biologischen Verwandtschaft der Menschen untereinander und zur Natur, ein Sich-Verbunden-Fühlen nicht ohne weiteres folgt und, wenn gegeben, doch sehr brüchig ist, ist der Zustand des Sich-Unverbunden-Fühlens so menschlich. Und nur im Wissen um diese Brüchigkeit, dem Leiden an der Trennung, kann die Verwandtschaft unter den Menschen zu authentischer Begegnung werden.

Für Thomas Fuchs ist Verbundenheit zunächst der Urzustand des menschlichen, leiblichen Seins: „Vertrautsein beginnt schon mit der Geburt, es aktualisiert die angeborene Verwandtschaft des Leibes mit anderem Lebendigen: Wir werden nicht in eine fremde Welt geboren."[28] Und für Andreas Weber sind wir auch zeitlebens noch mit der Welt verbunden „wie mit einer Nabelschnur."[29] Diese Verbundenheit aufgrund des gemeinsamen Ursprunges und der Verwandtschaft über das Material des Lebens, der Leiblichkeit, halte ich sowohl für zutreffend wie auch für fragil. Nur wenn sie gefühlt nachvollzogen wird, wird sie erlebt und damit wirkmächtig. Mag der Körper untrennbar mit der Welt und dem

Lebendigen verbunden sein, die Seele ist es nicht. Und es ist nicht nur ein Zeichen von Schicksal und Freiheit, dass dem nicht so ist, sondern auch ein paradoxes Zeichen für Verbundenheit selbst: Nur wo ein Du ist kann ein Ich geschehen, nur wo die Abgrenzung tatsächlich möglich ist, kann ich in Beziehung und damit in Verbindung treten. Verbundenheit lebt gerade von der Spannung zwischen dem Anderen und mir und der momenthaften, gefühlsmäßigen Auflösung. Vielmehr ist der Rekurs auf eine imaginierte Einheit – „Ach, als sich alle einer Mitte neigten" – wenig hoffnungsvoll: „o ferne zwingende erfüllte Stunde, / die einst auch das verlorne Ich umschloß" und verkennt den Charakter von Ruf-und-Antwort der Verbundenheit, sodass hier das Ich umso verlorener erscheinen muss.

Und doch schließt Benn das zuerst erwähnte Gedicht „Wer allein ist" mit dem Wort „Vollendung" und schreibt erst einige Jahre später, gegen Ende des 2. Weltkrieges von dem „verlorenen Ich". Hier sehe ich eine klare Differenz zwischen Alleinsein und Abwehr von Beziehungen nach Außen gegenüber der Einsamkeit des verlorenen Ichs, die eine stark empfundene Abtrennung vom Leben an sich ist. Während letztere sicher kein wünschenswerter Zustand ist, ist die Wahl für und gegen Beziehung essentiell für menschliche Identität und kann umso mehr Beziehung nach innen bedeuten.

Gerade dieses Alleinsein – die Entsagung von Verbindung, vielleicht auch von Verbundenheit in Formen, wie ich sie hier dargestellt habe, kann wünschenswert sein. Wenn Benn „Einsamer nie als im August" die „Erfüllungsstunde" erlebt, so weil er in Beziehung steht zum „Gegenglück, dem Geist". Er konnte vermutlich auf ganz andere Weisen, als hier beispielhaft gegeben, nämlich aus einem Wort, einem Satz „erkanntes Leben, jähe[n] Sinn" steigen sehen. Vielleicht war für ihn Weltverbundenheit nur möglich durch Abkehr vom Lebendigen und damit einer Verbindung mit der Leere, einem Alleinsein „im leeren Raum um Welt und Ich". In der Sprache Bubers wäre Benn wohl ein Eigenwesen, das „sich gegen andere Eigenwesen absetzt", kein Ich-Du, das die Welt der Beziehungen stiftet, sondern einer, der jegliche Beziehung und Bedürftigkeit von sich weist – und dabei gleichwohl durch das Beziehungsorgan, den Leib, kommuniziert. Auch in der Weltabweisung bleibt der Mensch noch leiblich, wenngleich hier der eigene Leib ebenso kaltgestellt und abgewiesen wird, um als Körper *vor*gestellt zu werden, und die spontane Resonanz zum anderen Leib unterdrückt wird. Benn hat den

Körper in der Sprache der Anatomie objektiviert und alles Leibliche war ihm lächerlich bis zuwider: ihm „klebt die süße Leiblichkeit wie ein Belag am Gaumensaum."

Gottfried Benn ist ein Beispiel dafür, dass Verbundenheit keinem kategorischen Sollen entspricht und ihre Abwesenheit ein gültiger Zustand ist – ob selbstgewählt oder nicht. Verbindung an sich ist nicht der Wert, Berührung muss gewünscht sein und Berührbarkeit darf nicht gefordert werden. Vor jeder Verbindung steht die Trennung, sei es die der Nabelschnur, die Bewusstwerdung des Selbst oder die Kultur, die von der Natur trennt. Das Andere muss stets das Andere bleiben: fremd, unbeherrscht und eigensinnig, damit ich mich annähern kann, damit wir einander „zähmen" können. „Jede wirkliche Beziehung in der Welt ruht auf der Individuation; die ist ihre Wonne, denn nur so ist Einandererkennen der Verschiedenen gewährt"[30].

Schlussbetrachtung

Als ich als Jugendlicher Benns Essay „Provoziertes Leben" las, begeisterte mich daran sowohl die Hinwendung zum Leben, zum Irdischen, zum leiblich-ekstatischen ebenso wie die Unterwerfung des Körperlichen unter das Primat des Geistes, der sich den Körper verfügbar macht. Benn hat die cartesianische Spaltung in einen kränklichen und verfallenden Körper und einen ewigen Formen zugehörenden Geist in seiner Lyrik mächtig bestätigt. Sein Begriff des Bionegativen, eine Lebensfeindschaft im Leben, faszinierte mich – trotzdem meine Sehnsucht dem Leben galt und gilt. Und so macht der Bennsche Schimpf über das Leben und den Träger des Lebens, den Körper, mir auf paradoxe Weise die Einheit des Lebens deutlicher: Gerade wenn ich zu meinem Körper wie zu einem Vehikel stehe, kann ich gar nicht anders als auch von der Welt des Lebendigen abgetrennt sein und mich in der Welt der Ich-Es Verhältnisse befinden. Erst wenn ich *als* mein Körper in der Welt bin, ihr gegenüber leibe, trete ich mit ihr in eine Beziehung der innigen Verwandtschaft und sie kann, durch alle Wesen, mir leiblich gegenüber treten. So ist der Leib nicht nur das Beziehungsorgan, sondern gleichsam in seinem vollen Erleben auch schon Bestätigung der Beziehung zur lebendigen Welt. Verbundenheit wird nicht nur leiblich vermittelt und erlebt, sondern im Leibsein verwirklicht.

Ich fasse zusammen: Zunächst habe ich mein Verständnis von Verbundenheit dargelegt und besonders auf den Erlebniswert im Gegensatz zum Wissen abgehoben. In vier ausführlichen Beispielen – Begegnung im Blick, miteinander Tanzen, gemeinsames Singen und Naturerleben – habe ich meine Erlebnisse in Bezug auf das Entstehen von Verbundenheit in den jeweiligen Situationen dargelegt. Dabei bin ich auf die besondere Bedeutung des Leibes als Ausdruck der Tiefenverwandtschaft zwischen allem Leben und als Resonanzboden für die Beziehung eingegangen. Viele andere Begegnungen, in denen Verbundenheit geschehen kann, hätten ebenso genannt werden können: Stillen, Kuscheln, Sex, Freundschaft, geteiltes Erleben, Musik, Rausch, etc. Ebenso sind andere Perspektiven auf das Phänomen denkbar, als metaphysisches, als spirituelles, als biologisches, etc. Hier habe ich den Leib begriffen als Ausgang wie auch Ziel von Beziehung, als Beziehung – nicht inkarniert, sondern katexochen. Mit Nietzsche ist für mich der Leib „eine große Vernunft, eine Vielheit mit einem Sinne"[31]. Schließlich habe ich die Möglichkeit Beziehung zu verweigern als Grundbedingung für Beziehung benannt. Der Mensch ist sowohl „Teil eines Ganzen" wie auch – je nach eigenem Erleben – mal nur ein Teil ohne Ganzes und einsam, mal ganz Ganzes und mit sich allein.

Zeitlebens stehen wir im Fluss des Lebens und sind eingeflochten in vielfältige Beziehungen. Ob diese Beziehungen als verbunden erlebt werden, steht nicht vollends in unserer Macht, ist letztlich Schicksal. Und doch, Rufen und Lauschen, Einladung und Hingabe sind die ausgetreckten Hände, die sich im Dunkel finden mögen. Wo ich berühre, werde ich berührbar.

Anmerkungen

[1] Hartmut Rosa (2016), Resonanz: Eine Soziologie der Weltbeziehung. Berlin, Suhrkamp Verlag.
[2] Gernot Böhme (2003), Der Begriff des Leibes. *In*: Leibsein als Aufgabe. Leibphilosophie in pragmatischer Hinsicht. Zug/Schweiz, Die Graue Edition, S. 38.
[3] ebd.
[4] Thomas Fuchs (2011), Körper haben oder Leib sein. *In*: Scheidewege 41, 2011/2012, S. 125.
[5] Rainer Maria Rilke, Archaïscher Torso Apollos (1908).

6 Thomas Fuchs (2000), Leib, Raum, Person: Entwurf einer phänomenologischen Anthropologie. Stuttgart, Klett-Cotta (Sigel: LRP): S. 285. Fuchs unterscheidet zwei „archetypische Weisen des Blicks, den *faszinierenden* und den *objektivierende*n Blick. Der faszinierende Blick wirkt bannend, anziehend, ja einverleibend. […] Von anderer Art ist der objektivierende Blick: Als kalter, musternder, abweisender, verachtender oder feindlicher Blick verhindert er gerade die Verschmelzung" und weiter: „Der liebende Blick, in dem zwei Menschen sich füreinander öffnen, ohne ineinander zu versinken, sich in ihrem Selbst-Sein erkennen und anerkennen, ist der eigentliche Blick des Anderen." Ebd. S. 284f.
7 Vgl. ebd. S. 41, „Hingegen verstehe ich unter dem Körperschema eine zentrale Repräsentanz des Körpers, die uns eine unwillkürliche, implizite Orientierung bezüglich der Haltung, Lage und Bewegung unseres Leibes und seiner Glieder ermöglicht. Dieses unsichtbare Netz räumlicher Orientierung ist allerdings nicht auf den Leib begrenzt, sondern bezieht immer auch sein Verhältnis zur Umgebung und seinen Umgang mit den Dingen mit ein."
8 Rosa, S. 483.
9 Martin Buber (1923), Ich und Du. Stuttgart, Reclam (2008), S. 12 und S. 28.
10 Fuchs, LRP S. 114.
11 Fuchs, LRP S. 246.
12 Thomas Fuchs (2018), Zwischenleibliche Resonanz und Interaffektivität. *Psychodynamische Psychotherapie*, 4, S. 211.
13 Buber, S. 61.
14 Buber, S. 13.
15 Thomas Fuchs (2014), Verkörperte Emotionen – Wie Gefühl und Leib zusammenhängen. *Psychologische Medizin* 25.
16 Buber, S. 61.
17 Rosa, S. 111.
18 Hermann Hesse, Spruch (1908).
19 Max Himmelheber (1958), „In der Dürre der Wüste…". *In:* Walter Sauer (Hrsg.) (2016), Max Himmelheber – Drei Facetten eines Lebens. Philosoph – Erfinder – Pfadfinder. Baunach, Spurbuchverlag S.112.
20 Rosa, S. 457.
21 Himmelheber, S. 98.
22 Rosa, S. 458.
23 Andreas Weber (2007), Alles fühlt – Mensch, Natur und die Revolution der Lebenswissenschaften. Berlin Verlag, S. 87.
24 Weber, S. 136.
25 Rosa, S. 461.
26 Alle folgenden Gedicht-Zitate aus: Gottfried Benn, Sämtliche Gedichte. Stuttgart, Klett-Cotta.
27 Rosa, S. 741f.
28 Thomas Fuchs (2008), Das Gedächtnis des Leibes. *In: Leib und Lebenswelt*. Neue philosophisch-psychiatrische Essays. Zug/Schweiz, Die Graue Edition, S. 50.
29 Weber, S. 88.
30 Buber, S. 95.
31 Friedrich Nietzsche (1883), Also sprach Zarathustra. *In:* Werke in drei Bänden. München, Carl Hanser 1954, Band 2, S. 300.

Andreas Weber

Die Tragfähigkeit der Luft

> *"You are the music while the music lasts."*
> T. S. Eliot[1]

In den letzten Wochen haben wir uns ein Winterritual angewöhnt, das wenige unserer Berliner Nachbarn verstehen. Wir bereiten uns darauf immer dann vor, wenn die Sonne ihre schrägen Strahlen unterhalb der Wolken am westlichen Abendhimmel hervorsendet. Die Wolken sind eindrucksvoll farbig in dieser Jahreszeit, wenn die Luft kälter wird, die Farben aber wärmer, oft eine Mischung aus Gold und hellem Violett, wie auf mittelalterlichen Altarbildern. Wenn die Dämmerung fällt, steigst du mit mir aufs Fahrrad, und wir machen uns auf in den Grunewald, keine fünf Minuten entfernt.

Wir haben es eilig, die von kahlen Platanen flankierten Straßen hinter uns zu lassen, über die breite Brücke, auf der die Ausfallstraße über die Gleise der S-Bahn und der Fernbahn führt. Zu dieser Stunde rauschen Autos und Lastzüge nach Westen in Richtung der Vororte. Sie lassen ein schimmerndes Kielwasser roter Rückleuchten hinter sich, einen Sonnenuntergang anderer Art. Nachbarn und Menschen, die wir kennen, fragen uns, ob wir zu dieser Stunde wirklich los möchten, wo es doch dunkel wird. „Seid ihr sicher, dass ihr jetzt noch in den bösen dunklen Wald wollt?" Ja, das sind wir.

Die Routine unserer abendlichen Fahrten begann zufällig, meiner Art geschuldet, das Schreiben in den Stunden nach dem Mittagessen zu organisieren. Ich versuche, so viel Arbeit wie möglich zu schaffen, bevor die Dämmerung sich senkt. Wenn es dann Zeit ist, aufzubrechen, bewege ich mich oft nicht, weil ich dabei bin, die Sonne zu beobachten, die zwischen treibenden Farben sinkt und jeden fliehenden Augenblick einzigartig und zerbrechlich macht. Jedesmal kommt es mir vor, als würde ich ein ewiges Prinzip am Werk sehen, das ich noch nicht zur Gänze

Die Tragfähigkeit der Luft 75

verstanden habe. Daher ist es meistens schon fast dunkel, wenn wir das Haus verlassen.

Auch beim letzten Mal, als wir gefahren sind, klappte ich am Waldrand mit einem Klack den Dynamo in die Ruhestellung. Im Wald war die Atmosphäre sofort anders, ein milder Schock. Äste und Zweige streckten sich in die dämmrige Luft, die nach Wald roch, nach einem anderen Reich als die Welt außerhalb. Immer noch liegen Stämme quer über dem Pfad, nach dem letzten großen Sturm vor mehr als einem Jahr, und wir mussten sie vorsichtig umgehen. Kein Ton in der Luft, abgesehen vom Rauschen des Verkehrs draußen, das mit jeder Umdrehung unserer Felgen schwächer wurde.

Während wir tiefer zwischen die Bäume eintauchten, begannen auch wir zu schweigen. Wir ließen unsere Haut von dieser anderen Haut begrüßen, von diesen unzählbaren kleinen Kontaktaufnahmen durch Luft, Feuchtigkeit, Fahrtwind, Duft – durch Moleküle, die sich an die Schleimhäute im Inneren unserer Nasen hafteten, durch ein vages Restleuchten des Tages, in dem unsere Augen auf das periphere Sehen umschalteten. Die wenigen winterlichen Blätter und die Nadeln der Kiefern entließen ihr feuchtes und kühles Aroma, das mich auf einer Welle von Fröhlichkeit emportrug. Es schien eine Saite in mir zu berühren, eine Faser in meinem Körper, die tief in meinem Fleisch verborgen ist, in meiner ganz eigenen Weise, ein Brocken Erde zu sein. Der Wald wirkte tot, öde, still. Aber ich konnte fühlen, dass er sich unter der Winterstarre regte. Ich konnte riechen, dass der Boden am Leben war, ich nahm die Ausstrahlung eines anderen Lebensorgans wahr, mit einem Sinn, den wir nicht benennen können. Vielleicht ist es die Erfahrung, innerhalb eines riesigen Ganzen zu sein, das nicht nur Ding ist, sondern fokussierte Erfahrung, ein Selbst, oder eine Gemeinschaft von Selbsten, genau wie ich es bin.

Während die Dunkelheit sich tiefer senkte, in den Minuten, die wir durch den Wald radelten, begannen wir immer mehr zu sehen. Der Forst differenzierte sich in feine und feinere Abstufungen von blasserem und dunklerem Grau, als ob jede Rinde, jeder Zweig und der kühle Boden ein Licht ohne Farben emittierten. Alles erhellte sich, wo tiefe Dunkelheit hätte sein sollen. Die Nacht zwischen den Bäumen war heller als die Nacht auf den gut beleuchteten Straßen. Dort erschaffen die Lampen überall Finsternis, wohin ihr Lichtkegel nicht reicht. Wenn das unsere Nachbarn wüssten.

Dann hörten wir das erste entfernte Krächzen irgendwo in der blassen Luft über uns. Ein Ruf, der von nirgendwo kam und über unseren Köpfen verflatterte, rasch von der kalten Luft auseinander gerissen. Ein weiteres Krächzen ertönte, dann noch eins, leicht unterschiedlich in der Tonlage, schon etwas dichter. Dann regneten immer weitere Rufe durch die Luft, stetig lauter, sich nähernd, gurrend, krächzend, rau und schrill, gemischt mit vereinzeltem Gackern. Die Krähen hatten begonnen, sich in der Luft über unseren Köpfen zu sammeln und dort in breiten Bahnen zu kreisen.

Wir fuhren zu einer Lichtung, die im Lauf der letzten Jahre unsere geworden war. Sie war Ruheort während langer Frühlingsabende geworden, wo sie vom Gesang der Amseln, Singdrosseln und Rotkehlchen widerhallte. Wir hatten uns auf der Lichtung um die kleine Eiche gekümmert, zu der wir in jenem halben Jahr der Dürre 2018 fast an jedem Abend gefahren waren, um sie zu wässern.

Die Rufe wurden lauter, rauer, sie lösten sich voneinander und zerbrachen in der Luft, intensiv, den Himmel mit gutturaler Stimme füllend. Es war das Lied des Winters, roher, gebrochener, schroffer als das vielstimmige Konzert des Sommers. Und doch war es immer noch die gleiche, atemberaubende Erfahrung zappelnden Lebens, des *Reservoirs der Dunkelheit, in Aufruhr versetzt* (W. H. Auden). Es war jeweils das gleiche Leben, und diese Leben buchstabierte sich immer als Tönen, als Ruf. Wir ließen unsere Fahrräder zu Boden gleiten. Als wir unsere Gesichter wieder nach oben wandten, öffnete sich die Lichtung wie ein Fenster in den Abendhimmel.

Und dann sah ich die Tiere in einer Lücke zwischen den Bäumen. Die Krähen flogen ein, als würden sie von einer Windbö geschoben. Schwarze Körper, gestreckt und gebogen, auf spitzen Schwingen flügelnd, über den Himmel geblasen, einander umkreisend, unterfliegend, überrollend, in plötzlichen Wendungen und brüsken Bögen wegbiegend und neu erscheinend. Der Schwarm zog über uns hin und kurvte ein, verschwand über den Kiefern und den kahlen Ahornbäumen, ein Kielwasser aus Rauschen und Krächzen hinterlassend, nur um hinter unseren Rücken zurückzukehren, mit einer anderen Gruppe in der Luft über uns verschmelzend.

Mehr Stimmen tauchten auf, die aus verschiedenen Richtungen einfielen, kleinere Gruppen, einzelne Individuen. Es war ein riesiges Zusammentreffen, zu dem Krähen offenbar aus dem ganzen Südwesten Berlins einschwebten, Dutzende, Hunderte, vielleicht Tausende von Stimmen und Schwingen, die den Himmel splittern ließen. Das war kein kleiner Schwarm, der diese Gegend des Forstes als Schlafort gelegentlich aufsuchte. Das war eine mächtige und ökologisch bedeutsame Agglomeration. Ein signifikanter Teil der Berliner Krähenpopulation hatte sich unsere Sommerlichtung und die angrenzenden Teile des Waldes als nächtlichen Rastplatz erwählt. Es war eine riesige Individuenzahl. Und zugleich war es mehr als eine Zahl, waren es mehr als einzelne Individuen. Der Schwarm bildete eine kompakte Masse, eine Schallwand, die mit allem anderen im fahlen Licht verschmolz und es in ihre Schwerkraft hineinzog. Die Luft wurde raschelnde Feder und rauer Ruf.

Die Tiere flogen gemeinsam, drehten sich in Pirouetten aus Schatten und Hall, aus Wirbel und Widerhall, niedrig über den Bäumen, verschluckt von den Wipfeln, ausrollend in der Leere. Es war eine Brandung aus kehligen und heiseren Stimmen, die aus der Luft brach und unter dem Dach des Waldes widerhallte. Die Krähen drehten sich in einem fantastischen Kreisen, Umrisse gegen den fahlen Himmel, die Drehbewegungen beschrieben wie Treibsel in einem langsamen Strudel, alle gemeinsam fortgerissen und jede in eigenwilliger Zackenbewegung, Kristalle des Wollens.

Was dort geschah, ist ein Produkt jeder einzelnen Krähen und ein Ausdruck ihrer geteilten Lust am Leben zu sein. Und so ist es auch etwas, was der Himmel über sich selbst sagt. Er ist ein Raum, der den Rausch der Krähen hervorbringt. Eine der Dimensionen des Himmels ist kehliges Kreischen und raues Schreien. Die Schwärze und das Licht choreographieren ein Ballett, das kaum eine Armlänge entfernt ist, das sich knapp über meinem Kopf abspielt, und das doch ganz woanders stattfindet, in einer unerreichbaren Welt. Der Himmel ist Begehren nach Berührung und damit nach Differenzierung und Einheit zugleich, und dieses Begehren ist auch Stoff, Material. So geht beides, die Trennung im schwarzen Scherenschnitt und das Ganze, das sich im Tanz selbst umkreist, immer wieder auf.

Der Schwarm ballte sich zusammen, zerfloss, fand sich wieder. Abrupt zogen alle Vögel zugleich enge Kurven. Ihre Schwingen zerteilten die Luft mit zischendem Geräusch, das mir auf der eigenen Haut ein Gefühl dafür gab, wie sich der Luftwiderstand anfühlen musste, wenn man mit einer knisternden Hülle von Federn bedeckt war. Den Stimmen nach zu urteilen, war der gewaltige Schwarm zumindest aus drei Arten zusammengesetzt: Es gab Nebelkrähen, die in der Hauptstadt ziemlich häufig sind, und die man oft in Pärchen dabei sehen kann, wie sie sich Nahrhaftes aus Brachflächen und Mülltonnen zusammen suchen. Dann waren Saatkrähen dabei, die in Berlin selten geworden sind. Sie fliegen weit ins Umland, um sich zu ernähren, finden aber in der Einöde industrieller Landwirtschaft immer weniger Nahrung. Und dann hatten sich einige Dohlen unter das Meer der Vögel gemischt, deren nach Schabernack klingendes Gackern vereinzelt durch den Himmel hallte.

Im Winter sind riesige Krähenschwärme ein spektakuläres, aber immer noch ziemlich regelmäßiges Phänomen in Berlin. Eine Weile glaubten wir, dass wir abends der gesamten Berliner Krähenpopulation dabei zuschauen durften, wie sie in den Bäumen zur Übernachtung einflog. Aber ich erfuhr, dass es mehrere dieser Schlaforte gibt, und dass sie nicht alle so romantisch abgelegen sind wie unsere stille Waldlichtung. Es gibt einen anderen Megaschwarm, der etwa viertausend Individuen umfasst, und der mitten im Stadtzentrum nächtigt. Die Rabenvögel sammeln sich nach Beginn der Dunkelheit auf einem Hochhaus an der Spree im Bezirk Friedrichshain-Kreuzberg, beginnen dann, unter lautem Krächzen durch den abendlichen Stadthimmel zu kreisen, schneiden im ausgedehnten Zug die langweiligen Bänder der Winterdämmerung im Westen, und suchen sich schließlich ihren Schlafplatz nahe dem Dom und der Baustelle des neuen Stadtschlosses.

Im hell erleuchteten Stadtzentrum herrscht eine andere Atmosphäre als im stillen Wald. Aber die existentielle Lektion ist die gleiche: Die Welt gebiert sich beständig selbst, und ich kann ein lustvoller Teil dieses Gebärens sein. Für mich ist dieses Gefühl sogar noch stärker, wenn ich es inmitten von Beton, Stahl, Asphalt, blendendem Licht und in den Ecken versammelten Abfalls erfahre. Vielen Touristen und einer zunehmenden Zahl von Birdwatchern geht es ebenso. Zerfranste Federn verwirbeln die Luft und verursachen eine urtümliche Reaktion in der Chemie der Welt, eine Phasenverschiebung, in der innerliche Erfahrungen zu sicht- und hörbarer Form koagulieren. Die sinnliche Gegenwart der Körper bringt einen Raum des Fühlens hervor. Wir können daraus nicht entkommen, weil dieses das Prinzip ist, aus dem wir hervorgegangen sind.

Über die Stadtfläche Berlins sind noch weitere Schlafzonen verteilt. Die ungewöhnlichste befindet sich innerhalb des zentralen Terminals am

Die Tragfähigkeit der Luft 79

Flughafen Tegel. Das Gebäude, errichtet in den 1970er Jahren, ist als Oktogon um eine innere Freifläche angelegt, auf der Autos parken. In der Mitte dieses Parkplatzes wurde vor ein paar Jahren ein riesiges Metallgerüst errichtet, das gewiss zwanzig Meter in die Luft ragt. Außen ist das Gerüst mit übergroßen Werbeplakaten auf Kunststofffolie bespannt. Die Innenseite gehört den Krähen. In der Metallkonstruktion krallen sich an kalten Winternächten manchmal mehrere tausend Tiere zum Schlafen fest.

Die Vögel teilen sich die Freiflächen des Flugplatzes zwischen Start- und Rollbahnen mit den Flugzeugen. Sie verursachen kaum Zwischenfälle. Die Krähen sind so intelligent, dass sie vor dem Überqueren des Flugfeldes nach einer startenden oder landenden Maschine Ausschau halten und warten, bis das Flugzeug in sicherer Entfernung ist. In der Nähe des Airports gibt es auch eine sommerliche Brutkolonie der Saatkrähen mit Dutzenden von Nestern in hohen Eichen. (Nebelkrähen dagegen brüten in Paaren). Eine Saatkrähen-Kolonie benötigt während der Brut für ihren Nachwuchs sehr viel Protein auf kleiner Fläche – und die Tiere finden genügend Insekten, Würmer und Mäuse auf den Rasenflächen zwischen den Rollfeldern. Mehrfach hat die Berliner Feuerwehr in den letzten Jahrzehnten versucht, die Nester mit gezieltem Beschuss aus ihren Hochdruckschläuchen zu zerstören. Doch obwohl nach solchen Attacken Trümmer von Nestern und tote Jungvögel auf den Gehwegplatten lagen, konnten die Menschen die Vögel nicht vertreiben. Heute sind Saatkrähen streng geschützt und dürfen nicht mehr mit Wasserkanonen beschossen werden.

Wir streckten uns auf dem Boden aus. Er war kalt, aber so war es leichter, den Himmel zu beobachten. Und es war leichter, sich als Teil zu fühlen. Wir schauten nach oben, unsere Rücken auf den unregelmäßig vorstehenden Soden halbgefrorenen Grases. Unsere Haare raschelten leise im alten Laub. Die Krähen wurden über den Nachthimmel gezogen, hin und her, vor und zurück, als wären sie feine Trümmerteile, die im Ozean treiben, durch eine Engstelle wirbeln, dabei Strudel an den Rändern bilden, die sich zu Schleifen und stagnierenden Ruhezonen ausfächern, vorübergleitend. Die Vögel trieben vorbei, als wären sie zerstreute trockene Blätter, die der Herbst in einer Straßenecke vergessen hat, vor den geschlossenen Rollläden eines Geschäfts, und die vom Wind emporgetragen und über den Himmel verteilt werden. Die Vögel regneten durch den Raum wie Asche, die von einem Feuer emporgerissen und vom Wind zerteilt wird, schwarze Splitter, die Leere ausfüllend. Sie flatterten empor wie Fledermäuse, die bei Nachtfall aus einer tropischen Höhle hervorwirbeln, aus der Ferne ununterscheidbar von aufquellenden Türmen aus Rauch.

Es fühlte sich an, als wären die wirbelnden und tanzenden durch das letzte Licht schießenden Krähen die Leere, die sich von allein in feste Körper differenzierte, Körper, die jeweils Ziele und Bedürfnisse haben, die jeweils ihre eigene Stimme und Geschwindigkeit haben, eine einzigartige Weise, den unsichtbaren Seidenschirm der Luft mit ihren messerscharfen Kurven zu zerschneiden. Und ich dachte, dass darin der Grund lag, dass der Tanz der Vögel so viel Freude in uns hervorrief: Weil wir Zeuge waren, wie sich die Leere in Individuen differenzierte, die sich jeweils behaupteten, und die für diese Behauptung die Luft brauchten, und die Bäume, und die Dunkelheit, und den Wind, und die anderen, und uns, ihre Bewunderer.

Etwas erschien als unendlich richtig. Ein sich-selbst-Suchen und sich-selbst-Finden, ein den-anderen-Suchen und vom-anderen-Gefundenwerden, ein Treffen und Getroffenwerden von einem anderen warmen Körper. Und zur gleichen Zeit war es ein Tanz der namenlosen gezackten Schatten, Brown'sche Bewegung von gigantischen krächzenden Krähen-Molekülen, gemischt mit etwas kleineren gackernden Dohlen-Atomen. Und es war beides, und das eine durch das andere: Die Brown'sche Molekularbewegung erwies sich als die Selbsterfahrung der gewaltigen Psyche, die alles ist. *Alle Unterschiede sind nur graduell und nicht fundamental, denn Oneness, Einssein, ist das Geheimnis von allem.*[2]

Die wirbelnden Krähen, die mit ihren rauen Schreien den Dom der frostigen Luft füllen, sind nur eine der Kräfte, die uns daran erinnern, denn wir sind Körper wie sie. Aus diesem Grund, das hat die Erforschung der Spiegelneuronen in unserem Gehirn gezeigt, sind die Erfahrungen der Krähen uns zugänglich. Wir fühlen sie buchstäblich in unseren Körpern, wenn wir die Tiere bei ihren Bewegungen sehen. In einer umfassenderen Wahrheit ist alles Psyche, weil alles Körper ist. Die sinkende Sonne, die in einer Aura von Gold und Purpur ertrinkt. Das schüchterne Rascheln der feuchten Blätter unter unseren Sohlen. Die frische, kalte Luft, die von winzigen Tröpfchen perlt, von denen jedes mit einer feinen Druckwelle in unsere Schleimhäute stürzt. Die Falten und Runzeln der Kiefernrinde. Die kalten Kristalle, die den Boden bilden.

Die Tragfähigkeit der Luft 81

Diese Arten von Offenbarungen brachten uns dazu, uns zu umarmen. Wir brauchten auch etwas körperliche Wärme. Wir lagen dort ausgestreckt auf dem kalten Boden, der um uns vor Eiskristallen glitzerte, und starrten in die Leere, die sich von selbst mit Präsenz und Zweck füllte, weil Körper mit Bedürfnissen und Begehren sie erfüllten, und die sich dann wieder entleerte. Wir rückten enger aneinander, auf dem Waldboden zusammengekauert, dort, wo wir Stunden an langen Sommerabenden verbracht hatten, beschienen vom Licht der transparenten Stängel des weichen Waldgrases, Ewigkeiten lang.

Und da war es: Das Treffen zweier warmer Körper, welches die Quelle aller Neuheit und aller Veränderung ist, die sich denken lassen: das Treffen zweier Körper, zwei Atome, die ineinander krachen und ein neues Molekül formen, zwei Ascheflocken, die sich verbacken und eine Schicht fruchtbares Mineral auf dem Boden bilden, zwei Saatkrähen, die sich entschließen, sich Feder an Feder auf der alten Kiefer niederzulassen. Einander nah zu sein in einer Umarmung war nichts anderes als Teil der Strudel und Ströme zu sein, welche die Materie aufrühren. So zusammen zu liegen war eine seltsam doppelte Erfahrung, zusammengesetzt aus dem Gefühl, sehr lebendig zu sein und zugleich ganz Teil der mineralischen Welt, der Rücken vom Boden aus mit Kälte durchflutet, die Haut gekitzelt vom kalten Abenddunst.

Der Schlüssel dazu, dass wir an all diesem teilnehmen können und diese Einsichten erfahren dürfen, ist unser Körper. Es ist der Umstand, dass die Krähen und Dohlen, so wie wir auch, tatsächlich Ascheflocken sind, und Wassertropfen, aus den Elementen gemacht. Sie, so wie wir, sind Schwere im Raum, die in andere Schwere hinein stoßen kann, ihre Form ändern, nach Expansion dürsten, sich im Rückzug wegbiegen kann. Wir alle wissen, wie es ist, Materie zu sein, in all ihren Formen und Gestalten, als solider Untergrund, als Flüssigkeit, als Luft, weil wir alle miteinander teilen, Materie zu sein. Die Krähen, die sich trafen und vermischten, kreischend und aufgeregt, bevor sie auf den Kiefern aufbaumten, um ihre Augen für eine Nacht voller Schlaf zu schließen, waren Schlüssel zur Totalität, welche alle individuellen Dinge umfasst, und welche auch hinter meiner eigenen Individualität steht.

Hingestreckt auf dem Waldboden sprachen wir über einen philosophischen Aufsatz der 1970er Jahre, der einen bleibenden Einfluss hinterlassen hatte, ja, der zu etwas wie einem Maßstab wurde, wie ein Philosoph zu denken habe: Thomas Nagels „What is it like to be a bat?" („Wie ist es, eine Fledermaus zu sein?") Darin argumentierte Nagel, dass wir diese Frage niemals beantworten könnten, denn wir hätten keinen Zugang zur Erfahrung der Fledermaus. Der Schriftsteller und Nobelpreisträger J.M. Coetzee schrieb eine berühmte Widerlegung von Nagels Behauptung. Coetzee widersprach dem generellen Verdacht, dass Menschen, wenn sie mit Natur in Verbindung treten, unweigerlich ihre Innenwelten auf etwas Unerkennbares projizieren, was aber in Wahrheit vermutlich fühllos und stumm ist. Für Coetzee wissen wir sehr wohl, was eine Fledermaus (oder eine Krähe) fühlt, wenn sie voller Leben über den Himmel kurvt, weil wir wissen, wie es ist, voller Leben zu sein: *Voller Leben zu sein heißt, voller Freude zu sein.* (J. M. Coetzee)

Als wir dort in der Nacht lagen, unter dem unablässigen Regen rauer Rufe, die von den wirbelnden Aschepartikeln aufstiegen, deren Tanz die Leere bevölkerte, dachte ich, dass wir Coetzees Zurückweisung der Gedanken Nagels noch ein bisschen weiter treiben können: Wir wissen auch, was es heißt, Materie zu sein, weil wir Materie *sind*. Indem wir Materie sind, wissen wir auch, wie es sich anfühlt, Materie zu sein, weil unser Gefühl ein Aspekt der Wirklichkeit von Materie ist, eine ihrer Weisen, sich zu zeigen. Und daher wissen wir, dass Materie zu sein heißt, voller Leben zu sein, und voller Leben zu sein heißt, voller Freude zu sein.

Von diesem Standpunkt aus sind die Krähen die Luft selbst, sie sind nicht verschieden von ihr, sondern eine ihrer Weisen zu sein, oder vielmehr, sich selbst zu begehren. *Das Universum ist agentielle Intra-Aktivität in ihrem Werden. Die primären ontologischen Einheiten sind nicht „Dinge" sondern Phänomene – dynamische topologische Rekonfigurationen / Verschränkungen / Relationalitäten / (Re)Artikulationen. Und die primären semantischen Einheiten sind nicht „Worte" sondern material-diskursive Praktiken, durch die Grenzen konstituiert werden. Dieser Dynamismus ist Agentialität*[3]. Das Krähen-Wesen entdeckt etwas in der Luft, was kein anderes aufzuspüren vermag, und zugleich enthüllt es, dass alles, was existiert, das gleiche ist: wirbelnde Flocken von Materie in einem Strom, der sie aufwärts trägt, sie verschlingt, sie zerkrümelt, sie verwandelt wieder ausspuckt, in neuem Arrangement, neu geboren; Partikel, die zu guter Letzt nichts sind als Strudel in einem gewaltigen Wirbel strömenden Seins; weiß wie treibender Schnee, durchscheinend wie der beständige Tropfen, zerklüftet und fragmentiert wie die schwarzen Federn im nächtlichen Himmel.

Die Tragfähigkeit der Luft 83

Wir können fühlen, weil das Ganze ein unablässiges Sich-Durchmischen von Körpern und Energien ist, zusammengebunden und wieder getrennt vom Begehren gegenseitiger Befruchtung. Wir können fühlen, weil diese materielle Welt in den unzählbaren Re-Arrangements ihrer Substanz jede Veränderung spürt, die ihr widerfährt. Alles, was geschieht, jeder Unterschied, der sich einstellt, ist bedeutungsvoll. Er bringt mehr oder weniger Fruchtbarkeit, mehr oder weniger Verwirklichung der eigenen Individualität. Alles, was geschieht, ist ein Wandel des Ausdrucks auf dem Gesicht, das diese Welt ist, und ruft eine Regung in der umfassenden Psyche hervor, in jenem „Reservoir der Dunkelheit".

Unser Denken hat die Hellsichtigkeit älterer Zeiten verworfen, als Menschen überzeugt waren, dass das Sichtbare immer die Zeichen von etwas trug, das sich ausdrückt und das wir verstehen können, von einer Kraft, mit der wir nicht direkt kommunizieren können (weil es die gleiche Kraft ist, die auch uns formt), sondern nur indirekt. Den Flug und den Ruf der Krähen interpretierten im antiken Rom die Auguren, die bei wichtigen Ereignissen gerufen wurden, um eine Entscheidung der politischen Gemeinschaft im Einklang mit den größeren Mächten zu treffen. Um das zu tun, zog der Augure ein Viereck in den Sand, oder mit Kreide in einen Raum, stellte sich hinein, und wartete, die Augen in den Himmel gerichtet.

Was würde ein Augure, auf dem Boden kauernd im gefrorenen Grunewald, aus den dort oben kreisenden Vögeln lesen? Würde er entziffern, dass es Zeit ist, nach Hause zu gehen und einander mit Sanftheit zu behandeln, dankbar zu sein für einen warmen Schlafplatz, dankbar zu sein, der weiten Gemeinschaft der Körper anzugehören? Würde er dem Gurren und Krächzen entnehmen, dass alles Stimme hat, und dass es darauf ankommt, jede und jeden zu hören, dass jede Stimme gewollt und gebraucht ist? Würde er verstehen, dass das große Maschenwerk sich entfaltender Prozesse, in dem sich Realität manifestiert, unendlich kostbar ist, und unendlich stark? Würde der Priester die Botschaft der Vögel darin zusammenfassen, dass wir weniger rationale Gesetze brauchen und mehr auf unser Gefühl hören sollten? Oder würde er nur schweigend dasitzen und erfassen, dass alle Vögel, indem sie da oben kreisen, einander jagen, sich zu Haufen sammelnd und einander wieder verlierend, einen konstanten Strom von Liebe bilden, der alles erfasst, der das Ganze umgreift und spiegelt, so dass es sich selbst hören kann, von anderen gehört werden kann, und sich weiter zu erhalten vermag?

Große Krähenschwärme wie der, den wir fast jeden Abend im Winter auf unserer Lichtung erwarteten, nehmen sich winzig aus im Vergleich zur Zahl der Vögel, die während der Winter der 1970er Jahre in die deutsche Hauptstadt einfielen. Ornithologen nehmen an, dass sich damals mehr als sechzigtausend Krähen in verschiedenen Stadtteilen versammelten. Aber in den letzten zwanzig Jahren sind diese Zahlen zusammen geschmolzen. Die Saatkrähen-Population halbierte sich zwischen 1990 und 2000. Heute ist ihre Kolonie am Flughafen Tegel die letzte dieser Spezies, die sich in der Hauptstadt gehalten hat. Die Zahl der Nebelkrähen ist ebenfalls zusammengebrochen und nimmt weiter ab. Allein im Jahrzehnt zwischen 2004 und 2014 ging ihr Bestand um den Faktor vier oder fünf zurück. Derzeit brüten noch etwa fünftausend Paare in Berlin. Dieser Schwund hat nach Auffassung des Ornithologen Hans-Jürgen Stork, der viele Jahre lang die Berliner Gruppe der Naturschutzorganisation NABU leitete, mit dem großflächigen Erlöschen der Krähenpopulation weiter im Osten zu tun, die einst geschlossen zur Überwinterung in Berlin einflog. Industrieller Landbau hat die Landschaft auch dort, in Polen, der Ukraine und Russland, von Leben leergefegt.

Ist die Bewegung der Seele, deren Zeuge wir wurden, während die Luft vor rauen Rufen ächzte, dazu verurteilt, bald zu enden? Können wir Menschen ohne Seele existieren? Indem wir die Völker der Krähen fortschicken, so fürchte ich, dünnen wir nicht nur Ökosysteme aus, sprengen nicht nur Nahrungsketten und schwächen so letztlich das, dessen Ende uns selbst im Sein verankert. Wir zerstören nicht einfach nur eine individuelle Art, zu sein (die koboldhafte Weisheit des Genus *Corvus*). Wir interferieren auf direkte Weise mit Seele. Wir pfuschen an unserer eigenen Seele herum, erlauben unserer eigenen Psyche zu schrumpfen, weil diese nicht verschieden ist von jener gewaltigen, umfassenden (die der Ökopsychologe David Abram so passend die „mehr-als-menschliche-Welt" nennt.) Wir ruinieren Seele, und damit die Hoffnung, dass sich Seele durch das Begehren, die wahr gemachten Bedürfnisse ihrer Körperlichkeit, wieder verjüngt und wieder füllt, jener Körperlichkeit, welche Materie in all ihren Formen ist. Wenn wir es uns versagen, diesen Wesen Raum zu gewähren, werden sie gehen, und sie werden die Leere in uns selbst zu unerträglich machen, um sie zu überleben.

Anthropologen berichten, dass die ursprünglichen amerikanischen Völker Krähen und Raben hoch schätzten. Diese galten ihnen als genuin mystische Wesen. Die schwarzen Vögel haben eine überragende Intelligenz (Raben bestehen mit Leichtigkeit den Spiegeltest für Selbstbewusstsein). In ihrer Schlauheit erscheinen sie derart menschlich, dass sie der schamanische Vogel *par excellence* wurden und eine Mittlerrolle zwischen der alltäglichen Welt und dem Reich der Geister einnahmen. Auch das finden wir im mystischen Zeitalter Europas wieder. In der europäischen Folklore werden Hexen und Magier oft von Raben begleitet. Das Zaubertier sitzt auf ihrer Schulter, plappert über eine Zauberformel, in jeder Hinsicht intelligenter als seine menschliche Begleitung.

Bei den eingeborenen Völkern Amerikas gibt es eine Rede, die Licht auf das wirft, was ich meine, wenn ich sage, dass wir unweigerlich Seele zerstören, wenn wir die sich selbst erschaffende Fruchtbarkeit zerstören, und dass wir darin unsere eigene Seele töten. Das Volk der Sioux glaubt, dass die anderen Wesen, mit denen wir unseren Atem teilen, in das Reich der Geister zurückkehren, wenn wir ihnen keine Dankbarkeit zeigen. Sie werden uns verlassen, und wir werden zurückbleiben, undankbar und allein, im Schweigen und in der Leere. Erst im Februar 2019 haben weltweit führende Insektenforscher vorausgesagt, dass in 100 Jahren alle Insekten von der Erde verschwunden sein werden. Die Sicht der Sioux auf unsere Verantwortung für die Psyche der Welt, und unser Versagen, diese Verantwortung anzunehmen, ist für mich die scharfsichtigste Erklärung dessen, was gerade geschieht. Wir können nicht innere und äußere Realitäten separieren. Sich einzureden, dass dies möglich (und notwendig) sei, war von Anfang an ein tödlicher Fehler.

Die Seele dürstet nach Fruchtbarkeit, wo auch gleich sie sich niederlässt. Sie ist in der Lage, sich ein Heim zu schaffen, wo immer sie gezwungen ist aufzubaumen, und wird darauf hinarbeiten, gegen härteste Widerstände, notfalls bis sie vollkommen zerstört ist. Aber selbst dann bleibt das Prinzip des Seelischen, nach dem sich die Wirklichkeit entfaltet, unzerstörbar. Psyche ist die unvorgängliche Macht; die Welt mischt ohne Unterlass ihre Bruchstücke neu, erlaubt ihnen einander zu begegnen und sich miteinander zu verzahnen, in neue Muster arrangiert zu werden, zu überlappen, sich zu kreuzen, um fruchtbare Verwandlungen dort zu treffen, wo vorher keine waren. Psyche hat Menschen nicht besonders nötig. Sie spielt mit ihnen, sie schmilzt sie zu anderen Formen, anderen Verbindungen. Sie formt mit ebenso großem Eifer statt Menschen Steine und Splitter, mit ebenso viel Beflissenheit und Fühlen. Sie kann warten, während Universen sich gebildet und wieder kontrahiert haben und in neuer Bildung begriffen sind. Sie kennt keine Zeit, nur Begehren, das die Quelle aller Zeit ist.

Vögel sind besondere Hüter dieses Seelischen. Es mag damit zusammenhängen, dass sie singen, wie wir, dass ihre Melodien, in Noten umgeschrieben, sich nahtlos in unsere Musik einfügen, dass sie Stimme schaffen, wo uns diese fehlt. Es mag daran liegen, dass Vögel zu fliegen vermögen, und damit über eine magische Fähigkeit verfügen: Sie verwandeln die Schwere in Freiheit. Der Gedanke ist ein Vogel, der frei kreist. Die Seele reist auf Vogelschwingen, wohin sie sich sehnt. Und zugleich zeigen sie, die mit feinstem daunigen Geäst Gefiederten, dass Materie als Freiheit zu sein keiner Zauberkraft bedarf, sondern die Fähigkeit noch des zerbrechlichsten, winzigsten Körpers ist, die Macht von einigen wenigen Gramm warm durchblutetem Stoff in der Kälte einer eisigen Nacht, die Kraft der im Zusammenrücken raschelnden Federn, weich wie die Brise, hart wie die Biegung der steilsten Schikane.

Wie die Lerchen ihre Stimmen in den Himmel werfen, ein nach oben fallender Regen feiner und feinster Stimmsplitter, ein sich-Verausgaben in die Luft hinein, die sich mit zitternder Stimme füllt, die Stimme in sich hineinverwandelt. Die Töne, ausgeatmet von den Syrinxen der winzigen Vögel, flügelflatternd; wie diese Töne aus ihnen hervor reißen, Trümmer ihrer winzigen Leiber, die darin aufgehen, Klang gewordener Atem, der sich in kleine und immer kleinere Kristalle auflöst bis er ganz ausgeatmet ist, in den Bogen über meinem Kopf verwandelt, in das gespannte Nichts, das mir, hinein, hinaus, hinein, hinaus, den Körper immer stärker weitet, bis er Stimme ist, stumm.

An einem Wintertag im Grunewald: der verharschte Schnee, die klirrende Luft, plötzlich bin ich in einem kleinen Schwarm von Wintergoldhähnchen, ich höre ihr feines Zirpen, fein wie zerbrechliches Glas, fein wie Fäden aus Eis, die Resonanzfrequenz dieses glitzernden Morgens. *Wintergoldhähnchen brüten überwiegend in Nadelbäumen. Sie verwenden zum Bau ihrer Nester unter anderem Spinnstoffe aus den Eierkokons von Spinnen und den Gespinsten einiger Raupenarten und errichten dadurch ein besonders stabiles Hängenest. Es ist so gut isoliert, dass das Weibchen bei jeder Witterung bis zu 25 Minuten die zu bebrütenden Eier verlassen kann, ohne dass diese auskühlen*[4]. Wie schwerelos huschen die winzigen Federbälle über die Zweige, umflattern die schlafenden Knospen, finden hier und da ein Stück Nahrung, leicht, fast als wären sie keine Körper sondern nur raschelnde Bewegung, Knistern der gefrierenden Luft, glitzerndes Gespräch der körperlosen Eiskristalle mit sich selbst.

Stille fiel aus den kahlen Bäumen. Uns wurde ernstlich kalt. Die Vögel waren zwischen den Ästen verschwunden. Hier und da konnten wir ein leises Knistern hören, wenn ein Tier sein Gewicht auf einem Zweig verlagerte, kurz mit den Flügeln schlug und die seidigen Schwungfedern rascheln ließ, sein Gefieder an der Borke oder dem Federkleid eines anderen Vogels rieb. Die Stille war plötzlich eingetreten, nur Momente vorher war es am Himmel noch lärmig gewesen, Rufe, singende Federn. Den Schwund von ein paar hundert Vögeln in der Luft hin zu wenigen Dutzend hatten wir kaum wahrgenommen. Der Wechsel von ein paar Dutzend zu keinem einzigen mehr war ein klarer Schnitt.

Wir hörten Bewegung im Unterholz zwischen den Bäumen, gedämpftes niederfrequentes Rumpeln, und wussten, dass die Wildschweine bald hervorkommen würden. Wir streckten unsere tauben Glieder, standen auf und zogen die Räder vom Waldboden hoch. Auch der Pudel reckte sich, den Vorderkörper gesenkt, das Hinterteil mit dem hin und her klappenden Schwanz aufgerichtet. Während wir die Vögel beobachteten, hatte der Hund auf seinen Hinterbeinen gesessen und in den dunklen Wald gestarrt, als ob er beständig damit rechnete, dass sich eine große Bestie zwischen den Stämmen manifestierte.

Wir fuhren schweigend zurück, die Lichter ausgeschaltet. Unsere Augen hatten sich perfekt an die Dunkelheit angepasst. Während wir über den Waldboden rollten und manchmal sanft über Wurzeln hoppelten, hörten wir, wie sich die Vögel in den Bäumen direkt über uns bewegten. Unsere Vorbeifahrt hinterließ ein Kielwasser aus Tönen, ein feines Knistern von Federn, ein Prickeln weicher Körper. Wir bewegten uns voran und die Welt rührte sich kurz und faltete sich wieder in sich selbst zurück.

Wir hielten an, als wir den Waldrand erreichten. Für ein paar Momente konnten wir unter den elektrischen Lichtern nichts sehen. Ich schaltete den Scheinwerfer ein, klemmte mir den Hund unter den Arm, küsste deine Lippen, immer noch so warm. Ein Kuss war vermutlich die passendste Kurzschrift für den großen Austauschprozess zwischen den Körpern, der Verwandlung gebiert und den Dingen erlaubt zu blühen, und den wir Welt nennen. Die am stärksten Dauerhaftigkeit verbürgende Geste. Ich sagte einen stillen Dank an den Geist des Waldes, dieser sinnlichen Manifestation einer allumfassenden Seele.

Anmerkungen

[1] T. S. Eliot, *Four Quartets*, nach Antonio Damasio, *The Feeling of What Happens*, Boston Mariner, 1999, S. 172.
[2] Vivekanda (nach Llewellyn Vaughan-Lee, *For Love of the Real*, Inverness, CA: The Golden Sufi Center, 2015, S. 56).
[3] Karen Barad, Posthumanist Performativity: Toward an Understanding of How Matter Comes to Matter. *Signs: Journal of Women in Culture and Society, Vol. 28,* 2003, S. 818.
[4] Wikipedia

Valérie Wagner

Vom Verschwinden der Vögel

In meinem aktuellen Fotoprojekt *Der leere Himmel* nehme ich den dramatischen Vogelschwund in den Fokus, der in den letzten 30 Jahren verzeichnet wurde und das Aussterben zahlreicher Vogelarten markiert.

Das freie Projekt, an dem ich seit Mitte 2018 arbeite, besteht aus vier eigenständigen Serien.

Anlass für die Fotoarbeit waren die drastischen Zahlen, die im Oktober 2017 zum Vogelsterben in Europa veröffentlicht wurden: Laut NABU hat die Zahl der Vögel in Europa in den letzten 30 Jahren um 420 Millionen abgenommen.

Der deutliche Rückgang heimischer Vögel auf Wiesen, Weiden und Äckern hält laut der im Februar 2020 erschienenen Publikation „Vögel in Deutschland – Übersichten zur Bestandssituation" weiter an. So haben beispielsweise die Bestände von Rebhuhn und Kiebitz seit 1992 um fast 90 Prozent abgenommen. Prof. Dr. Beate Jessel, Präsidentin des Bundesamtes für Naturschutz, erläutert: „In den offenen Agrarlandschaften ist der Bestand an Brutpaaren über ein Vierteljahrhundert um etwa zwei Millionen zurückgegangen. Eine Trendwende zeichnet sich bislang nicht ab. Dies unterstreicht erneut die Dringlichkeit von Reformen in der Landwirtschaftspolitik."

Den Rückgang der Alltagsvögel in meiner Umgebung nehme ich schon lange wahr. Ich hatte immer eine große Affinität zu Vögeln: schon als Kind habe ich die Vögel im Garten beobachtet und mich mit ihren Namen und Eigenheiten vertraut gemacht. Die Vögel waren meine geheimen Verbündeten. Mit 9 Jahren war mir der Bienenfresser vertrauter als Barbie und Ken, mit 11 Jahren (1976) bin ich in den Deutschen Bund für Vogelschutz eingetreten, dem heutigen NABU.

Mittlerweile ist der Vogelschwund unübersehe- und unüberhörbar geworden. Viele der Allerweltsvögel meiner Kindheit sind vom Aussterben bedroht. Und uns läuft die Zeit weg, um das Artensterben noch aufzuhalten. Als ich von den Zahlen hörte, war für mich klar: ich will etwas tun, mit meinen Mitteln als Künstlerin und Fotografin.

Es geht mir nicht darum, die Ursachen für das Vogelsterben aufzuzeigen – die sind hinreichend bekannt –, sondern einen Blick in die Zukunft zu wagen, also die jetzigen Entwicklungen wortwörtlich zu Ende zu denken: Wie sieht eine Welt ohne Vögel aus? Was verlieren wir?

Ich wollte etwas Neues schaffen: Bilder, die den Verlust und seine Folgen nicht nur sichtbar, sondern auch spürbar machen. Es sind Bilder des Übergangs – von der Fülle zur Leere, vom Reichtum zur Armut.

Anfangs wurde mir oft die Frage gestellt, wie ich mir das vorstelle: etwas zu zeigen, das verschwindet. Geht das überhaupt?

Ich wusste – ohne schon eine konkrete Idee zu haben –, dass ich die Bilder finden würde, die ich vor meinem inneren Auge hatte: Unsichtbares sichtbar zu machen gehört für mich zur Essenz von Kunst, wie ich sie verstehe.

Im Folgenden zeige ich Auszüge aus drei von vier Serien, die jeweils einen anderen Aspekt des Themas beleuchten.

Im ersten Teil *Nachtflug* geht es mir darum, das Verschwinden der Vögel zu visualisieren: Die Körperform der Vögel löst sich im Flug auf, gleichzeitig wird die Eleganz der Flugbewegung sichtbar.

Vögel im Flug zu fotografieren war für mich eine neue fotografische Herausforderung, die viel Geduld und Erfahrung erforderte, aber auch immer mit dem Glücksgefühl verbunden war, das sich beim Beobachten der Vögel ganz von selbst einstellt: das genaue Hinsehen, das Warten auf den richtigen Moment, die Freude an der Eleganz und Vielfältigkeit des Fluges je nach Vogelart. Während der Aufnahmen konnte ich auch ornithologisch einiges dazulernen: welcher Vogel sich wie, wann und warum fortbewegt und wie unterschiedlich die Flugbewegungen und die Geschwindigkeiten sind.

Die Schwarzweißaufnahmen aus diesem Projektteil sind 2018 in Mecklenburg-Vorpommern, auf Helgoland und auf Neuwerk entstanden.

Im zweiten Projektteil *gefallen* stelle ich die Vogelarten in den Mittelpunkt, die aktuell vom Vogelschwund besonders betroffen sind. Bei der Auswahl wurde ich von Expert*innen der Universität Hamburg und des

NABU beraten. Ich habe mit präparierten Objekten aus naturkundlichen Sammlungen gearbeitet: Vögel, die „zurückgebalgt" wurden, also nach ihrer Präsentation in der Ausstellung – und deshalb mit Glasaugen versehen – wieder für Forschungszwecke in Ornithologischen Sammlungen aufbewahrt werden.

Mit dieser Serie nehme ich vorweg, was geschehen wird, wenn die Entwicklung nicht durch politische Entscheidungen zum Vogel- und Umweltschutz aufgehalten wird: kommende Generationen werden viele Vogelarten, die heute noch verbreitet sind, nur noch aus Zoologischen Museen kennen.

Die Aufnahmen (Originale in Farbe) sind im CeNak/Centrum für Naturkunde an der Universität Hamburg und im Norddeutschen Vogelmuseum entstanden.

Im dritten Teil *unter uns* steht der fehlende Lebensraum für Vögel im Mittelpunkt: dabei nehme ich die Nester von Stadtvögeln und ihre Umgebung in den Fokus. Die grafische Schönheit des kunstvollen Nestes vor hellem Himmel – und damit die menschliche Perspektive – steht in krassem Gegensatz zur Perspektive des zweiten Standpunktes – der Vogelperspektive –, die die unwirtlichen Brutbedingungen im urbanen Kontext von Bebauung und Verkehr zeigt. Gleichzeitig wird deutlich, wie einige Vogelarten – vor allem Krähenarten – ihr Überleben durch Anpassung zu sichern versuchen. Alle Aufnahmen sind in Hamburg entstanden. Die Drohnenaufnahmen (Originale in Farbe) wurden von dem Fotografen Ulrich Mertens umgesetzt.

Im vierten und letzten Teil geht es mir um die Beziehung von Mensch und Vogel. Dieser Teil des Projekts ist noch in der Entstehung: Portraits von Menschen aus allen Bereichen des öffentlichen Lebens stehen neben Portraits von Vögeln, zu denen sie eine besondere Beziehung haben. Interviewaussagen ergänzen die Doppelportraits in Schwarzweiß.

In diesem Zusammenhang wird mir oft die Frage gestellt, was denn mein Lieblingsvogel sei. So sehr ich jede Vogelart auf ihre Weise ins Herz geschlossen habe, so gibt es doch einen Vogel, zu dem ich eine ganz besondere Beziehung habe: den Mauersegler. Auch sein Bestand ist aufgrund des Insektensterbens und fehlender Brutmöglichkeiten in den Städten deutlich zurückgegangen.

Unvergleichlich, wenn dieser Vogel des Sommers, die Verkörperung von Lebensfreude und Freiheit, wieder den Himmel mit seinen akrobatischen Flugkünsten und seinem hellen Schrei erfüllt. Jedes Jahr warte ich auf ihn, und jedes Jahr geht mein Herz auf, wenn ich den ersten von ihnen am Maihimmel erblicke.

Ein Leben ohne Mauersegler – undenkbar.

Nachtflug 1

94 *Valérie Wagner*

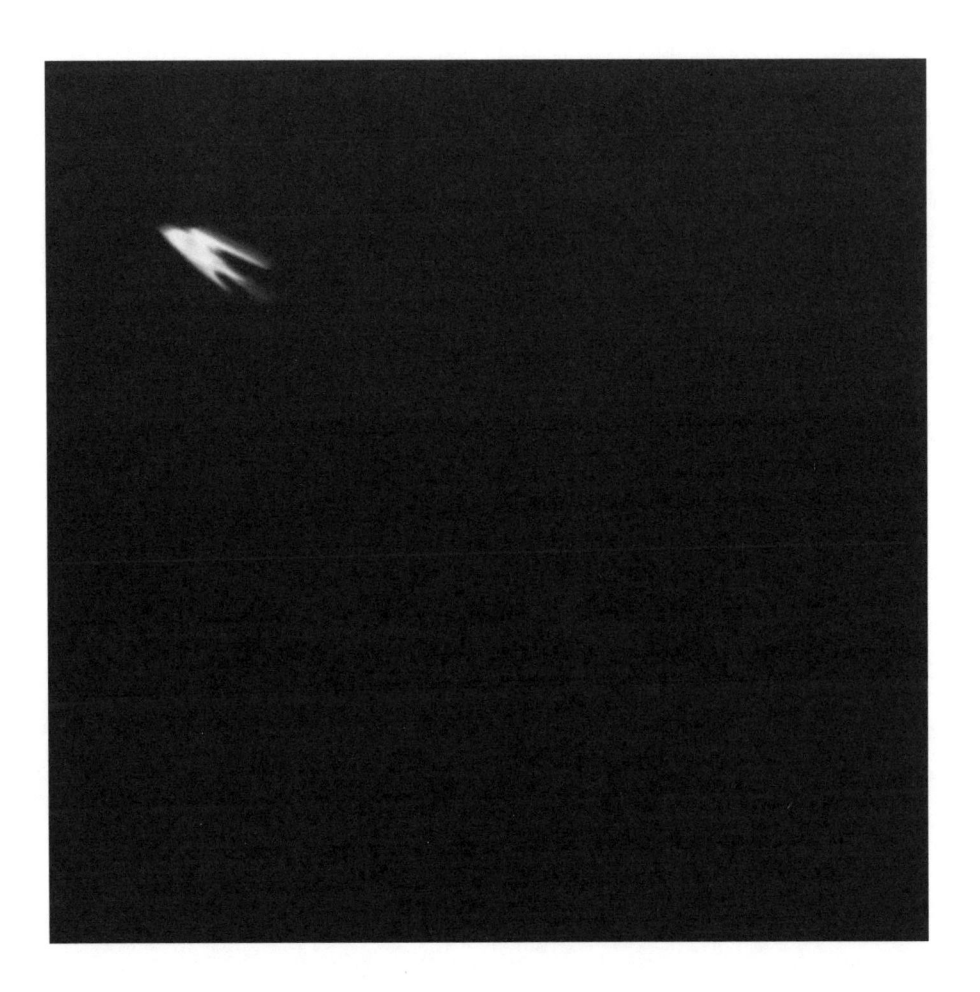

Nachtflug 2

Vom Verschwinden der Vögel 95

Nachtflug 3

96 *Valérie Wagner*

Nachtflug 4

Vom Verschwinden der Vögel 97

Nachtflug 5

98 *Valérie Wagner*

Nachtflug 6

Vom Verschwinden der Vögel 99

Nachtflug 7

100 *Valérie Wagner*

gefallen 1, Kuckuck

Vom Verschwinden der Vögel   101

gefallen 2, Mauersegler

102 *Valérie Wagner*

gefallen 3, Feldlerche

Vom Verschwinden der Vögel   103

gefallen 4, Rebhuhn

104   *Valérie Wagner*

gefallen 5, Kiebitz

Vom Verschwinden der Vögel 105

gefallen 6, Mehlschwalbe

106 *Valérie Wagner*

gefallen 7, Trauerschnäpper

Vom Verschwinden der Vögel   107

gefallen 8, Steinkauz

108 *Valérie Wagner*

unter uns 1, Harkortstraße/Hamburg

Vom Verschwinden der Vögel 109

unter uns 2, Hohenzollernring/Hamburg

Nora S. Stampfl

Sind wir noch zu retten?!

Reflexionen im Grenzbereich von Technologie und Ökologie

> *"Now there is one outstandingly important fact regarding Spaceship Earth, and that is that no instruction book came with it."*
> Richard Buckminster Fuller

Dass die Menschheit weit über ihre ökologischen Verhältnisse lebt, ist mittlerweile – tausendfach wiederholt – kaum noch mehr als eine Binsenweisheit. Dabei ist der Umstand, dass ein solcher Befund überhaupt zu einem Gemeinplatz taugt, erst die Grundlage, dass sich die Frage, ob wir noch zu retten sind, in ihrer Doppeldeutigkeit überhaupt stellen kann. Jahr für Jahr führt das Global Footprint Network plakativ vor Augen, wie viel es geschlagen hat, wenn es den „Earth Overshoot Day" veröffentlicht: Dieser dient als Indikator für den Ressourcenverbrauch und drückt jenen Tag aus, an dem die Menge der verbrauchten Ressourcen jene Menge übersteigt, die die Ökosysteme innerhalb des betreffenden Jahres regenerieren können. Ebenso verlässlich wie jährlich die Veröffentlichung des Erdüberlastungstages erfolgt, rückt dieser im Kalender stetig weiter nach vorne. War es im Jahr 1970 noch der 29. Dezember, an dem das Ressourcenbudget aufgebraucht war, so begann die Menschheit im Jahr 2019 bereits am 29. Juli auf Kredit zu leben: Bereits nach sieben Monaten waren mehr Ressourcen verbraucht als die Ökosysteme jährlich hervorbringen und mehr Treibhausgase ausgestoßen als von den natürlichen Kreisläufen aufgenommen werden können. Das heißt: ab diesem Tag geht es der Erde an die Substanz. Bildlich ausgedrückt bedeutet dies, dass die Weltbevölkerung heute lebt, als hätte sie 1,75 Erden zur Verfügung. Und richtet man den Blick auf einzelne Länder, so sieht die Bilanz noch ungünstiger aus: Würde die gesamte Weltbevölkerung leben wie in Deutschland, fiele der „Earth Overshoot Day" bereits auf den 3. Mai und benötigten wir drei Erden. Und den unrühmlichen Spitzenplatz nehmen die USA ein, die, gälte sie dem Rest der Weltbevölkerung als Vorbild, den „Verbrauch" auf gar fünf Erden hochtreiben. Die Kosten dieser ökologischen Übernutzung sind wohlbekannt und weithin spür- und sichtbar: Klimawandel, Artensterben und schrumpfende Wälder sind nur einige Beispiele für die gravierenden Umweltfolgen der menschengemachten Naturzerstörung.

Vom Holozän zum Anthropozän

Es ist freilich keine neue Erkenntnis, dass die Welt sich durch Menschenhand verändert. Neben der heute gemeinhin für die Umweltkrise verantwortlich gemachten konsumorientierten Lebensweise können die Gründe des Übels ganz generell auf die Entstehung einer Descartes zugeschriebenen Denktradition zurückgeführt werden, wonach eine versachlichte Natur als wertfreie Verfügungsmasse bereitsteht. Der Mensch als Subjekt, das dem Objekt Natur gegenübersteht, macht sich als zentrales Projekt der Aufklärung die Naturbeherrschung zu eigen: Indem der Mensch durch rationales Denken die Herrschaft über die Natur gewinnt, so sah es Descartes[1] 1637 in seiner „Discours de la méthode", mache er sich zum Herrn und Meister der Natur, zum „maître et possesseur de la nature". So ebnete der cartesianische Dualismus mit seiner Entgegensetzung von Geist und Materie den Weg für Technik und Wissenschaft, zu einem Mittel der Verwertung der Natur zu werden. Für den neuzeitlichen Menschen ist Naturbeherrschung Teil seines Selbstverständnisses. Als der Entwicklung moderner Technik eingeschrieben sieht Martin Heidegger[2] die Tendenz zum Verfügbarmachen der Natur für menschliche Zwecke. Alles nur noch auf technische Verfügbarkeit hin zu betrachten, bereit, vom Menschen benutzt zu werden, lässt die Natur eindimensional erscheinen. Alles wird zum „Bestand", wie Heidegger es nennt, wenn die Schönheit eines Baumes nichts mehr zählt, weil einzig das Nutzholz im Blick ist. Die „höchste Gefahr" stellt Heidegger zufolge die moderne Technik dar, weil deren Wesen den Menschen auf den Holzweg schickt, „auf den Weg jenes Entbergens, wodurch das Wirkliche überall, mehr oder weniger vernehmlich, zum Bestand wird"[3]. Der Mensch habe es mit der Zähmung der Natur aus purem Eigeninteresse zu weit getrieben, wenn aus dem einstigen Bemühen, sich vor der Natur zu schützen, ein Wille zur vollständigen Beherrschung erwächst, bis in letzter Konsequenz der Mensch selbst zum Bestand wird. Dass die Natur nicht mehr mitmacht, spüren wir heute am eigenen Leib – Überschwemmungen, Stürme und Hitzewellen sind nur einige Beispiele von durch den Klimawandel versursachten Naturkatastrophen.

Doch genauso wie sich das menschliche Trachten nach Naturbeherrschung als anthropologische Konstante erweist, scheint damit seit jeher ein Kräftemessen mit der Natur verknüpft. Daran, wer als Sieger vom Platz geht, lässt Friedrich Engels keinen Zweifel, wenn er bereits 1876 in seinem Aufsatz „Anteil der Arbeit an der Menschwerdung des Affen" etwa Landverödung, Flutströme und Krankheitsverbreitung als Beispiele für eine auf menschliche Eingriffe unwirsch reagierende Natur anführt. „Schmeicheln wir uns indes nicht zu sehr mit unsern menschlichen Siegen über die Natur. Für jeden solchen Sieg rächt sie sich an uns"[4], schreibt Engels und nimmt damit den – heute im ökologischen Diskurs permanent präsenten – Topos einer sich rächenden, zurückschlagenden Natur („nature fights back") vorweg. Und Engels fährt fort: „Und so werden wir bei jedem Schritt daran erinnert, daß wir keineswegs die Natur beherrschen, […] wie jemand, der außer der Natur steht – sondern daß wir mit Fleisch und Blut und Hirn ihr angehören und mitten in ihr stehn"[5].

Eben weil wir nicht außerhalb der Natur stehen, sondern als unsere Lebensgrundlage auf sie angewiesen sind, wird die bedrohte Natur dem Menschen selbst zur Bedrohung. Die „höchste Gefahr" abzuwenden heißt also, die Natur vor dem Menschen und seiner Technik selbst zu schützen. Gerade in der Umweltdebatte treffen die verschiedenen Haltungen und Forderungen gegenüber der Natur, wie sie auf jewails unterschiedliche Naturbegriffe zurückzuführen sind, unerbittlich aufeinander: Denn in den seltensten Fällen verträgt sich eine Perspektive auf Natur als Ressource, Verfügungsmasse und Profitquelle, die menschlicher Bedürfnisbefriedigung zu Diensten zu sein hat, mit einer Sichtweise, die der Natur absoluten Eigenwert zugesteht. Umso weniger als die durch menschliche Eingriffe in die Natur herbeigeführten Auswirkungen heute quantitativ als auch qualitativ eine derartige Dimension erreicht haben, dass sie Anlass zu einer Debatte über den Eintritt in ein neues geologisches Zeitalter gaben. Denn menschliches Tun wird seit Beginn der Industrialisierung über regional begrenzte Räume hinweg wirksam: Am Beispiel von Mikroplastik wird anschaulich, wie ein veränderter stofflicher Kreislauf den menschlichen Einfluss auf die Natur bis in die entlegensten Flecken der Erde trägt und zu irreversiblen Veränderungen führt. Die durch den niederländischen Meteorologen und Nobelpreisträger Paul J. Crutzen[6] geprägte Bezeichnung „Anthropozän" soll demnach eine neue Epoche kennzeichnen, die dadurch bestimmt ist, dass der Mensch zu einem geologischen Faktor geworden ist. Die Konzentration der Treibhausgase und der Klimawandel, das Ozonloch, die übermäßige Versiegelung von Landflächen, die Überfischung der Meere und das Artensterben, die Überdüngung vieler Gewässer und die Ansammlung von Unmengen von Plastik in den Weltmeeren sind nur einige Beispiele für jene menschlichen Spuren auf der Erde, die Crutzen zufolge den Übergang vom geologischen Zeitalter des Holozäns zum Zeitalter des Anthropozäns markieren.

„Management der Natur"

Dabei spielen nicht nur die beobachtbaren Auswirkungen unserer Lebensweise auf den Planeten eine Rolle und geben zu einer gewandelten Sichtweise auf das Verhältnis von Mensch und Natur Anlass. Das Anthropozän ist nicht nur empirische Tatsache, sondern macht sich ebenso in normativer Hinsicht bemerkbar. Denn der Mensch tritt nicht nur als Nutznießer und Umgestalter von Natur auf, sondern nimmt für sich auch in Anspruch, Natur zu optimieren – und dies hauptsächlich mit technischen Mitteln. Hierbei ist die Natur für den Menschen nichts Gegebenes, sondern es geht um die Idee eines aktiven „Managements der Natur", wie sie einem Technologiediskurs entspringt, der zu großen Teilen auf dem Mythos aufbaut, mit technologischen Mitteln restlos alle Probleme lösen zu können. Wobei es in puncto Umwelt vor allem die hausgemachten Probleme sind, die es zu lösen gilt. Der Mensch des Zeitalters des Anthropozäns rückt den an die eigene Lebensgrundlage gehenden Problemen nicht auf den Leib, indem deren verursachende Handlungen beseitigt werden, nein, in unserem technologischen Zeitalter versucht man die auf den technischen Fortschritt zurückzuführende „höchste Gefahr" durch noch mehr Fortschritt zu bannen. Dieses „Immer Mehr" lässt sich etwa am Beispiel des Klimawandels beobachten, welcher mit Hilfe einer Reihe von unter dem Schlagwort Climate-Engineering zusammengefasster Maßnahmen gestoppt oder zumindest verlangsamt werden soll. Es geht dabei im Wesentlichen um zwei große

Bündel bewusster Interventionen in das Klimasystem: Zum einen fokussiert Kohlendioxidentfernung (Greenhouse Gas Removal, GGR) darauf, bereits emittierte Treibhausgase aus der Atmosphäre zu holen. Hierbei geht es um Maßnahmen wie etwa das Aufforsten in großem Stil, um der Luft Kohlendioxid zu entziehen oder die Düngung der Ozeane zur Anregung von Algenwachstum, um mehr Kohlendioxid zu binden. Zum anderen zielt Strahlungsmanagement (Solar Radiation Management, SRM) darauf ab, einfallendes Sonnenlicht zurück in den Weltraum zu reflektieren. So könnte etwa Getreide genetisch manipuliert werden, damit es heller wird, urbane Flächen könnten weiß angestrichen werden oder aber es ist denkbar, durch das Versprühen von Wasser aus den Meeren Wolken zu erzeugen, denn auch mehr Weiß am Himmel lässt die Sonnenstrahlen reflektieren. Außerdem wird vorgeschlagen, Spiegel in der Erdumlaufbahn zu installieren oder über Wüsten zu platzieren. Diejenige Idee, die bislang die größte Aufmerksamkeit erregte, nimmt sich Vulkanausbrüche zum Vorbild: Hiervon weiß man, dass die dabei in große Höhen geschleuderten Teilchen den Planeten kühlen. Analog lautet der Vorschlag, reflektierende Partikel in die Stratosphäre einzuspeisen, die dann den Planeten umhüllen und vor der Sonneneinstrahlung schützen. Drohnenflotten oder an Ballons befestigte Sprühgeräte könnten die schützende Substanz versprühen – etwas mehr davon und die Temperatur fällt, etwas weniger und sie steigt, so die Vorstellung der „Klima-Hacker".

Der wissenschaftlich-technische Fortschritt zieht alle Register um, die Natur insofern zu „optimieren", als der Menschheit weiterhin erlaubt sein soll, auf gewohntem großen ökologischen Fuße zu leben. Man sieht schon: Die Optimierungsbestrebungen stehen natürlich ganz klar im Zeichen eines Naturbegriffs, der den instrumentellen Wert der Natur ins Zentrum rückt und keinen Raum für einen Eigenwert lässt. Optimierung orientiert sich an menschlichen Zielen, legt eine menschliche Messlatte an und bedeutet letztlich nichts anderes als die Ausdehnung der Möglichkeiten der Ausbeutung der Natur. Nichts könnte freilich konsequenter sein im Anthropozän als ein derart menschenzentriertes Vorgehen. Letztlich stellt ein solches „Management der Natur" die Frage neu, was unter Natur eigentlich zu verstehen ist. Kommt man in diesem neuen technologischen, vom Menschen geprägten Zeitalter noch mit dem konventionellen Natur-Kultur-Schema aus, das Kultur, das vom Menschen gestaltend Hervorgebrachte, als Antonym zur Natur betrachtet?

Sind wir noch zu retten?! 115

Denn bevor man die Natur schützen oder „optimieren" will, sollte zumindest klar sein, worauf sich diese Bemühungen exakt beziehen. Doch ist keineswegs eindeutig, was unter „Natur" zu verstehen ist, denn genau genommen ist das Natur-Kultur-Verhältnis ja kein Nullsummenspiel. Natur schwindet nicht durch die Kulturleistungen des Menschen, vielmehr bedeutet das menschliche Eingreifen in die Natur – immer schon und auch heute noch – ihre Anverwandlung und Umgestaltung.

Diesem Umstand trägt die Philosophische Anthropologie Rechnung, die im 20. Jahrhundert eine Reihe großer Entwürfe der Bestimmung des Menschen hervorgebracht hat, in denen der Technik jeweils eine besondere Rolle im Verhältnis des Menschen zu seiner Umwelt zufällt. So ist für Helmuth Plessner[7] Technik schlichtweg eine Konsequenz der den Menschen kennzeichnenden „exzentrischen Positionalität", die zu einem Leben im Modus des Abstandnehmens und der Reflexivität zwingt sowie auf ein Sich-Schaffen einer Umwelt verweist. Und für Arnold Gehlen[8] kann der Mensch, das „Mängelwesen", welches nicht durch Instinkte festgelegt ist, gar nicht anders, als sich durch Ergänzungstechnik, Verstärkertechnik und Entlastungstechnik zu behelfen. Dabei dient Technik dem Menschen als handelndes Wesen zur Veränderung und Dienstbarmachung der Natur zu seinen Zwecken. Und nicht zuletzt Ernst Cassirer[9] fasst technisches Handeln als spezifisches kulturelles Phänomen auf. Wenn er Technik als symbolische Form begreift, dann verweist Cassirer bereits auf die Tatsache, dass Kultur mehr ist als materielle Produktion. Denn die menschliche Kultur bezieht sich nicht nur auf den Werkzeug-, sondern ebenso auf den Symbolgebrauch, wodurch unseren sinnlichen Wahrnehmungserlebnissen erst Bedeutung zugewiesen wird. Der Mensch ist nicht nur homo faber, ein Werkzeug gebrauchendes Wesen, das die Natur durch Technik bearbeitet, umgestaltet und Artefakte erschafft, um sich so über die gegebenen Naturbedingungen hinwegzusetzen und sich eine Existenzform zu ermöglichen, die über die natürlichen Beschränkungen hinausgeht. Als „animal symbolicum", so sah es Ernst Cassirer[10], erschafft sich der Mensch mit seinen Symbolismen Bedeutungswelten, die – der „Welt der Anschauung" entgegengesetzt – zwar eine Distanz zur Welt bilden, aber erst dadurch Weltverstehen überhaupt ermöglichen. Wie stehen die menschlichen Bedeutungswelten in Beziehung zur „Natur"? Hat sich der Mensch als „animal symbolicum" unabhängig gemacht von Eingriffen in die Natur auf materieller Ebene? Zumindest das moderne „animal symbolicum", das sich eine digitale Parallelwelt erbaut hat, die vermeintlich rein virtuell ist, kommt letztendlich doch nicht ohne stoffliche Grundlagen aus: von Servern bis zu Endgeräten, von enormem Energieverbrauch bis hin zu Unmengen von Elektroschrott, dies stellt die handfeste, unökologische Kehrseite der gemeinhin als grün gekennzeichneten, weil Dematerialisierung bewirkenden digitalen Revolution dar.

„Primat der Technik"

Es besteht kaum ein Zweifel, dass technischer Fortschritt zu den Grundcharakteristika unserer modernen Gesellschaft zählt. Wobei dieser keineswegs konfliktfrei bleibt: Wenn anfangs Technik gemäß der Prämisse der Philosophischen Anthropologie als Antriebskraft des Souveränitätsgewinns gegenüber der Natur galt, so kommt dieser Prozess heute nicht ohne Spannung aus und beinahe scheint es, als ob in unserer hochtechnisierten Welt die errungene Souveränität durch Naturbeherrschung in ihr Gegenteil umschlagen würde. Denn immer auch zwingt Technik dem Menschen ihre eigene Rationalität auf. Bereits 1924 stellte Plessner die Frage danach, wie sich die menschliche Ordnung zu jener der Technik verhält und konstatiert eine gegenseitige Verstrickung, einen technischen Weltzugang, denn die Maschinen „geben uns nicht frei und wir geben sie nicht frei. Mit rätselhafter Gewalt sind sie in uns, wir in ihnen"[11]. Und selbst dem Gedanken, den Kollateralschäden des Fortschritts mit weiterem Fortschritt beizukommen, wird von Plessner der Boden bereitet, wenn er einen „Zwang zum Fortschritt" feststellt, weil längst die Maschinen den Menschen antrieben. Und folglich gäbe es „kein Zurück, nur ein Vorwärts nach dem Gesetz der in ihrem Gestänge, Kolben donnernden Rhythmus Wirklichkeit werdenden Utopie"[12].

Man brauchte wahrlich kein Untergangsprophet zu sein, um sich in jener Zeit des rasenden technischen Fortschritts Gedanken über die Auswirkungen der Technik auf Mensch und Gesellschaft zu machen. So kommt auch Ernst Cassirer zu der Überzeugung, seine Epoche stünde unter einem „Primat der Technik"[13]: Vollkommen wertfrei möchte er verstanden werden, wenn er als „reine Tatsächlichkeit" die vielfältigen Verflechtungen mit der Technik konstatiert. Die interessante Frage für Cassirer ist, was es für das Selbstbild des Menschen sowie dessen Verhältnis zur Welt bedeutet, wenn die Technik menschliches Schaffen ganz grundlegend wandelt. Denn das „Zauberreich der unmittelbaren Wunscherfüllung" sei mit dem Einzug der Maschinen in den Arbeitsprozess an sein Ende gekommen. Jene Freiheit, in der die Wirklichkeit als gestaltbarer Stoff erscheint und der Mensch die Naturgesetze für sich nutzbar machend „sich seine Welt, seinen Horizont der ‚Objekte' und seine Anschauung des eigenen Wesens fortschreitend auf[baut]"[14], ist beschnitten. Das menschliche Schaffen erhält durch Technik eine neue Ziel- und Sinnbestimmung, die „sich nicht mehr an dem, was es bewirkt und was es zuletzt erreicht, bemessen [lässt], sondern es ist die reine Form des Tuns, […] wonach sich dieser Sinn bestimmt"[15]. Letztlich führe fortschreitende Technik zu Entfremdung, wenn „[d]er Zusammenhang von Arbeit und Werk [aufhört], ein in irgendeiner Weise erlebbarer Zusammenhang zu sein"[16]. Hatte der Handwerker noch einen persönlichen Bezug zu seinem Werk, so ist diese Beziehung in einem mit Technik verstrickten Arbeitsprozess ausgelöscht. Der Mensch werde zu einem unselbständigen Teil im Arbeitsprozess, wie bereits Karl Marx – anprangernd, doch im Ergebnis nicht anders – argumentierte, wenn er Entfremdung durch Technikeinsatz in der Fabrikarbeit sah: Als „lebendiges Anhängsel" werde der Mensch einem „toten Mechanismus" einverleibt, er werde „Teil einer Teilmaschine"[17]. Als ikonischer Ausdruck all dieser Befunde kann Charlie Chaplins Satire „Modern Times" gelten, worin Chaplin eine zutiefst inhumane Arbeitswelt zeichnet, in der der Einzelne in einem großen, nicht überschaubaren System Überblick und Halt verliert und der einzelne Arbeiter nicht mehr zählt als ein winziges Rädchen in einer gigantischen Produktionsmaschinerie, die den Takt vorgibt.

In unserem digitalen Zeitalter mag diese Maschinerie weniger greif- und sichtbar sein, doch presst nichtsdestotrotz eine technische Infrastruktur allerorten den Menschen in Korsetts und stellt Weichen: Von Computerprogrammen, die den möglichen Aktionsradius abstecken über ein nie gekanntes Maß an Transparenz und Überwachung durch Datafizierung mit bewussten oder unbewussten Auswirkungen auf menschliches Handeln bis hin zu automatisierten Entscheidungsverfahren, die dem Menschen als Black Box gegenübertreten und uns vor vollendete Tatsachen stellen. In all diesen Fällen ist seit Jahren zu beobachten, wie der wissenschaftlich-technische Fortschritt sich daran orientiert, Grenzen zu überschreiten, „die Natur niemals [als] ein Fertiges, ein bloßes Gesetztes, sondern ein ständig Neuzusetzendes, ein immer wieder zu Gestaltendes"[18] ansieht. Ein stetes Wechselspiel zwischen dem „Wirklichen" und dem „Möglichen" setzt Technik Cassirer zufolge in Gang, sie blickt über das Notwendige hinaus und entdeckt neue Möglichkeiten. Wenn Cassirer der Technik zuschreibt, dass sie uns abverlangt, „das Wirkliche selbst unter dem Bilde des Möglichen" zu erblicken, dann wird Ernst Cassirer wohl kaum jene transhumanistischen Vorstellungen vor dem inneren Auge gehabt haben, welche sich die weitgehende Verschmelzung von Mensch und Maschine zum Ziel setzen – doch kaum etwas könnte den an Machbarkeiten orientierten Charakter der Technik derart trefflich illustrieren wie das vollständige Einreißen natürlicher Grenzen in der stetig voranschreitenden Annäherung von Mensch und Maschine. Wenn von Transhumanisten gesagt wird, dass es sich bei ihnen um Menschen handelt, die ewig leben wollen und dafür in Kauf nehmen, zum Roboter zu werden, dann mag dies zwar scherzhaft gemeint sein, bringt jedoch exakt auf den Punkt, wie die technische Entwicklung das Menschsein an sich in Zweifel zieht und brennende Fragen zur Bewertung von menschlicher Souveränität und Autonomie aufwirft.

An dieser Stelle zeichnet sich der Schnittpunkt der großen Diskurse unserer Zeit klar erkennbar ab: Beim Nachdenken über die weitere Entwicklung sowohl auf dem Feld der Technisierung als auch des Umgangs mit Natur wird es über kurz oder lang um die wirklich großen Menschheitsfragen gehen: Wie halten wir es mit Souveränität und Autonomie und letztlich der Freiheit und Würde des Menschen? Gegenwärtiges menschliches Handeln schlägt Pflöcke ein und bewirkt dadurch Sachzwänge. Die Nebenwirkungen bisherigen Handelns verengen Entscheidungsspielräume immer weiter, lassen stets weniger Möglichkeiten zu und beschneiden die Freiheit, Alternativen zu entwickeln und Veränderungen vorzunehmen. Ein „Anfangenkönnen", wie es Hannah Arendt[19] im Anschluss an Kant als Kern von Freiheit sah, bleibt dem Menschen mithin versagt.

Neubestimmung von Verantwortung

Dass es um derart fundamentale Fragen wie Souveränität, Autonomie und letztlich Freiheit geht, ruft förmlich nach einer Neubestimmung von Verantwortung des Menschen der Natur gegenüber. Es war wiederum Paul J. Crutzen[20], der Namensgeber des Menschenzeitalters, der den Menschen selbst in der Verantwortung für die Erde sah. Dabei geht es um die gewaltige Aufgabe, den Fortschritt, unser Leben und Wirtschaf-

Sind wir noch zu retten?! 119

ten in erdverträgliche, nachhaltige Bahnen zu lenken. Gewaltig ist die Aufgabe in erster Linie deshalb, weil sie eine neue Denkweise erfordert. Denn weder Politik noch Wirtschaft sind bisher gewohnt, langfristige Folgen des Handelns in ihr Kalkül mit einzubeziehen. Die Zeiträume, innerhalb derer sich Entscheidungen und Handlungen „bezahlt" zu machen haben – in Form von Wiederwahl oder Markterfolg – sind kurz. Welche Wirkungen sich darüber hinaus in längerer Perspektive ergeben, dafür wird zumeist niemand verantwortlich gemacht. Zu diesen auf kurzfristige Erfolge angelegten Anreizsystemen tritt noch erschwerend hinzu, dass in unserer beschleunigten Welt nur allzu oft die Zeit für wohlüberlegte, reflektierte Entscheidungen fehlt, die die vielfältigen komplexen Zusammenhänge und Wechselwirkungen einer vernetzten, hochgradig arbeitsteilig organisierten Gesellschaft sowie nicht minder komplexer Ökosysteme wenigstens einigermaßen berücksichtigen.

Dass die Ethik der Antike, welche auf den „Nahkreis des Handelns" beschränkt war, nicht mehr so recht zu den Rahmenbedingungen der modernen Gesellschaft passen will, erkannte der Philosoph Hans Jonas bereits vor Jahrzehnten. Denn dass der Mensch nur dann Verantwortung tragen solle, wenn er unmittelbar ursächlich an einem Ereignis beteiligt war, passt nicht zu dem veränderten Charakter menschlichen Handelns, das imstande ist, immer weiter reichende Konsequenzen in Raum und Zeit nach sich zu ziehen. In einer solchen Handlungssituation wächst die Gefahr, unerwünschte Nebenfolgen und Risiken nicht ausreichend zu berücksichtigen und damit unumstößliche Tatsachen zu schaffen, die zudem nicht nur den Handelnden selbst tangieren, sondern ebenso Menschen in anderen Erdteilen sowie künftige Generationen belasten. Werden Handlungen jedoch bloß innerhalb der üblichen begrenzten Horizonte als gut oder schlecht beurteilt, so wird niemand „verantwortlich gehalten für die unbeabsichtigten späteren Wirkungen seines gutgewollten, wohl-überlegten und wohl ausgeführten Akts", meint Jonas. „Der kurze Arm menschlicher Macht verlangte keinen langen Arm vorhersagenden Wissens; die Kürze des einen war so wenig schuldhaft wie die des andern."[21]

Für Hans Jonas war klar: Immer deutlicher zeichnet sich ab, dass lokales Handeln im Hier und Jetzt ganz erhebliche Auswirkungen in der örtlichen und zeitlichen Ferne zeitigen kann. Ein technologischer Fortschritt, dessen Wirkungen das heute gesicherte Wissen übersteigen, macht neue ethische Beurteilungsmaßstäbe erforderlich. Jonas plädiert für eine Zukunftsethik für das technologische Zeitalter, die nicht nur der Natur ein Eigenrecht zugesteht, ebenso wie sie die Weiterexistenz der Menschheit als Pflicht betrachtet. Auf dieser Basis formuliert Hans Jonas orientiert an der Leitidee der Nachhaltigkeit einen ökologischen Imperativ: „Handle so, dass die Wirkungen Deiner Handlung verträglich sind mit der Permanenz echten menschlichen Lebens auf Erden."[22] Unübersehbar orientiert sich Jonas in seiner Formulierung an Kants kategorischem Imperativ. Allerdings sieht er diesen – wie auch sonst keine überlieferte Ethik – den gegenwärtigen Herausforderungen nicht gewachsen, weil Hans Jonas mit der Kantschen Formel Handlungen als zulässig erkennt, mit denen „das Glück gegenwärtiger und nächstfolgender Generationen mit dem Unglück oder gar der Nichtexistenz späterer Generationen erkauft wird"[23]. Jonas aber geht es um Verantwortung für den gesamten Erdball und für künftige Generationen. Es gilt das Vakuum, das fehlende Normen von „Gut" und „Böse" angesichts einer neuen Situation geschaffen haben, zu füllen. Aber wie? Wie lässt sich sein ökologischer Imperativ in die Tat umsetzen? Als Kompass kann Jonas zufolge nur die „vorausgedachte Gefahr selber"[24] dienen. Ethische Prinzipien werden entdeckbar, wenn quasi der Teufel an die Wand gemalt wird. Was Jonas mit „Heuristik der Furcht" umschreibt, ist gewissermaßen ein Handlungsrezept, wonach die „vorausgesehene Verzerrung des Menschen […] zu dem davor zu bewahrenden Begriff des Menschen [verhilft]"[25]: Bei moralischer Bewertung einer Handlung seien deren Folgen und Risiken abzuwägen und solle dann im Zweifel stets der schlechteren Prognose der Vorrang eingeräumt werden.

Unübersehbar stellt ein solchermaßen verstandener Handlungsimperativ die moderne Gesellschaft vor ein Dilemma: Denn Jonas' Verantwortungsethik steht dem Fortschritts- und Wachstumsparadigma unserer Zeit diametral entgegen. „Höher, weiter, schneller, mehr" ist das Motto heutigen Lebens und Wirtschaftens. Und alles andere als eine Nebenrolle nimmt in dieser Steigerungsspirale die Technik ein, wie Walter Rathenau bereits zu Beginn des 20. Jahrhunderts zu berichten wusste, wenn er Technik in einen Zusammenhang mit dem „Irrsinn der Wirtschaft" stellt und beklagt, wie „Überflüssiges, Nichtiges, Schädliches, Verächtliches" angehäuft wird und „unnützer Modetand […] wenige Tage lang falschen Glanz spenden soll"[26]. Nicht das Geringste hat diese Beschreibung an Aktualität verloren, denn mehr denn je kann gelten, dass „alle diese Nichtsnutzigkeiten"[27] das Räderwerk der Wirtschaft am

Laufen halten. Immer mehr von allem, immer wieder Neues. Der moderne Konsumismus, der den Mangel im Überfluss systematisch permanent neu hervorbringt, ist ohne die schnellen und günstigen Produktionsmöglichkeiten moderner Technik kaum zu denken. Im ewigen Kreislauf der Expansion von Konsummöglichkeiten und wissenschaftlich-technologischen Entwicklungen kennt die Fantasie keine Grenzen. Doch überraschen kann dies nicht, liegt es doch im Wesen der Technik, „nicht in erster Linie nach dem [zu fragen], was ist, sondern nach dem, was sein kann"[28]. Eine Orientierung an Machbarkeiten ist der Technik quasi eingeschrieben, was notwendigerweise zu einem Zusammenprall mit der von einer „Heuristik der Furcht" nahegelegten Orientierung an Vorsicht und Zurückhaltung führen muss. Zwischen der von Hans Jonas skizzierten Zukunfts- und Fernstenethik auf der einen Seite und dem blinden Fortschrittsoptimismus unserer technologischen Zivilisation auf der anderen Seite tut sich eine gigantische Kluft auf: Während der ökologische Imperativ eine Art Fortschrittspessimismus einfordert, indem stets das unvorteilhafteste Szenario der Konsequenzen einer Handlung ins Kalkül gezogen und dementsprechend im Sinne von Vorsicht und Zurückhaltung entschieden werden soll, stehen die Zeichen der Zeit eher darauf, um jeden Preis nach vorne zu schreiten, weil Technik stets ein Rezept parat habe und alles vermeintlich nur besser werden könne.

Selbstredend hat ein Imperativ, der Handeln nach der „Heuristik der Furcht" auszurichten anstrebt, keinen leichten Stand in einer Gesellschaft, die Wachstum, Steigerung und Immer-Mehr-Wollen zum kollektiven Projekt erhoben hat. Denn ein Handeln nach Hans Jonas' Vorstellungen erfordert Selbstbeschränkung. Doch Selbstbeschränkung fällt dem Menschen schwer. Und dies – tragischerweise – selbst dann, wenn das Wissen, dass es nicht weitergehen kann, wie gewohnt, sehr wohl vorhanden ist. Doch immer wieder erweist sich, wie weit der Weg vom Wissen zum Handeln oft sein kann. Und glaubt man der Verhaltensökonomie, ist Skepsis angebracht, gegen die menschlichen Beharrungskräfte ankommen und auf kollektiver als auch individueller Ebene Verhaltensänderungen herbeiführen zu können. Denn aus Sicht des homo oeconomicus ist es durchaus rational, sich in Naturschutzfragen unkooperativ zu verhalten: Die für den Einzelnen wahrnehmbaren Kosten stellen den Gesamtnutzen bei weitem in den Schatten. Dazu kommt noch, dass es dem Menschen schwerfällt, heute Kosten auf sich zu nehmen, um ins Morgen zu investieren. Gerade im Umweltschutz aber tritt der Nutzen einer Investition teils erst in ferner Zukunft ein. Und dazu kursieren noch allerhand entschuldigende Narrative, die ein unbequemes Handeln weiter hemmen: Wir hätten es ja immer so gemacht, ich allein könne doch nichts ausrichten und wissenschaftlich nachgewiesen sei der Klimawandel ja ohnehin nicht ...

Der Mensch als Hüter der Erde

Fünf Jahre nachdem Paul J. Crutzen den Begriff des Anthropozäns aus der Taufe hob, vertiefte er das Thema in einem Aufsatz[29], der in der Frage gipfelte, ob die Menschheit der Herausforderung gewachsen sei, die Nachhaltigkeit der Lebensgrundlage der Erde gegen menschliche Eingriffe zu sichern. In der gegenwärtigen Phase des Menschenzeitalters sei das Wissen um und das Bewusstsein von den menschengemachten Eingriffen in die Umwelt nicht länger einer kleinen Gruppe von Umweltschützern vorbehalten, sondern habe sich zu einer von der breiten Gesellschaft getragenen Sorge ausgewachsen. Dabei bleibt es keineswegs bei der Sorge um das „System Erde", wie Crutzen und seine Mitautoren feststellen – die Menschheit habe sich zu einem aktiven Akteur im Bemühen um die eigene Lebensgrundlage entwickelt. Wohin der Prozess führt, bleibe zunächst unklar, so die Autoren, doch könnten in der Umweltdebatte grob drei verschiedene Herangehensweisen identifiziert werden: Zum einen gibt es jene, die kaum eine Notwendigkeit sehen, am gewohnten Gang der Dinge zu rütteln und ein „Business-as-usual" vertreten: Es werde alles schon nicht so schlimm kommen und auch in der Vergangenheit haben Gesellschaften stets bewiesen, sich effektiv an Veränderungen anpassen zu können. Zum zweiten gäbe es die Haltung, wonach die Probleme ernsthaft genug sind, um sie vorsorglich anzugehen und sich um Schadensminderung zu bemühen. Die menschengemachten Umweltveränderungen müssten beschränkt werden, damit die Dinge nicht aus der Kontrolle geraten und der Wandel ein gefährliches Maß annimmt. Und zum dritten werden Optionen des Climate-Engineering erwogen, weil der globale Wandel als derart tiefgreifend angesehen wird, dass um entsprechend drastische Antworten – wie oben bereits ausgeführt – kein Weg mehr vorbeiführt.

Interessanterweise beruhen die genannten Lösungsalternativen – sieht man einmal von der erstgenannten ab, als vom Weitermachen-wie-bisher kaum wirkliche Lösungen erwartet werden dürfen – allesamt auf einem massiven Einsatz von Technik. Von Climate-Engineering über Digitalisierung, Dematerialisierung und erneuerbarer Energie bis hin zur Entwicklung einer ressourceneffizienten Kreislaufwirtschaft – stets wird Technologie in den Dienst von Nachhaltigkeitsstreben und Ressourcenschonung gestellt und soll Abhilfe schaffen. Dazu kommt noch eine ganze Armada digitaler Helferlein, die dem Einzelnen den Weg vom Wissen zum Handeln erleichtern sollen: Immer mehr Apps wollen dazu animieren, den inneren Schweinehund zu besiegen, die eigenen Beharrungskräfte zu überkommen und zu guten Taten für einen nachhaltigen Lebensstil anhalten. In den meisten Fällen setzen solche Anwendungen auf Spielprinzipien, um zum Mitmachen anzuspornen. So kann man sich nicht nur seinen persönlichen ökologischen Fußabdruck berechnen lassen, sondern erhält zugleich auch simuliert, welche Einsparmöglichkeiten sich realisieren ließen, würde man anders wohnen, reisen oder mehr Fahrradfahren. Punkte und Auszeichnungen, die man sich mit ökologisch einwandfreien Taten verdient, sollen zum Weitermachen anspornen. Und wer dadurch noch nicht zu einer besseren persönlichen Ökobilanz zu bewegen ist, der kann auch gleich noch im Wettbewerb mit anderen die Erde retten. Solche digitalen Öko-Schrittmacher zielen in erster Linie darauf, über den Weg, Transparenz herzustellen und Bewusstsein zu schaffen, letztendlich zu Verhaltensänderungen zu führen – freilich: schaden wird es nicht, doch drängt sich die Frage auf, ob dadurch ernsthaft der Ernsthaftigkeit der Herausforderung Genüge getan ist.

Nun ist es kein Geheimnis, dass in Klimaangelegenheiten die Zeit drängt. Zwar kam der „Weltklimarat" (Intergovernmental Panel on Climate Change, IPCC) zu dem Ergebnis, dass die Einhaltung der im Rahmen der UN-Klimakonferenz in Paris 2015 beschlossenen Ziele, nämlich die Erderwärmung auf weniger als zwei Grad Celsius, womöglich gar auf 1,5 Grad zu begrenzen, erreichbar seien.[30] Doch beinhalten beinahe alle dieser Einschätzung zugrundeliegenden Szenarien den Einsatz von Maßnahmen aus dem Bereich des Climate-Engineerings. Dabei scheint kaum ein Weg an den massiven Eingriffen durch Strahlungsmanagement vorbei zu führen: Zum einen geht die Reduktion von Treibhausgasen durch die Umstellung von fossilen Brennstoffen auf erneuerbare Energien schleppend voran. Zum anderen müssten in Anbetracht der hohen Emissionen Maßnahmen der Kohlendioxidentfernung immense Mengen an Treibhausgas einfangen. Dieses Vorgehen gleicht dem

Versuch, den Geist wieder in die Flasche zurückzuholen und kann also kaum als Wunderwaffe gegen den Klimawandel gelten; was die Entwicklung dieser Technologie – vorausgesetzt sie gelingt sicher und kostengünstig – erreichen kann, ist höchstens etwas Zeitaufschub.

Maßnahmen des Strahlungsmanagements sind allerdings äußerst umstritten – aus guten Gründen ist Vorsicht oder gar Skeptizismus angebracht: Das Klimasystem ist derart komplex, dass eine Vorhersage der langfristigen Konsequenzen von Interventionen kaum gelingen werden. Das Prinzip von Versuch und Irrtum, das seit jeher Hand in Hand mit wissenschaftlich-technischem Fortschritt geht, ist in diesem Fall ungeeignet. Zum einen ist ein Lernen aus Irrtümern gar nicht in der Lage, längerfristige Folgen, die sich aus hochkomplexen Zusammenhängen des Klimasystems ergeben, aufzuzeigen. Zum anderen steht schlichtweg kein Testplanet zur Verfügung und einen Irrtum kann sich die Menschheit nicht leisten, wenn es um gravierende Schädigungen geht, die vollendete, unrevidierbare Tatsachen schaffen, die es daher von vornherein zu verhindern gilt. Man darf annehmen, dass die betreffenden Maßnahmen Hans Jonas als Paradebeispiel hätten dienen können, aus Erwägungen der „Heuristik der Furcht" heraus sich in Zurückhaltung zu üben und ein „Hacking" der Natur lieber sein zu lassen. Es ist ja kaum von der Hand zu weisen, dass solche Techniken eine Reihe unbeabsichtigter Nebeneffekte haben können. So ist durchaus vorstellbar, dass das Einbringen reflektierender Partikel in die Stratosphäre regionale Witterungsverläufe durcheinanderbringen könnte. Zudem handelt es sich dabei nicht um eine einmalige Maßnahme, sondern es werden regelmäßige Einspeisungen der Partikel erforderlich. Bei einem weiteren Anstieg der Treibhausgasemissionen würde dann eine plötzliche Einstellung der Maßnahme, etwa durch eine Naturkatastrophe oder Sabotage, einen abrupten Anstieg der globalen Temperatur bedeuten. Außerdem ist zu erwarten, dass eine Gangart à la „Die Technik wird's schon richten" das moralische Risiko in sich birgt, die Reduktion von Treibhausgasemissionen fortan auf die leichte Schulter zu nehmen. Wenn vermeintlich Technologie alle Probleme löst, nimmt der Druck auf Verhaltensänderungen in Richtung einer nachhaltigen Zukunft ab. Denn Bemühungen, Sonnenstrahlen von der Erde wegzulenken, tragen nichts dazu bei, den eigentlichen Kern des Problems, nämlich den Ausstoß von Treibhausgasen, zu verringern. Der Erde wird ein Pflaster aufgeklebt, wo eine Notoperation erforderlich wäre.

Die Steuerung des Klimas wirft neben den technologischen auch eine Reihe sozio-politischer Risiken auf, die vielleicht sogar noch schwieriger in den Griff zu bekommen sind. So geben die verschiedenen Ideen des Climate -Engineerings auch Anlass zu Besorgnis, wenn es um Fragen der Kontrolle des Umgangs mit den Technologien geht: Denn welche Folgen hätte es, wenn ein Akteur – sei es ein Staat oder ein Individuum – das Weltklima nach Gutdünken ändern könnte? Hält man sich vor Augen, dass die verschiedenen Nationen der Welt höchst unterschiedlich vom Klimawandel betroffen sind und dass Climate -Engineering vor allem von einer kleinen Gruppe verschiedener Regierungen, Unternehmen und Wissenschaftlern aus den mächtigsten Ländern der Welt, die zugleich die größten Umweltsünder sind, vorangetrieben wird, dann stellt sich die Frage, wie Einverständnis über den Umgang mit den Technologien überhaupt hergestellt werden kann. Und welche Herausforderungen an die Weltgemeinschaft stellt eine Situation, in der Nationen durch Klimamaßnahmen anderer Nationen geschädigt werden? Die Grenze zwischen natürlichen und künstlichen Klimaereignissen wäre zunehmend schwieriger zu ziehen, was wiederum die Zurechnung von Verantwortung und Haftung erschwert. Wer also kontrolliert die Regierenden? Und gibt es ein Zurück, hat man erst einmal begonnen, das Klima zu hacken?

Gutes Leben innerhalb der Grenzen der Natur

Aber sind diese Fragen überhaupt relevant? Sind es denn die richtigen Fragen? Oder ist nicht schon der Ausgangspunkt, der solche Fragen überhaupt zulässt, ein falscher? Will heißen: Ist es denn überhaupt denkbar, dem menschen- – und letztlich technikgemachten – Problem mit noch mehr Technik nachhaltig beizukommen? Und auch diese Frage wiederum steht in Verdacht, in die Irre zu führen. Wenn Ernst Cassirer[31] im Anschluss an die oben angeführten Schilderungen Walter Rathenaus über den durch Technik in Gang gebrachten üblen Kreislauf aus Arbeit und Produktion sowie einem immer weiter anwachsenden Warenhunger in Zweifel zieht, ob das über die Technik als Verursacherin der Missstände gefällte Urteil angebracht ist, so bricht er eine Lanze für die Technik: Denn zu einer anderen Betrachtung und Beurteilung von Technik komme man dann, so Cassirer, wenn man nicht „im Umkreis ihrer äußeren

Erscheinung, ihrer Folgen und Wirkungen, stehenbleibt", sondern die Frage stellt, „ob diese Wirkungen notwendig mit ihrem Wesen gesetzt, ob sie in dem gestaltenden Prinzip der Technik selbst beschlossen und durch dasselbe gefordert sind"[32]. Die Schwierigkeiten, die die „moderne technische Kultur" aufwirft, seien nicht aus ihr selbst, sondern – und diesen Schluss lässt Cassirer zufolge Rathenau selbst zu – aus ihrer Verbindung mit einer bestimmten Form und Ordnung des Wirtschaftens zu verstehen. Technik, so darf man Cassirer wohl verstehen, wird nicht selbständig tätig, es sind immer menschliche Präferenzen und Entscheidungen, die Technik ins Werk setzen. Ihre problematischen Auswirkungen seien nicht im Wesen der Technik begründet, sondern entspringen ihrer Dienstbarmachung durch die Wirtschaft. Und folgt man Cassirer, so ist Technik als Werkzeuggebrauch natürlich auch mehr als instrumentelles Operieren; als symbolische Form aufgefasst ist Technik immer auch eine spezifische Weise des Wirklichkeitsverständnisses. Diese Verflechtungen von Technik und Wirtschaft in den Blick zu nehmen, sei die Voraussetzung für „Besserung". Und dies ist der Grund, warum Technikprobleme nicht mit noch mehr Technik zu lösen sind: nicht, weil die Technik dazu nicht in der Lage wäre, und auch nicht, weil Technik per se schlecht sei, sondern weil, wie Cassirer den Finger exakt auf das Problem legt, die Technik so grundlegend mit dem Verhältnis des Menschen zur Welt zusammenhängt. „[M]it den Mitteln der Technik allein", so Cassirer, lasse sich hier nichts ausrichten, stattdessen könne „nur der Einsatz neuer Willenskräfte wahrhaft Wandel schaffen"[33].

Wenn es also die Technik nicht richtet, um zur anfänglich gestellten Frage zurückzukehren, wie können dann Souveränität und Autonomie des Menschen verteidigt werden? Welche Art Willenskraft braucht es und worauf muss diese sich richten?

Die Forderung, kürzer zu treten und Verzicht zu üben ist nicht außerordentlich populär. Doch kann es ohne Abbremsen des ewigen Konsumkreislaufes, ohne Verzicht funktionieren, eine ökologisch nachhaltige Gesellschaft zu etablieren? Glaubt man der Glücksforschung, so muss Verzicht nicht notwendigerweise in einen genussfeindlichen, rückwärtsgewandten Lebensstil münden, sondern kann – ganz im Gegenteil – mit einer Zunahme von Lebensqualität einhergehen, denn anders als es das Credo unserer modernen Konsumgesellschaft nahelegt, wächst das Wohlbefinden nicht unbedingt mit steigendem materiellen Wohlstand. Ohne die Notwendigkeit des Verzichts überhaupt erst als Schreckgespenst an die Wand zu malen, lässt sich die Frage aber auch anders stellen: Wie könnte eine Vision des gelungenen Lebens innerhalb der Grenzen der Natur aussehen? Braucht es eine Rückbesinnung darauf, was ein gutes Leben ausmacht? Können Diskurse rund um das gute Leben vielleicht sogar eine Brücke schlagen zwischen dem großen Ganzen, einer abstrakten Nachhaltigkeitspolitik und Technikfortschritt einerseits und der konkreten Lebensführung, den Wünschen und Bedarfen auf individueller Ebene andererseits? Wie gelingt die Vermittlung zwischen Gemeinsinn und Eigensinn? Was oftmals – und gerade in der ökologischen Nachhaltigkeitsdebatte – wie ein Gegensatz anmutet, muss kein solcher sein. Man muss nur zu den Anfängen der Philosophie zurückblicken: Denn für Aristoteles ist das gute Leben keine Privatsache, sondern eine politische Angelegenheit. Weil Glück für den griechischen Philosophen nur in der Gemeinschaft zu erreichen ist, kann das Streben nach Glückseligkeit kein individuelles, „egoistisches" Interesse sein. Das höchste Gut, Glückseligkeit, stellt das Endziel für den Einzelnen als auch die Gemeinschaft dar. Und der Weg dorthin führt über ein bewusstes Handeln, das verwirklicht, was die Natur für den Menschen vorgesehen hat: das Leben als vernunftbegabtes Wesen. Auch Verzicht erscheint vor diesem Hintergrund nicht mehr länger derart abwegig: Immerhin ist das höchste Gut vollkommen. Wer das gute Leben verwirklicht, so sagt Aristoteles, dessen Streben gelangt an ein Ende. Glückseligkeit kennt keinen Mangel, sie genügt sich selbst und lässt nicht nach anderen Gütern begehren.

Doch selbstverständlich wusste Aristoteles schon: Das gute Leben lässt sich nicht verordnen! Wie kann es aber gelingen, mit neuen nachhaltigen Gesellschaftsentwürfen quasi am Reißbrett „gutes Leben" für alle Menschen zu entwerfen? Würde das „gute Leben" von politischen Entscheidungsträgern für alle vorgeschrieben, bedeutete dies notgedrungen, den Einzelnen in ein Korsett zu zwängen und sich von Souveränität und Autonomie zu verabschieden. Gleichzeitig kann – wie von Klimaschützern propagiert – die Lösung auch nicht von der Wissenschaft stammen. Zwar klingt die Berufung auf wissenschaftliche Erkenntnisse vordergründig vernünftig, ist aber doch zu kurz gesprungen: Denn wissenschaftliche Fakten sind nicht nur interpretationsbedürftig, sie sind zudem keine Automatismen, die an jeden Problembefund die passenden Lösungsmaßnahmen knüpfen. Diese bedürfen kollektiver Reflexion, um gemeinsame Zukünfte zu erkunden und auszuhandeln. Welches Lebensmodell wird sich angesichts der immensen Herausforderungen als schlagkräftig genug erweisen? Und wie kann dabei noch Freiheit gesichert werden?

Zur Verwirklichung von Freiheit muss stärker als bisher deren Doppelcharakter, nämlich sowohl als negative „Freiheit von" als auch als positive „Freiheit zu" in Erscheinung zu treten, ins Bewusstsein rücken. Weil Freiheit eben nicht nur darin besteht, tun und lassen zu können, was jemand will, sondern ebenso die aktive Gestaltung von Freiräumen beinhaltet, gehört zur Freiheit immer auch ein Wille zur Verantwortungsübernahme. Nach Kant[34] bedingen beide Freiheitsbegriffe einander, denn die negative Freiheit als Unabhängigkeit von äußeren Zwängen macht die positive Freiheit als das Vermögen der Vernunft, sich selbst ihre Gesetze zu geben, erst möglich. Es mag in den Ohren des modernen individualisierten Menschen kontraintuitiv klingen, doch in diesem Verständnis ist Freiheit als autonomes Handeln, das heißt nach selbst auferlegten Gesetzen, immer eine Sache der Selbstbeschränkung. Unternimmt man aber diesen Perspektivenwechsel, Freiheit in ihrer doppelten Begrifflichkeit zu begreifen, dann resultiert aus Selbstbeschränkung nicht nur ein Einschnitt in Freiräume, sondern erwachsen aus ihr gleichzeitig neue Optionen, die Zukunft zu gestalten.

Anmerkungen

[1] Vgl. Descartes, René (1637): Discours de la méthode, in: Adam, Charles; Tannery, Paul (Hg.): Oeuvres de Descartes. Paris 1902, S. 1–78.
[2] Vgl. Heidegger, Martin (1962): Die Technik und die Kehre. Pfullingen.
[3] Ebd., S. 24.
[4] Engels, Friedrich (1962): Anteil der Arbeit an der Menschwerdung des Affen, in: Marx, Karl; Engels, Friedrich: Werke. Band 20. Berlin, S. 444–455, hier: S. 452.
[5] Ebd., S. 453.
[6] Vgl. Crutzen, Paul J. (2002): Geology of Mankind, in: Nature 415 (1), S. 23.
[7] Vgl. Plessner, Helmuth (1928): Die Stufen des Organischen und der Mensch. Einleitung in die philosophische Anthropologie. Berlin und Leipzig.
[8] Vgl. Gehlen, Arnold (1940): Der Mensch. Seine Natur und seine Stellung in der Welt. Berlin.
[9] Vgl. Cassirer, Ernst (1930): Form und Technik, in: Orth, Ernst W.; Krois, John M. (Hg.): Symbol, Technik, Sprache. Aufsätze aus den Jahren 1927–1933. Hamburg 1985, S. 39–91.
[10] Vgl. Cassirer, Ernst (1944): An Essay on Man. An Introduction to a Philosophy of Human Culture. New York.

[11] Plessner, Helmuth (1924): Die Utopie in der Maschine, in: Dux, Günter; Marquard, Odo; Ströker, Elisabeth (Hg.): Gesammelte Schriften. Band X. Frankfurt am Main 1985, S. 31–40, hier: S. 38.
[12] Ebd., S. 39.
[13] Cassirer, Ernst (1930): Form und Technik, in: Orth, Ernst W.; Krois, John M. (Hg.): Symbol, Technik, Sprache. Aufsätze aus den Jahren 1927–1933. Hamburg 1985, S. 39–91, hier: S. 39.
[14] Ebd., S. 67 (Hervorhebung im Original).
[15] Ebd., S. 67 (Hervorhebung im Original).
[16] Ebd., S. 76 (Hervorhebung im Original).
[17] Marx, Karl; Engels, Friedrich (1968): Werke. Band 23, Das Kapital, Bd. I. Berlin, S. 445.
[18] Cassirer, Ernst (1930): Form und Technik, in: Orth, Ernst W.; Krois, John M. (Hg.): Symbol, Technik, Sprache. Aufsätze aus den Jahren 1927–1933. Hamburg 1985, S. 39–91, hier: S. 81 (Hervorhebung im Original).
[19] Arendt, Hannah (1962): Elemente und Ursprünge totaler Herrschaft. Frankfurt am Main, S. 692.
[20] Vgl. Steffen, Will; Crutzen Paul J.; McNeill, John R. (2007): The Anthropocene: Are Humans Now Overwhelming the Great Forces of Nature?, in: Ambio 36 (8), S. 614–621.
[21] Jonas, Hans (1984): Das Prinzip Verantwortung. Versuch einer Ethik für die technologische Zivilisation. Frankfurt am Main, S. 25.
[22] Ebd., S. 36.
[23] Ebd., S. 35.
[24] Ebd., S. 7.
[25] Ebd., S. 8.
[26] Rathenau, Walter (1917): Von kommenden Dingen. Berlin, S. 92.
[27] Ebd., S. 92.
[28] Cassirer, Ernst (1930): Form und Technik, in: Orth, Ernst W.; Krois, John M. (Hg.): Symbol, Technik, Sprache. Aufsätze aus den Jahren 1927–1933. Hamburg 1985, S. 39–91, hier: S. 81 (Hervorhebung im Original).
[29] Vgl. Steffen, Will; Crutzen Paul J.; McNeill, John R. (2007): The Anthropocene: Are Humans Now Overwhelming the Great Forces of Nature?, in: Ambio 36 (8), S. 614–621.
[30] Vgl. IPCC (2018): Global Warming of 1.5°C. URL: https://www.ipcc.ch/sr15/ (Stand: 03.01.2020).
[31] Vgl. Cassirer, Ernst (1930): Form und Technik, in: Orth, Ernst W.; Krois, John M. (Hg.): Symbol, Technik, Sprache. Aufsätze aus den Jahren 1927–1933. Hamburg 1985, S. 39–91.
[32] Ebd., S. 88 (Hervorhebung im Original).
[33] Ebd., S. 88 (Hervorhebung im Original).
[34] Vgl. Kant, Immanuel (1788): Kritik der praktischen Vernunft, in: Königlich Preussische Akademie der Wissenschaften (Hg.): Kants gesammelte Schriften. Band V. Berlin 1908/1913, S. 1–164.

Mins Minssen

NO RESEARCH AREAS:
Märchenhaft forschungsfrei

An einer Brücke, die über die Hauptstraße des hiesigen Universitätskomplexes führt, prangte ein Banner: „Exzellenz im Norden seit 1665." Von Exzellenz, Kompetenz, Effizienz, Performanz wird allenthalben geredet, mit schneidender Betonung auf dem jeweils letzten Z. 1665 ist das Gründungsjahr der Universität. 2019, am 19. Juli, scheitert sie zum dritten Mal bei dem Versuch, in den Rang einer Exzellenzuniversität erhoben zu werden, obwohl sie andererseits in ihrer Bewerbung auf einige innerhalb ihrer Mauern bereits bestehende so genannte Exzellenzcluster hinweisen konnte. Erst 2026 ist eine neue Teilnahme am Wettstreit um die Auszeichnung als Exzellenzuniversität und die damit verbundene finanzielle Förderung möglich. Einige Zeitgenossen sagen über die aktuelle Niederlage, es habe das professionelle Know-how gefehlt, den Antrag mit Pep zu „pitchen" und zu „boosten", kurz, die akademische Haut schlau zu Markte zu tragen. Andere sprechen von einer Überbewertung des bei der Beurteilung herangezogenen Kriteriums: „Internationale Sichtbarkeit". Hier hätten es breit aufgestellte Universitäten schwerer, weil in ihren Forschungsregalen zu viele Artikel undeutlicher Nützlichkeit und Anwendbarkeit lägen, die auf dem englischsprachigen akademischen Weltmarkt schwer verkäuflich seien wie zum Beispiel Skandinavistik, Neue Phänomenologie und Theologie. Da fänden auf mathematisch-naturwissenschaftliche Sparten spezialisierte Institutionen global eher Handelspartner. Tatsächlich gibt es zu denken, dass der Exzellenz-Status nie an Kunsthochschulen verliehen wird. Und solche Vokabeln wie „Spitzenwissenschaft" und „hochkarätig" würden den Maßgeblichen schneller über die Lippen gleiten bei der Nachricht von einem Nanoroboter, der er es in die Mitochondrien des roten Brotschimmelpilzes, Neurospora crassa, hinein geschafft hätte, als angesichts einer tröstlichen theologischen Publikation über die Verhältnisse von Strafe und Vergebung in den Weltreligionen.

NO RESEARCH AREAS: Märchenhaft forschungsfrei 131

Nun will ich aber den Leser nicht weiter ermüden mit trübsinnigen allgemeinen Betrachtungen über den Warencharakter von Forschung und Bildung und das damit verbundene Marktgeschrei. Stattdessen führe ich ihn auf ein konkretes Fleckchen Erde, wo schon Erreichtes gewürdigt wird und zwar in den Ratsdienergarten genannten Parkteil unserer Hafenstadt. Dort sind an einem Weg sechs Bronze-Büsten auf Stelen anzuschauen. Die Büsten stellen allesamt Männer dar, denen der Nobelpreis zuerkannt wurde und die an der hiesigen Universität gewirkt haben. Es sind 5 Naturwissenschaftler, darunter als prominenter Sohn der Stadt Max Planck und weiter ein Geisteswissenschaftler, nämlich Theodor Mommsen, der für sein Buch „Römische Geschichte" den Nobelpreis für Literatur erhielt. Seine Büste steht ein wenig außenseiterisch am Rand. Insgesamt darf die Anzahl der Preisträger für eine Stadt unserer Größe erstaunen und Bewunderung verdienen.

Die erste Stele hinter dem Eingang trägt die Büste von Otto Diels. Unterhalb der Büste ist eine Plakette angebracht. Auf ihr ist zu lesen, Otto Diels habe den Nobelpreis für die Diels-Alder Reaktion bekommen. Aha. Die nächste Büste zeigt Kurt Alder. Darunter ist zu lesen, dass er den Nobelpreis für die Diels-Alder Reaktion bekommen hat. Sieh mal einer an. Weiter ist nichts erklärt. Von meinem Chemie-Studium her erinnere ich mich an irgendetwas mit Doppelbindungen und blättere zu Hause in einem alten Lehrbuch der Organischen Chemie. Nach den beiden Forschern ist ein von ihnen gefundener Typ von Reaktionen zwischen ungesättigten Kohlenwasserstoffen benannt. Für mehr Erklärung ist hier weder Raum noch Notwendigkeit, zumal fast alle Leser aus Ernährungszusammenhängen gespeiste vage Vorstellungen hinsichtlich ungesättigter Fettsäuren haben. Hier reicht das, und für eine Plakette wäre das auch ein wenig besser. Wenn schon kein Verständnis von etwas Kompliziertem erzeugt werden kann, das auch nicht unbedingt zur Allgemeinbildung gehört, dann doch wenigstens eine Assoziation an vertraut Klingendes.

Die nächsten beiden mit einer Büste Geehrten sind Otto Fritz Meyerhof, der für seine Forschungen zum Stoffwechsel in Muskeln den Nobelpreis für Medizin erhielt und Eduard Buchner, der für die Entdeckung der zellfreien alkoholischen Gärung den Chemie-Nobelpreis bekam. Er zerrieb die Hefezellen mit Quarzsand und zerstörte sie dadurch. Doch mit dem aus der Operation erhaltenen anerkannt leblosen Presssaft ließ sich immer noch eine Zuckerlösung zu Alkohol vergären. Er ist der Einzige, dessen Gesicht von dem Schöpfer der Skulpturen, dem Bildhauer Jörg Plickat, mit einem ganz leisen, behaglichen und, wie mir scheint, den Beginn einer Trunkenheit anzeigenden Lächeln beschenkt wurde. Allerdings lächelt er ins Leere, denn die Büsten der Preisträger sind auf einem weiten Kreissektor nebeneinander aufgestellt worden, und die bronzenen Augen werfen nach außen, ins Entfernte, Blicke, die sich niemals kreuzen werden.

Die nach Fotografien gearbeiteten Skulpturen sind von Clubs vermögender Wohltäter gestiftet worden, die mit dieser Retrospektive auf einen fruchtbaren akademischen Boden hinweisen, von dem auch zukünftig noch Erträge zu erwarten sein sollten. Es gibt einen siebten Nobelpreisträger, der hier forschte, der aber keine Büste bekam. Am Eingang des Ratsdienergartens ist zu lesen, dass er „seine Reputation durch die Entwicklung einer rassistischen und antisemitischen Wissenschaftstheorie beschädigte." Es ist Philipp Lenard (Nobelpreis für Physik 1905), dessen Arbeiten mit Elektronenstrahlen zur Auffassung des Aufbaus von Atomen als weitgehend leerer Gebilde beitrugen, der Kern so winzig, die Hülle so weit weg. Als ich noch als Schüler mit einem Klassenkameraden in einem Kellerlabor Zinksulfid herstellte, das im Dunkeln nachleuchtet, zog ich zum Nachforschen über Lumineszenz Knaurs Lexikon in einer Ausgabe aus nationalsozialistischen Zeiten zu Rate, die sich im Bücherschrank meiner Eltern befand. Dabei stieß ich auf den Namen von Lenard, der als Begründer einer „Deutschen Physik" heraus gestellt wurde, die sich gegen einen vermeintlich jüdischen „Spekulativismus" wandte. Schon kurz nach dem Ersten Weltkrieg machten Lenard und sein Gefolge von sich reden. Als „Antirelatitivitätstheoretische G.m.b.H." verspottete Einstein sie eher nachsichtig (Lohmeyer, D., Schell, B., Hrsg.: „Einstein, Anschütz und der Kieler Kreiselkompass – Der Briefwechsel zwischen Albert Einstein und Hermann Anschütz-Kaempfe und andere Dokumente", Heide in Holstein, Westholsteinische Verlagsanstalt Boyens & Co, 1992, S. 71). 2008 benannte die Internationale Astronomische Union einen kleinen Krater auf der Rückseite des Mondes nach Lenard. Somit ist die Leistung nicht ganz vergessen, deren Urheber aber kein skulpturaler Wiedergänger errichtet worden. Die verschattete Vertiefung im Wüstenboden des Gestirns dürfte etwas zeitlos Sachliches haben. Menschliche oder anti-menschliche Verbohrtheit kann der Physiognomie des kalten Kraters auch deshalb schwerlich abgelesen werden, weil er außerhalb des natürlichen Gesichtsfelds der Erdbewohner liegt.

NO RESEARCH AREAS: Märchenhaft forschungsfrei 133

Nun hätte der hiesige Skulpturengarten nach dem Willen seiner Förderer den überdauernden Ruhm lokaler, aber international anerkannter wissenschaftlicher Leistungen aus unserer Stadt in die heutige Welt hinaustragen sollen. Die Voraussetzungen schienen von seiner Lage her günstig. Keine fünf Geh-Minuten entfernt liegt an der Förde ein Anleger für die großen Kreuzfahrtschiffe, von denen jedes nach seinem Einlaufen Tausende von Passagieren einsaugt oder an Land spuckt. 800 000 waren es 2018. Aber die Passagiere gehen gleich aufs Schiff oder zum Bahnhof oder lassen sich von Bussen zu Supermärkten oder Ausflugszielen fahren. Und verirrten sich doch einmal die eine Touristin oder der andere freizeitliche Seefahrer in den Ratsdienergarten, so hätten sie allen Grund, ihren Schritt zu beschleunigen und den Ort schnell wieder zu verlassen. Wie soll man sich denn, wenn man sich das süße schaukelnde Nichtstun auf den Wellen gönnt, gefüttert und unterhalten wird, wohl fühlen unter Denkmälern fleißiger Forscher, die unbeirrt durch Mangel an Geld, politische Anfeindung, Intrigen von Kollegen in zähem Fleiß aus ihren Ideen Taten machten, die schließlich den verdienten Ruhm einbrachten. Als Nichtsnutz fühlt man sich. Mir selbst geht es dort nicht anders.

So wäre es recht einsam im Park der Büsten, sammelten sich nicht gelegentlich nächtliche Runden von Zechern vor der Stele von Buchner, dem Gärungschemiker, um ihm zuzuprosten mit geistigen Getränken. Deren Wirkung darf zugeschrieben werden, wenn einzelne Teilnehmer dieser Zusammenkünfte berichten, dass in Neumondnächten einige der umgebenden illustren Bronzeköpfe wie in Traum oder Trance begännen, Formeln zu murmeln, in einem schwebenden Singsang, der gut mit dem Zirpen der Grillen harmoniere.

Wie dem auch sei, die Anlage der Podeste und Büsten erfüllte die Erwartungen der Initiatoren nicht, und aus ihren Reihen kam eine kleine informelle Abordnung unter Anführung des mir zugeneigten Notars J. Haken auf mich zu, um Anregungen dazu einzuholen, wie man mehr und bessere Aufmerksamkeit beim Kreuzfahrtpublikum und auch sonst für den wissenschaftlichen Rang der Stadt erreichen könne, um darauf aufbauend den Antrieb zu, die Liebe zu, die Leidenschaft für, die Sucht nach Forschungsabenteuern zu verstärken.

J. Haken – er stellt sich immer selbst mit Beschränkung auf das Initial seines Vornamens vor – und ich kannten einander von meiner Mitgliedschaft in dem hiesigen Kultursenat her, dem ich in der letzten Dekade des letzten Jahrhunderts vier Jahre lang angehört hatte. Ich war dort für einen gewissen Einfallsreichtum bekannt gewesen, von dem allerdings, wie einige andeuteten, viel weltfremde Spreu abgezogen werden musste. Die Spreu hatte man inzwischen wohl vergessen, als Ideenquelle schien ich in Erinnerung geblieben zu sein.

Tatsächlich hatte ich auf die Frage „Was tun?" sofort eine Antwort. „Dasselbe noch einmal", sagte ich, „aber ganz anders und doch sehr nahe und auf jeden Fall irgend etwas mit Wasser." Das musste ich erläutern. Ich schlug also vor, direkt neben den Abfertigungsgebäuden des Schiffsterminals auf einen schwimmenden Ponton einen großen Pavillon zu bauen, ein Experimentarium, das sich mit hiesigen Erfindern und Erfindungen befasste, die mit der Eroberung der See, mit Aufbruch in die Ferne, mit Abenteuern zu tun hatte. Alles schwungvoll und mitreißend vorwärts gerichtet. Und zur Illustration dieser Erfindungen sollten einfache Versuchseinrichtungen installiert werden, an denen Besucher jedweden Alters, Einheimische wie Touristen, unter Anleitung spielerisch selbst tätig werden konnten, um Verständnis für die Herausforderungen zu gewinnen, denen sich Erfinder stellen. „Und an welche beispielhaften Erfinder denkst Du?", fragte J. Haken. Ich zählte auf: Anschütz, der mit patentrechtlicher und erfinderischer Unterstützung Einsteins den Kreiselkompass zur Anwendungsreife gebracht hatte, Alexander Behm, den Entwickler des Echolots, das der Schiffssicherheit wie der Überfischung der Meere dient, Wilhelm Bauer, der den Kieler Brandtaucher, ein frühes U-Boot, entworfen, zum Bau gebracht und selbst unter Lebensgefahr erprobt hatte. Beim dritten Versuch kam das Boot nicht wieder an die Oberfläche, aber Bauer, der darauf gefasst und vorbereitet war, rettete sich und seine Helfer in einer großen Luftblase, in der sie, so hieß es, „wie Champagnerkorken" nach oben schossen. Unser Schifffahrtsmuseum machte zum Brandtaucher eine Ausstellung. Es gab eine zeitgenössische Zeichnung von dem Ausstieg nach der Phantasie des Künstlers. Es hätte sich auch um eine frühchristliche Darstellung von Erlösung und Himmelfahrt der Seelen handeln können. „Das", sagte ich, „waren alles Leute mit viel Farbe. Bauer war Handwerker, Behm hatte weder Abitur noch abgeschlossene Berufsausbildung, Anschütz hatte ein Medizinstudium abgebrochen und promovierte danach angeblich als Kunsthistoriker. Es heißt, er habe seine Doktorarbeit über venezianische Maler des 16. Jahrhunderts gemacht. Ist das nicht wunderbar, wenn da einer über Gemälde von Künstlern einer Seemacht zu der Frage kommt, wie man ein richtungsweisendes Navigationsinstrument entwickelt, das vom Erd-

NO RESEARCH AREAS: Märchenhaft forschungsfrei 135

magnetismus unabhängig ist? Eine phantasievolle Hochzeit zwischen Kunst, Wissenschaft und Technik: Wo, außer bei Humboldt, findet man das, so praktisch gelebt?" J. Haken ist Besitzer einer Kunstsammlung mit sorgfältig ausgewählten Stücken aus einem Zeitraum, der vom 19. Jahrhundert bis in die 50iger Jahre des darauf folgenden reicht. Die Sache mit der Promotion über venezianische Maler findet sich in dem Band „Kieler Lebensläufe aus sechs Jahrhunderten" (Hrsg. Rother, H. F., Neumünster, Wachholtz, 2006, S. 21–22), und in dem oben angegebenen Band zu Einstein und Anschütz (S. 14, hier „Doktorarbeit über venezianische Malerei"). Das wird auch in anderen Schriften wiederholt, aber nie mit Quelle bezüglich genauem Titel, Erscheinungsort und Jahr der Dissertation. Es ist rätselhaft. Fähige Bibliothekarinnen der hiesigen Landesbibliothek kamen da nicht weiter, und ein mir befreundeter Bibliothekar widmet sich seit geraumer Zeit mit der Hingabe eines Sherlock Holmes der Sache. Er gibt so schnell nicht auf. Aber einstweilen muss ich hier so vorsichtig formulieren, wie ich es gerade tat. Vielleicht finden Sie, verehrte Leserin, verehrter Leser, diese verschollene Arbeit über Kunst aus einer Zeit, in der Einige noch an Magnetberge glaubten, die den Schiffen die Nägel aus den Planken zogen.

Im Übrigen gab es einen sehr viel näher liegenden, handfesteren und abenteuerlicheren Anlass für Anschütz, sich mit einem Kompass zu befassen, der Störungen des Erdmagnetfeldes gegenüber unempfindlich war. Er hatte als Teilnehmer von Expeditionen nach Spitzbergen und Franz-Joseph-Land gesehen, dass es Lücken zwischen den Eisstauungen gab. 1901 stellte er daher in Wien vor der k. u. k. geographischen Gesellschaft ein Projekt vor, mit einem Tauchboot den Nordpol von unten her zu erreichen. Um vorwärts zu kommen, musste es abwärts gehen. Max Schuler, späterer Mitarbeiter von Anschütz, schreibt, der Erfinder habe geplant, dem U-Boot mit Sprengladungen die Durchstoßung des Eises zu erleichtern (VDI Zeitschrift, Bd. 104, 1962, Nr. 11, S. 469–476). Damit hätte die Sache etwas fast Festliches bekommen: Ein Feuerwerk von Blitz, Rauch und Donner, und wie ein Champagnerkorken schießt dieses Mal der geographische Nordpol aus dem Eis himmelwärts, und, Neptun ähnlich, taucht Anschütz im U-Boot in der wässrigen Leerstelle auf. Bei dem, wie es heißt, umjubelten Wiener Vortrag präsentierte Anschütz ein ansehnliches Modell des Schiffes. Ein Magnetkompass wäre innerhalb des massiven Eisenmantels des noch zu bauenden Forschungsbootes schwerlich zu gebrauchen gewesen. Man würde die Beharrlichkeit in Bewegung gehaltener Kreisel nutzen müssen (Jobst Broelmann: „Die Kultur geht so gänzlich flöten bei der Technik' – Der Unternehmer und Privatgelehrte Hermann Anschütz-Kaempfe und Albert Einsteins Beitrag zur Erfindung des Kreiselkompasses", Kultur & Technik, 1, 1991, S. 50–58).

Obwohl diese waghalsige und der Zeit voraus eilende Geschichte vom U-Boot, das am Nordpol seine Nase aus dem Eis stecken sollte, gut zu meinem kühnen Ausstellungskonzept passte, war sie mir nicht behaglich. Es lag auch ohne Sprengstoff Hektik darin. Viele der ehemals weißen Flecken der Erde waren schon bunt kartiert. Die Polregionen standen für Reste des noch Unberührten. Nansen und Johansen waren schon 1895 dem Nordpol bis auf weniger als 400 Kilometer nahe gekommen. Andrée war 1897 mit einem Ballon in Richtung des Nordpols gestartet und nicht zurück gekehrt. Ein Wettlauf im Schlussverkauf um diese fast letzten Fetzen noch nicht betretener Erdoberfläche war im Gange. Es würde bald jemand gewinnen, während der Kreiselkompass aus den Kinderkrankheiten noch nicht heraus war. Anschütz sah das ein.

Ich beruhigte mich und wandte mich dem Praktischen zu. „Man sollte", sagte ich, an J. Haken und seine Abordnung gewandt, „zum Thema der Kursfindung auf dem Ponton Stationen einrichten, an denen Seetouristen und Landratten, Schulkinder und Pensionäre mit der Richtungsstabilität von Pendeln, Kreiseln und Magneten experimentieren. „Spielt das bei der heutigen, von Satelliten unterstützten Navigation noch eine Rolle?", fragte J. Haken. „Für die großen Passagierschiffe sind Kreiselkompass und, für den Fall, dass an Bord der Strom ausfällt, Magnetkompass immer noch Pflicht." „Sieh mal einer an." Zu Bauers Brandtaucher wollte ich Becken einrichten lassen mit gläsernen Körpern, in denen Luft und Wasser so verteilt werden, dass sie abwechselnd schwimmen, schweben, sinken und wieder auftauchen. Zu Behms Echolot würden erst herkömmliche Lotungen in Fässern mit verschieden dicken Schichten von Bodensedimenten unterschiedlicher Materialzusammensetzung durchgeführt. Das Senkblei – wir nehmen Bronze – würde an einer mit Maßeinheiten versehenen Leine abgesenkt. Es hätte an der Unterseite die übliche Aushöhlung zur Aufnahme der Lotspeise, einer Probe des jeweiligen künstlichen Meeresbodens.

Ich sah das alles so deutlich vor mir, als wäre alles schon aufgebaut und in Betrieb und war einigermaßen zufrieden mit mir. Diese Geschichte hier hätte einen normalen nüchternen Fortgang nehmen können, wäre J.

Haken nicht eine Frage eingefallen, die ich nicht erwartet hatte und die mir äußerst ungelegen kam. „Na, na, na gut", sagte er nach einer Pause, „sollten wir nicht auch die Wasserschutzsirene bringen? Wie heißt doch gleich der Erfinder?" Eigentlich stottert J.Haken nicht. Es ist ein Manierismus, mit dem er in Gesprächen Zeit für Richtungsänderungen gewinnt. „Er heißt Larsson", sagte ich verblüfft, denn die wenigsten hatten je von dem und seiner Erfindung gehört. Ich hatte darüber in diesem Periodikum geschrieben („Larssons Wasserschutzsirene – oder: Umweltdaten alarmieren nicht", *Scheidewege*, Jg. 20, 1990/91, S. 306–312) und die Zeitung „Deutsches Allgemeines Sonntagsblatt" hatte unter dem etwas reißerischen Titel „Wenn die Elbe schreit" (Nr. 39, 28.9.1990, S. 14) zeitgleich dem Erfinder und seiner Erfindung eine Seite gewidmet.

„Wie funktioniert der Apparat doch noch mal genau?", fragte J. Haken. Ich erläuterte, dass es sich bei der Wasserschutzsirene um ein Gerät handele, das mit Messungen der elektrischen Leitfähigkeit durch Gaschromatografie und Massenspektrometrie Wasserbeimengungen aufspürt, harmlose wie schädliche, und jede Beimengung in ein elektrisches Signal umsetzt. Dieses Signal wird seinerseits in einen Ton umgewandelt, dessen Höhe die Art der Beimengung charakterisiert, dessen Lautstärke ein Maß für deren Konzentration ist. Bei einem stark verschmutzten Gewässer wäre der Schall der Sirene demnach reich an Tönen und sehr laut. „Aha", sagte J. Haken und fügte nach einer Weile hinzu: „Ich würde diesen Larsson gerne einmal zu mir einladen. Hat er auch einen Vornamen?" „Sicher", sagte ich, „aber bei Einstein sagen die meisten auch nur Einstein, und wie steht es mit Deinem Vornamen?"

Meine kleine Zurückweisung hatte verschiedene Ursachen: Ich befürchtete, vom Ideengeber zum Angestellten einer lokalpatriotischen Forschungskirmes heruntergestuft zu werden. So löblich und unterhaltsam das Vorhaben auch sein mochte: Es war vom ursprünglichen Interesse her ein Projekt der Honoratioren und nicht meines. Ich würde nicht zulassen dürfen, dass J. Haken sich zu meinem Vorgesetzten aufschwang und mir Aufträge erteilte. Dann fand ich den Ton, in dem er Larsson erwähnte, geringschätzig. Und schließlich wusste ich nicht, ob ich Larsson die Einladung überbringen sollte, und wenn doch, dann mit der Empfehlung, sie abzulehnen. Larsson ist nicht besonders weltmännisch. Wie würde der Besuch verlaufen? Man kann auch sagen: Larsson ist nicht von dieser Welt. Der heikle Punkt ist: Mitsamt seiner Wasserschutzsirene ist Larsson eine Erfindung von mir, immerhin aber eine an verschiedenen Stellen veröffentlichte. Mein erster Artikel über ihn ersetzt die Geburtsurkunde.

Es gibt ein prominentes Beispiel für diese Konstellation: Cervantes schreibt, dass durch ihn Don Quijote und Sancho Pansa so berühmt geworden waren, dass alle Welt wünschte, sie kennen zu lernen. Und so werden die beiden schließlich auch bei Hofe empfangen. Doch, doch, sagt da Sancho Pansa treuherzig zur Herzogin, er sei es wirklich, Sancho Pansa, sofern er nicht in der Wiege, das heißt, der Druckerei, vertauscht worden sei. Zu dieser Passage schreibt Thomas Mann an Bord des Dampfers „Volendam", Zielhafen New York, in einem Tagebucheintrag vom 21. Mai 1934: „Den ganzen Tag amüsiert mich der epische Witz des Cervantes."

Meine Bewunderung gilt dagegen vor allem dem Sancho Pansa, der in der neuen Situation edlen Anstand zeigt und die Gelegenheit nicht dazu nutzt, seinem Schöpfer zu entkommen und sich eine andere Rolle zuzulegen. Überhaupt beeindrucken mich lebenskräftig erzählte Figuren, von denen viele auch dann noch präsent bleiben, wenn der Name ihres Schöpfers fast vergessen ist. So ist Carlo Lorenzini alias Carlo Collodi in zweifacher Hinsicht verblichen, aber sein Pinocchio könnte noch zu dieser Stunde wieder anfangen, rückfällig zu werden und zu lügen.

Damit glaube ich, Leserin und Leser auf eine Richtungsänderung der vorliegenden Geschichte genügend vorbereitet zu haben. Sie führt auf einen anderen Schauplatz.

Anstatt Larsson aus seinem Haus zu nötigen, beschloss ich, ihn aufzusuchen. Das Verhältnis zwischen Larsson und mir ist von gegenseitiger Rücksichtnahme geprägt. Ich kann ihm meine Einfälle präsentieren, ohne dass er mich vorschnell unterbricht. Ich selbst neige in unseren Gesprächen schneller zum Widerspruch, was aber daran liegt, dass Larssons Ideen meistens kühner sind als die meinen.

Bei Larsson sah es aus wie immer. Es begrüßt einen erst einmal sein einigen wenigen Lesern schon bekanntes Markenschild, das recht pompös gestaltet ist: dunkelgrüne und elfenbeinfarbene Emaille mit Goldbuchstaben. Der Text den sie bilden, ist dagegen eher wie um Entschuldigung bittend: „Larsson: Nutzlose Ansichten täglich frisch". In Larssons Arbeitszimmer musste erst einmal ein Sessel von Büchern und Zeitschriften geräumt werden, bevor ich mich setzen konnte.

Larsson machte Tee und stellte Täfelchen hauchdünner Pfefferminzschokolade und kandierte Früchte auf ein Tischen zwischen uns. Nach

NO RESEARCH AREAS: Märchenhaft forschungsfrei 139

dem Austausch über das gegenseitige Befinden wurde ich gefragt, was mich gerade beschäftige. Ich sprudelte los und berichtete über das Pontonprojekt mit den Reminiszenzen an hiesige meeraffine Erfinder, von denen einer beinahe den Nordpol weggesprengt hätte, um dort mit einem U-Boot aufzutauchen. „Merkwürdig", sagte Larsson, „gerade wieder ist man in Richtung Nordpol unterwegs. Hast Du von der MOSAiC-Expedition gelesen?" „Doch, ja." Das Akronym steht für Multidisciplinary Drifting Observatory for the Study of Arctic Climate. Die „Polarstern" des Alfred-Wegener-Instituts für Polar- und Meeresforschung hat an einer der noch soliden Eisschollen fest gemacht und lässt sich treiben, wie es vor 125 Jahren Nansen mit der Fram vorgemacht hatte. Ich hatte mir zu MOSAiC im Internet den beeindruckenden Vortrag des Expeditionsleiters Markus Rex angehört: 600 Beteiligte, 140 Millionen Euro Budget, unterstützende Eisbrecher aus Russland, Schweden und China, ins Eis gefräste Landebahnen und -plätze für Flugzeuge und Langstrecken-Helikopter. „Gewaltig", sagte der Expeditionsleiter und noch einmal: „gewaltig". „Mächtig gewaltig" fiel mir, der ich gerne abschweife, dazu ein. „Mächtig gewaltig" heißt es in einer alten dänischen Gaunerfilmserie immer, wenn der Chef der Bande einen neuen Coup erklärt. MOSAiC wird ungeheure Mengen an Daten sammeln und auswerten, und trotzdem kam mir im Vergleich zur Fram-Drift das Ganze ein wenig epigonal vor. „Aus dem Vortrag", sagte ich, „sind bei mir zwei Sätze haften geblieben. Der eine, der mir gewaltig in die Phantasie griff, betraf die Klimafolgen zu dem Zeitpunkt, an dem sich alles Meereis zu Wasser gewandelt haben könnte und lautete: ‚Dann steht eine andere Welt vor der Tür.' Ich dachte zuerst an den berühmten Wittgenstein-Satz: ‚Die Welt ist alles, was der Fall ist.' Diese andere Welt ist anscheinend noch außerhalb von allem, was der Fall ist, und zwischen der anderen und der alten gibt es eine Tür. Die Tür gehört zur alten Welt. Das sagt mir mein Sprachempfinden. Und weiter assoziierte ich: Falltür. Und an dieser Tür klopft es. Unheimlich.

Eine weitere durch den Satz mit der Tür ausgelöste Assoziation speiste sich aus der Erinnerung an Peter Weirs Film „The Truman Show" (1998). Truman, der Held, lebt mit seiner Frau in einer adretten Kleinstadt auf einer kleinen Insel, geht ins Büro, grüßt seine Nachbarn, kauft ein. Was er nicht weiß: Die Stadt, Insel und Wasser sind Teile einer mit tausenden von Kameras bestückten Fernsehkulisse und alle Leute um ihn herum, seine Frau, die Kollegen, Kaufmann und Nachbarn sind Schauspieler.

Er, den die Produktionsfirma als Adoptivkind erworben hatte, ist ahnungsloser Hauptdarsteller einer Serie, die überall auf der wahren Welt Publikum hat. Die Geschichte aus dem ihm unbekannten Drehbuch, dass der Vater auf See umgekommen sei, er deshalb eine Wasserphobie habe, kein Schiff besteigen und die Insel daher nicht verlassen könne, hat Truman verinnerlicht. Doch als ein Bühnenscheinwerfer vom Himmel fällt und vor seinen Füßen aufschlägt, ahnt er, dass die vertraute, für ihn bisher wahre Welt ein aufwendiger Schwindel ist. Truman segelt mit einem gestohlenen Boot aufs Meer hinaus. Das Publikum der Show jubelt, als das Schiff an den künstlichen Himmel stößt, den mit seinem Bugspriet aufreißt, und hinter dem Himmel ist eine Wand mit einer Tür darin, hinter der eine andere Welt wartet, die unter der Zielsetzung des Films eine echte ist."

„Uff", sagte Larsson, „und was war der zweite Satz?"

„Der zweite Satz fiel in den letzten 30 Sekunden des Vortrags: ,Würden Eisbären sich für unsere Scholle interessieren und nicht nur ein paar der dort aufgestellten Instrumente beschädigen, sondern alle, hätten wir ein Problem.' Das heißt: Sie würden selbst dann nicht auf Eisbären schießen, wenn am Ende ihrer 140 Millionen teuren Forschung unausgemessene weiße Flecken übrig blieben." „Das geht schon in meine Richtung wie noch etwas anderes bei MOSAiC", sagte Larsson. Er fischte einen Artikel unserer Lokalzeitung vom 18. September 2019 aus seinen Stapeln. Ich las eine angestrichene Stelle: „Pläne gibt es für Stromtrassen, Datenkabel, Laufwege, Scootertracks, Stationen, von denen Roboter unters Eis geschickt werden, oder sogar für abgesteckte Bereiche, die die Forscher nicht berühren wollen, damit das Ökosystem nicht beeinflusst wird."

Mir dämmerte, dass Larssons Richtung hinter „oder sogar" anfing, aber nicht, wohin sie führte, und ich zog die Augenbrauen hoch. „Mein Projekt", sagte Larsson ohne Umschweife, „ist die Einrichtung forschungsfreier Räume." Was immer das sein sollte, es hörte sich weder nach künftiger Exzellenzcluster-Initiative an, noch nach uneingeschränkter Wertschätzung vergangenen kollektiven Forschungsfleißes. Ein von der UNESCO anerkanntes Stück Weltnaturerbe konnte es auch nicht sein, denn darauf darf man nicht nur forschen, sondern auch Kabel und Pipelines legen und nach Öl bohren. „Bist Du gegen Forschung überhaupt?", fragte ich. „Ganz und gar nicht, so wenig, wie ich gegen Musik bin", sagte Larsson, „aber es muss auch Orte und Situationen ohne Musik geben. Um im Beispiel zu bleiben: Im Café möchte ich lieber das Zischen der Espresso-Maschine und das Rascheln beim Umblättern der Zeitung hören, als unaufhörlich gestreamte Musik aus Lautsprechern an den Wänden und im Kino, beim Naturfilm „Die Wiese", lieber das Summen von Insekten im Gras als einen Soundtrack mit Streicher-Sätzen und penetrant wabernden Frauenchören. Es gibt keine Naturfilme ohne Streicher und Frauenchöre." Das war mir auch schon aufgefallen, nachdem mich ein naturliebender Freund darauf hingewiesen hatte. „Gut", sagte ich, „ auch für die Forschung gibt es Leerstellen. Die Ethikräte benennen Themen, die besser nicht beforscht werden sollen, und eine Weile lang wird das respektiert, von hier bis sogar China." „Ich meine nicht Themen, sondern Orte: geographisch fest zu legende Orte mit Breitengrad, Längengrad, Höhe über, Tiefe unter der Erdoberfläche, die jeder Forschung entzogen bleiben." „Solche forschungsfreien Räume findest Du überall. Gehe in irgendeinen Park. Ein Hochbetagter sitzt auf einer sonnenbeschienenen Bank und füttert einen Entenvogel. Keine Forschung nirgends." „Von wegen", sagte Larsson, „der Hochbetagte ist im Interesse seiner Gesundheit erforscht, 50 Blut-Werte sind dokumentiert und werden vierteljährlich nachgemessen, er hat sich einen Event-Recorder einpflanzen lassen, den man bei Verdacht auf Infarkt oder Schlaganfall auslesen kann. Der Entenvogel ist beringt oder trägt einen Chip, der seine Position sendet. Mensch und Tier werden von einer Webcam beglotzt, die am Gewächshaus angebracht ist, und aus dem Weltraum stalken die Satelliten-Kameras der weltweiten Netze bis in jeden Erdenwinkel und damit auch in diesen Park hinein. Wenn der getäuschte Truman aus dem Fernseh-Set in die echte Welt flüchtet und meint, den Kamera-Blicken entflohen zu sein, kommt er stattdessen vom Regen in die Traufe. Unzählige Rundum-Kameras stehen hier auf Pfosten oder kreisen am Himmel, und alle bewegen wir uns als Akteure auf den Bildschirmen und Displays eines unsichtbaren Milliarden-Publikums. Schrankenlose Beobachtung ist aller grenzenlosen Forschung Anfang."

Offensichtlich war meine, wie mir selbst schien, weither geholte Filmgeschichte nun doch bei Larsson auf fruchtbaren Boden gefallen, aber sie richtete sich zugleich gegen mich. Bei der Erwähnung der Webcam war ich zusammengezuckt. Ich habe ein Faible für Webcams. Noch kürzlich schaute ich im Internet durch die Augen der Webcams des norwegischen Schnelldampfers „Polarlys" in den Hafen von Berlevåg, Finnmark, hinein und in umgekehrter Richtung durch das Auge der 360 Grad-Hafen-Webcam von Berlevåg auf das Schiff. Ein Freund von mir war an Bord. Einen Tag später machte ich dasselbe. Die „Polarlys" hatte Hammerfest erreicht, wo sie natürlich auch selbst eine Webcam haben. Nur der Hafen Stamsund, der traurigste Hafen der Lofoten und vermutlich auch der Welt, besaß keine eigene Webcam. So war ich auf die Kameras des Schiffes angewiesen. Es war wenig zu sehen. Die Bugkamera zeigte nachtschwarzes Wasser mit zwei kleinen Seezeichenlichtern darin, die Backbordkamera ein von den Ladelampen des Schiffes bestrahltes reines Weiß mit dunkler Kante. Die Kante war die Rinne unter dem schrägen Dach des am Kai gelegenen Lagerhauses. Auf dem Dach lag lückenlos Schnee. Ich bekam Fernweh. Ein Freund mit Smartphone muss mir regelmäßig zeigen, wie es gerade vor einer Webcam auf der Lofoteninsel Gimsoy aussieht, wo ich ein paarmal war. In einer Einfahrt hält manchmal ein weißer Lieferwagen. Der Fahrer kann nicht wissen, dass ich einer von denen bin, die ihn sehen. Auf die Eisscholle von MOSAiC habe ich auch schon geguckt. Ein Wetterballon wurde startklar gemacht. Im Scheinwerferlicht glühte der gegen die dunkle Nacht wie eine Goldorange. Sie nannten ihn Billy.

Das Ablegen eines Geständnisses über mein Webcam-Laster verschob ich auf später. Erst einmal sollte Larsson Gelegenheit haben, das Bild seiner forschungs- und beobachtungsfreien Räume klarer werden zu lassen.

„Wie bist Du überhaupt auf diese Idee von ausgewählten Räumen gekommen, die von Forschung verschont bleiben sollen", fragte ich. „Über eine Geschichte von Heinrich Böll. Sie heißt ‚Die ungezählte Geliebte': Ein Kriegsversehrter hat einen Posten an einer neuen Brücke bekommen. Er soll täglich die Personen zählen, die zu Fuß über die Brücke gehen. Unter den Menschen ist ein Mädchen, das morgens über die Brücke zur Arbeit geht und abends über sie zurück kommt. Die spart er aus, die zählt er nicht mit." „Und warum nicht?" „Weil er sie liebt." „Wird er ihr das sagen?" „Nein, er will nichts von ihr. Es ist eine respektvolle, uneigennützige Liebe, die ihrem Gegenstand sein Geheimnis lässt. Einmal warnt den Mann ein Kollege, das sein Zählen an einem bestimmten Tag überwacht werden soll. Trotzdem lässt der Mann das Mädchen wieder ungezählt. Am Ende der Schicht tritt der Kontrolleur aus der Deckung, überprüft die Bilanz des Mannes und und lobt ihn. Bei all den Bewegungen auf der Brücke nur zwei verpasst zu haben, sei eine hervorragende Leistung, und der kleine Fehler statistisch ganz und gar ohne Bedeutung.

NO RESEARCH AREAS: Märchenhaft forschungsfrei 143

Meine forschungsfreien Zonen wären, gemessen an der Gesamtoberfläche der Erde und der von Menschen erreichbaren Himmelskörper, auch eine zu vernachlässigende Größe. Sie sind eher flächige und räumliche Metaphern für Gnadenakte, die eine fast allmächtige Zivilisation ihrer terrestrischen und planetarischen Umgebung gewähren sollte. Gnadenakte sind Ausnahmen. Mehr zu verlangen ist kaum realistisch."

Dann erläuterte mir Larsson seine Systematik: Es würde forschungsfreie Zonen erster und zweiter Klasse geben. Zu den zweitklassigen zählten solche, die vor ihrer Sperrung schon einmal betreten worden wären und/oder unter Beobachtung durch Satellitenkameras, Drohnen, Webcams oder Teleobjektiven stünden, also regelmäßig mit technischen Hilfsmitteln beglotzt würden. Zu den zweitklassigen forschungsfreien Räumen zählte er den australischen Inselberg Uluru alias Ayers Rock sowie die von der indischen Marine abgeschirmte North Sentinel Insel aus der Gruppe der Andamanen. „Aha", sagte ich und ahnte, dass die Hürden für forschungsfreie Zonen erster Klasse ziemlich hoch hängen mussten. Larsson holte aus: „Viele sagen, dass Wissenwollen und Erforschenwollen ein wesentlicher Antrieb allen Lebens und Überlebens ist. Schon die Amöbe will wissen, wo sterbliche Überreste von Pantoffeltierchen sind, die sie umfließen und verdauen kann, und je höher die Entwicklung, desto größer der Forschungsdrang. Kleine Kinder erkunden, sobald sie krabbeln können, intensiv den ihnen erreichbaren Raum, befühlen ihn, tasten in ihn hinein. Und dann kommen sie an Stellen, wo ihnen Riegel vorgeschoben worden sind." „Und was sind das für Riegel?" „Steckdosensicherungen", sagte Larsson und wiederholte: „Steckdosensicherungen", weil ich wohl ein ziemlich verblüfftes Gesicht machte. „Stelle es Dir so vor", sagte Larsson, „in dem Seitenarm eines Tiefseegrabens entdeckt die Besatzung eines Forschungs-Tauchbootes die vorher noch von niemandem gesehene Öffnung zu einer Höhle. Die Öffnung wäre groß genug, um das Boot in die Höhle hineinzulassen. Man verzichtet jedoch darauf. Stattdessen wird sie mit einer für elektromagnetische Strahlung undurchlässigen Metall-Platte versiegelt, auf der steht: ‚Forschungsfreie Zone erster Klasse. Kein Zutritt.' Das wäre meine Steckdosensicherung." „Ist es denn gefährlich in der Höhle?" „Sie ist nicht erforscht und wird nie erforscht werden. Also weiß man das nicht."
Ich stellte mir die Platte vor: Außen eine seewasserfeste Aluminium-Silizium-Legierung, dann gegen Forschungsstrahlung eine Zwischenschicht von Schwerspat und abisoliertem Blei, nach innen Titan, und hilfsbereit,

wie ich bin, schlug ich vor: „Für internationales Publikum würde ich die Inschrift auf Englisch abfassen: ‚1. Class NO RESEARCH AREA – No Admission.'" Larsson bedankte sich. „Und noch etwas:", wandte ich ein, „Was in der Höhle lebt, muss hinaus- und wieder hineinschwimmen können. Statt der festen Platte muss eine bewegliche Tür installiert werden mit einem künstlich intelligenten Bewegungsmelder, der die Lichter eines Laternenfisches von den Scheinwerfern eines Tauchroboters unterscheiden kann, dem Fisch freien Aus- und Zugang gewährt, der Maschine aber die Höhle verschließt. Eine solche Höhle wäre ja nicht vergleichbar dem Wrack eines Passagierschiffes, dem man glaubt, die Totenruhe mit einem Deckel bescheren zu dürfen." Ich sah auch gesellschaftlichen Widerstand: Der seltene Laternenfisch, der in dieser Höhle lebt und in keiner anderen leben kann, würde womöglich ein Sekret ausscheiden, das ein substituiertes 2,5-Di-tert-butyl-4-hydroxymethylphenol enthält, das, wenn schon nicht ewiger Jugend dient, so doch Arthritis vorbeugt und das der pharmazeutischen Industrie und der Weltgesundheit zu Forschungszwecken zur Verfügung stehen muss. Oder man vermutet in den Höhlenwänden Mineralien, an die sich Proteine binden und sich daran reproduzieren, was die These stützen würde, dass Vererbung kaum mit einem so komplizierten Vorgang wie der DNA Transkription begonnen haben kann. Mit weiteren Einwänden kam ich vom Hundertsten ins Tausendste.

An vieles davon hatte Larsson nicht gedacht. Und dann würden ihm auch die institutionellen Kontakte fehlen, wenn es darum ginge, für die Idee der NO RESEARCH AREAS öffentliche Anerkennung und Unterstützung zu gewinnen.

Meine oben geschilderte Bereitschaft, dem Ruhm der Forschung eine Plattform zu verschaffen, eine schwimmende noch dazu, gäbe mir vielleicht im Gegenzug auch das Recht, an höherer Stelle Larssons Idee von der minimalen Einschränkung physischer Forschungsfelder Gehör zu verschaffen. Mir fiel zunächst keine geeignete und mir auch zugängliche höhere Stelle ein, bis ich mich an einen Brief erinnerte, den ich am 21. Februar 2018 an The RIGHT LIVELIHOOD Award Foundation, Head Office, Stockholmsvägen 23, 12262 Enskede, Schweden geschickt hatte. Es war einer meiner typischen Briefe und begann mit „once upon a time I bought some Swedish money to spend a merry day on the West Coast of Sweden." Im weiteren legte ich dar, dass aus diesem lustigen Tag nichts geworden war, weil ich schon auf der Fähre nach Göteborg erfuhr, dass auf Grund einer plötzlichen Währungsreform zur Verhinderung von Geldwäsche meine alten schwedischen Kronen nichts mehr galten, sich nicht in Hummer und Weißwein verwandeln ließen und auch nicht zum Umtausch angenommen würden. Eine Ausnahme gäbe es nur für schwedische Staatsbürger mit einem Konto bei einer schwedischen Bank bei persönlichem Erscheinen dort bis Ende März 2018. So begründete ich gegenüber RIGHT LIVELIHOOD, warum meinem Brief ein bescheidenes Bündel kleiner Banknoten beigelegt war. Für die geringfügige Spende, die keinem großzügigen Impuls, sondern einer Verlegenheit geschuldet war, bekam ich per E-Mail am 2. März eine überaus freundliche Antwort. Der Umtausch war geglückt. Man freute sich, weiter in Kontakt zu bleiben und mich in Zukunft über die Arbeiten der Stiftung zu unterrichten. Daher habe ich nun ein wenig Einblick in deren Regularien. Die hier für mich wichtigste Bestimmung ist, dass man keine besonderen Meriten haben oder Voraussetzungen erfüllen muss, will man einen begründeten Vorschlag bezüglich einer Person machen, die den RIGHT LIVELIHOOD Award bekommen sollte, der vielen als alternativer Nobelpreis gilt. Nun gut, das sind Aussichten für später. Doch irgendwann muss man Nägel mit Köpfen machen.

Zunächst ging es immer noch um das Für und Wider in Bezug auf die NO RESEARCH AREAS. Und so sagte ich: „Es gibt noch einen ganz grundsätzlichen Einwand. Es verleiht Flügel, wenn man etwas will, ein Ziel hat, das man mit Aktivität erreichen kann, den Nordpol zum Beispiel, und es lähmt, wenn man nur etwas nicht will, auf Verhinderung besteht. Dafür liefert Thomas Mann ein Beispiel." (Beiseite: Gerade erweitern sie in Lübeck das Buddenbrookhaus. Thomas Manns Bedeutung als praktischem Ratgeber könnte dann mehr Raum gegeben werden). Ich erläuterte: „In seiner Novelle ‚Mario und der Zauberer' tritt ein Gaukler auf, der Zuschauer auf die Bühne holt und sie mit angeblich hypnotischen Kräften dazu bringt, sich vor dem übrigen Publikum zum Narren zu machen. Ein stolzer Römer stellt sich dem Zauberer in den Weg, verkündet seinen Anspruch, sich nicht hypnotisieren zu lassen, bietet alle Willenskraft auf, hält lange stand. Doch am Ende tanzt er wie die anderen nach der Peitsche des Unheimlichen: ‚Verstand ich den Vorgang recht', schreibt der Dichter, ‚so unterlag dieser Herr der Negativität seiner Kampfposition. Wahrscheinlich kann man vom Nichtwollen seelisch nicht leben; eine Sache nicht tun wollen, das ist auf die Dauer kein Lebensinhalt.'" Larsson wiegte nachdenklich den Kopf. „Das erklärt meiner Meinung nach auch", fuhr ich fort, „warum so viele Alkoholiker und so viele Esssüchtige scheitern. Die Flasche nicht zu entkorken, die Kühlschranktür nicht zu öffnen, wäre ja in beiden Fällen mit weniger physischer Anstrengung möglich, als das eine wie andere dann doch zu tun, aber psychisch funktioniert dieses Seinlassen, Nichttun, Nichtwollen nicht. Und in diesem „Forschungsfrei" und noch deutlicher in unserem „NO RESEARCH" steckt ein solches lähmendes Nicht: Nicht beobachten, nicht betreten, nicht untersuchen, nicht ausbeuten."

„Aber", widersprach Larsson schließlich, „die Vorstellung nicht zu betretender Räume zieht sich durch die ganze Menschheitsgeschichte. Du brauchst Dir nur die Märchen anzuschauen. In englischen, schottischen und irischen Märchen sind es oft Moore, die man nicht betreten soll, nicht nur der Gefahr des Einsinkens wegen, in deutschen Märchen sind es bestimmte Wälder und Hügel." „Aber der Listige und Mutige betritt diese Orte mit Gewinn", entgegnete ich, „in der Grimmschen Märchensammlung heißt eines ‚Die zwei Brüder'. Da ist der nicht geheuere dunkle Wald. Eine schneeweiße Hirschkuh lockt den jungen König, ihr in diesen Wald zu folgen. Die Hirschkuh holt er nicht ein, trifft stattdessen auf eine Hexe, die ihn zu Stein verwandelt. Der Zwillingsbruder des Königs reitet ebenfalls in den Zauberwald, lässt sich von der uneinholbaren Hirschkuh immer tiefer hineinlocken, trifft auf die Hexe, kann sie aber zwingen, den Bruder wieder zu lebendigem Fleisch und Blut zu erwecken. Dann verbrennen die beiden die Hexe, und ‚da tat sich der Wald von selber auf und war licht und hell'. Er wurde wie jeder andere Wald: Man konnte Brennholz aus ihm holen oder ihn zu Möbeln verarbeiten."

„Verstehe", sagte Larsson, „wenn erst einmal die andere Welt durch die Tür hinein ist und das arktische Eis aufgeweicht, werden Schifffahrtsrouten kürzer, Bodenschätze leichter abbaubar. Man redet schon davon. Was für die einen Katastrophe ist, erscheint anderen als Aussicht auf Goldgruben, aus denen sich Gewinne schmieden lassen. Ich kenne ein Märchen, das mir besser gefällt, auch bei den Brüdern Grimm zu finden. Es heißt: ‚Die Geschenke des kleinen Volkes'. Darin sind ein Schneider und ein Goldschmied gemeinsam auf Wanderschaft. Sie kommen, als der Mond auf geht, auf einen Hügel, auf dem ein kleines Volk singt und tanzt. Die beiden Wanderer fügen sich gut ein. Der Anführer der Kleinen fordert Schneider und Goldschmied auf, sich die Taschen mit Kohlen zu füllen, die da auf einem Haufen liegen. Von der Klosterkirche schlägt es zwölf. Die Kleinen sind verschwunden. Die Wanderer

NO RESEARCH AREAS: Märchenhaft forschungsfrei 147

finden in der Nähe eine Herberge, schlafen, wachen auf, können kaum aufstehen, weil sich die Kohlenstücke in ihren Taschen in schwere Goldklumpen verwandelt haben." „Und was weiter?" „Der Goldschmied sagt: ‚Da gehe ich doch gleich noch einmal hin.' Der Schneider erwidert: ‚Ich habe genug und bin zufrieden. Jetzt werde ich Meister und heirate meinen angenehmen Gegenstand (womit er seine Liebste meinte) und bin ein glücklicher Mann.'" „Und dann?" „Nachts geht der Goldschmied zum Hügel, füllt sich wieder die Taschen mit Kohlenstücken, und als er am nächsten Tag aufwacht, ist die Kohle immer noch Kohle, und die Goldklumpen vom Vortag sind zu Kohle geworden." „Konnte man sich denken. Und was ist die Moral von der Geschicht'?" „Das Märchen ist ja noch gar nicht zu Ende: Als sich der Goldschmied beim Schneider ausweint, tröstet der ihn und sagt: ‚Du sollst bei mir bleiben und mit von meinem Schatz zehren'. Zu den Moralen (seltener Plural!) der Geschichte zählen: Du sollst das Tun von Verblendeten nicht mit rechthaberischer Schadenfreude beantworten, und: Während es dem Eichhörnchen nicht gegeben ist, auf der Suche nach Nüssen einen Platz auszulassen, kann der Mensch in würdiger Humanität gelegentlich Verzicht üben." Ich fand, selbst für eine Kunstfigur erlaubte sich Larsson hier ein zu dickes Pathos. „Ja," sagte ich trocken, „wenn der Mensch ein Schneider ist. Wenn er ein Goldschmied ist, kann er das nicht."

Ich ging, winkte Larsson noch einmal zu, schüttelte den Kopf und dachte: Was man doch alles denken kann, wenn man nicht von dieser Welt ist. Ein wenig beneidete ich ihn.

Andreas Weber

Die Psyche ist eine Pflanze

Heilige Bäume

Im Norden Estlands, am Rande der Landstraße zwischen Loksa und Palmse, steht eine Linde. Gewiss seit vielen hundert Jahren ragen ihre acht Stämme empor wie Finger einer in verschwenderischer Geste geöffneten Hand; grüne Fontänen getupft mit der Gischt winziger Blütensterne, die bald in einer Welle von Duft erstrahlen werden.

Doch nicht nur Blüten leuchten in den flechtenbewachsenen Zweigen. Diese tragen noch anderen Schmuck: Farbige Bänder sind zwischen die Blätter geflochten, ein Seidenschal, ein Taschentuch an einen jungen Trieb geknotet. Vor ein paar Tagen erst muss es jemand hier befestigt haben. Aus Dank? Aus Frömmigkeit? Aus Liebe? Wir wissen es nicht.

Diese Linde ist ein heiliger Baum. Nicht dessen Denkmal wie noch die eine oder andere mitteleuropäische Dorflinde. Kein touristisches Kuriosum, sondern eine lebende Gottheit. Wir stehen vor einem Rückschlag des Vergangenen. Linden verehrten schon die Germanen als Sitz lebendiger Geister, und heimliche Huldigung ehrt sie offenbar noch heute. Im baltischen Norden ist die Vergangenheit näher: Immerhin war es des heutigen Estlands Nachbarreich Litauen, das als letztes heidnisches Land Europas im 14. Jahrhundert von der Kirche erobert wurde.

Heilige Bäume erstaunen in unserer säkularen Welt; aber sie sind nichts weiter als die Überreste der humanen Tiefenzeit, jener vielleicht Million von Jahren, seit die ersten Vertreter des *Homo erectus* mit rituellen Handlungen ihre Rolle in einer allgegenwärtigen Natur zu verstehen suchten. Schaut man auf die Dauer menschlicher Kultur, so war diese fast alle Zeit besessen von Tieren, und Pflanzen. Das Abendland, dessen Trennung von *ratio* und *res extensa* die lebenden Dinge so gründlich ihres Sinnes entleert hat, ist die historische Ausnahme, auch wenn es uns nicht so scheinen möchte.

Unter der Oberfläche ist die Macht des Vegetativen ungebrochen. Sie hat sich nur in die Verheißung ferner Urlaubsparadiese zusammengezogen. Noch der kleinbürgerliche Reihenhausrasen indes schöpft aus seinem grünen Stakkato mehr Kraft als etwa eine Kunststofffläche jemals zu spenden vermöchte: seine millimeterscharfe Trimmung ist Beweis der totalen Herrschaft über die urwüchsige Poiesis des Vegetativen.

Warum aber ist der Mensch seit Jahrtausenden vom Pflanzlichen besessen? Ich möchte hier an dieser Stelle eine kleine Apologetik des Botanischen geben. Ich möchte für die Bedeutung von Pflanzen plädieren, indem ich nachvollziehe, warum sie sind wie wir – und darin uns diesen Kosmos als zutiefst lebendig aufschließen.

Noch in der Mitte des vergangenen Jahrhunderts gehörte diese Thematik durchaus in die Hörsäle biologischer Fakultäten. Für die Botaniker, die vor siebzig Jahren die letzte und vorletzte Generation von Hochschullehrern ausbildeten, war die Psychologie der nichtmenschlichen Wesen ein offenes Problem. Noch Wilhelm Troll spricht von der „Urpflanze". Für ihn ist Form aufschlussreich als „anschaulich erfasste Ganzheit des Organismus, und als solche, man höre, unanalysierbar". Der Anschauende ist schöpferisch, ein Künstler, der im Angeschauten das bildende Prinzip erfasst. Selbst Joseph Beuys mit seinen 7000 *documenta*-Bäumen war von diesem Kraftfeld inspiriert. Doch *wie* viele Erben in Fluxus und Konzeptkunst sahen in Beuys einen Naturphilosophen?

Verleiblichtes Sonnenlicht

Der Sinn für die Form der Pflanzen, wie der ganzen wachsenden Natur, steht auch deshalb lange nicht hoch im Kurs, weil die wissenschaftliche Definition des Lebens Sinnfreiheit zu ihrem Wahrheitskriterium gemacht hat. Der Sinn des Phänotyps flüchtet sich so in die Funktion, als Propagationsmaschine die ihm kausal zugrundeliegenden Gene möglichst effizient zu verbreiten. Dieser genetische Platonismus hat die aristotelische Definition des Lebendigen verdrängt, nach der alles Leben Seele sei, indem es nämlich danach strebe, sein Potential als verkörperte Form zu erreichen und zu erhalten. Man beachte den Unterschied zur platonisch-christlichen Tradition: In der aristotelischen Anschauung ist alles Leben Psyche, alle Psyche aber realisiert sich nur als Körper, als Streben der Materie nach Form. Seele ist daher immer an Gestalt und Gedeihen des Leibes gebunden.

Phänomenologisch scheint gerade die Pflanze in ihrem prinzipiell unbegrenzten Wachstum das Prinzip, sich selbst zu steigern und zu erhalten, am Reinsten zu illustrieren. Sie ist Lebendigkeit schlechthin, Modellfall von „Entwicklung". Unterstützung für die aristotelische Morphologie kommt heute demnach aus jenen Bereichen, welche die Genetik mit ihren rauschenden Erfolgen abseits am Wege hat liegen lassen: der Embryologie und der Systembiologie. In diesen Zweigen wird Wert weniger darauf gelegt, wie ein genetisches Programm sein Ziel ansteuert, als darauf, wie sich ein zelluläres, verkörpertes System herstellt und am Leben erhält.

Dass auch die Genetik nicht ohne Konzept einer somatischen Ganzheit auskommen kann, belegen ihre Schwierigkeiten, ein linear-kausales Modell für Entwicklungsvorgänge aufrechtzuerhalten. Genetische Programme allein ergeben nämlich keine Struktur für ontogenetische Formbildungen. Im Gegenteil: In der Embryologie stellte sich gerade in jüngster Zeit heraus, dass somatische Netzwerke jenseits präziser genetischer Regulation als geschlossenes System stabil bleiben. Ihre Gestalt ist auch gegen Umwelteinwirkungen erstaunlich „robust". Die Zelle reguliert sich offenbar zirkulär, nicht linear, anhand von Strukturgesetzen, die nicht evolutionärer Kontingenz geschuldet sind.

Ein entsprechendes Modell schlugen die Biologen Humberto Maturana und Francisco Varela bereits in den Siebziger Jahren vor. Sie nannten ihre Theorie „Autopoiesis", Selbstherstellung. Die Essenz organischer Systeme bestehe darin, dass diese sich physisch hervorbringen. Zellen produzieren die Komponenten, die sie benutzen, um eben diese Komponenten zu produzieren. Leben ist ein reflexiver Prozess, der sich selbst aufrechterhält. Eine Vorstufe solchen Verhaltens lässt sich bereits in den simplen autokatalytischen Reaktionen erkennen, die zu so unwiderstehlichen Paradigmen der Komplexitätstheorie wurden.

Doch zelluläre Komplexität übersteigt bloß chemische darin, dass eine Zelle aktives Interesse hat, fortzubestehen. Anders als eine autokatalytische Reaktion versucht sie, ihren entropischen Verfall zu verhindern. Ein Bakterium folgt einem Zuckergradienten und entfernt sich von einem Schadstoff. Das Phänomen Leben ist, so lässt sich daran erkennen, der aktive Prozess einer Identitätsbildung: Sorge um sich selbst. Organismen sind „autonome Agenten", keine Maschinen, sie sind biologische Subjekte, denen es um ihre eigene Erhaltung geht, die also, aristotelisch, danach streben, sich als Verkörperung im Raum zu entwickeln.

Organismen begehren, sie selbst zu sein. Ihre Grundbewegung ist das Bedürfnis, aus dem heraus sie nach Geschlossenheit und Fortbestand streben. Aus Mangel wechseln sie den Stoff: die molekulare Logik des Zitratzyklus will, dass sich der Körper selbst verbrennt, aus diesem Feuer aber neu sich erbaut mit Stoff der ihn umgebenden Natur, auf den er daher dauernd angewiesen bleibt. Form ist zuallererst das Streben nach Form. Für den Pariser Philosophen Barbaras wird so die Sehnsucht zum Grundmotiv des Seins. Es ist wie mit einem menschlichen Gesicht: Identisch über die Zeit bleiben nicht seine Züge, die Proportionen, das Fleisch, sondern eine charakteristische Art und Weise, die Gesichtsmuskeln zu rühren: also der bewegende Faktor des Aristoteles, die Seele im Ausdruck.

Wesen bringen auch die sie umgebende Welt nach der Maßgabe ihres Begehrens hervor. Denn zunächst ist jede Einwirkung von außen förderlich oder schädlich für ihren Identitätserhalt, ohne sonst eine Qualität zu zeigen. Sie ist also primär nicht ein Etwas, sondern ein Wert: gut oder schlecht, zerstörerisch oder hilfreich für die sich stetig erneuernde Zelle, aber in keinem Fall eine objektive Repräsentation. Die schiere Fortexistenz wird, weil sie immer scheitern kann, zum ersten Gewollten, und so zum Urwert aller Werte, wie der Philosoph Hans Jonas sagt.

Nicht das Objekt drückt seine Einwirkung in das Lebende hinein, wie es die Selektionstheorie annimmt. Vielmehr zeichnet sich im Lebenden eine Spur davon ab, wie es aus seiner existentiellen Perspektive mit einer Situation klargekommen ist. Die Bedeutung eines Reizes ist die veränderte Homöostase nach der Reaktion und somit körperlich sichtbar. Die Bedeutung von Sonnenlicht *ist* der üppige Thallus. Die Pflanze verleiblicht den Sonnenstrahl. Bedeutsamkeit hat immer eine gestische Antwort: Sie zeigt als Erscheinung Gedeih oder Verderb des Umweltreizes. Sie zeigt als Gestalt die Perspektive des begehrenden Subjekts. Darin liegt die primäre Ästhetik des Lebendigen.

Organismen werden so zu Zeichen ihrer Geschichte. Ein Baum auf steilem Terrain – im wahrsten Sinne um sein Gleichgewicht bemüht – krallt seine Wurzeln in den Boden. Seine Rinde umwächst eine Ranke und zeigt deren Negativ als lebendes Abbild. Das Wesen ist die „geronnene Gestalt der Existenz selbst".

Unser Bewusstsein ist somit vielleicht nur eine geringe Teilmenge möglicher Selbstvergewisserung des Lebens. Wie stark kommt diese doch schon in der stummen Geste zum Ausdruck? Die ästhetisch nach außen getragene Reaktion mag sogar umso bedeutender sein, je geringer der Anteil eines Zentralnervensystems wiegt, je schwächer subjektive Innerlichkeit daher *erlebt* werden kann: man denke an das Blätterleuchten im Herbst, die Schwerelosigkeit der Qualle – das Schweben des Lebens selbst! –, die Duft- und Blütenmeere: Anthozoen und Pflanzen als nach außen gewendete Innerlichkeit, als ins Außen verströmtes Gefühl. Der heraklitischen Dynamik der ins immer Kleinere vorstoßenden Wissenschaft ließe sich demnach entgegenhalten: Die Natur liebt es nicht nur, sich zu verbergen. Vielmehr ist es ihre Passion, sich zu *zeigen*.

Pflanzen sind Götter

Die Tiefensymbolik aller Kulturen weiß um die verborgene Existentialität der Bedeutungen. Pflanzen sind für sie *leidende Götter*, leidend, weil ihre Geschicke wie die aller Lebewesen auf einer prekären Schneide zwischen Blüte und Misslingen balancieren; Götter, weil sie an ihrem eigenen Körper spürbar und stellvertretend diesen Einsatz geltend machen. Sie fordern zum Mitleiden auf, wenn sie welken, oder sie reißen, in ihrer Blüte, alles Leben zum Jubel der Fruchtbarkeit empor wie die geschmückte Linde am Tage vor dem Duft.

Jede Pflanzensymbolik entfaltet sich entsprechend den positiven oder negativen Werten, die Pflanzen für die reale Erfahrung haben, also entsprechend der Bedeutung, die Menschen an diesen Pflanzen erfahren. Die Heiligung eines Gewächses für einen Gott stand nie ohne Korrespondenz zu dessen realen Eigenschaften. Ein Baum, eine Blume zeigt an sich *tatsächlich* die kosmische Konstellation von Aufgehen und Fortpflanzung, von Welken und Wiedergeburt. Jede alte Kultur hatte ihren Baum: der persische Haoma, dessen Saft ewiges Leben verlieh; der 100 000 Ellen hohe Baum des Lebens in China; der buddhistische Baum der Weisheit, dessen vier Äste die großen Flüsse des Lebens speisen; die Weltesche, die mit Wurzeln und Stamm die Erde zwischen Unterwelt und Himmel hält.

Die frühen Gottheiten offenbarten sich „dendromorph": alles, was *lebendig* und *schöpferisch* ist und im Zustand fortwährender Erneuerung, wird in Pflanzensymbolen ausgedrückt. Der Same etwa: er ist ein Staubkorn, das eine Welt gebiert, und darum das Urphänomen des Anfangs.

Die Psyche ist eine Pflanze 153

Die Anemone wirkt mit der überwältigenden Symbolik der aus dem Nichts auftauchenden, immer zu kurz blühenden Frühjahrspflanze. Die Birke wurde zum Lebensbaum des Nordens, weil sie dort nach der Eiszeit der erste Baum überhaupt war; der Ilex zeigte als rarer immergrüner Laubbaum an sich den Inbegriff der Verheißung ewigen Lebens. Und die Linde, muss sie nicht allein deshalb heilig sein, weil sie stark ist wie ein Baum und duftet wie eine Blume?

Jeder Blick auf die Natur ist ein Transekt durchs Werden, eine Momentaufnahme absoluter Bewegung. Deren Inbegriff ist die Blüte: Dynamik in der Totalen, ausgedehnt im Querschnitt eines Augenblicks. Die Zeit selbst wird durch die Blüte morphologisch gestaucht. Anfang und Folge finden gleichzeitig statt. Ihre Synchronie tritt ein, indem die Internodien des blühenden Sprosses nicht weiter in die Streckung wachsen, was Goethe zuerst gezeigt hat. So können die einzelnen Blattkreise der Blütenorgane, Kelch, Krone, Staub- und Fruchtblätter, zu einer hochkonzentrierten Rosette gefrieren, die zugleich kristallin stillsteht und gestisch nach außen explodiert: so, wie später die berstende Samenkapsel ihren Inhalt *in die Zukunft* schleudert. Nabe und Same, vorher und nachher, Elternschaft und Embryo sitzen am selben Spross. In der Symbolgestalt der Blüte, die werdend im Gewesenen wie im noch nicht Seienden zu Hause ist, offenbart sich das zentrale Mysterium der Welt, das Mysterium der Geburt, der Erschaffung des Lebens. Hier liegt es zugleich greifbar da und ist in der Form absolut verschlossen: ein Bild, das wir, gleichermaßen werdend, selbst sind und auch nicht sind. Ein solches aber ist nichts anderes als das Heilige.

Als heilig geltende Gewächse verdanken ihren Vorrang dem Umstand, dass sie den Archetypus, das exemplarische Bild des Vegetativen verkörpern. Lotus und Rose, Lilie und Weltesche sind absolute Pflanzen. Das macht sie nicht nur zu Lichtgestalten, sondern gleichermaßen zu Hütern des Dunkels – sie sind, wie alle starken Natursymbole, durch deren Gefäße der Tau des Lebens und die Fluten des Vergehens strömen, stark erst aus dieser Ambivalenz.

Als Urphänomen zeigt sich in ihnen immer die besondere Mischung von Liebe und Schmerz: Tragik des Organischen. Die Rose ist eben auch deshalb die vollkommene Blüte, weil sie eine absolute Metapher der Gefühle in ihrer Prekarität liefert und diese in aufschießender Vollendung sprachlos übertrumpft. „Die Rose trägt den stillen Dorn am Herzen / weil nie die Schmerzen von der Liebe weichen", übersetzt Friedrich

Rückert den Dichter Rumi. Diese Einsicht, die aus den Sinnen in Sinn umschlägt mit magnetischem Knistern, ist ihr Leuchten. Es bleibt Schein der Ferne: die lebende Metapher verwahrt sich gegen das Eindringen in ihr Letztes. Hinter der Bastion rosiger Zellschichten verhüllt sich ihre Unerschöpflichkeit als ein Nichts. Niemandes Schlaf unter so vielen Lidern ist Rilkes Rose: letzte Reserve von Wildheit vor der Metaphorik, zu der jene sich nicht vollständig hergeben mag; eine Trope, die das Unzulängliche aller sprachlichen Bilder gegen die namenlose Wirklichkeit aufbietet und Trost aus dem Untröstlichen stiehlt.

Der Körper ist Innenraum

Lassen Sie mich das Gesagte bündeln und damit zum Zentrum kommen. Wir haben gesehen, dass Pflanzen ins Außen hin geöffnet die Bedeutung ihrer existentiellen Bedingungen ausdrücken. Sie stellen den Urwert ihres Seins *an sich* als lebende Form im Raum dar. Nun sind jedoch, wie wir sahen, gerade die pflanzlichen Prozesse die allgemeinsten Prozesse des Lebens, auch unseres Lebens. Erst im wachsenden Geschöpf lernen wir unsere Seele, die eines wachsenden Geschöpfes, kennen; erst in der Kommunion mit jener erfüllt sich diese ganz. Ein Teil unseres Innen *ist* immer schon Pflanze. Es wäre nicht einmal Ahnung davon ohne sie.

Pflanzen sind das psychophysische Paradigma schlechthin: die totale Präsenz des Innen. Erst im Erfahren der lebenden Räume der Natur lässt sich der eigene „Weltinnenraum" ermessen. Denn es gibt ein innerliches Raumverhältnis *a priori* zu den Raumverhältnissen der Welt. Dieser Raum ist *nicht* im Leib. Er ist im Raum organischen Existierens, das fortexistierend sich entfalten will und so zuallererst Sinn schafft, und dessen Absolutheit wieder ummünzt in eine reale Topographie. Der innere Raum ist der absolute Raum existentieller Bedeutung. Real ist dieser Raum, nicht als eigener Leib, sondern als ganze Natur.

Bloß in der Gemeinsamkeit mit lebender Materie komme ich zu mir. Die Geschichte meiner Selbstwerdung hängt vom Blick des Anderen ab, vom warmen Blick der Pflanze, die ganz Auge ist, indem sie das Licht der Sonne über ihre volle Oberfläche spürt. Natur ist darum ein Teil von mir, jener nämlich, der mich sieht, weil er nicht ich ist, und der das von mir erfasst, was ich bin, aber was mir fehlt: meine Psyche, die Pflanze ist.

Vorstellungen etwa von Wiederkehr und Wiedergeburt können nur aus dem Erleben vegetativer Verhaltensweisen erfasst werden, in denen sie in embryonaler Originalität vorliegen: In Urgestalten etwa wie dem Blauen Lotos (*Nymphaea coerulea*), der nachts seine Blüten unter die Wasseroberfläche zieht, um aus diesem Acheron tags darauf in makelloser Reinheit wieder emporzutauchen.

Hier liegt die prekärste Balance im Verhältnis von Außen und Innen. Das Schwinden der Pflanzen ist Schwinden unserer Extension in die Welt, unserer eigenen Größe und, was am schmerzlichsten ist, unserer Unentdecktheit. Denn Hoffnung geht immer auf das in mir, was, unbekannt, noch nicht *ich* ist, die Lichtung im finstern Walde. Mit der stetig fortschreitenden Bodenversiegelung freilich verkapselt sich Seele.

Von einem solchen Gesichtspunkt ist die Bedeutung des Vegetativen ein „göttliches Geheimnis" und als dieses tabu. Es unverblümt aufzubrechen, gölte in der Logik des Heiligen als Frevel. Frevel hieße, der Natur auf der Folterbank von *trial and error* (Bacon) eine kausale Sequenz ihrer Scharniere und Gelenke abzupressen. Die technoscience der Neuzeit begeht so beständig Hausfriedensbruch an einem Heiligtum, einzig gedeckt durch die Annahme, die ihrem unendlich transzendenten Gott abgeformte mathematische ratio berge die Blaupause jeden Seins.

Poesie ist Schamanismus

Pflanzen führen das Metamorphotische vor aller Augen. Damit sind sie das Paradigma des Narrativs, der erzählten Geschichte. Nur Zauberkraut hilft, im Märchen, zur Verwandlung. Das ist auch dessen Differenz zur Sage. Hier treten die Götter direkt auf, dort steckt das Numinose in bescheidenen Wesen. Das Übernatürliche am Märchen ist also gerade sein Natürliches: die Permeabilität der menschlichen Seele, des menschlichen Geschickes für die Wesen und Kräfte der Natur – wobei die märchenhaften Mächte zugleich tiefenpsychologische Faktoren *in* der Seele sind. Märchen sind ebenso übernatürlich wie intraseelisch. Das Erstaunliche ist, dass sich diese Mutation über die Faktizität des Natürlichsten vollzieht: es sind die gütigen Wesen, die den Stein ins Rollen bringen. Märchen sind das Erbe des schamanischen Europa.

Der märchenhafte Status aber ist die Norm der Kindheit. Das Kind ist insoweit pflanzlich, als es seine Seele noch nach außen gekehrt hat, genauso ungeborgen, genauso rätselhaft wie eine Blume. Um es zu schützen, das Blumenwachstum seines Selbst zu leiten, *erzählen* wir. Denn im Märchen ist die Natur mit der Gutherzigkeit im Bund, also mit der Gnade des Fruchtbarkeit wollenden Seins.

Die Kommunikation mit sprechenden Tieren und Pflanzen bezeugt den produktiven Urzustand: ein Kraftfeld, in dem die Akteure nicht von der Schöpfung getrennt sind, zu allem anderen Leben hinzu gehören als Fleisch von seinem Fleisch. In der Stimme der nichtmenschlichen Wesen tut sich deren Sinn, der sonst unter ihren stummen Formen verborgen ist, dem Helden kund. Er kann unerhörte Abenteuer bestehen, weil er die Wesen belauscht hat und ihre Kräfte ausbeutet, die stets in einer semiotischen Beziehung zum Zweck stehen: wer, wie jene Königstochter, seine in Schwäne verwunschenen Brüder erlösen will, muss ihnen Hemden aus Sternblumen nähen; wer das Kräutlein Niesmitlust gegessen hat, vermag mit den Tieren zu sprechen.

Nicht selten erweist sich Poesie hier als Signifikat der Poiesis. Dornröschen verschläft die Pubertät in einem Rosenhag, bis der Richtige sie wachküsst. In einem anderen Märchen wird ein Mädchen schwanger, nachdem es ein Blatt von einem Rosenstrauch gegessen hat. Doch es mag unbesorgt sein, war doch den Germanen das Gewächs Symbol der weiterlebenden Seele.

Wenn Kreaturen wie im Märchen sprechen können, dann sind wir zum Nullpunkt der Genesis zurückgekehrt, an dem die Rohmaterie der Schöpfung in einem Zustand hybriden Gemurmels *alle* Formen annehmen kann. Man muss sie nur laut sagen wie den Wunsch der guten Fee: Im Anfang war das Wort. Das Sein selbst spricht unerwartet aus dem Mund der unscheinbarsten Geschöpfe. Hier ist alles ineinander verwandelbar, hier sind alle Charaktere flüssig und speisen sich direkt aus dem Quell: Schöpfung als Kontinuum.

Das ist aber nichts anderes als die Traumzeit der australischen Aborigines, ein Zustand liquider Welt. Ihre Plastizität denken die archaischen Menschen nicht nur historisch, bezeugt von jenen Naturdenkmälern, in die sich einst die mystischen Ahnen, die sprechenden Schlangen und Bäume nach ihren ruhelosen Streifzügen verwandelt haben. Denn diese Ahnen sind immer noch latent in den realen Merkmalen der Landschaft enthalten als deren anderes Gesicht. Flussläufe und Lagunen *sind* der mystische Ahnen-Hai. Der Schleier zur Gegenwart der Schöpferwesen lässt sich schöpferisch allein durchstoßen: In der Darstellung als heilige

Gemälde auf Rinde und Fels sind die produktiven Kräfte des Anfangs jederzeit wieder abrufbar. Die Zeichnung eines Naturahnen schafft ewige Gegenwart. Die Menschen haben Teil an der latenten Schöpfung, weil sie wie das Kind mit den Wesen kommunizieren und so immer an jenem Anfang sind, an dem das Wort jedes Ding ins Sein zu rufen vermochte.

Die organischen Metamorphosen bleiben dennoch Rätsel. Warum müssen sie als Mythen das Existentielle verkleiden? Warum muss die Sorge für das Wasserloch durch eine Geschichte befohlen und dabei verborgen werden; die Hygiene der Seele im Märchen erzielt und verheimlicht werden? Warum zeigen sie es nicht *plain*, als biologisches Bedürfnis? Das würde doch für Dawkins und dessen effizientes Interesse der Gene alles einfacher machen. Woher die Arabeske? Vielleicht, weil wir Zusammenhänge dieser Größenordnung zwar in dringlicher Relevanz *erleben*, sie aber schlicht nicht zu verstehen vermögen. Vergessen wir nicht, dass unser bewusstes Denken einer Schicht aus Unbewusstem aufsitzt, das 99 Prozent aller Kognition ausmacht. Diese reicht hinab in das parasympathische Schwellen endokriner Regulation. Statt Großhirnrinde agieren hier die Reflexbahnen des Rückenmarks, die neuroimmunologischen Kanäle zum Fleisch. Die Aktion der Leber etwa, ihre verwandelnde Tätigkeit, ist uns vollkommen entzogen; gerade ihr Tun aber ist uns im Metamorphotischen der Pflanze gegeben.

Pflanzliche Natur bewahrt das verwandelnde Potential der Kindheit als Aktualität. Sie ist immer im Aufbruch, und insofern mag in ihr auch immer alles gut werden. Die stummen Wesen als sie selbst ernst zu nehmen zahlt sich aus. Schauen wir hin: Kinder interessieren sich nicht für die Natur. Sie spielen mit ihr. Diesseits der Beschwichtigung, im hochpotenten Wasser stetiger Verwandlung.

Verwandlung durch den Anderen

Reale Verwandlung, körperliche Ergriffenheit hat ihre Spur noch in der geringsten Begegnung: schon im Stich der Nessel zerbröselt das interesselose Wohlgefallen Kantischer Ästhetik am unabweisbaren sinnlichen Einbruch. Die schwüle, boden- und saftgesättigte Abendluft eines feuchten Wiesenweges zieht den Körper des Betrachters zu sich hinab wie das Bett einer Geliebten. Natur ist auch *in minimis* Ergreifen. Damit erfüllt bereits ihr Kleinstes den klassischen Tatbestand des Sublimen.

Kants Unterscheidung zwischen dem Erhabenen steiler Berge, das sprachlos macht, und der Mauerblümchenhaftigkeit lebender Natur, die der selbstbeherrschte Philosoph mit zerstreutem Lächeln kontempliert, bleibt Konstrukt. Was die Permeation des Allfälligen in die humane Sphäre und damit die hintergründige Erhabenheit noch des leisesten Raschelns ermöglicht, ist der eigene Körper. Es ist der schlichte Umstand, dass wir dazu gehören, dass wir unhintergehbar verwickelt sind in den Austausch mit anderem Leben. Das Hinzuzählen des eignen Ichs zu den „unsäglichen Summen" im „dumpfen und stummen Vorrat der vollen Natur" (Rilke), es findet ständig statt.

Erhabenes als Überschreitung des Selbst hin zum Anderen ist Normalzustand; der wolkendurchstoßende Baumriese des Yosemite-Parks nur seine Übersteigerung, seine allzu deutliche Plakatierung. Die Ehrfurcht in seinem Angesicht indes steht metonymisch zur Begegnung noch mit dem schmächtigsten Schößling im Gerberabeet. Sie schlägt als subkutane Verschiebung auf die überraschten Triebkräfte der eigenen Seele durch, die sich am persönlichen Geschick emporwinden wie Malven in einem nur allzu kurzen Sommer, unverhofft in schwankender Blüte.

Eine solche Konzeption des Erhabenen ließe keinen Raum mehr für die Trennung zwischen Natur und Kultur. In der Natur ist der kulturproduzierende Mensch stets schon ergriffen. In den archaischen Gemeinschaften konzipiert er gerade *aus* existentiellem Ergriffensein seine sozialen Relationen, ja seinen ganzen symbolischen Kosmos. Die Heilpflanzensamen, die man in 60 000 Jahre alten Gräbern gefunden hat, bringen *wirklich* helfende Pflanzen hervor, *und* sie sind gleichzeitig symbolischer Schmuck des Toten, der ihn in ein anderes Reich begleitet. Was ist hier Kultur, was ist hier Natur? Es gibt nur wirkende Kräfte mit existentiellem Gehalt, eine gegenseitige Dynamik, die den Menschen erfasst. Kultur ist das Beziehungsfeld einer solchen Gegenseitigkeit, in der die kognitiven Metaphern mit der aus organischer Semiosis schlechthin hervorgehenden Symbolhaftigkeit unauflösbar verwoben sind.

Engagierte Kosmologie, die Praktiken nicht von Kontemplation trennt, Nutzen nicht von Heiligung, ist freilich die Wirklichkeit primitiver Kunst seit Jahr*hundert*tausenden gewesen. Beuys, mit seiner Performance, Tausende von Eichen in Kassels Straßen zu pflanzen, kehrte zu ihr zurück. Solches Handeln ist das Gegenteil interesseloser Betrachtung neuzeitlicher Ästhetik, aber es ist gerade darin Beispiel ästhetischen Tuns. Es ist ein Fördern der Lebendigkeit. Seine Verästelung in die vitalsten

Interessen liegt in jener Ergriffenheit, mit der sich ein Liebender der Schönheit des Geliebten hingibt – ein Modell freilich, das von der klassischen Ästhetik schon seit Platon als befangen abgelehnt wurde. Diese Befangenheit aber ist unsere Verwicklung in die Dinge des Lebens. Denn im Blick auf den Geliebten verschwistern sich Verlangen und Ehrfurcht, Besitzwunsch und Gewähr von Freiheit. Diese Sicht propagiert die poietische Liebe schlechthin, einen schöpferischen Umgang mit dem Schöpferischen. Darum ist sie auch, wie bemerkt wurde, gleich allem Produktiven, niemals einfältig, sondern tragisch.

Mischung

Das Kostbarste jeder Wahrnehmung, bemerkt der Philosoph Michel Serres gegen die Schriftfixiertheit neuerer Ästhetik, sei *Stille*: die sich abzeichnende Unruhe im noch nicht Gesagten, bevor sie Wort ist, solange sie noch ganz Schwung ist, stumme Geste. Die Referenzen der Stille aber sind die Pflanzen. Ihr Schweigen erfüllt den Raum mit dem Gewicht unermesslicher Dichte, ehe man sich versieht: Die Überraschung des blühenden Rotdorns hinter der Biegung, eine perspektivische Reihe von glühenden Bällen, ein Lichtpfeil ins Werden, und die Welt ringsumher verschwindet im Schatten der Schönheit.

Das ästhetische Erlebnis ist immer Bezug, ohne dass dessen Wirkweise je verstanden würde: sie muss so verborgen sein wie das Unbewusste, welches der Körper selbst ist. Erst aus dieser „Freude wegen Nichts" (Altenberg) rührt die Magie – die Kraft des Rosenstraußes, die dem Beschenkten plötzlich die Tränen in die Augen treibt. Auch zur Macht *seiner* ergreifenden Symbolik gehört, dass sich die Quellen vereinigt haben, dass nicht mehr klar ist, ob soziale Konventionen oder bittere Körperlichkeit ihnen den Ursprung geliehen haben. Nicht nur das (intrinsisch) Poietische der Blume, nicht nur das (überliefert) Poetische des Rosensymbols verantwortet die Wirkung, sondern die verwobene Geschichte beider, auf unaussprechliche Weise verschwistert in der lebenden Pflanze. Zu dieser Wirkung gehört, dass man die Blumen geschnitten hat für die Übermittlung ihres Gehalts. Es ist immer noch ein Pflanzenopfer, das für Gnade über einer menschlichen Beziehung sorgt. Darin, wie in jeder echten Gnade, pflanzt es den stillen Schauer der Melancholie.

Und darum: glauben wir auch Ästhetik in ihrer Funktion einzuholen als existentielle Wirkung, eine Antwort werden wir doch schuldig bleiben müssen: die nämlich, warum eine schöne Form gerade *so* beschaffen ist *wie* sie ist. Der Schwung der Arabeske bleibt Geheimnis, seine gerade in der jeweilig gegeben Beschaffenheit wirkende Kraft, die eine Kraft des Faktischen ist, des Ausstrahlens, der realen Präsenz eines Gegenübers. Hier ist nicht mehr *was*, nur noch *dass*. Hinter seiner letzten Schranke ist es „ohne warum" (Angelus Silesius), und damit das Privileg Gottes.

Wie sagte Boris Pasternak: „In der Kunst schweigt der Mensch und das Bild spricht. Und es wird offenbar, dass nur das Bild mit der Natur Schritt halten kann". Es kann aber Schritt halten gerade darin, Rätsel zu bleiben. Wie der plötzlich anwesende Andere, das Gesicht, das mich glücklich macht, ohne dass ich dazu je etwas verstehen müsste.

Anita Albus

Sonnenfalter und Mondmotten

In der christlichen Ikonographie stellt die gefräßige Raupe den Sünder dar, der Schmetterling das Wunder der Auferstehung. Ob auf Grabsteinen, Gemälden oder Plastiken, bis zum 16. Jahrhundert ist der Schmetterling eine seltene Erscheinung. Als einzigartiges Sinnbild, in dem Tod und Auferstehung verschmolzen sind, schuf zu Beginn des 13. Jahrhunderts ein Goldschmied ein Werk aus Email auf feuervergoldetem Silber, ein kleines Reliquiar, in dem Splitter des Kreuzes Christi aufbewahrt sind. Es hat die Gestalt eines blau, violett und grün schillernden Augenfalters, über dessen dickem Leib sich der gekreuzigte Christus abhebt; zu seiner Rechten ist Maria, zu seiner Linken Johannes dargestellt. Jahrhundertelang war das Kleinod im Kruzifix der Schottenkirche in Regensburg verborgen, wo es bei einer Restaurierung im Kopf des Gekreuzigten entdeckt worden ist.

Zu allen Zeiten und in allen Kulturen wurde der Schmetterling als Seelentier angesehen, sei es in verklärender oder verteufelnder Weise, denn das aus der Chrysalide zum Himmel aufsteigende Geschöpf ist das eine, etwas anderes der ins brennende Licht fliegende Nachtfalter, der in der Emblematik die kurze und verderbenbringende Begierde symbolisiert.

Als treue Freunde im Guten wie im Bösen galten die prächtigen glänzendblauen Schmetterlinge der Gattung *Morpho* Indianern Südamerikas: „berauscht er sich nicht an ihrem Bier, so daß er nicht einmal mehr davonfliegen kann?"[1] In den Mythen dieser Stämme spielt der Schmetterling mal eine hilfreiche, mal eine unheilvolle Rolle. „Als Geschöpf von Zauberern und dem Geist des Bösen braut der Schmetterling die Malaria in einer Kürbisflasche und streut sie über das ganze Land."[2] Bei den Cubeo „ist der *Morpho*-Schmetterling mit seinen wundervollen blauen Flügeln mit dem Bösen und der Zauberei verbunden ... Wenn ein Zauberer ein magisches Gift zubereitet, um aus der Ferne ein Opfer zu töten, taucht der *Morpho*-Schmetterling auf und flattert um das Gefäß herum.

Genau in dem Augenblick, da er hineinfällt und sich verbrüht, geht auch das Opfer zugrunde."³ Bei den Tukano heißt der „Schmetterling *wax-tituru*, ‚Teil von Waxti', anders gesagt von Jurupari, dem ‚Teufel' West-Amazoniens. Den Aguaruna zufolge soll der *Morpho*-Schmetterling *uampisuk* sein, eine teuflische Kreatur, die Inkarnation der Seele von jungen Mädchen, die ein Dämon geraubt hat."⁴

Eine zwiespältige Deutung des Schmetterlings spiegelt sich auch im deutschen Volksglauben. Allerdings sind hier die guten und die bösen Seiten säuberlich voneinander getrennt in holde und unholde Kreaturen. Jene treten als dienstbare Geister der Feen auf, während diese aus der Vermischung der Hexen mit dem Teufel hervorgegangen sind und als Krankheitsdämonen die Schlafenden heimsuchen.

Anmerkungen

[1] Claude Lévi-Strauss, *Mythologica III. Der Ursprung der Tischsitten*, übers. von Eva Moldenhauer, Frankfurt a. M. 1973, S. 120f.
[2] Ebd., S. 121.
[3] Irving Goldman, „The Cubeo Indians of the Northwest Amazon", in: *Illinois Studies in Anthropology*, 2 (1963), S. 224f.
[4] Lévi-Strauss 1973, S. 121.

Die Abbildungen der Aquarelle von Anita Albus sind in Originalgröße wiedergegeben. Sie sind entnommen dem Band *Sonnenfalter und Mondmotten*, erschienen 2019 im Verlag S. Fischer, Frankfurt am Main. Mit freundlicher Genehmigung des Verlags.

Anita Albus, Smaragd-Schwalbenschwanz *Papilio palinurus*, Aquarell und Deckweiß auf Papier.

164 *Anita Albus*

Sonnenfalter und Mondmotten 165

△ Anita Albus, Holunderspanner *Ourapteryx sambucaria*, Aquarell und Deckweiß auf Papier.

◁ Anita Albus, Enzian-Ameisenbläuling *Maculinea alcon*, Aquarell und Deckweiß auf Papier.

Anita Albus, Grünwidderchen *Adscita statices*, Aquarell und Deckweiß auf Papier.

Anita Albus, Isabellaspinner *Graellsia isabelae* ♂, Aquarell und Deckweiß auf Pergament.

Anita Albus, Raupe des Isabellaspinners,
Aquarell und Deckweiß auf Papier.

Sonnenfalter und Mondmotten 169

170 *Anita Albus*

Anita Albus, Ideallandschaft des Isabellaspinners, Aquarell und Deckweiß auf Papier.

Sonnenfalter und Mondmotten   171

Anita Albus, Flügel von *Smyrna blomfildia* in Originalgröße; vergrößert; entlang der Flügeladern separierte Zellen; Aquarell und Deckweiß auf Pergament.

Sonnenfalter und Mondmotten 173

Anita Albus, *Chrysiridia rhipheus*, Aquarell und Deckweiß auf Pergament.

Anita Albus, *Papilio zalmoxis* ♂, Aquarell und Deckweiß auf Pergament.

Sonnenfalter und Mondmotten 175

Anita Albus, *Trogonoptera trojana* ♂, Aquarell und Deckweiß auf Papier.

Anita Albus, *Trogonoptera trojana* ♀, Aquarell und Deckweiß auf Papier.

Norbert Jung

Naturverständnis und Psychotop

Der Dialog mit der Natur[1]

Grundlagen von Naturverständnis und -erkenntnis

Die Beschäftigung mit nachhaltiger Entwicklung läßt zuweilen vergessen, daß es letzten Endes um das Verständnis von Natur und Vielfalt des Lebens geht. Da aber liegen schon die Kontroversen: Dualistische Geist-Materie-Spaltung oder holistische Sicht? Dialog mit Naturwesen: Einbildung oder Realität? Emotionale Wahrnehmung der Außennatur oder nur Projektion unseres Inneren? Usw. Ich will versuchen, hier Brücken zu bauen, die z.T. altes Wissen in neuem Licht betrachten.

Alexander von Humboldt hat uns schon 1845 gelehrt, was viele Naturwissenschaftler, die sich sonst gerne auf ihn berufen, nicht wissen – oder es nicht glauben wollten. In seinem großen Werk „Kosmos" schrieb er, regelrecht programmatisch (v. Humboldt 2004 [1845]:189):

Um die Natur in ihrer ganzen erhabenen Größe zu schildern, darf man nicht bei den äußeren Erscheinungen allein verweilen; die Natur muß auch dargestellt werden, wie sie sich im Innern der Menschen abspiegelt, wie sie durch diesen Reflex bald das Nebelland physischer Mythen mit anmutigen Gestalten füllt, bald den edlen Keim darstellender Kunstthätigkeit entfaltet"

Das Zitat enthält drei höchst bemerkenswerte Aussagen, die heutzutage sowohl in Umweltbildung als auch im Naturschutz scheinbar wissenschaftliches Denken konterkarieren:

– *Erstens*: Natur „spiegelt" sich quasi automatisch im Innern des Menschen ab, erzeugt eine Resonanz, ist korresponsiv (Seel 1996: 100ff.), erzeugt also eine psychische Veränderung und ist damit „kein bloßes Produkt unserer Stimmungen" (ebd.: 102), sondern ruft sie hervor.

„Das Naturproblem darf dabei nicht als rein sachliches Problem mißverstanden werden. Vielmehr geht es uns nahe, es trifft uns in unserer Befindlichkeit." (Sichler 1993:72)

– *Zweitens*: Unsere Wahrnehmung von Natur ist primär mythisch und läßt sich nur mit „anmutigen Gestalten" bildhaft und metaphorisch benennen und kommunizieren (Berg-, Wald u.a. Naturgeister; bildhafte Metaphern). Denn den ersten Eindruck, den wir draußen in der Natur haben, empfinden wir wortlos, unbewußt, spürsam. Damit benennt Humboldt bereits das, was der Kieler Philosoph Werner Theobald als „Mythos Natur" in seinem gleichnamigen Buch verdeutlicht: Die Natur spricht zu uns in unsagbaren, numinosen Zeichen, Gestalten, sozusagen in einer bildhaften Zeichensprache, die von uns umgehend emotional beantwortet wird (ebenso Seel 1996). Es läßt sich ein wenig mit der ebenfalls wortlosen nonverbalen Kommunikation bzw. Körpersprache von uns Menschen vergleichen (s.u.). Der Psychoanalytiker Carl Gustav Jung erweitert das hin zu menschlicher Natur und Psyche und begründet das damit zugleich: „Der Untergrund der Seele ist Natur, und Natur ist schöpferisches Leben. ... Die Produkte des Unbewußten sind reine Natur." (C.G. Jung 1974:14).

Damit müssen wir rechnen. Das weist die Erkenntnisse einer rein naturwissenschaftlichen oder anderen rein beschreibenden Wissenschaft in ihre Grenzen.

– *Drittens*: Die „Kunstthätigkeit" des Menschen bedarf der Naturanschauung: Naturerfahrung macht kreativ und ist die Quelle von Kunst. Die ästhetischen Bewertungen in unserer Psyche sind *naturgeboren*, ein Produkt der Evolution und werden bestenfalls kulturell modifiziert. Der Maler Friedrich Hundertwasser schreibt dazu:

„Nur die Natur kann uns Schöpfung, kann uns Kreativität lehren. Unser wahres Analphabetentum ist die Unfähigkeit, schöpferisch tätig zu sein." (Fischerlehner in Seel et al. 1993:158).

Und der Expressionist Paul Klee:

„Die *Zwiesprache* mit der Natur" ist für den Künstler eine „Conditio sine qua non". „Man müßte Kolleg halten ... außerhalb des Schulkomplexes. Draußen unter Bäumen, bei den Tieren, an Strömen. Oder auf Bergen am Meer." (bei Theobald 2003:92).

Neue sozialwissenschaftliche Studien fanden heraus, daß Menschen über *natürliche* Objekte ästhetisch einheitlicher positiv/negativ urteilen als über *kulturelle* Werke. Sie sind sich also über das Naturschöne (= schön vs. nicht schön) im Grunde eher einig, über Kunst und Kultur nicht.

„Verschiedene Menschen neigen dazu, auf natürliche vorkommende ästhetische Kategorien auf *ähnliche* Weise zu reagieren, aber sie reagieren *sehr individuell* auf … vom Menschen geschaffene Werke." (Vessel et al. 2018)

Unsere basalen Maßstäbe von ‚angenehm' oder ‚schön' wurden von der Evolution geschaffen und drücken einen Wesenszug der Natur aus (Bateson1987:12 ff.). Das Schöne zieht uns an, weil es Gutes verheißt, evolutionär wie subjektiv-emotional (s.a. Seel 1996). Die kulturelle Modifikation dessen ist eng begrenzt.

Fazit: Diese drei Erkenntnisse Humboldts sagen etwas für manchen Naturwissenschaftler Unangenehmes aus: Die von außen beschreibende, messende und interpretierende Naturwissenschaft kann nicht die ganze Wahrheit erkennen, und zwar wegen der Begrenztheit ihrer festgeschriebenen Methodik. Das sogenannte ‚*Objektive*' ist nicht der Weisheit letzter Schluß, wie es der Glauben in unserer Gesellschaft ist, sondern es ist nur eine Hälfte der Wahrheit und damit der Wirklichkeit. Denn, wie es der große Denker des 20 Jh. und Mitbegründer der medizinischen Psychosomatik, *Thure von Uexküll* so scharfsinnig folgerte: Wo ein Objekt postuliert wird, muß es ein *Subjekt* geben, das jenes als solches subjektiv wahrnimmt (v.Uexküll 1953). Diese Wahrnehmung aber ist deshalb subjektiv, weil der Mensch und damit sie selbst begrenztes Produkt dieser „objektiven" Natur ist. „Es gibt keine objektive Erfahrung. Alle Erfahrung ist subjektiv"(Bateson 1987:41), denn zwischen dem erfahrenen Ding und unserem inneren Bild von ihm liegt ein nervaler, naturgegebener, *unbewußter* Umwandlungs- und Bewertungsprozess. Der Verhaltensbiologe Günter Tembrock formulierte diese Dialektik prägnant in einem Vortrag: „Die Natur erscheint uns vernünftig, weil die Vernunft natürlich ist".

Diese in dem Humboldts Zitat erstwähnte Forderung, sich quasi „nicht in Ratio und Emotio zu spalten, bleibt für den ungebrochen dualistisch denkenden Mainstream heutiger Naturwissenschaften allzu oft uneingelöst" (Jung 2014). Das betrifft auch den Naturschutz. Denn wie kann die Natur, wie Humboldt feststellte, korresponsiv auf das menschliche Innen wirken, wenn sie nicht als beseelt verstanden wird?

Hier scheinen wir in einem Dilemma zu stecken, das sich nur durch evolutionäres Verständnis lösen läßt. Da ist auf der *einen* Seite die Natur, die unzweifelhaft auch ohne uns, vor und nach uns existierte und existiert, und auf der *anderen* Seite der *Homo sapiens* mit seinen biopsychologisch begrenzten Wahrnehmungs- und Erkenntnismustern, der die Natur so wahrnimmt, wie sie für seinen Bauplan, seine Verhaltens- und Gefühlstendenzen zum Überleben angepaßt geeignet sind.

Rafalski, „Aus der Natur erwachsen"

Der Eberswalder Grafiker Hans Jörg Rafalski hat das für eine Werbekarte der Hochschule für nachhaltige Entwicklung Eberswalde darzustellen versucht.

Wir sind innerlich und äußerlich mit der Natur verbunden

Der große Biologe des 20. Jahrhunderts, Jakob Johann von Uexküll (Großvater Thure von Uexkülls) schuf für die Biologie den Umwelt-Begriff und hat damit die artspezifische Urverbundenheit der Lebewesen mit *ihrer* Umwelt und damit ihre Angepaßtheit und Abhängigkeit in dem Bild eines Funktionskreises formalisiert. *Jede Tierart* lebt danach mit ihren artspezifischen Wahrnehmungsweisen und Verhaltensmöglichkeiten („Merkwelt" und „Wirkwelt") untrennbar eingebunden in *ihrer* subjektiven Umwelt, ist damit begrenzt. Es ist für uns unmöglich, sich in die Riechwelt eines Hundes, die Hörwelt einer Fledermaus, die Magnetfeldorientierung eines Vogels oder die Duftwelt eines Schmetterlings hineinzuversetzen. Die menschliche Wahrnehmungswelt ist eine andere, eine primatische. Sie definiert sich aber in vergleichbarer, unentrinnbarer *Verbundenheit* mit der Natur und ihren Prinzipien (s.a. Hüther u. Spannbauer 2012).

Über diese Verbundenheit zwischen Außen- und Innenwelt hat Goethe ein bekanntes Gedicht geschrieben:

> *Epirrhema*
> Müsset im Naturbetrachten
> Immer eins wie alles achten.
> Nichts ist drinnen, nichts ist draußen;
> Denn was innen, das ist außen.
> So ergreifet ohne Säumnis
> Heilig öffentlich Geheimnis!
> Freuet euch des wahren Scheins,
> Euch des ernsten Spieles!
> Kein Lebend'ges ist ein Eins,
> Immer ist's ein Vieles.

In der indischen Philosophie der Upanishaden (ca. 700 v.Chr.) heißt es: „Alles das draußen bist du selbst". „Außenwelt und Innenwelt … sind … nicht wahrhaft unterschieden", so schlußfolgert der prominente Architekt Richard Neutra daraus (Neutra 1956: 29ff.). Unser Innen wird durch die Software unserer evolutionären Artspezifik gelenkt. Wir sind mit dieser Natur nicht nur ständig stofflich oder energetisch eingebettet in unser Milieu, sondern vor allem sinnlich *informationell* verbunden, wahrnehmend, fühlend, seelisch, geistig.

Wenn wir in der Natur sind und uns dort ihren Gestalten, Signalen, Botschaften in ganzer Gefühls- und Wahrnehmungsbreite nicht entziehen können und darauf emotional in einer korrespondierenden oder auch mit emotionaler Resonanz antworten, kann das nur möglich sein, wenn diese Außennatur auf *ihre* Weise ebenso sinnhaft *beseelt* ist wie wir auf unsere Weise und mit uns korrespondieren kann (Seel 1996).

Es ist das millionenfache Kommunizieren der Lebewesen, das die Stimmung, die Atmosphäre ausmacht, wenn wir in eine Landschaft treten (Böhme 2013, Schmitz 1969, 2014). Denn, so *Thure von Uexküll* (1953, wie auch Bateson 1987:11 ff., Capra 1996:182): Leben ist Botschaft, Information, nicht bloßer Stoff. Alles in der Natur kommuniziert mit Informationen, von der Zelle und dem Bakterium bis zu den höchsten Lebensformen, und reagiert auf ihre Bedeutungen.

„Was nicht [von sich aus] Informationen und Botschaften kommuniziert, ist tot." (Jung 2017:8). Das ist es, warum wir die Natur als ‚beseelt' betrachten müssen.

Nur, ganz zu unserem Unmut, kommuniziert sie nicht in der menschlichen Symbolsprache der Wörter, sondern in eigenen Sprachen aus den verschiedensten, für uns nur emotional oder intuitiv wirksamen und erfaßbaren Signalen und Botschaften.

Das verstehen wir sofort, wenn wir unsere eigene *nonverbale Kommunikation* betrachten, die den Großteil unserer Kommunikation mit Mitmenschen weitgehend unbewußt steuert. Sie braucht keine Worte, sondern nur Gespür. Auf diese wortlose Weise verstehen wir ebenso, wenn eine Blume wächst, weil wir selbst wachsen, wenn ein Tier erschrickt, weil wir selbst erschrecken können, wenn ein Tier einen Artgenossen ruft, ihn in seiner Nähe haben will, wie wir unsere Mitmenschen auch rufen, wenn Vögel sich in der Balz in ihren Verhaltensweisen angleichen, wie wir es in Paarbeziehungen auch tun usw. Es sind unsere aus der Evolution stammenden Ähnlichkeiten, die uns Tiere weitgehend verstehen lassen.

Bevor wir in einen Naturraum treten, spricht die Natur selbsterhaltend sinnvoll in vieltausendfachen Stimmen und Gestalten mit sich selbst, ist also nicht „das in gewisser Weise sinnfreie Spiel der Naturphänomene" (Gebhard 2009: 106). Neuere pflanzenphysiologische Untersuchungen zeigen, wie gerade auch Pflanzen und ganze Wälder genau so intensiv kommunizieren wie Tiere. Es wird sogar geschlußfolgert, daß unser Immunsystem Botschaften der Bäume unbewußt „versteht", indem es auf deren Abwehrsignale hin mit Aktivierung reagiert (Wald ist daher gesund) (Arvay 2016). Derlei Erkenntnisse lassen für mechanistische ebenso wie für kulturalistisch-konstruktivistische Interpretationen keinen Platz.

Als evolutionäre Schöpfung tragen wir eine unbewußte, tiefe Affinität zur Natur *in uns*, das hat als erster der Tiefenpsychologe Erich Fromm 1973 aus seiner therapeutischen Erfahrung mit dem Begriff *„Biophilie"* belegt:

„Die Biophilie ist die leidenschaftliche Liebe zum Leben und allem Lebendigen, sie ist der Wunsch, das Wachstum zu fördern, ob es sich um einen Menschen, eine Pflanze, eine Idee oder eine soziale Gruppe handelt" Sie ist „als ein biologisch normaler Impuls zu verstehen" (Fromm 1977: 411). „Gesund sein heißt, mit der Natur des Menschen in Einklang zu stehen." (Fromm et al.1960:112).

Zehn Jahre später, 1984, verfaßte der bedeutende Evolutionsbiologe *E.O. Wilson* sein aufsehenerregendes Buch „Biophilia", ohne sich auf Fromm zu beziehen. Seine Argumentation ist eine evolutionsbiologische: Weil wir, aus der Natur kommend über Jahrmillionen hinweg mit unserem Erkennen, Fühlen und Verhalten an bestimmte Lebensräume angepaßt waren und sind (inklusive unserer Kulturbildung), haben wir ein biologisches Gedächtnis über die Natur in uns (Wilson 1984). Ähnlich formulierte 1992 der kalifornische Ökopsychologe Theodore Roszak, angeregt vom Tiefenpsychologen C.G. Jung, daß allen Menschen ein „ökologisches Unbewußtes" innewohne, das die Weisheit der Evolution einschließt (Roszak 1994). Das alte, rein naturwissenschaftliche und mechanistische Naturbild müssen wir um die fehlende Hälfte erweitern, nämlich um uns, den eingebundenen Menschen.

Diese bisherigen Begründungen lassen die Projektionstheorie, daß also unsere innere Antwort auf äußere Natur nur eine Projektion unserer inneren seelischen Zustände sei, als idealistisch-dualistisch und ebenso unplausibel und fragwürdig erscheinen (s. Jung 2015a:58, 2015b:83ff., Seel 1996). Von dieser theoretischen Grundlegung aus ist eine breite theoretische Basis für das gegeben, was wir Psychotoperfahrung nennen.

Praktische Naturbeziehung

Keine gute Praxis ohne gute Theorie – dieses alte Prinzip hat auch hier zu gelten. Was bedeutet also die o.e. Humboldt'sche Aussage: *„die Natur muß auch dargestellt werden, wie sie sich im Innern der Menschen abspiegelt"* konkret für das Praktizieren von Naturerfahrung in der Umweltbildung?

Als ich 1996 an der FH Eberswalde, jetzt HNE Eberswalde, begann, die Spezialisierungsrichtung Umweltbildung zu konzipieren und aufzubauen, stand für mich im Zentrum, daß Beziehung eine menschliche Grundkonstante ist und damit die Basis von Verstehen, Motivation und

Handeln (s.a. Gebhard 2009). Quellen für diese Überzeugung waren die auch eigene Erfahrung mit und in der Natur von Kindheit an und spätere Erfahrungen in gruppentherapeutischem Arbeiten[2]. Ich wollte meine Studenten Naturbeziehung emotional eindrücklich und reflektiert erfahren und erleben lassen. Denn: „Das Naturproblem darf ... nicht als rein sachliches Problem mißverstanden werden. Vielmehr geht es uns nahe, es trifft uns in unserer Befindlichkeit." (Sichler 1993:72., s. Fn. 2).

Nun ist Beziehung eine tief emotional verankerte Triebkraft in unserer Psyche. Solche komplexen emotionalen Prozesse wiederum entfalten sich langsamer in uns, als es schnelle Gedanken tun. Also brauchen sie Zeit und Muße, das mußte auch hier gelten. Ich ließ die Studenten sich um ein Kesselmoor, also eine naturbelassene, Landschaft, herum vereinzeln und einen Platz suchen, der ihnen gefiel. Dort hatten sie nun gut einen halben Tag lang Zeit, um nichts weiter zu tun, als in Bild und Wort – möglichst einem Gedicht – das auszudrücken, was ihnen durch Wahrnehmung, Gedanken und das Gemüt ging. Es waren, wohlgemerkt, Studenten des SG Landschaftsforschung und Naturschutz, keine Kunst- oder Literaturstudenten ...

1998 ließ die Publikation von Gerhard Trommer: „Ein Psychotop entsteht" aufmerken, in der er von den beeindruckenden Tagebuch-Gedanken der Studenten schrieb, mit denen er 10 Tage lang jenseits aller Zivilisation über ein norwegisches Fjäll wanderte (Trommer 1998: 6ff, ausführlicher bei Trommer 2019). Damit war der Begriff gefunden, der auch auf meine Studentenübung paßte.

Der Psychotop

Der Ursprung des Psychotopbegriffes ist nicht ganz eindeutig aufzuhellen. Man könnte es mit „Seelenort" übersetzen. Der Psychoanalytiker Alexander *Mitscherlich* (1965) nennt als Gewährsmann für den Begriff den Architekten des „Biorealismus" Richard *Neutra* (1956), der überzeugt war, daß verschiedenartige Architektur auch verschiedenartige physiologische und psychische Wirkungen in Menschen erzeugen und z.B. „als seelische Ruhepunkte" eine „Selbstvergewisserung" entstehen lassen kann (oder nicht).

Der Schweizer Geograf Emil *Egli*, auf den sich Trommer (1998) bezieht, benutzte den Begriff synonym mit Heimat:

„Dem Begriff Geborgenheit wohnt die Komponente der Übereinstimmung inne. Dieser bergende Ort ist primäre Heimat, ist Psychotop. Er besitzt tragende Kraft." Er spricht aber auch von von „örtlichen und bildprägenden Psychotopen" (Egli 1977:14 f.).

Hier wird, wie auch bei Mitscherlich, der Psychotop weitgehend *zeitübergreifend* geprägt, nicht momentan verstanden. Ebenso ist für den Tierpsychologen und Zoodirektor Heini *Hediger* der Psychotop der Verhaltens- und Wohlfühlraum eines jeden Tieres, also die zur innerlichen Wiederspiegelung passende Qualität eines Lebensraumes im tierischen Fühlen und Verhalten (Hediger 1961, [1942]). Jüngst schließlich hat der Forstwissenschaftler Wolf-Eberhard Barth den „Psychotop" als Kennzeichnung der Natur als Lebensortes des Menschen verwendet (Barth 2018). Die kürzeste und zugleich wohl zutreffendste Fassung des Begriffs stammt von der Schweizer Therapeutin Beatrice M. Schärli-Corradini (1992:60): „Biotop: Ort, an dem sich Biologisches ereignet. Psychotop: Ort, an dem sich Seelisches ereignet."

Wenn dies auf ein und denselben Ort zutrifft, so geht es also um den unterschiedlichen Blickwinkel auf uns selbst. Es ist die methodische Perspektive, die den Unterschied macht: Mit dem Distanzblick des *Naturwissenschaftlers* und seiner monologisch manipulativen Methodik des Beobachtens, Beschreibens, Messens und Erklärens werden nur Dinge und Sachverhalte außerhalb des Menschen mit eben biologischen Begriffen beschrieben. Dagegen begibt man sich in das *Sein* durch Dialog und das *Verstehen* anderer Menschen, Tiere und Pflanzen. Man blickt auf das eigene *Innenleben* und das der anderen Lebewesen und deren Kommunikationen, so erfährt man Psychisches an dem Ort. Die alten Kulturen konnten beides zusammen denken und empfinden, Beobachten *und* Erklären sowie das Empfinden *und* Verstehen (vgl.Jung/Molitor/Schilling 2011).

Bei der Übung mit den Studenten ging ich davon aus, daß sich in ihnen selbst und zwischen ihnen und der Lebewelt um sie herum eine dynamische Beziehung, Vertrautheit, Dialog herstellt, genauso, wie beim Menschen in der Gruppe: ich kann *über* einen Menschen reden, oder *mit* ihm, das ist ein qualitativer Unterschied (Du- oder Es-Haltung bei Martin Buber 1984, s.a. Watzlawick et al 1985).

Psychotop ist das Mediale zwischen zwei Polen

Damit hat der Psychotop *zwei Pole*: die Psychodynamik der Person einerseits und die ökologische Dynamik der Natur andererseits. Im „Genius loci", Geist des Ortes, fließt – auch schon in der Antike – beides zusammen (Kozljanič 2009). Das bedeutet zugleich, daß der so verstandene Psychotop stets auch eine Momentaufnahme ist (auch wenn der Moment zuweilen lang sein kann), da sowohl der Mensch als auch die äußere Natur sich stetig dynamisch verändern. Naturerfahrung ist – legen wir die o.e. Verbundenheit zugrunde – immer auch Selbsterfahrung (Gebhard 2009, Fischerlehner l.c. u.a.). Insofern entsteht ein Psychotop erst, indem man sich in ein bestimmtes Stück Natur begibt (Jung 2014). Das entspricht dem, was Böhme und Schmitz für die Atmosphären erkannten (s.o.). Aber – wie eingangs festgestellt – dabei schaffen, „projizieren" wir diese Stimmung nicht selbst z.B. durch unser Wollen, Sollen oder Müssen als Einbahnstraße in eine seelenlose Natur hinein, sondern die Atmosphäre selbst ist schon durch das Miteinanderweben und -kommunizieren der Lebewesen und anderen Landschaftsteilen da, bevor wir sie betraten. Nur: wir beantworten sie eben innerlich menschlich emotional und gedanklich, wie es der Kranich „kranichlich", der Fuchs „füchsisch" usw. tut. Alle Lebewesen sind an solche unentrinnbare, artspezifische Subjektivität gebunden (s.o. J.v. Uexküll). Die Frage, ob nicht das Seelische einer Person und ihre Gefühle in die Natur „*hineinprojiziert*" werden, es also eine bloße Einbildung ist, wäre damit (s.o.) begründet mit Nein beantwortet (s.a. Jung 2015b, Seel 1996:102). Dennoch kann bekanntermaßen der seelische Zustand einer Person, ihre Erfahrungen, ihre Konflikte, ihre Alltagssorgen, ihre Persönlichkeit – wie im Sozialen auch – den Eindruck in Grenzen (über-?)tönen.

Die in der Psychotopübung durch die Teilnehmer verbal geäußerte, gemalte oder in Text gefaßte Erfahrung beim Verweilen in der Natur wird *sowohl* vom inneren seelischen Zustand einer Person *als auch* vom besonderen Geist des Ortes, seiner Qualität und Anmutung, seinen Eigenschaften und Botschaften bestimmt. Bleibt also die Frage nach der anderen Seite der besonderen Atmosphäre und „Botschaft" eines Ortes, zu beantworten, die dann also in jeder Landschaft anders wäre. Als Imaginationsübung stelle man sich dafür einen Blick aufs Meer im Vergleich zu einer Wanderung durch einen Mittelgebirgshochwald oder gar die Straßenschlucht einer Innenstadt vor.

Ganz allgemein ist die Erfahrung, daß sich unser Seelenzustand in jenem irrational-mythischen Moment (Theobald 2003) abrupt ändert, in dem man, bspw. aus einem dichten Küstenwald kommend, plötzlich den explosiv sich weitenden Blick aufs Meer hat. Dieser Moment ist primär wortlos, wird aber emotional beantwortet. Die Erinnerung ist es im besten Falle auch.

Der Schriftsteller Siegfried Lenz hat sich auf einem Naturschutztag 1996 mit der „Wirkung der Landschaft auf den Menschen befaßt und findet rundum, „daß von der Landschaft eine erweckende Kraft ausgeht, die sich sowohl an das Gefühl als auch an den Geist wendet" (Lenz 1996)[3].

Er hört in „zitternder Mittagshitze" Pans Flöte, erwartet in „erwartungsvoller.Bodenseelandschaft" Petri Fischzug, findet in Adalbert Stifters Schilderung einer Wanderung durch Fichtenhochwald an der Moldau das Gefühl „tiefster Einsamkeit" und läßt Feuerbach das „reiche, schöne, vornehme Rheintal" preisen. Zahlreiche Beispiele aus der Belletristik fischt er auf und kommt zu dem lapidaren Schluß: „Daß bestimmte Landschaften identische, und das heißt wiederholbare Gefühle und Stimmungen hervorrufen: die beschreibende Literatur bestätigt es zur Genüge".

Und schließlich resümiert er aus eigenem Erleben, „daß es unnennbare Gefühle waren, die uns erfüllten, daß uns Stimmungen ergriffen, die wir kaum beschreiben können."

Die Naturelemente sprechen untereinander und mit uns nicht in Worten, weshalb uns diese dann verständlicherweise meist fehlen, aber es geschieht und wirkt emotional als Eindruck auf die Psyche, wenn wir uns darauf einlassen (s. Seel l.c., Theobald 2003, Weber 2008).

Die Praxisdurchführung

Seit 1997 habe ich jährlich mit Gruppen von Studenten und mittlerweile auch anderen Personen eine Methodik der Psychotoperfahrung entwickelt und praktiziert. Ihre Durchführung dauert einen ganzen plus einen halben Tag (s.u.). Es sollten nicht mehr als 10 bis 12 Teilnehmer sein. Der Ablauf ist einfach und folgt psychologischer Logik:

– *Treffen* mit Fahrrädern (notfalls zu Fuß) an einem Startpunkt, der landschaftlich möglichst schon ein lebensräumlicher Übergang ist (z.B. Chaussee – Waldweg).

- *Eingang* (Startpunkt): *Aus dem Alltag zur neuen Erfahrung*: Entschleunigen, Übergangsritual (Symbolgegenstände suchen, ablegen), vom Alltag zur neuen Erfahrung.
- *Fahrt* mit dem Fahrrad zum Sammelplatz an dem ausgewählten Erfahrungsort, an dem der Leiter bzw. die Leiterin die gesamte Zeit über anzutreffen ist (für eventuelle Rückzüge), erster Eindruck der Landschaft, Orientieren.
- *Öffnung nach innen*: (körperbezogene) Kurzmeditation (am Sammelplatz), zu sich kommen, um sich öffnen zu können.
- *Öffnung nach außen*: Einen Platz suchen, der einem gefällt (allein), versehen mit Sitzunterlage, Essen und Trinken, Mal-und Schreibzeug, ggf. Mückenschutz, Regenschutz. Sich einrichten, dort bleiben, verweilen, orientieren, umschauen, anfangs ca.30 Minuten nichts Bestimmtes tun, Eindrücke gewinnen, sich einlassen, wahrnehmen. Dies ähnelt der allerdings viel kürzeren Sitzplatzübung in der Wildnispädagogik.
- *Eigene Naturbeziehung entstehen lassen und ausdrücken* (2–5 Std.): Wahrnehmen ohne Ziel, Offenheit für Dialog, beobachten, spüren, sich einlassen, Gedanken schweifen lassen → Erleben, Gedanken, Gefühle in Gedicht / Text bringen, ein Bild malen.
- „Einsammeln" der weit verstreut sitzenden Teilnehmer durch den Leiter mit vereinbarten Signalen; die Teilnehmer sollten nicht unter dem Druck stehen, selbst auf die Zeit achten zu müssen.
- *Reflexion 1 in der Gruppe* (Sammelplatz): Rückkehr zum Sammelplatz, Entlastung in der Gruppe, Berichten, Reflexion des Erlebens, der Erfahrungen (leitfragengeführt).
- *Ausgang* (Startpunkt): Rückkehr in Alltag mit neuen Erfahrungen, Anknüpfen an Alltag: Was nehme ich mit? Reflexion über die dort abgelegten Symbolgegenstände, Ende der Naturerfahrung, Rückweg.
- *Reflexion 2* (mögl. Seminarraum): Gruppenreflexion zu den entstandenen Arbeiten, Stunden oder Tage später, nichtbewertendes Gruppenfeedback über die einzelnen entstandenen Bilder und Texte: Was lösen die Arbeiten in den Gruppenmitgliedern aus? Welche Phantasien und Assoziationen erzeugen sie? Hierbei ist es wichtig, daß die Person, die ihre Arbeiten gerade vorgelesen oder gezeigt (hingelegt) hat, keine Erklärungen und Kommentare abgibt. Durch diese Reflexion können unbewußte Inhalte, die in den Mal- oder Schreibprozess eingegangen sind, zutage gefördert werden. Denn es geht nicht um Absichten!

Die Orte

Ursprünglich wählte ich quasi unberührte Orte aus, da hier durch die Lebensvielfalt der ‚Geist' eines Landschaftsortes am deutlichsten zutage tritt. In Brandenburg fand sich da anfangs die Landschaft eines Kesselmoores (NSG) inmitten der hügelig buchenbestandenen Endmoräne bei Chorin. Es war also kein überwältigender, spektakulärer Ort, sondern ein Stück Wildnis mit ihrer selbstgeschaffenen Vielfalt, ein Kleinod.

In späteren Kursen ergänzten wir das um eine weitere Landschaft: den fließenden Waldbach Nonnenfließ (NSG) durch die Eberswalder Endmoränenbuchenwälder. Erst in den letzten Jahren probierten wir auch einfache Waldstücke im Buchenwald bei Berlin und 2018 einen stillen Waldsee im Spreewald.

Einige Ergebnisse

Seit der ersten Erprobung dieser Methode (s.o.) 1997 haben bis 2009 alljährlich jeweils 12 bis 17 Studenten diese Art von Naturerfahrung mitgemacht (danach etwas unregelmäßiger auch andere Personen, s.o.). Von noch eineinhalb Stunden 1997 erweiterte sich der Zeitraum aufgrund der Erfahrungen und Wünsche der Teilnehmer schnell auf vier bis fünf Stunden. Von fast allen Teilnehmern liegen die Ausdrucksarbeiten vor.

Bei den meisten Teilnehmern hat diese Erfahrung tiefe emotionale Spuren und auch Nachdenklichkeit hinterlassen. Schon die mündlichen Reflexionen in der Gruppe ergriffen hin und wieder einzelne Teilnehmer bis zu Tränen – die gute, lösende, katharsische Tränen waren. Der Leiter solcher Psychotoperfahrung sollte sich also in der Lage fühlen, emotionale Zustände angemessen und verstehend aufzufangen. In den Reflexionen berichteten die Teilnehmer Wirkungen, die ich in drei Aspekten zusammenfassen möchte:

1) Vertiefung der Liebe zur Natur, vertieftes emotionales Empfinden und Verständnis über naturwissenschaftliche Kenntnisse hinaus[4], vertiefte Schutzhaltung und Wahrnehmungssensibilisierung. Arne Drews (2013), ein Absolvent der HNE Eberswalde, fand im Rahmen seiner Masterarbeit durch spätere Nachbefragungen der Teilnehmer eine

sensiblere Naturschutzhaltung, was sich z.T. auch ins Konsumverhalten ausdehnte.

Beispiel 1: Gedicht Juliane W., Kesselmoor: „Dunkel und doch hell / kalt und doch heiß / laut und doch still / bewegt und doch ruhig / tot und doch voll Leben. / Das Moor".

Beispiel 2: Gedicht Tim T., Kesselmoor: „Moor. / Du bist sonnendurchflutet / Und doch tiefdunkel. / Uralt bist du / Und dabei so jung. / Kaum einer ist so arm wie du / Und dies bei solcher Fülle. / Bis ins Kleinste bist du erforscht, / Doch hast du dein Geheimnis nie verloren. / All diese Rätsel mag eins nur überwinden, / Dein Name / Moor".

2) Empfinden der Resonanz zwischen Natur und eigenen seelischen Vorgängen und damit der Verbundenheitswirklichkeit des eigenen Seins. Emotionale Berührtheit (z.T. tief), Wohlgefühl, Dankbarkeit, Geborgenheit, Freiheit, biografische Identifikation mit Naturprozessen, Lösen verdrängter, z.T. schmerzhafter Konflikte durch Empfinden des Aufgehobenseins.

Beispiel 3: Gedicht Nadine R. am Waldbach: „Mal leise flüsternd / mal tobend laut / ziehst du durch mein Land. / Alles Leben spiegelt sich / in deinem Ur-Gesicht. / Fängst Sonne ein / auch Tod und Leben, / strömst durch Adern aller Wesen. / Formst des Ortes / Gedankenmeer / ganz weise und bedacht / und küßt das traurig Seelenheer / in lieblich träumende Nacht".

3) Stärkeres Zulassen von Alltagsreflexionen und -belastungen, Zur Ruhe kommen, Lösung, zu sich kommen, Verblassen bzw. freieres Durchdenken von Alltagsproblemen.

Beispiel 4: Gedicht Katja T. am stillen Waldsee: „Die Birke ringt die Erle nieder / stehender Wettkampf / in Zeitlupe ächzend / ich frage mich / warum das Leben / nicht auch mal einfacher sein kann. Der Ort hatte ein offenes Ohr für meine Gedanken".

Insgesamt zeigte sich, daß solche naturbelassenen Orte durch ihre verwirrende, kaum erfaßbare Vielfalt und Komplexität den erklärenden

Verstand in den Hintergrund treten ließen oder besser: ihm das staunende, tiefgreifende Erleben als entscheidende psychische Wirklichkeit an die Seite stellten und neue Gedanken, Assoziationen und Gefühle freisetzten. Dabei hat jeder spezifische Landschaftsort und -teil seine eigenen Potenzen und Impulse, seinen „Genius loci". Hier einige Beispiele:

– Vereinzelt suchten sich Teilnehmerinnen einen alten Baum, an den sie sich anlehnen wollten, vordergründig, weil es eben angenehm sei. Schließlich stellte sich aber das Bedürfnis nach Geborgenheit, Rückhalt und Anlehnungsbedürfnis heraus. In der Reflexion tauchte dann in zwei Fällen die Sehnsucht nach väterlichem Rückhalt und Zuwendung auf.

> Beispiel 5: Gedicht Marion M., Laubwald: „Eine Eiche, alt und knorrig ... / lädt mich ein / Und nimmt mich auf ihren Schoß. / Eine Grenze, / Ein starker Stamm im Rücken / Der mich stärkt".

– Ein Student suchte sich eine bachnahe Stelle im Buchenwald, an der das langsame „Zuwachsen" einer kleinen Pfütze im nassen Boden durch die herabfallenden Buchenblätter sein Interesse fand und er dies malte: schwarze Pfütze, wunderbar bunte Blätter, die sich vom Rand aus darüber deckten, und ferne aus dem Hintergrund gleißend leuchtendes Sonnenlicht. Durch die Gruppenassoziationen über das Bild (Reflexion 2) wurde dem Studenten klar, daß er damit ein Bild für seinen inneren Abschied von einem verstorbenen guten Freund gefunden hatte: das Zuwachsen einer Wunde.
– Eine Studentin wählte den Prallhang am stark mäandrierenden Waldbach in der Endmoräne aus (Schutz). Sie berichtete: „Da sah ich neben mir am Boden, wie Ameisen einen Regenwurm zerlegten – und da dachte ich an den Tod." Nach einer Pause: „Und dann sah ich in die Buchen über mir – und alles war gut so."
– Eine Studentin wählte eine einsame Stelle am Rand eines Kesselmoores mit Birken, Wollgras und Sumpfporst. In der Reflexion 1 berichtete sie: „Ich wollte zu dem Moor eine Beziehung herstellen, aber das Moor ignorierte mich einfach. Das ging eine Weile so, ich fand keine Antwort, das machte mich total unruhig: Warum ignorierte es mich? Dann entschied ich mich, zog Schuhe und Strümpfe aus und ging ins

Moor hinein. Da war ich plötzlich aufgenommen, ein Teil von ihm, und war zufrieden."
– Einer Studentin gefiel der Stamm einer starken Buche, die über den strömenden Waldbach gefallen war. Sie wählte ihn, direkt über dem Bach als eigenen Platz. Nicht lange, so berichtete sie in der Reflexion, da mußte sie dort weg, hielt es nicht mehr aus, mußte einen neuen Platz am Ufer suchen: Das strömende, wirbelnde Wasser hatte sie zu unruhig gemacht, so daß sie nicht recht zu sich kommen und ihre Gedanken sammeln konnte.
– Eine Studentin kam weit vor der Zeit des Abschlusses der Übung von ihrem selbstgewählten Platz zurück zum Sammelplatz. Der Leiter begann behutsam ein verständnisorientiertes Gespräch, denn solche Rückkehr von einem wunderschönen Naturort bei schönstem Maiwetter mußte seelische Gründe haben. Es stellte sich heraus, daß gerade das Schöne des Buchenwaldes, die Strenge seiner Stämme, das Muntere, Bewegte des Waldbaches, das Leben der kleinen Insekten, die Vogelgesänge – dieses emotionale Geschenk – sie so tief berührte, daß in ihr die fordernde Leistungshaltung ihres Vaters schmerzhaft ins Bewußtsein getreten war, worüber sie weinen mußte. Im Nachhinein fand sie diese Tränen gut, lösend und war schließlich froh, daß ihr dies geschehen war.

Insgesamt sind so über 120 schriftliche und bildliche Ausdrucksarbeiten entstanden. Da sich im Psychotop neben den Eigenarten und Botschaften des Ortes stets die Eigenheiten der jeweiligen Personen niederschlagen, gibt es bei all diesen Arbeiten und Gedanken nichts, was einem anderen gleicht. Aber durchaus gedankliche und emotionale Ähnlichkeiten. Ortsbezogen zeigt der Vergleich von Ausdrucksarbeiten am Kesselmoor im Vergleich zum Waldbach tendenzielle Unterschiede: Das Moor löste in der psychischen Resonanz leicht Ambivalenzen aus, auch Unsicherheiten, der Waldbach eher Impulse zum Thema „Strom des Lebens". Da kamen auch erotische Phantasien zum Ausdruck, existenzielle Fragen, Lebenserkenntnisse.[5]
Wenn man die große Vielfalt der bildlichen und verbalen Äußerungen gesehen und gehört hat, bekommt man eine Vorstellung, wie recht doch Humboldt mit seiner eingangs zitierten Feststellung hatte und hat. Und diese Äußerungen verändern, wie jedes intensive Erleben, die Persönlichkeit und ihre Haltungen. Daß wir bei dieser Methode leicht in die

Nähe romantischer Gedichte und Bilder geraten, ohne es zu wollen, liegt wohl im Wesen intensiver Naturerfahrungen. Und es bewertet Romantik positiv, weil sie sich in solchen Situationen immer und immer wieder ereignet.

Literatur

Arvay, Clemens G. 2016: Der Biophilia-Effekt.Heilung aus dem Wald. München: Ullstein.
Barth, Wolf-Eberhardt 2018: Affentheater. Die Evolution entlässt uns nicht aus unserem „Psychotop" Berlin: Dt. Literaturges.
Bateson, Gregory 1987 [1979]: Geist und Natur. Eine notwendige Einheit. Frankfurt/M.: Suhrkamp.
Böhme, Gernot 2013: Atmosphäre. Frankfurt/M.: Suhrkamp.
Buber, Martin 1984: Das dialogische Prinzip. Darmstadt: Wiss. Buchges.
Egli, Emil 1977: Geborgenheit im Raum. Zum Begriff der Heimat. Schaffhausen: Novalis.
Capra, Fritjof 1996: Lebensnetz. Ein neues Verständnis der lebendigen Welt. Bern: Scherz.
Drews, Arne 2013: Naturerfahrung und psychische Entwicklung – eine Untersuchung zu Mittelfristwirkungen der Visionssuche bei Erwachsenen. Masterarbeit, HNE Eberswalde.
Fischerlehner, Brigitte 1993: „Die Natur ist für Tiere ein Lebensraum …" In: Seel, Martin, Sichler, Ralph, Fischerlehner, Brigitte (Hrsg.): Mensch-Natur. Zur Psychologie einer problematischen Beziehung. Opladen:Westd.Vlg. S. 148–163.
Fromm, Erich 1977(1973): Anatomie der menschlichen Destruktivität. Reinbek: Rowohlt.
Fromm, Erich, Suzuki, Daisetz Teitaro u. de Martino, Richard 1960: Zen-Buddhismus und Psychoanalyse. Frankfurt/M.: Suhrkamp.
Gebhard, Ulrich 2009: Kind und Natur. Die Bedeutung der Natur für die psychische Entwicklung. Wiesbaden: VS.
Hediger, Heini 1961: Beobachtungen zur Tierpsychologie im Zoo und im Zirkus. Berlin: Henschel.
Hüther, Gerald u. Spannbauer Christa (Hrsg.) 2012: Connectedness. Warum wir ein neues Weltbild brauchen. Bern: Huber.
von Humboldt, Alexander 2004 [1845]: Kosmos. Entwurf einer physischen Weltbeschreibung. Frankfurt/M.: Eichborn.
Jung, Carl G.1997: Über die Natur – Das vergessene Wissen der Seele. Zürich/Düsseldorf: Walter.
Jung, Norbert 2014: Psychotope zwischen Mensch und Natur. www.natursoziologie 11/2014: Natur subjektiv.
Jung, Norbert 2015a: Reichen kluge Argumente für kluges Handeln? In: Eser, Uta et al. (Hrsg.): Klugheit, Glück, Gerechtigkeit – Warum Ethik für die konkrete Naturschutzarbeit wichtig ist. BfN-Skripten 414. Bonn: BfN. S. 53–70.
Jung, Norbert, Molitor, Heike, Schilling, Astrid (Hrsg.) 2001: Natur im Blick der Kulturen. Opladen: Budrich.
Jung, Norbert 2015b: Beziehung, Freude am Natursein. Argumente für ein mitweltliches Menschenbild. In: Schloßberger, Matthias (Hrsg.): Die Natur und das gute Leben. (BfN-Skripten 403). Bonn. BfN. S. 83–88.

Jung, Norbert 2017: Nachhaltigkeit ohne Naturverbundenheit? Zur Hierarchie der Ziele in der Umweltbildungsarbeit. In: Gröger, Martin, Janssen, Mareike, Wiesemann Jutta (Hrsg.); Nachhaltig handeln lernen im Sachunterricht. Siegen: Universi. S. 59–87.

Kozljanič Robert Josef 2009: Der Geist eines Orts. In: Mallien, Lara, Heimrath, Johannes (Hrsg.): Genius Loci. Der Geist von Orten und Landschaften. Klein Jasedow: Drachen.

Lenz, Siegfried 1996: Von der Wirkung der Landschaft auf den Menschen. Abschlußansprache anläßlich des 23.Deutschen Naturschutztages vom 6. Bis 10. Mai 1996 in Hamburg. Hamburg: Alfred Töpfer-Stiftung.

Mitscherlich, Alexander 1965: Die Unwirtlichkeit unserer Städte. Frankfurt/M.: Suhrkamp: S. 14/15.

Neutra, Richard 1956: Wenn wir weiterleben wollen. Erfahrungen und Forderungen eines Architekten. Hamburg: Claassen [1954: Survival through Design. New York: Oxford Univ Press].

Roszak, Theodore 1994: Ökopsychologie. Stuttgart: Kreuz.

Schärli-Corradini, Beatrice M. 1992: Bedrohter Morgen. Kind, Umwelt und Kultur. Zürich: pro juventute.

Schmitz, Hermann 1969: System der Philosophie. Bd. 3, T.2: Der Gefühlsraum. Bonn: Bouvier.

Schmitz, Hermann 2014: Atmosphären. Freiburg: Alber.

Seel, Martin 1996: Eine Ästhetik der Natur. Frankfurt/M.: Suhrkamp.

Sichler, Ralph 1993: Psychologische Naturhermeneutik. In: Seel, Hans-Jürgen, Sichler, Ralph, Fischerlehner, Brigitte (Hrsg.): Mensch-Natur. Zur Psychologie einer problematischen Beziehung. Wiesbaden: Westd. Vlg. S. 71–87.

Theobald, Werner 2003: Mythos Natur. Die geistigen Grundlagen der Umweltbewegung. Darmstadt: Wiss. Buchges.

Trommer, Gerhard 1998: Ein Psychotop entsteht. Nationalpark 4/1998: 6–11.

Trommer, Gerhard 2019: Niemandland. Rangsdorf: Natur + Text.

v. Uexküll, Jakob J. 1928: Theoretische Biologie. Berlin: Springer .

v. Uexküll, Thure 1953: Der Mensch und die Natur. Grundzüge einer Naturphilosophie. Bern: Francke.

Vessel, E. A., Maurer, N., Denker, A. H. & Starr, G. G. (2018). Stronger shared taste for natural aesthetic domains than for artifacts of human culture. Cognition, 179, 121–131.

Watzlawick, Paul, Beavin, Janet H. u. Jackson, Don D. (1985 [1967]): Menschliche Kommunikation. Bern: Huber.

Wilson, E.O. 1984: Biophilia. Cambridge: Harvard University Press.

Weber, Andreas 2008: Alles fühlt. Mensch, Natur und die Revolution der Lebenswissenschaften. Berlin: btb.

Anmerkungen

1 Erweiterte Fassung eines Vortrages auf der Tagung „Das Kulturgut Landschaft im Spiegel von Landschaftsmalerei und Naturschutz", Naturerbe Zentrum Rügen Prora, 18.10.2018.
2 Sowohl neurobiologische als auch psychoanalytische Befunde unterstützen das.
3 Ich danke Roland Lehmann, Berlin, für diesen interessanten Hinweis.
4 Dies ist im Verständnis der Tiefenökologie (Arne Naess u.a.): tiefes Verstehen des Wesens der Natur, verbunden mit dem tiefen Verstehen der eigenen v.a. emotionalen Resonanz, der eigenen Psyche. Der Psychologe Ralph Sichler meint dies sicher mit seinem Begriff der „Tiefenhermeneutik des menschlichen Naturbezugs". (Sichler 1993, s. Anmerkung 2).
5 Die eindrucksvollen Bilder konnten hier leider nicht abgedruckt werden.

Rainer Hagen

Die Geschichte von den zwei Richtungen
oder
Die Welt in Kästchen

Das Bewusstsein hat viele Formen. Jeder weiß es: herunter gefahren im Schlaf, hellwach im Straßenverkehr und etliche Stufen dazwischen wie bei jenem Menschen, der am Ufer eines Flusses sitzt und auf die vorbei ziehende Masse schaut. Sein Fahrrad liegt im Gras neben ihm wie vergessen. Auch die Schleppkähne und Segler sind für ihn nur halb da. Er sieht auf die Oberfläche des Wassers, sie wirkt wie geriffelt und er ahnt wie sie sich anfühlen würde unter den Fußsohlen, gesetzt den Fall, er könne sie begehen. Oder, wer weiß, er ahnt vor sich den Rückenpanzer eines abgetauchten Lindwurms? Er denkt nicht nach, denken bringt nichts, er blickt auf die Wassermasse, die bewegte, mit unbewegten Augen. Wer ihn so sitzen sieht, könnte denken, er sei nicht ganz bei sich, sei leicht blöd. Nicht blöd für die Anstalt, nur vorübergehend anders im Kopf als sonst.

Dieser Mensch (egal, ob weiblich oder männlich) könnte auch am Strand der Nordsee dösen am Ende eines heißen Tages. Hier wäre es nicht die Wellenbewegung, die laufend auf ihn zukommt, und die ihn festhält. Hier wäre es die Grenze zwischen Himmel und Meer, so fern und doch deutlich erkennbar. Die Horizont-Linie, gerade von einem Ende bis zum andern. Etwas, was es eigentlich so gerade nicht gibt auf unserem kugeligen Globus.

Fluss und Horizont, beide haben gemeinsam das Wasser, dieses Zeug, das man nicht festhalten kann und dessen Oberfläche sich immer wieder zu einer glatten Fläche ausgleicht. Wir beobachten das in der Badewanne mit dem plantschenden Kind und dabei geht uns allerlei durch den Kopf, aber nicht Begriffe wie waagerecht oder horizontal. Wenigstens nicht so überraschend, dass wir nach einem Merkzettel greifen möchten. Der Vorgang ist uns zu vertraut. Das war doch schon immer so.

Ähnlich ergeht es uns im Wald. Als Spaziergänger fühlen wir uns zwischen Bäumen irgendwie wohl. Warum? Da wären: Der weiche Boden, die stillen Düfte, das gedämmte Licht, das lichte Dach der Blätterkronen, alles Sinneseindrücke, unsere Sinne werden in ungewohnter Weise voll beschäftigt, so sehr, dass Begriffe wie senkrecht oder vertikal im Hintergrund bleiben, vermutlich für die meisten aller Waldgänger.

Ob so oder so, hängt davon ab, wie der Kopf konstruiert ist. Oder welche seiner Sektoren dort gerade an der Macht sind: jene, die ihr Material aus der unmittelbaren Erfahrung ziehen, oder jene, die sich abstrakter Zeichen bedienen. Zeichen, wie die zwei geraden Linien (auf einem rechteckigen Blatt Papier), die eine parallel zum oberen und unteren Rand, die andere, parallel zu den Seitenrändern. Zwei Linien, zwei Richtungen, 90 Grad Unterschied.

Die Linien sind Zeichen und damit Geistesprodukt, die sinnliche Wahrnehmung kommt von außen, wir nennen sie Naturprodukt. Die Schwierigkeit in unseren Alltags-Köpfen besteht darin, dass beide Produkte ineinander verhakt sind. Sich ineinander verstecken. Die Senkrechte in den Stämmen des Waldes und in den hoch aufragenden Säulen gotischer Kathedralen. Für viele von uns ist sie eingekleidet in christliche Bildvorstellungen mit Gott im Himmel, zu dem hinauf die Menschen sich sehnen. Nicht nur religiös wird die Senkrechte verehrt. Auch moralisch, wie im Wort „aufrecht". Als aufrecht gilt gemeinhin ein ehrlicher Kerl mit der rechten Gesinnung. Die „aufrechte Haltung" wurde in der NS-Pädagogik zum Leitbild erhoben, beim Strammstehen ebenso wie beim Heimabend mit dem entsprechenden Liedgut.

Die religiös oder moralisch ummantelte Senkrechte wird im weiteren Umfeld umflattert von Assoziationen, die frei sind von Forderungen, Ansprüchen irgendwelcher Art. Assoziationen vom nackten Leben, vom Wachsen und Vergehen, vom Lebendig-sein. Das gilt nicht nur für die Senkrechte. Für die Waagerechte wären zu nennen: Liegen, Schlafen, Schwäche, Tod. Zur Senkrechten: Gesundheit, Kraft, Größe, Macht. Es sind zwei grundverschiedene Erfahrungskomplexe. Nicht nur verschieden, auch konträr, unvereinbar, sie schließen sich gegenseitig aus. Wie die beiden Geraden. Das scheint seltsam? Haben die Zeichen sich der Erfahrungswelt angepasst? Oder richtet die Erfahrung sich nach den Zeichen? Ein Fragespiel, leicht absurd, es führt uns nicht weiter, erhellt aber das Zielgebiet. Dort wartet eine Behauptung. Der Autor behauptet, dass die beiden Geraden in unseren Köpfen einen dominierenden Platz einnehmen. Dass sie (abgesehen von ideologischer Beschlagnahme), häufiger oder mächtiger in unseren Köpfen auftauchen als andere Zeichen, als etwa Kreis oder Kreuz.

Diese Vorherrschaft der beiden im rechten Winkel einander zugeordneten Geraden deutet sich an auch im Sprachgebrauch. Schräg oder schief nennen wir Winkel-Linien, die nicht ins 90-Grad-Schema passen. Als Beschreibung ist das normal, im bürgerlichen Diskurs nicht. Da nennen wir schräg eine Bemerkung, die nicht zu den üblichen Konventionen passt, und schief geht ein Unternehmen, das misslingt. Jeweils ist etwas nicht in Ordnung, ähnlich wie beim Schiefen Turm von Pisa. Man könnte auch den Mythos von Sisyphos heranziehen. Er muss einen Felsen auf einen Berg hinaufbringen, kurz vor dem Gipfel rollt er immer wieder abwärts. Erzählt wird die Geschichte als Beispiel für vergebliche Mühen. Sie ließe sich auch deuten als Demonstration, dass alles Schräge schlecht oder eben nicht in der Ordnung sei.

Sie beginnt in der Schule, die Herrschaft der beiden Geraden, mit den Rechenheften und deren Kästchen. In diese kritzeln Kinder ihre Zahlen und machen es dann weiter so ein Leben lang. Ohne Kästchen keine Banküberweisungen, kein Kreuzworträtsel. Und wie vorgedruckt auf dem Papier, prägen die Rechteck-Kästen auch die bebaute Umwelt. Seit der Mitte des 20. Jahrhunderts folgen und gehorchen die Architekten der westlichen Welt dem Diktat des rechten Winkels, das Satteldach mit seinen schrägen Flächen gilt als gestrig, ist zusammen mit Schwüngen, Bögen, Halbkreisen verpönt, und wenn ein repräsentatives Gebäude statt des üblichen Flachdachs einen wellenförmigen Deckel bekommt wie die Hamburger Elbphilharmonie, dann staunen Touristen und Einheimische (Achtung!) Bauklötze. Staunen Klötze, weil sie sie sehen, weil sie Brillen tragen, die die ganze Welt in Kästchen, Klötze, Kuben gliedern. Brillen, die irgendjemand mit viel Zeit (pfui Teufel!) von Jahrhundert zu Jahrhunderten immer stärker stellt.

Abgesehen von Moden, Methoden, Phantasien – wie wäre der Vorrang der beiden Geraden zu erklären? Häufig mit Ordnung. Sie ist den Menschen nicht angeboren, wovon man sich in jeder Kita überzeugen kann. Tiere lernen schnell zwischen lebenswichtig und unwichtig zu unterscheiden, für heranwachsende Menschen ist das sehr viel schwieriger, denn das Unterscheidungsfeld wächst von Jahr zu Jahr bei Spielzeug, Hygiene, Religion, Moral, usw., auch die Augen werden mit Sinnes-Eindrücken vollgeschüttet. „Reizüberflutung" wird heute den optischen Medien vorgeworfen, aber die gab es schon lange vor Print und Pixel. Die Suche nach individuellen Ordnungs-Systemen zieht sich bei jedem Einzelnen durchs ganze Leben. Die beiden Richtungen bilden dabei das

Grundgerüst. Die Kästchen (Gitter, Raster) sind Hilfen für den alltäglichen Bedarf.

Dass die beiden Grundlinien eine dominierende Rolle spielen, davon kann oder könnte jeder Leser sich im eigenen Kopf überzeugen. Vielleicht auch, ob er einen Zusammenhang mit dem Bedürfnis nach Ordnung spürt. Ob ja oder nein, der Autor schlägt eine andere (eine zweite?) Begründung vor. Wer ihr folgen will, beobachte Kinder im ersten Lebensjahr: Mühsam krabbeln sie herum, gestützt auf winzige Hände und mollige Knien schieben sie den dicken Kopf vor sich her. Erst im Ställchen, dann im Zimmer, erkunden sie immer dicht am Boden kriechend die Fläche, die Ebene, erproben (ahnungslos) den eigenen Bewegungsapparat. Später auf zwei Füßen schwankend halten sie sich an Stuhlbeinen oder Tischdecken fest, wollen größer werden, hoch hinauf, erproben mit Hilfe des Gleichgewichtsgefühls die Bewegung im Raum. (Wir, die Großen, lächeln gerührt, können uns aber nicht vorstellen, dass Kinder in dieser Phase unendlich viel mehr Neues aufnehmen als die Raketen-Helden auf ihren Weltraumflügen.)

An diese frühe Lebensphase kann sich niemand erinnern, Gedächtnisforscher setzen den Beginn des Erinnerungsvermögens auf etwa das vierte Lebensjahr oder auf den Anfang der Sprachkenntnisse. Wenn Ereignisse auch nicht erinnert werden, so können sie doch Nachwirkungen haben. Darauf beruht die These vom Geburtstrauma. Sie sagt, dass beim Verlassen der Mutterhöhle schwere Ängste entstehen können, die als psychische Störung wirksam bleiben. Ähnliches könnte für die Strukturierung des Raums angenommen werden, für das Ordnen der Umwelt. Nicht als Störfaktor, aber als gravierende Erfahrung. Im Keller des Unbewussten wird sie verwahrt, begleitet den Menschen anonym durchs Leben, lenkt seine Aufmerksamkeit, berührt ihn gelegentlich, ohne dass er weiß, was und warum.

Das passiert seltener im Gewirr des Straßenverkehrs, dann, wenn das Bewusstsein voll beansprucht wird von aktuellen Angelegenheiten. Eher in Situationen wie anfangs skizziert, ruhend am Fluss oder abends am Strand, spazierend im Wald. Man könnte diese Menschen für Naturfreunde halten, aber wenn, dann von besonderer Art. Weniger interessiert an Tieren und Pflanzen, mehr an dem, was in ihm steckt; was in ihm selber entstanden ist in Zeiten, an die er sich nicht erinnern kann. Kein Wunder, dass Menschen in solchen Zuständen wie blöd aussehen können oder zugleich blöd und verklärt.

Sigbert Gebert

Technik, Technisierung, Moral und Glück – Technikphilosophie und philosophische Technik

1. Technik als Problem

Seit es Menschen gibt, bedienen sie sich Techniken. Mit der Moderne hat sich die Technikentwicklung immer mehr beschleunigt. Die Technisierung gefährdet Gesellschaft und Natur. Dabei zeigt sich heute, daß sich die durch Technik aufgeworfenen Probleme nicht gegen Technik, sondern nur mit Technik „lösen" lassen – mit einer „nachhaltigen" Technik. Was heißt das? Was bedeutet überhaupt Technik? Was Technisierung?

Für solche grundlegenden Bestimmungen ist Philosophie zuständig. Traditionell wollte sie das Wesen der Dinge bestimmen. Mit der Hinwendung zur Sprache als Medium des Denkens wurde sie zur Begriffsanalyse. Es geht jetzt nicht mehr um (scheinbar) unveränderliche Wesensdefinitionen, sondern wie eine Sache heute verstanden wird – wozu es auch der Soziologie bedarf –, genauer: wie eine Sache sich heute plausibel bestimmen läßt. Plausibel meint eine Bestimmung, die unmittelbar einleuchtet und nicht weiter begründet werden muß.[1] In Bezug auf die Technik gefragt: Wie läßt sich Technik heute von Nicht-Technik abgrenzen? Was bedeutet Technisierung? Im Anschluß lassen sich dann konkretere Fragen beantworten. Läßt sich die Technik steuern? Was taugen die vorgeschlagenen Kriterien für eine nachhaltige Technik?

Philosophie und Soziologie sind selbst Techniken und wollten traditionell auch die Praxis steuern. Die antike Philosophie orientierte sich noch ganz selbstverständlich am ersten (oder letzten) Ziel des Menschen: dem Glück. Die Ethik wies als Glücksphilosophie der einzelnen den Weg zum Glück und sicherte als Moraltheorie die Glücksbedingungen für alle durch Einschränkungen der individuellen Freiheit. Die Moderne kennt keinen objektiven Glücksbegriff mehr, so daß sich die Ethik auf

Moraltheorie beschränkte. Im alltäglichen Verständnis werden darunter nicht abstrakte Überlegungen zur Begründung der Moral, sondern Beiträge zur Moral gemeint. Was kann Moral zu Fragen der Technik beitragen? Glück ist auch heute das Ziel des Menschen. Kann Philosophie als zumindest individuelle Glückstechnik dienen?

2. Traditionelle Technikdefinitionen

Traditionell wird Technik als das vom Menschen Selbsthergestellte von der Natur, die ohne seine Einwirkung besteht, unterschieden. Der Unterschied ist allerdings kein Gegensatz: Die vorgegebene Natur ermöglicht den Einsatz von Technik und zieht ihm Grenzen. Ein effektiver Technikeinsatz muß deshalb die Naturgesetze kennen. Naturwissenschaft und Technik entwickeln sich (nach langem Vorlauf der technischen Praxis gegenüber der naturwissenschaftlichen Theorie) denn auch heute in gegenseitiger Abhängigkeit: Die hochtechnisierte Forschung schafft die Voraussetzungen neuer Techniken oder, wenn man ihren wissenschaftlichen Charakter betonen will, von Technologie. Erforschte Naturwissenschaft aber „die" Natur, müßte die Technik als ihre Anwendung immer naturnäher werden – eine Vorstellung, die in der Forderung nach einer ökologieverträglichen, „natürlichen", „sanften" Technik weiterlebt. Wissenschaft und Technik entfernen sich jedoch immer mehr von der Natur im Sinne des Vorgegebenen: Ihr steigendes Auflöse- und Rekombinationsvermögen erlaubt die Konstruktion immer neuer und immer naturfernerer technischer Geräte und Anwendungen. Techniken bilden nicht die Natur nach, sondern sind eine gelungene Umsetzung von Wissen. Natur ist zwar auch als gestaltete, technische Natur nicht bloße Technik, doch angesichts des heutigen Veränderungspotentials kann sie nicht mehr positiv als unveränderliche materielle Vorgabe (damit auch nicht mehr plausibel als politischer oder ethischer Maßstab) gefaßt werden.

Ebensowenig taugt „Kultur" oder Gesellschaft als Gegenbegriff, ist doch Technik schon nach der traditionellen Definition als vom Menschen Hergestelltes immer kulturell bestimmt, die Kultur andererseits technisch geprägt. „Technische Artefakte erweisen sich als Kultur in jedem Sinne des Begriffs. Technisches Handeln ist nicht etwa eine außerkulturelle Aktivität, die beiläufig auch Folgen für die Kultur hätte. Vielmehr ist technisches Handeln selbst eine kulturelle Intervention, die mit dem technischen Artefakt zugleich auch neue ästhetische, symbolische, kognitive und institutionelle Realitäten schafft." Dagegen könnte man versuchen, Technik auf technische Geräte einzuschränken. Zum Verständnis der heutigen Technik ist der Maschinenbegriff (Realtechnik, konkrete physische, „an sich" neutrale Gebilde) aber kaum geeignet, stehen technische Geräte doch in weitläufigen Entstehungs- und Verwendungszusammenhängen, bilden „Sachsysteme", die Wissenschaft, Wirtschaft, Politik, Recht mit einschließen. Bestimmt man Gesellschaft über den Handlungsbegriff, ist eine Abgrenzung zu Technik kaum noch möglich: „Wenn soziale Strukturen und soziale Prozesse mehr und mehr in technischen Sachsystemen gerinnen, dann folgt aus diesem Befund tatsächlich die These, daß Gesellschaft nur mehr qua Technik theoretisch begriffen werden kann. Nimmt man aber die Vergesellschaftung der Technik und die Technisierung der Gesellschaft zusammen, kann man wirklich die Frage aufwerfen, ob die Unterscheidung von Technik und Gesellschaft nicht vielleicht überhaupt obsolet geworden ist."[2] Verschmilzt die Gesellschaft im Laufe der Modernisierung mit den technischen Geräten immer mehr zum soziotechnischen „System" und verschwimmen zugleich dessen Grenzen zur Natur, so lassen sich weder Technik von Gesellschaft noch Technik von Natur als *Bereiche* unterscheiden.

Heidegger bestimmte Technik deshalb als „eine Weise des Entbergens",[3] eine besondere *Weltsicht*. Das unausdrückliche technische Entbergen, der Entwurf einer berechenbaren, durch Ursache-Wirkungszusammenhänge bestimmten Welt, erlaubt eine ihm gemäße Praxis. Diese betrifft nicht nur die Konstruktion technischer Apparate: An regelmäßigen Verläufen ist die ganze Gesellschaft interessiert – schon Max Weber faßte Technik als regelgeleiteten Einsatz von Mitteln zur Verwirklichung eines beliebigen Zwecks. Technik findet sich in allen Gesellschaftsbereichen. Technik ist deshalb auch nicht einfach angewandte Naturwissenschaft, sondern umgekehrt Wissenschaft (aber auch Geld, Recht) angewandte Technik.

Heidegger sprach von *einer* Weise des Entbergens und meinte eine in ihrer Ausschließlichkeit verfehlte Weise, die zur „Seinsverlassenheit" führe. Das Sein entzieht sich nach ihm heute dem Seienden, das nur noch in einer reduzierten Seinsweise erscheint, dem technischen, alles gleichmachenden Weltentwurf und seiner Raserei unterliegt, der nur Seiendes und die eindimensionale technische Welt als einzige Wirklichkeit anerkennt und jede Besinnung auf die vielfältigen Seinsweisen niederhält.

Technik, Technisierung, Moral und Glück 203

Technisches Denken und technische Dinge sind allerdings nicht einfach abzulehnen, bleibt die bloße Gegenstellung doch an das Abgelehnte gebunden, aber vermieden werden muß die heutige ausschließliche Konzentration auf die Technik, ihre Absolutsetzung, die das Maßgebende für den Menschen, nämlich Dichtung und Denken, vergißt. Das *besinnliche* Denken muß gegen das bloß rechnende Denken zur Geltung kommen, wenn der Mensch „sein Eigenstes, daß er nämlich ein nachdenkendes Wesen ist", nicht verlieren will.[4] Wie soll das gehen?

Die technischen Gegenstände sollen, so Heidegger, zwar in Gebrauch genommen, aber zugleich in ihrer Wichtigkeit relativiert werden.[5] In der „Gelassenheit zu den Dingen" wird der Mensch bereit, den Sinn der technischen Welt zu bedenken. Statt die Dinge technisch zu sehen, soll der echte Aufenthalt bei ihnen sie im „Geviert", der Versammlung von Erde, Himmel, Göttlichen und Sterblichen, anwesen lassen.

Das ergibt sicher eine andere Beschreibung der Dinge. Warum aber soll man sich auf vier Sinndimensionen beschränken, warum auf diese (insbesondere: warum auf die Göttlichen)? Ist, was Heidegger vorschlägt, nicht eine *Methode* der Beschreibung, also eine Technik, die die Dinge auf vier Aspekte reduziert? Wenn die Bestimmung über das „Geviert" aber selbst eine Technik ist, bleibt unklar, was technische Weltsicht und damit Technik bedeutet.

3. Funktionierende Simplifikation und Grenze

Luhmann wählt einen anderen Weg. Abstrakt läßt sich Technik als *„funktionierende Simplifikation im Medium der Kausalität"* beschreiben: Technik isoliert fest verkoppelte Abläufe von der Umwelt, etwa gegen natürliche Einflüsse, damit sie ihrer Eigenbewegung folgen können, isoliert spezifische Kausalverläufe und hält sie konstant. Das erlaubt es, Abläufe zu kontrollieren, Fehler schnell aufzufinden und zu eliminieren. „Technologie ist eine Art der Beobachtung, die etwas unter dem Gesichtspunkt betrachtet, daß es kaputt gehen kann", ein „Beobachtungskontext, der besondere Interessen an der Aufrechterhaltung regelmäßiger Verläufe auch bei Störfällen zum Ausdruck bringt." Ihre Leitunterscheidung ist deshalb heil/kaputt oder fehlerfrei/fehlerhaft.[6]

Damit wird Technik über Kommunikation bestimmt. Fehlerfrei/fehlerhaft findet sich in allen Gebieten. Technik bildet deshalb kein eigenes

System – im Gegensatz zu wirtschaftlicher, rechtlicher, politischer Kommunikation. Ein Auto gilt als technisches Objekt, weil sein Funktionieren wesentlich ist. Betrachtet mit der Unterscheidung Haben/Nichthaben ist es ein Wirtschaftsobjekt, betrachtet mit rechtmäßiger/unrechter Besitz ein Rechtsobjekt, betrachtet mit schön/häßlich ein Kunstobjekt. Technik läßt sich also weiterhin von anderen *Objekten* unterscheiden. Technische Objekte sind Objekte, für die das regelhafte Funktionieren im Zentrum der Kommunikation steht.

Objekte befinden sich in einer Umwelt. Technische Objekte beachten nur die von ihren Kausalverläufen her faßbaren Bezüge, ihre eigene, vereinfachte Welt. Jede Technik markiert eine *Grenze* zwischen eingeschlossenen und ausgeschlossenen, kontrollierten und nicht kontrollierten, berücksichtigten und nicht berücksichtigten Kausalitäten. „Die Technik hat keine Grenze, sie ist eine Grenze."[7] Immer schließt sie etwas aus. Als ihr Gegenbegriff kommt nur noch das in Frage, wovon sich Technik isoliert: die gleichzeitig ablaufenden, von ihr nicht berücksichtigten Vorgänge, abstrakt gefaßt: die Welt. Sie nimmt als vorgegebener, nicht selbst herstellbarer und uneinholbarer Horizont, in den hinein sich technisches Herstellen vollzieht, die traditionelle Stelle der Natur ein, ohne, wie sie, einen nicht technischen Bereich abzugrenzen. Die Technisierung verschiebt immer wieder die Grenze zwischen Technik und Welt.[8]

Die Bestimmung über Kausalität erfaßt technische Objekte. Allgemein gefaßt, ist Technik *funktionierende Simplifikation,* eine gelungene Form der Komplexitätsreduktion.[9] Letztlich fällt dann allerdings auch die Sprache, die unter besonderen Gesichtspunkten (Begriffen) eine Vielzahl von Fällen zusammenfaßt und so die Welt vereinfacht, unter den Begriff der Technik. Da jede Informationsverarbeitung (Registrierung von Unterschieden, die einen Unterschied machen) die Welt vereinfacht, könnte selbst der Bezug auf den Menschen aufgegeben werden, und man spricht ja auch in Bezug auf Tiere etwa von Jagdtechniken. Die bewußte Technikentwicklung wird jedoch erst mit Sprache möglich.

4. Technisierung als Herausforderung der Welt

Technisierung ist menschlichem Handeln immanent, nichts spezifisch Modernes. Den Problemen der Technisierung kann dann nicht einfach durch Nicht-Technik oder Unterlassen – eine Technik – begegnet wer-

Technik, Technisierung, Moral und Glück 205

den. Und die verlorengegangene Unterscheidung von Technik und Nicht-Technik muß durch die Unterscheidung verschiedener Arten von Techniken (künstliche Gegenstände, spezifisches Können, besonderes Wissen, bestimmte Form des Handelns, der Weltsicht) ersetzt werden. Wenn frühere Zeiten sich selbst politisch oder religiös definierten und Technik und Natur (Religion, Kultur) unterschieden, so waren sie doch nicht nicht-technisch, sondern benutzten andere Technik, schritten in der Auflösung und Rekombination der Welt nicht so weit fort wie die Moderne. Dadurch waren die Eingriffe in natürliche Abläufe beschränkt. Der Einsatz von Techniken (Werkzeugen, Denksystemen) blieb stärker an natürliche und traditionelle Vorgegebenheiten gebunden. Die moderne Technisierung verändert hingegen die Natur selbst, die Eingriffstiefe in die innere und äußere Natur steigt, zugleich die Langfristigkeit der Technikfolgen – Naturferne bedeutet nicht weniger Abhängigkeit vom Unverfügbaren –, so daß schon vom Anthropozän, vom Menschen als geoökologischem Faktor, die Rede ist. Die Einbettung der Technik in natürliche Vorgegebenheiten kehrt sich dadurch um zu einer Anpassung von Natur und Traditionen an die technischen Erfordernisse.

Hier zeigt sich das Grundproblem der Technisierung: Technik fordert die Welt durch ihre Eigenkomplexität, ihre immer unwahrscheinlicheren Kombinationen heraus. Sie versucht, die physische, chemische, organische, kommunikative Realität anders zu strukturieren (eine Autogesellschaft gestaltet durch Straßennetz, Reparatur-, Tankstelleninfrastruktur natürliche Vorgaben um und schafft besondere soziale Erwartungen). Die Komplexität der Umwelt, die vielfältigen gleichzeitigen Abläufe, die mit der Technik zusammenwirken, bleiben, sofern sie nicht direkt auf sie einwirken, unbeachtet. „Da das Gleichzeitige vom System aus nicht kontrolliert werden kann, ist es nur eine Frage der Zeit, bis es sich auswirkt", kommt es „zur Einschließung des Ausgeschlossenen, zu unvorhergesehenen Querverbindungen".[10] Techniken sind, wenn sie funktionieren, zwar aktuell an die Welt angepaßt, doch je mehr die Technik (nach Reduktion von Weltkomplexität) Eigenkomplexität aufbaut und je mehr Techniken eingesetzt werden, um so mehr machen sich nicht berücksichtigte Kausalitäten bemerkbar, um so schwieriger wird die Abschließung gegen die Umwelt, die Isolierung der Technik. Unbeabsichtigte Veränderungen in der Umwelt und „Rückmeldungen" von ihr werden wahrscheinlicher, gerade auch dann, wenn die Einzeltechnik hervorragend funktioniert – fehlerfrei/fehlerhaft sagt noch nichts über unschädlich/schädlich aus. Die ökologische Problematik ist so unter anderem das Ergebnis massenhaft verbreiteter, einzeln mehr oder weniger harmloser Techniken wie Autos. Technik funktioniert in einer weitgehend unbekannten, gleichzeitig ablaufenden Welt, deren Reaktionen um so ungewisser werden, je mehr die Technik die Welt an sich anzugleichen versucht. „Daher sieht sich die moderne Gesellschaft, vor allem in ökologischen Kontexten, nicht nur der Frage konfrontiert, ob mit Technik bessere Nettobilanzeffekte zu erzielen sind als ohne Technik, sondern zunehmend mehr auch der Frage, wieviel funktionierende Simplifikation man sich leisten kann, wenn damit zu rechnen ist, daß die Welt trotzdem fortbesteht."[11] Die naheliegende „Botschaft" lautet dann: „Es geht gut, solange es gut geht."[12] Oder, etwas nüchterner gesagt: „Fast trivial gilt, daß Technikentwicklung und Technisierung ein ständiges Großexperiment mit der Zukunft bedeuten."[13] Wie geht die Gesellschaft dieses Großexperiment an? Sie wendet sich an die für Experimente, für neue Erkenntnisse zuständige Wissenschaft. Da kein einzelnes Fach für Technik zuständig ist, institutionalisierte sich die inter- oder transdisziplinäre Technikfolgenabschätzung. Wie sieht sie die Technikentwicklung?

5. Bestimmungsfaktoren der Technikentwicklung[14]

Die Technikfolgenabschätzung (Technology Assessment: TA) hat sich von Einseitigkeiten wie Technikdeterminismus, Sozialdeterminismus, Planungsoptimismus, Objektivitätsanspruch verabschiedet und bezieht heute meist vermittelnde Positionen. Natürlich will man weiterhin „rational" Chancen und Risiken von Techniken erfassen, weiß jedoch, daß sich weder der Wandel des wissenschaftlichen und technischen Wissens noch die soziale Reaktion auf neue Techniken einfach prognostizieren lassen. In evolutionstheoretischer Sicht erscheint die Technikentwicklung als überhaupt nicht prognostizierbar und nicht *gezielt* gestaltbar (im Rückblick zeigen sich Entwicklungen, die mit den Absichten und Vorstellungen der Gestalter wenig zu tun haben). Man entwickelt deshalb statt einfachen Prognosen verschiedene Szenarien, die den Gestaltungsspielraum, den unveränderlichen Rahmen (etwa Megatrends) und das Gestaltbare, abzugrenzen versuchen. Man weiß um den normativen Charakter der TA und versucht dem Parteilichkeitsverdacht (TA als Behinderung des technischen Fortschritts oder als subtile Durchsetzungsstrategie für neue Techniken) durch Einbeziehung der Betroffenen und öffentliche Debatten zu begegnen. Man kennt das Collingridge-Dilemma (Untersuchungen im Frühstadium können die Folgen noch nicht abschätzen, in späteren Stadien sind die Folgen schon eingetreten und bestehen nur noch begrenzte Gestaltungsmöglichkeiten) und will deshalb den ganzen Entwicklungsprozeß (der je nach Phase andere Probleme stellt) begleiten. Die Hauptprobleme waren und sind: Welche Werte, welche Normen soll man anwenden? Wie kann Zukunftswissen beschafft werden? Wie ist inter- oder transdisziplinäre Forschung möglich?

Wer oder was bestimmt aber die Technikentwicklung? Wo kann man Einfluß nehmen? Treten gesellschaftliche Probleme auf, so gilt die *Politik* als zuständig. Angesichts der Globalisierung soll sie zur Wohlstandssicherung „Zukunftstechnologien" fördern, und sie versucht auch, sich mit ihrer Innovationsrhetorik auf der Höhe der Zeit zu zeigen. Eine direkte politische Beeinflussung der Technikentwicklung ist jedoch nur in Ausnahmefällen möglich und bei Prestigeobjekten teuer und oft wenig erfolgreich (Apollo-Programm, Concorde, schneller Brüter). Politische Förderung scheint zwar ein begünstigendes, aber kein entscheidendes Durchsetzungskriterium zu sein (Ausnahme: Kernkraft). Auch lassen sich politisch unerwünschte Forschungen und Technikanwendungen (etwa bei Gentechnik, Reproduktionsmedizin) angesichts der Ausweichmöglichkeiten und Überprüfungsschwierigkeiten nur schwer verhindern. Die Politik ist vor allem in der Verbreitungsphase gefordert, wenn negative Folgen aufgefangen werden müssen, grundsätzliche Änderungen oder Verzicht auf die Technik aber kaum noch möglich sind. Sie ist weniger Gestaltungs- als Reparaturinstanz.

Techniken werden vor allem in der Industrie entwickelt (rund drei Viertel aller Neuerungen, drei Viertel der Ingenieure sind hier beschäftigt), die sich an *wirtschaftlichen* Kriterien (niedrige Kosten, schnelle Amortisation, hohe Gewinnerwartungen) orientiert. Nicht einfach das, was gesellschaftlichen Nutzen verspricht, sondern was wirtschaftlich geht, setzt sich durch. Auch Forschungs- und Anwendungsstopps resultieren meist aus wirtschaftlichen Überlegungen (so bei den genannten Prestigeobjekten). Daneben sind *technische* Eigenheiten wie Ausgereiftheit, Zuverlässigkeit, Sicherheit, große Breite der Verwendungsmöglichkeiten, militärische Verwendbarkeit, Umweltverträglichkeit Kriterien für eine durchsetzungsfähige Technik.

Und die Wissenschaftler und Ingenieure? Was bewegt sie dazu, in bestimmten Richtungen zu forschen und Techniken zu entwickeln? Zu denken ist hier an Denkstile, Konstruktionstraditionen, Organisationskulturen. Dann gibt es *Leitbilder* wie Informationsgesellschaft, Industrie 4.0, Nachhaltigkeit (oder auch konkretere wie papierloses Büro). Sie bündeln Ziele, Träume, Visionen, Hoffnungen, strukturieren die Wahrnehmung, orientieren, motivieren (auch emotional) und koordinieren die Anstrengungen. Könnte ein „Leitbild Assessment" als Grundlage öffentlicher Diskurse über einzuschlagende Technikpfade dienen?[15] Was Makroleitbilder wie Nachhaltigkeit konkret meinen, bleibt jedoch umstritten oder konkretisiert sich erst im Zuge der Technikentwicklung. Viele Ideen bleiben bloße Utopien, anderen wirken nur in einer Phase der Technikentwicklung und -durchsetzung.

Vielleicht sollte man sich deshalb die *Visionen*, die prognostizierten Technikzukünfte, genauer ansehen (Vision Assessment), ihre impliziten Annahmen und Voraussetzungen. Problem dabei: die gegensätzlichen Einschätzungen. Technikpioniere (etwa im Bereich Nanotechnologie, Human Enhancement) reden die Risiken klein und sehen eine goldene Zukunft; Horrorszenarien unterstellen ebenso erhebliche Fortschritte der Technik, die die (als unverändert unterstellte) Gesellschaft jedoch überfordern oder gar das Menschsein verunmöglichen würden.[16] Resultat: „Wenn negative gegen positive Utopie steht, werden Unsicherheit und Verwirrung noch gesteigert."[17]

Heilserwartungen und Katastrophenszenarien leiten sich von eutopen (eudämonistisch-utopischen) und dystopen (negativ-utopischen) Technikbildern her, die Technik als Chance/Risiko, Verheißung/Bedrohung, Vervollkommnung/Entfremdung, Verbesserung/Zerstörung sehen. Technikbilder wiederum sind als Bestandteil des Weltbildes eingebettet in bestimmte Wissenschafts-, Natur-, Menschen-, Gesellschaftsauffassungen.[18] In Weltanschauungen wächst man hinein, sie sind auch emotional verankert und geben vor, wie man zur Technik eingestellt ist. Sie verändern sich, wenn überhaupt, nur langsam.

Damit ist man zwar auf einer grundsätzlichen, philosophischen Ebene angelangt, aber von der konkreten Technikbewertung weit abgekommen (mit einer Ausnahme, der folgender Exkurs gilt). Zwar begrenzt das Eingebettetsein in eine Weltsicht die Entwicklungsmöglichkeiten: So steht die moderne Gesellschaft mit ihrem Wohlstandsniveau bei aller Verzichtsrhetorik real nicht in Frage. Aber beim heutigen Technisierungsgrad gibt es vielfältige Möglichkeiten der Technikgestaltung, verläuft die Entwicklung nicht eindimensional und selbstlegitimierend, wie einst die Technokratiediskussion annahm. Es braucht für Fragen wie: welche Energiezukunft, welche Mobilität, welche Gentechnik Bewertungskriterien. Wie sind die vorgeschlagenen Kriterien einzuschätzen?

Exkurs: Das CERN

Wenn es theoretischer Philosophie um Grundlagen geht, so kann sie konkret nur für Grundlagentechnik zuständig sein, für Techniken, die auf das Weltbild zielen. Hier kann sie für einmal Position beziehen. So planen die Physiker am CERN, seit knapp 10 Jahren mit dem Large Hadron Collider beschäftigt (unmittelbare Kosten drei Mrd. Euro, bis 2025 13,5 Mrd.), schon einen neuen Teilchenbeschleuniger (Future Circular Collider) mit bescheidenen Kosten von 24 Mrd. Euro. Zunächst: Die Suche nach Teilchen kann *logisch* nie zu Ende kommen. Zwangsläufig wird immer wieder die Frage nach einer weiteren Ursache aufkommen. Dann geht es hier um mathematische Modelle. Mathematisch kann man sich in vielen Dimensionen bewegen, machen komplexe Zahlen Sinn und läßt sich mit der Zeit vorwärts und rückwärts rechnen. Mathematik stellt eine Sprache dar, die oft nichts mit realen Größen zu tun hat: Eine Singularität wie der Urknall ergibt nicht-mathematisch keinen Sinn, und wenn man davon redet, daß mit ihm die Zeit *beginnt*, so hat man schon ein Davor des Anfangs gesetzt, und wer die Frage nach eine Vorher (oder auch Nachher) abweist „operiert mit einem unvorstellbaren, in sich paradoxen, differenzlosen Zeitbegriff und erweist sich eben damit als religiös."[19] Grundlagenphysiker scheinen anfällig für „das trübe Beisammen von präzisestem Spezialistentum und ungehemmtestem religiös-philosophischem Dilettantismus".[20] Die mathematischen Spielereien (Zeitpfeil rückwärts, Strings, Superstrings mit 10 Raumdimensionen, Multiversen), um Konsistenz herzustellen, haben (im Gegensatz zur Quantenphysik) keinerlei praktischen Bezug mehr und ergeben übersetzt in die Alltagssprache Unsinn (Verjüngung, Zeitreisen in die Vergangenheit, andere Universen). Es ist hier wie beim „großen Schritt für die Menschheit": Schnell „wurde allzu offenkundig, daß die Probleme der Welt nach der Mondlandung die gleichen waren wie vorher und daß weitere Mondmissionen zu deren Lösung nicht beitragen würden."[21] Ob am Cern neben dem Higgs-Teilchen weitere Entdeckungen gemacht werden oder nicht: Weder wird sich das Weltbild ändern noch neue Techniken entstehen (und auch eine Große Vereinheitlichte Theorie wird, das sollte man spätestens seit Wittgenstein wissen, im Gegensatz zur Meinung von Leuten wie Hawking[22] keine Grundlage für die Frage nach dem Warum der Welt bieten, keine Sinngebung bringen). Eine philosophische Kritik physikalischer Grundlagenforschung sollte mithelfen, noch größere finanzielle Fehlleitungen zu verhindern.

6. Einfache Bewertungskriterien?

Als einfache Kriterien zur Beurteilung von Techniken nach (eher) unschädlich/schädlich werden in Orientierung an der traditionellen Unterscheidung von Technik und Natur Begriffe mit Bezug auf „die" Natur genannt. Am plausibelsten erscheint das Kriterium der *Eingriffstiefe*: Da die Atomstrukturen (Elementarteilchen) sehr weitgehend die physikalischen Eigenschaften der Dinge, die Molekülstrukturen die chemischen Eigenschaften der Stoffe und die Gene die biologischen Eigenschaften der Organismen bestimmen, haben Techniken, die an den Steuerungsstrukturen ansetzen – Atomtechnik, synthetische Chemie, Gentechnik – lange raum-zeitliche Wirkungsketten, und das Nichtwissen über mögliche Folgen ist entsprechend groß. Für den Einsatz dieser Techniken sollten „gute" gesellschaftliche Gründe vorliegen, aber am besten sei es, Nichtwissen mit Vorsicht zu kompensieren und wenig wirkmächtige Technologien in relativ stabilen Systemen anzuwenden, wo man sich *trial and error* leisten könne. Auch diese Techniken hätten zwar ihre Risiken, seien vielleicht sogar teurer, energie- und stoffaufwendiger, aber ihre Folgen eher korrigierbar.[23]

Das könnte jedoch ein Vorurteil zugunsten der traditionellen wahrnehmungsnahen Technik sein, über deren einzelne Realisationen man zwar mehr weiß als über neue Techniken, deren langfristige Konsequenzen man jedoch genausowenig kennt: Verschmutzungen und „schleichende" Vergiftungen durch massenhaften Einsatz einzeln kaum schädlicher Techniken machen einen Großteil der ökologischen Probleme aus. Auch der Material-, Energieverbrauch und die vom Kriterium der Eingriffstiefe ebenfalls nicht erfaßte Toxizität greifen in der Summe „tief" in

Technik, Technisierung, Moral und Glück 211

den chemischen Zusammenhang der Atmosphäre, vielleicht auch in die Genstrukturen ein. Deshalb taugt auch das ähnliche Kriterium *einfache Technik* (Fahrrad statt Auto) nur bedingt zur Beurteilung der Schädlichkeit. Ihr Gegensatz, eine komplexere Technik (Auto mit „Kat"), kann durch die Bewältigung von mehr Komplexität mehr Folgen (allerdings mit weiteren Nebenfolgen) beachten, einfache Technik hingegen auch, wie die Umweltgeschichte zeigt, unter Umständen katastrophal wirken, und sie ist für den Menschen oft wenig gesundheitsfördernd. Weder Eingriffstiefe noch Einfachheit lassen sich zudem an der Natur ablesen. Sie sind als Relationsbegriffe nur von ihrem Gegenteil aus bestimmbar (so bleibt unklar, wie einfach einfach genug ist).

Ganz verfehlt ist die direkte Berufung auf „die" Natur. So wird die Gentechnik wegen ihrer *gezielten Eingriffe* gegenüber den zufälligen Mutationen der natürlichen Evolution als naturfern angesehen. Gezielte Eingriffe nimmt aber auch die traditionelle Landwirtschaft vor. „Es kann gut sein, daß der eine Vorgang viel weniger riskant ist als der andere; aber das kann nicht mit Bezug auf Natur gerechtfertigt werden. Denn schließlich hätte die Natur im Laufe der Evolution viele genetisch anders konstruierte Organismen erzeugen können, es aber wohl kaum dazu gebracht, daß sehr viele Kartoffeln dicht nebeneinander auf einem Feld wachsen."[24] Auch die Meinung, daß Eingriffe in die Natur riskanter sind als ihre Unterlassung, beruft sich ungerechtfertigterweise auf „die" Natur, geht von einem ganz speziellen Naturbegriff, einer „guten" Natur, aus und nicht von Unfruchtbarkeit, Wüste, Kälte, Radioaktivität (und läßt darüber hinaus die gesellschaftlichen Folgen unterlassener Eingriffe unbeachtet). Das heißt nicht, daß Eingriffe unproblematisch oder die Berufung auf eine bestimmte Natur immer ungerechtfertigt wären: Wenn es konkret um die Zerstörung oder den Erhalt mehr oder weniger unberührter Gebiete oder auch Renaturierungen geht, ist die Berufung auf die ästhetisch-konkret erfaßte Natur oder ökologische Folgen angebracht, aber sie ergibt sich nicht aus einem allgemeinen Naturbegriff, sondern dem speziellen Fall.

Während die Natur keine allgemeinen Kriterien für unschädlich/schädlich vorgibt, könnten gegen bestimmte Techniken ihre *Organisationserfordernisse* (sozial beherrschbar/unbeherrschbar) sprechen. Ein einfaches Bewertungsschema bietet so die Kombination der Unterscheidungen lineare/komplexe Technik, enge/lose Kopplung und zentrale/dezentrale Organisation.[25] *Linearität* meint eine eindeutig geordnete

Abfolge einzelner Schritte. Lineare, lose gekoppelte Systeme (Postamt, Schulen) sind wegen ihrer kurzen Wirkungsketten wenig problematisch und vertragen sowohl zentrale als auch dezentrale Steuerung. Lineare, eng gekoppelte Systeme (Kraftwerke, Schienenverkehr) sollten zentralisiert sein, um die bekannten Störungen, die zum normalen Betriebsablauf gehören, routinemäßig nach den bestehenden Vorschriften zu beheben.

Bei *komplexen* Systemen lassen sich die prinzipiell möglichen Verbindungen der Elemente nicht mehr vollständig durchschauen und unerwartete Interaktionen können auftreten. Da sich bei einer engen Kopplung Fehler schnell fortpflanzen, das ganze System durchziehen und womöglich zerstören, sollten die Elemente komplexer technischer Systeme eher lose gekoppelt sein. Für komplexe, lose gekoppelte Systeme (Forschung, Universitäten) empfiehlt sich eine dezentrale Organisation: Störungen werden am Entstehungsort eigenverantwortlich und flexibel angegangen.

Komplexe, eng gekoppelte Systeme (Kernkraftwerke, Rüstung, Gentechnik, Großchemie, Raumfahrt), stellen hingegen widersprüchliche Organisationsansprüche: Die Komplexität fordert dezentrale, die enge Kopplung zentrale Steuerung. Einerseits müßten Anordnungen von oben und die Betriebsanleitung strikt befolgt werden, andererseits das Betriebspersonal Freiräume haben, um auf unvorhergesehene Ereignisse flexibel reagieren zu können. Angesichts des Katastrophenpotentials vieler komplexer Systeme entscheidet man sich meist, etwa bei Kernkraftwerken, für eine quasi militärische, auf Disziplin und Gehorsam gegründete zentrale Organisation. Dann werden allerdings Störungen durch „menschliches Versagen" wahrscheinlich, sei es wegen der unangemessenen oder unvollständigen Betriebsvorschriften oder des Bedienungspersonals, das Vorschriften als unsinnig, übertrieben ignoriert. Sind die Systeme dann noch so gefährlich, daß sie eine strikte Isolation von der Umwelt benötigen, so werden Katastrophen, auch wenn sie selten auftreten, „normal". Normaler Unfall „ist ein Ausdruck für eine immanente Eigenschaft des Systems und keine Häufigkeitsaussage. Es ist normal, daß wir sterben, aber wir tun es nur einmal. Systemunfälle sind ungewöhnlich, sogar selten; dennoch ist diese Tatsache alles andere als beruhigend, wenn sie eine Katastrophe nach sich ziehen können."[26]

Die naheliegende Lösung von mehr Sicherheitsvorkehrungen hilft nur bedingt weiter: Sie beziehen zwar weitere mögliche Störfälle ein, machen jedoch das System noch komplexer und neue Interaktionen innerhalb des Systems und mit der Umwelt wahrscheinlich. Gerade die Sicherheitstechnik spielte eine fatale Rolle beim Unfall von Harrisburg, ein Sicherheitstest in Tschernobyl. Besonders bei ihrer Anwendung in Situationen, für die sie „eigentlich" nicht gedacht sind, werden Sicherheitstechniken und Vorschriften selbst riskant. „Wo aber Kontrolle ist – wächst das Risiko auch."[27] Fazit: Die Kernkraft ist als zu riskant abzulehnen.

Ansonsten sind keine klaren Empfehlungen möglich. So sind komplex/linear Relationsbegriffe: Auch linear angeordnete Systeme weisen eine gewisse Komplexität auf, insbesondere nicht vollständig beherrschbare Interaktionen mit ihrer Umwelt, und komplexe Systeme sind andererseits in weitem Umfang linear angeordnet. Techniken können unterschiedlich eingeschätzt werden. Vielleicht ist die meist als komplex eingeschätzte Gentechnik ja linear, kommt es bei ihr überhaupt nicht zu unerwarteten Interaktionen. Auch steht den Risiken ein beträchtlicher Nutzen gegenüber.

So bleibt in den meisten Fällen nur, Kriterienkataloge anzuwenden. Grob wird man sich dabei an die Nachhaltigkeitskriterien („magisches Dreieck": wirtschaftliche Stabilität, soziale Entwicklung, ökologische Tragfähigkeit) halten, die zu einer umweltfreundlichen, „integrierten Technik" führen und in allen Phasen der Technikentwicklung nicht von außen kommen, sondern von den Entwicklern selbst beachtet werden sollen. Ob solche Kriterien in der Praxis eine große Rolle spielen, bleibt unklar. So gewinnt man bei der VDI-Richtlinie zur Technikbewertung „den Eindruck, daß der Einfluß auf die praktische Technikbewertung geringer war als auf die allgemeine Technikbewertungsdiskussion."[28] Da die Kriterien untereinander und auch die Konkretisierungen jeder Kategorie (so das „magische Viereck" der wirtschaftlichen Stabilität) oft in Konflikt stehen, ist das wenig erstaunlich. Das Problembewußtsein ist inzwischen zwar da, aber hilft es weiter? In solchen Situationen kommt oft der Ruf nach „Ethik", nach Moral auf.

7. Technikethik als Moraltheorie

Moral wird in allen gesellschaftlichen Gebieten benötigt. Manche Theoretiker folgern daraus eine Allzuständigkeit, denn: „jede einzelne geregelte Handlungsfolge ist potentiell schon ethisch relevant". „Es kann prinzipiell keine Grenze des ethisch Relevanten geben."[29] Ethik ist denn auch in aller Munde.

In der Praxis muß die Etikettierung als „Ethik" allerdings wenig bedeuten. So sitzen in Ethikkommissionen, wenn überhaupt, wenig professionelle Vertreter der Ethik und ist ethisches Sonderwissen kaum gefragt. Es geht hier nicht um überlegene Moralbegründung oder ein Ausdiskutieren, sondern um ein Aushandeln, um Politik.[30] Ähnlich ist die technische Regelsetzung in Deutschland durch DIN, VDI und ca. 150 weiterer Verbände ein Interessenaushandlungsprozeß (auch wenn sie dem „jeweiligen Stand von Wissenschaft und Technik" zu entsprechen haben). Philosophischer Sachverstand wird hier ebenfalls nicht benötigt.

Die als Bereichsethik inzwischen institutionalisierte Technikethik hat allerdings ausdrücklich den Anspruch, *moralische* Fragen eines Umgangs mit Technik, ihrer Risiken und Chancen, zu klären. Sie soll die „Moralitätsfähigkeit" des eigenen Handelns erhalten. Allerdings nicht direkt, will und kann sie doch keine Orientierung geben, „sondern eine Hilfe für ein Sich-Orientieren."[31] Also eine Art Vororientierung! Ist das aber die Aufgabe einer Technik*ethik*?

Faßt man die Aufgabe einer Technikethik weit, als moralische Steuerung der Technikentwicklung, gilt sicher das Bonmot von einer „Fahrradbremse am Interkontinentalflugzeug."[32] Aber auch wenn hier gegen einen Pappkameraden polemisiert wird, bleibt doch die Frage, was Technikethik *als Ethik* leistet. Die Technikethik, so ein Vorwurf, ist überflüssig, übersieht, daß Technik überhaupt keinen eigenen Sektor bildet. Technisches Handeln ist zugleich wirtschaftliches Handeln: Die entscheidenden Technikentwicklungen erfolgen in der Industrie, so daß kein Anlaß für eine gesonderte Technik- oder Wirtschaftsethik besteht. Die Technikethik vernachlässigt die sozialen Formen technischen Handelns, ihre Prägung durch die Gesellschaftsordnung und Durchsetzungsprobleme.[33] So scheint es, da Ingenieure Technik entwickeln, naheliegend, ethische Reflexion schon in die Ausbildung zu integrieren[34] – als ob der einzelne gegen gesellschaftliche und institutionelle Zwänge im Zweifelsfall eine andere Möglichkeit als individuelle, gesellschaftlich meist folgenlose Verweigerung hätte.

Bedarf es aber statt einer Technikethik einer Sozialphilosophie bzw. einer „Synthetischen Philosophie", die „eine transdisziplinäre Wissenssynthese für den Gesamtzusammenhang von Technik, Wirtschaft und Gesellschaft erzeugt"?[35] Ist das die Aufgabe der Philosophie oder läuft das, wie auch die Technikethik, nicht einfach auf Technologiefolgenabschätzung hinaus?

Ethik als *Moral*theorie müßte zumindest moralische Stoppregeln geben. Als solche gibt es heute, allgemein anerkannt, „nur" die Menschenrechte in enger Auslegung.[36] Sie sollen die Grundbedürfnisse und Grundinteressen aller Menschen, die negativen Glücksbedingungen schützen: materielle Grundversorgung (Existenzminimum: Nahrung, Wasser, Wohnung, elementare Bildung), leibliche Integrität (Abwesenheit von Krieg und Gewalt, Sicherheit, Gesundheit), „relative" Freiheit. Auch wenn es bei Glück nicht um das bloße Leben, sondern das gute Leben geht, so verhindert doch Leiden Glück. Sind Techniken, die Leiden vermindern, nicht grundsätzlich positiv?

Im August 1942 besichtigt eine SS-Delegation im Lager Belzec die Mordmaschinerie, die mittels Abgasen von Dieselmotoren funktioniert. Doch der Diesel springt nicht an, fast drei Stunden vergehen, die Menschen warten in den Gaskammern, endlich läuft der Motor, weitere dreißig Minuten vergehen, bis alle Menschen tot sind. Die „veraltete Technik" wird für Auschwitz abgelehnt und statt dessen das innerhalb weniger Minuten wirkende Zyklon-B eingeführt.[37] Ganz eindeutig ein Fortschritt: Schneller, das heißt weniger Leiden.

Die American Psychological Association rechtfertigte bis 2008 „innovative Verhörtechniken" von Terrorverdächtigen, im Klartext: Folter, mit dem (schwachen) Argument, es gelte Schaden nicht nur vom einzelnen, sondern auch von der Nation abzuwenden.[38] Aber könnte „weiße Folter" oder „clean torture", also Techniken, die so in Module zerlegt werden, daß jede einzelne noch nicht als Folter gilt, nicht vielleicht weniger Schmerzen bereiten als „richtige" Folter?

Kann man dagegen einfach argumentieren, daß gegen die Menschenrechte verstoßende Techniken prinzipiell abzulehnen sind? Wenn eine menschenverachtende Praxis institutionalisiert ist – ist es dann nicht besser, sie verursacht zumindest so wenig wie möglich Leiden? Das war bekanntlich schon die Absicht des Arztes Guillotin – unter anderem mit der Folge höherer Tötungskapazität durch die Guillotine. Soll man also Hinrichtungstechniken nicht verbessern?

Das Problem stellt sich glücklicherweise momentan in Europa nicht. Ähnliche Probleme stellen aber „Dual-use-Technologien" und „Dual-use-Forschung", also Techniken, die zivil oder militärisch entwickelt werden und im anderen Bereich verwendet werden können (Luft-,

Raumfahrt-, Raketentechnik, Bio-, Nanotechnologie).[39] Auch hier hilft die Berufung auf Menschenrechte nicht viel weiter, um so weniger, als zwar Hinrichtungstechniken oder Folter plausibel prinzipiell abgelehnt, militärische Einsätze aber gerade zum Schutz der Menschenrechte gefordert werden können.

In einem anderen Bereich könnte es besser aussehen: So liegt es in der Konsequenz der modernen Ethik, das Verbot von Leidenszufügung und das Tötungsverbot auf Tiere auszudehnen.[40] In der Technikphilosophie ist das noch kaum beachtet worden, kommen Tiere kaum vor.[41] Bei Tierversuchen ist die Problematik immerhin allgemein anerkannt und werden vielfältige Anstrengungen zur Entwicklung von Alternativen unternommen – der quantitativ viel wichtigere Bereich der Nahrung wird hingegen ausgeblendet. Tierquälerische Praktiken wie Kastration ohne Betäubung werden zwar langsam thematisiert und verboten. Meist gehen jedoch wirtschaftliche Gründe vor, wie bei der Züchtung von schon konstitutionell leidenden Turbokühen. Die naheliegende moralische Forderung ist hier: Vegetarismus, doch sie ist gesellschaftsweit, also politisch nicht durchsetzbar. Und dann wiederholen sich die Probleme: Wie steht es mit der Verbesserung von Schlachtmethoden? Soll man sie begrüßen oder führen sie nur dazu, daß die Leute mit noch besserem Gewissen ihr Fleisch essen? Immerhin kann man hier ausmachen, welche Techniken begrüßenswert sind: alle Fleischalternativen, insbesondere In-vitro-Fleisch. Hier kann und sollte sich Moralphilosophie stärker einbringen.[42]

Die Menschenrechte geben nur in wenigen Fällen einen Anhaltspunkt zur Technikbewertung. Schon bei Fragen der Gerechtigkeit versagt die Berufung auf Moral, gibt es doch keine allgemein anerkannten Maßstäbe, so daß Verteilungsfragen nach politischen Präferenzen entschieden werden und, etwa bei teuren neuen medizinischen Möglichkeiten, auch ökonomische Kriterien ins Spiel kommen. Andere Versuche, wie die Verantwortungsethik von Jonas,[43] scheitern theoretisch an ihrer metaphysischen Grundlage, praktisch an ihrer Allgemeinheit: „Die Heranziehung allgemein anerkannter Werte ist genau deswegen nutzlos, *weil* es sich um allgemein anerkannte Werte handelt."[44] Sie sind so abstrakt, daß sich jeder auf sie berufen kann, obwohl er konkret etwas anderes darunter versteht. Jeder Atomkraftwerkshersteller weist darauf hin, daß sich nur mittels Atomkraft die umweltfreundliche und kontinuierliche Versorgung mit lebensnotwendiger, d.h. für ein „echtes menschliches Leben auf Erden" unverzichtbarer Energie sicherstellen lasse, während die Gegner sie als lebensbedrohend ansehen. Letztlich sagt die neue Verantwortungsethik nur: handle nachhaltig, ökologie- und sozialverträglich, und das wollen sowieso alle.

Auf die menschliche Natur kann man sich „nur" in Form der Menschenrechte, der Grundbedürfnisse berufen. Die biologische Natur gibt ansonsten keinen Maßstab, keine „Gattungsethik".[45] Eine genetische Optimierung betrifft die Autonomie des Menschen (Handlungsfreiheit als Freiheit von Fremdbestimmung) nicht anders als andere Vorgaben, kann und muß doch auch dann jeder seine „Natur"ausstattung als Grundlage, als Beschränkung, aber nicht Festlegung seiner Freiheit übernehmen. Die Gene eröffnen und beschränken die Möglichkeiten des Menschen, aber sie determinieren sie nicht. Die Eltern mögen in die optimale Genausstattung besondere *Erwartungen* legen und so eine Fremdbestimmung versuchen, aber sie unterscheidet sich nicht grundsätzlich von Erziehungserwartungen und kann wie sie enttäuscht werden. Die philosophisch interessante Frage ist hier nicht, soll man genmanipulierte Menschen in die Welt setzen oder nicht, sondern die Frage, soll man überhaupt Kinder in die Welt setzen? Kann man ihr Glück garantieren oder bescheidener: verhindern, daß sie leiden?[46] Mit solchen Fragen entfernt man sich jedoch völlig von der gesellschaftlichen Praxis – eine für Philosophie oder Teile der Philosophie allerdings nicht unübliche Stellung.

8. Glückstechnik

Ziel der Philosophie war einst, dem Menschen den Weg zum (objektiven) Glück zu weisen. Philosophie war Glückstechnik. Die philosophische Glückstechnik stand in der Antike gegen die üblichen Glücksvorstellungen (Macht, Reichtum, Ehre), und bis heute glaubt die Kulturkritik, den Weg zum Glück oder zumindest die falschen Wege ausmachen zu können. So ruft Schmids sich auf Foucault berufende Lebenskunst zur Selbstbestimmung auf. Vorgeblich kritisch gegen jede Fremdbestimmung will sie glücksversprechende Wahlmöglichkeiten aufzeigen. Diese sind dann aber recht beschränkt: Lebenskunst bedeute, gegen ein konsumorientiertes, abhängiges Glück sein Leben bewußt zu führen, und ein besonnenes, gelassenes Leben des richtigen Maßes fordere eine ökologische Ausrichtung, also Nachhaltigkeit.[47] Nachhaltigkeit ist aber heute die offizielle gesellschaftliche Norm, die hier, traditionell philosophisch, als Besonnenheit und Gelassenheit interpretiert wird und so nicht über die oberflächliche Kulturkritik eines Fromm hinausführt, gegen die Massengesellschaft das Glück des Bildungsbürgers beschwört. Ohne objektiven, in der Moderne verlorengegangenen Vernunftbegriff ist das als *allgemeine* Norm nicht mehr plausibel: Schon Kant hatte deshalb Glück in das Belieben der einzelnen gestellt. Kulturkritik ist nur noch *individuell* (oder gruppenspezifisch) möglich.

Philosophie und Soziologie können die allgemeinen gesellschaftlichen Glücksvorgaben und ihre Probleme aufweisen. Glück ist auch heute nicht einfach ins individuelle Belieben gestellt, sondern bedeutet allgemein Selbstverwirklichung, und zwar Selbstverwirklichung in Arbeit, Freizeit und Liebe (Familie).[48] Selbstverwirklichung in Arbeit meint heute bezahlte Arbeit. Das wiederum bedeutet jedoch oft „entfremdete" Arbeit. Zwar verhindert auch „entfremdete" Arbeit durch ihre Geschäftigkeit über sie nachzudenken, geht man oft – mehr oder weniger zufrieden – in ihr auf. Aber sich selbst verwirklichen wird man sich in ihr kaum. Als vorrangiges Glücksgebiet gilt deshalb die Freizeit: Die Arbeit hat im Dienst des Privatlebens zu stehen, das als Selbstzweck gilt. In der Freizeit werden Erlebnisse gesucht, und sie sind so wichtig geworden, daß heute von der Erlebnisgesellschaft die Rede ist. „Kultur" (Medien, Sport, Kunst) versucht Langeweile zu verhindern. Über ihren Erfolg kann man streiten. Die philosophische Ablehnung eines konsumorientierten Glücks scheint vielleicht nur deshalb plausibel, weil die mit dem gesellschaftlichen Konsum- und Freizeitangebot Zufriedenen weder ein Forum noch einen Anlaß haben, sich zu äußern.

In die Freizeit fällt auch Liebe, deren strukturelle Probleme für einmal allgemeine Ratschläge erlauben. So kann man heute wissen, daß das romantische Liebesmodell, eine auf leidenschaftliche Liebe gegründete Dauerbeziehung, unrealistisch ist: Weder bleibt die Leidenschaft erhalten, noch kann man auf die eigene (sexuelle und emotionale) Treue und Treue der Geliebten vertrauen. Wer eine langfristige Beziehung anstrebt, sollte das durch strukturelle, „technische" Vorkehrungen wie getrennte Wohnungen, getrennte Ferien berücksichtigen.

Im Rahmen der Technikdebatten, und das gilt auch für Glückstechniken, „kommt der Philosophie vor allem eine *hermeneutisch-aufklärende Funktion* im weitesten Sinne zu."[49] Zur Auswahl konkreter Techniken kann sie nur in Ausnahmefällen beitragen. Philosophie ist wesentlich Grundlagenkritik: Sie legt Voraussetzungen offen, präzisiert Begriffe, thematisiert die Grenzen von Wissen, zeigt moralische Konflikte, hinterfragt Menschen- und Weltbilder, das Selbstverständnis. Solche Kritik bietet wie jede Technik Chancen und hat Risiken. Das Risiko jeder Selbstbefragung ist die Infragestellung bisheriger Selbstverständlichkeiten. Dem wird man sich nur ungern aussetzen, steht doch damit die bisherige Praxis in Frage, drohen Krisen. Dieses Risiko ist bezüglich der gesellschaftlichen Kommunikation gering: Philosophie ist ein Spezialdiskurs, der außerhalb des Fachs kaum, nur in populärer, an die gesellschaftlichen Selbstverständlichkeiten angepaßter Form oder wenn er einen Skandal verspricht, beachtet wird. Das Ziel aller philosophischen Bemühungen ist aber letztlich die Selbstverständigung, und damit die eigene Existenz – in diesem Sinn ist Philosophie Glückstechnik geblieben. Daß die Selbstverständigung der einzelnen dabei hilft, die für sie passende Lebensform und ihr gemäße Techniken auszuwählen, ist die Chance, die sie bietet. Nicht unterschätzt werden sollte jedoch ihr Risiko: Die Thematisierung der condition humaine, ihrer Bedrohtheit und Vergänglichkeit, kann auch jeden Sinn fraglich machen.

Anmerkungen

[1] N. Luhmann, Die Gesellschaft der Gesellschaft, Frankfurt 1997, S. 548.
[2] G. Ropohl, Technologische Aufklärung, Frankfurt 1991, 208, S. 196. Ropohl versucht sowohl einen engen, auf Sachtechnik begrenzten Technikbegriff als auch einen weiten, der alle menschlichen Handlungen umfaßt, zu vermeiden. Technik meint nach ihm alle technischen Realisationen und die Handlungen, die es mit ihnen bei Herstellung oder Gebrauch zu tun haben. (Ebd., S. 18) Das führt aber nur zur Frage, welches Handeln denn keine technischen Hilfsmittel benützt. Auch ein Bleistift ist eine „technische Realisation". Bestenfalls lassen sich so einige wenige Spezialfälle – unter Vernachlässigung ihrer Einbettung in eine technisch bestimmte Umgebung – ausschließen.
[3] M. Heidegger, Vorträge und Aufsätze, Pfullingen 1985^5, S. 16.
[4] M. Heidegger, Gelassenheit, in: Gesamtausgabe 16: Reden und Zeugnisse des Lebensweges, Frankfurt 2000, (S. 517-529) S. 527.
[5] „Wir lassen die technischen Gegenstände in unsere tägliche Welt herein und lassen sie zugleich draußen, d.h. auf sich beruhen als Dinge, die nichts Absolutes sind, sondern selbst auf Höheres angewiesen bleiben." (GA 16, S. 527)
[6] N. Luhmann, Soziologie des Risikos, Berlin/New York 1991, S. 97, Die Wissenschaft der Gesellschaft, Frankfurt 1990, S. 263.
[7] Luhmann, Risiko S. 105.

[8] Nicht Technik ist das Medium, das es erlaubt, Möglichkeiten (feste Kopplungen) zu realisieren, (vgl. A. Grunwald, Hrsg., Handbuch Technikethik, Stuttgart 2013, S. 118-122), sondern die Welt.

[9] Vgl. N. Luhmann, Beobachtungen der Moderne, Opladen 1992, S. 21.

[10] Luhmann, Risiko S. 100.

[11] Luhmann, Wissenschaft S. 266f.

[12] Luhmann, Beobachtungen S. 138.

[13] A. Grunwald, Technikzukünfte als Medium von Zukunftsdebatten und Technikgestaltung, Karlsruhe 2012, S. 50.

[14] Zum Folgenden vgl. Grunwald, Technikzukünfte, A. Grunwald, Technikfolgenabschätzung – Eine Einführung, Berlin 2010, S. Bröchler/G. Simonis/K. Sundermann, Hrsg., Handbuch Technikfolgenabschätzung, Berlin 1999.

[15] Vgl. Handbuch Technikfolgenabschätzung S. 167-182.

[16] So hing auch Heidegger dem Fortschrittsglauben an und erwartete ein immer besseres Funktionieren der Technik. „Das ist gerade das Unheimliche, daß es funktioniert und daß das Funktionieren immer weiter treibt zu einem weiteren Funktionieren und daß die Technik den Menschen immer mehr von der Erde losreißt und entwurzelt. (...) Wir haben nur noch rein technische Verhältnisse. Das ist keine Erde mehr, auf der der Mensch heute lebt." (GA 16, S. 669f.; auch erwartete er die Bändigung der Atomenergie und von ihr die Deckung des Weltbedarfs an Energie; vgl. GA 16, S. 20f.)

[17] Grunwald, Technikzukünfte S. 137.

[18] Vgl. J. Huber, Technikbilder – Weltanschauliche Weichenstellungen der Technologie- und Umweltpolitik, Opladen 1989.

[19] N. Luhmann, Die Religion der Gesellschaft, Frankfurt 2000, S. 51.

[20] L. Marcuse, Philosophie des Unglücks, Zürich 1981, S. 185.

[21] Grunwald, Technikfolgenabschätzung S. 106f.

[22] S. Hawking, Eine kurze Geschichte der Zeit – Die Suche nach der Urkraft des Universums, Reinbek 1988, S. 217f.

[23] Vgl. Handbuch Technikfolgenabschätzung S. 287-293.

[24] Luhmann, Risiko S. 96f.

[25] Zum Folgenden vgl. C. Perrow, Normale Katastrophen, Frankfurt 1989, Handbuch Technikfolgenabschätzung S. 227-235.

[26] Perrow, Katastrophen S. 18.

[27] Luhmann, Risiko S. 103.

[28] Handbuch Technikethik S. 410. Die Richtlinie nennt acht zentrale Werte: Funktionsfähigkeit, Wirtschaftlichkeit, Wohlstand, Sicherheit, Gesundheit, Umweltqualität, Persönlichkeitsentfaltung, Gesellschaftsqualität, die von Ingenieuren in die Technik eingebaut werden sollen.

[29] H. Krämer, Integrative Ethik, Frankfurt 1992, S. 76f., S. 320. So wäre die Erweiterung um eine Wohn-, Büro-, Sport-, Reise- oder Leseethik durchaus angebracht, decke die spezielle Ethik doch grundsätzlich alle Lebensbereiche ab, beanspruche eine Allkompetenz, auch wenn sie sich faktisch immer auf bestimmte Themen begrenzen muß. (Ebd., S. 320f., S. 338)

[30] Vgl. Handbuch Technikethik S. 415-420.

[31] Und zwar – wohl doch eher eine Leerformel – „in Gestalt von begründeten Ratschlägen der Technikgestaltung." C. Hubig, Zwischen Anwendung und Reflexion. Zur Spezifik der Bereichsethiken am Beispiel der Technikethik, in: M. Maring, Hrsg., Bereichsethiken im interdisziplinären Dialog, Karlsruhe 2014, (S. 63-77) S. 72.

32 U. Beck, Gegengifte – Die organisierte Unverantwortlichkeit, Frankfurt 1988, S. 194.
33 G. Ropohl, Bereichsethiken – ein Irrweg der Spezialisierung? In: M. Maring, Hrsg., Bereichsethiken im interdisziplinären Dialog, Karlsruhe 2014, S. 45-62.
34 Vgl. R. Hillerbrand, Von einer dritten empirischen Wende in der Technikethik. Ein Plädoyer für ein Mehr an Technikethik in der Ingenieurausbildung, in: M. Maring, Hrsg., Zur Zukunft der Bereichsethiken – Herausforderungen durch die Ökonomisierung der Welt, Karlsruhe 2016, S. 317-331. Die ersten beiden Wenden zur Praxis waren nach Hillerbrand, als die Sozialwissenschaften in den 60er Jahren die Praxis technischen Handelns für die soziologische, ökonomische, psychologische Forschung entdeckten und als um die Jahrtausendwende die Philosophie sich der ingenieurswissenschaftlichen Praxis zuwandte.
35 Ropohl, Bereichsethiken S. 60.
36 Auch Ropohl fordert als vordringliche Aufgabe der Praktischen Philosophie „eine Art Minimalmoral" aufzustellen, die sich letztlich mit den Menschenrechten deckt. Ihre Allgemeingültigkeit mache die Sektoralisierung von Sonderethiken überflüssig. (Ebd., S. 58)
37 H. Höhne, Der Orden unter dem Totenkopf – Geschichte der SS, München 1978, S. 346f.
38 M. Maring, Folter und die Beteiligung von Wissenschaftlern – ein Fallbeispiel zum Praktisch-Werden von Ethik? In: M. Maring, Hrsg., Vom Praktisch-Werden der Ethik in interdisziplinärer Sicht, Karlsruhe 2015, S. 39-54.
39 Vgl. Handbuch Technikethik S. 243-248.
40 Vgl. S. Gebert, Vegetarismus als Konsequenz der modernen Moral, Scheidewege 41, 2011/12, S. 372-376, als aktuellen Überblick der Diskussion E. Diehl/J. Tuider, Hrsg., Haben Tiere Rechte, Bonn 2019.
41 Vgl. Handbuch Technikethik S. 203-208.
42 Vgl. eine erste Studie: I. Böhm/A. Ferrari/S. Woll, In-vitro-Fleisch: Eine technische Vision zur Lösung der Probleme der heutigen Fleischproduktion und des Fleischkonsums? Karlsruhe 2017.
43 H. Jonas, Das Prinzip Verantwortung, Frankfurt 1984.
44 A. Grunwald, Ethik der Technik – Systematisierung und Kritik vorliegender Entwürfe, in: Ethik und Sozialwissenschaften 2/3 1996, (S. 191-204) S. 202.
45 Vgl. J. Habermas, Die Zukunft der menschlichen Natur – Auf dem Weg zu einer liberalen Eugenik, Frankfurt 2001.
46 Vgl. K. Akerma, Vererben der Menschheit? – Neganthropie und Anthropodizee, Freiburg/München 2000, S. Gebert, Philosophie vor dem Nichts, Kehl 2010, S. 195ff.
47 Vgl. W. Schmid, Philosophie der Lebenskunst, Frankfurt 1998, zusammenfassend: Lebenskunst als Ästhetik der Existenz, in: J. Schummer, Hrsg., Glück und Ethik, Würzburg 1998.
48 Vgl. zum Folgenden S. Gebert, Glück in der modernen Gesellschaft: Arbeit, Liebe, Melancholie, Internationale Zeitschrift für Philosophie und Psychosomatik, 1/2015, Jenseits von Sinn – Melancholische nachmetaphysische Glücksphilosophie, Aufklärung und Kritik 2/2015, S. 32-40, Was heißt Liebe? Tabula Rasa Nr. 104 (10/2014).
49 Grunwald, Technikfolgenabschätzung S. 215.

Thomas Fuchs

Transhumanismus und Verkörperung

> *„Es ist uns ja sogar lästig, Mensch zu sein – ein Mensch mit wirklichem, eigenem Fleisch und Blut; wir schämen uns dessen, halten es für eine Schmach und trachten lieber danach, irgendwelche phänomenalen Allgemeinmenschen zu sein. [...] Bald werden wir so weit sein, dass wir von einer Idee gezeugt werden."*
> F. M. Dostojewski (1864/2006, 146)

Einleitung[1]

Dostojewskis Zitat wirkt prophetisch: ein gewöhnlicher Mensch aus Fleisch und Blut zu sein, wird immer mehr zu einem Makel. Angesichts unserer Maschinen beginnen wir uns unserer eigenen Unvollkommenheit zu schämen. Es scheint sich eine grundsätzliche Transformation des bisherigen Menschenbildes anzukündigen, charakterisiert durch folgende Merkmale:

– Die Evolution gilt als ein Prozess fortschreitender Differenzierung und Optimierung des Lebens, ihr Resultat ist jedoch zu jedem Zeitpunkt kontingent. Niemand hat uns so gewollt. Die menschliche Natur kann daher nicht mehr als vorgegebene Konstante betrachtet werden. Sie ist veränderbar und unserer Selbstgestaltung zugänglich.
– Der Mensch in seinem gegenwärtigen Entwicklungsstand wird als grundlegend unvollkommen angesehen. Das Resultat der Evolution ist nur ein blindwüchsig entstandenes und daher schlecht konstruiertes, fehlerhaftes Produkt. Unsere Wahrnehmung ist anfällig für alle Arten von Täuschungen und Illusionen, unser Denken zumeist einseitig und von Vorurteilen verzerrt. Unsere Erinnerungen sind unzu-

verlässig, unsere Entscheidungen in hohem Maß irrational. Vor allem aber sind unsere Körper fragil, vulnerabel, dem Altern unterworfen und hinfällig; unsere Sterblichkeit ist die größte Zumutung, die die Natur für uns bereithält. Die menschliche Natur ist daher nicht nur veränderbar, sondern auch in jeder Hinsicht optimierungs*bedürftig*. Wir sollten selbst die Verantwortung für unsere weitere Entwicklung übernehmen, statt sie wie bisher einer blinden Evolution und dem Zufall zu überlassen.
– Die körperliche Existenz wird nicht mehr in erster Linie als Ermöglichung des Lebensvollzugs betrachtet, sondern zunehmend als Einschränkung der persönlichen Freiheit. Es erscheint immer weniger akzeptabel, von körperlichen Vorbedingungen oder Prozessen abhängig zu sein. Propagiert werden verschiedenste Formen der Aufrüstung und Optimierung des Körpers bis hin zur gentechnologischen oder neurobiologischen Umgestaltung der menschlichen Natur.

Solche Ideen finden seit zwei bis drei Jahrzehnten unter dem Begriff des *Transhumanismus* zunehmende Verbreitung. Transhumanisten sehen in Bio-, Nano- und Computertechnologien die Möglichkeit, die mangelhafte menschliche Natur zu optimieren. Jeder Mensch soll das Recht erhalten, seine psychischen und physischen Möglichkeiten, sein Geschlecht, sein Aussehen oder seine Intelligenz nach Wunsch bestimmen und erweitern zu können.[2] Auf einer weiteren Stufe prognostizieren Transhumanisten wie Hans Moravec, Ray Kurzweil, Nick Bostrom und andere die Verschmelzung von Mensch und Maschine: Cyborgs könnten die nächste Stufe der Evolution bilden und uns zu heute noch unvorstellbaren Gipfeln von Intelligenz und Lebenserwartung führen.

Solche Utopien finden philosophische Unterstützung in funktionalistischen Theorien, wonach der menschliche Geist letztlich aus Informationen und Datenstrukturen besteht. Informationen aber sind im Prinzip transferierbar und nicht an eine bestimmte körperliche Basis gebunden. Sie können nicht nur das Gehirn zum Substrat haben, sondern auch externe Prothesen, Gedächtnisspeicher oder Computersysteme. Menschen sind daher, in den Worten etwa des Philosophen Andy Clark, *„Natural-Born Cyborgs"*.[3] Der Vermischung von Technik, Gehirn und Körper steht nichts entgegen, da der Geist selbst bereits nach Analogie eines technischen Systems gedacht wird. Verschiedenste pharmakologische, genetische oder digitale Techniken des Enhancement

„… könnten uns oder unsere Nachkommen zu ‚posthumanen' Wesen machen, die eine unbegrenzte Gesundheit und viel größere intellektuelle Fähigkeiten hätten als jeder derzeitige Mensch, vielleicht ganz neue Sinnessensibilitäten oder -modalitäten ebenso wie die Fähigkeit, ihre eigenen Emotionen zu kontrollieren" (Bostrom 2005, 203; eig. Übers.).

Solche Versprechungen reichen bis hin zu der Vorstellung, den eigenen Geist in Form von reiner Information auf andere Substrate zu übertragen *(„mind uploading")*. Wir könnten unsere Gehirne an Computer anschließen, unseren alternden Körper aus Haut und Knochen gänzlich loswerden und schließlich digitale Unsterblichkeit erlangen:

„Bis heute ist unsere Sterblichkeit an die Lebensdauer unserer *Hardware* gebunden. Wenn die Hardware am Ende ist, sind wir es auch. […] Sobald wir jedoch den Sprung wagen und uns selbst in unserer Computertechnik instantiieren, wird unsere Identität auf einer sich stetig fortentwickelnden Bewusstseinsdatei basieren. Wir werden dann keine Hardware mehr sein, sondern Software" (Kurzweil 1999, 205 f.).

Der Transhumanismus radikalisiert damit eine heute weit verbreitete Sicht des menschlichen Körpers, nämlich als eines objektivierten, uns selbst nur äußerlichen Vehikels oder Apparates, der grundsätzlich unserer freien Verfügung und Manipulation unterliegt. Diese mechanistische Sicht des Körpers ist das Pendant zur funktionalistischen Sicht des Geistes als reiner Information oder Software. Der Transhumanismus beruht damit auf einem grundlegenden Dualismus von Körper und Geist. Was ihm dabei völlig entgeht, ist eine fundamentale Struktur des menschlichen Daseins, nämlich seine *Lebendigkeit* und *Leiblichkeit.*

Menschen, so werde ich im Folgenden argumentieren, sind weder biologische Maschinen noch reine Geister, sondern in erster Linie lebendige, d.h. verkörperte oder leibliche Wesen. Leiblich zu sein ist uns nicht äußerlich, sondern es ist die Grundlage unserer Existenz, insofern unser Fühlen, Wahrnehmen, Denken und Handeln immer eine Weise des verkörperten Lebensvollzugs ist. Freilich sind Menschen zugleich Wesen mit der Fähigkeit, sich zu ihrer Leiblichkeit zu verhalten, das heißt zu ihrem Körper auch ein bewusstes oder instrumentelles Verhältnis einzunehmen. Doch können sie damit ihre Leiblichkeit weder ignorieren noch aufheben, sondern sie vielmehr gestalten, kultivieren und auf diese Weise in ihre Vorstellungen vom guten Leben integrieren.

Eine umfassende Verteidigung der verkörperten menschlichen Natur bedarf sicher einer weit gespannteren Auseinandersetzung als sie mir in diesem Rahmen möglich ist. Von den mannigfaltigen Vorschlägen und Visionen der Optimierung des Menschen will ich daher im Folgenden nur die wohl prominenteste herausgreifen, nämlich die des *mind uploading* oder der digitalen Unsterblichkeit. Denn diese Vision ist besonders geeignet, das dualistische, ja letztlich neognostische Menschenbild des Trans- und Posthumanismus zu illustrieren und zu widerlegen. Von daher wird aber auch ein Licht auf die weniger revolutionären Varianten der Optimierung, des *„human enhancement"* fallen, die nur eine Umgestaltung der menschlichen Natur zum Ziel haben, aber gleichfalls auf einem Dualismus von Geist und Körper beruhen.

Mind uploading

Was bedeutet *Mind uploading*? Um Bewusstsein vom biologischen Organismus abzulösen und in digitale Systeme zu übertragen, soll ein – bislang freilich fiktiver – technischer Prozess das Gehirn und seine neuronale Struktur so kopieren, dass sie für andere Systeme verfügbar wird:

„Die Grundidee besteht darin, ein bestimmtes Gehirn zu nehmen, seine Struktur detailliert zu scannen und ein Software-Modell davon zu erzeugen, das seinem Original so nahekommt, dass es sich, auf der angemessenen Hardware betrieben, im Wesentlichen genauso verhalten wird wie das originale Gehirn" (Sandberg/Bostrom 2008, 7; eig. Übers.).

„Im Erfolgsfall führt das Verfahren zu einer qualitativen Reproduktion des ursprünglichen Geistes – samt Erinnerungen und Persönlichkeit – als Software auf einem Computer" (Bostrom 2018, 41).

Diese „digitale Intelligenz" würde dann einen Cyborg oder Androiden bewohnen oder auch in der virtuellen Realität leben, im Prinzip aber unsterblich werden. Transhumanisten verweisen dabei häufig auf die angeblich bereits absehbare Möglichkeit, das Gehirn mit Mikrochips zu verbinden, deren Signale in das neuronale Netz einzuspeisen und so nicht nur unsere Fähigkeiten ungeahnt zu erweitern, sondern umgekehrt das Bewusstsein graduell in externe Strukturen auszulagern.[4]

All dies ist freilich fern von jeder Realisierung, und es ist höchst fraglich, ob der Anschluss des Gehirns an elektronische Datenspeicher überhaupt möglich ist. Die bisherigen *brain-computer-interfaces* basieren nur auf sehr globalen Ableitungen der Hirnaktivität mittels EEG oder Elektroden im Schädel. Die Signalmuster werden von Computern verarbeitet und ermöglichen es den Probanden, durch bloße Bewegungsvorstellungen einen Cursor auf dem Bildschirm zu lenken oder einen Roboterarm zu bedienen. Das ist sicher ein bemerkenswerter Erfolg, doch die umgekehrte Richtung, also eine Einspeisung spezifischer Signalmuster in das Gehirn ist bislang völlig unmöglich. Für die tatsächliche „Programmierung" oder Verschmelzung des Gehirns mit digitalen Systemen bestehen angesichts der Komplexität der internen Vernetzungen und Interaktionen des neuronalen Systems keine erfolgversprechenden Aussichten. Wir werden uns also auch in Zukunft Fremdsprachen nur durch Lernen und Üben aneignen, nicht indem wir Programme bestellen und sie in unser Gehirn „downloaden".[5]

Wie steht es nun mit der Möglichkeit eines *mind uploading?* – Zunächst besteht die Struktur des Gehirns in einer Vernetzung von über 100 Milliarden Neuronen und mehreren 100 Billionen Synapsen mit ganz unterschiedlichen Erregungsbereitschaften – der Gedanke, eine solche Struktur zu „scannen" oder zu „kopieren", ist abenteuerlich genug. Fantastisch wird er aber, wenn man bedenkt, dass ja nicht allein die Struktur, sondern die gesamte sich ständig verändernde Aktivität des Systems bis hin zu den Transmitterausschüttungen in den einzelnen Synapsen erfasst werden müsste – es ist schwer zu sagen, was hier noch „gescannt" werden sollte. Das Feuern von Neuronen mag sich bis zu einem gewissen Grad noch als digitale Information darstellen lassen („on/off" entspricht 0/1). Doch das ist nur die Spitze des Eisbergs; bei allen Prozessen unterhalb dieser Ebene handelt es sich um analoge molekulare und atomare Prozesse mit letztlich quantenphysikalischen Unschärfen, die sich zudem in ständigem Fluss befinden. Ebenso gut könnte man versuchen, einen Wasserfall zu kopieren und an anderer Stelle weiterstürzen zu lassen.

Aber lassen wir solche Einwände einmal beiseite und wenden uns dem Grundgedanken des *Mind uploading* zu. Wir haben es offenbar mit einem eigentümlichen Amalgam von Materialismus und Idealismus zu tun: Einerseits wird Bewusstsein auf neuronale Prozesse im Gehirn reduziert und damit *materialisiert*. Andererseits wird es als die pure *Form* dieser Prozesse betrachtet, nämlich als Muster von Informationen, die sich im Prinzip vom Substrat vollständig ablösen und in andere Trägersysteme transferieren ließen. Dieser bereits erwähnte Funktionalismus ist nichts anderes als ein *Idealismus der Information*. Beide Annahmen, die materialistische und die idealistische, sind jedoch gleichermaßen blind für die lebendige Wirklichkeit der verkörperten Person. Ich kritisiere im Folgenden zunächst (1) die funktionalistische, dann (2) die neuroreduktionistische Voraussetzung des Bewusstseinstransfers.

(1) Kritik des Funktionalismus

Die Idee des *Mind uploading* setzt den Geist gleich mit der Gesamtheit algorithmischer Prozesse in einem komplexen System wie dem Gehirn – also mit einer Software. Das entspricht der gängigen Konzeption der Kognitionswissenschaften ebenso wie der Künstlichen Intelligenz (KI), nämlich dem Funktionalismus: Mentale Zustände (Gefühle, Wahrnehmungen, Gedanken, Wünsche, etc.) sind danach definiert durch funktionale Verknüpfungen von „Input" und „Output" eines Systems. Wer sich zum Beispiel in den Finger sticht, hat einen mentalen Zustand, der zu Stöhnen und zum Rückzug des Fingers führt. „Schmerz" ist nichts anderes als der Gehirnzustand, der diesen Output zur Folge hat, und dieser Zustand lässt sich als eine bestimmte Datenmenge beschreiben. Bewusstsein ist also das Produkt einer neuronalen Berechnung, eines Algorithmus.

Ein Grundprinzip des Funktionalismus ist die *Substratunabhängigkeit*: Wenn der Geist aus Algorithmen und Datenstrukturen besteht, dann könnte er wie eine Software auf jeder hinreichend komplexen Hardware laufen, gleich ob sie nun aus Kohlenstoff, Silizium oder synthetischen Polymeren, aus Neuronen und Synapsen oder Transistoren und Mikrochips besteht. Denn es sind immer nur Algorithmen und Informationen, die den Geist ausmachen – nichts Stoffliches, nichts Leibliches, nichts Lebendiges.

Die Fortschritte der künstlichen Intelligenz haben dem Funktionalismus enormen Auftrieb verschafft. Die Leistungen menschlicher Intelligenz scheinen nicht an das Gehirn, erst recht nicht an Bewusstsein gebunden zu sein. Freilich hat kein künstliches System auch nur einen blassen Schimmer von dem, was es berechnet oder tut. Offensichtlich geht das entscheidende Merkmal von Schmerzen, Gefühlen oder Gedanken in der funktionalistischen Konzeption verloren – nämlich ihr *Erlebtwerden*. Noch immer gilt John Searle's klassisches „Chinese-Room"-Argument: Selbst ein künstliches System, das perfekt aus dem Chinesischen übersetzen oder alle chinesisch gestellten Fragen zutreffend beantworten könnte, versteht doch von dieser Sprache kein einziges Wort.[6] Sinn lässt sich nicht auf funktionale Algorithmen reduzieren, wenn es kein bewusstes Subjekt gibt, das ihren Output *versteht*.

Das Gleiche gilt aber für Schmerzen, für den Geschmack von Schokolade oder den Duft von Lavendel – keine qualitative Erfahrung lässt sich aus Daten und Informationen ableiten. Bewusstsein ist überhaupt nicht das geistlose Durchlaufen von Datenzuständen – es ist im Kern *Selbstgewahrsein*. Es ist *für mich*, dass ich Schmerzen habe, wahrnehme, verstehe oder denke. Und dieses Selbstgewahrsein beruht nicht auf einer Reflexion, es setzt sich auch nicht aus intentionalen Gehalten oder Informationen zusammen, sondern es charakterisiert schon das primäre Erleben, wie etwa beim behaglichen, gedankenlosen Dösen in der warmen Sonne. Es handelt sich um ein *basales Selbstempfinden*, das den Hintergrund all unserer Erfahrungen bildet, ein *Lebensgefühl*, das nicht allein dem Gehirn, sondern unserer Leiblichkeit insgesamt entstammt, und das sich in Wohl- oder Missbefinden, Frische oder Müdigkeit, spezifischer auch in Hunger, Durst, Schmerz oder Lust manifestiert.

Nichts spricht dafür, dass sich dieses vitale Selbstgefühl in digitalen Algorithmen wiedergeben lässt. Nehmen wir nur das Beispiel des Schmerzes: Die Qualität der Unlust, das „Schmerzhafte" des Schmerzes lässt sich weder digital in „Nullen" oder „Einsen" ausdrücken noch physikalisch in „negativen Ladungen". Denn die Differenz von Null und Eins oder von Plus und Minus ist nur eine Konvention, ihr haftet nichts „Negatives", nichts Leidvolles an. Alle digitalen Zeichen oder physikalischen Zustände sind selbst nur pure Positivität, Faktizität, Äußerlichkeit. In Sartres Terminologie sind sie nur *an sich*, nicht *für sich*. Nichts an ihnen deutet darauf hin, dass ein System, das diese Zustände durchläuft, so etwas wie Schmerz erleben könnte.

Das Gleiche gilt für alles Erstreben, das Auf-etwas-Aussein und Sich-vor-weg-Sein, das bewusstes Leben auszeichnet. Künstliche Systeme durchlaufen nur Zustände, es geht ihnen um nichts. Kein Fühlen oder

Streben motiviert und begleitet ihre Prozesse. Ein Torpedo ist zwar mit einem Zielsuchprogramm ausgestattet, das die Abweichung vom programmierten Ziel minimiert und so den Kurs fortlaufend anpasst. Doch der Torpedo „sucht" natürlich gar nichts, denn er ist sich selbst nicht vorweg. Jede Korrektur dient ja nur der internen Sollwertregulierung des Mechanismus und geschieht rein momentan, ohne sich in irgendeiner Weise auf ein vorgestelltes Ziel zu beziehen. Für dieses Ziel selbst bleibt der Mechanismus blind und taub. Nur bewusste Wesen bewegen sich im Raum möglicher Zukunft und erleben ihre Bewegung selbst *als Zielstrebigkeit*.

Mit anderen Worten: Der Kern des Bewusstseins, der uns erst zu fühlenden und wollenden Wesen macht, lässt sich informationstheoretisch gar nicht erfassen. Er ist untrennbar mit unserer leiblichen, fühlenden und damit auch biologischen Existenz verbunden. Was angenehm und was schmerzhaft, was das Gute und was das Schlechte ist, das ist durch keinen Algorithmus auszudrücken. Digitale Information trägt keine Werte. Und was immer wir einem menschlichen Gehirn an Daten und Informationen entnehmen, um es zu kopieren oder in ein künstliches System aus Prozessoren und Schaltkreisen zu transferieren, das Resultat wäre wieder nur pure Äußerlichkeit. Ein mit solchen Daten programmierter Android oder Cyborg wäre bestenfalls ein empfindungsloses Zombie-Wesen. Unsterblichkeit stellt man sich gemeinhin anders vor.

Vollends ad absurdum geführt wird die Idee des *mind uploading*, wenn man an die Möglichkeit einer Mehrfachkopie denkt. Würde eine perfekte digitale Duplikation meines Gehirns, in welchem Substrat auch immer, tatsächlich meine subjektive Erfahrung wiederherstellen, dann wäre das Verfahren im Prinzip auch wiederholbar – ich könnte zweimal, dreimal oder öfter repliziert werden.[7] In welchem dieser Klone wäre meine ursprüngliche erstpersonale Erfahrung dann lokalisiert? Jedes der Duplikate würde behaupten, „ich" zu sein, würde sich an mein Leben erinnern, meine Identität fortsetzen – wer von ihnen wäre mein Rechtsnachfolger? – Doch solche abstrusen Gedankenspiele wollen wir nicht weiter verfolgen. Spätestens hier wird offensichtlich, dass die Idee, das Gehirn als eine Blaupause für die Unsterblichkeit zu nutzen, nichts mit der Realität zu tun hat, sondern mit einem naiven Glauben an das Computermodell des Geistes. Die menschliche Person ist keine kopierbare Datenmenge, kein digitales Programm, sondern ein lebendiger und erlebender Organismus.

(2) Kritik des Neuroreduktionismus

Die zweite Voraussetzung des *mind uploading* ist die unhinterfragte Identifizierung von Gehirn und Person, in typischer Formulierung:

> „Alles, was eine Person ausmacht, also ihr Geist, ihr Bewusstsein, Emotionen, Erinnerungen, ihre Identität, ist physikalisch in der Struktur und den Prozessen des Gehirns gespeichert" (Mathwig 2008, 80).

Diese heute weit verbreitete, neuroreduktionistische Ansicht kristallisiert sich im Gedankenexperiment des „Gehirns im Tank" *(brain in a vat)*: Ein von einem fiktiven Neurowissenschaftler dem Körper entnommenes Gehirn könnte in einer Nährlösung lebendig erhalten und von einem Supercomputer mit passenden Informationen so gespeist werden, dass es das gleiche Erleben, die gleiche Welt produzieren würde, wie wir sie jetzt erleben – wir würden davon nichts bemerken. Denn unser Erleben, so das Argument, sei nichts als eine Datenstruktur im Gehirn selbst, gleich woher sie gespeist wird.[8]

Doch das Gehirn ist kein geschlossenes System, das nur Input empfängt und Output ausgibt. Es ist vielmehr in rückgekoppelte Interaktionskreise mit dem übrigen Körper und mit der Umwelt einbezogen, und nur durch diese Interaktionen kommt bewusstes Erleben zustande. Dies ist die zentrale Aussage des Paradigmas der „verkörperten Kognition" *(embodied cognition)*[9]: Danach sind Bewusstsein und Subjektivität verkörpert im gesamten Organismus und seinen fortlaufenden sensomotorischen Interaktionen mit der Umwelt. Das Gehirn fungiert dabei als ein vermittelndes Organ, ein „Beziehungsorgan", das sensorische und motorische Prozesse verknüpft.[10] Doch die Trägerprozesse, die für bewusste Erfahrungen erforderlich sind, überschreiten fortwährend die Gehirn- und Körpergrenzen. Bewusstsein ist kein inneres Modell der Welt im Gehirn, sondern eine Form des Lebensvollzugs eines lebendigen Organismus.

Ich erwähnte bereits zuvor das primäre, noch unreflektierte Erleben oder Selbstempfinden: Es entsteht primär nicht im Hirnkortex, sondern resultiert aus den fortlaufenden vitalen Regulationsprozessen, die den ganzen Organismus miteinbeziehen, und die in Hirnstamm und höheren Zentren integriert werden.[11] Die Aufrechterhaltung der Homöostase, also des inneren Milieus und damit der Lebensfähigkeit des Organismus, ist die primäre Funktion des Bewusstseins, wie es sich in Trieb,

Hunger, Durst, Schmerz oder Lust manifestiert. Es ist das Empfinden des Leibes von sich selbst. Dies lässt sich auch so ausdrücken: *Alles Erleben ist eine Form des Lebens.* Ohne Leben gibt es kein Bewusstsein und auch kein Denken.

Ein mögliches Gegenargument lautet, dass die Lebensprozesse im Gehirn nur *repräsentiert* sein müssen, um erlebt zu werden; dann wären sie für Bewusstsein nicht konstitutiv, und wir würden unseren Leib nur „im Gehirn" spüren. Doch die Integration, die dem bewussten Erleben zugrundeliegt, beruht auf einer fortlaufenden, kreisförmigen Rückkoppelung zwischen Gehirn und Körper; diese funktionelle Einheit lässt es nicht zu, „Repräsentationen" vom Repräsentierten zu trennen. Damasio spricht von einem

„… schleifenförmigen Schaltkreis […], durch den der Körper mit dem Zentralnervensystem kommuniziert, wobei dieses auf Informationen aus dem Körper anspricht. Die Signale sind von den körperlichen Zuständen, in denen sie ihren Ursprung haben, nicht zu trennen. Das Ganze stellt eine dynamische, verbundene Einheit dar" (Damasio 2011, 270f.).

Dies resultiert, so Damasio weiter, in einer „*funktionalen Verschmelzung* der körperlichen Zustände mit den Wahrnehmungszuständen, so dass man zwischen beiden keine Grenze mehr ziehen kann" (ebd.). Bei einer solchen Verschmelzung gibt es jedoch weder Ort noch Zeit für eine separate Repräsentation im Gehirn. Wir sehen, dass die Integration, die dem basalen leiblichen Erleben entspricht, keine „Abbildung des Körpers im Gehirn" darstellt, sondern zu jedem Zeitpunkt den Organismus als Ganzen einschließt: Als bewusste Wesen sind wir leiblich ausgedehnte, verkörperte Wesen.

In gleicher Weise sind auch die *Emotionen* an die ständige Interaktion von Gehirn und Körper gebunden. Stimmungen und Gefühle beziehen immer den gesamten Körper ein: Gehirn, autonomes Nervensystem, Herz, Kreislauf, Atmung, Muskeln, Mimik, Gestik und Haltung. Jedes Gefühlserlebnis ist untrennbar verknüpft mit Veränderungen dieser Körperlandschaft. Und nicht anders kommen auch alle *Wahrnehmungen und Handlungen* zustande, nämlich durch die Interaktionen von Gehirn, Organismus und Umwelt, also durch Funktionskreise, in die unsere Sinne, Glieder ebenso wie die Dinge und anderen Menschen einbezogen sind. Das Gehirn ist in der Lage, all diese organismischen Funktionen zu integrieren, aber es ist umgekehrt auf sie angewiesen. Es ist keine Kommandozentrale, die Informationen empfängt und Befehle ausgibt, sondern ein *Resonanz- oder Beziehungsorgan* – ein Teil des Funktionsganzen von Körper und Umwelt.

Es ist leicht zu erkennen, dass das *brain-in-a-vat*-Gedankenexperiment hier scheitert: Kein noch so komplexer Computer könnte jemals die homöostatische Selbstregulation des Organismus simulieren, all die Verflechtungen von neuronalen, neuroendokrinen und humoralen Prozessen, die den gesamten Körper einbeziehen. Diese Prozesse sind biologischer und biochemischer Natur und lassen sich in digitalen Informationen gar nicht darstellen. Ebensowenig könnte ein Computer alle sensomotorischen Interaktionen zwischen dem Gehirn, dem wahrnehmenden und beweglichen Körper und der Umwelt simulieren, auf denen unser Erleben und Handeln in der Welt basiert.

Auch das *Human Brain Project* der EU, das bis 2023 eine Computer-Simulation des gesamten Gehirns erreichen sollte, kann nur simulieren, was eben simulierbar ist – elektronische Signalübertragungen, die sich algorithmisch erfassen lassen. Mit der tatsächlichen Aktivität eines Gehirns im Organismus hat dies wenig zu tun, erst recht nichts mit Bewusstsein. Wie Searle (1980) einmal ironisch bemerkte, wäre selbst eine perfekte Computersimulation des Gehirns ebenso wenig bewusst wie die perfekte Computersimulation eines Wirbelsturms uns nass machen oder umwehen würde. Bewusstes Erleben setzt Leiblichkeit und damit *biologische Prozesse in einem lebendigen Körper* voraus. Nichts davon ist im *Human Brain Project* zu finden.

Ein entkörpertes Gehirn ist also ebenso eine funktionalistische Fiktion wie das *mind uploading*. Gegen einen solchen Zerebrozentrismus richtet sich das Paradigma der Verkörperung: Bewusstsein integriert die fortlaufende Interaktion zwischen Gehirn, Körper und Umwelt. Es ist daher auch gar nicht lokalisierbar, weder als ein Innenzustand im Schädel noch als ein Datenmuster im Gehirn – es ist die übergreifende Tätigkeit eines lebendigen und mit seiner Umwelt in Beziehung stehenden Wesens. Mit anderen Worten: Der Mensch fühlt, nimmt wahr, denkt und handelt – nicht das Gehirn.

Wenden wir uns nun noch einmal dem Grundgedanken des *Mind uploading* zu. Es ist jetzt noch deutlicher zu erkennen, dass hinter den transhumanistischen Visionen eine ebenso reduktionistische wie dualistische Konzeption des Menschen steht: Das Phantasma der Verschmelzung von Geist und Technik ist Ausdruck einer untergründigen Missachtung, ja Verachtung des *Lebens* und des *lebendigen Leibes*. Den Geist vom stofflichen Körper zu befreien, ist die Erlösung, die die Techno-Utopisten der Gegenwart uns in Aussicht stellen. Letztlich sind sie damit die säkularen Epigonen der neuplatonischen und gnostischen Lehren vom Körper als „Grab" oder „Kerker der Seele".[12] Die Gnostiker der Spätantike sahen in der eigenmächtigen Erschaffung der Welt und des Menschen durch den Demiurgen (eine Art Widergott) einen Abfall vom uranfänglichen göttlichen Licht. Im irdischen Leben wird die reine Geistseele des Menschen, das *Pneuma*, verbunden mit der ihr wesensfremden, dunklen Materie des Körpers und damit verunreinigt. Kann sich der Geist aber durch moralische Läuterung und Askese vom Körper befreien, dann kehrt er schließlich in das *Pleroma*, die Sphäre des Lichtes und der Gottheit zurück.

Freilich besteht der reine Geist aus transhumanistischer Sicht nicht mehr aus Pneuma, sondern aus Datenstrukturen, aus *Information*. Als pure Form, als substratunabhängige Struktur soll er sich prinzipiell vom Körper ablösen und in ein anderes Substrat überführen lassen. Dieser funktionalistische Gedanke trennt die mathematische *Essenz* des Geistes scharf von seiner *Existenz* und weist der Essenz die Priorität zu. Doch der reinen Information fehlt das Entscheidende der Existenz, nämlich die *konkrete Individualität*. Information ist frei konvertibel und beliebig transferierbar, aber gerade dieser Vorzug ist zugleich ihr fataler Mangel: Sie kennt keine individuelle Perspektive, keinen Ort, von dem aus die Welt einem Subjekt erscheinen könnte, denn dieser Ort ist nichts anderes als der Leib.

Transhumanisten wollen, wie Dostojewski sagt, „von einer Idee geboren werden"; doch der Idealismus der Information ist steril. Die Mathematik zeugt keinen Menschen. Geist besteht nicht in reiner Form, sondern in den konkreten Weisen individuierter Existenz, und diese Individuierung bedarf des Leibes. Geist ist leiblich, Geist ist *lebendig*, und in den toten Algorithmen und Schaltkreisen eines Computers könnte er nicht überleben. Nur als leibliche Wesen fühlen und wissen wir auch, was angenehm und unangenehm, was gut und böse ist. Und nur das leibliche In-der-Welt-Sein ermöglicht uns die Freiheit, die wir in der irdischen Welt besitzen. Denn der Leib ist das Medium unseres Lebensvollzugs, all unseres Fühlens, Denkens, Wollens und Handelns.

Die Transhumanisten sehen unsere Freiheit in anderer Weise: Aus ihrer radikal-dualistischen, neognostischen Sicht muss der Geist vom Körper befreit werden, denn wir sind nur kontingenterweise in sterblichen Vehikeln gefangen. Im Gegensatz dazu besagt der Gedanke der Verkörperung, dass Körper keine Kerker und Geister keine Engel, sondern dass beide unauflöslich ineinander verschränkt sind. Niemals wird sich der Geist aus dem organischen Körper lösen und in Computer übertragen lassen. Unser bewusstes Erleben ebenso wie unsere personale Identität beruhen auf dem Leib, der wir sind. In dieser verkörperten und damit freilich sterblichen Individuation besteht der Preis, der zu zahlen ist, um die Möglichkeiten und die Freiheit der irdischen Existenz zu erfahren.

Die Widersprüchlichkeit des Enhancement

Ein Mensch aus wirklichem Fleisch und Blut zu sein, so Dostojewski, beginnt uns lästig zu werden – lieber wollen wir „von einer Idee gezeugt werden". Diese Feindschaft gegenüber dem Fleisch kommt heute im funktionalistisch-kybernetischen Paradigma zum Ausdruck: Menschen sind informationsverarbeitende Maschinen, ihr Bewusstsein und ihre Persönlichkeit bestehen aus immateriellen Programmen. Fortschritt soll darin bestehen, den mangelhaften Körper mittels Informations- und Biotechnologien aufzurüsten und schließlich in ein synthetisches Erzeugnis umzuwandeln. Denn die Leiblichkeit unserer Existenz ist einer der letzten Widerstände, die sich dem digitalen Fortschritt entgegenstellen. Unsere Verkörperung setzt allen funktionalistischen Utopien eine unüberschreitbare Grenze: Ein Wesen aus Fleisch und Blut ist nicht in Algorithmen darstellbar. Und insofern auch bewusstes Erleben konstitutiv verkörpert, an Fleisch und Blut gebunden ist, lässt es sich nicht in Form von Informationen simulieren, kopieren oder transferieren. *Alles Erleben ist eine Form des Lebens.* Die radikalen transhumanistischen Utopien scheitern an ihrer völligen Verkennung dessen, was Leben ist.

Nun kann die Tatsache, dass Leiblichkeit und Lebendigkeit für unsere Existenz konstitutiv sind, als solche noch keine Unverfügbarkeit der menschlichen Natur begründen. So wie wir medizinisch in unseren Körper eingreifen, so lassen sich auch Eingriffe in unsere Natur nicht kategorisch ausschließen. Freilich wird das *Mind uploading*, die digitale Unsterblichkeit für immer eine Utopie bleiben. Doch wirft die Einsicht in die konstitutive Verkörperung unserer Existenz auch ein Licht auf die weniger radikalen Forderungen nach *Enhancement*.[13] Hier trifft die Idee der Optimierung vor allem auf inhärente Widersprüche: Die Proportionen der menschlichen Anlagen und Fähigkeiten zu verschieben, wie sie sich im Verlauf der Evolution herausgebildet haben, kostet immer einen hohen Preis. Denn diese natürlichen Vermögen stellen immer sinnvolle Kompromisse dar, die aus den gegensätzlichen Anforderungen an ein komplexes Lebewesen wie den Menschen in einer variablen Umwelt resultieren. Ich will dafür nur drei Beispiele nennen:

(1) Die Erhöhung von *Aufmerksamkeitsleistungen* scheint auf den ersten Blick ein unbestreitbarer Vorteil zu sein, wenn es um Lerngeschwindigkeit oder die berufliche Leistungsfähigkeit geht. Doch Aufmerksamkeit ist ein knappes Gut, um das viele Reize und mögliche Gegenstände konkurrieren. Eine übermäßige Fokussierung muss notwendig zur Ausblendung anderer, möglicherweise ebenfalls relevanter Objekte führen. So berichten Probanden und Patienten unter der Einnahme von Methylphenidat (Ritalin), einem Psychostimulans zur Behandlung von Aufmerksamkeitsdefiziten, dass die erhöhte Fixierung auf die jeweilige Aufgabe alles andere zweitrangig werden lässt. Das Bedürfnis nach zwischenmenschlichen Beziehungen und das Interesse an neuen Erfahrungen sind reduziert, Spontaneität und Kreativität nehmen ab.[14]

Eine erhöhte Fokussierungsfähigkeit mag in bestimmten Situationen zweifellos von Vorteil sein – eine generelle Steigerung der menschlichen Aufmerksamkeitsleistung jedoch hätte einen Verlust an Offenheit, Flexibilität und Beeindruckbarkeit durch Neues zum Preis. Stattdessen würde die ohnehin schon bestehende Spirale von Leistungssteigerung, Beschleunigung und Konkurrenz weiter vorangetrieben. Wollen wir also immer besser funktionieren – oder aber beweglicher, offener und kreativer bleiben? Wir haben es mit einem typischen Optimierungskonflikt zu tun, der letztlich auch alle anderen vermeintlichen Verbesserungen charakterisiert.

(2) Analog verhält es sich beispielsweise mit der Steigerung der *Gedächtnisleistung*. Sich vieles oder alles merken zu können, erscheint als ein selbstverständlicher Gewinn, und vielfach ist es das auch. Doch gerät dabei leicht die lebenswichtige Balance zwischen *Erin-*

nern und Vergessen aus dem Blick. Das Vergessen nämlich entlastet das Gedächtnis von einer Überfülle an Details, sodass die wirklich bedeutsamen Erinnerungen überhaupt erst hervortreten können.[15] Darauf hat bereits William James aufmerksam gemacht:

„Selektion ist der Kiel, auf den unser geistiges Schiff gebaut ist. Und im Fall des Gedächtnisses ist ihr Nutzen offensichtlich. Wenn wir uns an alles erinnerten, wären wir in den meisten Fällen ebenso schlecht dran, als wenn wir uns an nichts erinnern könnten" (James 1950, 680; eig. Übers.).

Das Vergessen erlaubt es auch, das Erlebte zu verarbeiten, abzulegen und so die potenziell lähmende Wirkung der Vergangenheit zu neutralisieren, die andernfalls im Leben immer weiter anwachsen würde. Nur so erhält der Geist die Möglichkeit zur Erneuerung, die Fähigkeit, die Welt immer wieder mit neuen Augen zu sehen. Die Hypermnestiker hingegen, die in der Literatur vereinzelt beschrieben wurden, leiden unter der Qual, nichts mehr vergessen zu können. Sie sind einem ständigen Kreuzfeuer von meist belanglosen Erinnerungen ausgesetzt, die sie nicht unterdrücken können. Somit ist es für unser Gedächtnis charakteristisch, dass es ein sinnvolles Gleichgewicht zwischen Erinnern und Vergessen herstellt.

(3) Gehen wir weiter zur Verbesserung der *Stimmung*. Wer wollte es den Menschen verübeln, wenn sie angesichts der Mühsal und der vielfältigen Frustrationen des Lebens ihrem Glückserleben pharmakologisch oder technologisch nachhelfen wollten? Doch Wohlbefinden, Zufriedenheit und Glück sind gewissermaßen die Belohnungen, die die Natur für uns vorgesehen hat, der Ertrag von Mühe und Anstrengung, und sie stehen in der Regel durchaus im Verhältnis zum investierten Aufwand. Bergwanderer kennen die deutlichen Unterschiede im Glückserleben, wenn sie einen Gipfel selbst bestiegen haben oder aber sich mit der Seilbahn hinauffahren ließen. Lebensfreude ist die Frucht des Erreichens von realen Zielen, und sie ist meist proportional zu den Widerständen auf dem Weg dahin.

Würden Wohlbefinden und Glück nun gewissermaßen gratis auf einem dauerhaft hohen Pegel gehalten, so würde nicht nur das menschliche Streben nach Selbstentwicklung und Selbstüberschreitung erlahmen. Das Glückserleben würde auch abflachen, da es eben „unverdient" und nicht als befriedigendes Resultat eigener Anstrengung zustande käme. Zugleich nähme die Frustrationstoleranz ab, da die Überwindung von Widerständen und Rückschlägen nicht mehr in gleichem Maß eingeübt würde. All dies ähnelt den psychischen Veränderungen, die sich auch bei Drogenkonsumenten im Langzeitverlauf beobachten lassen. Denken wir schließlich noch an Huxley's *Brave New World*, in der die allgemeine Einnahme der stimmungsaufhellenden Droge „Soma" der seichten Luststeigerung und zugleich Ruhigstellung der Bevölkerung dient: Ein solches *„enhancement"* erscheint wenig erstrebenswert, selbst wenn die Glückssteigerung eine freiwillige, nicht eine staatlich verordnete Maßnahme wäre.

Diese Beispiele mögen genügen, um anzudeuten, dass eine Umgestaltung der menschlichen Natur immer mit einem hohen Preis einhergeht, der mit der gleichen Münze zu zahlen ist, die man scheinbar gewonnen hat. Das gilt selbst noch für die ultimative transhumanistische Vision, nämlich die der *Unsterblichkeit:* Die Aussicht, dass nichts mehr endgültig ist, dass sich vielmehr alles bis in Ewigkeit wiederholen wird, würde uns all der Kostbarkeit berauben, die das Einmalige, Unwiederbringliche des sterblichen Lebens besitzt. In Jorge Louis Borges' Erzählung „Der Unsterbliche" führt die Reise zu den unsterblichen Troglodyten den Erzähler zu der Erkenntnis, dass das endlose Leben die Erstarrung in der ewigen Wiederkehr des Gleichen und damit die äußerste Langeweile bedeutet:

„Alles hat bei den Sterblichen den Wert des Unwiederbringlichen und des Gefährdeten. Bei den Unsterblichen dagegen ist jede Handlung (und jeder Gedanke) das Echo von anderen, die ihr in der Vergangenheit ohne ersichtlichen Beginn vorangingen. [...] Es gibt kein Ding, das nicht gleichsam verloren wäre zwischen unermüdlichen Spiegeln. Nichts kann nur ein einziges Mal geschehen, nichts ist auf kostbare Weise gebrechlich" (Borges 1981, 20),

Die Erfahrungen von Glück, Intensität und Gegenwart würden verflachen, denn die Farben des Lebens leuchten erst vor dem dunklen Hintergrund des Todes. Darüber hinaus würde jede Verlängerung des Lebens, erst recht die Unsterblichkeit das Gleichgewicht zwischen den Generationen zuungunsten der Nachkommen aufheben. Um eine Überbevölkerung zu vermeiden, müsste die Unsterblichkeit der einmal Lebenden mit der Verhinderung von neuem Leben erkauft werden, und damit dem Verzicht auf immer wieder von vorne beginnende Jugend und Erneuerung. Ohne zu sterben, würde die Menschheit immer weiter altern, in ihren einmal einwohnten Lebensformen erstarren und schließlich, in der Wiederholung des Immergleichen, einer alles überschattenden Müdigkeit erliegen.

Resümee

Die vermeintlich menschenheitsbeglückende Vision des Transhumanismus ist nichts anderes als eine Dystopie. Eine Vervollkommnung des Menschen kann sich nur in kultureller und ethischer Hinsicht vollziehen – so wie es die Aufklärung eigentlich im Sinn hatte. Doch mit dem Scheitern der großen Utopien im 20. Jahrhundert und dem Aufstieg medizinischer und digitaler Technologien hat sich die Idee ausgebreitet, das irdische Glück auf viel banalerem, technischem Weg herzustellen, den Menschen in ein *per se* glückliches, womöglich unsterbliches Wesen umzuformen. Die trans- und posthumanistischen Utopien wollen die Conditio humana nicht mehr anerkennen, sich mit den Grenzen und Widersprüchen der menschlichen Natur nicht mehr abfinden. Einer der Begründer des Posthumanismus im letzten Jahrhundert, Robert Ettinger, formulierte dieses Programm in aller Radikalität:

> „Die Menschheit ist somit selbst eine Krankheit, und wir müssen jetzt daran gehen, uns von ihr zu heilen. […] Dazu muss zuerst gezeigt werden, dass Homo sapiens nur ein stümperhafter Anfang ist; wenn er sich klar als einen Irrtum erkennt, wird er nicht nur motiviert sein, sich selbst zu formen, sondern zumindest auch einige rasche und zuversichtliche Schritte dazu machen" (Ettinger 1989, 4, 8f.; eig. Übers.).

Doch die Abschaffung des Menschen durch den Menschen ist ein widersinniges Unterfangen. Denn es sind gerade die leiblich-affektiven Bedingungen unserer Existenz, die uns die elementaren Werte überhaupt erst vorgeben: Geburt, Hunger, Durst, Schmerz, Lust und Tod. Leben ist besser als Nicht-Leben, Nahrung besser als Hunger, Nähe besser als Ablehnung, Liebe besser als Hass. Dies soll nicht sein, jenes ist gut. Das primär Gute finden wir vor, weil es unsem Leben schon innewohnt, wir wählen es nicht nach freiem Belieben. Ohne eine Verankerung unserer Wünsche und Werte in einer menschlichen Natur würden wir den Orientierungsrahmen verlieren, der unserem Leben überhaupt Bedeutsamkeit und Sinn verleiht. Wir könnten alles beliebig zum Guten oder Schlechten erklären, denn wir könnten nicht mehr sagen, was das Gute eigentlich ist. Damit wäre aber zugleich der Begriff der Optimierung sinnlos geworden. Es gäbe gleichsam keinen archimedischen Punkt mehr, an dem man die posthumane Welt noch befestigen könnte.

Es gilt also, unsere Leiblichkeit ebenso wie unsere leibliche Natur gegen ihre Herabsetzung, Entwertung oder Überwindung zu verteidigen. Sie gibt sicher nicht selbst vor, was für uns das gelingende, das gute Leben sein kann; aber sie gibt uns bessere Anhaltspunkte dafür als alles technisch induzierte Glück. Geben wir uns daher mit der *Conditio humana* zufrieden. Sie ist vielleicht nicht das Beste, aber sicher auch nicht das Schlechteste, was uns geschehen konnte.

Anmerkungen

[1] Es handelt sich bei dem Beitrag um eine gekürzte und überarbeitete Version meines Aufsatzes „Jenseits des Menschen? Zur Kritik des Transhumanismus", in: T. Fuchs (2020) Verteidigung des Menschen. Grundfragen einer verkörperten Anthropologie. Suhrkamp, Frankfurt/M., S. 71-118.
[2] Kurzweil 2005; Bostrom 2018.
[3] Clark 2003.
[4] Vgl. z.B. Kurzweil 1999, 90ff.
[5] Dass die computeromorphe Vorstellung eines „Downloads" in das Gehirn allen Gesetzmäßigkeiten neuronaler Lernprozesse widerspricht, die nämlich auf wiederholten, verkörperten Erfahrungen mit allmählicher Anpassung der synaptischen Strukturen beruhen, sei nur am Rande bemerkt.
[6] Searle 1980.
[7] „Eine offensichtliche Konsequenz des Hochladens besteht darin, dass ein hochgeladener Geist beliebig oft kopiert werden könnte" (Bostrom 2018, 41).
[8] So behauptet etwa der Neurophilosoph Thomas Metzinger (2009, 23): „Letztlich ist subjektives Erleben ein biologisches Datenformat", erzeugt im Gehirn. „Im Prinzip könnten wir dieses Erlebnis also auch ohne Augen haben, und wir könnten es sogar als entkörper-

tes Gehirn in einer Nährlösung haben. Woher nehmen Sie eigentlich die Gewissheit, dass Sie sich nicht jetzt gerade, während Sie dieses Buch lesen, in einem Gefäß mit einer Nährlösung befinden?" (ebd., 40).

[9] Vgl. insbesondere Varela et al. 1992, Gallagher 2005 und Thompson 2007.
[10] Fuchs 2017.
[11] Vgl. Panksepp 1998, Damasio 2011 sowie Fuchs 2017, 138 ff.
[12] So bereits Platon selbst (Gorgias 493a).
[13] Vgl. zum Folgenden auch die in eine ähnliche Richtung argumentierenden Beiträge von Hauskeller (2011, 2014), einem der wichtigsten Kritiker des Transhumanismus.
[14] Vgl. dazu Mohamed 2014, Fallon et al. 2017 und Gvirts et al. 2017.
[15] Vgl. Fuchs 2012.

Literatur

Borges, J. L. 1981. „Der Unsterbliche". In: Ders., *Das Aleph. Gesammelte Werke 3/II. Erzählungen 2.* München, Wien: Hanser, S. 7-23.
Bostrom, N. 2005. „Transhumanist Values". In: *Journal of Philosophical Research* 30 (Supplement): S. 3-14.
Bostrom, N. 2018. *Die Zukunft der Menschheit. Aufsätze.* Berlin: Suhrkamp.
Clark, A. 2003. *Natural-Born Cyborgs: Minds, Technologies, and the Future of Human Intelligence.* Oxford: Oxford University Press.
Damasio, A. 2011. *Selbst ist der Mensch: Körper, Geist und die Entstehung des menschlichen Bewusstseins.* Übers. von S. Vogel. München: Siedler.
Dostojewski, F. 2006. *Aufzeichnungen aus dem Kellerloch* (Erstausgabe 1864). Übers. von S. Geier. Fischer: Frankfurt/M.
Ettinger, R. C. 1989. *Man into Superman.* New York: Avon.
Fallon, S. J., M. E. van der Schaaf, N. Ter Huurne, R. Cools. 2017. „The Neurocognitive Cost of Enhancing Cognition with Methylphenidate: Improved Distractor Resistance but Impaired Updating". In: *Journal of Cognitive Neuroscience* 29 (4): S. 652-663.
Fuchs, T. 2012. „Vom Nutzen des Vergessens". In: *Scheidewege. Jahresschrift für skeptisches Denken* 42: S. 198-213.
Fuchs, T. 2017. *Das Gehirn – ein Beziehungsorgan. Eine phänomenologisch-ökologische Konzeption.* 5. Aufl. Stuttgart: Kohlhammer.
Gallagher, S. 2005. *How the Body Shapes the Mind.* New York: Clarendon Press.
Gvirts, H. Z., N. Mayseless, A. Segev, D. Y. Lewis, K. Feffer, Y. Barnea, Y. Bloch, S. G. Shamay-Tsoory. 2017. „Novelty-seeking Trait Predicts the Effect of Methylphenidate on Creativity". In: *Journal of Psychopharmacology* 31 (5): S. 599-605.
Hauskeller, M. 2011. Human enhancement and the giftedness of life. *Philosophical Papers* 40: 55-79.
Hauskeller, M. 2014. *Better Humans? Understanding the Enhancement Project.* London: Routledge.
James, W. 1950. *The Principles of Psychology.* Bd. 1. New York: Dover. (Erstausgabe 1890)
Kurzweil, R. 1999. *Homo s@piens. Leben im 21. Jahrhundert. Was bleibt vom Menschen?* Köln: Kiepenheuer & Witsch.

Kurzweil, R. 2005. *The Singularity Is Near: When Humans Transcend Biology*. New York: Penguin Press.
Mathwig, K. 2008. „Mind Uploading – Neue Substrate für den menschlichen Geist?". In: *1. Deutsch-japanisch-koreanisches Stipendiatenseminar*. Bd. 57. Hg. von Japanisch-Deutsches Zentrum Berlin. Berlin: JDZB, S. 79-83. www.jdzb.de/veroeffentlichungen/tagungsbaende/band-57, letzter Zugriff: 12.11.2019.
Metzinger, T. 2009. *Der Ego-Tunnel. Eine neue Philosophie des Selbst: Von der Hirnforschung zur Bewusstseinsethik*. Berlin: Berlin Verlag.
Mohamed, A. D. 2014. Reducing creativity with psychostimulants may debilitate mental health and well-being. *Journal of Creativity in Mental Health* 9: S. 146-163.
Panksepp, J. 1998. *Affective Neuroscience: The Foundations of Human and Animal Emotions*. Oxford: Oxford University Press.
Sandberg, A., N. Bostrom. 2008. *Whole Brain Emulation: A Roadmap*. Technical Report #2008-3. Oxford: Future of Humanity Institute, Oxford University. www.fhi.ox.ac.uk/reports/2008-3.pdf, letzter Zugriff: 12.11.2019.
Searle, J. R. 1980. „Minds, Brains, and Programs". In: *Behavioral and Brain Sciences* 3 (3): S. 417-457.
Thompson, E. 2007. *Mind in Life. Biology, Phenomenology, and the Sciences of Mind*. Cambridge, MA: Harvard University Press.
Varela, F., E. Thompson, E. Rosch. 1992. *Der mittlere Weg der Erkenntnis*. Übers. von H. G. Holl. München: Scherz.

Friedrich Pohlmann

Spielen

Zur Faszination einer außeralltäglichen Handlungsform

Wer sich dem Phänomen des Spielens über eine Auseinandersetzung mit den *Theorien* über das Spielen zu nähern versucht, sieht sich sehr bald nicht nur einer verwirrenden Vielfalt von Deutungen konfrontiert, sondern ebenso einer grundlegenden Ambivalenz hinsichtlich der *Bewertung* dieser Tätigkeit. Da ist zum einen der große Chor jener Stimmen, die sich in vielfältigen Variationen ausschließlich dem *Lobe* des Spielens widmen, oft in der Emphase jener hohen Töne, die erstmals in Friedrich Schillers „Ästhetischer Erziehung des Menschengeschlechts" zu hören waren, einem Schlüsseltext des deutschen Idealismus. Schillers berühmtes Diktum, dass „der Mensch nur da ganz Mensch ist, wo er spielt", ist nicht nur eine anthropologische Behauptung, sondern zugleich ein normatives Kürzel für ein ästhetisches Programm zur „Heilung" des Menschen von den entfremdenden Auswirkungen funktionaler Ausdifferenzierung der Gesellschaft – *gegen* modernes Fachmenschentum und die eindimensionale Eigenlogik ökonomischer Rationalität –, und genau diese doppelte Bedeutung wurde dann zum mehr oder weniger offenen Credo in einer langen Tradition des Nachdenkens über das Spiel. Man findet es in Johan Huizingas berühmten Klassiker *Homo ludens* von 1938 mit seiner Ableitung des „Ursprungs der Kultur aus dem Spiel"; in den Spieltheorien namhafter Repräsentanten einer philosophischen Anthropologie, so bei Helmut Plessner, Arnold Gehlen, Johannes Buytendijk oder dem Freiburger Philosophen Eugen Fink, der das Spiel als „existenziales Grundphänomen" und „Weltsymbol" deutete; und schließlich in vielen Auffassungen der modernen psychologischen und pädagogischen Fachwissenschaft, auch wenn diese das Spielen oftmals nicht um seiner selbst willen preisen, sondern nur als Mittel zum Erwerb irgendwelcher angeblich gesellschaftlich nützlicher „Kompetenzen". Der langen Geschichte des Lobs des Spieles freilich steht eine noch längere seiner *Ver-*

dammung gegenüber, einer Verdammung, die sich in der Gegenwart an erster Stelle in den nicht selten schrillen Warnungen vor den verderblichen Folgen adoleszenter Spielsucht vor und mit dem Computer äußert und sich im Geiste unserer Zeit mit Vorliebe auf neurowissenschaftliches Expertenwissen stützt, das für spielbedingte Degenerationen des Gehirns unumstößliche optische Beweise zu erbringen vorgibt. Kulturgeschichtlich war die Verurteilung des Spielens keineswegs nur eine der vielen unerfreulichen Besonderheiten christlich-puritanischer Prägungen mit ihren Ressentiments gegen alle Formen von Sinneslust und nicht-utilitarisch genutzter Zeit, sondern findet sich in diverser Ausprägung sowohl in der Antike, dem Mittelalter und der frühen Neuzeit; und sie war immer die *erste* Stimme, die erst mit dem Aufkommen des bürgerlichen Humanismus für eine Weile ihre privilegierte Stellung verlor. Im ausgehenden Mittelalter beispielsweise wurde das Spielen – wie in unserer Gegenwart das exzessive Computerspielen Heranwachsender seitens besorgter Pädagogen – vornehmlich als ein Suchtphänomen bewertet und der Spieler nicht selten als ein vom Teufel besessener Narr karikiert – „die spyler sint des tüfels kynd" heißt es in Sebastian Brants *Narrenschiff* von 1494; – eine Auffassung, deren Angemessenheit prägnant eine Episode aus dem Jahre 1379 über einen vom Spielteufel verführten Prager Priester illustriert, der nachts nackend auf der Straße aufgegriffen wurde, nachdem er, den Spielregeln der Zeit gemäß, seine gesamte Kleidung als letztes Pfand seiner Spielschulden ausgesetzt hatte. Den Gipfel der Verworfenheit freilich verkörperten im Mittelalter jene auch von Albrecht Dürer dem Volke warnend vors Auge geführten Kriegsknechte, die sich unter dem Kreuze durch Würfelspiel und Losen in den Besitz der letzten Reste des Gewandes des sterbenden Jesus zu bringen trachteten. Nun liegt natürlich der Einwand nahe, dass der schlechte Ruf des Spielens sich in diesen Beispielen nur auf eine bestimmte Art des Spieles bezieht, auf das Glücksspiel nämlich und insbesondere das Glücksspiel *um Geld*. Aus mehreren Gründen allerdings verfängt dieser Einwand nicht. Denn gerade *diese* Spiele galten kulturgeschichtlich vor der bürgerlichen Ära gewöhnlich als der *Inbegriff* des Spielens überhaupt, wovon sogar noch die berühmte, von Diderot und d'Alembert Mitte des 18. Jahrhunderts herausgegebene *Encyclopédie* zeugt. Vor allem sie gerieten in den Fokus der Reflexion, wenn man über das Spielen nachdachte, während das große Spektrum jener Tätigkeiten, das uns sogleich einfällt, wenn wir das Spielen ansprechen – von einfachen Kinderspielen bis hin zu solch kognitiv anspruchsvollen Regelspielen wie dem Schach – kaum eines Gedankens für würdig erachtet wurde. Völlig konträr zu diesem Spielverständnis entwickelte sich dann die von Schiller inspirierte Theorietradition der philosophischen Anthropologie: Ihre Elogen auf das Spielen basieren alle auf der *Ausklammerung* des Glücksspiels, also dessen, was zuvor an erster Stelle das Spielen überhaupt bezeichnete; einer unwissentlichen und unreflektierten Ausklammerung freilich, zurückgehend auf Wandlungen des Erkenntnisinteresses und gedankliche Fixierungen, denen bestimmte Phänomene gar nicht mehr in den Blick gerieten. Aber ist das Glücksspiel etwa *kein* Spiel? Das wiederum hätte keiner der eingangs erwähnten Repräsentanten der philosophischen Anthropologie behauptet. Tatsächlich finden sich auch, wie wir sehen werden, bei Huizinga, Buytendijk, Plessner und Fink Merkmale eines formalen, also generischen Spielbegriffs, die das Glückspiel einschließen, obwohl die Autoren an ganz andere Arten des Spiels dachten, als sie ihn entwickelten. Aber wahrscheinlich hätte sich bei einer bewussten Berücksichtigung ihre uneingeschränkt positive Bewertung des Spielens doch modifiziert, obwohl man andererseits mit guten Gründen auch zur Auffassung gelangen kann, dass Schillers anthropologische Lobpreisung des Spielens auch Gültigkeit für jenen Vertreter des *homo ludens* beanspruchen kann, der am Roulettetisch sein Geld verspielt. Und im Zusammenhang damit sei hier anfangs gleich hinzugefügt, dass die Verdammung des Glücksspieles, die außerhalb der gerade angesprochenen philosophischen Tradition, die es ignorierte, in diversen Formen fortdauerte, seit der Romantik doch auch immer wieder vieldeutig schillernden Positivbewertungen Platz machte. Gegen den *mainstream* einer pädagogisierend-vernünftelnden Verurteilung erhoben sich vermehrt Stimmen, die den *Hasardeur,* den Glücksspieler, der „alles" „auf eine Karte setzt", zum Mann des intensiven Augenblicks – nur einem rauschhaft erlebten „Jetzt" hingegeben – stilisierten, zu einem abenteuernden Gegenbild gegen bürgerliches Berechenbarkeits- und Sekuritätsstreben. So wurde, beispielsweise bei Baudelaire oder Ernst Jünger, das Glücksspiel zu einer Metapher für das neue Lebensgefühl eines exzentrischen antibürgerlichen Individualismus.

Mit dem Spielen wollen wir uns im folgenden in drei großen Schritten beschäftigen. Zunächst soll nach den *formalen* Merkmalen des Spielens gefragt werden, nach jenen Aspekten, die sich in mehr oder weniger starker Ausprägung in der heterogenen Vielfalt jener Tätigkeitsarten auffinden lassen müssen, für die wir das Wort „Spiel" verwenden. Gibt es formale Gemeinsamkeiten in dieser inhaltlichen Vielfalt, Strukturmuster, die sie zusammenschließen und als ein wesentlich Zusammengehöriges von anderen Tätigkeitsfeldern – beispielsweise der Arbeit oder des Sports – abgrenzen? Die sachliche Berechtigung des generischen Alltagswortes „Spiel" hängt ja am Aufweis derartiger Gemeinsamkeiten, und nur die Herausarbeitung formaler Gemeinsamkeiten befähigt, der unreflektierten Alltagsverwendung Kriterien für einen trennschärferen Wortgebrauch entgegenzusetzen. Im *zweiten* Schritt wird dann überlegt, wie sich das Spielen am sinnvollsten in einzelne Formen ausdifferenziern läßt. Welche Typen des Spiels lassen sich unterscheiden? Welche Kriterien bieten sich für derartige Unterscheidungen an? *Drittens* schließlich wollen wir uns genauer der Betrachtung *eines* Spieles, des Glücksspiels und insbesondere des Glücksspiels *um Geld* widmen. Welche Sondermerkmale zeichnen dieses Spiel aus? Was sind die Gründe für die Faszination, die von diesen – in ihrer Struktur zumeist banal einfachen – Spielen ausgeht, eine nicht selten in eine ruinöse Sucht führende Faszination? Was überhaupt meint der Begriff des *Glücks* in diesen Spielen? Im Zusammenhang mit dem Glücksbegriff und der kulturgeschichtlichen Entstehung dieser Spiele werden wir auf ein transzendentales „Etwas" in ihnen stoßen, das den Sondercharakter dieser Spiele erklären und sie als Archetypus des Spielens überhaupt erscheinen lassen könnte.

Beginnen wir mit einer Skizze von abstrakten Grundmerkmalen des Spielens.

Eine genauere Beschäftigung mit den Theorien über das Spiel und ihrer Geschichte zeigt, wie sehr man immer bemüht war, sich der Deutung des Spielens über Oppositionsbegriffe anzunähern – es gibt kaum einen Wirklichkeitsbereich, dessen Bestimmung so sehr über den Umweg von Merkmalen versucht wurde, die er *nicht* besitzen soll, wie das Spiel. Im Anschluss an die vielen behaupteten Gegensatzkonstruktionen – dass das Spiel nicht den Sphären der Arbeit, des Nützlichen, des Zweckrationalen, des Ernstes usw. angehöre – wollen wir hier als erstes in höchstmöglicher Allgemeinheit Spielen als eine *freiwillige* Sondertätigkeit charakterisieren, die, obwohl alltäglich oft leicht erreichbar, doch in ihren Strukturen und den von ihr evozierten Stimmungen die *Strukturen und Motive profaner Alltäglichkeit außer Kraft* setzt. Diese so scheinbar einfache Grundaussage impliziert bereits den Ausschluss vieler Tätigkeiten aus dem Spielbegriff, auch solcher, die ihm oftmals umstandslos subsumiert werden. Zunächst verweist die Freiwilligkeit das Spielen in einen *machtfreien* Raum – einen Gegenraum zur gewöhnlich machtbestimmten Arbeitswelt – und macht es von bestimmten psychischen Dispositionen abhängig, die sich nicht einfach herbeibefehlen lassen: Spielen ist nur bei einer spezifischen inneren Bereitschaft möglich, die Distanz zu den Antriebsenergien des Alltags einschließt. Nur wer diese „bei Seite" gestellt hat, erlangt Zutritt zur Eigensphäre des Spiel-Raumes und die Chance, ganz in die Stimmungen des jeweiligen Spiels – gelassene Heiterkeit, rauschhaftes Hingerissensein, Vergnügen am Austricksen des Gegners beispielsweise – hineingezogen zu werden; in Emotionen, die zwar den Spieler vollständig „ergreifen" können, ganz leidenschaftlich und die damit auch die normale Struktur von *Zeit* mit ihrer Bindung an Vergangenheit und Zukunft zugunsten eines rein präsentischen, nur dem Augenblick verhafteten Zeitgefühls außer Kraft zu setzen vermögen, die ihm zugleich aber jederzeit auch als ein „Als-Ob"-Phänomen gewärtig sind, als „nicht so gemeint". Wem dieses „Als-Ob", das Johan Huizinga in seiner 1938 veröffentlichten Spieltheorie besonders heraushebt, während des Spieles gänzlich abhanden kommt – jeder kennt Personen, deren Spiel-Ehrgeiz sich in einen „wirklichen" verwandelt, der sie Niederlagen nicht ertragen lässt –, verlässt psychisch das Terrain des Spielens und wird potentiell zum Spielverderber. Ein interessanter physiognomischer Ausdruck des zum Spielen gehörenden psychischen „Als-Ob" ist übrigens das sogenannte *Spielgesicht*, das Kinder bei bestimmten Spielen bekommen. Der Verhaltensforscher Eibl-Eibesfeld, der es genauer erforscht hat, hat einen homologen Gesichtsausdruck auch bei spielähnlichen Handlungen von Schimpansen entdeckt.

Sein außeralltäglicher Charakter, seine Situierung jenseits der Sphäre trivialer Lebensnotwendigkeiten, die das Spielen als etwas gewissermaßen Luxuriöses, als eine Überschussaktivität erscheinen lässt, gestattet auch eine Abgrenzung des Spielens vom *spielerischen Verhalten* – einem Überschussphänomen anderer Art –, mit dem es manchmal zu Unrecht identifiziert wird. „Spielerisches Verhalten" ist im Gegensatz zum Spielen keine *Sonder*tätigkeit, sondern ein *Nebenbei*-Verhalten, mit dem andere Tätigkeiten überformt, umspielt werden; und zwar mit Vorliebe gerade langweilige, repetitive Alltags- und Arbeitshandlungen, die man sich durch spielerische Komponenten – durch phantastische Umdeutungen und witzige Neurhythmisierungen der Bewegungen beispielsweise – zu erleichtern trachtet. Spielerisches Verhalten, zu dem auch das Spielen mit der Sprache gehört, ist ein ins Alltägliche quasi hineingemogelter und mit ihm verknüpfter Zusatz, während ein Spiel ein *genuin Anderes* ist, das sich nicht nebenbei spielen lässt. Das findet seinen Ausdruck auch in vielfältigen *institutionellen Rahmungen* des Spielens, die es auch realiter als eine Eigensphäre von einer profanen Umwelt abgrenzen; durch spezielle Spiel*orte* beispielsweise – man denke an die illegalen Spielhöllen und die Casinos für die Glücks- und die Stadien für die Wettkampfspiele –, spezielle Spiel*zeiten* und schließlich, bei den Regelspielen, durch den arbiträren Charakter der Spiel*normen,* die, wie wir noch sehen werden, Grundprinzipien der Alltagsnormen ins Gegenteil verkehren. Derartige institutionelle Rahmungen haben auch einen demonstrativen Zeichencharakter, sie unterstreichen gewissermaßen mit Ausrufezeichen, dass hier und jetzt nicht die Normalität regieren soll, sondern ein Anderes, in dem das, was stattfindet, trotz aller möglichen Leidenschaftlichkeit und Härte doch nur ein „Als-Ob" meint, ein Spiel eben. Spielen eignet also, weil in ihnen etwas ganz ernsthaft betrieben wird, was nicht „ganz ernst" gemeint ist, ein *paradoxales* Grundelement.

Die besondere Betonung des außeralltäglichen Charakters des Spielens erfordert eine Abgrenzung zu außeralltäglichen Tätigkeiten *anderer Art*, die häufig mit dem Spielen gleichgesetzt werden. Schauspieler beispielsweise und Musiker spielen in der Regel kein Spiel. Ihre Tätigkeit bezweckt die Verwandlung eines „Werkes" aus der abstrakten Idealität eines „Textes" in ein sinnlich wahrnehmbares Ereignis; ihr „Spielen" ist ein *künstlerisches Gestalten*, eine Tätigkeit, der zudem die Überraschungskomponenten, das Nicht-Vorhersehbare, das zu Spielen wesentlich gehört, fehlt. Zwar ist die Lebensdauer des „Produktes" ihrer Tätigkeit im Unterschied zu den überdauernden Schöpfungen aus dem Bereich der bildenden Kunst flüchtig und in dieser Flüchtigkeit ähnelt es durchaus dem Zeitcharakter eines Spieles, aber das widerspricht ja keineswegs dem künstlerischen Artefaktcharakter dessen, was in und mit ihrer „Aufführung" entsteht. Spiele hingegen sind *unproduktiv*, sie erschaffen oder verwirklichen kein Anderes, kein Werk, sondern erschöpfen sich in einem Tun, das seinen Sinn und Ertrag ausschließlich in sich selbst findet. Allerdings bedarf unsere Grenzziehung zwischen dem Spielen und dem künstlerischen Gestalten im Hinblick auf *kindliches* Agieren einer revidierenden Einschränkung. Zwar kann die Unterscheidung für einen Großteil *bildnerischer* Formungen des Kindes aufrechterhalten werden – ein malendes Kind spielt nicht, sondern gestaltet ein Bleibendes –, sie wird aber obsolet für kindliche Rollen- und Phantasiespiele. Kinder, die in einer Eingebung des Augenblicks den Stuhl, auf dem sie sitzen, in ein Motorrad umdeuten, auf dem sie in lautstarker Aktion eine vorgestellte Reise unternehmen, oder die in interaktiven Rollenspielen andere Reize agierender Verwandlungen auskosten, spielen; sie intendieren keine Verwirklichung eines ideell vorgegebenen Werkes wie der Schaupieler oder der Musiker, sondern nur eine „Aufführung" momentaner Einfälle in einem in nichts über es selbst hinausweisenden Ereignis. Es gibt aber auch in der Kunst der Erwachsenen dem Spielcharakter dieser Spiele verwandte Phänomene. Dazu gehören beispielsweise ganz der Augenblicksphantasie folgende Improvisationen musikalischer oder darstellerischer Art, deren Kontingenzcharakter das künstlerische Gestalten genau jenen Spielen wieder annähert.

Welche *formalen Grundkomponenten* sind für die *Binnenstruktur* des Spielens typisch? Schaut man genauer hin, dann erkennt man in allen Spielen Handlungsabläufe, in denen in jeweils unterschiedlicher Akzentuierung vier Merkmale miteinander kombiniert sind: die Wiederholung, die Modifikation, ein dialogisches Element und die Ungewissheit. Spiele bauen, *erstens*, auf der *Wiederholung* von Handlungsabläufen – und der dabei erfahrenen Wiederholungslust – auf, und dieses repetitive Element ist besonders deutlich bei Funktions- und Geschicklichkeitsspielen – zum Beispiel mit dem Ball – sichtbar. Auch Phantasiespiele werden aus wiederholbaren Einzelmustern erzeugt und sind keineswegs ein vollkommen singuläres Produkt, während in Regelspielen die Wiederholung bereits durch das Regelgerüst vorgegeben ist. Allerdings entsteht aus der puren Repetition allein kein Spiel, sondern nur ein Training; – der raschen Erschöpfung der Wiederholungslust setzt das Spiel, zweitens, die Reize, die die *Modifikation* erzeugt, entgegen. Durch Variation von Handlungsabläufen – besonders sinnfällig bei Geschicklichkeitsspielen – werden den Spielern neue Effekte vermittelt und ein Mehr an Können abverlangt. Freilich: Auch die Modifikation ist nicht hinreichend, um aus Handlungsabläufen Spiele entstehen zu lassen. Zur Wiederholung und Modifikation muss, drittens, ein *dialogisches Element* hinzutreten, ein Hin und Her zwischen einem Spieler und einem – sei es realen, sei es imaginierten – „Etwas", das zurückspielt. Dieses dialogische Element hat zu Recht Johannes Buytendijk in seiner in den dreißiger Jahren des letzten Jahrhunderts entwickelten anthropologischen Spieltheorie ins Zentrum gerückt: Ohne ein zurückspielendes „Etwas", ohne die Wechselwirkung zwischen zwei alternierend agierenden und reagierenden Polen ist das Spielen tatsächlich nicht denkbar, und deshalb sind auch das Springen, Hüpfen, Laufen und Schaukeln der Kinder, solange sie ohne Bindung an ein Gegenüber und damit dialoglos bleiben, zwar lustvolle Tätigkeiten, aber keine Spiele. In den meisten Spielen ist das zurückspielende Gegenüber ein realer Mit- beziehungsweise *Gegen*spieler, den in vielen Wettkampfspielen wie dem Fußball eine ganze Mannschaft bildet. In den Rollen- und Phantasiespielen des Kindes hingegen ist es das Kind selbst, das sich zu einem Gegenüber wird, zu jenem Anderen, in den es sich agierend verwandelt. Das Gegenüber kann aber auch ein Gegenstand sein, *unter einer Bedingung*: wenn seiner Reaktion auf die Aktion des Spielers ein Element des Unvorhersehbaren eignet, nicht gänzlich antizipierbar ist. Der Ball, der Spielgegenstand vieler Funktions- und Wettkampfspiele, erfüllt diese Bedingung ideal. Er ist leicht beweglich, lädt zum Greifen, Werfen, Fangen, Treten und Nachlaufen ein, lässt sich aber in seinen Bewegungsmustern kaum jemals gänzlich vom Spieler kontrollieren. Als ein dynamisches Gegenüber, das sich verhält, als hätte es einen eigenen Willen, ist der leicht bewegliche, sinnlich erfahrbare, eigenwillige Ball eines der vollkommensten Spielgeräte und für jedes Kind ein erster Freund. Wir haben damit bereits die vierte Grundkomponente des Spiels angesprochen, die *Ungewissheit,* die mit seinem dialogischen Charakter eng verbunden ist. Sie ist die Hauptquelle, die den Reiz des Spielens speist, und jenes Merkmal, an dem sich am sinnfälligsten sein Charakter als ein Gegenentwurf zur Alltagsnormalität offenbart. Denn alle Vorkehrungen in der gesellschaftlichen Wirklichkeit laufen auf eines hinaus: die Reduktion von Kontingenz, die Steigerung der Berechenbarkeit. Die wechselseitige Voraussehbarkeit des Handelns ist die Grundbedingung von Gesellschaft überhaupt, jene conditio sine qua non, auf deren Perfektionierung alle normativen Regelungen zielen. Genau mit dieser Grundbedingung nun spielen aber die Regel- und Wettkampfspiele, in ihnen gilt das exakte Gegenprinzip, die Nicht-Voraussehbarkeit von Handlungen. Hier ist die Steigerung von Ungewissheit durch Täuschen und Bluffen nicht nur erlaubt, sondern gerade der Schlüssel zum Erfolg. So sind beide Seiten in eine symmetrische Interaktion verhakt, in der jede zweierlei versucht: eigene Ungewissheit zu reduzieren, in dem man dem anderen „auf die Schliche zu kommen" trachtet; und Ungewissheit zu erhöhen, nämlich diejenige des eigenen Handelns für den Anderen. Dabei versteht sich von selbst, dass der wechselseitige Versuch der Steigerung von Ungewissheit nur regelkonforme Handlungen einschließt. Wer die Spielregeln missachtet, ist ein Spielverderber, der das Spiel zerstört und sich damit als schlimmer erweist als der Falschspieler, der zumindest vorgibt, dessen Regeln anzuerkennen. Während in den Regel- und Wettkampfspielen die Ungewissheit Produkt eines Regelkonstruktes ist, das auf bewusste Außerkraftsetzung des Alltagsprinzips der sozialen Berechenbarkeit zielt, entsteht Ungewissheit in den kindlichen Rollen- und Phantasiespielen und in den spielähnlichen Improvisationen Erwachsener in einer dialogischen Struktur ganz anderer Art, nämlich durch Reaktion des Spielers auf die überraschenden Einfälle eines Gegenüber, das nichts anderes ist als seine eigene Phantasie. In den reinen Glücksspielen ist die Ungewissheit ins Extrem gesteigert, und alle Versuche zu ihrer Reduktion müssen der Natur der Sache nach ein illusorisches Unterfangen bleiben. Dies liegt daran, dass diesen Spielen keine wirkliche, sondern nur eine seitens des Spielers *eingebildete* dialogische Struktur eignet; nur die *Fiktion* eines Dialogs, einer *Inter*aktion zwischen ihm und dem Spielgerät, eine Fiktion, die in vielen Fällen tatsächlich den Charakter eines magischen Tuns hat. Aber gerade dadurch erzeugen, wie wir sehen werden, die Glücksspiele Spiele der Phantasie, phantastische Hoffnungen, gegen die die Widerrede des rationalen Kalküls nicht selten machtlos bleibt. Wir können nun die formalen Grundkomponenten des Spielens wie folgt zusammenfassen: Spielen – das ist ein freiwilliges, dialogisch strukturiertes Tun, das wesentliche Bausteine der Alltagsrealität – beispielsweise die sinnliche Evidenz, die normale Sequenz von Abläufen, die wechselseitige Voraussehbarkeit von Handeln – zugunsten einer flüchtigen Neukonstruktion von Wirklichkeit außer Kraft setzt, deren zentrales Charakteristikum die Ungewissheit ist.

Wir wollen uns nun einer Unterscheidung von verschiedenen *Arten des Spielens* annähern und überlegen dafür zunächst einmal, auf welche *Grundmotive* Spiele besonders häufig ausgerichtet sind. Sechs solcher Motive – sie sind erstmals vom Freiburger Soziologen Heinrich Popitz unterschieden worden – drängen sich auf. Erstens die *Freude am eigenen Können*, die gleichermaßen für Geschicklichkeitsspiele wie auch für kognitive und sportliche Wettkampfspiele wesentlich ist; zweitens der Reiz des Vermögens, die Welt *nach eigener Façon interpretieren zu können,* der Phantasie- und Rollenspiele inspiriert; drittens das *Gewinnen-Wollen* in der agonalen Situation des Wettkampfspiels; viertens das Motiv, sein

Glück aufs Spiel zu setzen; fünftens die *Lust an der Verwandlung* in den Rollenspielen; und sechstens der *Rausch,* der in Wettkampf- und Glücksspielen, aber auch bereits in spielähnlichen Bewegungsformen von Kindern, in der berauschenden Wirkung der Rotation bespielsweise, gesucht werden kann. Zweierlei ist nun für anthropologische Reflexionen zum Spiel relevant. Schaut man auf diese Motive, dann fällt auf, dass sie sich in zwei Grundmustern zusammenfassen lassen: Der Erweis eines Könnens, der Gewinn im Kräftemessen, die Gunst des Glücksspiels – das sind verschiedene Spielarten eines *Besser-*, eines *Mehr*-Sein-Wollens, während sich im Umphantasieren von Wirklichkeit, der Verwandlung und dem Rausch die Intention auf ein *Anders*-Sein manifestiert. Kurz: Dem Spielen liegt anthropologisch der Wunsch des Menschen nach Transzendierung seines Ist-Zustandes zugunsten eines Mehr- und eines Anders-Seins zugrunde. Freilich darf nicht vergessen werden, dass das Spiel mit diesen Grundbedürfnissen normalerweise nur spielt, dass es ihre Befriedigung nur als ein Als-Ob und das heisst auch: nur in *entschärfter* Form gestattet: Das Mehr-Sein-Wollen soll im Wettkampf nicht zur Verletzung des Gegenspielers und im Geschicklichkeisspiel nicht zur Verletzung des eigenen Körpers führen; und der Wunsch nach einem Anders-Sein soll in der Verwandlung nicht in den Identitätsverlust und im Rausch nicht in die Besinnungslosigkeit einmünden. Spiele sollen eben mit Grenzüberschreitungen, der Überwindung des Gewöhnlichen nur spielen, aber keine außeralltägliche existenzielle Ernst-Situation herbeiführen. Gerade manche Glücksspiele um Geld allerdings entfesseln, wie wir sehen werden, durch ihre Struktur eine psychische Dynamik, in der aus dem Spiel mit der Grenze eine Grenzüberschreitung wird, die Haus und Hof aufs Spiel setzen lässt. Aber genau derartige Einsätze begründen den besonderen Reiz derartiger Spiele.

Für eine typologische Unterteilung der Spiele gibt es diverse Vorschläge, unter denen mir noch immer der von Roger Caillois in den sechziger Jahren des vergangenen Jahrhunderts entwickelte am überzeugendsten scheint. Caillois hat ein Klassifikationsschema entwickelt, in dem vier Typen des Spiels anhand von vier Grundprinzipien unterschieden werden, für die er die griechischen Worte *Agon* (Wettkampf), *Alea* (Zufall), *Mimikry* (Maske) und *Illinx* (Rausch) wählt. Den vom Wettkampf- und Zufallsprinzip dominierten Spielen ist gemeinsam, dass sie *Entscheidungen* über ein *Besser*- bzw. Mehr-Sein der Spieler herbeiführen. Es sind Prozeduren, in denen ein Zustand der Ungewissheit mittels eines binär strukturierten Kategorienschemas – der Gegensätze von Sieg/Niederlage oder Glück/Unglück – in Gewissheit verwandelt wird. Der zentrale Unterschied zwischen beiden Typen des Spiels liegt natürlich im Anteil der Aktivität der Spieler am Ausgang der Entscheidung: Er ist in agonalen Spielen – trotz der auch in ihnen oft nicht unbedeutenden Rolle von Zufällen – groß und in den reinen Glücksspielen faktisch auf Null zusammengeschmolzen und durch Phantasien ersetzt, die nicht den Ausgang des Spiels, wohl aber das Risikoverhalten des Spielers beeinflussen. Im Gegensatz zu den Wettkampf- und Zufallsspielen wird in jenen, die auf den Prinzipien von Mimikry und Illinx basieren, nicht über ein Besser-Sein entschieden, sondern dem *Anders*-Sein der Weg geebnet. Das Mimikry-Prinzip, die Verwandlung durch Maskierung, liegt natürlich auch allen Rollenspielen zugrunde, wohingegen fraglich ist, ob man *Illinx*, den Rausch, zu einem eigenständigen, einen Typusbegriff begründenden Prinzip erheben sollte. Es mag Spiele geben, die man vornehmlich des Rausches wegen spielt, tatsächlich aber haben sehr unterschiedliche Arten des Spiels die Kraft, Rauschzustände herbeizuführen, was auch bedeutet, dass die Wünsche nach einem Besser- und Anders-Sein sich in jedem Spieltypus in unterschiedlichen Portionen mischen können.

Agon, Alea, Mimikry und *Illinx* sind anthropologische Kategorien, die Grundmotive für das Spielen überhaupt und die konstituierenden Prinzipien für unterschiedliche Spieltypen ansprechen und Gültigkeit für ganz divergente Kulturen – tendenziell alle Gesellschaften – beanspruchen. Sie geben uns freilich keine Auskunft über die *konkreten Spielformen*, die einzelne Gesellschaften aus ihnen modellieren. Warum dominiert beispielsweise im Bereich des *Agon* in den USA im Gegensatz zu allen übrigen Ländern der *American Football* über das uns vertraute Fußballspiel? Um der konkreten Ausgestaltung des Spielens in unterschiedlichen Gesellschaften auf die Schliche zu kommen, bedarf es kulturwissenschaftlicher und technologischer Reflexionen, die ausdrücklich das *Verhältnis* zwischen der jeweiligen Alltags- und der Spielrealität von Gesellschaften thematisieren und Entsprechungen oder auch Gegensätze zwischen den für beide Sphären typischen Konstruktionsprinzipien, dem emotionalen Gepräge ihrer Leitbilder und dem technologischen Niveau ihrer dinglichen Artefakte herauszuarbeiten trachten. Denn die dominanten Spiele einer Gesellschaft sind ein Anderes mit zugleich *intimen Verbindungen* zur Alltagswelt, von der sie sich abheben; zwar keine

Abbilder derselben, aber doch Transpositionen zentraler gesellschaftlicher Sollensmuster samt ihres emotionalen Gepräges dergestalt, dass im Anderen des Spiels die Wirklichkeit in homologen Merkmalen wieder aufscheint: In ihren repräsentativen Spielen *exemplifizieren* Gesellschaften immer auch spielerisch die *Sollensprinzipien und Emotionen*, auf denen sie aufgebaut sind, und nur weil sie sich immer auch vorspielen, was sie sind und sein wollen, konnte eine unübersehbare pädagogische Literatur entstehen, die – ganz im Gegensatz zum Idealismus eines Schiller beispielsweise – das Lob des Spielens primär von ihrem angeblichen Nutzwert für die Gesellschaft ableitet, ihrer Einübung von gesellschaftlichen Imperativen und Tugenden. Den engsten Bezug zur Wirklichkeit weisen Spiele auf, die eigens von einer wissenschaftlichen Disziplin namens „Spieltheorie" seit Mitte des zwanzigsten Jahrhunderts erfunden worden sind. In ihnen werden vor allem gesellschaftliche Konflikte um Macht und Geld mit der Intention durchgespielt, anhand variierender Belohnungen für egoistisches oder kooperatives Verhalten der Spieler typische Verlaufsformen konfliktuöser Sozialbeziehungen zu simulieren. Die Spiele der Spieltheorie sind freilich keine echten Spiele, denn in ihnen wird keine Gegenrealität konstruiert, sondern nur ein idealisiertes Modell der Wirklichkeit; und sie werden nicht um ihrer selbst gespielt, sondern zum Zwecke wissenschaftlicher Erkenntnisse, aus denen Prognosen und Entscheidungshilfen für schwierige soziale Situationen ableitbar sind.

Wir rücken jetzt eine der vier Hauptgruppen des Spiels ins Zentrum, die Spiele aus dem Machtbereich der *Alea*, des Zufalls, beziehungsweise wörtlich: des *Würfels*; – Spiele, die überall *Glücks*spiele heißen. Der Würfel symbolisiert wie kein anderes Objekt das Zufallsprinzip, und er gehört sicherlich zu den ältesten artifiziell hergestellten Spielgegenständen in der Geschichte der Menschheit, denn er fand in recht unterschiedlichen Formen in ganz divergenten Kulturen Jahrtausende vor unserer Zeitrechnung Verwendung. Zwar weiß man wenig über die Ursprünge und frühesten Formen des Würfelns, sein funktionaler „Sinn" aber – die Herbeiführung eines nicht voraussagbaren und nicht bestreitbaren Ergebnisses, eines Zufallsereignisses eben – lässt doch vermuten, dass das Würfeln über das reine Spielvergnügen hinaus frühzeitig auch für andere Zwecke genutzt worden ist. Das war sicherlich, erstens, die *Entscheidungsfindung* im Falle eines Dilemmas, eine Funktion, die zu transzendentalen Überschussdeutungen geradezu provozierte: „Hinter" dem Zufallsergebnis des Würfels ein Wirken transzendenter Mächte, einen „Gottesentscheid", zu vermuten, musste dem spekulativen Bedürfnis des Menschen ganz besonders entgegenkommen. Mit der Verbindung von Würfel und Transzendenz aber drängte sich gewissermaßen von selbst eine zweite Zusatzfunktion auf, die im Wunsche nach *Reduktion von Ungewissheit* in Bezug auf die *Zukunft* wurzelt und zur Auffassung von Würfelergebnissen als *göttlicher Orakel* inspirierte, einer Auffassung, die in der griechisch-römischen Antike weitverbreitet war. Dass derartige transzendentale Deutungsschablonen auch für das Würfeln *um Geld,* dem viele im alten Rom leidenschaftlich anhingen, in Anspruch genommen wurden, liegt nahe. Denn je mehr in einem Glücksspiel Nicht-Triviales aufs Spiel gesetzt wird – und Geld ist prinzipiell ein nicht-trivialer Einsatz –, desto weniger wird man unter den Bedingungen des Glaubens an transzendente Mächte in vormodernen Gesellschaften bereit sein, im Ausgang eines solchen Spieles *nur* die Äußerung eines indifferenten Zufallsmechanismus zu sehen. Hohe Einsätze in einem quasi-agonalen Glücksspiel provozieren eine enorme Erwartungsspannung der Gegenspieler, und gerade wegen der extremen Ungewissheit ihrer Ausgangssituation liegt ein Zugriff auf transzendentale Zusatzdeutungen nahe. Dann mag das Glücksspiel *auch* wie eine *Anfrage an eine transzendente Macht* erscheinen, einen *Entscheid* über ein Mehr- oder Besser-Sein der Kontrahenten zu fällen. Und da das Ergebnis von Glücksspielen im Gegensatz zur Vieldeutigkeit von Orakelsprüchen vollkommen *unzweideutig* ist – es entscheidet ausschließlich die gewürfelte Punktezahl –, steht zweifelsfrei fest, wen diese Macht erwählt hat. In Griechenland nannte man ein derartiges transzendentes Prinzip *Tyche* (Schicksal) und in Rom *Fortuna* (Glück), und beide, Tyche und Fortuna, hatten den Status personifizierter Gottheiten inne. Der Begriff des „Glücks" bezogen auf das Glücksspiel ist ursprünglich also der Name für eine transzendente Instanz, die Sieg oder Niederlage unvorhersehbar *zuteilt,* und aus diesem Deutungsschema hat sich der Glücksbegriff bis in die Gegenwart nicht vollständig lösen können: Die Vorstellung eines reinen *Zu-Falls* von Glück ohne die weitergehende Assoziation einer zuteilenden Hand, einer *erwählenden Glücks-Macht,* will auch uns oft nicht so recht gelingen. Diese Glücks-Macht, die Fortuna, war in Rom für viele die einzige wahre Gottheit, sie bekam dann aber in der christlichen Mythologie, in die sie, wie andere heidnische Götter auch, eingebaut wurde, einen eher zweifelhaften Ruf: Selbst dem göttlichen Willen unterliegend, wirkt sie als eine verführerische, launenhaft-willkürliche Konkurrenz-Macht zur Tugend, der *virtus,* in das Leben der Menschen hinein, denen sie den Erhalt mühelosen Reichtums und Glücks vorgaukelt und sie gerade dadurch ins Unglück stößt. Auf Bilddarstellungen wird Fortuna immer als nackte Frau präsentiert, ein gaben- bzw. geldgefülltes Füllhorn in der linken und oft ein Steuerruder in der rechten Hand, zumeist auf einer Kugel stehend, die das immerwährende Auf und Ab des Lebens, die Vergänglichkeit des Glücks symbolisiert. Häufig erscheint das Steuerruder zu einem von Fortuna spielerisch gedrehten Schicksalsrad verwandelt, auf dem die Menschen nach oben, ins Glück, und dann nach unten, ins Unglück befördert werden. Natürlich war die Ikonograpie der Fortuna nicht als ein Symbol für das Glücksspiel erdacht, sondern als ein warnendes Sinnbild für typische Lebensillusionen; freilich für Lebensillusionen, die in den Reizen und Hoffnungen des Glücksspiels für Geld gewissermaßen ihre idealtypische Ausprägung erhalten und deshalb gerade *dieses* Spiel für Gleichnisse mit dem Leben geradezu prädestinieren. Nun dürfen Reflexionen des Glücksbegriffs in Bezug auf das Glücksspiel und sein Verhältnis zum Leben natürlich nicht vergessen machen, dass das deutsche Wort „Glück" weit mehr umschließt als das lateinische *fortuna.* Im Gegensatz zu anderen Sprachen unterscheidet das Deutsche nicht zwischen dem Glück, das qua Fortuna zu-fällt und Zuständen des Glücklichseins als Lebenszufriedenheit – das Englische nennt das erstere *luck* und das zweite *happiness,* das Französische unterscheidet zwischen *la bonne chance* und *bonheur* und das Lateinische bezeichnet die Glücksbefindlichkeit als *beatitudo* –, zwei Arten des Glücks, die die christliche und nachchristliche Ethik bis in die Gegenwart gerne gegeneinander ausspielt: „Trau nicht dem Glück zu jeder Stund, / zeigt's dir, dass es ist kugelrund / es wandelt hin, es wandelt her, / fällt diesen an, macht jenen leer, / Das größte Glück das dir gedeiht / ist innigste Zufriedenheit" heißt es in einem typischen frühneuzeitlichen Sinnspruch, dessen wohlmeinender Rat freilich Glücksspieler nie zu erreichen vermochte. Trotz christlicher Ächtung florierte das Glücksspiel im ganzen Mittelalter, und ab der frühen Neuzeit kam es zu einer Vervielfältigung seiner Formen: Das Würfelspiel, das als sogenanntes „Hasardspiel" bis dahin dominiert hatte, bekam Konkurrenz durch reine Glücks-Kartenspiele, und ab Anfang des 19. Jahrhunderts trat dann in den Kreisen des Adels und Geldadels das Roulettespiel in den Vordergrund, das man zu Recht als Königin des Glücksspiels bezeichnet hat.

Auch auf die Erfindung der Lotterien sei in diesem Zusammenhang hingewiesen, obwohl sie – und das schließt auch das moderne Zahlenlotto ein – zu Unrecht als Spiele bezeichnet werden, denn trotz der von ihnen stimulierten Glückshoffnungen eignet den einmaligen Aktionen eines Loskaufs oder Ankreuzens von Zahlen wenig Spielähnliches. *Eine* Zäsur in der Geschichte des Glücksspiels – mit kaum überschätzbaren Folgen für Begriff und Praxis dieses Spiels – darf aber auf gar keinen Fall unerwähnt bleiben: die Begründung der *Wahrscheinlichkeitsrechnung*, die sog. „probabilistische Revolution" im 17. Jahrhundert, für die der Name Blaise Pascals an erster Stelle steht; eine Begründung, die bei Pascal mit der Reflexion eines Glücksspiel-Problems ihren Ausgang nahm: die Wahrscheinlichkeitsrechnung ist aus dem „Geiste des Glücksspiels" geboren worden. Dass der Zufall keineswegs „blind" waltet, sondern seinerseits Gesetzen unterliegt, einer „Geometrie", um Pascals verblüffende Wortschöpfung zu zitieren, enthüllte tatsächlich an erster Stelle die mathematische Reflexion der Reihen von Zufallsergebnissen beim Glücksspiel, dem Würfeln und später dem Roulette; und was man hierbei an Erkenntnissen über Wahrscheinlichkeiten zu Tage förderte, verführte nicht nur zu Neudeutungen des Glücksspiels, sondern begründete zugleich ein fundamental *neues Wirklichkeitsbild*: Indem man die Kontingenzen der Wirklichkeit nach dem *Modell des Zufalls beim Glücksspiel* zu deuten begann, erschlossen sich paradoxerweise ganz neuartige Potenzen der *Kalkulierbarkeit* einer nunmehr transzendental gänzlich entzauberten Wirklichkeit, gewissermaßen mathematische „Zähmungen" des Zufalls, die dem menschlichen Sicherheitsstreben entgegenkommen und Fundament des ganzen modernen Versicherungswesens sind. Natürlich hatten die am Glücksspiel erkannten „Gesetze des Zufalls", die eine Revolution des Wirklichkeitsbildes in die Wege geleitet hatten, auch Rückwirkungen auf die Auffassung dieses Spiels selbst, und sie mussten insbesondere die eigentlich ganz unspielerische Hoffnung nähren, dass auch dem Spieler eine Zähmung des Zufalls mittels mathematischer Systeme, ein kalkulierendes Herbeilocken des Glückes gewissermaßen, gelingen könne; – eine der ganz großen Illusionen, deren regelmäßiges Zerplatzen in der Praxis des Spieles bei vielen Spielern dann zu einer Wiederbelebung des Glaubens an die alleinige Macht der Fortuna führt.

Anhand des *Roulettespiels* sollen zum Schluss etwas genauer Merkmale und Dynamiken des Glücksspieles beschrieben werden. Dieses Spiel, gespielt im mehr oder weniger mondänen Gehäuse einer Sonderstätte, des

Casinos, zieht den Spieler in die Rhythmen eines psychischen Sonderzustandes paradoxaler Prägung: Sein ganzes Wollen, bis in die letzten Fasern des angespannten Körpers, ist ausgefüllt vom *Gewinnen*-Wollen, vom Gewinnen-Wollen von *Geld*, dem absoluten Mittel und dem realen und imaginativen Zentrum der Alltagsrealität, aber genau die spielbedingte *Ausschließlichkeit* dieses Wollens führt zu einem temporären Relevanzverlust aller Alltäglichkeit und damit zugleich des „wirklichen" Geldes; zu einer Verwandlung der emotionalen Besetzung des Geldes als des einzigen Gewinn*zweckes* zu einem *puren Mittel* in einem prinzipiell endlosen Spiel des Gewinnen-Wollens. Es ist genau dieses beständige psychische Oszillieren zwischen dem Geld als dem Zweck, auf den das Gewinnen-Wollen zielt, und dem Geld als *Jeton,* als dem Spiel-Mittel zum Gewinnen, dieses Hin und Her zwischen der existenziellen Geld- und der Spielbedeutung des Geldes, das sich im Casino atmosphärisch verdichtet; verdichtet in einer spannungsgeladenen Stille, in der die akustische Resonanz der torkelnden letzten Bewegungen der Roulettekugel vor ihrem Fall in eines der Zahlenfächer den Moment höchster Erregung bei den Spielern erzeugt, einer freilich mit aller Kraft innegehaltenen, durch nichts nach außen demonstrierten Erregung. Dass es fast ausschließlich die mehr oder weniger kontrollierte Motorik ihrer *Hände* ist, die die individuellen Besonderheiten des Erregungszustandes der Spieler verrät, hat Stefan Zweig literarisch faszinierend gestaltet. Wer nun ist beim Roulette der oder das *Andere* des Spielers, sein zugleich mit ihm spielender Widerpart? Im Gegensatz zu den Glücks-Kartenspielen ist es kein Gegenspieler, denn alle anderen Mitspieler am Tische spielen genauso wie er selbst *nur für sich*, wobei natürlich die Wahrnehmung ihrer Gewinne und Verluste manchmal nicht ganz ohne Einfluss auf sein Spielverhalten bleibt. Das Andere, dem er sich in radikaler Vereinzelung konfrontiert oder besser: preisgibt und das im genauen Einklang mit dem schnellen Frequenz-Rhythmus der Spiele jeweils neu jene im Inneren festgehaltenen psychophysischen „thrills" produziert, ist nichts weiter als die *Kugel,* deren unberechenbares Kreisen im Zahlenkessel wie ein dynamische Wirklichkeit gewordenes uraltes Symbol für die launische Willkür des Glücks erscheint. Nun ist der Ausgang eines Spiels von zwei *objektiv* voneinander vollkommen unabhängigen Prozessen abhängig: einer Wahlhandlung des Spielers, in die immer subjektive Präferenzen – manchmal mit höchst intimer symbolischer Bedeutung – für bestimmte Zahlen oder Farben hineinspielen und dem Zufallsergebnis der Kugel.

Trifft seine Wahl dieses Zufallsergebnis, dann hat er gewonnen, und das lässt gewöhnlich ein euphorisches Glücksgefühl in ihm hochschießen, in dem sich der vorherige Zustand berstender Spannung kurzfristig auflöst. Nun ist freilich auch diese Koinzidenz zufällig, vor der Kugel sind alle Spieler gleich, keiner genoss ein Privileg, aber gemeinhin kommt nun das Wort „Glück" ins Spiel und wird zur *Ursache* des Zu-Falls des Zufallsergebnisses an den Spieler stilisiert. Was aber soll damit gemeint sein, wenn anderes gemeint sein will als Zufall? Welche Macht wird nun dem Glück zuerkannt? Keineswegs fungiert „Glück" hier als Chiffre für eine Potenz, die, vermittels der Wahlhandlung des Spielers, den Lauf der Kugel magisch zu beeinflussen vermag – jeder Glücksspieler ist Rationalist genug um zu wissen, dass er über die Kugel vollständig machtlos bleibt. Was bleibt, ist freilich eine nicht weniger phantastische Vorstellung: Dass die Macht des Glückes seine Wahlhandlung, seine Hände durch ein *zukünftiges* Ereignis zu lenken vermag. Wen das Glück erwählt, der wählt, wie die Kugel wählen wird, er sitzt qua Glück gewissermaßen selbst in ihr drin. Für die Fähigkeit des Glückes zur Determination der Gegenwart durch die Zukunft benutzt der Spieler genauso wie der Alltagsmensch dann gern den Begriff „Vor-Ahnung", freilich immer erst, *nachdem* er „Glück hatte". So ist der Glücksbegriff das Refugium für eine Vielzahl uralter abergläubisch-transzendenter Vorstellungsreste, die als diffuse Hoffnungen sich beim Spieler immer wieder deswegen erneuern, weil die Gewinnwahrscheinlichkeit beim Roulette bedeutend höher ist als bei vielen anderen Glücksspielen. Ein Roulettespieler „hat" eben immer wieder auch „Glück" und erlebt dabei jenes plötzliche euphorische Glücksgefühl, eine endorphinbewirkte psychophysische Überschwemmung seines Selbst – also die Vereinigung zweier Arten des Glücks. So kann sich leicht eine *Gier* nach dem Glück, können phantastische Hoffnungen entstehen, in denen in imaginierten Dialogen mit der Kugel der Spieler immer die Oberhand behält. Dagegen bleibt oft auch der Einspruch der Realität lange – selbst nach jenen typischen ruinösen Abwärtsspiralen, in die ihn das „Pech" gezogen hat – chancenlos.

Eine verführerische Variante der phantastischen Spielerhoffnungen ist der Glaube an die Möglichkeit eines kalkulierenden Herbeilockens des Glücks mittels wahrscheinlichkeitstheoretischer Annahmen, die ja historisch selbst an Hand der Reflexion von Glücksspiel-Problemen entwickelt worden sind. Ein auffälliger Spielertypus in allen Casinos ist der Systemspieler, der sich bei seinen Spieleinsätzen von mehr oder weniger ausgeklügelten mathematischen Modellen leiten lässt, aber auch für fast alle normalen Spieler sind gewisse sehr einfache wahrscheinlichkeitstheoretische Kalküle leitend. Das zeigt sich beispielsweise daran, dass nach mehrmaligem Gewinn einer sogenannten „halben Chance" – von Rot beispielsweise – die Einsätze für die entgegengesetzte „halbe Chance", für Schwarz in diesem Fall, rapide steigen: Man glaubt, nun müssten die „Gesetze der Wahrscheinlichkeit" gewissermaßen für ausgleichende Gerechtigkeit sorgen und Schwarz „fällig" machen, lässt dabei aber wissentlich oder unwissentlich unberücksichtigt, dass die Wahrscheinlichkeit von Spiel zu Spiel gleich bleibt und eine annähernd gleiche Verteilung von Rot und Schwarz erst Ergebnis einer ganz langen Serie ist, die kein Spieler durchstehen könnte. Die falsche Anwendung wahrscheinlichkeitstheoretischer Prinzipien ist nur ein besonders prominentes Beispiel für die von den Zufallsergebnissen der Kugel immer wieder neu genährten *Kontrollillusionen* des Spielers; und seine Kontrollillusionen sind eine prominente Untergruppe im Gesamtrepertoire seiner *heuristischen Denkmodelle*, deren logische Inkonsistenz und abergläubische Imprägnierung auch zum Untersuchungsgegenstand der Sozialpsychologie wurde. Die Analyse dieser Denkkrücken, zu denen der Spieler zur Deutung dessen, was ihm im Spiel widerfahren ist, greift und die ihm – freilich immer nur im Nachhinein – Plausibilitäten und zukünftige Nutzanwendungen vorgaukeln, hat zur Aufklärung des großen Paradoxons des Glücksspiels, dem „gambling paradox", einiges beigetragen: des Paradoxons, dass es *überhaupt* gespielt wird, *obwohl* jedem Spieler mehr oder weniger deutlich bewusst ist, dass er langfristig gar nicht gewinnen kann. Schaut man freilich genauer hin, dann erkennt man, dass die heuristischen Denkstrategien des Spielers, die ihn wider besseres Wissen weiter ans Spiel binden, nichts weiter sind als eine zugespitzte Form von Denkmustern, die auch unser Alltagsverhalten bestimmen. Auch unseren Alltag interpretieren wir beständig mittels illusionärer Korrelationen, Fragmenten magischen Wunschdenkens oder durch ein retrospektives Hin und Herspringen zwischen einander ausschließenden Erklärungsmodellen – um nur einige zu nennen –, so dass sich im Glücksspiel eigentlich nur besonders prägnant unsere alltäglichen Denkattitüden und ihre logische Inkonsistenz offenbaren. Die wichtigste Erklärung für das Paradoxon des Glücksspieles liegt freilich in seinem Namen selbst. Im Begriffe des Glückes leben wie in einem Konzentrat uralte metaphysische Hoffnungen fort, die offensichtlich zur conditio humana gehören, und die Faszination des

Glücksspieles verdankt sich der Tatsache, dass es mit diesen Hoffnungen und ihrer Erfüllung spielt; und zwar nicht nur unverbindlich, sondern auf und jenseits jener Grenze, für deren existenzielle Bedeutung das Geld steht.

Spielen – das ist eine freiwillige außeralltägliche Tätigkeitsform, die in allen ihren Varianten ihren Reiz vornehmlich aus der Ungewissheit bezieht. Im Glücksspiel ist die Ungewissheit ins Extrem gesteigert, aber zugleich durch eine Hoffnung konterkariert, deren Erfüllung zu den beglückendsten Gewissheitserfahrungen eines Mehr-Seins gehört.

Claus Wiegert

Schach dem Schachmatt

Unausweichlich stellt sich im Leben mit Krebs die Sinnfrage

Seit einigen Monaten schwanken meine Gedanken zwischen Hoffnung und Hospiz. Diagnose: Krebs. Ein, höchstens zwei Jahre noch zu leben, sagt der Chefarzt. Da gilt es, sich auf das Wesentliche zu konzentrieren. Ein Satz kommt mir nun oft in Erinnerung: „Nicht *wie* die Welt ist, ist das Mystische, sondern *daß* sie ist"[1], notiert der Philosoph Ludwig Wittgenstein in einem Schützengraben des Ersten Weltkriegs.

Gefühlt an einem ähnlichen Ort, gut 100 Jahre später. Der Einschlag ist da. Er zwingt mich dazu, nicht mehr dem Wie, sondern dem Dass seinen Vorrang einzuräumen. Denn es geht um Leben oder Tod – wie eigentlich immer. Nur ist Wegschauen diesmal zwecklos.

Krebs führt, vor Sieg oder Niederlage, zu zähem Kampf und bei manchem Kranken zur Suche nach Halt im Übersinnlichen. Auch wer dafür nicht leicht entflammbar ist, kommt um die Frage nach dem Sinn des Ganzen jetzt nicht mehr herum. Der Lebenshorizont ist mit 58 Jahren plötzlich ganz nah. Das bedeutet etwa, das nächste Essen höher zu schätzen als Pläne, die über den Tag hinausreichen. Es nicht mehr als selbstverständlich anzunehmen, dass morgen die Sonne aufgeht.
 Nun geht es über dünnes Eis. Das schärft den Blick – für die Kleinheit des Ichs in der Natur, aber auch für die Geborgenheit in ihr. Dabei scheint manchmal, etwa bei einem Spaziergang, die Zeit stehen zu bleiben.

Nie die Hoffnung aufgeben, aber auch kein Träumer sein. Der Tumor zwingt zu einem seelischen Spagat, der immer wieder geübt sein will. Der Befund fordert nicht nur den Betroffenen, sondern auch die Menschen in seiner Nähe. Neben schweigsamer oder beredter Unsicherheit reichen die Reaktionen von vielen Ratschlägen über Durchhalteparolen und die Schilderung wundersamer Heilungsverläufe bis zu dem sanften, aber nachdrücklichen Hinweis, sich bald mit dem Thema Hospiz zu befassen.

Dabei unbeirrt und gelassen seinen Weg gehen – in starker Verfassung gelingt das. In schwacher ist die Hoffnung allerdings ein recht unzuverlässiger Begleiter. Die Vernunft mahnt: Wir lernen lebenslang, den Umgang mit Krebs inbegriffen. Und damit die Kunst des Überlebens, aber auch des letzten Übergangs. Das letzte Wegstück vor dem Tod soll heute so menschlich, individuell und schmerzfrei wie möglich gestaltet werden. Das Kontrastprogramm zu der noch bis weit ins 20. Jahrhundert hinein üblichen Praxis, todkranke Menschen langsam und qualvoll sterben zu lassen. An der Universität Regensburg gibt es künftig gar den Masterstudiengang „Perimortale Wissenschaft", in dem der Zeitraum um den Tod aus den verschiedensten Blickwinkeln betrachtet wird.

Schwarz auf weiß definiert die Patientenverfügung Grenzen des würdigen Lebens. Lese ich meine, kommt sie mir allerdings eher wie eine Betriebsanleitung vor, die wenig mit einer konkreten Person zu tun hat. Die Patientenverfügung nimmt Ärzten und der eigenen Familie einen Teil der Verantwortung ab. Eine Antwort auf die Sinnfrage kann sie nicht geben. Wer solchen Halt nicht mehr in der Religion sucht, muss bescheiden werden. Er betrachtet sein Sinn-Los am besten gleich als Sisyphus-Arbeit. Statt eines vermeintlich sicheren Denkfundaments steht lediglich eine Fülle privater Anschauungen und ideologischer Bruchstücke in Aussicht. Selbstbestimmung gibt's nur noch um den Preis, kleine Brötchen zu backen.

Ludwig Wittgenstein fragt, warum Menschen, denen der Sinn des Lebens nach langen Zweifeln klar wurde, nicht sagen konnten, worin dieser bestand, und nennt als Grund dafür: „Die Lösung des Problems des Lebens merkt man am Verschwinden dieses Problems."[2] Auf mehr kann man wohl nicht hoffen. Wenn es um Leben und Tod geht, ist die Sprache nur ein sehr begrenzt taugliches Ausdrucksmittel. Am weitesten reicht es vielleicht in seiner kunstvollsten Form.

Jean Paul schreibt 1813 in seiner „Vorschule der Ästhetik": „Gibt es denn nicht Nachrichten, welche uns nur auf Dichter-Flügeln kommen können; gibt es nicht eine Natur, welche nur dann ist, wenn der Mensch nicht ist, und die er antizipiert?" Von den letzten Gedanken und Erscheinungen eines Sterbenden wisse man nichts. „Aber die Poesie zieht wie ein weißer Strahl in die tiefe Wüste, und wir sehen in die letzte Stunde des Einsamen hinein."[3] Diese Einsamkeit hat ihre Vorboten im Leben. Meistens entkommen wir ihnen.

Für den Sprachkünstler Kurt Tucholsky versagt die Sprache vor letzten Dingen. Er hat in einer Skizze mit dem Titel „Eine Treppe" drei Stufen aufgezeichnet. Die untere nennt Tucholsky „Sprechen", die mittlere „Schreiben" und die obere „Schweigen".[4] Wenige Tage, bevor er sich am 19. Dezember 1935 das Leben nimmt, notiert Tucholsky in sein „Sudelbuch": „Wenn ich jetzt sterben müsste, würde ich sagen: Das war alles? Und: Ich habe es nicht so richtig verstanden. Und: Es war ein bisschen laut."[5] Entwaffnend einfach. Da endet die Spur der Zuversicht.

Jeder Mensch hat im Leben lebenslänglich. Allerdings auch die Pflicht und zugleich das Recht auf Entlassung aus dem Dasein. Kann die vorzeitig, rechtzeitig oder zu spät kommen? Die Antwort wäre anmaßend. Denn solche scheinbar wichtigen Wertungen verblassen auf der Zielgeraden des Lebens. Nach dem Tod erst recht. Mit der Zeit verliert der Unterschied, ob ein Mensch in jungen Jahren bei einem Unfall oder später an Altersschwäche gestorben ist, immer mehr an Bedeutung. Ob jemand mit 20 oder 80 Jahren stirbt, sagt letztlich nicht mehr, als dass dies der Fall ist. Die Floskel vom erfüllten Leben – geschenkt.

Wenn die Grenze des eigenen Daseins plötzlich in Sichtweite auftaucht, drängt sich eine elementare Einsicht auf: Von Jetzt auf Nachher zu schließen, ist immer eine gewagte Sache. Und im konkreten Fall ein todernstes Spiel. Aussteigen gilt nicht.
Der Tumor baut seine schattige Existenz darauf, dass er ein anderes Leben zerstört. In dem Kampf hat der Wucherer die bessere Papierform. Sein Gegner ist allerdings schwer zu schlagen – sage ich mir in guten Stunden. Fühle ich mich matt, spreche ich mit dem Krebs, versuche mit ihm zu verhandeln und biete Remis an.
Genauer gesagt: ein Stillhalteabkommen. Aber er schweigt. Dann eben: Schach dem Schachmatt! Unmöglich? Was erst noch zu beweisen wäre.

Anmerkungen

[1] Ludwig Wittgenstein: Tractatus logico-philosophicus. Logisch-philosophische Abhandlung. Wien 1918. Zitiert nach der Ausgabe im Suhrkamp Verlag, Frankfurt am Main 2003, S. 110.
[2] Ebd., S. 111
[3] Jean Paul: Poetische Nihilisten – Poetische Materialisten. Aus: Vorschule der Ästhetik. Verlag Perthes, Hamburg 1804. Zitiert nach überarbeiteter zweiter Auflage, Verlag Cotta, Stuttgart 1813, aus: Klassische Deutsche Dichtung, Band 20. Schriften zur Dichtkunst. Verlag Herder, Freiburg im Breisgau 1966, S. 469.
[4] Zitiert nach Klaus-Peter Schulz: Kurt Tucholsky in Selbstzeugnissen und Bilddokumenten. Rowohlt Taschenbuch Verlag, Hamburg 1959, S. 169.
[5] Ebd.

Rainer Hagen

Über den Ruf der Nase

Wer dieses liest ...

Wer dieses liest, hat zwischen sich und dem Text die Nase. Doch er sieht sie nicht. Weil die Augen so angebracht sind, dass der Blick an den Nasenflügeln vorbei geht, und/oder auch, weil die Aufmerksamkeit so sehr auf den Text fixiert ist, dass ihr Anderes, auch Näherliegendes, entgeht. Was bleibt, ist ein diffuser Schatten. Kneift der Leser das eine, dann das andere Auge zu, hüpft die Nase zur Seite.

Im Spiegel betrachtet, also von vorn, ist auch nicht viel zu sehen: bei zurückgeneigtem Kopf zwei Löcher, nach vorn gebeugt die Andeutung eines Nasenrückens. Die vollständigere, eine dreidimensionale Form ließe sich eher von der Seite aus erkennen, doch wer schafft das schon bei sich selber. Anders wäre es, der Lesende säße in einem (universitären) Lesesaal, er löse den Blick vom Text, lehne sich zurück und erspäht zu seiner Rechten wie zur Linken hinter einander Köpfe über Papier oder Tastaturen gebeugt. Lauter Profile, unterschieden zuerst durch Frisuren, dann durch Nasen, eine hinter der anderen. Normaler Weise sucht der Mensch im fremden Gesicht nach Mund und Augen, aber im Profil gesehen sinken diese zurück, die Nase dagegen ragt hervor, beherrscht das Gesicht, gibt ihm Form, sie triumphiert.

Von den Augen meinen wir, sie spiegelten die Seele, der Mund gibt Gedanken und Gefühle frei, beide Gesichtsorgane zeugen vom Innenleben. Das kann die Nase nicht. Manche Menschen meinen zwar, ob Stubs- oder Adler-Nase, ob gerade oder gewölbt, die Form zeige den Charakter, aber das ist Unsinn. Auch auf den aktuellen Zustand eines Gemüts kann sie nicht reagieren, dafür mangelt es ihr an Feinmuskulatur, kann ja kaum die Spitze rümpfen. Sie ist arm dran im Konkurrenzkampf ums Innere.

Um herauszufinden, wie über sie gedacht und was ihr nachgesagt wird, ihren Ruf also, sollte man Abstand nehmen. Frühe Zeugnisse liegen bei den Ägyptern. Grabgemälde zeigen Frauen mit Salb-Kegeln auf der Perücke: Das parfümierte Wachs schmolz, verbreitete Wohlgerüche. Der Duft von (geräuchertem?) Weihrauch wurde besonders geschätzt, der Gott Amun wünschte, dass „Himmel und Erde mit Weihrauch überfließen". Eine der Gottheiten galt als „Herr der Nase", eine Hieroglyphe mit Nasen-Profil bedeutete Freude.

Aber nicht diese positive Einschätzung hat sich in der Kultur des Abendlands durchgesetzt, sondern eine negative aus Griechenland. Wohlgerüche waren zwar auch in den attischen Städten populär, wie Gefäßscherben belegen, aber nicht die Praxis hat überdauert, sondern Philosophie. Und für die denkenden Männer war das Auge das allererste aller Erkenntnis-Organe, und die Nase das allerletzte. Es sei denn indirekt wie bei Aristoteles. Er unterschied im Menschen das Obere vom Unteren, „das Edle vom Niederen", die „empfindende Seele" würde verletzt durch üble Gerüche von Krankheit und Verwesung, auch „durch den von der Nahrung ausgehenden Dunst". Die Nase fungierte als Agent des Niederen und diese Verbindung hat sich durch Jahrhunderte gehalten. Wer einen Beleg sucht, schlage etwa nach im „Allgemeinen Handwörterbuch der philosophischen Wissenschaften", erschienen 1832 bis 1838 in Leipzig (Reprint 1969). Auch angenehme Düfte lösen kein „Wohlgefallen" aus, heißt es dort, „weil das bloße Riechen nur ein sinnlicher Kitzel ist", nicht der Erkenntnis dient und somit zu einer der „niedern oder unedlen Sinne" gehört. Das würde heute niemand mehr behaupten, nicht zuletzt dank der Neurowissenschaften steht auch die Geruchsforschung hoch im Kurs, 2004 wurde einem ihrer Vertreter sogar ein Nobelpreis zugesprochen.

Es sind viele Bereiche, die den Ruf der Nase mitbestimmen, neben Philosophie und Wissenschaft auch die erzählende Literatur. Wer hat in seiner Kindheit nicht Pinoccio kennen gelernt, den hölzernen Knaben, dem bei jeder Lüge die Nase ein Stück länger wuchs? Oder später Cyrano de Bergerac, den tapferen Helden, der seine überdimensionierte Nase so abstoßend fand, dass er sich der ein Leben lang Geliebten nicht zu nähern wagte. Oder auch jener russische Beamte, der eines morgens ohne Nase erwacht, der ohne diese keine Karriere machen kann, und dessen Autor ihn durch ganz Petersburg jagt, um sie wiederzubekommen. Als bislang neuestes dieser Werke, die alle zur Weltliteratur aufgerückt sind: Patrick Süskinds „Parfum" von 1985. Sein Protagonist, ein Mann von tierischer Primitivität, ausgestattet mit genialem Geruchs-

Sinn und dem Drang, alle Frauen zu ermorden, die ihn olfaktorisch fasziniert haben. So unterschiedlich sie sind, diese vier Werke, sie sind alle negativ codiert in einem Umfeld von Unglück und Gefahr. Zufall?

Ganz anders eine Etage tiefer in der Alltagssprache, im täglichen Umgang. Da tummelt sich die Nase inmitten von Bildern und Vergleichen, von sprichwörtlichen Redensarten, bei denen meist unklar bleibt, wie weit entstanden aus Lust am Spiel oder um Erklärungen zu umgehen. Also statt Beziehungs-Analyse einfach „ihm passt meine Nase nicht", „an der Nase sehe ich es ihm an", „Ich kann ihn nicht riechen". Fast immer gilt die Nase als Ding. Erst durch Verb und Präposition (auf, unter, vor, etc.) bekommt das Ding Sinn und Witz: auf der Nase liegen, auf der … tanzen, in der … haben, nach … fahren, Würmer aus der … ziehen. Also weit entfernt vom großen Schicksal in der hohen Literatur, dafür ein Spielplatz der Sprach-Phantasie, die Nase als Objekt der Belustigung.

Nicht nur. Die Wortbilder ändern sich mit der Gesellschaft, im 16. Jahrhundert (zum Beispiel) wächst das Misstrauen gegenüber dem Latein, der Sprache der Mächtigen, der Kirche und der Juristen. Der gemeine Mann meinte, deren Interpretationen ließen sich biegen „als das wachs und darum bespricht man, sie haben ein wechsin nasen." Luther im Kampf gegen die lateinische Liturgie: „als weren sie ein wechsern nasen die man hyn und her ziehen könnte." Die Nase als Betrugs-Emblem? Entstanden vermutlich aus dem Zusammenfluss zweier populärer Gefühle: dem Abscheu gegenüber dem Kirchen-Latein und dem Vergnügen an vagabundierenden Gauklern, die sich mit Hilfe von Wachs zu maskieren pflegten.

Der Ruf der Nase hängt auch an Bildern. Sie werden durch Sprache evoziert, machen sich aber gern selbständig. Etwa das Bild der Hexe, die Hänsel und Gretel in den Ofen schieben, dieser Hexe mit der Warzen-Nase, der krummen, wer bewahrt es nicht in seinem Märchen-Schatz? Oder Kaspars hölzerner Riechkolben, mit dem er alle Krokodile der Welt von der Bühne schubst? Oder jenen Knochenmann, der mit Sense oder Stundeglas über die Felder zieht und jungen Frauen vertrauensvoll über die Schulter schaut – mit leeren Augenhöhlen, offenem Gebiss und einem Loch im Gesicht, dort wo die Nase war? Die alte Rangordnung der Gesichtsorgane, hier gilt sie nicht mehr.

Wie steht es also mit dem Ruf der Nase? Zieht die Atemluft frei hindurch, finden wir das gut, ist sie verschleimt und verstopft, ist das schlecht. Aber nicht die biologische Funktion interessiert uns in diesem

Text, sondern das gedachte, gefühlte, phantasierte Drumherum, man könnte es Aura nennen, wäre das Wort nicht für edlere Zwecke beschlagnahmt. Auch könnte man vom Ansehen der Nase reden, aber auch das klingt vornehm, beschränkt sich auf etwas wie Duft und schließt üble Gerüche etc. vom vornherein aus. Der Ruf von etwas kann dagegen gut wie schlecht sein, er umfasst das eine wie das andere, und uns will scheinen, als wäre er bei der Nase unterschwellig eher schlecht.

Warum?

Weltliteratur und Aristoteles lassen wir beiseite, bieten aber eine Reihe weniger populärer Gründe an, jeweils zur persönlichen Bedienung. Etwa die Unterscheidung von Sein und Schein. Die Nase besetzt den zentralen Platz im Gesicht, hat aber nichts zu sagen, macht gute Figur, gibt aber nichts her, ist ein Angeber. Da wundert es nicht, dass sie zum Gespött wird im Fasching und im Karneval, dass Karikaturisten sie diffamieren als spitzige Tüte oder aufgeblähte Wurst, und Kinder sie mit gespreizten Fingern höhnisch in die Länge ziehen.

Zugegeben, das klingt simpel und der zweite Erklärungs-Vorschlag vielleicht ebenso. Er geht darauf zurück, dass zwar das Nasenbein hart ist, die Spitze aber, die man „hyn und her ziehen" kann, ist weich wie Wachs. Weichheit wird im intimen Umgang geschätzt, öffentlich aber nicht, denn solange Leben als Kampf aufgefasst wird (Ovid: „Vivere militare est"), gilt Härte als Stärke und Weichsein als Schwäche. Darüber ließe sich auch heut trefflich disputieren, aber bezieht einer die Nase mit ein, wird es schwierig. Unversehens rutscht das Gespräch ins Zwielicht des Halbbewussten, in die Nähe der Scham, man scheut das offene Wort. Auch Sigmund Freud schrieb lediglich von „zahlreichen Anspielungen", bei denen die Nase „dem Penis gleichgestellt" würde. Wieweit diese Anspielungen verbreitet waren und sind, versuchen wir nicht festzustellen. Bei Freunden des Obszönen vermutlich mehr als bei jenen, die im Körper das Obere vom Unteren strikt getrennt halten wollen. Zwischen den Werken, die wir zur Weltliteratur zählen, fanden wir ein einziges Beispiel, und zwar in Laurence Sternes „Tristram Shandy". Dort wird im 5. Band (London 1761) die Geschichte von einem Fremden erzählt, der abends in Straßburg einreitet und alle Frauen in Aufregung versetzt. Eine enorme Nase zeichnet ihn aus, „zwölfmal größer als die größten in Straßburg", die Nonnen können nicht schlafen, die Frau des Trompeters will das Stück vor dem Zubettgehen „mit meinen Fingern berühren". Die Verwandtschaft mit dem männlichen Genital verschweigt Sterne, aber er tut es sozusagen lauthals, lustvoll lauthals, und überlässt alles Weitere seinen Leserinnen und Lesern.

Statt ihnen zu folgen erinnern wir lieber an ein Kunstwerk, hoch bedeutend in der westlichen Kultur und populär auch außerhalb ihrer Grenzen, ein Gemälde Michelangelos aus seinem Fresken-Zyklus von der „Erschaffung der Welt" an der Decke der Sixtinischen Kapelle in Rom: Da liegt Adam auf einem Stück Erde, Gott schwebt über ihm auf Wolkengewändern, beide strecken Arme und Hände einander entgegen, damit ihre Fingerspitzen sich berühren. Eine geniale Bilderfindung, leuchtet unmittelbar ein, ist aber gefälscht. Denn im 1. Buch Mose heißt es, Gott der Herr schuf den Menschen „und blies ihm den Odem des Lebens in die Nase". Der Maler mied den Odem, hat aber keine Begründung hinterlassen. Ob ihm das göttliche Geschenk mit seinen realitätsnahen Mitteln nicht adäquat darstellbar erschien, ob ihm und seinen frommen Beratern die Nase nicht in den Umkreis eines hoheitlichen Aktes passte, oder ob ihm ganz persönlich sein Bild-Einfall so überaus gefiel, dass er alle Bedenken bei Seite schob, wir wissen es nicht. Zu sehen sind zwei überaus edle Gesichter, auch deren Nasen werden jeweils von der besten Seite gezeigt, keine von vorn, beide im Profil. Michelangelo integriert sie in seinen großen Lobgesang auf den 7. Tag der Welterschaffung, und der Betrachter (immer noch im Studiensaal?) könnte denken, da hätte ein Künstler historischen Ballast wie Kleinkram einfach weggelassen. So könnte er denken, muss es aber nicht.

Michael Holzwarth

Vom Kaffee zum Café

Über die psychosoziale Wirkung eines Getränks und die gesellschaftlichen Funktionen des Cafés

Coffein ist die verbreitetste Droge der Welt. Keine Kultur, keine Zivilisation der Gegenwart nutzt sie nicht; in Form von Kaffee und Tee nimmt ein großer Teil der Menschheit Coffein täglich zu sich. Und doch ist die Geschichte dieser Drogen deutlich jünger als die Geschichte der Zivilisation, viel jünger etwa als die Geschichte von Wein und Bier – des Alkohols allgemein. Für viele ist es heutzutage selbstverständlich, morgens Kaffee und am Abend Bier oder Wein zu trinken. Die alten Griechen kannten nur Dionysios, die Römer nur Bacchus, ein Gott Kaffee war ihnen fremd. Wäre Kaffee ihnen schon bekannt gewesen, hätten sie ihn vielleicht der Athene zugeordnet, doch eher noch hätten sie für den Kaffee eine ganz eigene Gottheit erschaffen.

Nach Rohöl, dem Treibstoff der Maschinen, gilt Kaffee – Treibstoff der Menschen – als eines der wichtigsten Handelsgüter der Welt. Im Folgenden geht es mir jedoch weniger um die Geschichte des Kaffees als Handelsgut oder als landwirtschaftliches Produkt, diese Geschichte des Kaffees ist auch weniger die Geschichte eines Getränks, viel mehr eine soziale Geschichte und entsprechend die Geschichte eines Ortes – des Cafés oder Kaffeehauses. Es ist eine Geschichte, die eng verflochten ist mit dem kulturellen, politischen, wissenschaftlichen und wirtschaftlichen Wandel seit der Neuzeit bis in unsere Gegenwart hinein. Diese Geschichte beginnt für die westliche Welt vor etwa 370 Jahren, also in der Mitte des 17. Jahrhunderts und setzt sich im 21. Jahrhundert mit ungebrochener Dynamik fort. Sie beginnt in einer frühen Phase der Globalisierung und Kolonialisierung, begleitet politische Umbrüche vom Absolutismus über den Parlamentarismus in den heutigen Spätkapitalismus.

In China wird Tee, die andere wichtige coffeinhaltige Pflanze, schon seit über 2000 Jahren kultiviert und zu einem anregenden Getränk verarbeitet. Die frühesten archäologischen Belege zum Tee stammen aus dem 2. Jahrhundert vor unserer Zeitrechnung, wenngleich die schriftliche Überlieferung vermuten lässt, dass die Teekultur in China noch einige Jahrhunderte älter ist, ja vielleicht schon seit 3.000 Jahren praktiziert wird. Doch den Kulturen des Mittelmeers, der Ostsee und des nördlichen Atlantiks waren das Coffein und andere stimulierende Alkaloide bis in die Neuzeit fremd. In den folgenden Passagen sollen die Entdeckung, Verbreitung und Institutionalisierung des Kaffees und der Cafés in diesen Kulturen erkundet werden. Dabei will ich in England beginnen, welches, bevor es zum Teeland wurde, zunächst eine intensive Kaffeephase durchlebte, und in Berlin im Jahr 2020 enden, wenngleich Berlin hier eher pars pro toto für einige Städte des Westens steht. Es soll durchaus zur Sprache kommen, wie der Kaffee als Getränk, aber auch als Pflanze in die Welt kam, welche wirtschaftlichen Veränderungen dies mit sich brachte, aber mehr noch, wie die Droge Coffein und der Ort des Cafés die Psyche und den sozialen und öffentlichen Raum geprägt haben und weiterhin prägen.

Die ersten Coffeehouses in England

Eine Gruppe anonymer Frauen Londons beschwert sich im Jahr 1674 in einem öffentlich angeschlagenen Brief darüber, dass *„der exzessive Gebrauch dieses neumodischen, widerwärtigen, barbarischen Getränks, welches KAFFEE genannt wird ... unsere Ehemänner zu Eunuchen gemacht hat und unsere zivilisierteren Verehrer verkrüppelt, dass sie nun impotenter als Greise sind."*[1]

Die so an den Pranger gestellten Männer antworteten natürlich prompt auf diese Schmähschrift gegen ihr neues Lieblingsgetränk mit einem eigenen Brief *„zur Verfechtung der Kaffeetugend; zur Rückweisung jener Schmähungen, die ein skandalöses Pamphlet gegen den Kaffee erhoben hat."* Tatsächlich lag es wahrscheinlich nicht an diesem neuen Getränk selbst, dass die Männer ihren Ehefrauen so impotent vorkamen, sondern eher an den jungen Frauen, die in manchen Nebenräumen dieser nur von Männern frequentierten Coffeehouses zahlenden Besuch empfingen.

Diese neuen Kaffeehäuser, die in London wie Pilze aus dem Boden schossen, wurden unter anderem deshalb so populär, weil sie eine bisher kaum gekannte soziale Durchmischung ermöglichten. Leute, die durch ihren Stand und Beruf voneinander getrennt und fremd waren, begegneten sich hier jenseits von Standesdünkel und anderen gesellschaftlichen Barrieren. In einer für den Kaffee mit seinen „exzellenten Tugenden als nüchtern machendes Getränk" eintretenden Streitschrift hieß es:

First, Gentry, Tradesmen, all are welcome hither,
And may without Affront sit Together:
Pre-eminence of Place, none here should Mind,
But take the next fit seat that he can find:
Nor need and, if Finer Persons come,
Rise up for to assign to them his Room.

Bisher waren es die unter einfachen Leuten beliebten Alehäuser und die Tavernen der feineren Gesellschaft, in denen man sich traf und beim Zechen ins Gespräch kam. Doch unter Einfluss des Alkohols nahmen Gespräche und Diskussionen oft einen anderen Verlauf, einerseits emotionaler, andererseits spielte auch das Gedächtnis ab einem gewissen Pegel nicht mehr mit. Im Gegensatz dazu trafen sich, wie in obigem Kurzgedicht gelobt, zumindest anfänglich die verschiedensten Kreise in diesen Kaffeehäusern und führten Gespräche ganz anderer Art. Auch der Kaffee löste seinen Konsumenten die Zunge, schärfte jedoch die Wahrnehmung und kognitiven Fähigkeiten – eine damals kaum gekannte Wirkung.

Das erste Kaffeehaus in England wurde wahrscheinlich 1651 in der traditionsreichen Universitätsstadt Oxford, 90 km nordwestlich von London, gegründet. Weitere Kaffeehäuser etablierten sich in kürzester Zeit und bekamen bald einen Ruf als *Penny Universites*. Der Kaffee kostete einen Penny, die anregende Wirkung dieses neuartigen Getränks machte wach und aufmerksam, regte die Besucher zum Gespräch an und insgesamt zur geistigen Tätigkeit. Was ein Kontrast zur sonst gewohnten Geselligkeit mit alkoholischen Getränken! Statt der sonst gewohnten Trübung der Sinne und des Intellekts im Rahmen des Beisammenseins mit Bier, Wein oder Whiskey, wirkte dieses Getränk wie ein kräftiger Wasserstrom auf den Mühlen des Geistes. Um den Besuch noch attraktiver zu machen, hielten die Betreiber einige Zeitungen vor. Selbst für Journalisten wurde es ein guter Ort, um sich zu informieren, aktuelle Themen aufzuschnappen und neue Ideen zu entwickeln.

Daniel Edwards, ein Londoner Kaufmann der *Levante Company*, eine für den Handel mit dem Osmanischen Reich gegründete Handelsgesellschaft, hatte auf dem Rückweg nach England, auf Sizilien Halt machend, in Ragusa noch einen Kaffee getrunken und, aus Sorge in England von diesem liebgewonnenen Getränk nichts mehr zu bekommen, kurzerhand vom westlichsten Zipfel der levantinisch-osmanischen Welt den Kaffeediener Pasqua Rosée angeheuert und mit in seine Heimat genommen, dass er ihm auch zu Hause jeden Tag einen Kaffee zubereiten könnte. Die große Neugier um dieses neue Getränk und die vielen bald störenden Besucher, die vielleicht nur deshalb kamen, um eine Tasse dieses ungewöhnlichen Getränks abzubekommen, veranlasste Edwards bald, seinen Kaffeediener freizustellen, dass er den Kaffee nicht mehr bei ihm zu Hause zubereiten musste, sondern in einem eigenen ersten Coffeehouse.

Um über sein neuartiges Getränk aufzuklären, verfasste Pasqua Rosée, der Gründer dieses ersten Londoner Kaffeehauses im Jahr 1652 eine Flugschrift, in der er über die Herkunft des Getränks informierte, wie Kaffee zubereitet und wie er getrunken wird und eine schier endlose Liste der gesundheitlichen Vorteile, die der Genuss des Kaffees mit sich bringen soll:

> It is a simple and innocent thing, composed into a Drink, by being dryed in an Oven, and ground to Powder, and boiled up with Spring water [...] it's very good to help digestion, and therefore of great use to the hour of 3 or 4 a Clock afternoon, as well as in the morning [...] quickens the Spirits and makes the Heart Lightsome [...] It is very good to prevent Mis-carryings in Child-bearing Women [...] It will prevent Drowsiness and make one fit for business.

England hatte gerade zehn Jahre Bürgerkrieg hinter sich und stabilisierte sich ein wenig unter der Herrschaft von Oliver Cromwell. Insgesamt galt England in dieser Zeit als ein dem Alkohol sehr zugeneigtes Land, berüchtigt für seine Zecher. Die neue Mode des Kaffeetrinkens gefiel den Bierbrauern und Alehäusern keineswegs, die neuen Coffeehouses wurden schnell als Konkurrenz wahrgenommen. Trotz verschiedener Verleumdungen dieses pechschwarzen Getränks und seiner Verkäufer, gewann der Kaffee rasch viele Freunde und Fürsprecher. Neuartig an diesen Kaffeehäusern war nämlich auch ihre soziale Offenheit, sowohl Betreiber als auch Besucher dieser Coffeehouses kamen aus allen sozialen Schichten und den unterschiedlichsten Milieus. Natürlich war es nicht nur eine

Frage, ob man den Penny erübrigen konnte, sondern auch, ob man sich die Zeit nehmen konnte, um von seiner sonstigen Arbeit fern zu bleiben. Folglich gehörten zu den regelmäßigen Besuchern eher jene, die nicht darauf angewiesen waren, sich täglich aufs neue ihren Lohn zu erkämpfen, sondern solche Leute, die die Freiheit hatten, das Nachdenken, Debattieren, Streiten und Forschen zu ihrer Arbeit zu machen. Insofern scheint es kein Zufall, dass das erste Coffeehouse Englands in einem Zentrum des Intellekts eröffnete. Tatsächlich befanden manche Besucher, die dieses neue Getränk auch ausprobieren wollten, seine Wirkung negativ und enttäuschend, da es die von ihnen geschätzte Wirkung der alkoholischen Getränke teilweise zunichte mache. So waren es in der frühen Kaffeehaus-Kultur in Oxford gerade eher Studenten, Wissenschaftler und die sogenannten *virtuosi* der Zeit, die die anregende Wirkung des Kaffees auf ihre geistige Tätigkeit besonders schätzten und im Kaffeehaus viel Zeit verbrachten.

In London begeisterten sich noch weitere Kreise und Berufsgruppen für diese neuartigen Orte und ihre Möglichkeiten der Begegnung und des Austauschs. Der aus Frankreich nach England geflohene Hugenotte Maximilien Misson notierte in seinem Reisebericht unter dem Stichwort *Caffez*:

> Diese Art von Häusern, von denen es eine große Zahl in London gibt, sind sehr angenehm. Man hat dort die Nachrichten und kann sich dort am Feuer aufwärmen, so lange man will. Die Leute trinken eine Tasse Kaffee oder etwas anderes, treffen sich um Geschäfte zu machen – und all das für einen Penny, wenn man nicht mehr ausgeben will.[2]

Rasch entwickelten sich verschiedene Kaffeehäuser zum Treffpunkt der unterschiedlichsten Klientele: Wissenschaftler, Künstler, Juristen und andere Gruppen machten einzelne Kaffeehäuser zu ihrem Treffpunkt. Auch für die Wirtschaft wurden sie zu wichtigen Handelsplätzen. Um 1697 wurde der Großteil der Geschäfte des Londoner Aktienhandels in den beiden Kaffeehäusern *Jonathan's* und *Garraway's* abgewickelt. Der Global Player der Transportversicherung *Lloyd's of London* hat seinen Ursprung im damals von Edward Lloyd gegründeten Kaffeehaus. Da sich hier viele Kapitäne, Schiffseigner und anderer Geschäftsleute trafen, kam Lloyd auf die Idee als Vermittler zwischen den Eignern und vermögenden Einzelpersonen, die den Untergang oder Ausfall des Schiffes finanziell absicherten, tätig zu werden. Als er mit dem Kaffeehaus in neue Räumlichkeiten umzog, baute Lloyd gleich eine Kanzel in sein florierendes Geschäft, um von hier oben noch besser als Makler vermitteln zu können. Selbst während der *Großen Pest* von London in den Jahren 1665 und 1666 ließen einige Stammgäste ihren Kaffeehausbesuch nicht ausfallen, wenngleich sie nicht mehr wie sonst für jedes Gespräch mit einem Fremden zu haben waren. Auch Freunde und Bekannte wurden erst einmal aus der Distanz gegrüßt und nach der eigenen und familiären Gesundheit gefragt, bevor man sich traute, ihnen näher zu kommen. Auch der *Große Brand* von London im September 1666, der ein Fünftel der Stadt zerstörte, führte keineswegs zum Niedergang der Coffeehouses.

Viele Kaffeehäuser hatten erst kürzlich eröffnet, als dann auch König Charles II. im Jahr 1675 versuchte, diese neue Mode zu unterbinden. Unter dem Vorwand des wirtschaftlichen Schutzes der Leute, hier ihre Zeit zu verschwenden, wollte er gleich alle diese Orte, an denen man Kaffee, Tee oder Schokolade genoss oder kaufen konnte, schließen lassen. Ihm war auch zu Ohren gekommen, dass in diesen Kaffeehäusern viele politische Gespräche und Debatten geführt wurden und entsprechend auch viel Negatives über seine Herrschaft.[3] Das Gesetz sollte etwa 14 Tage später in Kraft treten, wurde jedoch von einigen seiner Minister, die selber gerne Kaffee tranken, abgewendet. Auch hier kann man vermuten, dass die negativen Berichte zum Teil auf das Konto der alkoholischen Konkurrenz gingen. Dennoch lag man nicht ganz falsch, wenn man in diesen Kaffeehäusern mehr politische Debatten und mehr politische Agitation vermutete als in einem Alehaus oder einer Taverne. Der Kaffee war deutlich besser dafür geeignet, um zum Diskutieren, Debattieren und Planen anzuregen. Tatsächlich hatten auch die verschiedenen Parlamentarier bald ihre Stammkaffeehäuser – von den Demokraten über die Whigs hin zu den Tories, selbst die Lords gingen ins Kaffeehaus.

Die beiden Schriftsteller Joseph Addison und Richard Steele gründeten 1711 die Zeitschrift *The Spectator* mit der Intention, sie speziell in den zahlreichen Kaffeehäusern Londons zirkulieren zu lassen. Dadurch konnten sie, trotz der relativ geringen Auflage von 3.000 Exemplaren, ein Zigfaches an Lesern erreichen. Die Zeitung erschien bis ins folgende Jahr, war jedoch so populär, dass die einzelnen Seiten später als Buch zusammengefasst wurden, das man bis ins 19. Jahrhundert nachdruckte. Jürgen Habermas nimmt in seiner Arbeit zum *Strukturwandel der Öf-*

fentlichkeit auch auf diese Publikation Bezug und misst den frühen englischen Kaffeehäusern eine zentrale Bedeutung in der Schaffung einer modernen und breiteren Öffentlichkeit bei.

Die Bandbreite der Wirkungen die dem Kaffee nachgesagt wurde, reichte von anregend und beruhigend über erotisierend und entmännlichend wie auch vergiftend und heilend. Eines war jedoch allen klar: Insgesamt stellte Kaffee und sein Ort, das Kaffeehaus, einen Gegensatz zur sonstigen Auswahl an sozialen Orten dar, an denen man nur Alkoholisches trank und entsprechend eine ganz andere Form von Sozialität erzeugte. Das Kaffeehaus war ein Ort der Nüchternheit, der Intensivierung der geistigen Tätigkeit, nicht des Lallens, sondern des Diskurses. Kaffee wurde zum Getränk der Aufklärung und das Kaffeehaus zu einem wichtigen Ort dieser Bewegung. Hier wurde der Geist geschärft, neue Ideen gesponnen und diskutiert. Hier wurden sozial kritische, aufklärerische und wissenschaftliche Texte geschrieben und von breiteren Kreisen der Gesellschaft rezipiert.

In den Zehner- und Zwanziger-Jahren des 18. Jahrhunderts jedoch begann der Tee den Kaffee als liebstes nichtalkoholisches Getränk der Engländer abzulösen. Gleichzeitig ging die Popularität der Coffeehouses zurück. Tee war auch deutlich einfacher in der Zubereitung – statt des zeitaufwendigen Röstvorgans genügte es, die Blätter mit kochendem Wasser zu übergießen, etwas was jeder für sich auch zu Hause tun konnte. Markman Ellis, Forscher und Autor auf dem Gebiet, sieht den Niedergang der Kaffeekultur besonders politisch begründet:

> Sie [die Kaffeehäuser] haben England einen großen Nutzen gebracht, doch waren sie auch bald nicht mehr so nötig als Treffpunkt der Politiker und Schriftsteller. Durch sie ist England durch eine außerordentliche Phase des Ausprobierens und der Selbstfindung gekommen. Sie haben England geholfen, aus seiner Trunksucht heraus zu finden und haben Prosa und Literaturkritik zur Blüte gebracht.

Sie hatten dem Land auch geholfen nach dem Bürgerkrieg wieder in stabilere Bahnen zu kommen, hatten geholfen eine Form von Öffentlichkeit zu schaffen und waren Inkubator für verschiedene wirtschaftliche Innovationen. Tatsächlich waren Kaffee und Coffeehouse die Begleiter starker politischer Konflikte und Umbrüche, wie Bürgerkrieg und *Glorious Revolution*. Im ausgehenden 17. Jahrhundert wurde das Parlament durch den *Bill of Rights* gestärkt, insgesamt kam die Monarchie Englands bzw. Großbritanniens in eine stabilere Bahn. Vielleicht war es an der Zeit für ein friedvolleres Getränk wie den Tee. Die Kaffeehäuser hatten, einem Katalysator ähnlich, auch den Findungsprozess der einzelnen politischen, kulturellen und wirtschaftlichen Gruppierungen befördert. Nun, da diese sich vermehrt gefunden hatten, schufen sie sich eigene Sphären und Räumlichkeiten, die funktionaler zu ihren Absichten und Arbeiten passten, so wie das Café von Edward Lloyds sich in ein frühneuzeitliches Assekuranzunternehmen wandelte. Verschiedene andere Gruppierungen der Oberschicht verlagerten ihre Treffen vom Café in die exklusiven halb-öffentlichen, halb-privaten Clubs, die sich im ausgehenden 17. Jahrhundert gründeten und besonders im 18. und 19. Jahrhundert florierten. Dennoch ergab es sich auch in der folgenden Zeit, dass noch junge Gruppen und Gruppierungen sich zunächst informell in den Coffeehouses trafen, sich bald jedoch zu wichtigen Institutionen wandelten, so etwa die heutige *Royal Society of Arts*.

Von Mokka in die Kolonien

Von 1680 bis 1730 war die Stadt London der größte Kaffeeimporteur und Kaffeekonsument in der Welt. Dieser Kaffee kam zunächst ausschließlich aus dem Jemen. Im Südwesten des Landes, direkt am Roten Meer, gefühlt nur einen Katzensprung von Äthiopien, dem botanischen Ursprung der *Coffea arabica*, entfernt liegt die Hafenstadt Mokka. Im 16. und 17. Jahrhundert besaß diese damals florierende und wohlhabende Stadt das Monopol des Kaffeehandels zur See. Auf der antiken Handelsroute, zwischen Europa und Indien gelegen, nahmen Schiffe hier den im Bergland des Jemen angebauten Kaffee mit an Bord und transportierten ihn in die nördlichen Hafenstädte des Roten Meeres, wo er umgeladen und weiter zum Mittelmeer transportiert wurde. Um das einträgliche Monopol zu schützen, wurden die grünen Bohnen in Mokka mit kochendem Wasser übergossen und verloren dadurch ihre Keimfähigkeit.

Dennoch schafften Händler der Niederländischen *Ost-Indien-Kompanie* es, einige keimfähige Kaffeebohnen aus dem Jemen ins heutige Indonesien zu schmuggeln und dort zunächst auf Java, später auch auf weiteren Inseln Kaffee anzubauen. Dadurch verlor Mokka ab Anfang des 18.

Jahrhunderts zunehmend an Bedeutung für den Kaffeehandel und der Jemen seine Bedeutung für den Anbau. Schon um 1720 kam der meiste in Europa konsumierte Kaffee von Java. Einige Jahre zuvor schon, im Jahr 1714, hatte der Bürgermeister von Amsterdam dem französischen König Ludwig XIV. eine junge Kaffeepflanze geschenkt. Diese Kaffeepflanze wurde als etwas Besonderes und Exotisches zunächst im *Jardin Royal des Plantes* in Paris aufbewahrt und gepflegt. Doch erst zehn Jahre später fiel diesem inzwischen gut gewachsenen Kaffeestrauch eine besondere Bedeutung zu. Der französische Marineoffizier Gabriel Mathieu de Clieu, der auf Martinique stationiert war, stahl, so die Legende, auf seinem Heimatbesuch einen Ast des Strauchs und zog aus diesem Steckling auf der Überfahrt nach Martinique eine neue Kaffeepflanze. Er schaffte es auch die Kaffeepflanze zunächst bei sich weiter gedeihen zu lassen und verteilte dann die ersten geernteten Kaffeebohnen an Ärzte und andere Influencer auf Martinique, Guadeloupe und weiteren Inseln. So kam der Kaffee in die Karibik und bald von hier aus weiter nach Mittel- und Südamerika. Vielleicht bekam de Clieu die Kaffepflanze auch einfach vom Gärtner des *Jardin des Plantes* überlassen, eine so folgenschwere Tat wird schnell mit den verschiedensten Heroismen aufgeladen. In jedem Fall ist es beeindruckend, sich vorzustellen, was für einen verschlungenen Weg diese Pflanze zunächst gegangen ist: vom Jemen 7.000 Kilometer nach Batavia, dann wenige Jahre später von dort 25.000 Kilometer um Afrika herum nach Amsterdam, von dort 500 Kilometer nach Paris und dann wieder 7.000 Kilometer nach Martinique, um von hier wieder die geernteten Kaffeebohnen nach Frankreich zu liefern.

Das Café

Nun hatte auch Frankreich einen eigenen Kaffeeanbau, doch die Anfänge der Café-Kultur sind kaum jünger als jene in England. Eines der ersten Cafés in Paris, das *Café Procope*, im Jahr 1686 gegründet, entwickelte sich rasch zum Treffpunkt für Künstler und bald auch Philosophen. Ein glücklicher Zufall für den mutigen Gründer und Sizilianer, Procopio Cutò, ergab sich, als die *Comédie Française* im Jahr 1689 auf der anderen Straßenseite einzog und dadurch sein Café zum natürlichen Treffpunkt vieler Schauspieler, Schriftsteller und bald auch Dichter, Philosophen, Wissenschaftler und Politiker wurde. Procope hatte sein Café deutlich anders eingerichtet als die meisten *Coffeehouses* in England. Diese waren oft recht einfach gehalten, eher rustikal, eher wie jene Alehäuser, in denen man auf einfachen Bänken an einfachen Tischen saß oder wo man versuchte, mit der Einrichtung und Kleidung der Bediensteten ein exotisch-orientalisches Flair zu erzeugen. Entsprechend hatten zahlreiche frühe Coffeehouses Namen wie *Turk's Head, The Sultaness, The Sultan's Head* oder *Blackamoor*.

Das Procope hingegen bekam einige prächtige Kristall-Leuchter und große Spiegel, dazu feine Sitzmöbel. Der Stil des französischen Cafés war von Beginn vielmehr Aneignung und Integration in die eigene Kultur als in England. Im weiteren Gegensatz zu den englischen Kaffeehäusern gab es von Anfang an auch einige Speisen im Procope und den vielen bald folgenden Cafés.

In den *Persischen Briefen*, einem Briefroman aus dem Jahre 1721, lässt Montesquieu, ein Vordenker der Aufklärung, die beiden Perser *Usbek* und *Rica* auf ihrer Reise nach Frankreich mit Staunen und Kopfschütteln über die Moden und Eigenheiten der Pariser Gesellschaft berichten, das Café kommt darin auch zur Sprache:

Der Kaffee ist in Paris sehr verbreitet: es gibt eine Vielzahl von öffentlichen Häusern, in denen er ausgeschenkt wird. In einigen dieser Häuser liest man Zeitungen, in anderen spielen die Leute Schach. In einem reicht man den Kaffee in solcher Weise dar, dass er den Leuten Geist verleiht, zumindest gibt es von all denen, die dieses Haus verlassen, niemanden, der nicht meint, viermal soviel Geist zu haben, als zuvor. Was mich jedoch schockiert ist, dass diese schönen Geister sich nicht zum Nutzen ihres Vaterlandes einbringen, sondern ihre Talente auf kindliche Dinge verschwenden.[4]

Vielleicht hat auch dieser viel gelesene Roman mit dazu beigetragen, dass die Pariser Cafés bald nicht mehr nur Orte des Schöngeistes, sondern vermehrt Orte der Aufklärer und der Revolutionäre wurden. Tatsächlich trafen sich im zuvor erwähnten Café Procope etwa Voltaire, Rousseau und weitere Philosophen der Aufklärung. Der Erzählung nach kam hier Denis Diderot und Jean Le Rond d'Alembert die Idee der *Encyclopédie*. Mir erscheint die ausgeprägte mentale Stimulation des Coffeins, wie der Perser Usbek sie in Montesquieus Roman anspricht, durchaus geeignet, um ein solches für die damaligen Verhältnisse gigantisches Projekt zu entwickeln. Das Café als öffentliche Institution der Begegnung, der Debatte und des Austauschs wurde auch hier in Frankreich eine bürgerliche Alternative zu den geschlossenen Salons des Hochadels. Der meinungsbildende Einfluss dieses Hochadels verringerte sich in dem Maße wie das Bürgertum an Form, Wohlstand und Öffentlichkeit gewann. Das Café als niederschwelliger und weniger formeller Ort hat seinen Beitrag zu dieser Entwicklung geleistet. Auch in der Französischen Revolution wurde das Procope zur informellen Zentrale von Robespierre, Marat, Danton und weiteren Revolutionären.

Die unter Napoleon III., dem letzten Monarchen Frankreichs, angestoßene Modernisierung der Stadt Paris in den 1850er- bis 1870er-Jahren, veränderte das Bild der Stadt auf massive Weise. Die breiten und geraden Boulevards, nach der Planung von Haussmann, prägen bis heute das Bild der Stadt. In diesen neuen klassizistischen Bauten haben sich rasch auch zahlreiche Cafés neu etabliert, die für die Schriftsteller des *Fin de Siècle* zum zweiten Zuhause wurden. Für Guillaume Apollinaire wurde das *Café Flore* Knoten und Angelpunkt seiner Arbeit, dass er zu festen Zeiten einen freien Tisch hatte und dort Gäste empfing – mit einer Selbstverständlichkeit, als ob er bei sich zu Hause wäre. Wenige Jahrzehnte später erging es Jean Paul Sartre und Simone der Beauvoir ganz ähnlich – Sartre schrieb dazu: „nous étions au Flore chez nous". Gleiches gilt für das 1885 gegründete *Les Deux Magots*, welches ebenso zahlreichen Schriftstellern wie Verlaine, Mallarmé, Hemingway und vielen weiteren Künstlern und Schauspielern eine zweite Heimat bot.

Die Attraktivität des Cafés gerade für Künstler und Schriftsteller hat mehrere Gründe. Zum einen kann man sich hier aus der gewohnten Umgebung der eigenen vier Wände lösen, das Café bietet dem Flaneur eine kurze Pause, sei es zur Erholung, zur Toilette oder zur Niederschrift spontaner Inspiration. Viele junge Leute können sich in Großstädten wie Paris keine besonders gepflegten Wohnungen leisten. Das Café bietet Raum und Abwechslung zur Enge und Tristesse der winterlich kalten oder sommerlich heißen *Chambres de Bonne*, jene kleinen unterm Dach gelegenen, irgendwie noch bezahlbaren Wohnungen, oft nur zehn bis zwölf Quadratmeter groß. Noch weniger ist es hier möglich, sich mit Freunden zu treffen oder gar eine Feier zu veranstalten. So ist man notgedrungen darauf angewiesen, sich in einem Café oder einer Kneipe zu verabreden. Der Espresso ist mit einem Preis von circa zwei Euro meist das günstigste Getränk mit dem man sich einen Tisch und einen Stuhl erkaufen kann, zumindest für eine Viertelstunde, oder wenn die Kellner großzügig sind, auch für eine ganze Stunde. Selbst wenn sich die finanziellen Verhältnisse irgendwann verbessern sollten, was nur auf die Wenigsten zutrifft, und man nicht wie ein armer Poet wohnen muss, haben sich bis dahin schon verschiedene Routinen und Gewohnheiten eingestellt. Eher gibt man dann etwas an das Café zurück und leistet sich noch einen zweiten Espresso, eine richtige Mahlzeit oder zumindest einen Vermouth.

Insgesamt wirkte das französische Café auch über Frankreich hinaus stilbildend, was sich nicht zuletzt in der Schreibweise im Deutschen und in anderen Sprachen niedergeschlagen hat. Das liegt unter anderem auch an der besonderen Strahlkraft der französischen Kultur der Neuzeit, die mit einem hohen Selbstbewusstsein auftrat. Das neue Getränk wurde nicht als etwas besonders Exotisches gehandelt, sondern als weiteres Angebot von einer ohnehin gastronomisch orientierten Kultur nicht nur einverleibt, sondern gleich einem Raffinement unterzogen.

Café Größenwahn: Berliner Cafékultur

Berlin ist im Vergleich zu anderen europäischen Städten eine relativ junge Großstadt. Diese Entwicklung hat sich im Wesentlichen im 19. Jahrhundert abgespielt, von ca. 150.000 Einwohnern um 1800 hin zu ca. 1,9 Millionen um 1900 oder sogar 2,7 Millionen, wenn man das heutige Stadtgebiet zu Grunde legt. Entsprechend jung ist auch die Café-Kultur Berlins. Das erste große Café in Berlin hat eine ähnliche Geschichte wie das erste Kaffeehaus Londons. Karl-August von Hardenberg, Unterhändler Preußens auf dem Wiener Kongress, heuerte sich dort den Konditor Johann Georg Kranzler als persönlichen Koch an und nahm ihn mit zurück nach Berlin. Kranzlers Arbeitgeber Hardenberg starb schon 1822, sodass er sich nach einer neuen Arbeit umsehen musste. Kranzler erwarb das Berliner Bürgerrecht und eröffnete eine eigene Konditorei in der Friedrichstraße. Die Konditorei lief gut, sodass er 1833 dort ein Haus kaufte und das *Café Kranzler* eröffnete. Das Kranzler stellte als Novum einige Tische und Stühle auch auf den Bürgersteig, was dem neuen Bedürfnis des Sehens und Gesehen-Werdens entgegenkam, zudem bot man dort nicht nur Kaffee an, sondern auch weitere Modernitäten wie Speiseeis. Zu einer richtigen Caféstadt entwickelte Berlin sich erst ab den 1890er-Jahren. So öffnete 1893 am damals noch recht abgelegenen und wenig bebauten Kurfürstendamm ein kleines Café namens *Café des Westens*. Innerhalb weniger Jahre entwickelte sich dieses eher schäbige, dunkle Café zu einem Hotspot der Kunst und Kulturszene. Zunächst waren es einige Maler und Bildhauer, die hier Stammgäste wurden, ihnen folgten Kunstkritiker und Schriftsteller, die ihre eigenen Stammtische etablierten. Besonders die Dichterin Else Lasker-Schüler und ihr Mann, der Kunstkritiker Herwarth Walden machten das Café zu ihrer Heimat. Um sie herum versammelten sich zahlreiche weitere Schriftsteller, später auch Verleger und Kunsthändler wie Paul und Bruno Cassirer. Von letzterem stammt folgende Bemerkung zum Café:

> Ohne Kaffeehaus kann man überhaupt keine Literatur machen. Jeder Mensch ist im Café ein ganz anderer als an seinem Arbeitsplatz. Dort entwickelt er seine verborgenen Eigenschaften und Wunschträume.

Passend zu Cassirers Feststellung sprach man bald nicht mehr vom *Café des Westens* sondern nur noch vom *Café Größenwahn*. In einem Buch über Berliner Kaffeehäuser aus dem Jahr 1905 heißt es zum *Größenwahn*:

> Dicke, überhitzte Luft brütet in dem kleinen Eckcafé, das zu ebener Erde liegt, niedrig, wie ein paar Zimmer, zwischen denen die Wände herausgebrochen sind. Billige Gobelins an den Wänden, verräucherter Stuck an den Decken. Alles in einem lächerlichen falsch verstandenen Rococo. Aber gerade diese niedrigen, schlecht geschmückten Decken, die keine genügende Ventilation ermöglichen; gerade dies enge Beisammensein, zu dem die kleinen Räume nötigen – gerade das macht die Gemütlichkeit des Lokals. Gerade das lockt all die jungen Leute von Berlin W. hierher, die es in ihren Ateliers nicht gemütlich haben und in deren möblierten Zimmern es im Winter scheußlich kalt ist.

Diese oder eine ähnliche Beschreibung würde auch hundert Jahre später wieder auf so manche zeitgenössische Berliner und Leipziger Cafés passen, die sich um die Jahrtausendwende in den damals meist unsanierten Altbauhäusern gegründet haben. Eine erhaltene Postkarte aus dem Jahr 1905 zeigt das Interieur des Café Größenwahn, für meine Augen eher stilvoll eingerichtet, mit vielen kleinen runden Marmortischen, dabei meist zwei oder drei Holzstühle à la Thonet. Mit dieser Postkarte sandten Albert Einstein und der Verleger Leon Hirsch dem Schriftsteller Erich Mühsam freundliche Grüße. Weitere Namen von Stammgästen und gelegentlichen Gästen zu nennen, wäre müßig. In der Rückschau führte auch der 1. Weltkrieg für die Berliner Kaffeehauskultur nur zu einer Art Wachstumspause, speziell in ihrer Verquickung mit der Kunst- und Kulturszene, wenngleich die Künstler der Weimarer Republik weniger von Mäzenen und Erbschaften lebten und mehr darauf angewiesen waren, mit ihrer kreativen Arbeit tatsächlich auch Geld zu verdienen. Zum plötzlichen Ende dieser Kultur- und Kaffeeblüte kam es erst als ab 1933 auch die Gestapo in den verschiedenen Cafés ihren Stammtisch reklamierte.

Von schwarzer Plörre zu Starbucks

Historisch lässt sich die amerikanische Präferenz des Kaffees gegenüber dem Tee auch im politischen Emanzipationsakt, der *Boston Tea Party*, begründen. Wenn der frühere Ausbeuter Großbritannien sich so sehr als Tee-Nation begreift, will die sich emanzipierende Kolonie ihr Coffeinbedürfnis auf anderem Wege befriedigen. Zudem unterstützten die USA im 19. Jahrhundert ebenso die Unabhängigkeitsbestrebungen in Südamerika, nicht zuletzt Brasiliens, welches bald der größte Kaffeeproduzent der Welt werden sollte und auch logistisch näher zu den USA stand als etwa die damals an England gebundenen Teeländer Indien und China.

Die weltgrößte Kaffeehauskette *Starbucks* entstand 1971 in den USA in einer Art kulturellem Vakuum. Die amerikanische Kaffeekultur bestand bis dato im Wesentlichen aus schlechtem, aber billigen Kaffee, der vom Hersteller-Duopol *Folgers* und *Maxwell House* auf hochindustrialisierte Weise hergestellt wurde. Man hatte die Wahl zwischen Filterkaffee und Instant-Kaffee. Italienische Espresso-Maschinen waren in den USA eher nur einer Oberschicht bekannt, die auf ihrer obligatorischen Bildungsreise durch Europa auch in Italien und Frankreich Station machte. In den verschiedenen Gastronomien, ob Fastfood-Kette, Diner oder Restaurant – falls es Kaffee gab, dann Filterkaffee aus der Thermoskanne, eine wenig aromatische und wenig bekömmliche, schwarze Plörre, doch man bekam sie billig und reichlich. Statt des noch kaum bekannten Espresso, der mit einem Schluck schon weg war, wurde gleich eine ganze

Kanne auf den Tisch gestellt. Kaffee, so der Common Sense der Nachkriegs-USA, schmeckte nicht besonders, entsprechend war er auch nicht als Genußmittel gedacht, sondern nur als Wachmacher und gesellschaftlich akzeptiertes Getränk, das jeder bestellen konnte, ohne dafür, wie vielleicht beim Alkohol, kritisch beäugt zu werden.

Noch einfacher in der Zubereitung als Filterkaffee war der Instant-Kaffee. Zur Herstellung dieses löslichen Pulvers wurde Anfang des 20. Jahrhunderts ein erstes Patent angemeldet. Das Lebensgefühl der Zeit war für viele Amerikaner der Fortschritt, besonders der technologische Fortschritt. Instantkaffee als weitere Erleichterung des Alltags war modern und half vermeintlich beim Streben nach Beschleunigung und Zeiteinsparung. Von strategischer Wichtigkeit wurde Instantkaffee jedoch schon im 1. Weltkrieg. Die amerikanischen Soldaten konnten auf den Schiffen und an der Front auf diese Weise gut und einfach mit Kaffee versorgt werden. Neben Nikotin und Alkohol wurde auch Coffein zu einer kriegsentscheidenden Droge. Gegen Ende des Krieges war die industrielle Produktion von Instantkaffee auf hohem Niveau – dank guter Werbung konnte er nun statt an die Armee auch an jeden Amerikaner verkauft werden. Die einfache Betrachtung des Kaffees als möglichst günstiger Wachmacher änderte sich auch in den folgenden Jahrzehnten kaum. Weltwirtschaftskrise und Zweiter Weltkrieg verschoben vielerorts die Prioritäten.

Starbucks begann Anfang der 1970er zunächst als lokale Rösterei und Laden für Spezialitätenkaffee in Seattle an der Pazifikküste. Ähnlich wie bei McDonald's brauchte es einen Externen, der das große Potential im Unternehmen erkannte. Anfang der 1980er stieg Howard Schultz bei Starbucks ins Management ein. Erst bei einer Geschäftsreise nach Italien kam ihm die Idee, man könne auch vor Ort guten Kaffee ausschenken. Er kaufte den drei Gründern das Unternehmen Starbucks ab und begann mit der Eröffnung einiger Filialen, zunächst an der Westküste. Mit dem Börsengang 1992 konnte Schultz die weitere Expansion von 55 Filialen hin zu 670 Filialen innerhalb von drei Jahren finanzieren. Gegenwärtig gibt es weltweit circa 30.000 Starbucks-Filialen.

In jüngerer Zeit hat Starbucks sich durch Expansions- und Profitabilitätsbestrebungen mehr in eine Systemgastronomie verwandelt, in der überwiegend fett- und zuckerhaltige Kaffeegetränke *to go* verkauft werden. Wenn der Milchanteil den Kaffee überwiegt, kann man einen niedrigeren Steuersatz ansetzen und Steuern sparen, ebenso kann man bei vermehrtem Außerhausverkauf den benötigten Raum und das Personal reduzieren. In den ersten Jahren gab Starbucks mit seinen neuen Cafés vielen Amerikanern tatsächlich einen neuen sozialen Ort, einen gemütlichen Ort des Verweilens und Erholens, der Begegnung und der Gespräche von Angesicht zu Angesicht. Ähnlich wie im England der Aufklärung und der Glorious Revolution konnte Starbucks für viele Amerikaner eine Art Öffentlichkeit und einen Raum der Begegnung schaffen, jenseits des Fernsehers und anderer Formen der Telekommunikation und Telemedialität. Starbucks hatte tatsächlich einen Nerv der Zeit getroffen – Soziologen des ausgehenden 20. Jahrhunderts nannten das, was Starbucks und auch andere Cafés geschaffen hatten, einen *Dritten Ort*.

Das Café als Dritter Ort

In der modernen Welt verbringen die meisten Menschen den Großteil ihrer Zeit an zwei Orten, dem Arbeitsort und in den eigenen vier Wänden. Während der Arbeitsort für Viele Raum zur Selbstverwirklichung bietet, aber oft auch Stress bedeutet, ist der eigene Wohnraum für nicht wenige Menschen ein Raum der Erholung und Freizeit. Doch ein wesentliches Bedürfnis der Menschen können beide Ort nicht oder nur in geringem Umfang befriedigen – das Bedürfnis nach Geselligkeit. Hierfür hat die westliche Gesellschaft immer wieder neue Formen eines Dritten Ortes entwickelt, seien es Vereine, Bowlinghallen, Clubs, Bürgerhäuser, Bibliotheken, Dorfgemeinschaftshäuser und viele weitere mehr. Eine Konstante sind die Institutionen mit alkoholischen Getränken wie Bars, Kneipen, Pubs. Doch sind diese Orte meist dem Abend vorbehalten, ebenso nur jenen, die am Abend frei sind, keine Kinder haben, auf die sie aufpassen müssen. Insgesamt spricht die Bar oder der Pub nur ein gewisses Publikum zu einer gewissen Tageszeit an. Viele andere der eben erwähnten sozialen Institutionen haben in den vergangenen Jahren an Zuspruch, Engagement und sozialer Kraft verloren. Dieses Vakuum konnten zumindest zum Teil Kaffeehäuser wie Starbucks auf neue Art und Weise füllen. Das hier geschaffene Setting lud sowohl jene ein, die hier in Ruhe lernen oder anderen intellektuellen Tätigkeiten nachgehen als auch solche, die sich auf ein persönliches Gespräch treffen wollen. Der Erfolg von Starbucks in den USA ist nicht nur darauf zurückzuführen, dass es ein Ort ist, an dem man besseren Kaffee bekommt als in den meisten anderen Gastronomien des Landes, sondern, so meine These, mehr noch auf der Schaffung eines neuen sozialen Settings.

Mit dem späteren Wandel des Konzerns und der Weltmarke Starbucks zur Cashcow und der Betonung des to-go-Geschäfts hat Starbucks es geschafft, seine ursprüngliche raison d'être zu pervertieren. Statt *Ort* im emphatischen Sinne zu sein, ein Ort an dem man sich gerne aufhält, an dem man zur Ruhe kommen oder auch anderen Menschen begegnen kann, versucht Starbucks zur Steigerung der eigenen Profitabilität genau diesen Ort-Charakter des Cafés gering zu halten und reiht sich damit ein in die Gruppe der transitorischen Orte, mit Marc Augé gesprochen, wird das Café als *Ort* zu einem *Nicht-Ort*.

Statussymbole und Müll

Wie schon bei den frühen englischen Coffeehouses angesprochen, musste man damals nicht nur den Penny haben, um sich den Kaffee zu leisten, sondern auch die Zeit. In den USA hat sich der große to-go-Becher von Starbucks auch zu einem kleinen alltäglichen Statussymbol entwickelt. Man hat zwar nicht die Muße, sich reinzusetzen, jedoch das nötige Kleingeld, um sich täglich frisch einen Becher Kaffee mit auf die Arbeit zu nehmen. Starbucks profitiert davon, dass die Kunden nur kurz anstehen und rasch wieder weg sind, für die Umwelt ist es eine kleine Katastrophe. Die Idee des Cafés als Ort geht hier völlig verloren, ähnlich wie man rasch das Auto an der Tankstelle auftankt, holt man sich hier für sich als Arbeitsmaschine einen Treibstoff. In den USA sind es gegenwärtig ca. 25 Milliarden Einwegbecher, die jedes Jahr auf dem Müll landen, in Deutschland knapp 3 Milliarden.

Hier wird der Kaffee aus dem Café mit zur Arbeit genommen; ein weiteres Phänomen ist der Versuch der Konsumenten, den Kaffee aus dem Café ins eigene Zuhause zu transplantieren. Die eigene Bar im Haus war in den 1960er-Jahren en vogue und galt als Ausdruck eines modernen Lebensstils. Lokale Schnäpse und globale Brände wurden hier als Zeichen eines soliden Wissens über die verschiedenen alkoholischen Getränke präsentiert und ausgeschenkt. Für die einen ist sie Relikt einer innenarchitektonischen Verirrung oder Ausdruck eines ersten Nachkriegswohlstands, für andere Zeichen einer nacht- und alkoholzugewandten Eltern- oder Großelterngeneration. Ungefähr mit Beginn des neuen

Jahrtausends hat eine jüngere Generation begonnen, sich einen anderen Traum zu erfüllen – den tag- und coffeinzugewandten Traum der eigenen professionellen Kaffeemaschine. Neben den hochwertigen Kaffeevollautomaten sind es besonders die handwerklich zu bedienenden mechanischen Espressomaschinen, die nicht nur gewisse finanzielle Mittel voraussetzen, sondern auch ein entsprechendes Savoir Faire abverlangen, das neue Status-Symbol der Dritten Kaffeewelle und der Kaffee-Amateure. Die meisten Kaffeetrinker geben dennoch den bequemen Maschinen den Vorzug. Für den kleinen modernen Haushalt konnte *Nestlé* mit *Nespresso* eine Kaffeemaschine auf dem Markt platzieren, die Kaffee mit einem absurden Verhältnis an Verpackungsmüll produziert. Während eine übliche Verpackung für ein Pfund Kaffee circa 15 Gramm wiegt, werden hier 6-7 Gramm Kaffee mit 2-3 Gramm Aluminium und Plastik umhüllt, entsprechend kommen hier auf ein Pfund Kaffee knapp 200 Gramm Müll – in Deutschland waren es 2016 noch ca. 3,5 Milliarden Kapseln, eine jüngere Statistik wird wahrscheinlich einen höheren Wert ausweisen. Für Nestlé und die beiden großen deutschen Nachmacher, Aldi und Lidl, sind die Kaffeekapseln ein sehr einträgliches Geschäft, für die Umwelt leider nicht. Auch die authentische Atmosphäre eines inhabergeführten Cafés wird man bei sich zu Hause selbst mit der teuersten Espressomaschine nicht schaffen können.

Von Fairtrade zu Direkthandel

Gleichzeitig mit den veränderten Gewohnheiten der Cafébesucher, durch Internet und mobiles Arbeiten via Laptop und Smartphone, hat sich auch in einigen Bereichen die Beziehung der Cafébetreiber zu den Kaffeeproduzenten verändert. Manche haben inzwischen einen direkten Draht zu ihren Produzenten, denn auch in Chile und Vietnam, in Ecuador, Indonesien und anderen Ländern haben die Kaffeeproduzenten oder ihre Kooperativen inzwischen Mobiltelefone und Internetzugänge. So können auch einige kleinere Kaffeeröstereien und ihre Cafés mit den Produzenten direkt sprechen und aushandeln, wie sie den Kaffee anbauen, ernten und weiterverarbeiten bevor sie ihn zur Rösterei schicken. Diese Form des Direkthandels kann dem sogenannten Fairtrade in einigen Aspekten überlegen sein. Denn auch beim Fairtrade gibt es zwischen den Kaffeebauern oder ihren Kooperativen und dem Einzelhandel mehrere Stufen des Zwischenhandels und die Kosten der Zertifizierung. Beim Direkthandel wird die Handelskette deutlich verkürzt. Der Röster und Einzelhändler will einen hochwertigen Rohkaffee geliefert bekommen und bespricht mit den Kaffeebauern, wie sie zu diesem Ergebnis kommen. Dafür ist er bereit einen höheren Preis zu zahlen, der direkt beim Produzenten ankommt. Anstelle der Fairtrade Kontrollinstitution zwischen einem unbekannten Produzenten und einem profitorientierten Großhändler und Fabrikanten tritt ein kleineres, lokal arbeitendes Unternehmen mit eigenem Ethos. Die Definitionen des Direkthandels sind noch nicht einheitlich, beinhalten jedoch klassischerweise biologischen Anbau eines hochwertigen Kaffees, Transparenz der Preise und regelmäßige Besuche bei den Produzenten vor Ort, außerdem die Zahlung eines Preises für den Kaffee, der mindestens 25 Prozent über dem Fairtrade-Niveau liegt.

Für den Kaffeetrinker, sei es im Café oder zu Hause, entsteht so ein frisches, hochwertiges Produkt, dem er eher Vertrauen schenkt, weil man vor Ort mehr Einblicke in die Herstellung erhält. Der Verkäufer ist nicht einfach nur jemand, der einen Barcode scannt, sondern vielleicht auch der Röster selbst und kann entsprechend Auskunft über seinen Kaffee und die Produzenten geben. Der Kaffee, den man im Supermarkt kauft, ist oft eingeschweißt oder anderweitig gut verpackt. Teilweise wird eine Schutzatmosphäre aus Stickstoff erzeugt, um Sauerstoff fern zu halten. Doch eine Angabe des tatsächlichen Röstdatums wird man bei den großen Marken kaum finden. Wenn das Mindesthaltbarkeitsdatum noch über ein Jahr vom aktuellen Datum entfernt ist, kann man davon ausgehen, dass die Röstung wahrscheinlich innerhalb der vergangenen sechs Monate stattgefunden hat. Für einen aromatischen Kaffee empfiehlt es sich jedoch, eine Bohne frisch zu mahlen, die erst vor ein bis vier Wochen geröstet wurde. Sauerstoff und Wärme sind die Feinde der flüchtigen Aromen und Öle des Kaffees.

Das Café als Ort für die mobile Welt

Auch in den vergangenen zwanzig Jahren haben Cafés sich stark gewandelt. Ende der 1990er- und in den frühen 2000er-Jahre gab es in vielen westlichen Städten noch sogenannte Internetcafés. Hier reihten sich oft Dutzende PCs mit Bildschirm, Maus und Tastatur aneinander, man zahlte für die Nutzung der Computer, speziell die Internetverbindung pro Minute einige Pfennige oder Cent. Die Bezeichnung Café hatten diese Orte nicht verdient, in meiner Erinnerung waren sie oft eng und stickig, die vielen Computer erzeugten einiges an Abwärme und die zahlreichen Geräte dünsteten unangenehme Gerüche aus.

Der Trend zum Laptop bei einem breiteren Publikum begann etwa um 2001, wenngleich es zumindest in Deutschland noch etwa vier Jahre dauerte, bis es auch für Studenten fast selbstverständlich wurde, einen solchen mobilen Laptop zu haben. In den USA hatte diese Entwicklung wenige Jahre früher begonnen – mit dem iBook brachte Apple 1999 ein Laptop auf den Markt, ausgestattet mit der sogenannten Airport-Technology, einem einfachen WLAN-Modul. Mit einem Gewicht von ca. 3,5 Kilogramm und einem Preis von 1.600 Dollar war das iBook relativ leicht und relativ bezahlbar und das erste für die breitere Bevölkerung konzipierte Gerät mit der Möglichkeit eines kabellosen Internetzugangs. Dennoch dauerte es ein paar Jahre, bis die ersten Cafés hier eine Möglichkeit sahen, sich gegenüber der Konkurrenz abzuheben, indem sie ein kostenloses WLAN (Wireless Local Area Network) anboten.

Für viele Cafés bedeuteten die neuen Laptop-Gäste eine Erweiterung der Kundschaft, größere Auslastung jenseits der Spitzenzeiten etwa am Wochenende oder zum Nachmittagskaffee. Doch viele dieser Gäste bringen im Verhältnis zur Zeit, die sie dort verbringen, nur relativ wenig Umsatz und blockieren darüber hinaus die Tische oder Sitzplätze auch für jene gewöhnlich nur kurz verweilenden Gäste. Zum ersten Mal habe ich in Berlin in der Zeit um 2014 Schilder und Aushänge entdeckt, die die Cafébesucher darauf hinweisen, dass das Arbeiten am Laptop dort nicht erwünscht ist. Ein typischer Aushang sagte etwa: „This is a café – talk to each other!" oder „no laptops on week-ends". Andere Cafés haben ihre Bereiche in Laptop-Zonen und Laptop-freie Zonen unterteilt. Für einige Selbstständige ist das Café mit WLAN eine günstige Alternative zum angemieteten Schreibtisch im Co-Working Space, für viele Studenten gerade im Winter eine gut geheizte Alternative zum kalten Altbau-WG-Zimmer oder zur überfüllten Uni-Bibliothek. Auch für viele Reisende, ob geschäftlich unterwegs oder als Touristen, sind Cafés heute, ähnlich wie schon vor 300 Jahren von Maximilien Misson beschrieben, ein typischer Anlaufpunkt, wo sie sich entspannen, erholen und aufwärmen können, wo sie Eindrücke wirken lassen oder auch mithilfe des Internetzugangs die weitere Reise planen.

In Berlin und vielen anderen Städten besteht heute eine vielfältige und lebendige Café-Kultur. Von den über 800 Cafés in Berlin gehören nur 13 zu Starbucks, die allermeisten sind inhabergeführt, unabhängig und selbstständig in ihrer räumlichen und kulinarischen Gestaltung. Viele von ihnen beziehen ihren Kaffee aus einer der über 40 kleinen und mittleren Röstereien der Stadt, Röstereien, die Wert auf Qualität und Transparenz legen, weil sie nur so gegenüber den großen Marktbeherrschern bestehen können. Sie experimentieren mit den verschiedenen veganen Milchalternativen – von Soja- über Hafermilch hin zu Mandel-, Cashew- und Kokosmilch. Cafés sind nicht nur für Künstler, Schriftsteller und Revolutionäre, sie bieten auch vielen Studenten, Selbstständigen, Geschäftsleuten, Müttern und vielen anderen einen Dritten Ort oder eine zweite Heimat.

Literatur

Cowan, Brian William: The Social Life of Coffee: The Emergence of the British Coffeehouse. New Haven 2005.
Ellis, Markman: The Coffee-House. A Cultural History, London 2004.
Habermas, Jürgen: Strukturwandel der Öffentlichkeit, Frankfurt 1962.
Jacob, Heinrich Eduard: Sage und Siegeszug des Kaffees, Hamburg 1952.
Oldenburg, Ray: The Great Good Place. Cafés, Coffee Shops, Bookstores, Bars, Hair Salons, and other Hangouts at the Heart Community, New York 1989.
Schebera, Jürgen: Damals im Romanischen Café. Künstler und ihre Lokale im Berlin der zwanziger Jahre, Leipzig 1988.
Weinberg, Bennett Alan; Bealer, Bonnie: The World of Caffeine: The Science and Culture of the World's Most Popular Drug, New York 2002.

Anmerkungen

[1] „the Excessive Use of that Newfangled, Abominable, Heathenish Liquor called *COFFEE* ... has ... *Eunucht* our Husbands, and Crippled our more kind *Gallants*, that they are become as *Impotent*, as Age." 1674 „Women's Petition Against Coffee."

[2] „Ces sortes de Maisons dont le nombre est fort grand à Londres, sont extrêmement commodes. On y a les nouvelles; on s'y chauffe tant qu'on veut; on y boit une tasse de Caffé ou de quelque autre chose; on s'y rencontre pour négocier des affaires; & le tout pour un sou, si l'on ne veut pas dépenser d'avantage." Maximilien Misson: Mémoires et observations faites par un voyageur en Angleterre, La Haye 1698.

3 „Coffeehouses have produced very evil and dangerous effects; as well for that many Tradesmen and others, do therein mis-spend much of their time, which might and probably would otherwise by imployed in and about their Lawful Callings and Affairs; but also, for that in such houses, and by occasion of the meetings of such persons therein, diverse False, Malitious and Scandalous Reports are devised and spread abroad, to the Defamation of His Majesties Government, and to the Disturbance of the Peace and Quiet of the Realm …"
4 „Le café est très en usage à Paris: il y a un grand nombre de maisons publiques où on le distribue. Dans quelques-unes de ces maisons, on lit des nouvelles; dans d'autres, on joue aux échecs. Il y en a une où l'on apprête le café de telle manière qu'il donne de l'esprit à ceux qui en prennent: au moins, de tous ceux qui en sortent, il n'y a personne qui ne croie qu'il en a quatre fois plus que lorsqu'il y est entré. Mais ce qui me choque de ces beaux esprits, c'est qu'ils ne se rendent pas utiles à leur patrie, et qu'ils amusent leurs talents à des choses puériles."

Marcel Remme

Mühlenrenaissance – ein philosophischer Deutungsversuch

Mühlen faszinieren wieder Jung und Alt. Wind- und Wassermühlen werden jährlich, nicht nur am Deutschen Mühlentag, von mehr als hunderttausend Menschen aufgesucht. Heimat- und Mühlenvereine investieren viel Zeit und Energie in die Restauration und Sanierung der zum Teil baufälligen Monumente. 1987 wurde die Deutsche Gesellschaft für Mühlenkunde und Mühlenerhaltung (DGM) e.V. gegründet, die mit ihren 14 Landesverbänden rund 3500 Mitglieder hat. Seit 2001 existiert die Stiftung Historische Mühlen, welche seit 2016 unter dem Dach der Deutschen Stiftung Denkmalschutz steht und sich dem Schutz von Mühlenensembles bundesweit verpflichtet sieht. Die 19 gut erhaltenen niederländischen Windmühlen von Kinderdijk wurden 1997 sogar von der UNESCO zum Weltkulturerbe erklärt. Immer mehr Geschichts-, Geographie- und Technik-Lehrkräfte entdecken Mühlen zudem als außerschulische Lernorte. Mühlensymbole und (fiktive) Mühlennamen dienen in der Lebensmittelindustrie verstärkt als Marketinginstrumente. Diese Entwicklungen zeigen an, dass es berechtigt ist, von einer Renaissance der Mühlen zu sprechen.

Eine derartige Aufmerksamkeit seitens der Öffentlichkeit für historische Bauwerke bedarf einer Erklärung. 1895 existierten im Deutschen Kaiserreich mehr als 54.000 Wassermühlen und mehr als 18.000 Windmühlen. Nach dem ab 1950 in der Bundesrepublik verstärkt einsetzenden „Mühlensterben" sind kaum noch 1500 Mühlen vollständig erhalten.[1] Mühlen galten lange Zeit als technisch überholte Relikte eines gegenüber den Städten infrastrukturell abgehängten Landlebens. Jüngst hat sich die Sichtweise auf das Verhältnis von Stadt und Land gewandelt. Die unterschiedlichen Siedlungsformen werden nun als gleichwertig gewürdigt, weil sie beide zur Ermöglichung eines guten Lebens aufeinander angewiesen sind.[2] Das große Interesse an dem Landleben wie auch an den Mühlen ließe sich etwa erklären mit einer romantischen Sehnsucht städtisch geprägter Menschen nach einer dörflich strukturierten Lebensform. Angesichts der Umweltkrise und der durch die digitale Revolution noch forcierten Technisierung aller Lebensbereiche werden Mühlen dabei offenbar als „gute", beherrschbare Technik angesehen.

Gegenüber einer solchen zugegebenermaßen auf den ersten Blick gut nachvollziehbaren Erklärung der Mühlenrenaissance soll in diesem Essay ein philosophischer Deutungsversuch gewagt werden. Damit wird Neuland bzw. Brachland betreten, denn im Unterschied zur umfangreichen Literatur, in denen Mühlen aus kultur- oder technikgeschichtlicher Perspektive beleuchtet werden, sucht man Arbeiten zur Mühlenphilosophie vergebens.[3] Gelegentlich findet sich die an Carl Gustav Jungs Tiefenpsychologie angelehnte Behauptung, Mühlen seien wie Quellen, Brunnen oder Gärten zu den „Archetypen, den Urbildern unseres Daseins"[4] zu zählen, ohne dass dieses näher philosophisch expliziert wird. Philosophie soll hier verstanden werden als die „höchste, alles Wissen bündelnde und (erkenntniskritisch) reflektierende […] vernunftorientierte Reflexionsform, als Bildung"[5]. Das von ihr generierte Orientierungswissen kann insbesondere zur Gestaltung eines guten Lebens dienen.

Dass viele Menschen zurzeit ein großes Bedürfnis nach Orientierung in zentralen Lebensfragen besitzen, ist angesichts der vielfach diagnostizierten und aktuell sehr manifesten Krisenhaftigkeit gegenwärtiger Gesellschaften mehr als verständlich. Die Forschung identifiziert im Wesentlichen drei Krisen der Spätmoderne: die ökologische Krise, die Psycho- bzw. Identitätskrise und die Demokratie-Krise.[6] Diese Entwicklungen werden zurückgeführt auf gestörte Weltbeziehungen, auf Beziehungen der Beziehungslosigkeit, die den Menschen der Gegenwart daran hindern oder einschränken, ein gutes Leben zu führen. „Er lebt in einer Welt, zu der er keine echte Beziehung mehr hat und in der jeder und alles instrumentalisiert ist, wo er zum Teil der Maschine geworden ist, die seine Hände konstruiert haben."[7], beschrieb Erich Fromm die entfremdete Beziehung zwischen Mensch und Welt. Die Entfremdung zeigt sich auf vierfache Weise: in dem Verhältnis des modernen Subjekts zu sich selbst, zu seinen Mitmenschen, zu den Dingen und zur ganzen Welt.

An der skizzierten Krisendiagnostik orientiert sich auch die in diesem Aufsatz angestrebte Deutung der Mühlenrenaissance. Sie wird hier interpretiert als ein Ausdruck des Unbehagens an der Spätmoderne und in Beziehung zur Gestaltung eines guten Lebens gesetzt. Das mag zunächst verwunderlich klingen, wenn man sich die realen historischen Lebensbedingungen der Müller vor Augen führt, beispielsweise ihre harte körperliche Arbeit nicht selten am Sonntag und in der Nacht, ihre tragischen Unfälle und ihre bis zur Aufhebung des Ständewesens reichende Abhängigkeit von Grundherren, die Inhaber des Mühlenregals waren. Natürlich soll keiner Revitalisierung feudalistischer Wirtschafts- und Gesellschaftsstrukturen das Wort geredet werden, die bei manchem Mühlennostalgiker gelegentlich anklingt. Vielmehr wird hier bei der philosophischen Betrachtung von Mühlen der Fokus auf ausgewählte Beziehungsachsen des Menschen zur Welt gelegt, die anhand der wenigen expliziten Äußerungen von Philosophen über Mühlen und anhand der kulturhistorischen Mühlenpraxis beleuchtet werden sollen. Mühlen, so die These dieses Essays, fungieren gegenwärtig als Symbole für eine Versöhnung von Mensch, Natur, Technik und Zeit. Zunächst aber ist in klassischer philosophischer Manier der Begriff „Mühlen" zu klären und zu begründen, warum die technischen Anlagen überhaupt Gegenstand einer philosophischen Betrachtung sein können.

Mühlenbegriff

Das neuhochdeutsche Wort „Mühle" lässt sich der Etymologie nach auf den lateinischen Ausdruck „mola", spätlateinisch „molina", übersetzbar als „das mahlende Ding", zurückführen. Seit ungefähr 300 vor Christus war in Mitteleuropa die Handdrehmühle präsent, um Körnerfrüchte zu zerkleinern. Im Römischen Reich des ersten vorchristlichen Jahrhunderts wurde durch schriftliche Quellen das Vorkommen von Wassermühlen bestätigt, die sich dann in die römischen Provinzen an Rhein und Mosel verbreiteten. In Mitteleuropa waren diese Mühlenformen seit dem 8. Jahrhundert nach Christus vorhanden. Einen Aufschwung erfuhr das Mühlenwesen im Rahmen von Stadt- und Klostergründungen ab 800. Während Windmühlen im persischen Raum bereits seit dem 8. Jahrhundert existierten, erlangten diese in Mitteleuropa erst ab dem 12. Jahrhundert an Bedeutung. Zwischen 1600 und 1800 gab es kaum ein Gewerbe, das nicht in Beziehung zur Mühle stand. In Zedlers Universallexikon wird die Mühle im Jahre 1739 definiert als „ein von verschiedenen Rädern und Getrieben zusammen gesetztes Gerüste, welches durch äuserliche Gewalt in Gang gebracht und vermittelst derselben eine sonst starcke und beschwerl. Arbeit mit besonderem Vortheil leicht und geschwinde verrichtet wird"⁸. Demnach kann die Mühle bestimmt werden als eine „Umsetzungsmaschinerie"⁹, die erstens über Antriebsmechanismen und zweitens über Getriebe als Übertragungstechnik verfügt, um erneuerbare Energien zur körperlichen Entlastung des Menschen bei der Verrichtung von Arbeitsvorgängen sowie deren schnellerer Bewältigung zu nutzen.

Die einzelnen historisch nachweisbaren Mühlentypen lassen sich primär klassifizieren nach ihren Antriebsarten, nach den von ihnen bearbeiteten oder hergestellten Stoffen und nach den zur Zerkleinerung benutzen technischen Prozessen.¹⁰ Die drei verschiedenen Antriebsformen von Mühlen waren Muskelkräfte, Naturkräfte und technische Hilfsantriebe. Den „Muskelkraftmühlen"¹¹ lassen sich zuordnen die von Menschen betriebenen Handmühlen und die sowohl von Menschen als auch Tieren bewegten Treträder und Göpelmühlen, wobei unter den Drehradmühlen den Ross- und Eselsmühlen eine besondere Bedeutung zukam. Zu den „Naturkraftmühlen" zählen die Windmühlen und Wassermühlen mit dem Spezialfall der im Fluss verankerten Schiffmühle. Als typische Vertreterin der nicht durch Muskel- und Naturkräfte angetriebenen Mühlen gilt die Dampfmühle mit ihrem stationären Kolbendampf. Neben den Dampfmaschinen waren bei den Industriemühlen als Antriebe noch Verbrennungs- und Elektromotoren verbreitet.

Nach ihren technischen Prozessen lassen sich Mühlen etwa unterteilen in die Gruppen der Mahl-, Stampf-, Säge-, Schleif- und Hammermühlen¹², wobei manche Materialien mit einer bestimmten Art von Verarbeitung verbunden waren. Die Verarbeitungsstätten können nach ihren Möglichkeiten der Nutzung, von denen ca. 180 bekannt sind, vier verschiedenen Klassen zugeordnet werden: Produktion von Lebensmitteln wie Mehl und Öl, Produktion von Werkstoffen wie Papier oder Gerberlohe, Bearbeitung von Werkstoffen wie Holz und Metall und andere Nutzungen wie Stromerzeugung.¹³ Das Mahlen von Getreide in den Getreidemühlen umfasste den Dreischritt von Reiben, Stampfen und Drehen. Zum Stampfen von Flachs dienten die Bokemühlen, von Eichenrinde die Lohmühlen und von Wollzeug die Walkmühlen. Ebenfalls zu den Stampfmühlen zählen die Pulvermühlen, in denen primär Schwarzpulver durch Zermalmen von Holzkohle, Salpeter und Schwefel hergestellt wurde. In den Ölmühlen gewann man Öle u.a. durch Zermalmen und Auspressen von Ölpflanzen wie Oliven oder Sanddorn in einer Stampfe. Ganzholz wurde in Sägemühlen zu Schnittholz gerieben. Schleifmühlen dienten zum Scharfmachen von Metallgegenständen wie

Schwertern oder Messern. Eisengeräte wie Sensen, Äxte oder Pflugscharen wurden in Hammermühlen durch einen Kupfer- oder Eisenhammer in die richtige Form geschlagen.

Manche technischen Vorgänge waren also nicht auf einen bestimmten Mühlentyp beschränkt. Die historisch belegbare Ausweitung der Mühlenfunktionen über das Vermahlen von Getreide, die Mühlendiversifikation, demonstriert die Unmöglichkeit die einzelnen Mühlentypen analytisch scharf voneinander abzugrenzen. Allen gemeinsam ist aber ein Element, ohne das die Mühle nicht eine solche Maschine wäre, nämlich der Mühlstein oder Mahlstein. Das Steinpaar aus festem Bodenstein und drehendem Läuferstein charakterisierte Ernst Kapp in seiner Gründungsurkunde der Technikphilosophie aus dem Jahre 1877 als die „Seele"[14] der Mühle. Für ihn ist der Mühlstein das epochenübergreifende Herzstück aller Mühlen: von der bronzezeitlichen „Steinhandmühle" über die Wasser- und Windmühlen hin zur „Dampfmahlmühle" des industriellen Zeitalters. Im Laufe des 19. Jahrhunderts wurde der Mahlstein vielfach durch einen Walzenstuhl ersetzt.

In der Denkmalpflege unterscheidet man zwischen einem engeren und einen weiteren Mühlenbegriff. Im engeren Sinn wird mit einer Mühle schlichtweg eine „technische Anlage zum Mahlen, Sieben und Sichten von Getreide oder anderen Stoffen" bezeichnet. Nach dem weiteren Verständnis von Mühle umfasst dieser Terminus ein „Bauensemble, bestehend aus einem Mühlengebäude und Nebenanlagen"[15]. In den Ausführungen dieses Essays wird der weitere Mühlenbegriff zugrunde gelegt, da er der Einbettung von Mühlen als technische Anlagen und Bauwerke in die Kulturpraxis der Menschen besser gerecht wird. Als Idealtypen von Mühlen dienen dabei die heutzutage noch am häufigsten sichtbaren traditionellen Wasser- und Windmühlen, also Kleinmühlen, von denen manche – vielfach nach aufwändiger Restauration – wieder voll funktionstüchtig sind.

Mühlen als Gegenstand der Philosophie

Üblicherweise sind Mühlen Gegenstand von Denkmalpflegern, Ingenieuren, Physikern, Technikern, Architekten oder eben Molinologen (Mühlenkundlern). Der Technik-, Sozial-, Kultur- oder Regionalgeschichte der ersten Übersetzungsmaschinerien widmen sich Historiker,

Mühlenrenaissance – ein philosophischer Deutungsversuch   297

ihrer Rezeption in der Literatur und in der Kunst Literaturwissenschaftler und Kunstgeschichtler. Dass die Mühlen ebenso ein Thema der Philosophie, der Reflexionswissenschaft guten Lebens, sein können, lässt sich mit einem einfachen Verweis auf die Technikphilosophie begründen. Gegenstand dieser philosophischen Teildisziplin ist die Technik, worunter die Mühlen als technische Bauwerke fallen. Der Begriff „Technik" bezieht sich nicht nur auf die technischen Artefakte, er beinhaltet zudem alle Handlungen im Umgang mit ihnen und die ihnen zugrunde gelegte Technologie, das technische Know-how.[16] Spezielles Wissen über Antrieb und Energietransmission sowie technischer Fertigkeiten bedurften die Mühlenbauer bei der Errichtung und der Reparatur von Mühlen. Daher gab es in der Bundesrepublik bis in die 1950er Jahre die in der Handwerksordnung verbriefte Ausbildung zum Mühlenbauer.

Mühlen als solche sind keine Produkte des Zufalls oder automatisierter Prozesse, sondern das Ergebnis sozialen Handelns (natürlich unter Berücksichtigung technischer Grundlagen), in das immer (moralische) Wertentscheidungen eingeflossen sind. Wie jede Technik besitzt diese Maschine in den Worten Martin Heideggers einen „anthropologischen Charakter", sie wurde „vom Menschen für den Menschen erfunden, vollzogen, entwickelt, gelenkt und gesichert"[17]. Tiere und Pflanzen können gar nicht wollen Mühlen zu bauen, geschweige denn dieses technisch realisieren. Handeln von Subjekten basiert auf ihrer Intentionalität und ihren bedingt willensfreien Entscheidungen. Damit ist die notwendige anthropologische Bedingung gegeben, dass der Bau, der Nutzen, die Restauration und der Abriss von Mühlen einer (technik)ethischen Prüfung unterzogen werden können. Diese historischen Maschinen sind also genau so wenig wie Technik überhaupt wertneutral.

Mühlen können nicht nur technikphilosophisch und -ethisch analysiert werden. Sie sind genauso Gegenstand der Kulturphilosophie, was als erster wohl der Philosoph Moritz Lazarus in seinem Aufsatz „Einige synthetische Gedanken zur Völkerpsychologie" aus dem Jahre 1865 systematisch begründet hat. Dort entwickelte er eine posthegelianische Theorie des objektiven Geistes, nach der die Kultur eines Volkes nicht nur in den Produkten der Kunst, Musik, Literatur, Religion und Philosophie zum Ausdruck kommt, sondern in allen „reale[n] oder symbolische[n] Verkörperungen des Gedankens"[18]. Dazu zählen für ihn u.a. jegliche Bauten, Werkzeuge und Maschinen, von denen er explizit die Wind- und Wassermühlen nennt.[19] Lazarus' erweiterter, moderner Kulturbegriff ermöglicht also eine Einbeziehung der technischen Anlagen in die Kulturphilosophie. Ihre kulturelle Manifestation findet die konkrete Mühlenpraxis ebenso in der Sprache, beispielsweise verzeichnet das Grimmsche Wörterbuch von 1885 allein 118 Einträge zum Wortfeld „Mühle"[20]. Erwähnenswert sind auch die regional verbreiteten Mühlen-Sagen sowie die zahlreichen Mühlen-Sprichwörter, von denen manche noch in unserem Sprachgebrauch präsent sind. So kann vor diesem Hintergrund von einem „Mühlen-Kosmos" gesprochen werden, anhand dessen Spezifik sich die Weltbeziehungen des Menschen philosophisch beleuchten lassen.

Mühlen und das Mensch-Technik-Verhältnis

Der erste längere Text in der Kulturgeschichte, welcher das Verhältnis von Mensch und Mühle thematisiert, ist ein Gedicht, das dem griechischen, wohl im ersten Jahrhundert vor Christus lebenden Dichter Antipatros von Thessalonike zugeschrieben wird:

> Die Erfindung der Wassermühle
> Schonet der mahlenden Hand, o Müllerinnen, und schlafet
> Sanft! es verkünde der Hahn euch den Morgen umsonst!
> Däo [Ceres] hat die Arbeit der Mädchen den Nymphen befohlen,
> Und itzt hüpfen sie leicht über die Räder dahin,
> Dass die erschütterten Achsen mit ihren Speichen sich wälzen,
> Und im Kreise die Last drehen des wälzenden Steins.
> Lasst uns leben das Leben der Väter, und lasst uns der Gaben
> Arbeitslos uns freuen, welche die Göttin uns schenkt.[21]

Hier wird die Utopie einer zum Zermahlen von Getreide dienenden Wassermühle entworfen, die nicht mehr von Sklavinnen betrieben werden muss. Deren harte Arbeit übernehmen auf Befehl von Ceres, der römischen Göttin der Erdkräfte und der Fruchtbarkeit, die Wassergeister. So brauchen die Menschen nicht mehr früh morgens aufzustehen und können in Muße ein gutes Leben führen. Bekanntheit erlangte der Gesang durch seine Zitation bei dem römischen Architekten Vitruv und bei Karl Marx. Dem Sozialphilosophen dient das Epigramm als Beleg für die Ideologie der antiken Sklavenhaltergesellschaft. Für ihn ist die Was-

Mühlenrenaissance – ein philosophischer Deutungsversuch

sermühle der Urtyp der Maschine, die „Elementarform aller produktiven Maschinerie"[22]. Schon diese Produktivkraft, problematisiert er, habe zu einer Ausweitung der Arbeitszeiten aufgrund der fehlenden Begrenzung des Arbeitstages geführt.

Auch andere Mühlentypen zieht Marx in seinem Werk zur Verdeutlichung des historischen Materialismus heran. So ordnet er einzelne nach Antrieb verschiedene Mühlen bestimmten Produktionsweisen zu, lautet doch sein bekanntes Mühlen-Diktum: „Die Handmühle ergibt eine Gesellschaft mit Feudalherren, die Dampfmühle eine Gesellschaft mit industriellen Kapitalisten."[23] Die veränderte Antriebstechnologie von Mühlen führte zu einer höheren Arbeitsteilung, zu einem neuen Produktionsverhältnis. Anders als Wind- und Wassermühlen, die aufgrund ihrer Lage an den ländlichen Raum gebunden waren, konnten Industriemühlen in Städten eingesetzt werden, was wiederum aufgrund der gestiegenen Zahl an Arbeitsplätzen die Urbanisierung vorantrieb. Da nach der Sozialphilosophie von Marx es zu einer Umwälzung des Wirtschafts- und Gesellschaftssystem kommt, wenn die Produktivkräfte im unauflösbaren Widerspruch zu den Produktionsverhältnissen stehen, kann er der Institutionalisierung jener ausschließlich mit Naturkräften betriebenen Mühlen der feudalen Gesellschaft und den frühindustriellen Dampfmühlen der bürgerlichen Gesellschaft einen sozialrevolutionären Charakter zusprechen.

Im Rahmen einer Mühlenphilosophie bietet es sich an, auf den berühmten Abschnitt über „entfremdete Arbeit"[24] von Marx Bezug zu nehmen. In diesem identifiziert er vier Formen der Entfremdung, unter denen der Arbeiter in der kapitalistischen Gesellschaft leidet: der Entfremdung vom Arbeitsprodukt, der Entfremdung vom Arbeitsprozess, der Entfremdung von sich selbst und der Natur sowie der Entfremdung von den Mitmenschen. Auf den Mühlenbetreiber treffen diese Formen der Entfremdung – im Gegensatz zum Mühlenarbeiter in den Industriemühlen – kaum zu. Unter den Bauern kam dem Müller eine herausragende Stellung zu, er galt als „adlig", da er Wind und Wasser für sich arbeiten lassen konnte. Ein Zwölftel bis ein Achtzehntel des gemahlenen Mehls, das für seine und die Ernährung seiner Familie diente, konnte er als Lohn für seine Arbeit behalten, worüber es immer wieder zu Konflikten zwischen ihm und den Bauern kam. Der Müller war trotz seiner Abhängigkeit von den Launen der Natur weitestgehend Herr über die Produktionsprozesse, die einen geringen Grad an Arbeitsteilung aufwiesen. Zudem gab es für ihn keine Trennung von Arbeits- und Wohnort, der überwiegend außerhalb der Dörfer und Städte in freier Natur lag. Der Müller wohnte zusammen mit seiner Familie und anderen Arbeitskräften im Mühlengebäude oder in einer Nebenanlage. Außerdem waren die Mühlen und ihre Territorien oftmals eigene Rechtsbezirke. Der so genannte „Mühlenfrieden" beinhaltete besondere Schutzrechte für die Mühlen, darunter fiel sogar ein Asylrecht. Die Lebensform des Müllers wies daher einen relativ hohen Autarkiegrad auf.

Im Unterschied zu Marx, der in seiner Techniksoziologie den Fokus auf die Ablösung von Werkzeugen durch Maschinen legt, bezweifelt der Kulturphilosoph Lazarus die Möglichkeit einer „absoluten Scheidung [...] zwischen Werkzeug und Maschine". Eine Maschine ist für ihn nichts anderes als das „vollkommenste Werkzeug"[25], da in ihre Produktion das ausgefeilte technische Wissen eingegangen sei, sie der Massenfertigung von Produkten diene und ihre Benutzung kaum der subjektiven Fähigkeiten mehr bedürfe. Als Belege für seine Position führt Lazarus neben Töpferscheibe, Webstuhl und Segelschiffen die Wind- und Wassermühlen an. Die Relationierung von Werkzeug und Maschine hat auch Kapp in seiner Technikphilosophie aufgegriffen, in der er die Position vertritt, dass sich in allen Transformationen eines technischen Gegenstands die „elementare Beschaffenheit des [ursprünglichen] Werkzeugs" zeige. Diese These verdeutlicht er u.a. am Beispiel der Mühlen; so finde sich das zentrale Element der handbetriebenen Mühle, der Mahlstein, in allen anderen Mühlenvarianten wieder. Im Vergleich zu Lazarus konstruiert Kapp noch eine besondere Nähe der Mühlen zum Menschen durch seine Theorie der Technik als „Organprojektion", nach der technische Artefakte die Erweiterungen menschlicher Organe seien, was sich sogar in der Etymologie der Bezeichnungen niederschlage. Gemäß seines organizistischen Denkens begreift Kapp den Mühlstein als „die erste Vorrichtung zum Ersatz der die Körner zerreibenden Mahlzähne des Gebisses"[26].

Im Gegensatz zu den technikphilosophischen Reflexionen von Kapp, Lazarus und Marx ist für Martin Heidegger das Spezifikum von Technik nicht ihre Nutzbarkeit für vom Menschen vorgegebene Zwecke, nicht ihre „instrumentale und anthropologische Bestimmung"[27], wie er in seinem klassischen Aufsatz „Die Frage nach der Technik" aus dem Jahre 1954 aufdeckt. Er deutet Technik unter Bezugnahme auf den altgriechischen Technē-Begriff als eine „Weise des Entbergens"[28], als eine Weise des Hervorbringens oder des zum Vorschein-Bringens. Moderne Technik grenzt sich ihm zufolge von vormoderner Technik zunächst einmal durch bestimmte Prozesse im Umgang mit der gewonnenen Energie ab. Prämoderne Technik beschränkt sich auf die Erschließung der „in der Natur verborgene[n] Energie"[29] und auf die Umformung dieser. In der neuzeitlichen Technik wird die Energie noch gespeichert, wieder verteilt und umgeschaltet. Erst durch die Speicherung der Energie und deren weiterer Nutzung wird sie „gestellt" und verobjektiviert.

Die Differenzen zwischen den beiden ihrem Grundcharakter nach verschiedenen Formen von Technik exemplifiziert Heidegger unter Bezugnahme auf Mühlen. „Natürlich ist die Sägemühle in einem verlorenen Schwarzwaldtal ein primitives Mittel im Vergleich zum Wasserkraftwerk im Rheinstrom."[30], konstatiert Heidegger, um dann deutlich zu machen, dass der kategoriale Unterschied zwischen der Wassermühle und dem Wasserkraftwerk nicht in ihrem technologischen Stand liegt, sondern in den von ihnen verkörperten Weisen des Entbergens. So stellt er konkret die Frage, ob das Hauptmerkmal moderner Technik, das Herausfordern der Natur zur Energiespeicherung, genauso hinsichtlich der „alten Windmühle" gelte. Heideggers Antwort lautet: „Nein. Ihre Flügel drehen sich zwar im Winde, seinem Wehen bleiben sie unmittelbar anheimgegeben. Die Windmühle erschließt aber nicht Energien der Luftströmung, um sie zu speichern."[31] Während die von modernen Kraftwerken erzeugte Energie in länderübergreifende Energienetze eingespeist und für beliebige Zwecke herangezogen werden kann, wurde die durch historische Mühlen erschlossene Energie vor Ort genutzt für eindeutig vorgegebene Zwecke. Im Gegensatz zum Entbergen der modernen Technik und Naturwissenschaft ist das durch traditionelle Mühlen kein „herausforderndes Stellen", da es nicht „gegen die Natur" gerichtet ist. Daher droht von diesen technischen Anlagen nicht die Gefahr, vor der Heidegger eindrücklich bei der Ausweitung moderner Technik warnt, und zwar vor dem „Unaufhaltsame[n] ihrer schrankenlosen Herrschaft"[32], wie sie in ihrem Wesen angelegt ist.

Mühlen und das Mensch-Natur-Verhältnis

Müller nutzten für den Betrieb ihrer Mühlen Wind und Wasser zu ökonomischen Zwecken. Der unbelebten Natur wurde dabei nicht wie in einem holistischen Naturverständnis ein moralischer Eigenwert zugesprochen. Der Umgang der Müller mit Mühlen ist aufgrund der von Zweckorientierung geprägten Haltung als anthropozentristisch zu charakterisieren. Die Umwelt galt es aus Sicht des Müllers zu erhalten und zu schützen nicht um ihrer selbst willen, sondern zur Sicherstellung der Funktionsfähigkeit seiner Mühle(n), die seine Existenzgrundlage bildete(n). Dieses thematisiert Wilhelm Raabe in seinem Werk „Pfisters Mühle" aus dem Jahre 1884. Im Zentrum des ersten deutschsprachigen Umweltromans steht eine Mühle, die zugleich ein beliebtes Ausflugslokal ist, die aber schließen muss, weil eine benachbarte Zuckerrübenfabrik mit ihren Chemikalien den Bach so verunreinigt, dass das Mühlenrad blockiert und die Gäste wegen des Gestanks wegbleiben. Dieser Erzählung Raabes liegt ein realer historischer Prozess aus der Zeit der Hochindustrialisierung zugrunde. So wird „Pfisters Mühle" von Raabe nicht als ein romantisches Idyll beschrieben. Die Kleinmühle steht vielmehr für ein „gesellschaftliches Gegenmodell"[33], welches belegt, dass Technik, die für ökonomische Zwecke genutzt wird, nicht per se gegen die Natur gerichtet sein muss, sondern mit ihr im Einklang stehen kann.

Während seit der Industrialisierung der Mensch auf Kraftmaschinen mit fossilen und damit endlichen Energieträgern wie Kohle, Gas oder Öl setzte und immer noch setzt, arbeiteten die Wind- und Wassermühlen mit regenerativen Energien. Wasserkraft bezeichnete Hermann von Helmholtz als die „billigste von allen Triebkräften, sie fliesst fortdauernd aus dem unerschöpflichen Vorrathe der Natur dem Menschen von selbst zu"[34]. In dieser Hinsicht bilden die naturbetriebenen Mühlen das Vorbild für die Gewinnung erneuerbarer Energien durch heutige Windkraftanlagen. Unter energieethischen Aspekten zeichneten sich die historischen Mühlen gegenüber anderen Technologien schon immer durch Nachhaltigkeit aus, verursachten sie doch keine irreversiblen, nichtabsehbaren Umweltschäden, keine CO_2-Emissionen, keinen „Abfall", kaum Lärm und verschandelten nicht die Landschaft. Die Mühlen lagen meist außerhalb geschlossener Ortschaften, Windmühlen auf Anhöhen, Wassermühlen an natürlichen Wasserläufen, später an angelegten Kanälen. Aufgrund ihrer Alleinlage und der Konzentration auf die Produktion für lokale Abnehmer stehen Mühlen für Dezentralisierung und Kommunalisierung. Mit anderen Worten, Mühlen können ebenfalls als Symbole der Deglobalisierung gelten.

Gegenüber einer von dem „Prinzip der unablässigen Reichweitenvergrößerung"[35] und dem Glauben an grenzenlose Verfügbarkeit über natürliche Ressourcen beherrschten globalisierten Ökonomie, die zur Profitsteigerung die Produktion in die Weltregionen mit minimalen oder keinen Sozialabgaben und Umweltauflagen verlegt, war die mit den Mühlen verbundene Form des Wirtschaftens immer an die örtlichen Gegebenheiten ihrer Standorte gebunden. Jeder Müller kannte das Problem der ruhenden Luft bei Windmühlen oder das des ruhenden Wassers bei Wassermühlen. Ihm war bewusst, wie angewiesen er auf Wasser und Wind war, wobei die Abhängigkeit vom Mahlwind aufgrund der schwierigen Prognostizierbarkeit größer ausfiel als die vom Wasser. Die topographische Lage der Mühlen erinnerte den Müller stets daran, dass er ein Teil der Natur ist. Die Naturkräfte konnten durch die Mühlen zwar für technische Verarbeitungsprozesse nutzbar gemacht werden, waren aber aufgrund der meteorologischen Bedingungen grundsätzlich nicht vollständig beherrschbar und damit blieben sie immer nur bedingt verfügbar. Das Verhältnis des Müllers zur Natur war somit gekennzeichnet durch das Merkmal des Unverfügbaren.[36] Dieses spiegelt sich auch wider in den Worten „Glück zu", welche den Müllern bei der Verabschiedung zugerufen wurden. Ihnen wünschte man damit lang währende Energiequellen und Schutz vor Unglück wie Unwetter und Bränden, die ihre Maschinen und damit ihre ökonomische Existenz zerstören konnten. Des Müllers Glück war also kein kurzfristiges Zufallsglück, sollte es doch seine Lebensform langfristig sichern.

Aufgrund ihrer besonderen, dezentralen Lage wirk(t)en die Mühlen „landschaftsprägend"[37]. Windmühlen fungierten oftmals als Landmarken, die durch ihre weite Sichtbarkeit zur Orientierung dienten und denen eine identitätsstiftende Funktion für die Bevölkerung zukam. Noch heute sind die Mühlenwege teilweise erkennbar, welche die historisch gewachsene Kulturlandschaft strukturieren. Obwohl die Mühlen in die vorhandene Landschaft gebaut wurden, wirken sie nicht „gestellt". Sie sind kein Fremdkörper, sondern sie fügen sich als Landschaftselement in die Natur ein. Die Mühlen präg(t)en zusammen mit der Natur teilweise über Jahrhunderte den Charakter einer Landschaft, selbst wenn sie gelegentlich eine Dislozierung an eine strategisch günstigere Stelle erfahren haben. Man führe dazu einmal folgendes Gedankenexperiment durch. Was wäre, wenn es auf der Welt keine realen historischen Mühlen mehr gäbe, nur noch die auf den Kunstwerken? Die Mühlen wären aus den Kulturlandschaften verschwunden. Man sähe zwar immer noch die Natur, Anhöhen und Hügel, Bäche und Flüsse – den betreffenden Landschaften, jetzt ohne Mühlen, würde aber Wesentliches fehlen, ihr zuvor noch „Individuelles, Geschlossenes, In-sich Befriedigtes"[38], wie es Georg Simmel feststellte. Die Einheitlichkeit einer Landschaft, durch die sich diese als Naturausschnitt von der Umgebung abhebt, wäre unweigerlich durch die Eradierung der technischen Bauwerke verloren.

Als Träger der Einheit einer Landschaft identifiziert Simmel die durch sie evozierte Stimmung. Schreibt man einer Landschaft eine bestimmte Stimmung zu, bedeutet dieses nach Otto Friedrich Bollnow, dass der Mensch „einbezogen [ist] in das Ganze der Landschaft, welches wiederum nichts losgelöst Bestehendes ist, sondern in eigentümlicher Weise auf den Menschen zurückbezogen ist". Im Unterschied zu anderen Weltzugängen erfährt der Mensch im gestimmten Zustand die Welt noch nicht in gegenständlicher Form, vielmehr die „Einheit von menschlichem Gemüt und umgebender Welt"[39]. In der Stimmung liegt noch keine Spaltung in Subjekt und Objekt vor, Außen- und Innenwelt können nicht voneinander geschieden werden.

Von den Landschaften mit Mühlen oder Mühlenensembles geht eine besondere ästhetische Wirkung aus. Da die technischen Anlagen durch Einbettung in die Landschaften „die Gestaltungsvorgabe der Natur an den Menschen in sich aufnehmen und verwirklichen", können die Mühlen der „Kategorie des Technikschönen"[40] zugeordnet werden. Man vergleiche diese historischen Produktionsstätten nur mit modernen Windkraftanlagen, die sich zwar gegenüber den traditionellen Windmühlen durch deutlich höhere Energieeffizienz auszeichnen, die aber eine Landschaft nicht selten „verspargeln" und sie ihrer Ästhetik berauben.

Noch in einer anderen Hinsicht unterscheiden sich historische Wind- und Wassermühlen von ihren zeitgenössischen Transformationen, nämlich durch den von ihnen erzeugten „Sound". Der hörbare Klang der sich drehenden Windmühlenflügel oder des Wasserrads, wie in dem berühmten Kinderlied der Romantik „Es klappert die Mühle am rauschenden Bach", hebt sich deutlich von den Geräuschen industrieller Maschinen ab. Mühlen sind ebenso „Sound-Medien", die allerdings einen durch die Jahreszeiten oder durch die Witterungsverhältnisse bestimmten, letztlich von den Naturkräften aufgespannten Klangraum erzeugen, wodurch sie den Kulturlandschaften Einzigartigkeit verleihen.

Angesichts dieser Reflexionen ist die Charakterisierung von Mühlen als „landschaftsprägend" zu präzisieren. Die technikschönen Bauwerke können auch konstitutiv für die Wahrnehmung eines bestimmten Naturausschnitts als Landschaft sein. Das Spezifische eines ästhetischen Zugangs zur Welt besteht in seinem nicht-objektivierenden Charakter. Mühlen ermöglichen dem Subjekt ästhetische, nicht-entfremdete Erfahrungen, die sich fundamental von seinem häufig auf Verfügbarmachen von Natur und Technik ausgelegten Modus der Welterschließung unterscheiden. Deshalb können Mühlen die Versöhnung von Mensch, Natur und von Technik symbolisieren, die zentral für ein gutes Leben in der Spätmoderne ist. Aus ästhetischen Gründen gilt es bei der Erhaltung der Mühlen demnach nicht nur die Gebäude mit ihrer Technik zu fokussieren, sondern verstärkt ihr landschaftliches Umfeld, den „Umgebungsschutz"[41], wie es in der Denkmalpflege heißt. Neben Sichtachsen sind zur ansprechenden Gestaltung der kulturhistorisch bedeutsamen Monumente insbesondere deren Wechselwirkungen mit den anderen Faktoren der Landschaft zu berücksichtigen.

Mühlen und das Mensch-Zeit-Verhältnis

„Die Mühlen der Justiz" oder „Die Mühlen der Bürokratie mahlen langsam" sind verbreitete Sprichwörter, um sich über das vermeintliche Schneckentempo dieser Institutionen zu beklagen. Die kritisch gemeinten Wendungen demonstrieren zunächst, dass der Mensch sich immer noch über die Metapher „Mühlen" in ein bestimmtes Verhältnis zur Zeit setzt. Der eigene Lebensrhythmus wird von ihm als deutlich höher eingeschätzt als das Arbeitstempo der historischen Bauten. Deren Besuch an Wochenenden und an speziellen Mühlentagen erfreut sich in der neoliberal geprägten Optimierungsgesellschaft zunehmender Beliebtheit, um in der Freizeit aus der „Tretmühle" der Alltagshektik auszusteigen. Mühlen scheinen im „Zeitalter der Beschleunigung" Oasen der Entschleunigung zu sein, da sie durch ihre skizzierten Implikationen einen Ausbruch aus dem „Akzelerationszirkel"[42] von technischer Beschleunigung, Beschleunigung des sozialen Wandels und der des Lebenstempos ermöglichen.

Aber nicht in der Geschwindigkeit zeitlicher Veränderung liegt die Zeitkrise des gegenwärtigen Menschen begründet, wie Byung-Chul Han in seinem meisterhaften Essay „Duft der Zeit" aufgedeckt hat. Das Zeitproblem des spätmodernen Subjekts besteht in der „Atomisierung der Zeit". Permanente Diskontinuitäten bewirken eine Zerstörung der narrativen Struktur von Zeit, so dass diese auf eine additive Aneinanderreihung von Zeitpunkten ohne sinnhaften inneren Zusammenhang schrumpft. Damit einher geht nach Han eine „Atomisierung des Lebens" und die Ausbildung einer „atomistischen Identität"[43], deren Folgen sich an den zunehmenden Burn-out-Raten zeigen, welche primär als Beleg für die Verbreitung einer Psychokrise herangezogen werden. Gegenüber einer sinnbefreiten Zeit verkörpern die Mühlen eine andere Auffassung von Zeit. In ihrer historisch geprägten Gestalt bringen sie die narrative Struktur von Zeit zum Ausdruck; die Monumente erzählen geradezu die Geschichte ihrer selbst, ihrer Region und bestimmter Kulturen. Davon zeugen insbesondere zahlreiche Mythen, lokale Sagen, Erzählungen und Sprichwörter des „Mühlen-Kosmos".

Historisch gesehen ist die Mühle eine besondere technische Anlage, nämlich „die am universellsten und langfristigsten genutzte Kraftmaschine der Menschheit"[44]. Seit mehr als 2000 Jahren ist sie aufgrund ihrer unterschiedlichen Nutzung – von der Zerkleinerung verschiedenster Stoffe bis zu ihrer Umwidmung etwa als Wohnhaus, Gaststätte, Touristeninformation, Kulturzentrum, Museum oder Kulturdenkmal – durchgängig in der Geschichte präsent. Die Mühle gehört zu den „Ort[en] der europäischen Kulturgeschichte"[45], zählte sie doch in der Frühen Neuzeit zusammen mit der Kirche, dem Marktplatz, dem Gericht und dem Gasthaus bzw. der Weinstube zu den zentralen gesellschaftlichen Einrichtungen und Kommunikationszentren. Bis zur Industrialisierung bildete die Mühlen-Technik die das Wirtschafts- und Gesellschaftssystem dominierende Technologie. So geben Mühlenensembles fundierte Einblicke in die Kultur-, Agrar-, Wirtschafts-, Sozial- und Siedlungsgeschichte Europas. Durch ihre historische Omnipräsenz wirken die Mühlen, selbst wenn andere archäologische Altertümer deutlich älter und architektonisch spektakulärer als sie sind, in mehrfacher Hinsicht wie ein „Fels in der Brandung" einer „flüchtigen Moderne"[46], in der bisher zentrale Institutionen und Normen einem Dynamisierungsprozess unterliegen.

Daher werden die Mühlen von vielen Menschen als Symbole einer „Gleichzeitigkeit des Ungleichzeitigen" wahrgenommen. Mit dem Besuch der heutigen noch vorhandenen Mühlen, die – wenn auch oft veränderte – Überrestquellen der Alltagskultur sind, begibt man sich quasi auf eine Reise in die Vergangenheit, ohne die Gegenwart zu verlassen. Zu Recht wird zunehmend die Bedeutung traditioneller Mühlen als historische Lernorte erkannt, ermöglichen sie doch als „Erinnerungsräume"[47] produktive Geschichtserfahrungen. Die Differenzerfahrung verschiedener Epochen steht u.a. im Zentrum von Miguel Cervantes' weltberühmten Roman „Don Quijote von der Mancha", dessen erster Teil 1605 und dessen zweiter Teil 1615 veröffentlicht wurde. In dem Klassiker der Weltliteratur, der zum kulturellen Gedächtnis Europas zählt, verweigert sich der „Ritter von der traurigen Gestalt" mit seinem Kampf gegen die Windmühlen den Zeichen der modernen Zeit. Mühlen können auch deswegen zum materiellen Kulturerbe gezählt werden, weil sie bestimmte immaterielle Weltbeziehungen symbolisieren. Durch die bauwerkliche Objektivierung eines narrativgestalteten, nicht-entfremdeten Verhältnisses von Mensch und Zeit setzen die Mühlen einen Gegenpol zum atomistischen Zeitmodell, das im digitalen Zeitalter vorherrscht.

Mühlenphilosophie und Denkmalpflege

Die hier gewagte Mühlenphilosophie, dieser Deutungsversuch der Mühlenrenaissance, offenbart, dass sich die Faszination für die technischen Bauwerke nicht einfach einer romantischen Nostalgie verdankt, sondern von den gestörten Weltverhältnissen des Menschen zur Technik, Natur und Zeit herrührt, die in der ökologischen Krise und in der Psychokrise der Spätmoderne zum Ausdruck kommen. Mühlen fungieren als Symbole für eine Versöhnung von Mensch, Natur, Technik und Zeit. In ihnen scheinen nicht-entfremdete Weltbeziehungen des Menschen – genauer zu sich selbst, zu den Dingen und zum Weltganzen – auf, welche die Bedingungen für ein gutes Leben gegenwärtiger und zukünftiger Generationen bilden. In einer „Gesellschaft der Nicht-Nachhaltigkeit"[48] sind die Mühlen daher *die* „Monumente der Nachhaltigkeit"[49].

Gerade in Zeiten des immer noch sehr wirkmächtigen Neoliberalismus und einer grassierenden kulturellen Amnesie sowie unkalkulierbarer Krisenszenarien gilt es diese technikschönen Kulturgüter auch aus philosophischen Gründen zu erhalten und zu schützen, zumal sie aufgrund der ihnen inhärenten, vielfältigen Beziehungsachsen unterschiedlichen Klassen von Kulturdenkmälern zugeordnet werden können: Baudenkmälern, Bodendenkmälern, technischen Denkmälern oder Ensembles.[50] Damit Denkmalpflege kein „Kampf gegen Windmühlen" bleibt, sondern vielmehr ein Kampf mit Wind- und Wassermühlen, bedarf es eines in Politik und Gesellschaft stärker verankerten Bewusstseins für die kulturethische Bedeutung historischer Mühlen, wozu auch die Philosophie durchaus ihren Beitrag leisten kann.

Anmerkungen

1 Heinrich Walgern (²2019): Mühle. In: ders./Volkmar Eidloth/Gerhard Ongyerth (Hrsg.): Handbuch Städtebauliche Denkmalpflege. Petersberg, S. 398-400, hier S. 399.
2 Werner Bätzing (2020): Das Landleben. Geschichte und Zukunft einer gefährdeten Lebensform. München, S. 15.
3 Zu den im Aufsatz erwähnten mühlengeschichtlichen Angaben, die nicht im Einzelnen belegt werden, vgl. Günter Bayerl (2013): Technik im Mittelalter und Früher Neuzeit. Stuttgart; Eugen Ernst (2005): Mühlen im Wandel der Zeiten. Stuttgart; Dietrich Lohrmann (²2002): Art. Mühle, historisch. In: Johannes Hoops (Hrsg.): Reallexikon der Germanischen Altertumskunde. Berlin/New York, S. 281-287; Johannes Mager/Günter Meißner/Wolfgang Orf (1988): Die Kulturgeschichte der Mühlen. Leipzig; Torsten Rüdinger/Philipp Oppermann (²2012): Kleine Mühlenkunde. Deutsche Technikgeschichte vom Reibstein zur Industriemühle. Berlin/Potsdam; zu den molinologischen Begriffen siehe Berthold Moog (2015): Lexikon der Mühlenkunde. Technik – Geschichte – Kultur. Binningen.
4 Ernst, a. a. O., S. 211.
5 Volker Steenblock (2019): Über das Verhältnis von Naturalismus, Kultur und Bildung – oder: wie es ist, ein Mensch zu sein und philosophieren zu können. In: Ralf Glitza/Kevin Liggieri (Hrsg.): Kultur und Bildung. Die Geisteswissenschaften und der Zeitgeist des Naturalismus. Freiburg i. Breisgau/München, S. 219-236, hier S. 226f.
6 Hartmut Rosa (2016): Resonanz. Eine Soziologie der Weltbeziehung. Berlin, S. 14, 77f.
7 Erich Fromm (1941/1989): Die Furcht vor der Freiheit. In: ders., Gesamtausgabe, hrsg. v. Rainer Funk, Bd. I. München, S. 215-392, hier S. 365. Siehe auch Rosa, a. a. O., S. 316.
8 Johann Heinrich Zedler (Bearb.) (1739): Grosses vollständiges Universal-Lexicon aller Wissenschafften und Künste, welches bißhero durch menschlichen Verstand und Witz erfunden und verbesset worden, Bd. 22. Halle/Leipzig, S. 73.
9 Bayerl, a. a. O., S. 116.
10 Moog, a. a. O., S. 111. Auf weitere technische und bauwerkliche Details wird hier nicht näher eingegangen, zum Beispiel auf die Einteilung der Wassermühlen oder die Windmühlenvarianten.
11 Bayerl, a. a. O., S. 115.
12 Vgl. Ernst, a. a. O., S. 128-147.
13 Rüdinger/Oppermann, a. a. O., S. 115.
14 Ernst Kapp (1877/2015): Grundlinien einer Philosophie der Technik. Zur Entstehungsgeschichte der Kultur aus neuen Gesichtspunkten, hrsg. v. Harun Maye/Leander Scholz. Hamburg, S. 56.
15 Walgern, a. a. O., S. 398.

[16] Z. B. Dagmar Fenner (2010): Einführung in die Angewandte Ethik. Tübingen, S. 213-215.
[17] Martin Heidegger (1962/2002): Überlieferte Sprache und technische Sprache. In: Thomas Zoglauer (Hrsg.): Technikphilosophie. Freiburg i. Breisgau/München, S. 139-147, hier S. 141.
[18] Moritz Lazarus (1865/2003): Einige synthetische Gedanken zur Völkerpsychologie. In: ders., Grundzüge der Völkerpsychologie und Kulturwissenschaft, hrsg. v. Klaus Christian Köhnke. Hamburg, S. 131-238, hier S. 190.
Zur Kulturphilosophie von Lazarus siehe Klaus Christian Köhnke (2019): Begriff und Theorie der Moderne. Vorlesungen zur Einführung in die Kulturphilosophie 1996-2002, hrsg. v. Jörn Bohr. Freiburg/München, S. 256-328.
[19] Lazarus, a. a. O., S. 186.
[20] Jacob Grimm/Wilhelm Grimm (1885): Deutsches Wörterbuch, Bd. 6. Leipzig, Sp. 2636-2644.
[21] Christian zu Stolberg-Stolberg (1782): Gedichte aus dem Griechischen übersetzt, Hamburg, S. 312.
[22] Karl Marx (1867/2019): Das Kapital. Kritik der politischen Ökonomie. Erster Band, hrsg. v. Michael Quante. Hamburg, S. 386. Das von Marx zitierte Mühlen-Gedicht findet sich in Anm. 156, S. 387.
[23] Karl Marx (1847/⁶1972): Das Elend der Philosophie. In: Karl Marx – Friedrich Engels – Werke, Bd. IV, Berlin, S. 63-182, hier S. 130.
[24] Karl Marx (1844/1990): Ökonomisch-philosophische Manuskripte. In: ders./Friedrich Engels: Studienausgabe in 4 Bänden, hrsg. v. Iring Fetscher, Bd. II. Frankfurt a. Main, S. 38-128, hier S. 74-86.
[25] Lazarus, a. a. O., S. 186.
[26] Kapp, a. a. O., S. 56.
[27] Martin Heidegger (1954/¹⁰2004): Die Frage nach der Technik. In: ders., Vorträge und Aufsätze. Stuttgart, S. 9-40, hier S. 10.
[28] Ebd., S. 16.
[29] Ebd., S. 20.
[30] Ebd., S. 10.
[31] Ebd., S. 18.
[32] Heidegger, Überlieferte Sprache und technische Sprache, a. a. O., S. 146.
[33] Günter Bayerl (1987): Herrn Pfisters und anderer Leute Mühlen. Das Verhältnis von Mensch, Technik und Umwelt im Spiegel eines literarischen Topos. In: Harro Segeberg (Hrsg.): Technik in der Literatur. Ein Forschungsüberblick und 12 Aufsätze. Frankfurt a. Main, S. 51-101, hier S. 85.
[34] Hermann von Helmholtz (1871/2017): Ueber die Erhaltung der Kraft. In: ders., Philosophische und populärwissenschaftliche Schriften, Bd. 1, hrsg. v. Michael Heidelberger/Helmut Pulte/Gregor Schiemann. Hamburg, S. 208-248, hier S. 218.
[35] Hartmut Rosa (2018): Unverfügbarkeit. Wien/Salzburg, S. 14.
[36] Vgl. ebd., S. 21-24.
[37] Walgern, a. a. O., S. 399.
[38] Georg Simmel (1913/2001): Philosophie der Landschaft. In: ders., Gesamtausgabe, Bd. 12, hrsg. v. Rüdiger Kramme/Angela Rammstedt/Otthein Rammstedt, Frankfurt a. Main, Bd. 12, S. 471-482, hier S. 473.

[39] Otto Friedrich Bollnow (^{3}1956/^{8}1995) Das Wesen der Stimmungen. Frankfurt a. Main, S. 40.
[40] Christin Tepe (2001): Ästhetik als Freiheitsdenken. In: ders., Ästhetik als Freiheitsdenken. Essays über das Schöne. Marburg, S. 13-29, hier S. 28.
[41] Rüdinger/Oppermann, a. a. O., S. 170f. Vgl. auch Heinrich Walgern (^{2}2019) Umgebungsschutz. In: ders./Volkmar Eidloth/Gerhard Ongyerth (Hrsg.): Handbuch Städtebauliche Denkmalpflege. Petersberg, S. 501-504.
[42] Hartmut Rosa (2005): Beschleunigung. Die Veränderung der Zeitstrukturen in der Moderne. Frankfurt a. Main, S. 243-255.
[43] Byung-Chul Han (2009/^{12}2015): Duft der Zeit. Ein philosophischer Essay zur Kunst des Verweilens. Bielefeld, S. 7. Vgl. auch Thomas Fuchs/Lukas Iwer/Stefano Micali (Hrsg.) (2018): Das überforderte Subjekt. Zeitdiagnosen einer beschleunigten Gesellschaft. Berlin.
[44] Bayerl, Technik in Mittelalter und Früher Neuzeit, a. a. O., S. 115.
[45] Giuliana Biagoli (1994): Die Mühle. In: Heinz-Gerhard Haupt (Hrsg.): Orte des Alltags. Miniaturen aus der europäischen Kulturgeschichte. München, S. 35-43, hier S. 35.
[46] Zygmunt Bauman (2003/^{8}2017): Flüchtige Moderne, übers. v. Reinhard Kreissl. Frankfurt a. Main.
[47] Aleida Assmann (1999/2003): Erinnerungsräume. Formen und Wandlungen des kulturellen Gedächtnisses. München.
[48] Ingolfür Blühdorn (2020): Die Gesellschaft der Nicht-Nachhaltigkeit. Skizze einer umweltsoziologischen Gegenwartsdiagnose. In: ders., Nachhaltige Nicht-Nachhaltigkeit. Warum die ökologische Transformation der Gesellschaft nicht stattfindet. Bielefeld, S. 65-142. Vgl. zur Kritik des die öffentliche Debatte um die Klimakrise dominierenden Nachhaltigkeitsbegriffs Christian Tepe (2019): Wege zum nachhaltigen Denken. Ein philosophisches Traktat über Naturschutz, Ethik und Umweltpolitik. Baden-Baden.
[49] Christoph Beyer/Marcel Remme (2020): Unterwegs im Wassermühlenland. Kulturdenkmäler mit Wasserkraft. In: use Land + Lüü an Ems – Vechte – Hase 11 H. 1, S. 50-52, hier S. 52.
[50] Rüdinger/Oppermann, a. a. O., S. 167.

Peter Cornelius Mayer-Tasch

Wege und Scheidewege des Deutsch-Äthiopiers Hermann Goetz (1878–1970)

Dass die Tagebücher meines Großonkels Hermann Goetz mit der Bitte um editorische Betreuung letztlich auf meinem Schreibtisch landeten, hat zumindest indirekt etwas damit zu tun, dass der zur damaligen *Entourage* meines Großonkels gehörige Galitscha (Wahrsager) in den 50er-Jahren des letzten Jahrhunderts ein Knabenphoto des Autors dieser Zeilen mit den Worten kommentierte: „Dieser Junge wird einmal Geschichten erzählen, die in seinem Kopf gewachsen sind." Bis zu einem gewissen Grade sollte sich diese Prophezeiung dann auch tatsächlich erfüllen, wenn es zumeist auch Geschichten sind und waren, die nicht „in seinem Kopf gewachsen", sondern dort eher betrachtet, erwogen und kommentiert wurden und werden. Auch die Geschichte, um die es hier geht, hat in allererster Linie das Leben geschrieben und wird hier nun lediglich in ein breiteres Blickfeld gerückt.

Mit einer Prophezeiung hatte die hier kurz nacherzählte Geschichte schon ihren Anfang genommen. Dem einer Schwäbisch-Gmünder Kaufmannsfamilie entstammenden Hermann Goetz war schon im Kindesalter von einer aus seiner Hand lesenden Zigeunerin vorausgesagt worden, dass er einmal ins „heiße Land" gehen und nie mehr in seine Heimat zurückkehren werde – eine Voraussage, die ihm später von seiner Herkunftsfamilie wohlweislich, wenngleich vergebens, vorenthalten (und erst im Alter von 80 Jahren von seiner Nichte bei deren Besuch in Abessinien enthüllt) wurde. Auch später sollten ihm an den Scheidewegen seines abenteuerlichen Lebens immer wieder esoterische Praktiken einheimischer Wahrsagerinnen und Wahrsager (von paradelphischen *Séancen* bis hin zu den auch in Rom praktizierten *Haruspizien*) Voraussagungen und Wegweisungen liefern. Und dies galt selbst für sein – ihm von dem bereits erwähnten Galitscha schon Jahrzehnte zuvor ziemlich genau terminiertes – Lebensende.

Wer sich zu Beginn des 20. Jahrhunderts zur Auswanderung nach Abessinien entschloss, musste eine gehörige Portion Abenteurerblut in den Adern haben. Was heute im Direktflug von Frankfurt nach Addis Abeba in ca. 8 Stunden absolviert werden kann, bedurfte im Jahr 1902, als sich Hermann Goetz von Basel aus auf den Weg ins „heiße Land" machte, noch eines Zeitraums von Monaten, und war mit vielfältigen Risiken behaftet. Vor dem Hintergrund der ihm offenbar schon an der Wiege gespielten Schicksalsmelodie war es wohl nicht zuletzt die Enge, Stickigkeit und Spießigkeit der gründerzeitlichen Kaufmannskontore, denen der württembergische „Lateinschüler" entfliehen wollte, den sein kaufmännischer Ausbildungsweg über verschiedene süddeutsche Stationen in die Schweiz geführt hatte, bis ihn im Jahre 1901 in Gestalt des aus einer kosmopolitisch agierenden, einflussreichen Berliner Familie stammenden späteren Partners Hans Jannasch jener *coup de foudre* traf, der seinem Lebensweg die Richtung wies und ihn im abessinischen Kaiserreich zeitweise zu einem der bekanntesten Europäer werden ließ.

Schon der im Jahr darauf mit seinem künftigen (Geschäfts-)Partner eingeschlagene Weg von Basel bis ins Herz des einzigen afrikanischen Landes, das sich (mit Ausnahme der fünfjährigen italienischen Besatzungszeit von 1936–1941) dauerhaft allen europäischen Kolonisierungsversuchen zu entziehen wusste (und wohl nicht zuletzt auch im Hinblick auf diesen seinen auratischen Rang ab 1962 sowohl zum geborenen als auch zum gekorenen Sitz zunächst der Organisation Afrikanischer Einheit (OAU) und seit 2002 der Afrikanischen Union (AU) werden sollte), war abenteuerlich genug. Er führte die beiden – vorsorglich mit reichem Handelsgepäck ausgestatteten – Auswanderer über Italien, Ägypten, das (zu jener Zeit unter englischer Kolonialherrschaft stehende) jemenitische Aden und das (damals unter französischer Kolonialherrschaft stehende) Djibouti im Somaliland auf oftmals mühseligen und gefahrvollen Wegen und Pfaden in – teils freiwilligen, teils erzwungenen – Etappen nach Harar und schließlich nach Addis Abeba, der Residenz von Kaiser Menelik II (1889–1913) und Hauptstadt des Reiches. Die beiden Glücksritter handelten mit Allem, was im Lande ihren Lebensunterhalt zu sichern versprach – nicht zuletzt mit den mitgebrachten, viele Türen öffnenden Waffen. Mit Gewehren, Pistolen und Munition war die Gunst lokaler Potentaten leicht zu gewinnen und der Lebensunterhalt ebenso leicht zu bestreiten. Vor allem aber auch Fotografieren erwies sich als Erfolgskonzept. Auch der Handel mit den mitgebrachten und immer wieder nachbestellten Medikamenten ließen sich in Prestige und klingende Münze verwandeln. Und dies umso mehr als den „Frenchis" (bei Karl May firmieren sie als „Franken" – eine Bezeichnung, die wohl noch aus der Zeit der Kreuzzüge gestammt haben dürfte) zu jener Zeit der Ruf vorauseilte, gute Ärzte zu sein, was dem manche Leiden mithilfe seiner Reiseapotheke behandelnden Hermann Goetz zuweilen auch den Ehrentitel eines „Hakim" zuwachsen ließ. Die atmosphärische Aufnahmebereitschaft des Landes gegenüber westlichen Einflüssen wurde durch die Vorurteilslosigkeit des Kaisers wesentlich geprägt, der pragmatisch genug war, sich selbst der – von ihm bei deren erstem Invasionsversuch im Jahre 1898 vernichtend geschlagenen – Italiener zu bedienen, soweit deren Beiträge seine zivilisatorischen Meliorisierungsbemühungen zu fördern versprachen.

Die solide kaufmännische Ausbildung und das Händlergeschick des sich rasch in die Amtssprache (das Amharische) und die Kultur des Landes einfindenden Württembergers und der Wagemut seines Partners ließ ihre Integration rasch fortschreiten.

Diese ersten Jahre dienten mithin der Orientierung und der Integration in die Sitten und Gebräuche des politisch und sozial feudal strukturierten, in vielfacher Hinsicht noch mittelalterlich geprägten Landes. Was den beiden Einwanderern – neben einer robusten, die klimatischen Verhältnisse des abessinischen Hochlandes gut verkraftenden gesundheitlichen Verfassung – zugute kam, war ihre stete Bereitschaft, sich allen Herausforderungen zu stellen und jede Lebenschance wahrzunehmen. Hinzu kamen die Deutschfreundlichkeit und die sich allen westlichen Errungenschaften begierig öffnende Grundhaltung des (seine Herrschaftslegitimation auf die angebliche Verbindung König Salomons mit der Königin von Saba zurückführenden) „Löwen von Juda", zu dem sie schon bald erfolgreichen Zugang fanden. Sowohl Menelik II. als auch sein späterer Nachfolger Haile Selassie I. (ab 1916 mitregierender Thronfolger, ab 1930 Kaiser) sollten sich als große Gönner von Hermann Goetz erweisen. Als Goetz (der zeitweise eine Gärtnerei leitete) und Jannasch (der als afrikaerfahrener einstiger Kämpfer im Burenkrieg zeitweise als Militär-Instrukteur amtierte) am zweiten großen Scheideweg ihres abessinischen Abenteuers beschlossen, sich außerhalb von Addis Abeba fest niederzulassen und eine Straußenfarm zu begründen, wurden sie nach mancherlei Demarchen von Kaiser Menelik mit großen Ländereien in dem von den Amharen unterjochten Arussi-Land im Süden Äthiopiens ausgestattet. Hermann Goetz, der nach einem Zerwürfnis mit seinem – später aus politischen Gründen des Landes verwiesenen – Partner Jannasch wie auch mit dessen Rechtsnachfolger, dem ebenfalls deutschstämmigen Apotheker Zahn, Alleineigentümer der Farm geworden war, wurde schließlich Mitte der 30er-Jahre noch von Kaiser Haile Selassie mit einer zusätzlichen Landschenkung bedacht, die ihn endgültig zum Großgrundbesitzer werden ließ. Die Wahl einer Straußenzucht als Unternehmensziel war rein ökonomisch motiviert. Zwar war Hans Jannasch während seiner Jahre in Südafrika schon mit Straußenfarmen in Berührung gekommen, konkrete Erfahrungen gewonnen hatte er aber nicht, und so sollten sich die Anfänge ihrer Existenz als Straußenfarmer als recht mühsam, letztlich aber auch als sehr lohnend erweisen. Die europäische Hut- und Kleidermode der Jahrhundertwende nämlich ließ den Straußenfedern einen hohen ästhetischen Rang und damit auch einen hohen Preis zuwachsen. Auf den weit ausladenden Hüten der zur *Hautvolée* zählenden Damenwelt wippten allenthalben Straußenfedern – bald weiß, bald schwarz – und auf den mehr oder minder gewagten Kostümen von Varieté-Tänzerinnen waren sie nicht selten auch bunt gefärbt.

Derart verlockende Perspektiven im Auge, bauten Goetz und Jannasch nun inmitten des ihnen überlassenen Landstriches am Zway-See – einem See von annähernd der Größe des Bodensees – auf einem Hügel nach und nach ein weit ins Steppenland auslugendes, burgartiges Domizil für sich und ihr Gefolge, das sich aus Bau- und Farmarbeitern sowie aus Haus- und Jagdgehilfen zusammensetzte und aus dem inzwischen erworbenen, nicht unbeträchtlichen Handelsvermögen bezahlt wurde. Hinzu kamen nach und nach eine Anzahl von ihren Herren entlaufener Sklaven und Sklavinnen, die auf dem Gut Zuflucht und Entlohnung fanden. Unter dem Einfluss der Abessinien umlagernden europäischen Kolonialmächte war die Sklaverei zwar auch in Abessinien *de iure* abgeschafft worden, wurde aber *de facto* noch immer praktiziert. Erweitert wurde das Gefolge noch durch eine Anzahl von halbfreien, in ihrem Rechtsstatus den „Liten" oder „Hintersassen" des altgermanischen Rechts vergleichbare, mit Fronpflichten belastete Bauern („Gabarn"), die den Pionieren vom Kaiser „geschenkt" worden waren. Diese Gabarn lebten nicht auf dem Gut, sondern in ihren verstreut liegenden Kraalen und wurden nur gelegentlich zu Hand-, Spann- oder Begleitdiensten herangezogen. Wenn man den Tagebüchern von Hermann Goetz Glauben schenken darf, entwickelte sich zwischen ihm und diesen Gabarn, aber auch zu dem übrigen Gefolge, ein zwischen patriarchalischer Bestimmtheit und fürsorglicher Kameradschaftlichkeit changierendes Verhältnis – ein Verhältnis eben „nach Gutsherrenart", dessen atmosphärische Selbstverständlichkeit uns Heutigen wohl nur noch vor dem Hintergrund der quasi mittelalterlichen Feudalstruktur des halb-absolutistisch regierten Kaiserreichs mit seinen über hundert Volksstämmen verständlich erscheinen kann.

Im Vergleich zu der Periode des Interregnums, während dessen zunächst der von Menelik zum Thronfolger bestimmte, jedoch haltlose und ungeschickt taktierende Enkel Lij (Prinz) Iyasu und nach dessen Sturz eine Tochter Meneliks (Kaiserin Zawditu) und neben ihr der neue Thronfolger, Ras (Herzog) Haile Taferi, der spätere Kaiser Haile Selassie, regierten, wird die Regierungszeit Meneliks in den Tagebüchern von Hermann Goetz fast als eine Art von goldenem Zeitalter, zumindest aber als eine Periode hoher Sicherheit auf den öffentlichen Straßen und Plätzen geschildert.

Immer wieder öffnen die Goetz'schen Memoiren aber auch einen Blick auf die (nicht zuletzt das Rechtswesen belastenden) Schattenseiten des von Korruption, Willkür und sozialer Fühllosigkeit der amharischen Eliten schwer geplagten, sich im Spannungsfeld von Feudalismus und Absolutismus bewegenden Staats- und Sozialsystems. Interessant ist auch der Blick auf die im vorrevolutionären abessinischen *Ancien Régime* von der kaiserlichen Regierung praktizierte, stets auf Wahrung der nationalen Souveränität bedachte diplomatische Slalom-Politik zwischen den Afrika belagernden europäischen Kolonialmächten. Dass er bereit zu sein schien, diese im Interesse der nationalen Unabhängigkeit befolgte Traditionslinie der abessinischen Außenpolitik aufzugeben und auf der Seite der Achsenmächte in den Ersten Weltkrieg einzutreten, dürfte Lij (Prinz) Iyasu – nicht zuletzt unter tätiger Mithilfen Englands und Frankreichs – die Regentschaft (1913–1916) und letztlich auch die Freiheit und das Leben gekostet haben. Geebnet wurde damit der Weg zur Macht für den tatkräftigen Ras Taferi, der ab 1916 für die Kaiserin Zawditu die Regentschaft führte, bis er dann im Jahre 1930 als Haile Selassie I. auch offiziell deren Nachfolge antreten konnte.

Sowohl für Menelik II. als auch für Haile Selassie I. galt, dass das Wort dieser „Könige der Könige" Gesetz war. Obwohl sie gewisse feudalistische Rücksichten zu wahren hatten, war ihre Machtvollkommenheit eher der der römischen Kaiser der nachaugustäischen Zeit als der der Kaiser des Hl. Römischen Reiches vergleichbar. Dass sich Europäer vergleichsweise frei und unbekümmert im Lande bewegen konnten, war einerseits der von ihnen erhofften Innovationskraft, andererseits der diplomatischen

Vorsicht der Krone, des amharischen (Hoch-)Adels – und nicht zuletzt auch der Weite des Landes geschuldet. Größer war die Gefahr, dass man ins Spannungsfeld von Stammeskonflikten oder unter den Druck von Naturgewalten geriet, während gelegentliche Beamtenwillkür stets durch den Appell an die in der Feudalhierarchie Höherstehenden ausgehebelt werden konnte. Wo sich die Beamtenwillkür und die Intrigen auch auf diesem Revisionsweg nach oben fortsetzten, half ausweislich der Tagebücher zwar weniger der „appeal to heaven" (John Locke) wohl aber der Appell an den „Löwen von Juda", dessen Prankenschlag dann für Ordnung sorgte, wie Hermann Goetz mehrfach erfahren konnte.

In all diesen Fällen ging es aber stets nur um die Gefährdung der unmittelbaren existentiellen Interessen der Neusiedler. Mit der „großen Politik" kam Hermann Goetz (im Gegensatz zu seinem Partner, dessen ungestümes Temperament ihn später in große Bedrängnis brachte) nur indirekt in Berührung. Und dies, obwohl seine einzige Tochter Hedwig, mit der er sein Leben lang eng verbunden blieb, seiner – nicht sehr beständigen – Verbindung mit einer Verwandten Kaiser Meneliks II. entstammte, was ihm ab und an von Nutzen war. Von den Irrungen und Wirrungen der Großen des Landes allerdings hielt er sich dennoch möglichst fern, soweit es ihm nicht zur Wahrung seiner unmittelbaren persönlichen und wirtschaftlichen Lebensinteressen unvermeidlich erschien.

Dass der Schicksalsweg dieses wagemutigen (nach dem assyrisch-babylonischen Horoskop im Zeichen des Löwen und nach dem chinesischen Horoskop im Zeichen des Tigers geborenen) Mannes schon durch seine körperliche Verfassung und sein Charakterbild vorgezeichnet erschien, ist unverkennbar. Hatte das Kind in den zu jener Zeit harten deutschen Wintern immer wieder unter Frostbeulen gelitten, so fühlte sich der Auswanderer pudelwohl, sobald er afrikanischen Boden betreten hatte. Trotz mannigfacher klimatischer Unbilden und hygienisch „suboptimaler" Lebensbedingungen konnte er sich wohl nicht zuletzt dank seiner konstitutionellen Affinität zu den im abessinischen Hochland herrschenden klimatischen Bedingungen sowie auch dank der nach und nach angeeigneten medizinischen Kenntnisse bis ins hohe Alter einer außergewöhnlich stabilen Gesundheit erfreuen. Hinzu kam ein ausgeglichenes, eher zu abwägender Bedachtsamkeit und Gelassenheit als zu jähen Entschlüssen neigendes Temperament, das spätestens dann zum Tragen kam, als er die ihm angemessene Grundrichtung seines Lebens gefunden hatte. Neben den dem Wohlwollen der Kaiser Menelik und

Haile Selassie verdankten „Landnahmen" trug insbesondere die schon familiär bedingte und durch die Ausbildungs- und Berufspraxis weiter geförderte kaufmännische Sozialisation in der von Kopf bis Fuß auf Unternehmergeist und ökonomischen Gewinn ausgerichteten Atmosphäre der wilhelminischen Gründerzeit ein Übriges dazu bei, ihm den Aufbau einer soliden wirtschaftlichen Existenz zu ermöglichen. Diese wiederum erlaubte ihm nicht nur die Grundfinanzierung seiner Handels- und Landwirtschaftsaktivitäten, sondern vor allem auch die Haltung und Entlohnung seines zahlreichen Gesindes. Auch die schon erwähnten, von ihm immer wieder aufgenommenen Sklaven erhielten während der Zeit ihres Aufenthaltes auf der Farm Kost, Logis und einen (wahrscheinlich eher bescheidenen) Lohn. Manche blieben nur eine Zeitlang, um sich schließlich auf die Suche nach ihrer Heimat zu machen, aus der sie nicht selten als Kinder geraubt bzw. verschleppt worden waren. Soweit ihm in solchen und ähnlichen Zusammenhängen Misshelligkeiten mit amharischen Regionalbeamten (den sog. Schum) erstanden, wusste er sich dank seiner guten Beziehungen zur Krone in aller Regel höheren Orts erfolgreich Gehör zu verschaffen.

Zu arrangieren wusste sich Hermann Goetz nach eigenem Zeugnis freilich auch mit den von Menelik II. unterworfenen Arussis, in deren ursprünglichem Stammesgebiet Adami Tullu, seine Großfarm, lag. Deren Sprache, Sitten und Gebräuche wurden ihm ebenso geläufig wie die Sprache und die Usancen des amharischen Herrenvolkes, die zu studieren er nicht müde wurde.

Nicht zuletzt für Ethnologen dürften die farbigen Schilderungen der – zumindest in den ersten Jahrzehnten des 20. Jahrhunderts – im Arussiland befolgten Verlobungs-, Hochzeits- und Trauerriten von großem Interesse sein. Angesichts der bei diesen Stammesgesellschaften zu jener Zeit weithin praktizierten Polygamie und Polyandrie mussten die daraus resultierenden verwandtschaftlichen und sozialen Verhältnisse äußerst komplex und für Außenstehende schwer durchschaubar erscheinen. Dass sich der Autor der Tagebücher nach Kräften bemüht, sie dennoch einigermaßen nachvollziehbar erscheinen zu lassen, macht die Lektüre der betreffenden Passagen besonders reizvoll. Bemerkenswert – und für manche Leser vielleicht auch einigermaßen ernüchternd – ist der Umstand, dass es bei der offiziellen Verbindung der Geschlechter offenbar so gut wie überhaupt nicht um die Vorstellungen und Gefühle der individuell Betroffenen, sondern in allererster Linie um Wohlstandsmehrung der Familien ging. Unmittelbar einsichtig wird auch hier wieder, warum der lat. Begriff pecunia (= Geld) ursprünglich nichts Anderes als „Vieh" bedeutete. Um den Zugewinn von Vieh ging es bei diesen Verlobungs- und Hochzeitsabsprachen für diejenigen Familien, die ihre Töchter als „Tauschobjekte" in den „Kuhhandel" einbringen konnten, dafür aber vom Bräutigam und seiner Sippe neben dem Brautpreis auch noch andere Gegenleistungen erwarten konnten, in erster Linie. Alles andere hatte sich diesem Hauptzweck unterzuordnen – ganz im Sinne der alten deutschen Bauernweisheit „Liebe vergeht, Hektar besteht". Hintergrund dieser Motivationslage war die Tatsache, dass der Besitz und die Gesunderhaltung des Viehbestandes für die Steppenbewohner des Arussilandes von existenzieller Bedeutung war. Neben der Jagd verdankten sie ihm ihren Lebensunterhalt. Welch katastrophale Folgen Störungen dieses symbiotischen Gleichgewichts von Mensch und Tier hatten, sollte sich in den Zeiten der Rinderpestepidemien erweisen, während der sich Hermann Goetz als „Impfdoktor" zu bewähren suchte. Im Übrigen ging es bei dem Vermählungsgeschäft aber auch um die Vermehrung und damit auch Stärkung der Sippe durch die Erzeugung einer möglichst zahlreichen Nachkommenschaft, wobei man bei den Arussis wohl auch keinen Anstoß daran nahm, wenn nicht nur die Mutterschafts-, sondern auch die Vaterschaftsrolle auf mehrere „Häupter" verteilt wurde ...

Bei all seiner nachbarschaftlichen Vernetzung mit den Arussis, in deren Stammesgebiet sein Besitztum Adami Tullu lag, war sein wichtigster rechtlich-politischer, aber – als Hauptabsatzmarkt für seine Farmerzeugnisse und Jagdtrophäen auch ökonomischer – Einsatzort, die ca. 180 km nördlich von Adami Tullu im vorwiegend amharisch besiedelten Landesteil *Schoa* liegende Hauptstadt Addis Abeba. Einen Einblick bieten die Tagebücher folglich auch in den Handel und Wandel der Hauptakteure in der – zur Zeit seiner Ankunft im Jahre 1902 noch sehr bescheiden an- und ausgelegten Metropole des Kaiserreiches, die erst 1889–1891 mit dem Bau des Kaiserpalastes in diesen Rang erhoben worden war, heute aber (je nach Abgrenzung) ca. 3–5 Millionen der insgesamt ca. 100 Millionen Äthiopier beherbergt. Das politische, soziale und ökonomische Bezugssystem bildete für Goetz und seinen Partner Jannasch mithin zunächst in erster Linie die um die jeweiligen Botschaften und Gesandtschaften und den kaiserlichen Hof(-Adel) kreisenden Europäer, deren – nicht selten von Verschrobenheiten, Eifersüchteleien und Intrigen gewürztes – Treiben er mit sanfter Ironie und trockenem Humor, zuweilen freilich auch mit beißendem Spott oder gar Entrüstung kommentiert – ganz so, wie er auch bei der Schilderung der Charakterzüge der von ihm zuweilen als „braune Freunde" oder auch als „Eingeborene" titulierten Abessinier kein Blatt vor den Mund nimmt.

Wenn sich Hermann Goetz auch zur Wahrung seiner ökonomischen und rechtlichen Interessen immer wieder zu mehr oder weniger langen Aufenthalten in der Hauptstadt genötigt sah, wo er dann *nolens volens* mit den anderen Europäern handelte, tafelte, politisierte und Schach spielte, war der Duft der „Neuen Blume" (dies die Bedeutung von Addis Abeba) nicht sein Lieblingsparfum. Sehr viel lieber hielt er sich auf seiner Farm Adami Tullu auf, ging auf die Jagd, arbeitete mit seinem Gesinde am Auf- und Ausbau seiner zunächst Straußen- und (später) sonstigen Viehzucht, widmete sich der Milchwirtschaft und der Erweiterung seines burgähnlich weit in die Steppe auslugenden Domizils.

Die so hoffnungsfroh begonnene und mit so vielen Mühsalen auf- und ausgebaute Straußenzucht blieb Episode, nachdem die Straußenfedern in den „Stahlgewittern" (Ernst Jünger) des ersten Weltkrieges von den elitären Damenhüten und Varietébühnen geschwemmt worden waren. In den späteren Jahren wurde die in Adami Tullu produzierte Butter in Addis Abeba eine gesuchte Delikatesse. Bei diesen Aktivitäten kam Hermann Goetz seine markante handwerkliche Begabung und insbesondere seine technische Improvisationskunst sehr zustatten. Mit Begeisterung berichtet er von den zahlreichen Möbeln, die er als Hobby-Tischler selbst fabrizierte. Zeitweise beherbergte er auf der Farm auch zahlende Jagdgäste, mit denen er – samt seinen eigenen Jagdgehilfen – weit ausgreifende Jagdausflüge unternahm. Auch hielt er neben Hirten auch einen eigenen Fallensteller, der ihm zu Nebeneinnahmen auf dem sowohl einheimischen als auch europäischen Pelzmarkt verhalf. Hinzu kam die Beschäftigung eines Tier-Präparators, dessen Artefakte an europäische Naturkundemuseen verkauft wurden. Der damalige Wildreichtum des Arussi-Landes rund um den Zway-See ließ den ehemaligen württembergischen Kleinstädter zum leidenschaftlichen Jäger werden, der nicht nur auf Gazellen- und Kudu-, sondern auch auf Löwen-, Leoparden- und sogar Nilpferdjagd ging, dabei freilich zumeist von ausgesuchten Mitgliedern seines Gefolges begleitet wurde.

In seinen späten Jahren blickt Hermann Goetz – die demographischen und zivilisatorischen Entwicklungen nun scharfäugig und skeptisch beobachtend – auf diese (von des naturschützerischen Gedankens heutiger

Lesart noch wenig angekränkelte – Frühphase seiner abessinischen Jahre mit Wehmut zurück. Was ihm damals selbstverständliche Gegenwart war, erscheint ihm nun als Blick zurück in einen sich in geschichtlichen Fernen verlierenden Garten Eden.

Wenn man den Tagebüchern glauben darf, hielten sich die Mühen und die Freuden dieses Lebens in einer damals noch weithin unerforschten Wildnis in etwa die Waage. Einerseits war mit zahllosen Unwegbarkeiten in diesem von mancherlei Unbilden der außermenschlichen und Unzulänglichkeiten der menschlichen Natur umstellten Leben zu rechnen, andererseits ließen diese den vom vielfältigen (Über-)Lebenskampf gestählten Afrikapionier nicht nur zu einem virtuosen Improvisator, sondern mehr und mehr auch zu einem – zuweilen auch bei Stammeszwisten Vermittlungsarbeit leistenden – Friedfertigkeit verbreitenden Weisen werden, dessen schriftliche Äußerungen in mancherlei Hinsicht an Henry David Thoreaus „Walden" erinnern. Nach einem seiner Jagdausflüge notiert er: „Wie verschönt das Wasser doch eine Landschaft! Die Ebene des Abijatta, nur wenige Zentimeter über dem Wasser (des Hora Abijatta) gibt mir das Gefühl der Unwirklichkeit des ganzen Universums, der Ewigkeit, in der ich ohne jeglichen Wunsch und jegliches Ziel unkörperlich dahinziehe. Mein Gewehrträger, ein ziemlich dunkler Arussijunge, rief mich ganz entrüstet aus meinem Traumzustand, in dem es keine Zeit-, Raum- und Kausalbegriffe gibt, die einem die Wirklichkeit vorgaukeln: „Jetzt sind sie fort!" „Mein Sohn, das ist ein Nebelstreif" deklamierte ich – es war eine Fata Morgana! Die Pelikane mitsamt dem Wasser waren weg; so steht es mit der Realität. Goethe sagte schon: „... und wo Du wandelst, schmückt sich Weg und Ort." Phasen der Entwicklung also, nicht aber der Einsamkeit ..."

Einsam im landläufigen Sinne war der von einer stattlichen Diener- und Helferschar umgebene Deutsch-Äthiopier und seine kleine Familie wohl nie, vielfach aber wohl allein mit seinen (von seiner *Entourage* allenfalls bruchstückhaft nachvollziehbaren) Empfindungen und Überlegungen. Mit der ihn umgebenden Natur und deren Spiegelungen in den Schriften von Ernst Haeckel und Charles Darwin, aber – neben den Klassikern der Literatur – auch von Immanuel Kant und Arthur Schopenhauer, weiß er sich in bester Gesellschaft. Vor allem dem Letzteren fühlt er sich zutiefst verbunden. Und in seiner skeptizistischen Grundhaltung erinnern seine anthropologischen Vorstellungen am ehesten an den Autor des „Leviathan", Thomas Hobbes: „Es wird jetzt so viel von Frieden geredet", notiert er in den 60er Jahren, [aber es] „gibt in der Natur keinen Frieden. Wie soll es auch einen solchen geben in einer Welt, in der eins das andere auffressen muss oder verdrängen ... um leben zu können?" Bei allem Skeptizismus („Im Grunde ihres ‚schwarzen Herzens' schlummert bei allen Eingeborenen Abessiniens Raub- und Mordlust") bekennt er sich zu einem an der „goldenen Regel" der Stoa, dem Kanon der Bergpredigt und dem kategorischen Imperativ Kants orientierten, freilich auch mit einer gehörigen Portion trockenen Humors gewürzten Moralismus. Die Quelle dieses Moralismus freilich war einzig die Anschauung der ihn umgebenden und in ihm wirkenden Natur. „Opa Goetz" (als der er in seinen späten Jahren am Kaiserhof und im ganzen Land firmierte) war kein „Hinterweltler", um mit Friedrich Nietzsche zu sprechen. Und er konnte auch, wenn es unvermeidbar war, „Fünfe gerade sein lassen", was u.a. in der kuriosen Geschichte seiner aus nackter Not geborenen „Blutsbruderschaft" mit einem Räuberhauptmann zum Ausdruck kam, der schließlich seinem „gerechten Schicksal" nicht entgehen sollte.

Zumindest im Verkehr mit seiner menschlichen Um- und Mitwelt scheint der Autor der Tagebücher ein menschenfreundlicher und friedliebender „Rufer in der Wüste" gewesen zu sein. Und ein Gottsucher allemal, wenn er diesen auch nicht durch Vermittlung institutionalisierter und konfessionalisierter Religionen suchte, denen er – ausweislich der Tagebücher – nach einschlägigen Erfahrungen kaum mehr Beachtung schenkte. Ganz im Sinne des niederländischen Philosophen sephardischer Herkunft, Baruch de Spinozas *Deus sive natura,* ist der von ihm ins Blickfeld gerückte Gott ein „Gott, der in allen Gewandungen ja das Gewordene selbst ist". Zur „Kirche" wurde ihm so eine auf seinem Land stehende riesige Sykomore. Das ab den späten 20er-Jahren mit ständig gewachsener seelischer Gelassenheit und Ausgeglichenheit in der abessinischen Steppe gelebte Leben hatte ihn zum Pantheisten gemacht.

Um zu solchen Erkenntnissen und Überzeugungen zu gelangen, hätte es sicherlich des Großereignisses nicht bedurft, das einen – dieses Mal freilich erzwungenen – weiteren Scheideweg für den Philosophen auf dem Kaktushügel (dies nämlich die Bedeutung des Namens ‚Adami Tullu') markieren sollte. Der von den Italienern als Rache für die Niederlage von Adua im Jahre 1898 verstandene Eroberungsfeldzug gegen Abessinien führte zu einer jähen Sprengung der Idylle auf der und rund um die „Goetzenburg". Nach der Flucht Kaiser Haile Selassies nach England brach die innere Ordnung seines Reiches zusammen. Die Siedler, die ihre

Ländereien aus dem amharischen Eroberungsgut erhalten hatten, wurden zu Freiwild für die Aufständischen, zu denen sich auch die von der amharischen Oberschicht unterworfenen und niedergehaltenen Arussi-Stämme gesellten, in deren ursprünglichem Stammesgebiet Adami Tullu liegt. Und so wurde nun auch die „Goetzenburg" trotz der jahrzehntelangen, vermeintlich guten Nachbarschaft von einer Rotte aufständischer Arussis gestürmt, ausgeplündert, niedergebrannt und weitgehend zerstört. Dank einer „Kriegslist" konnte sich der Burgherr mit seiner Tochter Hedwig, deren Mann und Kinder und einem Teil seiner Dienerschaft von dem belagerten Hügel retten. Sie fanden Zuflucht auf einer Insel im Zway-See bei befreundeten Insulanern, die seine Auslieferung an die Aufständischen verweigerten, bis er dann nach etlichen Monaten von einem – verstreut lebende europäische Siedler aufspürenden – paramilitärischen Rettungskommando nach Addis Abeba (und damit wenigstens körperlich) in Sicherheit gebracht werden konnte. In der von den Italienern besetzten Hauptstadt hatte er dann genügend Gelegenheit, das befremdliche Gebaren der faschistischen Besatzungsmacht beobachten und – teils mit beißendem Spott – kommentieren zu können. Als nun mehr oder minder mittellosem Flüchtling konnte er diese Periode nicht gerade zu den Hoch-Zeiten seines Lebens zählen. Nun galt es wieder, die ihm eigene Findigkeit und Improvisationsgabe inmitten des schütter gewordenen (sozialen) Beziehungsgeflechtes zu nutzen. Nach Adamit Tullu zurückkehren konnte er erst wieder nach Abzug der Italiener und der Restaurierung des Kaiserreiches, womit auch er wieder in seine alten Rechte eingesetzt wurde.

Ungeachtet der erlittenen Unbill sollte er sich nach der Rückkehr auf sein Land endgültig als wahrer Philosoph erweisen, indem er zur Verwunderung seines Bekannten- und Freundeskreises auf jegliche rechtliche und politische Geltendmachung von Schadenersatzansprüchen verzichtete. Einerseits geschah dies wohl auch unter realistischer Einschätzung der nach dem faschistischen Intermezzo wieder korruptionsbedingten Fragwürdigkeit der damaligen Rechtssprechungsstrukturen, von denen nach seinen Erfahrungen und Überzeugungen vor allem die Richter zu profitieren wussten, andererseits aber erklärtermaßen auch aus dem Bedürfnis heraus, seinen Frieden mit denen zu machen, in deren Nachbarschaft ihn sein Schicksalsweg geführt und mit denen er nun sein Leben weiter zu leben hatte – und das waren nun einmal die Arussis, von denen nicht Wenige die Gelegenheit genutzt hatten, seinen „Ansitz" (wie die Österreicher sagen würden) vor der Zerstörung restlos auszuplündern. Sein Leben wusste er nun auf etwas bescheidenerem Niveau einzurichten. Statt die niedergebrannte Burg wieder aufzurichten, erbaute er ein kleineres Farmhaus am Fuß des Kaktushügels – wohl auch, weil dem nun in seinen Sechzigern Stehenden nicht mehr so viel Kraft zur Verfügung stand wie in seinen Sturm-und-Drang-Zeiten und wohl auch die Einnahmen aus den diversen Handelsgeschäften nicht mehr so reichlich flossen wie zuvor.

Diese nun sehr viel ruhiger verlaufenden Lebensbahnen ließen den Deutsch-Äthiopier im letzten Drittel seines Lebens als „Opa Goetz" zu einem am Hof Haile Selassis wie auch ganz allgemein von Amharen und Arussis wohl gelittenen und wohl geachteten Exotikum (und darüber hinaus zu einem der bekanntesten Europäer des Landes) werden. Wo immer der Autor dieser Zeilen im Laufe seines Lebens Äthiopiern oder Besuchern Äthiopiens begegnete, wussten sie ihm etwas über seinen Großonkel zu berichten. Nicht zuletzt deshalb ist es ihm nun auch selbst eine Freude, Anderen etwas aus dessen Leben (nach)erzählen zu können – wenn es sich dabei auch beileibe nicht um Geschichten handelt, „die in seinem Kopf gewachsen sind".

Nachwort

Als eine ihm gewährte Gnade des Schicksals wird man es wohl werten dürfen, dass „Opa Goetz" die – durch das Versagen der Regierung angesichts der Hungersnöte im Norden des Landes ausgelöste – Revolution von 1974 nicht mehr erleben musste, in deren Gefolge nicht nur ein gut Teil der amharischen Machtelite liquidiert, sondern durch das kommunistische Regime Haile Mengistus aller Großgrundbesitz (und damit auch sein geliebtes Gut Adami Tullu) enteignet wurde. Wie von seinem Wahrsager schon vor Jahrzehnten vorausgesagt, war er vier Jahre zuvor im 94. Lebensjahr nach kurzer Krankheit in Addis Abeba an einer Lungenentzündung verstorben.

Anmerkung

Die – einigen editorischen Aufwand erfordernde – Herausgabe der Tagebücher ist in Vorbereitung. Ins Auge gefasst ist ihr Erscheinen für Herbst 2020 im Springer VS-Verlag.

Hans-Martin Schönherr-Mann

Zur Genealogie der Apokalypse

Plädoyer für skeptisches Denken

Fridays for Future bringt es auf den Begriff: die jungen Leute haben Angst um ihre Zukunft, die ihnen in der Tat von allen Experten mehr als düster ausgemalt wird. Nach Antonio Guterres auf der Weltklimakonferenz in Madrid im Dezember 2019 droht gar der Weltuntergang.

Nicht nur unter allen Experten ist es unstrittig, dass seit Beginn der Industrialisierung die CO_2-Emissionen massiv ansteigen und dass seither das Weltklima wärmer wurde. Das kann man gemäß dem heutigen Wissensstand und einer skeptischen Reflexion durch die Philosophie daher als einen im wissenschaftlichen Rahmen erwiesenen Zusammenhang betrachten.

Wie im Trump-Lager oder in der AfD zu bestreiten, dass beides voneinander unabhängig sei, entspricht nicht dem Erfahrungswissen. Zwar sind wissenschaftlich Zweifel nicht nur jederzeit erlaubt, sondern auch notwendig. Sie müssen allerdings empirisch belegt und logisch detailliert begründet werden. Aber das sieht man bei den Nationalisten naturgemäß anders: Wissenschaft muss deren Vorstellung von Bevölkerung dienen.

Eine sprachphilosophische oder postmoderne Skepsis gegenüber dem Status des Wissens spielt dabei eine ganz andere pragmatisch relevante Rolle. Wie ich es in meinem Konzept einer negativen Ökologie[1] entwickelt habe, mahnt dergleichen zur Vorsicht gegenüber einer unreflektierten weiteren Entwicklung und Anwendung von Technologien, die die Umwelt wie die Menschen immer weiter belasten, unterstützt das damit die Forderungen nach einer Reduktion der Treibhausgas-Emissionen – allerdings ohne die heute verbreitete Aufgeregtheit.

Denn das wissenschaftliche Wissen gewinnt seine Bedeutung nicht dadurch, dass man es für unumstößlich erklärt, sondern dadurch, dass man sich seiner Relativität bewusst bleibt. Just vor diesem Hintergrund entstehen Zweifel, ob es gerade wissenschaftlich sinnvoll ist, apokalyptisch zu argumentieren, wie es heute fleißig vorkommt. Denn moderne Natur- und

Sozialwissenschaften arbeiten empirisch und können umfassende Prognosen höchstens ansatzweise skizzieren, während eine apokalyptische Redeweise eine zumeist weit in die Zukunft reichende Drohgebärde aufbaut.

Wenn heute Politiker, Journalisten und Wissenschaftler eine apokalyptische Sprache sprechen, stellt sich indes die Frage, wie es dazu kommen konnte. Denn die apokalyptische Vision hat doch eine religiöse Herkunft. Und just von religiöser Bevormundung wollten sich die neuzeitlichen Naturwissenschaften befreien. Welchen Sinn hat dann die apokalyptische Sprache vor dem Hintergrund der Klima-Diskussion?

Die Apokalypse angesichts der Klimadebatte

Im fortschrittsbegeisterten 19. und frühen 20. Jahrhundert spielte die Apokalypse höchstens vor dem Hintergrund von Marx' Revolutionsprophezeiung eine eher beiherspielende Rolle.[2] 1979 – nach einem knappen Jahrzehnt ökologischer Initiativen – greift Hans Jonas auf eine apokalyptische Sprache zurück, um eine ökologische Ethik zu stützen. Denn für ihn bedroht die technologische Entwicklung die Biosphäre als ganze. Jonas verknüpft hier die Erfahrung des technischen Fortschritts mit einer in der Zukunft liegenden Bedrohung, wie sie nach dem zweiten Weltkrieg vor allem bei Horkheimer und Adorno aufkam, für die es keinen kulturellen Fortschritt mehr gibt. Aber das ist nur ein Ende des Fortschritts, kein Ende der Welt, selbst wenn es in der *Dialektik der Aufklärung* heißt: „die vollends aufgeklärte Erde strahlt im Zeichen triumphalen Unheils."[3]

Jonas leitet aus dem technischen Fortschritt eine erweiterte Verantwortung der Menschheit ab. Er schreibt: „Keine frühere Ethik hatte die globale Bedingung menschlichen Lebens und die ferne Zukunft, ja Existenz der Gattung zu berücksichtigen. Dass eben sie heute im Spiele sind, verlangt mit einem Wort, eine neue Auffassung von Rechten und Pflichten, für die keine frühere Ethik und Metaphysik auch nur die Prinzipien, geschweige denn die fertige Doktrin bietet."[4] Um die Zeitgenossen zur Übernahme der Verantwortung zu bringen, sollen sie sich die möglichen schrecklichen Folgen klarmachen.

Heute „können nur erfahrene Apokalyptiker", so auch der Philosoph Peter Sloterdijk, „vernünftige Zukunftspolitik betreiben, weil sie mutig genug sind, auch das Schlimmste als reale Möglichkeit zu bedenken."[5] Und für den britischen Fernsehredakteur Paul Mason wird die Klimaentwicklung gar den ganzen Planeten destabilisieren, „erinnert dieser Kompromiss" der Pariser Klimakonferenz 2015 „doch an die Ergebnisse der Friedenskonferenzen, die den Weg zum Zweiten Weltkrieg ebneten."[6] Angesichts des US-amerikanischen Ausstiegs aus dem Pariser Klimaabkommen warnt der französische Soziologe Bruno Latour: „Man muss kein Hellseher sein, um zu wissen, dass das Ganze in einem Flammenmeer enden wird."[7]

Beim Jerusalemer Professor für Weltgeschichte Yuval Noah Harari liest man eine an die christliche Hölle erinnernde Drohung, die die Fortschritte der Entwicklung der letzten Jahrhunderte in Frage stellt: „Die Zeiten, da die Menschheit natürlichen Epidemien hilflos gegenüberstand, sind vorbei. Aber vielleicht werden wir diesen Zeiten noch einmal nachtrauern."[8] Denn nach Harari droht die Menschheit in der Digitalisierung unterzugehen.

Das sind nur wenige wissenschaftliche Stimmen aus einem in den Medien wie in der Öffentlichkeit weit verbreiteten Chor, der mit der apokalyptischen Drohung des Weltuntergangs eilige und vor allem drastische Maßnahmen von Seiten der Staaten verlangt, wie sie denn auch von *Fridays for Future* gefordert werden. Trotzdem darf man die skeptische Frage stellen, ob dieser apokalyptische Ton speziell in der Klimadebatte wie in vielen anderen sozialen Bereichen der jeweiligen Sache angemessen und dienlich ist.

Denn es ist doch bemerkenswert: Als es unmittelbar hoch gefährlich war, als sich im kalten Krieg die Atomwaffenarsenale zwischen Ost und West gegenseitig massiv bedrohten und ein falscher Knopfdruck, ein falscher Befehl, ein in einer sich dramatisierenden Krise wie jener um Kuba nervös werdender Staatschef die Vernichtung der Menschheit auslösen konnte, verbreitete man von Seiten des Staates eher beruhigende Töne.

Dramatische Warnungen von Seiten der Kritiker wurden damals in den Medien eher relativiert als verstärkt. Dabei neigen doch gerade die Massenmedien, also Zeitungen, Radio, Fernsehen immer schon dazu, ihre Meldungen zu dramatisieren, weil das die Aufmerksamkeit erhöht. Skepsis ist deren Sache eigentlich nicht. Vergleichbares gilt heute auch für die Teilnehmer an sozialen Netzwerken, die sich genauso um Aufmerksamkeit bemühen. Erst im Zuge der Nato-Nachrüstung wurden die apokalyptischen Töne lauter – man denke nur an den Film *The Day After* (USA 1983) – die seither umso mehr anschwellen, sich aber zumeist auf andere Bereiche beziehen.

Wie funktioniert die apokalyptische Rede und wo nicht?

Einerseits begründet Jonas 1979 ausführlich, warum die apokalyptische Warnung in der Umwelt-, speziell der Klima-Debatte so berechtigt wie vonnöten ist. Andererseits funktioniert sie längst nicht selbstredend, wie es Jonas zugibt. Schließlich ergeben sich Handlungsanweisungen aus Klimamodellen und Klimaprognosen keineswegs von selbst. Außerdem wirkt die alleinige apokalyptische Drohung längst nicht so existentiell, wie es sich die apokalyptischen Warner wünschen.

Akzeptiert man überhaupt – so Jonas –, dass man eine Verantwortung für die Zukunft der Menschheit wie der Natur trägt, so folgt daraus noch keineswegs zwingend eine entsprechende Verhaltensänderung, so dass man von dieser Einsicht an wirklich Rücksicht auf die Natur und die Zukunft der Menschheit nimmt. Denn die Gefahren, um die es geht, scheinen heute zwar nicht mehr in weiter Ferne wie vor einem knappen halben Jahrhundert zu liegen: Die Klimaerwärmung ist längst ein spürbares wie auch ein gut dokumentiertes Faktum.

Aber von rechten Populisten wird bestritten, dass die industrielle Zivilisation dafür verantwortlich ist. Und sich gegen die Erwärmung zu wappnen, erscheint diesen Nationalisten höchstens als nationale Aufgabe, nicht als globale, also als ein nationaler Kampf um Vorteile gegenüber anderen Nationen angesichts der Klimaentwicklung, wie es Latour für die USA vorführt: „Es hat keinen Sinn, sich darüber aufzuregen, dass den Trump-Wählern ‚die Fakten egal' sind. Sie sind nicht dumm. Es ist vielmehr so: Gerade weil die geopolitische Situation insgesamt verleugnet werden muss, wird die Gleichgültigkeit gegenüber Fakten so essenziell."[9]

Jonas war sich bereits 1979 der Schwäche bewusst, dass alle wissenschaftliche Prognostik mehr als einen Funken Ungewissheit birgt. Man denke an die Vorhersagen der Ausbreitung von Aids in den achtziger Jahren, die für die westlichen Länder nicht eintraten oder an die Warnungen vor anderen Epidemien in den letzten Jahrzehnten. Wie kann man die Zeitgenossen trotzdem dazu bewegen, ihrer Verantwortung gerecht zu werden? Die erste Forderung einer Zukunftsethik in der technologischen Gesellschaft heißt daher, dass man sich überhaupt um die Zukunft kümmern muss. „Es muss also eine Wissenschaft hypothetischer Vorhersagen, eine 'vergleichende Futurologie', ausgebildet werden."[10]

Freilich eröffnet das nur das nächste Problem: Welche Handlungen sich aus Prognosen ableiten lassen, das ist längst nicht nur zwischen den Gegnern einer Klimapolitik und deren Befürwortern umstritten, sondern auch unter den Befürwortern selbst. Oder es lassen sich gar positive Zukunftsvisionen entwerfen – man denke an die Hoffnungen, die Regionen rings um das Nordmeer entwickeln oder die bisher unter einem dicken Eismantel verborgenen Bodenschätze Grönlands nutzen zu können. Daher postuliert Hans Jonas als nächsten Schritt den Imperativ: „Es ist die Vorschrift, primitiv gesagt, dass der Unheilprophezeiung mehr Gehör zu geben ist als der Heilsprophezeiung."[11] D.h. man soll alle bloße Wahrscheinlichkeit und jede Skepsis beiseiteschieben. Das ist der harte Kern der apokalyptischen Rede.

Aber auch hier zeigt sich eine Schwäche moderner Apokalyptik. Da ich mich vor dem Untergang meiner fernsten Enkel nicht selbstverständlich so sehr fürchte, dass ich mich wirklich verantwortungsvoll verhalte, bin ich verpflichtet, mich zu fürchten: Skepsis wird durch Ethik verdrängt. Man muss es eben lernen, sich zu fürchten: „Die Einnahme dieser Haltung, das heißt die Selbstbereitung zu der Bereitschaft, sich von dem erst gedachten Heil und Unheil kommender Geschlechter affizieren zu lassen, ist also die zweite 'einleitende' Pflicht der gesuchten Ethik, nach der ersten, es zu einem solchen erst einmal zu bringen."[12] *Das Prinzip Verantwortung* stützt sich auf das Prinzip Furcht, um die Menschen wirklich zur Übernahme ihrer Verantwortung zu bewegen. Doch das ergibt sich nicht aus der Angelegenheit selbst, sondern es handelt sich um ein normativ ethisches Postulat, dem man ethisch immer freiwillig folgeleistet.

Damit unterscheidet sich diese heutige apokalyptische Sprache vom Vorgehen der religiösen Apokalyptiker, die dieses Modell der Beeinflussung ihrer Zeitgenossen ursprünglich entwickelten. Sie konnten sich dabei auf ein weitgehend einheitliches, nicht bezweifeltes Weltbild stützen, so dass die warnende Rede ihre Zeitgenossen selbstredend erschreckte. Ob das Gewicht der Unheilvoraussage oder das Prinzip Furcht, in diesen beiden Fällen bleibt die Übernahme der Verantwortung dagegen eine individuelle Entscheidung, die man ablehnen kann. Im Grunde führt Jonas damit vor, dass die Wirkung der apokalyptischen Rede fragwürdig ist, weil sich weder Diagnose noch Therapie von selbst verstehen, vielmehr bezweifelt werden können.

Der Weltuntergang als christliche Technik der Seelenlenkung

Denn dem Weltuntergang eignet nicht nur eine Geschichte. Vor allem hat der Weltuntergang auch einen Anfang, nämlich im Christentum, das diese Vorstellung als erste Religion entwickelt, obgleich es dabei auf Vorläufer im Judentum zurückgreift. Die jüdischen Vorstellungen beschränken sich indes auf einen göttlichen Gerichtstag, bei dem die Vision eines Höllenfeuers zwar bereits vorhanden ist. Doch das verbrennt nur diejenigen, die gegen Gottes Gebote verstoßen. Danach geht das Leben messianisch neu geordnet weiter – man denke an Sodom und die Arche.

Der jüdische Schmelzofen für die Sünder transformiert sich dagegen im Christentum in ein umfassendes Feuer, das die ganze Erde verbrennt, geht alles diesseitige Leben final zu Ende. Denn das Christentum lebte bereits an seinen Anfängen mit der Erwartung, dass die Wiederkehr Christi bald bevorstünde, der die Christen erretten würde. Diese Vorstellung steigert sich mit der Zerstörung des Tempels und dem Brand von Jerusalem im Jahre 70 in ein umfassendes Weltgericht als einem finalen Ende der Welt als ganzer hinein.

Die Offenbarung des Johannes ist das letzte Buch des Neuen Testamentes und das einzige, das in die Zukunft blickt. Sein Autor, den viele Leser für den Evangelisten Johannes hielten, war ein kleinasiatischer Wanderprediger um 100 herum, der ob seiner Radikalität sowohl mit den römischen Behörden als auch mit den christlichen Gemeinden in Konflikt lag. Johannes schrieb den Text als Belehrung christlicher Gemeinden in Form einer Offenbarung, die ihm Christus durch ein Buch mit sieben Siegeln macht, das ihm einen Blick in die Zukunft erlaubt, in der visionär der Untergang der Welt stattfindet und zwar als die grausame Bestrafung der Sünder durch Katastrophen kosmischen Ausmaßes und die himmlische Rettung der Märtyrer.

So entwickelt sich im Christentum seit seinen Anfängen ein apokalyptisches Denken, das weder die anderen antiken Religionen noch die ostasiatischen kennen. Höchstens existieren Vorstellungen einer Welterneuerung. Dem Islam, der sich sowohl jüdischer wie christlicher Einflüsse verdankt, ist ein ähnlich finaler Weltuntergang zwar geläufig, doch dieser spielt nur eine untergeordnete Rolle, wiewohl er heute in dschihadistischen Kreisen als eine Variante des christlichen Armageddon gelegentlich gepflegt wird, als Endkampf zwischen Gut und Böse, also einem Konflikt der Kulturen.

Das Christentum entwickelt aus dem Weltuntergang bzw. apokalyptischen Visionen eine Technik der Seelenlenkung. Denn das Jüngste Gericht als umfassender Weltuntergang lässt keinerlei Revision mehr zu, gibt es danach natürlich keine Nachkommen mehr, die für ihre Vorfahren beten könnten. Danach ist man unabänderlich gerichtet. Da nur Gott weiß, wann der Weltuntergang stattfindet, muss man immer so leben, dass das finale Ende jederzeit kommen kann – eine apokalyptische Pädagogik, die die Menschen erzieht und lenkt. Denn das apokalyptische Denken besaß damals im Christentum ein religiöses und damit ein unbezweifelbares, ontologisches Fundament und beeindruckte die Zeitgenossen dadurch unmittelbar, was dem heutigen apokalyptischen Denken natürlich abgeht: denn die Wissenschaften formulieren nun mal keine Glaubensgewissheiten, sondern beruhen auf der Skepsis gegenüber den eigenen Erkenntnissen, wie sie David Hume entwickelte.

Ganz überraschend bricht der christliche Weltuntergang indes nicht über die Menschen herein, wird er vielmehr von bestimmten Zeichen angekündigt, beispielsweise von Unwettern, einer Vielzahl böser Menschen und einem Erkalten der Liebe, so Jesus in der sogenannten kleinen Apokalypse des Matthäus-Evangeliums. Auf diese Zeichen muss nicht nur der einzelne achten. Vielmehr versuchen die Kirche wie die weltlichen Mächte solche Anzeichen zu beobachten.

Karl der Große wies seine Gelehrten an, dazu auch das Alter der Erde genau zu berechnen, sollten dieser gemäß des Alten Testaments doch nur 6-7000 Jahre vergönnt sein. So addierten sie die Lebensalter von Adam, Noah, jeweils ca. 700 Jahre, Abraham ca. 160 Jahre etc. zusammen und kamen zu dem Ergebnis, dass der Weltuntergang nicht mehr fern sein konnte. Wahrscheinlich entschloss sich Karl daher nicht einen christlichen Kaisertitel, sondern den römischen anzunehmen. Denn aus dem zweiten Thessalonicher-Brief des Paulus ergibt sich, dass die Welt nicht untergeht, solange das römische Reich besteht, versuchte Karl damit den Weltuntergang hinauszuzögern. So übernehmen die Kaiser mit dem römischen Kaisertitel seit dem achten Jahrhundert auch die Aufgabe des Katechon, der den Antichrist bekämpft und damit das Ende der Welt hinausschiebt, aber zugleich auch die Ankunft Christi wie das Jüngste Gericht.

Die apokalyptische Rede als politische Pädagogik

Weil diese religiös ontologische Gewissheit heute mangelt, kann nach Jonas die Ethik an den einzelnen Menschen immer nur appellieren, auf dessen Einsicht und somit auf dessen Verhaltensänderung nur hoffen. Was aber tun, wenn die Umkehr dringend geboten scheint? Schwerlich kann man dann noch auf die langsame Verhaltensänderung der Menschen auf Grund von Einsicht setzen.

Dann braucht es vielmehr schnelle Eingriffe des Staates, die die Menschen zwingen, ihr Verhalten zu ändern. Dann avanciert der Staat zum Katechon. Im *Prinzip Verantwortung* heißt es: „Der Punkt, auf den es bei alledem ankommt, ist der, dass die Natur menschlichen Handelns sich derart verändert hat, dass damit erst Verantwortung in einem bisher unanwendbaren Sinn, mit ganz neuen Inhalten und nie gekannter Zukunftsweite, in den Umkreis politischen Tuns und damit politischer Moral eingetreten ist."[13]

Die Verantwortungsethik, die Max Weber als erster in der Philosophie des 20. Jahrhundert für den Politiker konzipierte, der die Wirkungen seiner Handlungen zu verantworten habe und der sich nicht auf seine guten, ethischen Absichten berufen kann, kehrt damit bei Jonas zur Politik zurück. Die Verantwortung für zukünftige Generationen wie die Natur als Ganzes hat vor allem die Politik zu übernehmen, da der einzelne Mensch dazu kaum hinlänglich in der Lage erscheint.

Denn den Staatsmann beseelt ein Verantwortungsgefühl, das sich mit dem von Eltern gegenüber ihren Kindern vergleichen lässt. Jonas schreibt: „Das pure Sein als solches und dann das beste Sein dieser Wesen ist es, was elterliche Fürsorge in toto im Auge hat. Doch das ist genau, was Aristoteles von der ratio essendi auch des Staates sagte: dass er ins Dasein kam, damit menschliches Leben möglich ist, und im Dasein fortfährt, damit gutes Leben möglich ist. Und so ist dieses eben auch die Sorge des wahren Staatsmanns."[14] Der Schutz der Biosphäre und somit der zukünftigen Menschheit liegt also im Wesen des Staates selbst.

Angesichts der drohenden Gefahren ist der verantwortungsvolle Staatsmann sogar genötigt, alles Erdenkliche zu unternehmen, um eine andere Entwicklung einzuleiten. Dazu gehört vor allem die apokalyptische Warnung, selbst wenn sie übertreiben sollte: „Die Unheilsprophezeiung wird gemacht, um ihr Eintreffen zu verhüten; und es wäre die Höhe der Ungerechtigkeit, etwaige Alarmisten später damit zu verspotten, dass es doch gar nicht so schlimm gekommen sei: ihre Blamage mag ihr Verdienst sein."[15] Also die klassische apokalyptische Argumentation im Sinn des Katechon, die hier bei Jonas wiederkehrt.

Angesichts des existentiellen Umfanges der drohenden Gefahren sowie der Schwierigkeiten, diese den Menschen einsichtig zu machen, darf der Staatsmann auch zur Lüge greifen, ähnlich wie es Platon in seinem Dialog *Politeia* den Philosophenkönigen gestattet. Gerade die langsamen Abläufe innerhalb der Demokratie, beispielsweise ihre mühsamen Gesetzgebungsverfahren, drohen gegenüber den technologischen Gefahrenpotentialen zu spät zu kommen. Der ökologische Ausnahmezustand befindet sich für Hans Jonas daher in greifbarer Nähe. Das Wort von der Öko-Diktatur ist ihm vorgehalten worden. Allerdings – das betont er ausdrücklich – ging es ihm selbst vornehmlich darum, in apokalyptischer Manier zu warnen, dass es bald zu spät sein könnte, um die nötigen Maßnahmen noch mit demokratischer Langsamkeit durchzusetzen. Wolle man also die Öko-Diktatur verhindern, müsse man rechtzeitig die entsprechenden Maßnahmen ergreifen.

Apokalypse und ökologischer Ausnahmezustand

Sloterdijk insistiert dagegen auf den von Jonas aufgegebenen Vorstellungen einer Öko-Diktatur: „Offen bleibt wohl allein die Frage ob die Wende zur Bescheidenheit infolge eines freiwilligen Einlenkens der Populationen in den emissionsintensiven Kulturen erfolgt oder ob die Regierungen der reichen Nationen (…) sich früher oder später gezwungen sehen werden, jeweils auf ihren Territorien eine Art von ökologischem Kriegsrecht zu proklamieren, (…)."[16]

Als wenn Kriegsrecht jemals eine Gesellschaft hätte nachhaltig gestalten können, herrscht unter dem Kriegsrecht ja der Krieg und nicht das Recht! Carl Schmitt unterstellt noch, dass der Ausnahmezustand, über den allein der Souverän entscheidet, an das Recht rückgekoppelt sei. Doch just dieses Recht, die Grund- und Menschenrechte werden ja aufgehoben. Der apokalyptische Gedanke des Katechon lässt bereits 1922 grüßen, wenn er schreibt: „Alle prägnanten Begriffe der modernen Staatslehre sind säkularisierte theologische Begriffe. (…) Der Ausnahmezustand hat für die Jurisprudenz eine analoge Bedeutung wie das Wunder für die Theologie."[17] Das Wunder lässt sich nicht durch Naturgesetze erklären. Wenn der Ausnahmezustand nicht an ein Recht rückgekoppelt sein kann, dann ist ein ökologisches Kriegsrecht kein Recht, das diesen Namen verdient. Man muss sich nur das weltweite Scheitern der Diktaturen im 20. Jahrhundert anschauen.

Sloterdijk aber folgt der Jonasschen Hoffnung auf den verantwortlichen Staatsmann. Er erweitert die berühmte Steuermannsmetapher Platons zusammen mit jener vom Staatsschiff nicht nur zeitgemäß. Gleich die Erde als ganze avanciert zum Schiff, das natürlich einen Kapitän braucht, dem alle zu gehorchen haben und letztlich dabei keine individuellen Rechte geltend machen können. Er schreibt: „Wenn die Erde ein Raumschiff ist, so muss seine Besatzung sich tatsächlich vor allem an der Aufrechterhaltung lebbarer Verhältnisse im Innern des Fahrzeugs interessiert zeigen (…). Atmosphären-Management wird darum zum ersten Kriterium der von jetzt an zu postulierenden Steuerungskunst für das integrale Raumschiff."[18]

Die Lenker dieses ‚Raumschiffs' sollen die Meteorologen sein, die eine neue Ethik propagieren, die weder Emissionen noch Verschwendung zulässt und die die Einfachheit des Lebens fordert. Sloterdijk vergleicht sie mit dem Calvinismus, der eine asketische Lebensführung propagiert, präsentieren sich die Meteorologen als die Reformatoren der westlichen Kultur. So verlangt Sloterdijk einen fundamentalen kulturellen Wandel, den man bereits mit der apokalyptischen Vorstellung eines Endkampfes zwischen Gut und Böse vergleichen kann: „Die Zivilisierung der Globalisierung beruht, falls sie erfolgreich vonstattengeht, auf der Synergie von Recht, Wissenschaft und Technologie. (…) Ein solcher Wandel müsste die Ausmaße einer Kulturrevolution annehmen."[19] Wenn eine Kulturrevolution nicht so blutig wie in Maos China ausarten soll, dann muss der Mensch entsprechend erzogen werden, damit er sein Glück auf die richtige emissions- und fleischfreie Weise sucht, was allerdings der jüdischen Apokalypse näherkommt als der christlichen.

Dementsprechend werden nach Sloterdijk zwei Modelle der Ethik aufeinander stoßen, eine des hedonistischen fortschreitenden Wachstums und eine der Askese, die zur kulturellen Umkehr auffordert. Sloterdijk propagiert: „Unbestreitbar bleibt, dass während des 20. Jahrhunderts eine neue Gestalt des absoluten Imperativs in die Welt getreten ist: ‚Du musst dein Leben ändern' – dieser prägt sich seither mit unwidersprechlicher Autorität in die ethischen Intuitionen vieler Zeitgenossen ein."[20]

Wie beim christlichen apokalyptischen Endkampf soll das Heil traditionell nicht im Diesseits zu finden sein, sondern in der Abkehr vom Diesseits, in der Askese.

Den Gedanken, dass man mit der Furcht Politik machen kann, bringt Machiavelli Anfang des 16. Jahrhunderts auf den politiktheoretischen Begriff, als das apokalyptische Denken schon seit längerem seine religiöse Hochphase erlebte. Seit dem 13. Jahrhundert wird die Apokalypse zunehmend als konkrete Zukunftsvision gedeutet. So verwandelt sich die Heilsgeschichte zwischen Schöpfung und jüngstem Gericht in diesseitige Geschichte.

Dann verwundert es nicht, dass Machiavelli, der die Technik von Macht und Herrschaft analysiert, den folgenden Gedanken entwickelt, den er von den Apokalyptikern übernimmt, die Menschen mit Furcht und nicht mit Liebe zu lenken: „Da die Liebe zu den Menschen von ihrer Willkür und die Furcht von dem Betragen des Fürsten abhängt, darf ein kluger Fürst sich nur auf das, was in seiner Macht und nicht in der der andern steht, verlassen. Er soll, wie gesagt, nur darauf hinarbeiten, den Hass zu vermeiden."[21] Der Fürst kann seine Untertanen das Fürchten lehren, so dass sie das tun, was er will. Damit entwickelt die Politik eine apokalyptische Praxis, die sich in der politischen Philosophie fortschreiben wird.

Denn vor allem Hobbes gründet im 17. Jahrhundert seinen Staat auf die Furcht der Untertanen, ihr Leben zu verlieren, das der Fürst schützen muss, um im Gegenzug sich der Untertänigkeit zu versichern. Sowohl eine traditionale Herrschaft, die seit längerem besteht, als auch eine, die durch Eroberung zumeist nach Kriegen installiert wird, wenn der neue Herrscher die Untertanen gewaltsam unterwirft, beide beruhen auf Furcht: „Diese Art der Herrschaft oder Souveränität unterscheidet sich von der Souveränität durch Einsetzung nur darin, dass die Menschen, die ihren Souverän wählen, dies aus Furcht voreinander tun und nicht aus Furcht vor demjenigen, den sie einsetzen. Hier unterwerfen sie sich aber dem, vor dem sie Angst haben."[22] Just auf Grund dieser Furcht um ihr Leben kann der Fürst den inneren Frieden sichern, womit Hobbes den modernen Staat mit der Friedenssicherung auf die Furcht gründet und damit ebenfalls an das christliche apokalyptische Verständnis anschließt, ja es letztlich fortschreibt. Jonas und Sloterdijk stehen in dieser Tradition.

Die Natur als Bedrohung der Menschheit

Damit zeigt sich auch bereits, dass das apokalyptische Denken nicht mit der Aufklärung abbricht. Es wandert auch nicht nur in die politische Philosophie aus, sondern wird von den neuzeitlichen Naturwissenschaften übernommen. Ein Wegbereiter dazu war Leonardo da Vinci, fast ein Zeitgenosse von Machiavelli. Leonardo wird gerne von christlicher Seite vereinnahmt. Die christliche Interpretation stützt sich dabei primär auf Leonardos monumentales Wandgemälde ‚Das letzte Abendmahl'. Doch Volker Reinhardt dementiert dessen religiösen Sinn. Nicht nur dass damals übliche Heiligenscheine fehlen, die er auch an anderer Stelle weglässt, wo sie hingehörten. „Was der Betrachter des Jahres 1498 sah (…), ist ein rein menschliches Schauspiel, das als solches Teil der Natur ist. Durch diese Umwertung hat Leonardo das traditionelle Thema des letzten Abendmahls revolutioniert."[23]

Das Gemälde ‚Die heilige Anna selbdritt', das im letzten Lebensjahrzehnt vor seinem Tod 1519 entsteht, zeigt, wie das Jesuskind etwa im Trotzalter recht realistisch einem Lamm gerade das Genick bricht, was die Mutter Maria und die Großmutter Anna nicht zu stören scheint.[24] In einem seiner zahllosen Texte schreibt Leonardo: „Es kann keine Stimme geben, wo es nicht Bewegung gibt und wo die Luft nicht durchstoßen wird; die Luft kann nicht durchstoßen werden, wo es kein Instrument dafür gibt; körperlose Instrumente aber gibt es nicht. Da das so ist, kann ein Geist weder Stimme noch Gestalt noch Kraft haben, und wenn er einen Körper annimmt, kann er nirgendwo eindringen, wo die Tore geschlossen sind."[25] Also braucht der Heilige Geist einen Kehlkopf.

Genauso wenig wie als christlicher Künstler lässt sich Leonardo auch nicht als typischer Renaissance-Künstler bezeichnen. Er begreift den Menschen nicht als Krone der Schöpfung, auch nicht als Herr der Natur, sondern als deren Teil. Obwohl er intensive Naturforschungen betrieb, kann man Leonardo auch nicht als Wegbereiter der modernen Naturwissenschaften betrachten, wie es gerne geschieht. Leonardo suchte bei seinen Naturstudien nicht wie die modernen Naturwissenschaften nach inneren Zusammenhängen, sondern er betrachtete allein die äußere Erscheinung. Das hatte mit seiner Haupttätigkeit als Maler zu tun. Nicht nur dass er glaubte, dass die Malerei die Natur genau wiedergibt: „Malerei ist die einzig wahre Philosophie und Wissenschaft der Natur. Die Natur hat die Dinge hervorgebracht, aus denen die Malerei entstand."[26]

Wenn er sich technische Geräte ausdachte und zeichnete, einen Hubschrauber oder ein Fahrrad z.B., ging es ihm nicht um die Anwendung. Diese ‚Erfindungen' dienten nur dazu, den Menschen im Kontext von Naturprozessen zu verstehen. Und hier wird es jetzt apokalyptisch spannend. Auf Grund seiner Naturstudien – versteinerte Muscheln im Hochgebirge – schienen ihm sintflutartige Überschwemmungen keineswegs abwegig. Aber sie würden vor allem den Menschen betreffen, nicht die Natur als Ganzes. So wird der Mensch aus der Natur irgendwann verschwinden. Viele jener Figuren, die er malte, befinden sich an Abgründen und vor bedrohlichen Landschaften – z.B. ‚Die heilige Anna selbdritt'.

An ökologische Gleichgewichte dachte Leonardo nicht, im Gegenteil: „Für ihn braucht die Erde Schutz vor dem Menschen, der sie in seinem krankhaften Größenwahn zerstört, während für seine Zeitgenossen umgekehrt der Mensch den Urgewalten der Natur ausgeliefert war und sie zähmen musste."[27] Das sind allerdings Zusammenhänge und Einschätzungen, wie sie heute im ökologischen Denken wiederkehren, und zwar gerade in dessen apokalyptischer Variante.

Nach Reinhardt denkt Leonardo indes nicht aus dem christlich apokalyptischen Horizont. Aber offenbar hat ihn diese Mystik massiv inspiriert, die auch gerade in der Malerei seiner Zeit weit verbreitet war. So mag Leonardo nicht direkt die modernen Naturwissenschaften auf den Weg gebracht haben. Aber er könnte dazu beigetragen haben, dass das apokalyptische Denken in den Naturwissenschaften umso intensiver bis heute wiederkehrte. Auch Reinhardt gesteht zu: „Der Maler-Philosoph, der seine Aufgabe ernst nimmt, hat diesen Untergang nach bestem Wissen und Gewissen bis zum Schluss zu dokumentieren, als wahrhafter Chronist der Natur und ihrer Geschichte."[28] Leonardo überträgt die religiöse Vision des Weltuntergangs auf die Natur selbst, womit die Vernichtung total wird, weil kein Gott mehr die Guten rettet.

Bebilderte, aufgeklärte und mediale Apokalypse

So verblasst mit der Aufklärung und dem Fortschritt der modernen Naturwissenschaften das Thema Weltuntergang keineswegs. Das christliche Verständnis eines Anfangs und eines Endes der Welt hat sich längst als Grundmuster in das europäische Denken eingebrannt, so dass auch die

Zur Genealogie der Apokalypse 337

Wissenschaften heute immer noch bevorzugt nach einem Anfang und einem Ende fragen – man denke an den Urknall und den Untergang der Materie in schwarzen Löchern. Dabei läge es näher, sich um das zu kümmern, was sich im Universum in der Nähe der Erde und in einer überschaubaren Zeit ereignet. Obendrein entziehen sich – darauf verweist Kant in der *Kritik der reinen Vernunft* – Begriffe wie erste oder absolute Ursache oder ein entsprechendes Ende der Erfahrung der Vernunft. So schreibt Fried: „Astronomen, Physiker, Biologen oder Chemiker erweisen sich als Kinder ihrer Zeit und sind der Herkunft ihrer Kultur verpflichtet, ständig auf der Suche nach Anfängen und Untergängen, und nun immer häufiger nach neuen Erden für den bevorstehenden Untergang der alten, vertrauten."[29]

Als 1909 der Hallesche Komet mal wieder am Himmel auftauchte, ängstigten sich viele wie bei ähnlichen Ereignissen in den Jahrtausenden zuvor. Nur dass sie darin kein göttliches Zeichen eines bevorstehenden Weltuntergangs erblickten, sondern damalige Astronomen glaubten, im Schweif des Kometen Anzeichen für Blausäure und Zyankali gesehen zu haben, was der Erdatmosphäre gefährlich werden sollte. Fried bemerkt: „Die Endzeit verflüchtigte sich tatsächlich nicht mit der Wissenschaft. Der Weltuntergang findet auch für sie statt; die Prognostik streift sich lediglich andere, eben naturwissenschaftlich und kosmologisch gefärbte Kleider über."[30]

Dagegen ist der christliche Weltuntergang weitgehend verblasst, wird heute darüber in den aufgeklärten Kirchen kaum noch gepredigt. Trotzdem erschaudern immer noch viele Zeitgenossen, wenn sie von religiösen oder esoterischen Prophezeiungen erfahren, fanden im Vorfeld der letzten Jahrtausendwende die Weissagungen des Nostradamus plötzlich selbst unter manchen aufgeklärten Zeitgenossen wieder Gehör.

Davon werden auch die Massenmedien beseelt, wiewohl man ihnen unterstellen darf, dass es ihnen dabei primär darum geht, ihren Umsatz zu erhöhen. Mit Szenarien eines Weltendes erregt man die Aufmerksamkeit der verängstigten Zeitgenossen gleichgültig ob in der Literatur, der Musik, im Film oder bei Videospielen. „Heutige Filmkunst", so Fried, „wiederholt und propagiert – je jünger, desto eindringlicher – die Prognose eines endgültigen Untergangs von Erde und Menschheit, die sich seit Jahrhunderten im ‚Westen' eingenistet hat."[31]

Diese mediale Bilderflut in der Moderne hat selbst eine unmittelbare apokalyptische Vorgeschichte, in der sich die Schriftkultur schon einmal zunehmend visualisierte. Auch die Grausamkeit moderner Bildwelten hat hier ihren Vorläufer. Bereits um 800 herum wurden Bibelausgaben bebildert. Die Visionen des Johannes eignen sich zudem besonders gut für die Bebilderung. Im 12. Jahrhundert entstehen die ersten Bücher der Offenbarung, die auf jeglichen Text verzichten, also reine Bilderbücher, das erste vermutlich in der Schwarzwaldabtei St. Blasien. Als der junge Dürer in Nürnberg seine Werkstatt eröffnete, druckte er als erstes eine bebilderte Apokalypse. Vor allem aber ging man bei den bunten Illustrationen des apokalyptischen Geschehens, von dessen Offenbarung Johannes berichtet, auf unendlich viele grausame Details ein, wenn nonnenhafte Damen, die die Tugenden verkörpern, auf liegenden nackten Frauen stehen und diesen Speere in die Münder drücken.[32]

Daher erscheint die Malerei rein sprachlicher Erfassung überlegen, was die Welt der medialen Bilder heute nachhaltig bestätigt. Reinhardt stellt fest: „So ist nüchtern zu bilanzieren, dass Leonardo da Vinci nach einem halben Jahrtausend den Kampf gegen die ‚Poeten' doch noch gewonnen hat."[33] Denn neben dem naturwissenschaftlichen apokalyptischen Denken hat Leonardo damit wie die Apokalypsen-Darstellungen den *iconic turn* antizipiert. In einer Welt ohne Photographie bringen primär die Maler die Propaganda der Mächtigen unter ein kaum alphabetisiertes Volk.

Die technologisch verursachte Apokalypse

Aufklärung und moderne Naturwissenschaften setzen die apokalyptische Rede als Seelenlenkung fort. Überall wird in den Wissenschaften apokalyptisch argumentiert, warnen Politologen vor dem Zusammenbruch des politischen Systems, Soziologen vor dem der Gesellschaft. Will ein Wissenschaftler öffentliche Aufmerksamkeit erregen, dann muss er einen neuen Clou erfinden, wie die Menschheit oder auch nur ein Land tödlich bedroht ist. Für deren Rettung lassen sich dann leichter Forschungsgelder akquirieren.

So setzt sich der Soziologe Latour im apokalyptischen Ton mit dem technologischen Umgang der modernen Gesellschaft mit der Natur auseinander. Bereits 1999 fordert er in seinem Buch *Das Parlament der Dinge – Für eine politische Ökologie*, die Dinge, also die Natur, die auf die Menschen wirken, mit den Menschen gleichzustellen, insistiert er auf

Zur Genealogie der Apokalypse 339

„dem unbestreitbaren Recht der ‚Dinge selbst', sich der Existenz zu erfreuen."³⁴ Latour geht von Tatsachen der Umwelt wie der Klimaerwärmung aus, die die Wissenschaften auch dann noch nicht in voller Tragweise erfasst haben, selbst wenn sie die Problematik durchaus anerkennen.

Sloterdijk kritisiert als Philosoph weniger die technische Entwicklung, als die soziale, die freilich auf der technischen aufruht. Vom realexistierenden Sozialismus spricht er als einem „Holocaust im Namen der Utopie (…)"³⁵. Vor allem aber hat die moderne Gesellschaft die Natur entwertet und zerstört. Die Nutztierhaltung erscheint Sloterdijk als der schlimmste Holocaust, will er damit *den* Holocaust relativieren.

Der Sozialstaat und die Ideen von technischem Fortschritt und Emanzipation führen dazu, dass immer mehr Menschen auf Rechten insistieren, die letztlich zu Lasten der Natur gehen. Einstmalige Herrenrechte, sich anders als die Untertanen frei bewegen zu dürfen, werden demokratisiert mit fatalen Folgen für Natur und Gesellschaft. So kritisiert er vor allem Wohlfahrtstaat, Rechtstaat, Liberalismus und Emanzipation.

Die mit einem solchen Denken verbundenen Ansprüche gehen nach Harari vor allem durch die Digitalisierung nieder. Die Welt zerfällt nicht in einem Flammenmeer oder weil sich die Biosphäre auflöst. Es handelt sich eher um ein langsames Verschwinden des Menschen, der von der verselbständigten Digitalisierung verdrängt wird. Ist das noch ein apokalyptisches Denken? Nun, die Vorstellungen von einem Ende der Welt oder der Welten haben sich im Zeitalter der modernen Wissenschaften vervielfältigt. Es muss nicht ein großes Ereignis wie das Jüngste Gericht sein, das die menschliche Geschichte ein für allemal stoppt. Realistischer als Leonardos große Welle, der finale Vulkanausbruch oder der Atomkrieg sind für Harari schleichende Prozesse, die mit diversen kleineren Ereignissen einhergehen, und die langsam zu einem Aussterben der Menschen führen, löst der technische Fortschritt nach Harari Liberalismus und Freiheit auf.

Beim auf Ökonomie konzentrierten Wissenschaftsjournalisten Mason verbindet sich die Digitalisierung dagegen sowohl mit Untergangsideen wie mit Hoffnungen, entspricht das der von Marx entworfenen jüdischen Apokalypse, bei der ja die Bösen untergehen, während die Guten in der Arche überleben. So wird die Digitalisierung die Prognose von Marx erfüllen: „Es tauchen immer mehr Belege dafür auf, dass sich die Informationstechnologie keineswegs als Grundlage für einen neuartigen, stabilen Kapitalismus eignet. Ganz im Gegenteil: Sie löst ihn auf. Sie zersetzt die Marktmechanismen, höhlt die Eigentumsrechte aus und zerstört die Beziehung zwischen Einkommen, Arbeit und Profit."[36]

Informationsgüter lassen sich beliebig vervielfältigen und zerstören dadurch klassische Eigentumsrechte – man denke an Musik und Filme, die man im Internet beliebig kopieren kann. Das Internet-Lexikon Wikipedia, das von tausenden Beiträgern kostenlos geschrieben wird, hat den Lexikon-Markt zerstört. So werden im Internet Produkte kostenlos und unbeschränkt verfügbar. Der große Zusammenbruch des Kapitalismus steht daher unmittelbar bevor.

Apokalypse als Ende des Liberalismus

Wo man hinschaut, hat sich die apokalyptische Rhetorik auf den zeitgenössischen Hedonismus eingeschossen – im Stil der Offenbarung des Johannes, wie die Christen die liberale römische Religionspolitik ausnützten, um diese nicht nur zu zerstören, sondern auch den damaligen freien Gebrauch der Lüste. Ähnliches beklagt Sloterdijk: „Darum überrascht es nicht, wenn wir in der gegenwärtigen Welt eine progressive Infantilisierung beobachten, die von einer alleserfassenden Erotisierung (…) begleitet wird."[37] So kehrt bei Sloterdijk in der Tat das originär christliche apokalyptische Muster wieder, das die Gläubigen als Schafe betrachtet.

Er folgt dabei der Anthropologie Arnold Gehlens, der vom Menschen als Mängelwesen ausgeht, das Entlastungen durch Technik, Institutionen und Staat benötigt: „Die Kompensation geschieht mit Hilfe von Systemen der symbolischen Führung, die Instinkte durch Autoritäten ersetzen (…). Die symbolischen Ordnungssysteme entlasten jedes einzelne Menschenjunge von der von ihm allein unmöglich zu lösenden Aufgabe, die Erfahrungen und Erfindungen seiner Vorfahren allein aus sich selber noch einmal zu erzeugen."[38] So kann der Mensch nie genug erzogen werden. Mündigkeit und Rechte stellen dagegen soziale Abwege dar, die die kulturelle Zähmung des hedonistischen Konsumenten verhindern.

Nach Harari wird die Mündigkeit durch den Prozess der Digitalisierung einfach aufgehoben: „Die Vorstellung," schreibt Harari, „Menschen würden immer über eine einzigartige Fähigkeit verfügen, die für nichtbewusste Algorithmen unerreichbar ist, ist reines Wunschdenken. (…) Organismen sind Algorithmen."[39] Mit einem solchen Erklärungsmuster werden individuelle Eigenschaften marginalisiert: „Im 21. Jahrhundert ist es viel wahrscheinlicher, dass sich das Individuum still und leise von innen heraus auflöst und nicht von einem äußeren Big Brother brutal zerschlagen wird."[40]

Jedenfalls liegen die Fehler liberaler Vorstellungen in der Idee des freien Willens wie einer den Menschen lenkenden Vernunft. Denn das Ich ist nach Harari gar nicht in der Lage zu beurteilen, ob seine Wünsche authentisch bzw. frei sind. Vielmehr wird es von Wünschen beherrscht, anstatt die Wünsche zu lenken. Dann kann Harari feststellen: „Soweit wir heute wissen, haben Determinismus und Zufälligkeit den gesamten Kuchen unter sich aufgeteilt und der ‚Freiheit' nicht einen Krümel übrig gelassen."[41] So beendet die Digitalisierung die seit der Renaissance entstandenen Ideen der Freiheit, Mündigkeit und der Vernunft.

Für Mason zerstört die Digitalisierung den Kapitalismus mit noch unabsehbaren Folgen, lastet auf diesem obendrein der weltweite Migrationsdruck, während die demographische Entwicklung das Rentensystem zerstört, wodurch sich die Staaten finanziell ruinieren werden: „was uns bevorsteht: der Zusammenbruch unserer Welt"[42]. So versucht Mason die Angst der Zeitgenossen zu schüren: „Wenn es um den Klimawandel geht, gibt es also rationale Argumente für Panik."[43]

So prophezeien Apokalyptiker das Ende des liberalen und individualistischen Gesellschaftsmodells. Mit dieser vermeintlichen Diagnose versuchen sie streng nach Machiavelli und Jonas ihren Zeitgenossen das Fürchten zu lehren. Das gipfelt im Satz von Mason: „Sind Sie bereits in rational begründete Panik geraten? Warten Sie, das Erschreckendste kommt noch."[44] Demokratie und liberale Welt werden zusammenbrechen und die radikale Rechte an die Macht gelangen, so dass Mason von seinen Zeitgenossen fordert: „Ihr müsst handeln! Ihr müsst das Risiko unverzüglich verringern!"[45]

Umweltpolitik jenseits der Apokalyptik

Sich darum zu bemühen, dass man die Folgen der Klimaerwärmung weltweit erträglich und d.h. friedlich gestaltet, darf man getrost als eine zentrale sittliche Aufgabe im 21. Jahrhundert betrachten. Wer sich stattdessen im Stil des frühen 20. Jahrhunderts lieber auf Weltkriege um ökologisch nutzbare Gebiete vorbereitet, der erscheint nicht nur von allen moralischen Geistern verlassen zu sein. Vielmehr setzt er in desaströsem Ausmaß die Biosphäre wie das Leben just jener aufs Spiel, die zu verteidigen er vorgibt – von den Diskriminierten ganz zu schweigen. Auf einen solchen Diskurs der Vernichtung sollte man sich im Sinne Richard Rortys gar nicht erst einlassen.

Aber die Antworten auf die Erwärmung des Klimas liegen keineswegs so selbstredend auf der Hand, wie es viele unterstellen. Denn trotz aller Berufung auf wissenschaftliche Analysen und Prognosen – was auch schon Marx probierte – kann sich eine solche apokalyptische Rede auf kein ontologisches Fundament mehr stützen wie die theologische auf die Schöpfungsgeschichte etc. Daher ist heute die apokalyptische Rede sachlich unbegründet und epistemologisch unangemessen. Der einstige theologische Boden unter ihren Füßen lässt sich durch keine wissenschaftlichen Expertisen in zureichendem Maße restabilisieren. Wenn die Welt so ist, wie es die Theologie erklärt, dann entspricht die Drohung eher einer Warnung. Wenn sich dergleichen religiöse Gewissheit wissenschaftlich nicht herstellen lässt, dann ist die Warnung eine Drohung, von der man sich als Skeptiker nicht bedrohen lassen muss – wie es Jonas letztlich wider seine Absicht vorführt. Sie depraviert nämlich wie bei Machiavelli zu einer Technik der Herrschaft, die es zu durchschauen gilt.

Vor allem gibt es kein einheitliches menschheitliches Interesse, höchstens eines, das von unterschiedlichen Protagonisten, auch Institutionen als ein solches deklariert wird, keineswegs aber allgemeine Anerkennung finden würde. Dergleichen zu propagieren, überschreitet die Grenzen welcher Vernunft auch immer. Kein Universalismus vermag das einzulösen, der ja nicht mehr bedeutet, als eine bestimmte Idee des Allgemeinen, von denen es viele verschiedene gibt. Das zu bedauern, verkennt nicht nur die politischen und sozialen Realitäten, und träumt davon, dergleichen zu ändern, was dann zur Gewalt verführt: zum Kriegsrecht. Die apokalyptische Drohung soll genau diesen sowohl epistemologischen als auch ethischen Mangel ausgleichen, was bei genauerem Hinsehen indes vergebens bleibt.

Ein menschheitliches Interesse entspräche höchstens der Summe vieler unterschiedlicher Interessen, das damit auch Gegensätze enthalten müsste, keinesfalls aber einer einheitlichen Logik entsprechen könnte. Daraus ließe sich schwerlich eine einheitliche Politik ableiten. Eine pluralistische Politik, die dieser Ausgangslage wie der nötigen Skepsis entspricht, bedürfte dagegen einer weitreichenden Form der Gewaltenteilung, die sich keinesfalls auf die klassische Dreiteilung beschränken kann. Gewaltenteilung hieße dann auch nicht nur Föderalismus, sondern außerinstitutionelle Partizipation durch aktive Bürger. Odo Marquard, einer der Hauptvertreter der modernen Skepsis, schreibt: „Die politische Gewaltenteilung ist nur ein spezieller Fall jener durchgängigen Gewaltenteilung der Wirklichkeit, von der der skeptische Zweifel ein anderer spezieller Fall war und ist: beide gehören zur individuogenetischen Wirksamkeit der umfassenden Buntheit der menschlichen Lebenswirklichkeit."[46] Eine Klimapolitik, die sich nicht der Gewalt, also des Kriegsrechts bedienen will, muss sich auf diese Gewaltenteilung stützen.

Außerdem besteht keine Aussicht auf irgendeine Art Weltregierung, die in der Lage wäre, die scheinbar notwendigen Maßnahmen zu ergreifen, d.h. diktatorisch umzusetzen, wie es sich aus der Logik apokalyptischer Rede ergibt. Sie würde auf so viel Widerstand stoßen, dass sie schnell ihre Macht verlöre. Sie würde den Bürgerkrieg erst auslösen, den zu beenden sie vorgibt. Sie verdankte sich nicht mehr als dem Schiffsmythos. Aber der Planet ist kein Raumschiff und die Gesellschaften befinden sich nicht in der Lage von Passagieren oder Mannschaften. Viele Menschen wehren sich gegen politische Bevormundung. Und wenn die Menschheit nur als militarisierte Gesellschaft überleben könnte, dann fragt sich, ob ein solches Leben es wert wäre, gelebt zu werden – eine Frage, die Hannah Arendt im Hinblick auf den Totalitarismus aufwirft.

Die Forderung nach einer radikalen kulturellen Wende erscheint vor diesem Hintergrund beinahe genauso verantwortungslos wie die Verdrängung des Problems durch den Rechtspopulismus. Niemand sollte sich anmaßen, die Zeitgenossen einfach aufzufordern, ihr Leben zu ändern. Für die Armen, die Sloterdijk arm lassen will, heißt das gerade, ihr Leben nicht zu ändern. Sie müssen ihr Leben nur dort ändern, wo sie sich ihre Bewegungsrechte wieder entziehen lassen sollen. Das heißt, lokal und sozial dort bleiben, wo man ist. Harari unterfüttert diese Forderung, indem er jede Form der Mündigkeit bestreitet. Und wenn Mason auf den Zusammenbruch des Kapitalismus hofft, lenkt das heute nach dem Ende der Arbeiterbewegung nicht wenige in die Arme der rechten Populisten. Ähnliches könnte passieren, wenn man wie Latour apokalyptisch mit einem Flammenmeer droht.

Aus allen diesen Gründen fragt sich, ob die apokalyptische Rhetorik vieler Protagonisten der Sache wirklich dienlich ist, klimaerwärmende Emissionen zu verringern. Hat sie nicht vielmehr die Radikalität jener Weltverbesserer übernommen, die mal den Kommunismus ausprobierten, gegen die Marquard ja gerade die philosophische Skepsis ins Feld führt? Zudem gibt es konkret betrachtet unterschiedliche Vorstellungen, wie man klimaschädlichen Emissionen begegnet. Beispielsweise plädieren immer noch viele Stimmen primär außerhalb der Bundesrepublik für die Atomenergie. In den vielen Ländern herrschen sehr unterschiedliche Bedingungen, auf die man Rücksicht nehmen muss.

Nun, könnte man einwenden, dass das, was bisher dagegen getan wurde, unzureichend sei, um den damit verbundenen Gefahren zu begegnen. Aber muss man dazu mit einem apokalyptischen Szenario drohen, das als solches keiner Skepsis standhält, weil letztlich darin Theologie und Eschatologie wiederkehren, das wie Jonas daher jede Skepsis ausschalten muss? Der Konsum, der Hedonismus, der Kapitalismus, die Digitalisierung, die CO_2-Emissionen erhalten dadurch eine absurde religiöse Weihe, die ja nicht argumentativ überzeugt, sondern nur durch die Erzeugung von Furcht das Verhalten lenken will. Die apokalyptische Sprache ist eine autoritäre Pädagogik.

Es bleibt nichts anderes, wenn man nicht in eine mythische Redeweise zurückkehren will, als einen skeptischen Blick auf die Fakten zu richten. Der Blick in die Zukunft verschwimmt schließlich notorisch, kann auch kein von Großcomputern animiertes Modell der Klimaentwicklung mit Sicherheit die Zukunft voraussagen, nicht die Zukunft des Klimas, noch die Entwicklung der Gesellschaften, schon gar nicht deren politische Verhältnisse.

Zu den Fakten gehört vor allem, dass keine monokausale Welterklärung den globalen sozialen und politischen Komplexitäten gerecht zu werden vermag. Schließlich gibt es in der Politik viele andere drängende Probleme, die man nicht einfach vernachlässigen darf. Überhaupt sollte man in der Politik nicht monokausal denken, während die apokalyptische Argumentationsweise zumeist ein einzelnes Problem als besonders bedrohlich heraushebt. So bleibt Politik auf allen Ebenen ein Geschäft, das auf viele Faktoren Rücksicht nehmen muss, wäre es politisch fahrlässig, nur einen Faktor zu berücksichtigen und daran die Politik auszurichten.

Genauso wenig hilfreich ist es zu erklären, dass die Politik mit dem Rücken zur Wand stehe. Im Gegenteil macht sie das unfähig, der Komplexität gerecht zu werden. Just die Apokalyptik führt zu panischen Handlungen, zu überstürzten Reaktionen. Selbst wenn die Not noch so groß sein sollte, ist Panik, wie sie Mason erzeugen möchte, niemals der richtige Ratgeber, ist es geradezu fatal, notorisch mit dem Schlimmsten zu rechnen, wie es Sloterdijk vom Politiker fordert. Politik muss – frei nach Max Weber – gleichzeitig viele Bretter langsam bohren und kann sich nicht mit einem begnügen und dabei noch dazu in Hast geraten.

Vor allem aber wird die Politik oder der Staat die Probleme kaum alleine lösen. Darauf weist auch Odo Marquard hin. Sie braucht geradezu die freiwillige Hilfe der Bürger, deren Anstöße, deren Proteste, deren Aktivitäten, also die liberale Gesellschaft. Wenn Politik diese antiliberal unterbindet, wie es sich Sloterdijk vorstellt, dann wird sie blind, einseitig, monokausal. Gerade die Umweltpolitik wurde seit den siebziger Jahren von aktiven Bürgern auf den Weg gebracht, die die Politik gezwungen haben, sich mit diesen Fragen zu befassen.[47] Dabei ist auch viel erreicht worden. Das ist und bleibt die Chance zu einem ökologischeren Umgang mit Natur, nicht allein staatliche oder internationale Maßnahmen, die sich natürlich hinzugesellen müssen und das auch tun.

Zu bestreiten, dass man gegen die Klimaerwärmung nichts tun könnte, entbehrt dabei jeder sozialen Verstandeseinsicht wie der naturwissenschaftlichen Kenntnisse der Sachlage: Schlicht jede Verringerung oder Vermeidung klimaerwärmender Emissionen – und sei es noch so gering – trägt ihr Scherflein dazu bei, dass die CO_2-Emissionen weniger werden – und vieles haben ökologisch engagierte Bürgerinnen von sich aus – also Bottom-up – seit einem halben Jahrhundert dazu auf den Weg gebracht. Das gilt genauso für jede internationale Vereinbarung mit einem derartigen Zweck, soweit sie umgesetzt wird: also Top-down. Die Bürger nehmen auch Einfluss auf die Digitalisierung, auf alle gravierenden technologischen, sozialen und politischen Probleme. Sie für unmündig zu erklären, wie es Jonas, Harari und Sloterdijk betreiben, just das schwächt die Möglichkeiten, sich mit den Problemen nachhaltig auseinanderzusetzen.

Und das entspricht auch nicht der Würde der mündigen Bürger in repräsentativen Demokratien, wie sie sich vornehmlich in Europa und Nordamerika in den letzten zweihundert Jahren entwickelt haben und die heute nicht nur von rechten autoritären Aktivitäten in Frage gestellt werden, sondern auch von Eliten, die mit allen Mitteln deren Leben ändern möchten – China macht das wahrscheinlich gerade vor, wovon

Harari und Sloterdijk träumen müssten. Die vermeintliche Rettung der Umwelt, die die Bürger entmündigt, zerstört die demokratisch verfassten liberalen Gesellschaften. Just darauf aber zielen die apokalyptischen Vorschläge letztlich ab. Sie wollen die Menschen wieder zu folgsamen Untertanen machen und heben dabei die Menschenrechte auf. Eine vermeintliche Rettung der Natur, ohne die liberalen Rechte der Bürger zu wahren, stellt letztlich bestenfalls einen auf Gewalt basierenden Naturzustand her.

Die Natur zu bewahren, macht nur Sinn, wenn das innerhalb einer liberalen Kultur stattfindet, die es mindestens genauso, wenn nicht mehr, verdient bewahrt zu werden. Aber im Grunde sind die Umweltbewegungen wie die Zivilgesellschaften insgesamt zusammen mit Teilen der Politik dabei seit einem knappen halben Jahrhundert auf keinem schlechten Weg. Wie sagte doch einmal eine kluge Kanzlerin: „Wir schaffen das." Mit einer gewissen Skepsis kann das auch für die Umweltproblematik gelten.

Anmerkungen

[1] Vgl. Hans-Martin Schönherr-Mann, Negative Ökologie – Eine politische Technikphilosophie zwischen Ethik und Hermeneutik; in: *Scheidewege* 25, Jahrgang 1995/1996.
[2] Vgl. Hans-Martin Schönherr-Mann, Die apokalyptische Wiederkehr der Geschichtsphilosophie – Zur Aktualität des Denkens von Karl Marx; in: *Scheidewege* 48, Jahrgang 2018/2019.
[3] Max Horkheimer, Theodor W. Adorno, Dialektik der Aufklärung (1947), Frankfurt/M. 1971, S. 7.
[4] Hans Jonas, Das Prinzip Verantwortung (1979), Frankfurt/M. 1984, S. 28.
[5] Peter Sloterdijk, Was geschah im 20. Jahrhundert? Unterwegs zu einer Kritik der extremistischen Vernunft, Berlin 2016, S. 26.
[6] Paul Mason, Postkapitalismus – Grundrisse einer kommenden Ökonomie, Berlin 2016, S. 322.
[7] Bruno Latour, Refugium Europa; in: Heinrich Geiselberger (Hrsg.), Die große Regression – Eine internationale Debatte über die geistige Situation der Zeit, Berlin 2017, S. 147.
[8] Yuval Noah Harari, Homo Deus – Eine Geschichte von Morgen, München 2017, S. 25.
[9] Latour, a.a.O., S. 146.
[10] Jonas, a.a.O., S. 62.
[11] Ebd., S. 70.
[12] Ebd., S. 65.
[13] Ebd., S. 221.
[14] Ebd., S. 190.

[15] Ebd., S. 218.
[16] Sloterdijk, a.a.O., S. 34.
[17] Carl Schmitt, Politische Theologie – Vier Kapitel zur Lehre von der Souveränität, (1922) 8. Aufl. Berlin 2004.
[18] Sloterdijk, a.a.O. S. 24.
[19] Ebd., S. 72.
[20] Ebd., S. 34.
[21] Niccolò Machiavelli, Der Fürst (1532), Wiesbaden 1980, S. 70.
[22] Thomas Hobbes, Leviathan (1651), Frankfurt/M. 1984, S. 155.
[23] Volker Reinhardt, Leonardo da Vinci – Das Auge der Welt – Eine Biographie, München 2018, S. 134.
[24] ‚Die heilige Anna selbdritt'; in ebd. Abb. 80, S. 256.
[25] Zit. ebd., S. 163.
[26] Ebd., S. 192.
[27] Ebd., S. 170.
[28] Ebd., S. 319.
[29] Johannes Fried, Dies Irae – Eine Geschichte des Weltuntergangs, München 2016, S. 251.
[30] Ebd., S. 35.
[31] Ebd., S. 232.
[32] Triumph der Tugenden über die Laster, Bamberger Apokalypse, frühes 11. Jahrhundert; in: David und Ulrike Ganz, Visionen der Endzeit – Die Apokalypse in der mittelalterlichen Buchkunst, Darmstadt 2016, S. 49.
[33] Reinhardt, a.a.O. S. 345.
[34] Bruno Latour, Das Parlament der Dinge – Für eine politische Ökologie (1999). Frankfurt/M. 2001, S. 249.
[35] Sloterdijk, a.a.O., S. 173.
[36] Mason, a.a.O. S. 158.
[37] Sloterdijk, a.a.O., S. 156.
[38] Ebd., S. 49.
[39] Harari, a.a.O., S. 431.
[40] Ebd., S. 466.
[41] Ebd., S. 381.
[42] Mason, a.a.O., S. 316.
[43] Ebd., S. 323.
[44] Ebd., S. 328.
[45] Ebd., S. 335.
[46] Odo Marquard, Sola divisione individuum. Betrachtungen über Individuum und Gewaltenteilung (1988); in: ders., Individuum und Gewaltenteilung – Philosophische Studien, Stuttgart 2004, S. 83.
[47] Vgl. Hans-Martin Schönherr-Mann, Involution oder Diskriminierung – Versuch über Bildung als mediale Bedingung der Politik angesichts populistischer Bestrebungen; in: *Scheidewege* 47, Jahrgang 2017/2018.

Burkhard Liebsch

Zahllose Verluste

Zur politischen Dimension der Trauer

> *Die Vernunft verbietet [...],*
> *Bedrückendes zu betrachten, [...]*
> *sie macht unseren Blick stumpf für die Betrachtung von Elend.*
> Cicero[1]

> *Es stirbt* wie *es regnet.*
> Jean-Luc Nancy, René Schérer[2]

> *Trauer verbietet sich, denn wo sind die Verluste?*
> Christa Wolf[3]

> *I like to think I have Orpheus and Sisyphus as my companions,*
> *one has to act from that muddy darkness [...].*
> Banu Cennetoğlu[4]

Die Geschichte verzeichnet zahllose, oft in die Millionen gehende Verluste – in Zahlen, die keinem einzigen Verlust gerecht werden, in dem jemand *sein* Leben verlor, wie man sagt, und Andere *ihn* bzw. *sie* oder *es*, ihr Kind, verloren haben. Darauf gibt das oft, wenn auch wohl fälschlicherweise, Josef Stalin und anderen zugeschriebene Diktum einen Hinweis: „Der Tod eines einzelnen Mannes ist eine Tragödie, aber der Tod von Millionen nur eine Statistik." So können in der Sprache der Statistik, die zahllose Verluste verzeichnet[5], ironischerweise alle Verluste aus dem Blick geraten und insofern verloren gehen, die Einzelne durch Andere erleiden und in ihrer Trauer realisieren. Ob nun gerade Stalin in diesen Dingen als sonderlich kompetent gelten kann, darf bezweifelt werden. Nicht nur war er bekanntermaßen für die Verfolgung, Deportation und Vernichtung der Kulaken, für terroristische Staatsgewalt gegen ideologisch ‚Verdächtige', für deren öffentliche Aburteilung durch will-

Zahllose Verluste 349

fährige Gerichte, Internierung und ‚Liquidierung' millionenfach persönlich verantwortlich. Man muss auch bezweifeln, ob Worte wie Tragödie, Verlust oder Trauer aus seinem Mund je mehr als Phrasen sein konnten. Steht sein Name nicht ebenso wie der jenes anderen ‚großen Diktators', der sich zeitweise mit ihm verbündet und gegen die ganze zivilisierte Welt verschworen zu haben schien, für eine Art der Politik, der in ihrer vernichtenden Art jeglicher Bezug zur Trauer abgegangen war?

Wenigstens das geht aus dem Zitierten allerdings hervor: wie in der Sprache der Statistik, die zahllose Verluste verzeichnet, ironischerweise alle mehr oder weniger ‚tragischen' Verluste aus dem Blick geraten und *insofern verloren gehen* können, die Einzelne durch Andere erleiden und in ihrer Trauer realisieren. Davon verrät die Statistik nichts. Und davon kann sie nichts verraten, wenn sie wirklich nur Sterbe- und Todesfälle beziffert, ohne anzugeben, für wen und inwiefern diese überhaupt einen ‚Verlust' bedeuten. Schließlich bilanziert auch das Militär ‚Verluste', die in ihrer Summe zwar erheblich sein mögen, aber abgesehen von nachhaltiger Schwächung der eigenen Kampfkraft und Durchhaltefähigkeit nichts darüber lehren, ob sie auch Anlass zur Trauer sind. Diese bleibt den Angehörigen vorbehalten, wenn man ihnen entsprechende Nachrichten übermittelt hat. *Muss* Trauer angesichts des Schicksals Einzelner nicht dem Privaten vorbehalten bleiben? *Kann* sie überhaupt *politische* Formen annehmen, ohne aus den Augen zu verlieren, was der Verlust Einzelner für Andere bedeutet?

Zwar spricht man von Staatstrauer und gedenkt bei einschlägigen Anlässen in offenbar gedrückter Stimmung und trauriger, aber gefasster Haltung der Toten. Aber trügt der äußere Anschein nicht wie so oft? Kann überhaupt Trauer (politisch) vorliegen, wo man schon aus quantitativen Gründen ‚emotional' überfordert sein muss? Oder können Trauer und Politik zusammengehen? Und kann das gut gehen? Wenn ja, wie? Wenn Trauer *nicht von sich aus ein politisches Phänomen ist* (wovon wir ausgehen müssen), kann sie möglicherweise doch *politisiert* werden. Droht sie dann aber nicht die Politik zu lähmen – wenn man bedenkt, dass wir es vielfach mit in die Tausende oder Millionen gehenden Verlusten zu tun haben?

Umgekehrt ist zu fragen, ob in den Fällen, wo sich Politik der Trauer annimmt, letztere überhaupt Trauer *bleiben* kann. Lässt im Zeichen der Trauer emotionalisierte Politik die Trauer nicht fast unvermeidlich in etwas ganz anderes umschlagen, etwa in einen Staatskult, aus dem die jeweiligen Repräsentanten wie beim Volkstrauertag 1927[6] oder beim sogenannten Heldengedenktag im Berlin des Jahres 1935[7] politisches Kapital schlagen?

Auf den ersten Blick sind nur Gegensätze, Missverhältnisse oder allenfalls indirekte und prekäre Verhältnisse zwischen Trauer und Politik festzustellen: Wo man trauert, findet keine Politik statt – oder sie setzt zumindest zwischenzeitlich aus und verstummt. Und wo Politik stattfindet, ist die Trauer wenn nicht gänzlich abwesend, so doch allenfalls in stillen Formen und subkutan festzustellen.

Wenigstens in westlichen Kulturen tendiert Trauer dazu, sich still zu verhalten, während die Politik sich vielfach mit Macht Gehör zu verschaffen versucht, nicht selten auch so, dass sie Andere übertönt und zum Schweigen bringt; auch dann, wenn sie das Wort Trauer in den Mund nimmt. Stehen sich so die Stille des Abschieds von Anderen einerseits und politischer Lärm andererseits, der abschiedliche Rückzug aus sozialen Bezügen einerseits und deren hegemoniale Beherrschung andererseits, die Sprachlosigkeit der Trauer einerseits und staatstragender Pomp andererseits schroff gegenüber – hier, zugespitzt gesagt, das diskrete Schweigen der Trauer, dort die anmaßende Rhetorik staatlicher Politik, die sich wie im Trauermarsch selbst in Szene setzt? Gewiss nicht notwendigerweise. Schließlich hat man wie bei der Beerdigung des ehemaligen Dissidenten und späteren tschechischen Staatspräsidenten Václav Havel auch nach dritten Wegen gesucht.[8]

Bedenken *dagegen*, dass Trauer und Politik *überhaupt* zusammenpassen können, wären noch zahlreich anzuführen. Da aber anzunehmen ist, dass sie allseits ohnehin überwiegen, möchte ich im Folgenden einen anderen Weg einschlagen und Indizien dafür nachgehen, dass sich Trauer in politisierter Form zeigt, ohne einer politisch-rhetorischen Aneignung sofort zum Opfer zu fallen und ohne die Politik auf eine Weise zu emotionalisieren, die letztlich nur auf eine Entpolitisierung des Politischen hinauslaufen könnte. Ich suche mit anderen Worten nach Phänomenen der *Überkreuzung von Trauer und Politik*, wo Prozesse der Emotionalisierung und der Politisierung beides verändern: sowohl unser ‚privates' Verständnis von Trauer als auch ein Verständnis von Politik, das seit jeher im Verdacht steht, die Opfer zu ignorieren, die sie selbst kostet.

Kann es eine politisierte Trauer geben, die die Politik von einer solchen Opfer-Ignoranz abzubringen verspricht? Ist umgekehrt eine Politik im Zeichen der Trauer vorstellbar, die nicht von letzterer einfach überwältigt wird, auch dann nicht, wenn es um tausende, hunderttausende, ja Millionen von Opfern geht? Darunter nicht nur gefallene Soldaten, an die zahllose Kreuze auf dem Terrain ehemaliger Schlachtfelder erinnern.

Kann man um so viele Opfer überhaupt trauern? Und was würde es bedeuten, politisch zu trauern, um einer traurigen Politik entgegenzuwirken, die gar kein Verhältnis zur Trauer zu haben scheint und sie bei jeder Gelegenheit übertönt oder, schlimmer noch, sie sich zu eigen macht, um etwas ganz anderes aus ihr zu machen, namentlich eine Feier souveränen Überlebens des Staates?

Selbst Hegel, für den der Staat die „Wirklichkeit der konkreten Freiheit"[9] repräsentierte, in der die Vernunft der Geschichte sich Geltung verschaffen sollte, spürte „ratloseste Trauer" angesichts „ungeheuerster [!] Opfer", die geschichtliche Gewalt gekostet hat.[10] Manchmal einfach dadurch, dass „eine große Gestalt [...] manch unschuldige Blume zertr[eten]" und „auf ihrem Wege manches zertrümmern" musste.[11] Statt sich aber in „leeren, unfruchtbaren Erhabenheiten" angesichts der „verworrenen Trümmermasse" „trübselig zu gefallen", als die sich Hegel „die Schlachtbank" Geschichte darstellte, sollte man bedenken, zu welchem Endzweck sie vonstatten geht. Das sollte mit der „Vorstellung von dem absoluten Unglück, der Verrücktheit dessen, was geschehen ist", versöhnen und sogar „das Wirkliche verklären".[12]

Konnte das schon zur Zeit des napoleonischen Imperialismus nicht gelingen, so ist uns das – abgesehen von strikten Hegelianern, die möglicherweise hegelianischer waren als der von ihnen verehrte Meisterdenker selbst – in der Epoche der Weltkriege vollends unmöglich geworden. Ratloseste Trauer, wie sie sich Hegel eingestand, wohingegen seine Bewunderer sie vielfach glatt ‚vergessen' zu haben scheinen, widersetzt sich jeglicher Versöhnung mit geschichtlicher Gewalt und ihrer Verklärung, ohne sich dabei bloß trübselig selbst zu gefallen, wie es Hegel unterstellen würde.[13] So wird Trauer politisch virulent, indem sie sich nicht länger damit abfindet, dass Ungezählten „Unrecht geschieht" und dass das „die Weltgeschichte nichts an[gehen]" soll, „der die Individuen als Mittel in ihrem Fortschreiten dienen".[14] Gibt es aber solchen Fortschritt überhaupt? Hat sich ‚der' Fortschritt nicht längst in eine Vielzahl disparater Fortschritte zerstreut, die allesamt ihre mehr oder weniger fatalen Kehrseiten aufweisen und vor Regressionen nicht geschützt sind? Und dürften heute noch alle Individuen als bloßes Mittel irgendwelchen Fortschritts dienen, ganz gleich, wie sie dabei umkommen?

Hegels Worte mag man heute kaum mehr zitieren angesichts der nationalsozialistischen Apotheose des Staates, die auch die Trauer rücksichtslos für sich selbst in Dienst genommen hat. Gewiss, es handelte sich um einen Staat, der seinen Namen aus Hegels Sicht gar nicht verdient hätte[15] und dem unser gegenwärtiges politisches Gemeinwesen mit dem Art. 1 des Grundgesetzes gewissermaßen die moralische Quittung ausstellt: Ein Staat, der die Würde jedes Einzelnen, gerade auch des Schwächsten, nicht achtet, ist keiner und hat keinerlei Anspruch darauf, von uns geachtet zu werden.

In der entsprechenden Erfahrung liegt gewiss auch Trauer über das vorherige Versagen des Staates und über dessen rassistische Perversion. Geht es zu weit, anzunehmen, dass dem Berliner Mahnmal für die seinerzeit ermordeten Juden, für die Sinti und Roma, für die Homosexuellen … diese Trauer zugrunde liegt? Bekundet der deutsche Staat, bekunden die Bürger, die sich ihm zurechnen, mit diesem Mahnmal im Herzen der Hauptstadt nicht ohne Wenn und Aber Trauer über das Geschehene? D.h. auch: *über die Unmöglichkeit*, angesichts so vieler Opfer überhaupt ‚angemessen' zu trauern – insofern zugleich *Trauer über das Versagen der Trauer* und über deren Unfähigkeit, sich adäquat zu den Gründen für das desaströseste Resultat deutscher Geschichte zu verhalten, die weit bis in die Weimarer Republik, in den nationalstaatlichen Chauvinismus des 19. Jahrhunderts, in die Karriere neuzeitlichen, souveränitätstheoretischen Staatsverständnisses und bis in die antiken Ursprünge Europas hineinreichen?

Diese Fragen machen eines deutlich: Weit entfernt, sich auf eine persönliche Verlustreaktion zu beschränken, als die Psychoanalytiker die Trauer meist gedeutet haben, weist die derart sensibilisierte Trauer ein überaus komplexes historisch-politisches Profil auf. Und sie erschöpft sich keineswegs in verzweifelter Resignation, wenn sie in Forderungen wie die mündet, die Würde jedes Einzelnen zu achten; und zwar auch in der (politisierten) Trauer selbst. Deshalb gedenkt man Anderer in stiller Trauer. Und wenn das bei einschlägigen Gelegenheiten, etwa an der Neuen Wache in Berlin, explizit öffentlich gesagt wird, duldet man in der Regel keine starke Expression.

Sofern Trauer nicht ohnehin dem Privaten vorbehalten bleibt, kann sie sich zumindest im Horizont westlicher Kulturen seit langem nur noch mit Zurückhaltung äußern[16] – und begibt sich doch sogleich in die Gefahr ihrer Vereinnahmung. Auch die auf politische Rhetorik fast ganz verzichtende öffentliche Demonstration von Trauer (wie im ‚Marsch' von Millionen, die im Jahre 2015 in Frankreich nach den Anschlägen auf *Charlie Hebdo* auf den Straßen waren) ist vor dieser Gefahr nicht geschützt. Sei es auch nur dann, wenn sich politisches Führungspersonal sehr verschiedener Provenienz in der ersten Reihe der Demonstrierenden zeigt[17] – was von Polemikern, die sich als Denunzianten der sog. „Lügenpresse" hervortun, in diesem Fall sogleich als „gefakte" und bloß „inszenierte" Solidarität entwertet und auf diese Weise politisch ausgeschlachtet wurde. Kritiker, die Zweifel an der demonstrierten Solidarität mit den Terroropfern von Paris seriös äußerten, taten dies dagegen implizit aufgrund der normativen Erwartung, öffentlich gezeigte Trauer wie auch deren Kritik dürfe sich das zu Betrauernde nicht politisch aneignen.

Trauer, heißt das, sollte sich *nur im Geist des Verzichts auf politische Aneignung* des und der zu Betrauernden *zeigen*, wenn sie auch nur den geringsten Anspruch darauf erheben will, als ‚authentisch'[18] gelten zu dürfen. Andernfalls handelt es sich womöglich um etwas ganz anderes als Trauer; sei es um internationale Solidarität (wie sie nach katastrophalen Naturereignissen bekundet wird); sei es um schiere Wut und Empörung (wie bei palästinensischen Begräbnissen nach israelischen Militäraktionen); sei es auch um Drohung mit Gewaltpotenzialen (wie bei einem sogenannten „Trauermarsch" von Anhängern der AfD und der fremdenfeindlichen *Pegida* in Verbindung mit dem harten Kern der rechtsextremen Szene Deutschlands, Hooligans und Neonazis bis hin zum Nationalsozialistischen Untergrund (NSU) und der 2009 verbotenen sogenannten „Heimattreuen Deutschen Jugend", die sich die Hitlerjugend zum Vorbild genommen hat.

Angesichts der Berichterstattung über diese Vorgänge musste man darüber staunen, dass von einem „Trauermarsch" der Rechtsradikalen, sogenannter Reichsbürger und Rassisten sogar in den Hauptnachrichten des öffentlich-rechtlichen Fernsehens gelegentlich ohne Anführungszeichen die Rede war. Immerhin handelte es sich um politische bzw. antipolitische Bestrebungen, die in weiten Teilen nahtlos und unbeirrt an ein Staatsverständnis anknüpfen, das, was die Trauer angeht, anlässlich des Todes von Reinhard Heydrich, seinerzeit in Prag stellvertretender „Reichsprotektor von Böhmen und Mähren", den „Höhepunkt des nationalsozialistischen Totenkults" inszeniert hatte.[19] Kann man angesichts dessen heute noch ohne weiteres an Begriffe wie Totenkult, Gedenken,

Grabrede oder Trauermarsch anknüpfen? Oder verhält es sich vielmehr so, dass man heute selbst Frédéric Chopins *marche funèbre* aus seiner zweiten Klaviersonate nicht mehr hören kann, ohne zu realisieren, wie die Worte, die Riten und die musikalischen Vorlagen einschließlich des Requiems (von Wolfgang Amadeus Mozart über Johannes Brahms bis hin zu Gabriel Fauré) missbraucht worden sind von Gewalttätern, denen man gar keine Fähigkeit zu trauern zutrauen mag?

Zur Erinnerung: nachdem Heydrich an den Folgen eines Attentats verstorben war, wurde seine Leiche im Prager Hradschin aufgebahrt und anschließend nach Berlin überführt. Am 9. Juni 1942 fand in der Neuen Reichskanzlei die seit dem Staatsbegräbnis des obersten Verräters der Weimarer Republik, des Reichspräsidenten Paul v. Hindenburg, größte Totenfeier des Dritten Reiches statt, an der alle NS-Größen teilnahmen. Die Grabrede hielt auf dem Berliner Invalidenfriedhof Heinrich Himmler, der es besonders bemerkenswert fand, dass Heydrich „aus den tiefen Gründen seines Herzens und Blutes heraus [...] die Weltanschauung Adolf Hitlers erfühlt, verstanden und verwirklicht" habe.[20] Hitler pries ihn als „Blutzeuge[n], gefallen für die Erhaltung und Sicherung des Reiches"[21], das zur Rache für die Tötung Heydrichs die tschechischen Dörfer Lidice und Ležáky auslöschte.[22]

Am Ort des Attentats wurde eine Büste nach Heydrichs Totenmaske aufgestellt, vor der sich vorübergehende Passanten verbeugen mussten. Zum Todestag wurde Heydrich „zum mythisch verklärten ‚Märtyrer' im nationalsozialistischen Pantheon der gefallenen Helden" erhoben.[23] In einer an „deutsche Hörer" adressierten Radioansprache in der BBC sagte dazu Thomas Mann im Juni 1942, für einen „Bluthund" wie diesen sei Heydrichs Tod der „natürlichste" gewesen, keineswegs die „unfaßlichste Missetat", die seine Gesinnungsgenossen beklagten – so „als sei der Menschheit Höchstes angetastet". „Ein anderer Metzgermeister [Himmler] sagt ihm am Grabe nach, er sei eine reine Seele und ein Mensch von hohem Humanitätsgefühl gewesen. Das alles ist verrückt ..."[24]

In diesem Fall hat die (politische) Verrücktheit auch die Worte rückhaltlos erfasst. Hat wirklich ein Staat (und was für einer) „getrauert" im Fall der anlässlich von Heydrichs Tod verordneten Staatstrauer? Und war *dieser Tod* überhaupt zu betrauern? Hat sich der „Schlächter von Prag" nicht jeglicher *Betrauerbarkeit* entzogen? Leugnete das rassistische Regime, dem er aus voller Überzeugung diente, seinerseits nicht jegliche Betrauerbarkeit derjenigen, auf deren systematischer und programmatischer Diskriminierung er beruhte? Und konnte man damals (wie die tschechischen Widerstandskämpfer, die Heydrich ums Leben gebracht haben) noch Trauer angesichts eines solchen Todes empfinden? Können *wir heute* um Rassisten trauern, die schwerste Schuld auf sich geladen haben und sich wie seinerzeit anlässlich der Nürnberger Prozesse als „im Sinne der Anklage nicht schuldig" bezeichneten?

Gibt es menschliches Leben, dessen ‚Verlust' wir schlechterdings nicht mehr betrauern können und das wir infolgedessen trauerlos ‚abschreiben', vergessen oder sogar mit einer gewissen Genugtuung quittieren dürften? Ungeachtet dessen, dass diese Fälle ganz verschieden liegen, riskiere ich die Frage: Ist um einen Heydrich oder Hitler, um einen Stalin oder Ta Mok, den blutigsten, gleich neben dem Grab von Pol Pot tief im Dschungel an der Grenze zu Thailand bestatteten Vollstrecker des Terrorregimes der Roten Khmer[25], zu trauern? Wenn nicht, wie wir im Gegensatz zu den verblendeten Anhängern dieser ‚Größen' anzunehmen geneigt sind, schuldet man ihnen dann wenigstens ein nicht unwürdiges Begräbnis?

Diese Frage rührt an den archaischen Sinn aller Kultur, den man spätestens seit Giambattista Vico mit auf dem Aufkommen von Praktiken der Bestattung, der posthumen Sorge um die Toten, mit Gedächtnis und Erinnerung in Verbindung gebracht hat.[26] Eine Kultur, die ihren Namen verdient, würdigt die Toten wenigstens in der Form des rituellen Begräbnisses. Wo nicht einmal dies noch verbürgt ist und Mitbürger spurlos verschwinden (wie es in Argentinien geschehen ist), Feinde achtlos verscharrt wurden (wie in Srebreniza) oder Fremde gar nicht erst geborgen werden (wie im Niemandsland zwischen Staaten, wo sich die Spuren so vieler Migranten und Flüchtlinge unserer Tage verlieren[27]), da hat die Rede von ‚menschlicher Kultur' überhaupt keinen Sinn mehr. Sie stirbt mit den unwürdig in Tod und Sterben sich selbst und der Dekomposition Überlassenen.

Bedeutet das nun umgekehrt, dass wir von jeder (politischen) Kultur erwarten *müssen*, dass sie *niemanden*, weder eine Außenseiterin (wie Antigone), noch einen Staatsfeind (wie einen RAF-Terroristen) noch auch gänzlich Fremde (wie jene an den Südküsten Europas Angespülten) je einem unwürdigen Tod überlassen *darf* und dass sie ausnahmslos für deren würdige Bestattung zu sorgen hat? Geht es dabei letztlich vor allem um die Selbsterhaltung menschlicher Kultur *als einer menschlichen* oder kommt dabei, unabhängig davon, unweigerlich auch Trauer ins

Spiel? Wie aber sollte man um Unbekannte, Fremde oder gar Feinde trauern *können*?

Lässt sich auf diese Frage überhaupt eine allgemeine Antwort finden in Anbetracht derart verschieden gelagerter Fälle? Handelt es sich überhaupt um ‚Fälle'? Dieses Wort ist so unverfänglich nicht, wie es alltäglich daher kommt. Immerhin kommt niemand als ein ‚Fall' zur Welt – was auch immer Geburtsstatistiken darüber lehren mögen, die ganze Generationen demografisch beziffern. Jede Geburt kann gewiss als ein Ereignis unter vielen ähnlichen betrachtet werden. Aber in diesem unscheinbaren ‚als' steckt eben die Crux. Die Geburt, das Leben und der Tod eines jeden kann subsumiert werden unter Ähnliches – *worum es sich zunächst* nicht *handelt*. Die Geburt ist das singuläre Zur-Welt-kommen eines singulären Wesens, das von Anderen gastlich unter die Lebenden aufgenommen und von ihnen fortan an als ‚*verlierbar*' erfahren werden wird.[28] So weiß die Fürsorge für Andere, dass sie es mit Verletzbaren, Verwundbaren, potenziell Kranken und Sterblichen zu tun hat, durch deren Tod sie ihrerseits ‚alles' verlieren können, wie aus ‚untröstlicher' Trauer zu erfahren ist. Dann zieht der Verlust Anderer vermittels der Trauer Andere in Mitleidenschaft, bis hin dazu, dass sie es vorziehen, selbst nicht am Leben zu bleiben. Ich möchte das hier, wo es weniger um die individuelle Psychologie der Trauer und mehr um deren politische Dimension gehen soll, jedoch nicht weiter vertiefen, sondern die Frage aufwerfen, wie diese Dimension überhaupt ins Spiel kommt.

Wir sind ursprünglich dank Dritter in der Welt aufgenommen worden, wobei die Dimension des Dritten, ich nenne sie Tertialität, weit über den anfänglich engen familialen und nachbarschaftlichen Horizont sozialer Lebensformen hinaus auf politische, kulturelle und geschichtliche Implikationen menschlicher Koexistenz verweist. Kant würde heute von einer globalen Welt-Bürger-Gesellschaft sprechen, die wesentlich durch Anonymität geprägt ist. Nachbarn, Mitbürger und schließlich Zeitgenossen kennen wir kaum dem Namen nach. Was die Wissenssoziologen „Erfahrungen aus erster Hand" nennen, haben wir von ihnen nicht.[29] Wir beziehen uns auf sie ohne die Möglichkeit, sich auf leibliche Gegenwärtigkeit und in diesem Sinne auf Unmittelbarkeit stützen zu können. Bei Zeitgenossen setzen wir lediglich voraus, dass es sich typischerweise um „Leute wie ..." handelt, von denen wir die weitaus meisten niemals kennen lernen werden. Doch kann jeder im Prinzip jederzeit aus seiner Anonymität „als einzigartiger Mensch" heraustreten[30], so dass er uns etwas angeht, bevor wir überhaupt fragen können, *was* jeweils genau. Wer so fragt, steht aber bereits in einem menschlichen Verhältnis zum Anderen und kann es nicht vermeiden, stets nur nachträglich jegliche Inanspruchnahme vom Anderen zurückzuweisen.

So gesehen verdankt sich das menschliche Verhältnis zum Anderen dessen Anspruch, der an uns ergeht – im Prinzip wie bei der Geburt, die ein uns ansprechendes und in Anspruch nehmendes Wesen zur Welt kommen lässt; und zwar nicht nur einmal, an einem einzigen Tag und ‚für immer', sondern so, dass das Zur-Welt-kommen und das In-der-Welt-sein immer wieder bestätigt werden muss. Wer niemanden mehr findet, an den er sich wenden kann, wird aus der sozialen und politischen Welt des Zusammenlebens mit Anderen letztlich radikal herausfallen. Genau das ist es, was unser ursprüngliches Zur-Welt-kommen mit der Situation all jener verbindet, die sich, aus welchen konkreten, mehr oder weniger zwingenden Gründen auch immer, auf den Weg der Flucht oder der Migration gemacht haben. Sie riskieren, nirgends Gehör zu finden, abgewiesen und schließlich sich selbst überlassen zu werden.

Wie die aktuelle politische Lage europaweit zeigt, wird darauf in extrem gegensätzlicher Art und Weise reagiert. ‚Selber schuld', sagen die einen; ‚damit haben wir nichts zu tun', die anderen. ‚Dazu können wir uns unmöglich gleichgültig verhalten', sagen die einen, während die anderen voller Wut und Hass jegliche Zumutung zurückweisen, sich mit dieser Lage konstruktiv auseinanderzusetzen. Während die einen für eine rigorose Grenzpolitik plädieren, die es schließlich niemandem mehr, der ‚von außen' kommt, gestatten soll, diejenigen, die sich ‚drinnen' aufhalten, unverhofft mit einem absolut überraschenden Anspruch zu konfrontieren, bestehen die Kontrahenten genau darauf. Im ursprünglichen Zur-Welt-kommen liegt das Versprechen, sich wenigstens an Andere auf Erwiderung hin wenden zu dürfen. Wer das ausschließen oder eigener souveräner Verfügung unterstellen will, beraubt Andere ihres erneuten Zur-Welt-kommens selbst und nimmt es schließlich billigend in Kauf, dass sie u. U. auch aus jeder sozialen bzw. politischen Welt herausfallen, wenn sie sich nirgendwo anders hin wenden können. Ganz aus jeglicher Welt herausgefallen wären sie dann, wenn sie in keiner Weise mehr für Andere existierten und infolgedessen nicht länger *als existent ‚zählen'* würden.

Auf die Frage, ob das akzeptabel ist, macht eine politische Ästhetik aufmerksam, die die Zahl der Toten in Erinnerung ruft, welche wenigstens zum Teil auch auf das Konto einer rigorosen Grenzpolitik gehen.

Indem diese Ästhetik immerhin an die Zahlen der Untergegangenen erinnert, macht sie deutlich, dass letztere ‚da' waren, *ohne* noch für Andere ‚gezählt' zu haben. Sie findet sich nicht damit ab, dass die Ertrunkenen allenfalls noch statistisch erfasst werden, sondern macht augenfällig, dass sie *als solche, die für niemanden mehr ‚gezählt' haben, gezählt werden müssen.*

Indem etwa die türkische, in Istanbul ansässige Künstlerin Banu Cennetoğlu eine Liste von 34.361 toten Flüchtlingen und Migranten öffentlich in Liverpool ausstellt[31], kann sie zeigen, dass es eine offene Frage ist, was es bedeutet, zu ‚zählen' – wenn nicht bloß abzählen, beziffern, statistisch Bilanz ziehen bzw. gezählt zu werden, usw. Ungezählte, von denen die rund 34.000 Gezählten nur ein kleiner Teil waren, zählten nicht. Insofern konnte ihr Tod trauerlos verbucht werden. Wer diesseits des *mare nostrum* hätte auch ihren Tod als Verlust empfinden sollen (abgesehen ggf. von Angehörigen, die entsprechende Nachrichten erhalten haben)? Für wen sollte der Tod von Tausenden von Unbekannten einen Verlust darstellen – noch dazu einen *in jedem einzelnen ‚Fall' einzigartigen* Verlust, der durch nichts auszugleichen wäre? Erleiden wir einen in diesem Sinne schmerzlichen Verlust nicht stets nur ‚privat', so dass insoweit gar nicht an eine Politisierung der Trauer zu denken wäre?

So zu fragen impliziert klare Grenzziehungen zwischen Privatem und Öffentlichem, zwischen dem, was wir verlieren können, und dem, was getrost verloren gehen darf, ohne uns zu tangieren. Aber ‚existieren' entsprechende Grenzen wirklich? Sind solche Grenzen einfach ‚vorhanden', ohne eigens gezogen worden zu sein? Oder verdanken sie ihre Existenz allein der Tatsache, dass sie immer wieder gezogen werden? Wenn ja: wer hat sie gezogen und zieht sie immer wieder neu, falls davon auszugehen ist, dass sie niemals einfach vorhanden sein können wie natürliche Barrieren? Indem Cennetoğlu Namen wieder und wieder präsentiert, bringt sie sie uns so nahe, dass das Bewusstsein für klare, eindeutige und undurchlässige Grenzen schwindet. Wie auch die Bilder von Alan Kurdi und so vielen anderen verdeutlicht sie, dass nicht auszuschließen ist, dass das oder der Ferne uns nahegeht und in der Nähe heimsucht. Und wenn der britische *Guardian* am *World Refugee Day* die besagte Liste distribuiert, wirft er einem Kommentator zufolge wie Cennetoğlu die offene Frage auf, „what it tells us about the defining crisis of our times".[32]

Das ist eine bemerkenswert weit gehende Sichtweise. Die besagte *crisis* wird hierzulande oft als ‚Flüchtlingskrise' bezeichnet und als schlichtes

Problem der Abwehr von angeblich zuviel unberechtigter Migration eingestuft. Demnach wären *nicht wir hier*, unser Land, die EU oder gar ‚unsere Zeit' selbst in der Krise; sie wäre vielmehr ganz auf diejenigen abzuwälzen, die sich unberechtigt Einlass verschaffen wollen. Diejenigen aber, die genau das abwehren und möglichst auf ‚identitäre' Art und Weise ‚unter sich' bleiben wollen[33], würden sich eben dadurch nur bestätigt sehen.

Oder sollte die ‚identitäre' Deutung der Krise doch *falsch* sein? Inwiefern falsch? Und warum? Sie läuft, was die zahllosen Ungezählten und die bilanzierten Todesfälle angeht, darauf hinaus, dass es sich gar nicht um ‚Verluste' handelt. Jedenfalls nicht ‚für uns' bzw. *für sie*, die in ihrer vielfach rassistisch grundierten Anmaßung behaupten, für ‚das Volk' sprechen zu dürfen, aus dem sie alle Andersdenkenden, -lebenden und -liebenden offenbar am liebsten mit Gewalt ausschließen möchten, um endlich den Traum ihres Lebens, das *identitäre Für-sich-sein ohne befremdlich ‚Andere',* realisieren zu können. Wer darin, zumal angesichts einschlägiger historischer Vorbilder, nur eine Art Alptraum sehen kann, wird zumindest eines zugeben müssen: dass die Grenze zwischen denjenigen, deren Leben und Sterben uns etwas angeht, und Anderen nicht eindeutig und undurchlässig gezogen *ist* wie etwas schlicht Vorhandenes, so dass sich stets neu die Frage stellen kann, ob nicht selbst ein bloß noch statistisch verzeichneter Tod uns etwas angeht; und wenn ja, warum und wie.

Rührt etwa die Statistik so vieler Untergegangener als die elementarste Grundvoraussetzung sozialen und politischen Lebens *auch hier, ‚bei uns', in Europa*, dass ein jeder sich an Andere sollte wenden können und dass diese Möglichkeit durch überhaupt keine Grenzziehung *von vornherein unterbunden* werden darf, sollen die davon Betroffenen nicht radikal aus der Welt fallen? Von Immanuel Kant über Hannah Arendt bis hin zu Jacques Derrida und in die aktuelle politische Gegenwart hinein hat diese Frage auch die philosophischen Gemüter beschäftigt: ob sich nicht soziales, politisches und kulturelles Leben, das seine Attribute verdient, durch Hospitalität bzw. Gastlichkeit wenigstens in diesem elementaren Sinne auszeichnen muss: In dem Sinne nämlich, dass sich jeder Fremde an Andere muss wenden können dürfen, ohne abgewiesen zu werden, wenn das mit Gefahren für Leib und Leben einherginge.[34]

Wie wir gegenwärtig täglich sehen, kann die EU diesen Minimalanspruch nicht effektiv gewährleisten; selbst vom Zweiten Weltkrieg schwerstens in Mitleidenschaft gezogene Gesellschaften scheinen die historische Dimension dieser Problematik weitgehend vergessen zu haben, die sich auf einen schlichten Punkt bringen lässt: im Prinzip kann jeder jederzeit zum Flüchtling werden und infolgedessen rückhaltlos darauf angewiesen sein, bei Anderen Gehör und eine Bleibe zu finden. Dazu ist es unabdingbar, sich wenigstens überhaupt an Andere wenden zu können.

Indem politisch-ästhetische Praxis die Grenze zwischen jenen, die uns etwas angehen, und Anderen perforiert und durchlässig macht, führt sie buchstäblich vor Augen, wenn auch wie im Fall Cennetoğlus zunächst nur mittels irritierender Todeslisten, wie wenig das Unabdingbare politisch verbürgt ist. Das heißt hier: wie prekär sich demzufolge auch die historische Antwort ausnimmt, die Europa in seiner politisch-rechtlichen Gestalt auf das Desaster einer rassistischen Herrschaft hatte geben sollen, die nicht zuletzt darauf hinauslief, jeden Diskriminierten gänzlich trauerlos als gleichgültigen oder auch mit Verachtung gebilligten Verlust abzuschreiben.

Viel wäre noch dazu zu sagen, wie politisch-ästhetische Praxis konkret vorgehen kann, die für diese Fragen in historischer Perspektive sensibilisiert. Nach Cennetoğlu jedenfalls nicht so, dass diese Praxis *nicht* die Frage aufwirft, mit welchem Recht sie überhaupt für Andere eintritt, „die keine Stimme haben". Wer entscheidet, für wen nicht gesprochen wird?[35] Warum verbietet sich jegliche „unangebrachte Aneignung menschlichen Leids"[36], wie ein Journalist zu Cennetoğlu schrieb – sei es auch nur vermittels der bloßen Abbildung von Lebens- und Todesdaten Verschiedener? Welche Art der Aneignung wäre *nicht* unangebracht? Lassen sich Formen ästhetischer Darstellung denken, die *diskret* genug sind, den Toten nicht noch einmal Unrecht widerfahren zu lassen, sei es auch nur durch eine pietätlose Art ästhetischer Instrumentalisierung mit den besten Absichten? Droht solche Instrumentalisierung nicht auch dann, wenn eine serielle Reproduktion von Lebens- und Todesdaten gerade deren Anonymität durchbrechen und daran erinnern soll, dass niemand je bloß ein ‚Fall' einer Statistik war, ist und sein wird; oder ein bloßer ‚Typus' von ‚Leuten wie …' Flüchtlinge aus Syrien oder Migranten aus Marokko …?

Cennetoğlu spricht von einer zeitgenössischen Sisyphusarbeit[37], die vielleicht nicht mehr erreicht, als höchst selektiv deutlich zu machen, was von einem Menschenleben bleibt: Sei es eine „winzige Druckspur in einem Stapel Zeitungspapier" oder eine traurige Antwort unsererseits eben darauf. Auf Papier steht geschrieben, was morgen schon überholt sein wird, weil das anonyme Sterben weitergeht wie gehabt. Und dieses zu dokumentieren, macht keinen Ertrunkenen wieder lebendig. Die Liste der Toten wird täglich länger, auch während wir sie studieren und diskutieren. „Ständig entwickeln sich, wie die Dinge rund ums Mittelmeer stehen, neue Tragödien, kentern hoffnungslos überfüllte Schlauchboote, sind die Retter überfordert, sticht wieder eine Gruppe meist junger Menschen in See, die um ihr Leben laufen, die falsch informiert und betrogen wurden, die nicht zurück können. Die auf der Liste die Nächsten sind." „Du bist mitten drin in der Geschichte. Sie geht weiter", sagt Cennetoğlu.[38]

Aber um was für eine Geschichte handelt es sich; und wie erweisen wir uns in sie verstrickt? Indem politische Ästhetik diese Frage aufwirft, hat sie in gewisser Weise ihr Ziel schon erreicht, indem sie uns als ansprechbar erweist für das Schicksal Anderer jenseits eines identitär in sich selbst verschanzten Für-sich-seins. So kann sie die Gleichgültigkeit einer Politik durchbrechen, die da glauben macht, jenseits unserer Grenzen ginge uns dieses Schicksal nichts an.

Was es uns angeht und *wie* wir für es einstehen können, ist allerdings eine weithin offene Frage. Doch nur *in eben dieser Offenheit* kann eine Politik glaubwürdig Bestand haben, die sich so radikal wie nur möglich von jeglichem Versuch abheben will, Andere der Unbetrauerbarkeit preiszugeben, sei es durch schiere Gleichgültigkeit, sei es durch rigorose Zurückweisung, sei es auch in physischer, sozialer, politischer, kultureller, religiöser … Vernichtung. Wohin *das* führt, hat ein rassistischer Anti-Staat hierzulande gezeigt.[39] Dass er Nachahmer findet, ist wiederum eine traurige Angelegenheit, lässt dieser Befund doch grundsätzlich an der Gegenwart und Zukunft einer Politik zweifeln, die das Recht der Hospitalität bzw. die Gastlichkeit als Grundbedingung einer *in statu nascendi* sich befindenden Welt-Bürger-Gesellschaft *nicht mehr* verraten würde.

Auf diese Zukunft spielt indirekt eine Inschrift auf einem 16-Meter-Obelisk an, die in Kassel, der Stadt der *Dokumenta*, aus der 1997 die *No One is Illegal*-Bewegung hervorgegangen ist, auf dem dortigen Königsplatz aufgestellt wurde. Der Obelisk wurde vom nigerianischen Künstler und Schriftsteller Olu Oguibe entworfen und trägt die Inschrift *I was a stranger and you took me in* – in Arabisch, Englisch, Deutsch und Türkisch. Nicht weit davon entfernt proklamieren Hans Haackes Plakate in mehreren Sprachen unterhalb von Thomas Schüttes Skulptur *The Strangers* (1992): „We [all] are the people."[40]

Das sei aber lediglich eine „insufficient liberal hope", wurde dazu kritisch angemerkt.[41] „Is it enough to say that we are all human, when some of us are never treated as such?" In diese offene Wunde des Politischen legen die zitierten Arbeiten in der Tat gleichsam ihren Finger, indem sie die Frage aufwerfen, ob es nicht ein ‚Wir' gibt (bzw. ob nicht eines im Entstehen begriffen ist), das gerade nicht an den Grenzen eines identitär vorgestellten Volkes halt macht; ein offenes Wir, das die im wörtlichen oder übertragenen Sinne schiffbrüchigen Fremden aufzunehmen und sie dadurch vor einem unwürdigen Tod zu bewahren verspricht (um das Mindeste zu sagen).

Diejenigen, die wie Cennetoğlu wenigstens Listen von Fremden erstellen, die vergeblich anderswo Zuflucht gesucht haben, werfen die offene Frage nach einem Versagen aller politischen Lebensformen auf, die für dieses Versprechen einstehen müssten. Insofern durchbrechen sie die übliche Gleichgültigkeit und Defensive all derer, die da meinen, Fremden hätte ihre eigene Lebensform überhaupt nichts zu versprechen; sie gehe sie schlicht überhaupt nichts an und das Schicksal der Ertrunkenen, Schiffbrüchigen und Schutzbefohlenen, wie sie Elfriede Jellinek in Anlehnung an Aischylos nennt, sei gewiss kein Anlass zur Trauer.

Über jeden Einzelnen von Zigtausenden, Hunderttausenden oder gar von Millionen kann in der Tat niemand ‚angemessen' trauern. Gerade *diese* ‚Unfähigkeit' bzw. ‚Unmöglichkeit zu trauern' kommt aber nun politisch zur Geltung durch eine ästhetische Praxis, die dem Politischen abverlangt, sich niemals indifferent mit zahllosen und letztlich unzählbaren Verlusten einfach abzufinden (und so buchstäblich über Leichen zu gehen). Diese Praxis zielt in meinem Verständnis auf *das Ende derart indifferenter Politik* ab – geprägt von der *Trauer über eben diese Politik,* die noch stets aus der Trauer Kapital zu schlagen versucht hat. In ihrer Widersetzlichkeit genau dagegen wird die Trauer politisch; aber umwillen einer anderen, nicht-indifferenten Politik, die versprechen müsste, niemandem gleichgültig umkommen und verrecken zu lassen.

Ob sie dieses Versprechen je wird halten können, steht allerdings dahin. So ‚übermäßig' und ‚unhaltbar' es auch erscheinen mag, es steht wie nichts anderes für die Abkehr von einer vernichtenden Politik, die jeden ‚X-Beliebigen' einem unbetrauerten Umkommen zu überantworten gedachte. Auch die seinerzeit dafür Verantwortlichen haben dann, wie wir heute wissen, anderswo Zuflucht gesucht. Unter den Geflüchteten fanden sich infolgedessen zahlreich infame Subjekte, die für sich eine Hospitalität in Anspruch nehmen wollten, von der sie Andere zuvor radikal ausgeschlossen hatten. Ob wir nicht heute angesichts radikaler Feinde politischer Hospitalität Gefahr laufen, in die gleiche Falle zu tappen, bleibe dahingestellt.[42]

Anmerkungen

[1] M. T. Cicero, *Tusculanae disputationes. Gespräche in Tusculum* (lat./dt.), Stuttgart 2008, S. 249.
[2] J.-L. Nancy/René Schérer, *Ouvertüren. Texte zu Gilles Deleuze*, Berlin 2008, S. 11.
[3] C. Wolf, *Kein Ort. Nirgends*, Frankfurt/M. 1981, S. 109.
[4] Zit. n. Chisenhale Gallery, 29. Juni – 28. August 2018, Handout, Seite 12.
[5] Verwiesen sei nur auf die – sicher unvollständigen – Listen bei S. Pinker, *Gewalt*, Frankfurt/M. 2013.
[6] https://de.wikipedia.org/wiki/Volkstrauertag#/media/Datei:Bundesarchiv_Bild_102-03941,_Berlin,_Volkstrauertag,_Hindenburg.jpg
[7] https://commons.wikimedia.org/wiki/Category:Heldengedenktag#/media/File:Bundesarchiv_Bild_146-2005-0172,_Heldengedenktag_in_Berlin.jpg; https://commons.wikimedia.org/wiki/Category:Heldengedenktag#/media/File:Bundesarchiv_Bild_183-2005-1017-523,_Berlin,_Heldengedenkfeier.jpg
[8] https://en.wikipedia.org/wiki/V%C3%A1clav_Havel#/media/File:Pietn%C3%AD_shrom%C3%A1%C5%BEd%C4%9Bn%C3%AD_na_V%C3%A1clavsk%C3%A9m_n%C3%A1m%C4%9Bst%C3%AD_p%C5%99i_p%C5%99%C3%ADle%C5%BEitosti_%C3%BAmrt%C3%AD_V%C3%A1clava_Havla_v_roce_2011_(22).JPG
[9] G. W. F. Hegel, *Grundlinien der Philosophie des Rechts, Werke 7* (Hg. E. Moldenhauer, K. M. Michel), Frankfurt/M. 1986, § 260.
[10] G. W. F. Hegel, *Vorlesungen über die Philosophie der Weltgeschichte. Bd. I. Die Vernunft in der Geschichte*, Hamburg 1994, S. 80.
[11] Ebd., S. 105.
[12] Ebd., S. 78, 80 f.
[13] J. Winter, E. Sivan (Hg.), *War and Remembrance in the Twentieth Century*, Cambridge 1999, 221–239; Vf., J. Rüsen (Hg.), *Trauer und Geschichte*, Köln, Weimar, Wien 2001; Vf., *Revisionen der Trauer. In philosophischen, geschichtlichen, psychoanalytischen und ästhetischen Perspektiven*, Weilerswist 2006.
[14] Hegel, *Vorlesungen über die Philosophie der Weltgeschichte*, S. 76.
[15] Vgl. S. Avineri, *Hegels Theorie des modernen Staates*, Frankfurt/M. 1976.
[16] Vgl. I. Bostridge, *Schubert's Winter Journey. Anatomy of an Obsession*, London 2015, 86 ff., der diesen Befund in den Kontext eines romantischen Kults der Sensibilität stellt.
[17] Vgl. die Dokumentation: https://www.dailymail.co.uk/news/article-2905307/One-million-people-prepare-march-Paris-terror-attacks.html

[18] Zur fälligen Revision dieses zweifelhaften Prädikats vgl. jetzt M. Hofer, C. Rößner (Hg.), *Zwischen Illusion und Ideal: Authentizität als Anspruch und Versprechen. Interdisziplinäre Annäherungen an Wirkmacht und Deutungskraft eines strittigen Begriffs*, Regensburg 2019.

[19] https://de.wikipedia.org/wiki/Reinhard_Heydrich#cite_note-74; R. Gerwarth, *Reinhard Heydrich. Biographie*, München 2011, S. 338 f.

[20] http://www.worldfuturefund.org/wffmaster/Reading/Germany/Heydrich.htm; https://archive.org/details/19420606DeutscherRundfunkTrauerfeierFuerReinhardHeydrichGedenkredenVonHimmlerUndHitler6m31s

[21] https://de.wikipedia.org/wiki/Reinhard_Heydrich#/media/Datei:Heydrich_funeral.jpg; www.worldfuturefund.org/wffmaster/Reading/Germany/Heydrich.htm

[22] https://de.wikipedia.org/wiki/Reinhard_Heydrich#Vergeltung,_Staatstrauer_und_Heydrich-Verehrung

[23] Gerwarth, *Reinhard Heydrich*, S. 338.

[24] T. Mann, *Essays. Bd. 2. Politik*, Frankfurt/M. 1977, S. 268 ff.

[25] www.deutschlandfunk.de/der-lange-schatten-des-pol-pot.724.de.html?dram:article_id=98626

[26] G. Vico, *Die neue Wissenschaft über die gemeinschaftliche Natur der Völker* [1744], Reinbek 1966, 11, S. 54.

[27] Vgl. *Social Research 83*, no. 2: *Borders and the Politics of Mourning* (2016).

[28] Darin stimme ich mit Judith Butler überein; vgl. ihr Buch *Frames of War. When is Life Grieveable?*, London, New York 2009.

[29] A. Schütz, T. Luckmann, *Strukturen der Lebenswelt, Bd. 1*, Frankfurt/M. 1979, S. 100.

[30] Ebd., S. 109.

[31] Cennetoğlu, u.a. auch als 48-seitiges Supplement zum deutschen *Tagesspiegel* verbreitete Liste geht zurück auf das Schicksal von Kimpua Nsimba, einem seinerzeit 24 Jahre alten Flüchtling aus Zaire, der fünf Tage nach seiner Ankunft in Großbritannien in einem Lager erhängt aufgefunden wurde. Sie dokumentiert 34.361 Namen von Asylbewerbern, Flüchtlingen und Migranten, die seit 1993 nach Europa zu gelangen versuchten und dabei gestorben sind. Diese Liste wird jedes Jahr vervollständigt, kann aber die tatsächlichen, weit höher liegenden Zahlen nicht erfassen. Es handelt sich nicht um ein Kunstwerk im üblichen Sinne des Wortes. In diesem Fall „the art lies in its dissemination", um darauf aufmerksam zu machen, dass „*migrants are lost* at sea, or die in the backs of trucks; they are killed in perilous conditions in camps, or by far-right hate groups; or the extreme stress of their situation leads them to take their own lives". Hervorhbg. B. L. Inwiefern und für wen es sich um zu betrauernde ‚Verluste' handelt, ist gerade die Frage. Zitiert wurde nach A. Needham, „The List: the 34,361 men, women and children who perished trying to reach Europe"; https://www.theguardian.com/world/2018/jun/20/the-list-34361-men-women-and-children-who-perished-trying-to-reach-europe-world-refugee-day.

[32] Ebd. Die Antwort der Künstlerin: „„Because of politics, of course there are similarities in the way people die – through suicide in detention centres, or in boats.' But its power, she believes, is actually really in the way that it forces the reader to confront the fact that each of these deaths is singular. And that perhaps one's own personal choices might be implicated in the complicated web of politics that causes these individual tragedies." C. Higgins, Interview mit B. Cennetoğlu: „As long as I have resources, I will make The List more visible"; www.theguardian.com/world/2018/jun/20/banu-cennetoglu-interview-turkish-artist-the-list-europe-migrant-crisis

33 Vgl. Vf., *Europäische Ungastlichkeit und ‚identitäre' Vorstellungen. Fremdheit, Flucht und Heimatlosigkeit als Herausforderungen des Politischen*, Hamburg 2019.
34 Vgl. B. Liebsch, M. Staudigl, P. Stoellger (Hg.), *Perspektiven europäischer Gastlichkeit. Geschichte – Kulturelle Praktiken – Kritik*, Weilerswist 2016.
35 Vgl. K. Wilson-Goldie, „Today In History. On The Art of Banu Cennetoğlu", in: *Artforum*, January 2, 2019, S. 10.
36 R. Schaper, „Banu Cennetoğlu und ihre Liste gestorbener Flüchtlinge. Wenn vom Leben nur eine Druckspur bleibt"; www.tagesspiegel.de/kultur/banu-cennetoglu-und-ihre-liste-gestorbener-fluechtlinge-das-unertraegliche-sucht-nach-sprachlichem-oder-kuenstlerischem-ausdruck/20553338-2.html
37 S.o. Anm. 4.
38 Zit. ebd.
39 In dieser Perspektive fällt unvermeidlich ein gewisses Zwielicht auf Positionen, die besagen, ‚Leute wie' Heydrich seien schlechterdings nicht zu betrauern; sie hätten ihr Schicksal nur ‚verdient' und das bewahre jeden vor der Zumutung, in solchen Fällen mit etwas Betrauerbarem zu tun zu haben. Doch niemand kommt als ein rassistischer ‚Killer' fertig zur Welt. Scheinbar ‚eiskalte' wie auch grausame und hasserfüllte Liquidierer werden ‚nicht geboren, sondern gemacht', könnte man in Anlehnung an eine bekannte, allerdings zu einfache Parole sagen. Immerhin deutet sie darauf hin, dass auf dem Weg des Werdens zu dem- oder derjenigen, als der/die sich jemand später herausstellt, u.U. mannigfaltiges Versagen Anderer, sozialer Lebensformen und politischer Institutionen festzustellen ist, infolge dessen schließlich auch Verbrecher der Gesellschaft ‚verloren gehen', um sie schließlich wie in totalitären Systemen zu beherrschen. Geht es wirklich zu weit, zu statuieren, dieser Befund biete reichlich Anlass zu politischer Trauer über eben dieses (keineswegs einfach zu überwindende) Versagen? Geht es zu weit, zu fragen, ob so gesehen nicht selbst die ‚Karriere' des Verbrechers noch Anlass zu politischer Trauer bietet? Eine politische Theoretikerin wie Hannah Arendt hätte diese Frage vermutlich als Zumutung zurückgewiesen, verteidigte sie doch die Todesstrafe für ‚Leute wie' Adolf Eichmann, die sich angemaßt hätten, souverän darüber zu befinden, wer auf der Erde leben darf und wer nicht. In dieser scheinbar gänzlich trauerlosen Rechtfertigung liegt allerdings eine fatale Logik. Vgl. H. Arendt, *Eichmann in Jerusalem. Ein Bericht von der Banalität des Bösen* [1964], Leipzig 1990, S. 429; Vf., *Renaissance des Menschen? Zum polemologisch-anthropologischen Diskurs der Gegenwart*, Weilerswist 2010, S. 77.
40 http://artfcity.com/2017/06/09/documenta-14-learning-from-athens-learning-from-crisis/
41 https://scroll.in/magazine/846805/being-safe-is-scary-at-germanys-documenta-14-chilling-reminders-that-history-repeats-itselfhttps://duckduckgo.com/html
42 Der vorliegende Beitrag geht zurück auf zwei Vorträge zum Thema: „Notes on the political dimensions of mourning" in Verbindung mit einem Panel *Voicing the Dead and the Politics of Mourning* im Rahmen der *Bergen Assembly 2019* zum Thema *Actually, The Dead are not Dead*, 4.–8. September 2019, Bergen/Norwegen; sowie zum Thema: „Politische Dimensionen der Trauer" anlässlich der Ausstellung Banu Cennetoğlu im Rahmen des KPMG-Kunstabends der STIFTUNG KUNSTSAMMLUNG NORDRHEIN-WESTFALEN, Kunsthalle Düsseldorf/K 21, am 3. Oktober 2019.

Heinz Theisen

Selbstbegrenzung und Selbstbehauptung Europas

„Dem harten Muß bequemt sich Will und Grille."

Johann Wolfgang von Goethe,
Urworte, orphisch., Nötigung.

Auch wenn die größeren Probleme heute vor allem von außen auf uns zukommen, halten sich die Deutschen offenkundig für den Nabel der Welt und beschäftigen sich vorzugsweise mit sich selbst. Aber weder Migration noch Klima oder Euro lassen sich aus der Binnenperspektive unserer Parteienkonstellationen oder unserer linken und rechten Gesinnungen heraus verstehen. Hier bedarf es schon einer Vogelperspektive, um die Zusammenhänge etwa zwischen dem Nahen Osten oder Afrika mit Migration und Integration nach und in Europa auch zusammendenken zu können.

Vogelperspektive bedeutet aber keinen Kosmopolitismus, dem es um nicht weniger als „die Menschheit" zu tun ist und dem über diese Weiten die partikularen Interessen aus dem Blick geraten. Dieses globale Denken beruht auf einer Außenperspektive, welche keine Unterscheidung zwischen den Interessen von Nächsten oder Fernsten trifft.

Der im Kern protektionistische Reflex vieler Wähler leitet über zum Rückzug auf kleinere, vorgeblich besser zu schützende Einheiten wie Nation oder Region, gewissermaßen zu einer Froschperspektive, der dann wiederum die internationalen und globalen Zusammenhänge aus dem Blick zu geraten drohen.

Die Spaltung zwischen denjenigen, die eine globalistische Außenperspektive und denen, die eine regressive Froschperspektive einnehmen, hat bereits die Offenheit der politischen Diskurse zerstört. Die alten Begrifflichkeiten helfen nicht mehr zu begreifen. Der Mangel an begrifflicher Klarheit endet in allgemeiner Moralisierung und in der Zuspitzung nach Gut und Böse, was den Weg vom Konflikt zum Kampf ebnet. Über die Symptombekämpfung bleibt die Ursachenanalyse außen vor. Demnach liegt die Bedrohung nicht etwa im Islamismus, sondern in einer „islamophoben" Haltung.

Die neue Leitkultur des Regenbogens beruht auf Diversität, Toleranz, Antidiskriminierung, Inklusion und Gleichstellung. Angesichts der geforderten Gleichheit in der Verschiedenheit spielen substantielle Unterschiede zwischen den Kulturen keine Rolle und erhalten offen systemfeindliche Islamisten Aufnahme. Selbst jene Kulturen gelten als gleichwertig, welche die Gleichberechtigung von Mann und Frau oder von Gläubigen und Ungläubigen in Abrede stellen. Mit dem Verzicht auf gegenseitige Toleranz geht die wehrhafte Demokratie des Grundgesetzes verloren.[1]

Protektionismus als Folge des Globalismus

Die grenzenlose Offenheit der Kosmopoliten für das Fremde und Andere steht oft im umgekehrten Verhältnis zu ihrem Interesse an Traditionen und Interessen von Mehrheiten. Diese fühlen sich missachtet und radikalisieren sich ihrerseits – wie die Wählerschaft Donald Trumps und die Brexiter.

Deren Auszug aus westlichen Bündnissen schwächt den Westen im Kampf um Selbstbehauptung. Mit dem Brexit verliert die EU 25 Prozent ihrer militärischen Fähigkeiten, 20 Prozent der Wirtschaftskraft, 13 Prozent der Bevölkerung und 7 Prozent ihrer Landmasse. Sie verliert eine Nuklearmacht mit ständigem Sitz im Sicherheitsrat der UNO und mit globaler Präsenz, mit einigen der weltweit besten Universitäten und dem zweitwichtigsten globalen Finanzzentrum und dem Mutterland demokratischer Institutionen.[2]

Ob als Nationalismus, Ethno-Konfessionalismus oder als Wohlstandsseparatismus – in allen Formen des Protektionismus geht es vor allem um die Behauptung des Eigenen. Local Player, kleine Leute zumeist, wenden sich einer so genannten „neuen Rechten" zu, die strengere Grenzen und höhere Hürden für fremde Produkte und Menschen, für grenzenlos agierendes Kapital, vor neuer Konkurrenz auf dem Arbeitsmarkt und vor transnationalem Verbrechen in Aussicht stellen.

Das Prekariat fürchtet um die Loyalität ihrer Staaten. Selbst der Mittelstand gerät zunehmend unter Konkurrenzdruck. Beider Wut richtet sich nicht mehr gegen „das Kapital" an sich, sondern gegen die sowohl aus neoliberalen als auch aus humanitären Motiven betriebenen Entgrenzungen ihrer Eliten. Dies pauschal als „Rassismus" aus dem legitimen Diskurs auszugrenzen, verrät vor allem mangelnde Bereitschaft zur Selbstkritik. Viele Briten, die von Einwanderern abstammen, haben für den Brexit gestimmt, obwohl sie Rassismus oft am eigenen Leib erlebt haben. Es ging ihnen um überfüllte Spitäler, Schulen, Konkurrenz, Sozialwohnungen und Jobs, um soziale Anliegen, die eine Folge der Einwanderung von über zwei Millionen Osteuropäern nach 2004 waren.[3]

Die meisten von ihnen wollen andere nicht abwerten, aber auch ihre eigene Kultur nicht abgewertet sehen. Sobald an ihren Rändern Figuren in die Regression einer „Volksgemeinschaft" fliehen, stürzen sich die Kosmopoliten mit Inbrunst auf diese, um den „Anfängen zu wehren", obwohl es sich nur um einige übriggebliebene, verschimmelte Reste handelt.

Der defensive Protektionismus will, anders als allzu viele Nationalisten im 19. oder 20. Jahrhundert, anderen Völkern nichts wegnehmen. In diesem antiimperialistischen Sinn handelt es sich etwa bei den Gelbwesten eher um ein linkes Phänomen.

Sie wollen ihre mühsam dem Kapital abgetrotzten sozialen Rechte und Interessen gegen den weltweiten Wettbewerb behaupten, während ihre Eliten meinen, dass sie dies im Wettbewerb zu tun hätten. In ihren besseren Formen handelt es sich um Kommunitaristen, die in der Bewahrung oder dem Wiederaufbau traditioneller Gemeinschaften wie Familie, Nation, Region oder Religion Wege zu einer nachhaltigeren Entwicklung erkennen.

Von der Selbstentgrenzung zur Selbstbegrenzung

Aus dialektischer Perspektive ist es selbstverständlich, dass eine entgrenzte Offenheit umgekehrt Forderungen nach mehr Abgrenzungen hervorruft. Im „Kampf gegen Rechts" fallen aber alle Differenzierungen zwischen Protektionisten, Kommunitaristen, Rechtsextremisten und sogar Rassisten weg. Es wäre aber dialektisch geboten, nach einer Synthese zwischen kosmopolitischen Globalisten und partikularistischen Protektionisten zu suchen. Eine Strategie der Selbstbehauptung durch Selbstbegrenzung könnte zumindest einen neuen Minimalkonsens skizzieren.

Nach Schengen haben Grenzenlosigkeit und Personenfreizügigkeit innerhalb der EU die innere und soziale Sicherheit beeinträchtigt. Sie erleichterten transnationales Verbrechen und Sozialtourismus. Umgekehrt trug die Wanderung von Ost- nach Westeuropa zur Entvölkerung ganzer

Regionen Osteuropas bei. Die Kapitalfreizügigkeit erleichtert es osteuropäischen Oligarchen, ihr Geld und ihre Steuerpflicht vor denen in Sicherheit zu bringen, die es erarbeitet hatten.

Der europäische Grundkonsens als „Wertegemeinschaft" scheint selbst bei existentiellen Fragen von Flucht und Migration nicht für ein gemeinsames Handeln auszureichen. Direktere Herausforderungen des totalitären Islamismus, des chinesischen Wirtschaftsimperialismus oder des russischen und türkischen Autoritarismus könnten jedoch die vorrangige Aufgabe Europas zur Selbstbehauptung und damit seine Rolle in der Welt zu definieren helfen.

Die Einsicht in die notwendige Selbstbehauptung leitet zur Einsicht in die Notwendigkeit der Selbstbegrenzung über. Die äußeren Bedrohungen sind nicht zuletzt aus den Verstrickungen des Westens in fremde Kulturen, insbesondere nach dem Zusammenbruch des Sowjetsystems entstanden.[4] Atlantische Anwerbeversuche gegenüber der Ukraine haben dieses kulturell und geopolitisch gespaltene Land in zwei Teile zerrissen und Russland vom Nato-Sicherheitspartner zum Gegner gemacht. Interventionen des Westens in der islamischen Welt haben antiwestlichen Islamismus vorangetrieben und dieser hat wiederum Terror und Massenflucht nach Europa gebracht.

Die ökonomische Herausforderung durch China beruht nicht zuletzt auf der vorhergegangenen Exportgier des Westens. Die Preisgabe von Industriearbeitsplätzen und des Vorsprungs bei forschungsintensiven Produkten schufen Gewinner und Verlierer. Die fortbestehende Mitgliedschaft Chinas in der WTO – trotz massiver Verletzung der wichtigsten Regeln – verweist auf die mangelnde Einforderung von Reziprozität. Wie Brexit-Verhandlungen und die Handelskonfrontation zwischen den USA und China zeigen, ist der Rückzug von den Interdependenzen aber eine Operation am offenen Herzen.

Mit der unumgänglichen Begrenzung der Migration geraten wir wiederum in schwerwiegende Dilemmata zwischen den Imperativen von Humanität und Selbstbehauptung. Heute stehen 446 Millionen EU-Bürger 1,3 Milliarden Afrikanern gegenüber. 2050 werden es zwei Milliarden Afrikaner sein. Hunderte Millionen von ihnen wollen schon heute nach Europa migrieren.

Die Verweigerung einer Selbstbehauptung durch Selbstbegrenzung kann nicht als Ausdruck unabänderlicher westlicher Dekadenz gelten. Kanada und Australien haben Wege gefunden, Migrationsprozesse sogar zur Stärkung der eigenen Wirtschaft zu nutzen. Die Einwanderung in diese Länder erfolgt nach Kriterien, die nationale Interessen stärken. Australien scheut sich nicht, die Marine zur Abwehr von Flüchtlingsbooten einzusetzen und diese zur Umkehr zu zwingen.

Das geografisch begünstigte Kanada bepunktet die Kandidaten nach ihrer Leistungsfähigkeit. Nach Europa streben hingegen vor allem diejenigen, die soziale Hilfen benötigen. Die USA nehmen in diesem Wettkampf um die Klugen eine mittlere Position ein. Sie wurden durch Einwanderer aus Asien gestärkt und werden durch illegale Zuwanderung aus dem lateinamerikanischen Süden geschwächt.[5]

Letztlich sind weder die Europäische Union noch ihre Nationalstaaten Selbstzwecke. Beide dienen – wie die meisten kollektiven Konstrukte – der Selbstbehauptung einer spezifischen Menschengruppe. Jenseits idealistischer Überhöhungen der Menschheit oder romantischer Überhöhungen der Nation sollte es um eine nüchterne Aufgabenverteilung zwischen Nationalstaaten und internationalen Bündnissen gehen. Erstere hätten den Schwerpunkt auf innere Sicherheit und die Bündnisse der EU und Nato auf äußere Sicherheit zu legen.

Die Nato gilt manchem auch deshalb als „Hirntod", weil ihr jede erkennbare Strategie fehlt. Im Verhältnis zwischen der EU und Nato wird sich entscheiden, ob der Westen in Zukunft einen oder zwei Machtpole stellen wird. Bleibt die EU den USA in der Nato unterstellt oder wird sie als starker und gleichberechtigter Verbündeter neben die USA treten? Es scheint in Washington Kräfte zu geben, die den Westen im Sinne einer Universalisierung der Demokratie stärken wollen und andere, die auch die Europäer weniger als Verbündeten im Kampf um die Demokratie denn als wirtschaftlichen Konkurrenten wahrnehmen.

Die westliche Selbstbehauptung ließe sich umso besser moralisch legitimieren wie sie mit dem Rückzug aus anderen Kulturkreisen verbunden wird. Mit der Ergänzung zwischen antiimperialistischer Selbstbegrenzung und einer defensiven Selbstbehauptung könnten sich altlinke und neurechte Mentalitäten einander annähern.

Freiheit bewahren als liberale Aufgabe

Freiheit kann nicht immer nur erweitert, sie muss auch beschützt und bewahrt werden. Die Bewahrung der Freiheitsrechte ist heute eine ebenso große Aufgabe, wie es deren Erringung war. Die offene Gesellschaft bedarf des Schutzes und der Begrenzung gegenüber den wieder zahlreicheren Feinden der Freiheit.

Eine Achillesferse der Liberalen ist ihr notorischer Geschichtsoptimismus, demzufolge Freiheit das Telos der Geschichte sei. Gefährdungen der Freiheit werden dabei unterschätzt. Liberale Schulminister rühmen die Digitalisierung ihrer Schulen, aber lassen die Schulklassen gänzlich unerwähnt, in denen keine ausreichenden Deutschkenntnisse mehr vorhanden sind. Eine liberale Demokratie ist aber nicht das selbstverständliche Ziel der Geschichte, sondern – sowohl im historischen als auch im heutigen internationalen Vergleich – eine Ausnahme, die immer bedroht ist und immer neu behauptet werden muss.[6]

Die neoliberale Gleichsetzung von Freiheit und Freihandel missachtet die Freiheit lokaler Lebenswelten, die vor einer globalen Ökonomisierung geschützt werden sollten. Auch die Bewahrung einer demokratisch legitimierten Identität und Souveränität, von Selbstverantwortlichkeit und Individualität in den Vernetzungen der Globalisierung und Digitalisierung, sind gewaltige Aufgaben.

Der Gegensatz zwischen Liberal und Konservativ hebt sich in der Notwendigkeit auf, Vielfalt und Freiheit der offenen Gesellschaft durch Einheit und rechtsstaatliche Gleichheit im Staatswesen zu bewahren. Wer für Frauenrechte kämpft, wird darüber konservativer. Das Spannungsverhältnis zwischen Freiheit und Ordnung wird sowohl im Ordo-Liberalismus als auch in der Katholischen Soziallehre thematisiert. Der sich gegenüber dem Markt begrenzende Staat gilt als Voraussetzung für einen sich selbst behauptenden Staat, der ansonsten nur noch Erfüllungsgehilfe gesellschaftlicher Kräfte ist. Erst ein Staat, der sich einerseits bei Bürokratie und Regulation zu begrenzen versteht, kann sich andererseits in der Durchsetzung der Gesetze behaupten.[7]

Ökologische Grenzen

Die ökologischen Grenzen zerstören die Hoffnungen auf einen unendlichen Fortschritt, der im 20. Jahrhundert ersatzreligiöse Dimensionen angenommen hatte. Sie treiben umgekehrt apokalyptische Drohungen hervor, die nur bei Änderungen unseres kapitalistischen Systems und Lebensstils abwendbar seien.

Man kann den grenzenlosen Kapitalismus entweder durch utopische Visionen einer Global Governance bekämpfen wollen oder durch neue Grenzziehungen gegenüber der ökonomischen Globalisierung. Politische Grenzen gegenüber der Ökonomie galten einmal als globalisierungskritisches „linkes" Projekt, welches wie etwa bei den dänischen Sozialdemokraten rehabilitiert wurde.

Der Kampf gegen den entgrenzten Ressourcenverbrauch rehabilitiert wiederum die Idee der Grenze bei einst libertären Ökologen. Hoffnungen auf eine globale Bewältigung des Klimawandels verflüchtigen sich mit jeder Weltklimakonferenz. Nach wie vor ist die Realität von partikularen Mächten geprägt und werden diese zur Durchsetzung gegenseitiger Begrenzungsabsprachen gebraucht.

Die Grenzen des Kapitalismus

Der angelsächsische Kapitalismus präferierte den entgrenzten Freihandel, Vertrauen in die Kapital- statt in die Kreditmärkte, die absolute Dominanz des Privatbesitzes und einen geringen Anteil öffentlicher Güter. Eine Ethik des Erfolgs stand oft einer Ethik der Verantwortung entgegen.

Das Wirtschaftsmodell Kontinentaleuropas unterscheidet sich vom Modell des Finanzkapitalismus durch eine Ethik der Verantwortlichkeit des Eigentums, eine Kultur der Solidarität und der staatlichen Dienstleistungen. Es betrachtet öffentliche, staatsfinanzierte Dienste in vielen Bereichen der grundlegenden öffentlichen Güter und Dienste als wünschenswert: Gesundheitsfürsorge, Renten, Erziehung, Medien und öffentliche Infrastruktur. Diese Dienste sollen allen Bürgern auf ungefähr egalitärer Basis zur Verfügung stehen und nicht vom Vermögen des Einzelnen abhängig sein.[8]

Die neoliberale Politik hat der Mittelklasse geschadet und zum Niedergang der öffentlichen Güter beigetragen. In vielen Staaten wird heute die Privatisierung der Renten rückgängig gemacht.

Ein „Sozialer Kapitalismus" unter globalen Bedingungen ist schwieriger aufzubauen als eine Soziale Marktwirtschaft im Rahmen einer Nationalökonomie. Die Globalisierung sei – so Paul Collier – kein einheitliches Phänomen, welches generell begrüßt oder zur Gänze abgelehnt werden müsste, sondern ein Oberbegriff für vielfältige wirtschaftliche und gesellschaftliche Veränderungen, die potentiell voneinander getrennt werden können.⁹

Aufgabe der Politik sei es, jene Komponenten zu fördern, die vorteilhaft sind, Entschädigung für jene vorzusehen, die überwiegend vorteilhaft sind, aber identifizierbaren Gruppen erhebliche Verluste zufügen, und jene zu begrenzen, die Umverteilungen herbeiführen, die nicht ausgleichbar sind.

Lokale Projekte für die „Somewheres" sind so wichtig wie globale Projekte für die Global Player. Eine glokale Synthese zwischen ihnen würde erfordern, den Brain-Drain in eine Brain-Circulation zu verwandeln. Das gilt auch für Flüchtlinge. Deshalb haben Betts und Collier vorgeschlagen, Menschen in den Flüchtlingslagern des Nahen Ostens mit den Kompetenzen zu versehen, die es ihnen ermöglichen, ihren Platz beim Wiederaufbau ihrer Heimat oder auch in einer geordneten Form der Auswanderung zu finden.¹⁰

Familie, Arbeitsplatz und Nation sind Eckpfeiler der Zugehörigkeit, aber in funktionierenden Gesellschaften muss es zugleich ein dichtes Gefüge miteinander vernetzter Gruppen und Regionen geben. Es geht um die Balance zwischen Gegensätzen. Für den Aufbau von Nahraumsolidarität sind lokale Bindungen wichtig, für die globalen Herausforderungen bedarf es des Aufbaus globaler Projekte.

Wir brauchen nicht die Abschottung vor dem Handel, sondern dessen Kontrolle. Statt bloßem Freihandel mit asymmetrischen Handelsbeziehungen würde die Gegenseitigkeit der Beziehungen gegebenenfalls auch über temporäre Schutzzölle, lokale Schonräume und Übergangsfristen Berücksichtigung finden.

Eine Mitte, die bewahrt

Selbstbehauptung ist ein kreatürliches Bedürfnis. Der Mensch ist seinem Wesen nach ein „grenzbedürftiges Wesen" (Josef Isensee).¹¹ Die glokale Dialektik von Freiheit und Ordnung erfordert sowohl geöffnete Märkte als auch kontrollierbare Grenzen, sowohl nationale wie internationale und supranationale Akteure. Eine glokale Ordnung setzt handlungsfähige und schützende Nationalstaaten voraus, die ihre Souveränität nicht an globale Organisationen abgetreten haben. Die Stärke internationaler Organisationen erwächst aus der Handlungsfähigkeit der beteiligten Nationen.

Neue Bindestrichideologien wie liberal-konservativ, sozial-konservativ und ökologisch-konservativ könnten die alten Gegensätze zwischen linkem Verändern und rechtem Bewahren in neuen Gegenseitigkeiten aufheben. Selbstbegrenzung und Selbstbehauptung sind sozial-konservativ, wenn sie den Sozialstaat, liberal-konservativ, wenn sie den Rechtsstaat und ökologisch-konservativ, wenn sie Natur und Umwelt bewahren wollen.

Die Grenzen der Europäischen Union

Die Handlungsfähigkeit der Europäischen Union hängt in hohem Maße von ihren Grenzen ab. Ihre Überdehnung in wenig leistungsfähige und etwa den Aufgaben der Währungsstabilität und Grenzsicherung nicht gewachsenen Staaten wie Griechenland und Bulgarien hat sie zugleich größer und schwächer gemacht.[12] Heute drohen leistungsstarke Staaten mit dem Austritt, während weniger entwickelte Westbalkanstaaten in die Union hineindrängen.

Aus dieser prekären Lage gibt es nur den Ausweg einer Ausdifferenzierung der Europäischen Union im Sinne abgestufter Gemeinsamkeiten und neuer Aufgabenverteilungen.[13] Die inneren Prozesse der Staaten müssen weit mehr der Vielfalt und Dezentralität überlassen bleiben, während Stärke durch Einheit vor allem gegenüber äußeren Bedrohungen gefordert ist. Den Euro dürfte es nur noch in vergleichbaren Wirtschaftskulturen und offene Binnengrenzen nur zwischen den Staaten geben, die Offenheit mit Recht und Ordnung zu verbinden verstehen.

Die Europäische Union steht vor der Entscheidung, ob sie Objekt anderer Machtpole oder ein eigener Machtpol sein will. Über ihre defensive Selbstbegrenzung könnte sie einen mäßigenden und vermittelnden Einfluss auf andere Großmächte ausüben, in denen noch offensive imperiale Antriebe vorhanden sind.

Der Strategiewechsel zur Selbstbegrenzung und Selbstbehauptung bedarf sowohl der Eindämmung bedrohlicher Herausforderer als auch der Koexistenz mit anderen, auch autoritären Kulturen und Mächten. Auf dieser Basis könnte sich die Kooperation in den Funktionssystemen der wissensbasierten Weltwirtschaft entfalten, die in der Tat – anders als wesensmäßig partikulare Kulturen und Nationalstaaten – globale Dimensionen besitzen.

Von einer Kontrolle ihrer Grenzen ist die EU immer noch weit entfernt. Wir müssen uns mit der bescheidenen Hoffnung begnügen, dass eine erhebliche Verstärkung der Grenzkontrollen in Europa trotz aller ideologischen Bekenntnisse zur Weltoffenheit dennoch auf den Weg gebracht worden ist.

Es wäre zu idealistisch, die Einsicht in die Notwendigkeit von Selbstbegrenzung und Selbstbehauptung aus dem besseren Argument heraus zu erwarten. Wahrscheinlicher ist, dass sie sich erst über schmerzhaft spürbare Bedrohungen einstellen wird. Dem „harten Muß" (Goethe), werden sich dann aber auch der ideologische Wille zur Offenheit sowie die romantischen Grillen des Nationalismus und Separatismus beugen müssen.[14]

Anmerkungen

[1] Douglas Murray, Wahnsinn der Massen. Wie Meinungsmache und Hysterie unsere Gesellschaft vergiften, München 2019. Für die amerikanische Szene vgl. Greg Lukianoff, Jonathan Haidt, The Coddling of the American Mind. How Good Intentions and Bad Ideas are Setting up a Generation for Failure, New York 2018.

[2] Rudolf G. Adam, „Brexodus" – Scheidung auf Europäisch, in: Neue Zürcher Zeitung v. 4.2.2020.

[3] Timothy Garton Ash, Im Vergleich mit anderen Formen des Populismus ist der Brexit weniger bedrohlich, in: Neue Zürcher Zeitung v. 3.2.2020.

[4] Heinz Theisen, Der Westen in der neuen Weltordnung, Stuttgart 2017.

[5] Gunnar Heinsohn, Wettkampf um die Klugen. Kompetenz, Bildung und die Wohlfahrt der Nationen, Zürich 2019.

[6] Patrick J. Deenen, Warum der Liberalismus gescheitert ist, Salzburg, Wien 2019.

[7] Vgl. das Plädoyer für einen anderen Liberalismus der gesicherten Freiheit bei Jan-Werner Müller, Furcht und Freiheit. Für einen anderen Liberalismus, Berlin 2019.

[8] Vgl. Max Otte, Auf dem Weg zu einer Renaissance des kontinentaleuropäischen Wirtschaftsmodells? in: David Engels (Hrsg), Renovatio Europae. Plädoyer für einen hesperialistischen Neubau Europas, Lüdinghausen und Berlin 2019, S. 81ff.

[9] Paul Collier, Sozialer Kapitalismus, München 2019.

[10] Alexander Betts, Paul Collier, Gestrandet. Warum unsere Flüchtlingspolitik allen schadet – und was jetzt zu tun ist, München 2017.

[11] Josef Isensee, Grenzen. Zur Territorialität des Staates, Berlin 2018.

[12] Heinz Theisen. Die Grenzen Europas. Die Europäische Union zwischen Erweiterung und Überdehnung, Opladen 2006.

[13] Heinz Theisen, Die Ausdifferenzierung der Europäischen Union, in: Scheidewege. Jahresschrift für skeptisches Denken, Jahrgang 2019/2020, S. 358ff.

[14] Vgl. Neue Zürcher Zeitung vom 27.12. 2019. „Die EU stockt ihre Grenzwache massiv auf."

Friedrich Pohlmann

Mut und Feigheit

In den Märchen der Brüder Grimm lernen wir merkwürdige Helden kennen. Erinnern wir uns zum Beispiel an jenen, der auszog, das Fürchten zu lernen. Allzeit frohen Gemüts vollbringt er mit fast spielerischer Leichtigkeit Taten, vor denen die Willenskräfte unseres Allerweltsmutes wohl in jedem Falle versagen würden: Greulichen Raubkatzen die Pfotennägel abzuschneiden; Gehenkte des Nachts vom Galgen herunterzunehmen, um ihnen am Feuer Wärme und Gesellschaft zu bieten; oder mit höchst zwielichtigen Gesellen ein Wettkegeln um Geld zu veranstalten, bei dem als Spielobjekt ausschließlich Totenköpfe zum Einsatz gelangen. Aber zeigt unser Held dabei wirklich Mut? Er gehört ja zur raren Spezies jener Menschen, die keine Furcht kennen, und er ist nur auf Wanderschaft gegangen, um das ihm einzig Erstrebenswerte – das Sich-Gruseln-Können – zu erlernen. Ist aber Mut ohne den Gegenspieler der Furcht – und dessen Bezwingung – überhaupt denkbar? Sind nicht die Ansichten eines Aristoteles oder Kant plausibel, die sogar die „Größe" des Mutes an der „Größe" der zu überwindenden Furcht messen wollten? Dann aber wäre die Rede vom „furchtlosen Helden" nichts weiter als eine Redensart, in der die bemerkenswerte Fähigkeit des Nicht-*Zeigens* von Furcht mit derjenigen ihres Nicht-*Habens* – also die phänomenologische Außenseite mit der psychologischen Innenseite – verwechselt wird. Wenn Mut aber in irgendeiner Weise an die Überwindung von Furcht gekoppelt ist und Feigheit im Kern ein Zurückweichen vor ihr bezeichnet, dann spielen die Großtaten unseres einfältigen Märchenhelden psychologisch in einem Bereich noch *unterhalb* der Schwelle des Gegensatzes von Mut und Feigheit.

Das tapfere Schneiderlein ist ein Grimm-Held anderen Kalibers. Dieser von einem Riesen, der es dann freilich schnell anders erfahren muss, als „Erpelmännchen" verspottete Hänfling ist zunächst nichts weiter als ein Maulheld. „Siebene auf einen Streich" hat er prahlerisch nach seiner initialen Heldentat auf seinen Gürtel gestickt, und diese Worte verfehlen in keinem seiner Kämpfe mit Riesen, Einhörnern und Wildschweinen ihre selbststimulierende und respektgebietende Wirkung. Im Gegensatz zum Einfaltspinsel des ersten Märchens aber vermag das Schneiderlein sofort das spezifische Gefahrenpotential einer jeden Situation zu taxieren, und der psychologische Vorteil gegenüber seinen Gegnern, den ihm sein Maulheldentum verschafft, gestattet ihm die Anwendung von Listen und Bluffs, mittels derer sich die rohe Körperkraft seiner Kontrahenten kläglich gegen diese selbst wendet. Passt aber der Titel des Märchens überhaupt zu seinem Inhalt? Ist das „tapfere" Schneiderlein nicht eher ein „listiges"? In welchem Verhältnis steht also die List zum Mut? Und: Welches sind die besonderen Tugenden, die Mut in Tapferkeit verwandeln?

In den abenteuerlichen Kämpfen dieser beiden Märchenhelden geht es immer um Leib und Leben, sie spielen also ausschließlich auf dem Terrain des *physischen* Mutes. Nun gibt es aber noch eine *zweite* Grundform des Mutes, in der nicht die körperliche Unversehrtheit riskiert wird. Sie wird in der Literatur zumeist „*moralischer Mut*" genannt und hat einiges mit der erstmals von Bismarck so genannten „Zivilcourage" zu tun. Und auch hier verschafft ein Blick in ein Märchen, diesmal eins von Hans Christian Andersen – das geniale über „Des Kaisers neue Kleider" – einen Fingerzeig für den dabei einzuschlagenden Denkweg. Wir erinnern uns an den Kaiser dieses Reiches, einen gutmütigen, kindlicheitlen Kleidernarren, dessen ganzes Denken vollständig von der Frage nach der für jede Situation prächtigsten Kleidung absorbiert wird. Das Gefühl kaiserlicher Würde bezieht er gänzlich aus der Vorführung seiner Kleider, die er im Stundentakte wechselt, und dabei kann er vollständig auf die Bewunderung seines Hofstaates und der Untertanen bauen. Wo aber Kaiserreiche auf derartigen Narrheiten errichtet sind, haben Betrüger leichtes Spiel. Und das gilt besonders, wenn diesen eine derart verwegene und psychologisch brillante Betrugsidee gelingt wie den beiden Fremden im Märchen, die versichern, innerhalb kürzester Zeit unvergleichlich schöne Kaiserkleider weben zu können; Kleider, die zudem die wunderbare Eigenschaft besäßen, vollständig unsichtbar für jeden zu sein, der nicht für sein Amt tauge oder unverzeihlich dumm sei. Dass die Betrüger, nachdem sie Eitelkeit, Begehrlichkeit und Neugierde geweckt haben, den Auftrag bekommen, verwundert nicht, und nachdem sie eine dreitätige ununterbrochene Intensivarbeit am Webstuhl simuliert haben, die sie sich natürlich im Voraus fürstlich entlohnen lassen, präsentieren sie dem ersten Minister ihr Wunderwerk. Genauestens die prächtigsten Details des Nichts auf dem Webstuhl erläuternd, gelingt es ihnen umstandslos, dem Minister, der nichts sieht und deshalb fürchtet, für dumm und seines Amtes untauglich befunden zu werden, bewundernde Zustimmung zu entlocken. Und von ihm als erstem Gewährsmann entwickelt sich nun über den psychologischen Furchtmechanismus eine *Kette des Konformismus* bis hin zum Kaiser; und in dieser Kette mit jedem neuen Glied eine Verfestigung der Überzeugung aller, dass ein prächtiges Etwas sei, wo doch nur das Nichts ist. Natürlich verbreitet sich die Nachricht von des Kaisers neuen Kleidern auch rasch im Volk. Und weil auch die Angehörigen dieses Märchenvolkes in typisch menschlicher Weise *vermuteten Mehrheitsmeinungen Glaubwürdigkeitsvorschüsse* gewähren und aus *Furcht vor sozialer Ausgrenzung* bereit sind, solche Meinungen auch gegen ihre Überzeugungen und das Zeugnis ihrer Sinne mitzutragen, entsteht ein massenpsychologischer Wahnzustand, der alle glauben macht, prächtige Kleider zu sehen, als sich der Kaiser würdevoll schreitend seinem Volke als Nackedei zeigt. Aber plötzlich ertönt in die raunende Bewunderung der durch konformistische Selbstsuggestion zusammengeschlossenen Menge hinein der erstaunt-unschuldige Ausruf eines Kindes: „Aber er hat ja gar nichts an!", und dieser wird nun zum Auslöser einer umgekehrten Kette des Konformismus, die alle diesmal freilich zur Kundgabe der Wahrheit „Aber er hat ja gar nichts an!" befähigt. Nicht immer erfordert das Aussprechen der Wahrheit Mut. Aber des Mutes bedarf doch gewöhnlich jener, der sich gegen vermutete Mehrheitsmeinungen – gegen das sprichwörtliche Heulen der Wölfe oder Blöken der Schafe – stellen will. Und das gilt um so mehr, wenn die vermutete Mehrheitsmeinung – wie gegenwärtig in der Ideologie der politischen Korrektheit – im *moralbeschwerten* Gewand auftritt, also ein „gut" einem „böse" gegenübersteht; und das gilt ganz besonders dann, wenn derart moralisch aufgeladene Meinungen sich in Gruppen verfestigt haben, die für einen potentiellen Abweichler von essentieller Bedeutung sind. Dann riskiert er mit seinem „Nein" nämlich Ausgrenzung, soziale Ächtung und möglicherweise gehörige Risse in seinem individuellen Selbstwertgefühl, das immer auch der sozialen Anerkennung bedarf.

Moralischer Mut ist also an die Überwindung der Furcht vor sozialer Ausgrenzung geknüpft, und gerade deshalb zeigt das kleine Kind, das im Märchen einzig die nackte Wahrheit ausruft, psychologisch noch keinen

Mut – ihm sind ja die potentiellen sozialen Gefahren des Aussprechens von Wahrheiten noch völlig fremd. Übrigens sollten wir auch das Verhalten der übrigen Märchenbevölkerung nicht vorschnell „feige" nennen. Konformismus kann sich in harmloser Alltäglichkeit äußern und sogar moralisch Wertvolles produzieren, aber zur Feigheit mutiert er immer erst dann, wenn er sich mit der Lüge und dem Willen zur Schädigung von Anderen paart. Das wird später noch genauer betrachtet werden. Bereits jetzt aber sei schon kurz die ganz unterschiedliche Rolle angesprochen, die das konformistische Zugehörigkeitsstreben bei vielen Phänomenen des *physischen* Mutes im Vergleich zum moralischen spielt. Während zu den typischen Kennzeichen des moralischen Mutes der Widerspruch gegen einen Chor von Ja-Sagern gehört, wird Konformismus im Kontext des physischen Mutes oft gerade umgekehrt zu einem *Stimulans* für die Überwindung der Furcht vor physischer Verletzung, macht also diese Mutform allererst möglich. Das liegt daran, dass die Mutigen dieses Typs sich in der Regel auch dadurch von Märchenhelden wie dem tapferen Schneiderlein unterscheiden, dass sie nicht als Einzelkämpfer – ausschließlich im Vertrauen auf sich selbst – abenteuersuchend in eine unbekannte Welt ausziehen, sondern in ein soziales „Wir" eingebunden sind, dessen Anerkennung gesucht und dessen Missachtung gefürchtet wird. Wir werden noch sehen, dass gerade viele Extremfälle opferwilligen Todesmutes ohne das ideologisch leicht missbrauchbare konformistische Zugehörigkeitsstreben gar nicht erklärbar sind, aber am sinnfälligsten wird der intrikate Zusammenhang von Konformismus und physischem Mut doch bei den sogenannten „Mutproben" Heranwachsender. Das „train surfing" beispielsweise, das in manchen Ländern in den 1990iger Jahren zu einer Mode-Mutprobe unter Jungen im Teenageralter avancierte – das „Mitfahren" auf den Dächern von Hochgeschwindigkeitszügen, das vielfach zu schweren Verletzungen und zum Tode führte –, bietet eine drastische Illustration dafür, wie die Furcht, als Feigling verhöhnt und ausgeschlossen zu werden, die Furcht vor physischer Verletzung überwinden kann, und wie sehr zumal bei Heranwachsenden das Selbstwertgefühl am Faden der Anerkennung durch die sogenannte „peer-group" hängt.

Wir haben die beiden Grundformen des Mutes in ersten Annäherungen umkreist und wollen nun zunächst die *physische* Variante genauer ins Auge fassen. Beginnen wir mit einigen Hinweisen zur schärferen Konturierung von drei Aspekten physischen Muts: seiner spezifischen *Akt*bezogenheit; zweitens seiner Rückbindung an ein *moralisches Bewertungsschema*, ein Sollen, das ihm allererst das Etikett einer *Tugend* verschafft; und drittens schließlich einer sich kulturgeschichtlich durchziehenden *geschlechtstypischen* Konnotation, in der er wesentlich als Attribut und Privileg des Mannes erscheint.

Zunächst zur Aktbezogenheit. Im Gegensatz zu einer vielfach anzutreffenden Alltagsrhetorik sind Mut und Feigheit nicht quasi fixe charakterstrukturelle Eigenschaften, die das Handeln von Personen in weitgehend festgelegte Bahnen lenken. Den Immer-Mutigen gibt es nur im Märchen, während in unserer Wirklichkeit selbst der Mutigste nicht davor gefeit ist, vom Mut auch „verlassen" und von Furcht „übermannt" zu werden, wie es so schön heißt. Natürlich lässt sich die Überwindung von Furcht für bestimmte Situationen trainieren, aber dadurch wird Mut noch lange nicht zu einem gewissermaßen hortbaren psychischen Gut, dessen man sich dann in ganz anderen Gefährdungsfällen als den trainierten einfach bedienen könnte. Jeder *hat* nur den Mut, den er als Handelnder in einer konkreten Gefahrensituation mit ungewissem Ausgang *zeigt*; und situationsspezifisch und auch in Abhängigkeit von solchen Unwägbarkeiten wie der Stimmung, der körperlichen Verfassung oder auch nur der Tageszeit kann Mut steigen und sinken, gelähmt oder entfacht und manchmal ganz banal auch einfach nur angetrunken werden. Aber wie immer er auch entstanden sein mag – jenseits des *Tuns* führt er keine selbständige Existenz, und die Rede vom „Mut*haben*" im Sinne eines von konkreten Handlungen abgelösten psychologischen Besitzes ist nur eine Redensart.

Zweitens, zur *moralischen Einbettung* des mutigen Aktes. Wer sich mit einem auf den psychologischen Mechanismus der Furchtüberwindung beschränkten Mutbegriff zufriedengibt, subsumiert eine Vielzahl ganz heterogener Phänomene unter dasselbe Wort: einsame Aktivitäten wie das „mutmachende" Pfeifen des kleinen Kindes im dunklen Keller oder Goethes Training zur Überwindung seiner Höhenangst auf dem Straßburger Münster; moralisch Fragwürdiges wie die „Mutproben" Heranwachsender oder Verbrechen wie einen „tollkühnen" Bankraub; oder den moralischen Heldenmut des zur Opferung des eigenen Lebens willigen Lebensretters. Neben diesem uferlosen Gebrauch kennt unsere Sprache aber noch eine zweite, begrenztere Verwendungsweise, die voller moralischer Anspielungen und Bewertungen ist. Und dabei wird Mut mehr oder weniger direkt nur mit *tugendhaften* Handlungen in Verbindung gebracht, mit Handlungen, denen außer der Furchtüberwindung in der Regel noch zweierlei eignet: ein Bezug auf andere, das heißt eine *sozial-altruistische* Komponente; und die Ausrichtung an einem *moralischen Sollen*, einem gesellschaftlich gewollten Wert. Ein derartiges Mutkonzept scheidet natürlich von vornherein das Rechtswidrige oder moralisch Fragwürdige aus, aber es würde auch gefährlichen Aktivitäten mit *ausschließlichem Selbst*bezug des Handelnden wie beispielsweise dem individuellen Risiko-Bergsteigen das Etikett des Mutes versagen, weil das Erlebnis von Furchtüberwindung als *Selbstzweck* kaum jener Tugendqualität genügen kann, die dieser Mutbegriff immer mitmeint. Mit Tugendmerkmalen würden sich solche Individualaktivitäten allenfalls dann anreichern, wenn sie als Mittel zu einer Charakterschulung begriffen würden, die zum Mut als altruistischer Tugendleistung befähigen soll. Natürlich ist auch der moralisch eingebundene Mutbegriff nicht vor den Fallstricken historischer und kulturspezifischer Relativierung gefeit, die aus Divergenzen im Verständnis von moralisch Wertvollem resultieren können. Es gehört mittlerweile zum Alltagswissen, dass Taten, die in einer Kultur als heldenhaft verehrt werden, in einer anderen vielleicht als Terror gelten; oder dass eine nachwachsende Generation als verabscheuungswürdig empfinden kann, was ihren Eltern als Inbegriff tugendhaften Mutes erschien. Aber all dies ändert doch nichts an der Tatsache, dass es auschließlich der Bezug auf einen gesellschaftlich anerkannten moralischen Wert ist, der der vital-psychologischen Fähigkeit des Menschen zur Furchtüberwindung Tugendcharakter verleiht. Und als *Archetypen* des tugendhaften Mutes werden überall *zwei Rettertaten* verstanden: erstens die *Rettung Schwacher* aus lebensbedrohlichen Situationen und zweitens die *Verteidigung von Heimat und Vaterland* gegen einen bösen Feind. Im Märchen tauchen beide Typen der Rettung oft quasi vereinigt in der *finalen* Heldentat auf, auch derjenigen des tapferen Schneiderleins. Denn auch dieses erhält die volle Anerkennung seines Mutes – und damit die ansonsten von den Märchenkönigen eifersüchtig bewachte Tochter – erst, nachdem es eine Bedrohung des Reiches durch ein abgrundtief Böses aus der Welt geschafft hat.

Mit der moralischen Einbettung des Mutes haben wir bereits den Bereich des Überganges von Mut in *Tapferkeit* betreten. Tapferkeit – darunter soll hier in Anknüpfung an Kant jene Sonderform des Mutes verstanden werden, bei der *außer* der gerade angesprochenen *moralischen Sinngebung* noch der Wille zum *dauerhaften, unverzagten Standhalten* besonders akzentuiert ist; das durchhaltende Selbstbehauptungsstreben im Dienste des Guten selbst unter den Dauerbedingungen „übermächtig" erscheinender Gefahren und Schmerzen. Ein derartiges Durchhalten-Können, das gewöhnlich besonderer Willens- und Charakterschulung bedarf, hatte Kant mit seinem Diktum: "Tapfer ist der, dessen Mut in Gefahren *anhaltend* ist" im Blick.

Kommen wir nun, *drittens*, zum physischen Mut als einer *Mannes*tugend. Mit dieser Attribuierung ist natürlich nicht gemeint, dass Frauen der Zugang zu dieser Mutsphäre grundsätzlich versperrt wäre – jedem fallen sofort Sinnbilder opferwilligen fraulichen Mutes ein –, sondern nur, dass physischer Mut primär auf männertypischen Handlungsfeldern anzutreffen und gefordert ist. Im lateinische Wort „virtus" mit seiner Verbindung von *Mannhaftigkeit* mit einer zunächst und vor allem *soldatisch* verstandenen Tugend der Tapferkeit wird dieser Zusammenhang besonders offensichtlich. Jedenfalls hat dieser geschlechtstypische Bezug in allen europäischen Sprachen zur Bildung üppiger Sprachbilder, zu einer schillernden Metaphorik angeregt, in die wir jetzt etwas hineinhorchen wollen. Als spirituelles Zentrum des Mutes im Körper – als jene Instanz, die die Kraft zur Furchtüberwindung befeuert – gilt überall das *Herz*, wovon bereits unübersehbar das Wort „courage" mit seinem Ingredienz „coeur" (das Herz) zeugt. Der Mutige ist beherzt, und der *Held* hat – wie der gleichnamige Ritter – ein *Löwen*-, der Feigling hingegen nur ein Hasenherz. Soll beim Mut der Aspekt angreifender, draufgängerischer Kraft besonders betont werden, greift man gerne auf Sprachsymbole mit *sexuellen Anspielungen* – zielend auf den männlichen Unterleib als Hort der „Manneskraft" – zurück. Erinnert sei an das Wort vom „Eier-Haben", das in vielen europäischen Sprachen fester Bestandteil des Argot, der Vulgärsprache ist. Das Gegenbild dazu ist der „Schlappschwanz", ein Ausdruck, der sich nicht nur auf die zwischen die Beine geklemmte Rute des „feige" abziehenden Hundes bezieht, sondern auch auf einen traurigen Zustand des männlichen Gliedes in Situationen, in denen anderes von ihm erwartet wurde. Vom Verständnis des Mutes als einer Mannestugend zeugt übrigens besonders plastisch eines der am weitesten verbreiteten Synonyme für Feigheit, die „Memme", denn dieses Wort geht etymologisch auf *mamma* und *mamme* als Bezeichnungen für die weibliche Brust zurück. Natürlich spielen in der Bildwelt mannhaften Mutes neben dem Herzen auch die *Nerven* eine besondere Rolle. Der Mutige „behält" seine Nerven, wie die Redensart behauptet. Durch psychophysische Selbstkontrolle drängt er die herantretende Furcht zurück, und das strahlt dann über eine Vielzahl körperlicher Zeichen „mutmachend" auch nach außen aus, während ein anderer in ähnlicher Situation Nerven „zeigt" oder „verliert". Und dann rutscht ihm, wie es salopp heißt, das „Herz in die Hose", und er kann, von Furcht übermannt, zum wehrlosen Objekt physiologischer Automatismen werden, die vom Zittern bis hin zu jenem katastrophalen Kontrollverlust reichen können, auf den in der Vulgärsprache das Wort vom „Schiss" als Synonym für Furcht anspielt. Natürlich versagen die Metaphern der Feigheit vor Endzuständen des totalen psychophysischen Übermächtigtwerdens, das den Eigenwillen gänzlich lähmt – wen Furcht, Schreck, Entsetzen oder Grauen haben „erstarren" lassen, kann nicht mehr „feige" genannt werden, weil ihm jede Potenz zum Anders-Handeln-Können abhanden gekommen ist. Das ist freilich anders beim „Hasenfuß", mit dem – man denke an Figuren bei Rabelais – oft ein lächerlicher Typus des Feiglings karikiert wird, nämlich jener Maulheld, der im Gegensatz zum tapferen Schneiderlein bei den leisesten Anzeichen einer Gefahr sofort Fersengeld gibt. Eine andere Tiermetapher – der „feige Hund" – ist eigentlich eine Hundebeleidigung. Aber was gemeint ist, ist doch klar: Eine zur Charaktereigenschaft habituell verfestigte Feigheit, gepaart mit kriecherischer Unterwürfigkeit gegenüber jedem Stärkeren. Die *Körperhaltungen des Mutes* und der Tapferkeit sind die exakten Gegenbilder zum hasenfüßigen Reißausnehmen, hündischen Auf-dem-Bauche-Kriechen oder Schwanzeinziehen: Der „aufrechte" Gang, der „freie" Blick, das „offene Visier", das stolze „Stirnbieten" und die „Standhaftigkeit". Bei Plato werden derartige Körperattribute übrigens auch ästhetisch gewertet, gelten als *schön*, während die körperlichen Ausdrucksformen der Feigheit hässlich seien. Zum dichtesten Sinnbild der Tapferkeit geraten sie in weitverbreiteten Schilderungen jener Helden, die Galgen oder Schafott „ungebeugt" betreten und dadurch einen letzten moralischen Sieg über den Tyrannen erringen. *Schlauheit und List* haben in der Metaphorik von Mut und Feigheit eine ambivalente Stellung: Einerseits galt im Mittelalter das sogenannte „schlaue Füchslein" als Sinnbild der feigen Flucht; aber andererseits ist die Fähigkeit zur listigen Finte sehr wohl auch mit dem Bilde des klassischen Helden vereinbar, wenn sie, wie bei Odysseus, mit großem physischen Mut gepaart ist. Derartige Helden gleichen dann – wie Machiavellis Idealfürst – einer Synthese von Fuchs und Löwe. Aber zuletzt sei auch noch auf ein bedeutsames kulturgeschichtliches Bild von einem Mut hingewiesen, dem die Tugendmerkmale abhanden gekommen sind. Es bildet eines der zentralen Themen der griechischen Mythologie und meint den zum *frech-frevlerischen Hoch-* und *Übermut* gesteigerten Mut; einen Mut ohne Demut, die gotteslästerliche *Hybris*. Sophokles hat Ajax, einen der gewaltigsten Helden im Trojanischen Krieg, als Verkörperung der Hybris gezeichnet, indem er ihn zur Göttin Pallas ein, so Sophokles, „ungeheures, unsagbares Wort" rufen ließ, nämlich den Satz: „Göttin, steh du den anderen Kämpfern bei! / Wo ich steh, wisse, wird die Front nicht reißen". Aber der Fall des frevlerischen Übermutes ist in der griechischen Mythologie immer vorgezeichnet, die grausame Strafe der Götter gewiss.

Das männerspezifische Handlungsfeld par excellence für Mut und Tapferkeit war natürlich jenes Feld, in dem es im wahrsten Sinne um alles geht, das *Schlachtfeld*. Und es war immer ihre besondere soldatische Ausformung, die seit der Antike bis in die jüngere Vergangenheit als grundlegendes Paradigma für das Verständnis dieser Tugenden fungierte. Dass sich soldatischer Mut seinerseits in eine Vielheit von Einzelformen untergliedern ließe – man denke beispielsweise an die Unterschiede des Mutes zur Offensive zum defensiv gerichteten Mut oder eines strategisch-„klugen" Mutes zu einem „blind"-draufgängerischen Kurzzeitmut – sei hier nur am Rande erwähnt. Dem westlichen Gegenwartsmenschen sind die verschiedenen Schraffierungen soldatischen Mutes eher fremd geworden, aber das darf uns nicht davon abhalten, zumindest einige der *Grundmerkmale dieser Urform* etwas genauer unter die Lupe zu nehmen; – auch deswegen, weil die *konformistische* Komponente, die viele Formen physischen Mutes befeuert, gerade an Extrembeispielen soldatischer Tapferkeitsleistungen besonders deutlich hervortritt. Tatsächlich bietet unter allen soziologischen Phänomenen das kriegerische Handeln eines der eindringlichsten Beispiele für den intimen Zusammenhang zwischen der *sozialen Seinsweise* des Menschen – seiner existenziellen Bindung an spezifische Gruppen – und seiner Fähigkeit zum *individuellen Über-Sich-Selbst-Hinauswachsen* im Besiegen von Furcht. Basal dabei ist natürlich die *Einbindung in die kämpfende Gruppe* selbst, in der schon im antiken Griechenland bereits der einfache Hoplit *systematisch* auf die Überwindung von Furcht *trainiert* wurde. Das Mutig-*Machen* des Soldaten durch Training, das auch in Platos subtilen Überlegungen zum Mut eine große Rolle spielt, erlebte mit der minutiös ausgearbeiteten Erfindung ganz neuartiger Drilltechniken in der frühen Neuzeit, die die Truppenteile auf Befehl wie eine Maschine funktionieren lassen sollten, ihre rigoroseste Steigerung. Freilich: Weder der härteste Drill, noch die eidliche Verpflichtung zur Tapferkeit, die auch in der Bundeswehr noch gilt, noch Doppelbedrohungen wie bei sowjetischen Truppen im zweiten Weltkrieg, die vielfach von ihren Kommissaren mit gezückten Pistolen in den Kampf getrieben wurden, konnten verhindern, dass immer wieder Soldaten auf dem Schlachtfeld in einer so elementaren Weise von Furcht übermannt wurden, dass ihnen die Kontrolle über ihren Körper vollständig entglitt. Die Figur des „Zitterers" taucht schon bei Herodot auf, und im ersten Weltkrieg wurden die sogenannten „Zitterer und Schüttler" zu einem Massenphänomen, dem gegenüber die damalige Militärpsychiatrie ziemlich machtlos blieb. Solche Fälle, für die das Wort „Feigheit" natürlich völlig unpassend wäre, machen deutlich, dass es ganz elementare individuelle Unterschiede in der Erlebnisqualität von Furcht gibt, die auch durch rigoroseste Techniken sozialer Konditionierung kaum aus der Welt zu schaffen sind. Die Geschichte des Krieges kennt natürlich nicht nur die beim *Einzelnen* mißlingende Furchtüberwindung, sondern genauso das gar nicht seltene Phänomen, dass militärische Einheiten ihre Korsettfunktion für die Aufrechterhaltung von Kampfeswillen bei *allen* Gruppenmitgliedern in bestimmten Situationen *ganz plötzlich* verlieren und ein massenpsychologischer Schnellprozess der Ansteckung eines jeden mit Furcht erfolgt, der eine eben noch funktionierende Kampfgruppe in einen wilden Haufen panisch fliehender Einzelner verwandelt – ein Phänomen, das die Griechen oft auf einen göttlichen Bestrafungswillen zurückführten und das ebenfalls kaum vom Feigheitsbegriff abgedeckt werden kann. Bekanntlich können solche Prozesse der Furchtausbreitung durch die beispielgebende Kraft bewahrten Mutes einzelner auch *gestoppt* werden, aber es gibt doch manche Hinweise dafür, dass der Mechanismus *sozialer Übertragung von Mut* gruppenpsychologisch voraussetzungsreicher ist als sein Gegenteil, die *Ansteckung mit Furcht*. Neben den Prozessen eines *rapiden Umschlags* von Mut in Furcht verdient genauso das Phänomen des *langsam erlahmenden Mutes* Aufmerksamkeit; die Tatsache, dass der Level des Mutes in soldatischen Einheiten in längeren Zeiteinheiten absinken kann, bis hin zu Zuständen einer Gruppenapathie, in der alle nur noch quasi „mutlos" funktionieren. Derartiges macht evident, dass soldatischer Mut immer auch eine nur *begrenzte Ressource* ist, die sich durch ständigen Gebrauch vernutzen und erschöpfen kann, – ein Sachverhalt, der übrigens einen deutlichen *Unterschied zur Zivilcourage* bezeichnet, die sich durch Praktizierung zu maximieren pflegt. Die Tendenz zur Vernutzung kann zwar durch Erfahrung und Routine bis zu einem gewissen Grade kompensiert werden – man nennt das dann wachsende „Kaltblütigkeit" –, aber spätestens im 20. Jahrhundert hat sich doch die Erkenntnis durchgesetzt, dass derartige Kompensationen irgendwann an Grenzen stoßen und einer Erlahmung des Mutes Platz machen. Deswegen hat man in den beiden Weltkriegen den Soldaten institutionalisierte Erholungsphasen außerhalb des Schlachtfeldes zugestanden, „Auszeiten" eines „Urlaubs" zur Wiederbelebung der Tapferkeit, was in früheren Jahrhunderten sicher Verwunderung erregt hätte.

Grundsätzlich gilt es zu unterscheiden zwischen herausragenden *Sonderleistungen* soldatischen Mutes und dem „gewöhnlichen" Mut, den man jedem Truppenmitglied abverlangt. Grundmerkmal des Ausnahmemutes, der üblicherweise durch Tapferkeitsauszeichnungen geehrt wird, ist das bewusst-willentliche In-Kauf-Nehmen des Großrisikos, getötet zu werden; er ist also eine besondere Opferbereitschaft, deren Zustandekommen oftmals paradoxerweise gerade auf einem *überstarken Konformitätswunsch* beruht: dem Wunsch nach einer *besonderen Anerkennung von Zugehörigkeit* entweder durch *alle* oder durch eine bewunderte *Autoritätsperson*, die für das individuelle Selbstwertgefühl von essentieller Bedeutung ist. Das Komplement zu diesen individuellen Sonderformen soldatischen Mutes ist auf der Gegenseite der Feigheit eine merkwürdige Spielart derselben, die einen paradoxen Dreh in ihr Gegenteil aufweist und „mutige Feigheit" genannt werden kann: das ehrlich-offensive Eingeständnis fehlenden eigenen Mutes, getragen vom Mut zum Aufsichnehmen von Strafe, Hohn, Mißachtung und Gruppenausschluss. Genau in diesem Aufsichnehmen unterscheiden sich solche „mutigen Feiglinge" übrigens vom *Deserteur*, dem sogenannten „Fahnenflüchtling", den die Furcht zur gänzlichen Durchtrennung aller Zugehörigkeitsbande treibt – einer Figur, die aus der Perspektive soldatischer Ethosprinzipien immer die verächtlichste Verkörperung von Feigheit darstellte.

Bekanntlich bekommt soldatischer Mut seine grundlegende *moralische Legitimation* immer erst durch ihren Bezug auf eine *größere soziale Einheit* – die Polis, das Vaterland usw. –, in die der Soldat hineingeboren wurde und die auch seine Familie umfasst. Die Legitimation bedient sich gewöhnlich gedanklicher Konstruktionen, die den Kampf als *Abwehr einer existenziellen Bedrohung* durch einen bösen Feind ausmalen.

Nur als Beitrag zur *Rettung des bedrohten Eigenen* vor derartigen Feinden gewinnt soldatische Tapferkeit moralische Dignität, und sicher ist der Wunsch, einen Beitrag zu dieser Rettung zu leisten – vielleicht durch herausragende Einzeltaten, für die dann auch gesellschaftliche Ehrung und Ruhm winken – ein zentrales Motiv für Tapferkeit. Aber das ist keineswegs ausreichend. Als Triebkraft mindestens genauso wichtig ist die *Furcht vor dem Feigheitsvorwurf*, eine Furcht, die deswegen so gravierend ist, weil mit ihr zugleich eine *tiefergehende Furcht* aktualisiert wird, eine Urfurcht des Menschen: die Furcht vor dem *Verlust sozialer Zugehörigkeit*. Das meint beim Soldaten keineswegs *nur* Furcht vor sozialer Ächtung durch die Kameradengruppe. Vielmehr haben gruppeninterne Ächtungsprozesse gewöhnlich auch einen *über die Gruppe selbst hinausweisenden* Sinncharakter; sind durchwirkt mit Bezügen auf das *übergeordnete soziale Gesamt,* dergestalt, dass auch die Zugehörigkeit zu diesem in Frage gestellt erscheint: „Du, als Feigling, gehörst weder wirklich zu *uns,* noch zum großen *Wir,* dem wir dienen!" – so lautet, ganz vereinfacht, diese zweifach gerichtete Ächtungsdrohung. Furcht vor dem Verlust von Zugehörigkeit *und* Wunsch nach ihrer besonderen Bestätigung – das sind die beiden Grundmotive, auf denen soldatische Tapferkeit wesentlich beruht. Sie vermögen übrigens auch – und möglicherweise sogar besonders machtvoll – dann zu wirken, wenn dem Soldaten das *Opfer des eigenen Lebens explizit* abverlangt wird. Die Kriegsgeschichte von der Antike bis in die jüngere Vergangenheit ist überreich an Beispielen für den Fall, dass gerade mit diesem Opfer gewissermaßen ein *Sonderstatus von Zugehörigkeit* angestrebt wird, nämlich das Weiterleben in der *ehrenden Erinnerung der Anderen,* deren Imagination einzig das Opfer ermöglicht. Wer hingegen dieses Opfer verweigert, wenn es seine Kameraden erbringen, musste oft mit besonderer Ächtung rechnen. Ein frühes Beispiel dafür ist der von Herodot erwähnte Spartaner Aristodemus, der wegen eines Augenleidens bei der Schlacht auf den Thermopylen, bei der das Selbstopfer aller Teilnehmer gefordert war, nicht mitgestritten hatte und vollkommen unerwartet als Überlebender zurückkam. Er musste bitterste soziale Ächtung erdulden. Solche Arten sozialer Furcht zeitigen psychische Wirkungen, die man zusammenfassend *Furcht vor der Beschämung* nennen kann. Beschämung, dieser niederdrückende Gefühlszustand, in dem der Einzelne nach spezifischen Verfehlungen den verurteilenden Blick aller Anderen auf sich selbst zu spüren vermeint, entsteht durch reale soziale Ächtung, aber auch im Zuge einsamer Prozesse der Selbst-Verurteilung, bei der die verurteilenden Augen der anderen als verinnerlichter Moralstandard des eigenen Selbst wirken. Furcht vor sozialer Ächtung ist also letztlich Furcht vor dem Gefühl der Beschämung – entweder durch Andere oder durch sich selbst –, und in ebendieser Form wirkt Furcht auch als Hebel soldatischer Tapferkeit.

Soldatische Tapferkeit und ihre Höchstform – die Bereitschaft zum Opfer des eigenen Lebens – basierten auf Ethosprinzipien mit dem Vorrang eines „Wir" (der Kameradengruppe, des Volkes, der Nation) vor dem „Ich", Ethosprinzipien, an die spezifische Ehrbegriffe geknüpft waren, deren Verinnerlichung als männliche Tugend galt und die Figur des „soldatischen Mannes" formten. Jeder weiß, dass derartige Ehrbegriffe in unseren „postheroischen" westlichen Gesellschaften kaum noch wertgeschätzt werden und den meisten ganz fremd und antiquiert – tauglich allenfalls als Objekt des Spottes – erscheinen. Dass dies am stärksten in Deutschland der Fall ist, hat mehrere Gründe, unter denen natürlich die Folgen der beiden Weltkriegsniederlagen die erste Stelle einnehmen. Im Zusammenhang mit einem zum „Schuldstolz" mutierten Schuldbewusstsein erfuhren soldatische Ethos- und Ehrbegriffe eine radikale Desavouierung, und da im „Kalten Krieg" bis in die Gegenwart die Verteidigungsfähigkeit Deutschlands ganz weitgehend in den Händen fremder Mächte lag, hat sich hier darüber hinaus eine quasi-insulare Mentalität herausbilden können, in der der Gedanke von der Notwendigkeit eines militärischen Selbstbehauptungswillens kaum noch eine Rolle spielt. Hinzu kommt der Bedeutungsrückgang nationalstaatlicher Wir-Gefühle im Zuge der „Globalisierung", der dem deutschen Bedürfnis nach Selbstauflösung entgegenkommt und im Zusammenhang mit Ideologien humanitaristisch-universalistischer Machart die baldige Heraufkunft einer Welt ohne Feindschaft – Kants „ewiger Frieden" – suggeriert. Komplettiert wird das durch neuartige Menschenbilder globalkapitalistischer Provenienz, die den totalmobilen, von allen Bindungen „befreiten", den atomisierten Einzelnen als Ideal ausmalen, der sich Glück und Selbstverwirklichung nur noch in Bildern hedonistischen Konsums vorzustellen vermag. Das Ethos soldatischen Opfermutes für ein größeres „Wir" muss in Gesellschaften, die Nietzsches „letzten Menschen" in der Gestalt der „emanzipierten" Konsummonade als Ideal anpreisen, als Absurdität erscheinen.

Wir wenden uns nun nach dieser längeren Exkursion ins ferne Reich soldatischer Tapferkeit in wenigen kursorischen Hinweisen Gegenwartsaspekten tugendhaften physischen Mutes zu. Der erste gilt jenen *professionalisierten obrigkeitlichen Gruppen* wie etwa der Polizei oder der Feuerwehr, die, geprägt durch ein spezielles Berufsethos, eigens für die Rettung und den Schutz in Gefahr geratener Gesellschaftsmitglieder geschaffen wurden – Institutionen, an deren Gelingen das Funktionieren moderner Staatlichkeit hängt. Erosionen solcher Institutionen deuten sich zur Zeit vielerorts in Westeuropa als Folge der Multikulturalisierung an. Tribalistische Tendenzen verbreiten sich und mit ihnen das „Recht des Stärkeren", dessen Kehrseite dann eine aus der Verbreitung von Furcht und Einschüchterung resultierende Zunahme von Feigheit ist. Wenn das staatliche Gewaltmonopol Risse bekommt und sich Tendenzen multikultureller Tribalisierung verstärken, wird nicht nur *asozialer* Mut gefördert, sondern es entstehen auch Feigheiten eines *neuen Typs*, hochgradig *aggressive Feigheitsformen* mit teilweise lebensbedrohlichem Potential für den Mutigen. Ein Beispiel dafür sind jene sich in bestimmten Großstadtarealen häufenden Konfrontationen zwischen Jungmännergruppen und Schwächeren, in denen die Übermacht der Gruppe einen sich in Dominanzgesten, Demütigungen, physischen Bedrängungen oder sexuellen Belästigungen äußernden Feiglingsmut hervortreibt, der immer dann zu unkontrollierter Brutalität eskaliert, wenn sich die Opfer wehren oder empörte Dritte schlichtend oder handelnd einzugreifen versuchen. Dann haben physischer Mut und Zivilcourage gegenüber der Übermacht der in der Gruppe aggressiv enthemmten Feigheit nur selten Chancen.

Vergleicht man den physischen Mut professionalisierter Rettergruppen mit dem Rettermut von *Privatpersonen*, dann stößt man auf eine ethisch relevante Differenz. Zum Ethos der professionalisierten Rettergruppe gehört die Hilfe „ohne Ansehen der Person", während der Rettermut von *Privatpersonen* nie nur einer einzigen Form der Uneigennützigkeit gehorcht. Vielmehr kommen in Abhängigkeit von der Besonderheit der Gefahrensituation *unterschiedliche altruistische Prinzipien* zur Anwendung. Zu einer undestillierten Reinform des Altruismus ist der Rettermut des Privatmenschen nur beim riskanten Einsatz für *Unbekannte* fähig. In Situationen hingegen, in denen gleichermaßen Unbekannte *und Angehörige* in Gefahr geraten sind, zeigt sich der Altruismus immer in *abgestufter Form*. Es herrscht ein Primat des Einsatzes für die eigenen Angehörigen – einen vorbehaltlos-altruistischen Mut ohne Präferenz für das Eigene gibt es nur als weltfremde ideologische Konstruktion. Die Soziobiologie vermutet eine *genetisch* geformte Disposition als Ursache für diese Präferenz.

Es gibt manche Indizien dafür, dass tugendhafter physischer Mut auch außerhalb der soldatischen Sphäre in unserer postheroischen Gesellschaft *kein* sehr hohes Prestige genießt. Der Ansehensverlust dieser Tugend hat strukturell mehrere Ursachen, von denen eine der wesentlichen der bedeutende christliche Sozialphilosoph Josef Pieper bereits Anfang der dreißiger Jahre in seinen Traktaten über die Tugenden angesprochen hat. Pieper setzt sich darin kritisch mit dem Menschenbild des Liberalismus auseinander, das im heutigen Neoliberalismus eine extreme Zuspitzung erfahren hat. Im Gesellschaftsbild des Liberalismus steht das primär am eigenen Nutzen interessierte Einzelindividuum im Zentrum, das erst in zweiter Linie als Gesellschaftswesen, als ein sozial Handelnder in Erscheinung tritt. Pieper rügt zu Recht Tendenzen der ideologischen Verabsolutierung der liberalistischen Denkfigur des nutzenmaximierenden Einzelnen und verweist darauf, dass die Einbindung des Menschen in verschiedene Formen eines „Wir" ein von seinem Individualitätsstatus gar nicht abtrennbares Urprinzip ist; keine sekundäre Zutat, aus der eine Mindergewichtung des Altruismus gegenüber einem angeblich weit essentielleren Egoismus resultieren könnte, sondern ein für die Identität eines jeden unhintergehbares Basisfaktum. Nun haben in Lebensstilen unserer liberalistischen postmodernen Massendemokratie die von Pieper anvisierten Grundmotive des Liberalismus noch einmal eine Mutation erfahren. Dem Prinzip des Egoismus begegnen wir gegenwärtig vor allem im Reklameideal eines hedonistisch-konsumistischen Selbstverwirklichungsstrebens für jedermann, das sich verbindet mit einer habituell verfestigten Attitüde angeblicher „Toleranz", hinter der sich freilich gewöhnlich nur der Abgrund postmoderner Beliebigkeit und einer Indifferenz gegenüber dem Eigenen – dem großen „Wir" der eigenen Kultur und Geschichte – verbirgt. Dass in einem derartigen mentalen Klima die Tugend physischen Mutes als Einsatzbereitschaft für bedrohte Andere im „Wir" kaum mehr angemessen gelehrt, kultiviert und verstanden werden kann, ist evident. *Zweiter* Hauptgrund für den Prestigeverlust des physischen Mutes ist die *Krise der Männlichkeit*. Wo eine hochentwickelte gesellschaftliche *Technostruktur* klassische männliche Körperfähigkeiten weitgehend überflüssig gemacht hat; wo ein scheinbar kaum jemals gefährdbarer Zustand des Friedens das Prinzip der Wehrfähigkeit wie eine politisch-gesellschaftliche Marginalie erscheinen lassen kann; und wo im Zuge weitgehender

Verwirklichungen der Gleichstellung der Geschlechter der Normcharakter feminisierter oder geschlechtsneutralisierter Habitusmerkmale zugenommen hat; – dort werden männliche Vorbildcharaktere für tugendhaften physischen Mut rar. Die Jüngeren begnügen sich dann für die Befriedigung nach wie vor weiterbestehender Bedürfnisse vor allem mit Substituten im Sport oder Identifikationen mit den Heldenfiguren einer boomenden Action-Industrie. Als *dritte* Ursache schließlich deute ich vielfältige Tendenzen zu einem Denken in *überdehnten Egalitaritätsprinzipien* bei uns, die am offensichtlichsten bei den Umgestaltungen des Bildungswesens in den letzten Jahrzehnten zutage traten. Wo aber Gleichheit mehr und mehr zum unhinterfragten Maßstab erstrebter Menschenformung avanciert, sinkt auch das Wertgewicht tugendhaften physischen Mutes, der immer auf Überdurchschnittliches, auf Auszeichnung zielt. In einer Atmosphäre überdehnten Gleichheitsdenkens werden eher Attribute der Feigheit zu Tugenden umgelogen.

Könnte es nun aber sein, dass ein Aufschwung des *moralischen* Mutes bei uns den Prestigeschwund des physischen Mutes kompensiert hat? Fragen wir zunächst, was mit der zweiten Grundform des Mutes überhaupt gemeint ist.

Moralischer Mut – und als eine Sonderform desselben die Zivilcourage – verwirklicht sich im Kern in der *Überwindung der Furcht vor sozialer Ächtung und Ausgrenzung* bei einem „Nein!", der *Verweigerung der Zustimmung* zu einem als *moralisch illegitim empfundenen Mehrheitswillen*; und er erlangt dann seine markanteste Ausprägung, wenn das Individuum als Folge des „Nein" mit einer Bedrohung seiner sozialen Existenz rechnen muss. Der Realisationsmodus dieses Mutes funktioniert also genau *gegenläufig* zu vielen Formen des *physischen* Mutes, insbesondere den soldatischen: Während letztere wesentlich durch den Wunsch nach einer besonderen Anerkennung von Zugehörigkeit und der *Furcht vor ihrem Verlust* – also durch einen besonderen Konformitätswillen – angetrieben werden, muss bei ersterem genau *diese* Furcht besiegt werden, damit das Individuum zum Einklang mit den Forderungen des eigenen Gewissens gelangt: Nur an der Größe des Risikos sozialer Ausgrenzung bemisst sich psychologisch die „Größe" moralischen Mutes. Nichtsdestoweniger stammen aber auch die verbreitetsten Metaphern zur Illustration moralischen Mutes aus der Sphäre soldatischer Tapferkeit, so die Rede vom „Standhalten", „Stirnbieten", „offenen Visier" und „aufrechten Gang".

Machen wir uns zunächst klar, dass die Entfaltungsmöglichkeiten moralischen Mutes wesentlich mit *historischen Sonderbedingungen* der abendländischen Geschichte verknüpft waren. Erst die europäischen Individualitäts- und Toleranzideale erzeugten obrigkeitlich-gesellschaftliche *Bereitschaften zum Gewaltverzicht* bei aufgekündigter Konformität. Hingegen war in vormodernen Gesellschaften moralischer Mut häufig nur *im Zusammenwirken* mit physischem zu haben, was exemplarisch historische Ausnahmegestalten wie Sokrates oder Galilei illustrieren. Kulturgeschichtliches Sinnbild des Zusammenwirkens von moralischem und physischem Mut ist die Figur des *Märtyrers* mit seiner Bereitschaft zum Opfer des eigenen Lebens für dasjenige, was ihm sein Glaube oder Gewissen befiehlt.

Wer die beiden grundlegenden Arten menschlicher Furcht – die Furcht vor physischer Verletzung und die Furcht vor sozialer Ächtung – vergleichend ins Auge zu fassen versucht, kann leicht zu dem Gedanken verleitet werden, dass erstere weit gravierender auf den Menschen einwirken müsse, moralischer Mut also gewissermaßen nur ein anthropologisch zweitrangiges Mutprinzip darstelle. Bevördert werden solche Vorstellungen auch durch typische Merkmale abendländischer Menschenbilder, Merkmale, die um die Leitwerte von Individualität und Selbstbestimmung kreisen und uns zu einem mit Superioritätsgefühlen durchzogenen Selbstverständnis gegenüber kollektivistischen Kulturen der Vergangenheit und Gegenwart verhelfen. So verstehen wir die Entwicklung hin zur europäischen Moderne als einen *Emanzipationsprozess,* in dem sich der Einzelne immer stärker aus der Vormundschaft der Kollektivmächte der Tradition – der Kirche, des Standes und der Familie an erster Stelle – herauslösen konnte, hin zu einem von weitgehender Selbstbestimmung charakterisierten Leben. Und in der Gegenwart akzentuieren wir unser individualistisches Selbstbild gerne in der Abgrenzung zu den gruppenorientierten Kulturen Asiens und vor allem des Islam mit seinen strikten normativen Regulierungen des gesamten Lebens und der Ein- und Unterordnung des Einzelnen unter die *umma,* die Gesamtheit der Gläubigen. Auch in der Geistesgeschichte wurde seit der Aufklärung, seit dem Postulate Kants, sich seines Verstandes ohne die Anleitung durch andere zu bedienen, das Ideal der selbstbestimmten Persönlichkeit in immer neuen Varianten philosophisch durchdacht und postuliert, bis hin zu solchen solipsistischen Konzeptionen wie denjenigen Max Stirners (der „Einzige"), Georg Simmels (das „individuelle Gesetz") oder Friedrich Nietzsches „souveränem

Individuum". Der große Gesang Zarathustras erzählt von der selbsttätigen Höherbildung des Individuums zum „Übermenschen" durch souveräne Umschaffung aller geltenden Werte.

Sind aber derartige Menschenbilder überhaupt überzeugend? Kennt nicht jeder viele Situationen, in denen wir in einer Weise *gruppenkonform* handeln, die das Bild vom selbstbestimmten Individuum als eine Illusion, eine *maßlose Selbstüberschätzung* erscheinen lassen? Und wird diese Erfahrung nicht erhärtet durch die wichtigsten Forschungsergebnisse der empirischen Sozialpsychologie aus dem letzten Jahrhundert zur menschlichen Konformitätsbereitschaft? Wer diese Ergebnisse auf sich einwirken lässt, kommt aus staunenden „Aha!-Einsichten" der Selbsterkenntnis gar nicht mehr heraus, und man lernt die präzise entschlüsselten situationellen und systemischen Bedingungen kennen, die auch die angeblich so selbstbestimmten Menschen unserer Zeit – also *Uns* – typischerweise in *Mitläufer* verwandeln, in austauschbar handelnde Konformisten, die, je nach Kontext, „Gutes" oder „Böses" zu verwirklichen mithelfen. Ausgestattet mit diesen Kenntnissen werden uns dann auch typische Reaktionsformen auf jenen angemaßten Meinungskonformismus verständlicher, gegen den in *unserer* Gesellschaft sich *zuvörderst* der moralische Mut exponieren muss; gegen den Meinungskonformismus der *politischen Korrektheit*, der unsere Gesellschaft immer stärker vergiftet und verheerende Folgen zeitigen wird, wenn sich ihm kein kampfbereiter Widerpart entgegenstellt. Jedenfalls demonstrieren uns unsere eigenen Erfahrungen im Verein mit den Ergebnissen der Sozialpsychologie und den Beobachtungen auf dem Felde der politischen Korrektheit eindringlich, dass das in der abendländischen Moderne glorifizierte Bild vom Menschen als einem selbstbestimmt handelnden Wesen doch dringend eines *Korrektivs* bedarf, das da lautet: Seine soziale Angewiesenheit macht den Menschen auch und ganz wesentlich zu einem *konformistischen Wesen*, das *kaum etwas* so sehr fürchtet wie soziale Ausgrenzung und Ächtung. Diese Furcht, die ein Erbteil einer *unübersehbar langen phylogenetischen Vorgeschichte* sein muss, in der der Mensch alternativlos an seine Eigengruppe gefesselt war, äußert sich auch bei den auf ihre Selbstbestimmung so stolzen Gegenwartsmenschen nicht selten in Formen, die sich von denen im Märchen von *Des Kaisers neuen Kleidern* allenfalls geringfügig unterscheiden, und das macht auch evident, dass der moralische Mut keineswegs als eine anthropologisch zweitrangige Ausprägung des Mutprinzips aufgefasst werden sollte. Übrigens ist auch moralischer Mut wie der physische *trainierbar*, und er wächst, indem wir ihn zeigen. Und zu zeigen vermögen wir ihn dann am ehesten, wenn wir eine – möglichst genaue – Kenntnis unserer furchtbestimmten konformistischen Neigungen erworben und Erfahrungen der *Scham* über die eigene Feigheit gesammelt haben, aus denen der Entschluss zu einem „Nein!" emporwächst, einem „Nein!", an dem die Selbstachtung hängt: *Etiam si omnes, ego non!*

Zum Verständnis dieser Mutform sollte man sich zunächst mit grundlegenden Ergebnissen der sozialpsychologischen Konformitätsforschung vertraut gemacht haben. Ich kann hier nur einige ganz grobe Hinweise geben. Ihre ersten Anstöße bekam diese Forschung in den dreißiger und fünfziger Jahren des letzten Jahrhunderts im Zusammenhang mit wahrnehmungspsychologischen Experimenten. Den Beginn bildeten experimentelle Untersuchungen zu konformistischen Reaktionsformen in Situationen *zweideutiger* Art, unter denen die Untersuchung des sogenannten „autokinetischen Effektes" des Sozialpsychologen Muzafer Sherif aus dem Jahre 1935 besondere Prominenz erlangt hat. Sherif präsentierte seinen Versuchspersonen eine vieldeutige visuelle Wahrnehmung, die von ihnen einzeln auch jeweils unterschiedlich taxiert wurde. In Gruppen befragt, glichen sich aber ihre Meinungen zu einer *gemeinsamen Sichtweise* an, die dann auch für jeden einzelnen dauerhaft gültig blieb, „objektiv" wahr. Besonderes Interesse verdienen Experimente über den Grad konformistischer Beeinflussung in zweideutigen Situationen aus späteren Jahrzehnten, die zeigen, dass der Konformismus mit der Wahrnehmung der *Wichtigkeit* der Situation und der Notwendigkeit ihrer angemessenen Deutung sogar *wächst*. Das aber kann höchst prekäre Folgen für andere und für einen selbst haben. Versuche zur Täteridentifikation durch Augenzeugen ergaben beispielsweise, dass wir – die eigenen Zweifel niederhaltend – zu falschen Täteridentifikationen neigen, wenn wir zuvor mit falschen Täteridentifikationen in einer Gruppe konfrontiert wurden, was möglicherweise verheerende Konsequenzen für einen zu Unrecht Beschuldigten haben kann. Die Tendenz zum Konformismus in zweideutigen Situationen kann freilich auch zu massiven *Selbst*gefährdungen führen. Untersuchungen über Verhalten in Situationen mit vielen Indizien für eine potentiell große Gefahr enthüllten, dass Menschen zu teilweise *grotesken Uminterpretationen* von Zeichen und zum *Nichts-Tun* neigen – gegen alle sinnliche Evidenz und entgegen ihrem Verhalten als einzelne –, wenn sie entsprechende Signale von anderen erhalten. Sie setzen lieber ihr Leben aufs Spiel, als aus der Reihe zu tanzen.

Einen großen Schritt vorwärts machte die wahrnehmungspsychologisch inspirierte Konformitätsforschung mit Experimenten von Solomon Asch in den fünfziger Jahren. Asch konfrontierte seine Versuchsteilnehmer nicht mehr mit ambivalenten Situationen, sondern mit visuellen Sachverhalten vollkommen *unzweideutiger* Art. Die Teilnehmer sollten die Größenverhältnisse verschiedener Linien beurteilen, was sie als einzelne auch durchgängig richtig taten. Konfrontiert aber mit einer falschen Ansicht der übrigen Gruppenmitglieder, schlossen sich viele dieser an – ein Konformismus wider besseres Wissen, den kein Experte zuvor erwartet hatte und als dessen einzige Ursache die Angst vor einem kurzen Außenseiterstatus in einer Gruppe von *kompletten Fremden* gelten muss, die ohne jede Bedeutung fürs eigene Leben sind. Neuere neurologische Erkenntnisse haben uns zusätzliche Hinweise gegeben, warum selbst in einer derartigen Situation die öffentliche Behauptung individueller Urteilskraft so schwierig ist: Während bei der konformistischen Übernahme der falschen Gruppenmeinung im Asch-Experiment primär die für die *visuelle* Wahrnehmung zuständigen Gehirnareale aktiviert werden, sind es bei der Behauptung individueller Unabhängigkeit *gegen* die Gruppe jene, die mit dem Erleben *negativer Emotionen* verkoppelt sind. Der Nonkonformismus auch gegen eine offenkundig falsche Gruppenmeinung muss also mit *psychischen Kosten* bezahlt werden, die freilich – wie Modifikationen des Experiments zeigten – dann massiv *sinken*, wenn ein potentieller Abweichler auf mindestens *einen Alliierten* rechnen kann. Übrigens werden im Kontext des Asch-Experiments auch die typischen Abstimmungsergebnisse solcher Gremien wie des Bundesverfassungsgerichts oder des amerikanischen Supreme Court plausibler, in denen die *einstimmige* Entscheidung die bei weitem häufigste ist, und die Entscheidung mit nur *einer* Gegenstimme die seltenste.

Es ist evident, dass die psychischen Kosten des Nonkonformismus mit der Wichtigkeit der Gruppe für uns steigen werden, insbesondere, wenn die Gruppe über die Waffe vielfältiger Ausschluss-Sanktionen verfügt: Das Bedürfnis, als dazugehörig anerkannt zu werden, erweist sich dann meist als stärker als der Wunsch nach Selbstbestimmung. Als zentrales Kriterium für die psychische Wichtigkeit von Gruppen sollte gelten, ob an der von ihnen gespendeten sozialen Anerkennung unsere *Selbst-Anerkennung* wesentlich hängt, so dass ein Verlust ihrer Anerkennung das

Selbstwertgefühl bedroht. Das erzeugt Ängste, die die innere Stimme des individuellen Vorbehalts zu überdecken vermögen und den Einzelnen zur Annahme auch ganz verrückter Gruppenmeinungen und Handlungspostulate motivieren kann. Das gilt insbesondere bei zwei Zusatzbedingungen: einer starken *Abgrenzung* der Gruppe gegen ein „Außen" und der internen Dominanz von *Autoritäten*, fraglos anerkannten Führern. Handelt es sich dabei um ideologisch homogene *politische* Gruppen, können leicht Präferenzen für hochriskante und desaströse Entscheidungen entstehen, nachdem in der Gruppe durch Prozesse kommunikativer Selbstbestätigung eine von Sieges- und Unverletzlichkeitsillusionen bestimmte Atmosphäre geschaffen wurde, in der die kognitiven Dissonanzen der nicht geäußerten Vorbehalte einzelner Mitglieder auch *intrapsychisch* weitgehend weggedrängt werden konnten. Es gibt Indizien dafür, dass solche verheerenden politischen Entscheidungen wie Kennedys Schweinebucht-Desaster 1961 oder die Eskalation des Vietnamkrieges und wahrscheinlich auch der zweite Irakkrieg der Bush-Administration das Ergebnis von Prozessen in abgeschotteten Regierungsgruppen waren, in denen den eindeutig geäußerten Präferenzen des „Chefs" keine institutionalisierten Verfahren zur Kenntnisnahme alternativer Sichtweisen gegenüberstanden.

Der extremste Konformitätsdruck entwickelt sich natürlich in führergebundenen Gruppen, in denen eine *rigide Abschottung* gegen die Außenwelt zusammenfällt mit einer *Totalvereinnahmung* ihrer Mitglieder, also typischerweise in terroristischen Gruppen oder Sekten mit in den Führerfiguren personifizierten Welt- oder Selbsterlösungslehren. Wie sich in ihnen völlig *unabhängig von der individuellen Intelligenz* ihrer Mitglieder die kollektive Bereitschaft zur Übernahme auch der verrücktesten Wahnideen entfalten kann, ist erstmals in den sechziger Jahren in mittlerweile klassischen Untersuchungen Lewis Festingers erforscht worden. Dass sich derartige Bereitschaften bis hin zur *Bereitschaft des freiwilligen Suizides* unter Einschluss der Ermordung der eigenen Kinder steigern können, zeigt, welche selbstdestruktiven Extremformen sozialpsychologisch bedingte Konformitätsprozesse herbeiführen können. Der Massenselbstmord der mehr als neunhundert Mitglieder der Sekte des Predigers Jim Jones im Jahre 1978 ist dafür nur das eklatanteste Exemplum in einer Reihe vergleichbarer Geschehnisse.

Gehen wir nun aber von derartigen spektakulären Extremformen des Konformismus zu jener moderateren Spielart über, die in den letzten

Jahren immer tiefer in alle Bereiche unserer Gesellschaft eingedrungen ist und die conditio sine qua non jeder Demokratie – die *Meinungsfreiheit* – substanziell bedroht: die Ideologie der *politischen Korrektheit*. Worum handelt es sich bei dieser Ideologie? Ich nähere mich ihrem Kern mit einigen thesenhaft komprimierten Beobachtungen über Entwicklungen der jüngeren Vergangenheit.

Die Überlegenheit unserer Gesellschaft über nichtdemokratische Ordnungen wird mit Vorliebe durch Verweis auf die zentrale Bedeutung der „Meinungsfreiheit" zu begründen versucht, und in der Tat gibt es bei uns kaum *rechtliche* Einschränkungen der Redefreiheit. Nun weiß aber jeder halbwegs aufgeklärte Zeitgenosse, dass die öffentliche Inanpruchnahme dieses Grundrechts beim Betreten *bestimmter thematischer Felder* – ich benenne sie später -mittlerweile keine fraglos akzeptierte Selbstverständlichkeit mehr ist, sondern massive Selbstgefährdungen in Form sozialer Ächtungen zur Folge haben kann, also moralischen Mut erfordert. Wer diesen Mut nicht besitzt, der sollte das „verminte Gelände" solcher thematischen Felder möglichst meiden, denn in dessen Innenbereich ist die Meinungsfreiheit – und manchmal auch die objektiv nachprüfbare Wahrheit – keinen Pfifferling mehr wert, und die Regeln vernünftigen Argumentierens sind hier genauso außer Kraft gesetzt wie die einfachsten Gebote menschlichen Anstandes. In ihnen existiert ein dichtes Netz informeller Normierungen, die das inhaltlich Gewünschte und Gestattete genauso konformistisch festzulegen trachten wie dessen sprachliche Form. Ergebnis ist ein überbordender Gebrauch von Worthülsen, jenes Orwell-ähnlichen *Newspeak,* das vor sozialer Ausgrenzung schützt, indem es die Wirklichkeit verzerrt. Der *informelle* Charakter dieser Gedanken- und Wortnormierungen muss besonders unterstrichen werden. Ihnen liegen in der Regel keine Dekrete irgendwelcher Machtzentren zu Grunde, sondern sie haben die schwierig greifbare Form unausgesprochener wechselseitiger Erwartungen und Erwartungserwartungen, die sich in komplexen gruppenpsychologischen Anpassungsprozessen mittels Selbstzensur, vorauseilendem Gehorsam und Bereitschaft zur sachwidrigen Informationsselektion bei der Mehrheit der Produzenten der veröffentlichten Meinung immer wieder reproduzieren. Der Mut zum Nonkonformismus, also das Beharren auf einer eigenen, von der informell produzierten Einheitsnorm abweichenden Meinung wird mit Sanktionen sozialer Ausgrenzung beantwortet, deren Maß und Eigenart nie genau vorhersehbar ist. Mal erfährt der Abweichler nur ein reales oder mediales Naserümpfen, während in anderen Fällen selbst das Aussprechen unbestreitbarer Wahrheiten mediale Entrüstungsstürme mit intellektuellen Hetzmeutenbildungen entfesseln kann, die erst dann wieder zerfallen, wenn der Opponent des Erwarteten im Dauerbeschuss von Rufmordkampagnen zur Strecke gebracht worden ist. So wird eine *diffuse Angst* vor den materiellen, sozialen und vor allem psychischen Kosten des *Nicht-Mehr-Dazugehörens* zum zentralen konformitätsstiftenden Agens; eine Angst, die solche absurd-gespenstischen Formen sozialer Schauspielerei bewirken kann wie den Fall, dass alle im Sinne der politisch-korrekten Meinungsnorm sprechen, die insgeheim niemand teilt. Und dass solche diffusen Ängste sich immer wieder erneuern, dafür sorgen dann die im schrillen medialen Unisono periodisch inszenierte *Skandale*, die ritualisierte und hysterisierte Handlungen des Ausstoßens und An-den-Pranger-Stellens von Abweichlern darstellen. Der Skandal bezweckt ein *exemplarisches* Strafen, das jedem unmissverständlich die möglichen Kosten des Aus-der-Reihe-Tanzens vor Augen halten soll. Wir kommen darauf zurück.

Die Massenmedien treten zwar als kollektiver Hauptakteur der politischen Korrektheit in Erscheinung, sind aber vernetzt mit anderen Funktionssystemen – demjenigen der Politik an erster und dem einiger Wissenschaftsdisziplinen an zweiter Stelle –, in denen in jeweils unterschiedlichem Ausmaß ebenfalls dieser ideologische Code propagiert wird. Als Instrument zur Herstellung von Meinungskonformität funktioniert er system*übergreifend,* als Zusammenspiel divergenter, sich wechselseitig bestätigender und antreibender Spieler, in dem freilich die Massenmedien den Part der großen Posaune spielen, die die stereotypen Melodien der korrekten Meinungen fortissimo unablässig ins Ohr der Bevölkerung hineinbläst; mit dem Ziel einer *Konditionierung,* die das Misstrauen in den eigenen Verstand und die eigene Wahrnehmung fördern und dem Einzelnen als erstrebenswert erscheinen lassen soll, was er nach Maßgabe eigener Interessen oft gar nicht wollen kann. Die Massenmedien sind der *zentrale Transformator,* in dem die aus divergenten Teilsystemen kommenden Energieströme der politischen Korrektheit zusammenfließen und durch eine Reihe systemspezifischer Techniken zu simplifizierten, nicht selten infantilen Parolen umgearbeitet werden, die den Beobachter manchmal unweigerlich an die Propagandaparolen der Schafe in George Orwells „Animal Farm" denken lassen: „Two legs good, four legs better!" So ist mittels der Meinungsmacht der Massenmedien ein Politik und

Teile der Wissenschaft einschließendes *Megasystem des Konformismus* mit weitgehend ähnlichen informellen Kommunikations- und Sanktionsregelungen in ihren Innenbereichen entstanden, die das Festhalten ideologiedurchtränkter Wirklichkeitsbilder stützen, eine Selbstimmunisierung auch gegen ganz machtvolle, von „außen" kommende kognitive Dissonanzen.

Was ist das Hauptkennzeichen dieser konformitätsheischenden Ideologie? Das ist offensichtlich die Ersetzung oder zumindest Überlagerung der Leitdifferenz von „wahr/falsch", die dem Funktionssystem der Wissenschaft entstammt, durch die normative von „gut/böse", die nicht auf das sachliche Beurteilen eines „Ist" zielt, sondern auf eine Bewertung der Wirklichkeit im Hinblick auf einen Sollzustand, ein Ideal oder eine Utopie. Durch diese Ersetzung, die, bei Eindringen in die Sphäre der Wissenschaft wissenschaftszerstörend wirkt, wird zwangsläufig in jede Argumentation das Gift der Moralisierung und Emotionalisierung eingespeist. Die Konstruktion simplifizierender Alternativen, Freund-/Feinddeklarationen und die Kultivierung von Empörungsritualen im Hinblick auf den als „böse" markierten Pol sind die Folge. Außerdem bewirkt der Moralpanzer der postulierten politisch korrekten Meinungsnorm – die Substitution des wahr/falsch- durch einen gut/böse-Code –, dass wie durch einen Zauberschlag von den kompliziertesten Sachverhalten alle Schalen der Komplexität abfallen. So wird durch systematische Ausblendung und Tabuierung all dessen, was der vorausgesetzten Dichotomie von „gut" und „böse" widerspricht, Wirklichkeit kinderleicht verstehbar, aber dieses impliziert auch, dass Auseinandersetzungen mit den Propagandisten der politischen Korrektheit auf einer *Sachebene*, als argumentativer Diskurs, oft kaum möglich sind. Manche Autoren haben das schmerzhaft erfahren müssen. Ihr Bemühen, die Wirklichkeit – unleugbare, faktengestützte Zusammenhänge – für sich sprechen zu lassen, interessierte im Orkan hysterisierter Medienkampagnen keinen Deut, weil auf der Basis eines nicht durch die Leitdifferenz „wahr/unwahr", sondern „gut/böse" gesteuerten Denkens nicht erst manche *Wertentscheidungen*, sondern bereits spezifische *Tatsachen*behauptungen und *Fragestellungen* in den Ruch des Bösen geraten und der Tabuisierung anheimfallen können. Da die politische Korrektheit eine Supraideologie ist, die sich in recht unterschiedlichen Themenfeldern ausgebreitet hat, konkretisiert sich ihre grundlegende Leitdifferenz „gut/böse" in einer Vielzahl *bereichsspezifischer Gegenbegriffe*, etwa nach dem Muster *Toleranz* versus

Homo-bzw. *Islamophobie* oder *Vielfalt* versus *Rassismus*. Sie bilden ein Netz fest verankerter Vorgaben im System der veröffentlichten Meinungen; semantische Pflöcke mit klaren Gebrauchsanweisungen zur Unterscheidung des Drin- und Draußenseins, von Freund und Feind; ein trefflich zum Selbstbestätigen, Verdächtigen, Diffamieren, Denunzieren und Selbstzensieren geeignetes Instrumentarium, in dem mittlerweile immer häufiger der Kampf gegen alle Varianten des Bösen „Antifaschismus" genannt wird und den Meinungsgegnern mit Vorliebe „Phobien" unterstellt werden. Die merkwürdige Karriere des Wortes *Phobie* in den Kontexten der politischen Korrektheit, eines Wortes, das ja nichts weniger als ein psychiatrischer Fachbegriff ist, lässt sich auch als Hinweis für einen zumindest untergründigen Stigmatisierungswunsch des Gegners als eines Geisteskranken verstehen.

Welches sind die *wichtigsten thematischen Felder* der politischen Korrektheit? Ich unterscheide insgesamt sechs Bereiche, unter denen drei eine ganz besondere Relevanz zukommt: Das Projekt von *Europäischer Union und Euro* als einem supranationalen „alternativlosen" „Friedensprojekt", gegenüber dem die Nationalstaaten als hoffnungslos überholte Relikte von vorgestern ausgemalt werden. Kritiker dieses Projekts werden gewöhnlich als „Antieuropäer" etikettiert. *Zweites* Großterrain ist die hochemotionalisierte Problematik der *Masseneinwanderung* und – damit engstens zusammenhängend – *drittens* das *Verhältnis* der europäischen Völker zum *Islam*. Hier entfaltet sich der korrekte Diskurs im Spannungsfeld der Pole von multikultureller „Bereicherung" einerseits und „Rassismus" und „Islamophobie" andererseits. Freilich verschleiert auch hier die Dichotomie von gut und böse die möglichen Kosten dieses singulären Großexperiments. Die Gefährdungen, die unserer Gesellschaft durch ihre forcierte Durchmischung mit Einwanderern erwachsen können, deren religiös-kulturell verankerte Gesellschaftsleitbilder und Loyalitäten mit der europäischen Wertetradition – insbesondere unserem Begriff vom Staatsbürger – inkompatibel sind, werden wortmagisch weggeredet, was eine zunehmende Zerspaltung westeuropäischer Gesellschaften in einander tendenziell feindlich gegenüberstehende ethnisch-religiöse Großgruppen nicht unwahrschenlich erscheinen lässt. *Vierter* Themenbereich der politischen Korrektheit sind die *Geschlechterbeziehungen* und *sexuellen Präferenzen* geworden, auf dem die Genderideologie dominiert. Kerne dieser Ideologie, die mit dem traditionellen Feminismus nichts zu tun hat, sind erstens ein hypertropher Machtwille, der auf die *Überwindung der biologischen Grenzen* des Geschlechterverhältnisses zielt, während zweitens der *Kult um die Homosexualität* ins Auge sticht. Im vorgeblichen Kampf gegen Diskriminierungen, die es tatsächlich bei uns schon lange nicht mehr gibt – sogenannten „Homophobien" –, wird unter der Flagge solcher Parolen wie „Für sexuelle Toleranz und Vielfalt" die Homosexualität gewissermaßen mit einer positiven Sonderaura ideologisch umhüllt, zum *non plus ultra* im Reiche sexueller Orientierungen stilisiert. Der tiefere Sinn der Genderideologie ist der *Anti-Natalismus*, der Un-Wille zum Kind, zum generationellen Weiterleben. *Fünfter* Themenbereich der politischen Korrektheit ist die Geschichtspolitik, ein für seine Instrumentalisierung im politischen Gegenwartskampf zurechtgeschnittenes Geschichtsbild, mit dem Nationalsozialismus als Zentrum. Das politisch korrekte Wollen der Gegenwart wird dabei als positives Gegenbild zum Schreckbild des Nationalsozialismus ausgelegt, so dass Kritiker der politischen Korrektheit leicht in „Nazi-Nähe" gerückt werden können. Und das *sechste* Zentralthema der politischen Korrektheit schließlich ist das Klima-Thema, das Bestreben zur Durchsetzung nur *eines* Narrativs als Ursache der Klimaerwärmung, dessen Infragestellung die Anschuldigung der „Klimaleugnung" nach sich zieht.

Ich hatte bereits angesprochen, dass die *massenmediale Skandalisierung* auf allen diesen sechs Themenfeldern die wichtigste Sozialtechnik zur Durchsetzung der konformistisch-korrekten Meinungsnormen ist. Die besondere Schärfe der massenmedialen Skandalisierung von Verstößen gegen das korrekte gut/böse-Muster ergibt sich daraus, dass sie primär auf die *Person* des Abweichlers zielt, die man nun, da sie ja angeblich moralisch Illegitimes geäußert hat, im Brustton vollkommener Berechtigung öffentlich zur sozialen Ächtung freigibt. Eine gelungene Skandalisierung lässt irgendwann nur noch einen *einstimmigen Chor von Empörten hören,* die sich in machtvoller Selbstanfeuerung ihrer Zugehörigkeit zum Lager der Guten vergewissern und den Abweichler als einen *moralisch Aussätzigen* markieren, zu dem jeder „Anständige" feindseligen Abstand zu halten hat. Derartige Kampagnen sozialer Ächtung sind – als ein exemplarisches Bestrafen – die mächtigsten Waffen zur Durchsetzung der politischen Korrektheit. Sie halten jedem eindringlich die Konsequenzen für Nichtkonformität vor Augen und umzäunen ein Gedankenterrain so, dass jeder, der in seine Nähe gerät, zu besonderen Vorsichtsmaßregeln – wie im archaischen Tabu – gezwungen ist. Ihren größten Erfolg haben sie, wenn bereits das *einsame gedankliche Durchspielen* von Alternativen zum gut/böse-Code ein schlechtes Gewissen erzeugt. Dann hat die Skandalisierung den Konformismus im „Über-Ich" verankert, das die Person „ganz von selbst" denken lässt, was sie im Sinne des politisch Korrekten denken soll.

Die Gefährdungen der Demokratie durch die Ausbreitung der politischen Korrektheit sind horrend. Ich benenne nur zwei ganz grundlegende Sachverhalte. Der *erste* ist der *Verlust von Meinungsvielfalt* und eine Tendenz zur Selbstdestruktion durch *Verschwinden des politischen Ideenwettkampfs*. Hier kommen alle jene sozialpsychologischen Konformitätsprozesse zur Geltung, die erstmals in Elisabeth Noelle-Neumanns Theorie von der *Schweigespirale* untersucht worden sind. Die Furcht vor sozialer Ausgrenzung, so Noelle-Neumann, raube den Menschen in hochgradig moralisierten und emotionalisierten politischen Kontroversen den Mut zur Parteinahme für Positionen, denen die Unterstützung wegzubrechen droht; und diese Furcht vergrößert sich mit dem Abwärtstrend solcher Positionen und erzeugt dadurch einen *sich selbst verstärkenden* Prozess ihrer Herausdrängung aus der öffentlichen Sphäre, und zwar nicht nur durch ihre Verheimlichung, sondern auch aufgrund massenhaften *Positionswechsels* in der Bevölkerung. Am logischen Endpunkt solcher Prozesse ist dann nur noch die politisch korrekte Einheitsnorm zu hören. Wo aber Menschen aus Furcht vor sozialer Ächtung sich nicht mehr ihre Meinung auszusprechen trauen und öffentlich Zustimmung zu Behauptungen bekunden, die sie *insgeheim als Lüge* empfinden, wird nicht nur die Selbstachtung bedroht, sondern es verschwindet auch das Vertrauen ins politische System. Der *Legitimationsverlust durch Aufkündigung des Vertrauens* ist der *zweite* große demokratiezerstörende Prozess, den die Zementierung der politischen Korrektheit bewirkt.

Das einzige Gegenmittel gegen dieses gesellschaftszersetzende Gift ist die Überwindung der eigenen Feigheit, also die Überwindung der Furcht vor sozialer Ausgrenzung. Wem dieses gelingt, der wirkt exemplarisch auf andere ein – er gibt ihnen Mut. Und wer den eigenen moralischen Mut erprobt, sammelt Erfahrungen für dessen *Verfestigung* zu einer Haltung, die immer selbstgewisser die Stimme des eigenen Gewissens öffentlich gegen ächtungsbereite Mehrheiten zu erheben befähigt.

Ich resümiere. Mut in seinen beiden großen Formen – als physischer und moralischer – ist eine rare menschliche Tugend, die sich immer wieder gegen die Verlockungen der eigentlich näherliegenden Feigheit durchsetzen muss; eine Tugend, die wegen ihrer Seltenheit immer wieder zu großen Erzählungen inspiriert hat, bis hin zu den phantastischen Ausformungen im Märchen. Nur die anthropologische Potenz zum Mutig-Sein hat überhaupt die menschliche Evolutionsgeschichte ermöglicht, aber die beiden Grundformen unterscheiden sich doch eklatant in *einem* Merkmal: ihrer Stellung zu einem *Grundprinzip menschlicher Existenz*, dem Prinzip der *sozialen Zugehörigkeit*. Gerade Extremformen physischen Mutes wie der soldatische beruhen ganz wesentlich auf dem Bedürfnis nach einer besonderen Anerkennung von – und der Furcht vor – dem Verlust von sozialer Zugehörigkeit, die aber beim moralischen Mut aufs Spiel gesetzt wird. Deswegen konnte sich moralischer Mut auch erst in der jüngeren Geschichte im Zusammenhang mit ganz neuartigen Individualitätsidealen voll ausfalten. In unserer Gegenwartsgesellschaft sollte er sich an erster Stelle gegen die Anmaßungen der politischen Korrektheit in Stellung bringen, aber nicht nur für diesen Bereich wird das Ausmaß seines Vorhandenseins doch üblicherweise weit überschätzt.

Biographische Angaben

Anita Albus, geb. 1942 in München. Graphikstudium an der Folkwangschule in Essen-Werden. Lebt als Malerin und Schriftstellerin in München und Burgund. Ihre Bilder wurden in Einzelausstellungen in München, Hannover, Salzburg, Paris, Dijon, Darmstadt, Glückstadt, Luxemburg und Kiel gezeigt. Für ihr essayistisches Werk wurde sie 2002 mit dem Friedrich-Märker-Preis ausgezeichnet, 2004 mit dem Merck-Preis der Deutschen Akademie für Sprache und Dichtung, der sie seit 2004 angehört.
Veröffentlichungen u. a.: Paradies und Paradox. Wunderwerke aus fünf Jahrhunderten (2002); Von seltenen Vögeln (2005); Das Los der Lust. Ein Versuch über Tanja Blixen (2007); Das botanische Schauspiel (2007); Im Licht der Finsternis. Über Proust (2011); Käuze und Kathedralen. Geschichten, Essays und Marginalien (2014); Sonnenfalter und Mondmotten (2019).
Anschrift: Georgenstr. 4, 80799 München

Günther Bittner, Prof. Dr., geb. 1937 in Prag. Diplompsychologe, Pädagoge und Psychoanalytiker. Professor an der PH Reutlingen und an der Universität Bielefeld, seit 1977 an der Universität Würzburg (emeritiert 2005).
Neuere Veröffentlichungen u. a.: Kinder in die Welt, die Welt in die Kinder setzen. Eine Einführung in die pädagogische Aufgabe (1996); Metaphern des Unbewussten. Eine kritische Einführung in die Psychoanalyse (1998); Das Leben bildet. Biographie, Individualität und die Bildung des Proto-Subjekts (2011); „Dir unbewußt arbeite ich in Dir." Die Psychoanalyse Hermann Hesses bei Josef Bernhard Lang (2015); Das Unbewusste – die „große Unbekannte X". Sinn und Grenzen arkanischer Diskurse in der Psychoanalyse (2016); Damoklesschwerter. Psychoanalytische Reflexionen über das Bedrohtsein (2019); Mit dem Feuer gehen. Ein Streitgespräch mit und über C. G. Jung (2020).
Anschrift: Lodenstr. 22, 97209 Veitshöchheim. E-Mail: bittner.guenther@t-online.de

Gerhard Fitzthum, Dr. phil., geb. 1955 bei Gießen/Hessen. Promotion 1991 bei Odo Marquard an der Justus Liebig Universität Gießen. Lebt als freier Autor und Journalist in Lollar. Themenschwerpunkte: Naturwahrnehmung, Reisekultur, ökologische Ethik.
Veröffentlichungen: Moralität, Tod und Theodizee. Konturen einer Ethik nach und mit Heidegger (1991); Das Ende der Menschheit und die Philosophie. Zum Spannungsverhältnis von Ethik und Theodizee (1992); Auf dem Weg. Zur Wiederentdeckung der Natur (2014).
Anschrift: Hainstr. 2, 35457 Lollar-Salzböden. E-Mail: fitzthum@tcen.de

Thomas Fuchs, Prof. Dr. med. Dr. phil. habil., geb. 1958. Studium der Medizin, Philosophie und Geschichte in München, Promotionen in Medizingeschichte und in Philosophie. Seit 1997 Oberarzt an der Psychiatrischen Universitätsklinik Heidelberg. 1999 Habilitation in Psychiatrie. Seit 2005 Professor für Psychiatrie an der Psychiatrischen Universitätsklinik Heidelberg. 2010 Habilitation in Philosophie, Berufung auf die Karl-Jaspers-Professur für Philosophische Grundlagen der Psychiatrie in Heidelberg.
Veröffentlichungen u. a.: Leib, Raum, Person. Entwurf einer Phänomenologischen Anthropologie (2000); Psychopathologie von Leib und Raum (2000); Zeit-Diagnosen. Philosophisch-psychiatrische Essays (2002); Das Gehirn – ein Beziehungsorgan. Eine phänomenologisch-ökologische Konzeption (2008); Leib und Lebenswelt. Neue philosophisch-psychiatrische Essays (2008); Verteidigung des Menschen. Grundfragen einer verkörperten Anthropologie (2020).
Anschrift: Traubenweg 2, 69115 Heidelberg. E-Mail: thomas_fuchs@med.uni-heidelberg.de

Biographische Angaben

Sigbert Gebert, Dr. phil., Dipl.-Volksw., geb. 1959, studierte Philosophie, Politik, Soziologie und Volkswirtschaft in Freiburg/Brsg. und Basel. Lebt als Privatgelehrter in Freiburg und Zürich. Veröffentlichungen u. a. „Sinn – Liebe – Tod" (2003), „Die Grundprobleme der ökologischen Herausforderung" (2005), „Philosophie vor dem Nichts" (2010).
E-Mail: sigbert.gebert@freenet.de

Rainer Hagen, Dr. phil., geb. 1928 in Hamburg. Ehem. Redakteur und Filmemacher im 3. Fernsehprogramm des NDR. Zusammen mit Rose-Marie Hagen Bücher über das alte Ägypten, Brueghel, Goya, zuletzt: Gesichter der Macht (2018).
Anschrift: Charlotte-Niese-Str. 15, 22609 Hamburg. E-Mail: rainer.max.hagen@t-online.de

Frédéric Holzwarth, Dr. rer. nat., geb. 1980 in Bad Homburg. Studium der Forstwissenschaften in Göttingen, Promotion in Biologie im Bereich Waldökologie in Leipzig, derzeit am Umweltbundesamt tätig. In der Jugend Eintritt in den Wandervogel, im Studium Leitung einer Wandervogel-Jugendgruppe. Unterrichtet seit 2013 den Tanz Contact Improvisation. Seit 2018 Co-Geschäftsführer der Max Himmelheber-Stiftung.
Anschrift: Im Steinriegel 4, 72072 Tübingen. E-Mail: frederic.holzwarth@posteo.de

Michael Holzwarth, M. A., geb. 1986. Studium der Kulturwissenschaften, Geschichte und Philosophie an der Universität Leipzig. Arbeiten zum Themenkomplex Smartphone, visuelle Kultur und sozialer Wandel, außerdem künstlerisch und publizistisch tätig.
Internet: www.michaelholzwarth.net

Norbert Jung, Prof. Dr. rer. nat., geb. 1943 in Neustrelitz, Biologe (Humanethologie), Ökopsychologe, (Umwelt-)Pädagoge. Studium Uni Greifswald (1961–1966), Arbeit (prakt./wiss.) in Naturschutz und Ornithologie in Mecklenburg, Urania Berlin; Promotion (Verhaltensbiologie) interdisziplinär bei Prof. Dr.h.c.mult. Günter Tembrock (HU Berlin); Arbeit in Rehabilitation, Supervision und Psychotherapie (Tiefenpsychologie; 1980–95), Abgeordneter (1990), Dozent Inst. f. Verhaltenstherapie IVT (ab 1992), 1996–2008 Professur Umweltbildung mit Gründung, Konzipierung und Ausführung der Spezialisierungsrichtung „Ganzheitliche Umweltbildung" an der HNE Eberswalde. Themen: Biografie und Naturverbundenheit, Ganzheitlichkeit, Mensch-Natur-Beziehung/Psychotoperfahrung. Z. Zt. Lehre Ökopsychologie HNEE.
Veröffentlichungen u. a.: Welche Signale sendet der andere? (mit M. Haas; Körpersprache) (1993), Natur erfahren helfen (mit M. Bühler, S. Müller), Hrsg. (m. H. Molitor, A. Schilling, Buchreihe): Natur im Blick der Kulturen (2011), Auf dem Weg zu gutem Leben (2012), Vom Sinn der Heimat (2014), Natur, Emotion, Bildungvergessene Leidenschaft? (2015), Was Menschen bildet (2018); Reichen kluge Argumente für kluges Handeln? (2015), Nachhaltigkeit ohne Naturverbundenheit (2017).
Anschrift: Straße 26 Nr. 11c. 13129 Berlin. E-Mail: nbjung@gmx.de
Internet: www.hnee.de/jung

Burkhard Liebsch, Prof. Dr., lehrt Philosophie an der Ruhr-Universität Bochum; Arbeitsschwerpunkte: Praktische Philosophie/Sozialphilosophie; Theorie der Geschichte; Das Politische in kulturwissenschaftlicher Perspektive. Spezielle Forschungsthemen: Gewaltforschung, Kulturtheorie, Lebensformen, Sensibilität, Erinnerungspolitik, Europäisierung, Erfahrungen der Negativität, Geschichte des menschlichen Selbst.
Neuere Veröffentlichungen u. a.: Prekäre Selbst-Bezeugung. Die erschütterte Wer-Frage im Horizont der Moderne (2012); Verletztes Leben (2014); In der Zwischenzeit (2016); Der Andere in der Geschichte. Sozialphilosophie im Zeichen des Krieges (Hg. 2016); *Zeit*-Gewalt und *Gewalt*-Zeit (2017); Einander ausgesetzt. Der Andere und das Soziale (2 Bde., 2018); Europäische Ungastlichkeit (2019); Drohung Krieg (mit B. Taureck; 2020).
Anschrift: Ruhr-Universität Bochum, Universitätsstr. 150, GA 3/52, Postfach 102148; 44721 Bochum; E-Mail: Burkhard.Liebsch@rub.de

406 Biographische Angaben

Peter Cornelius Mayer-Tasch, Dr. jur., geb. 1938. Habilitation für Öffentliches Recht, Rechtsphilosophie und Politikwissenschaft an der Universität Mainz. Seit 1971 Professor für Politikwissenschaft und Rechtstheorie an der Universität München, 1972–2003 Mitglied des Direktoriums des Geschwister-Scholl-Instituts. Seit 1984 Leiter der Forschungsstelle für Politische Ökologie. 2002 bis 2010 Prorektor und Rektor der Hochschule für Politik München. 2002–2010 Mitherausgeber der „Zeitschrift für Politik". Mitglied der Kuratorien des „Öko-Institutes" und von „Mehr Demokratie e.V.".
Neue Veröffentlichungen u. a.: Der Hunger der Welt (2011); Jean Bodin (2011); Raum und Grenze (2013); Die Macht der Schönheit (2014); Die Himmelsleiter (2015); Die unerschöpfliche Kraft des Einfachen (2015; mit F.-Th. Gottwald / Bernd Malunat); Die Buchstaben der Philosophie (2017); Kleine Philosophie der Macht (2018); Vom großen und vom kleinen Glück (2019); Weg und Wagnis. Gedichte (2019); König Enzio von Sardinien (2019).
Anschrift: Geschwister-Scholl-Institut der LMU München, Oettingerstr. 67, 80538 München.
E-Mail: mayer-tasch@hfp.mhn.de

Mins Minssen, Dr. rer. nat., Fährmann bei der Bargener Fähre auf der Eider.
Buchveröffentlichungen u. a.: Der sinnliche Stoff (1986); Strukturbildende Prozesse (zus. mit Popp und de Vos) (1989); Äolsharfen – Der Wind als Musikant (zus. mit Krieger, Bäuerle, Pilipczuk und Hagen) (1997); Hinter der Dornenhecke – Spröde Liebschaften mit Dingen und Materialien (2004).
Anschrift: Scharnhorststr. 2, 24105 Kiel.

Friedrich Pohlmann, M. A., Dr. phil. habil., geb. 1950. Studium der Musik, Soziologie, Geschichte und Philosophie in Hannover und Freiburg, von 1979 bis 2006 in verschiedenen Positionen (wiss. Mitarbeiter, Hochschul- und Privatdozent) Soziologie an der Universität Freiburg lehrend. Jetzt Privatgelehrter und freier Autor. Viele Veröffentlichungen auf den Gebieten der allgemeinen soziologischen Theorie, vergleichenden Diktaturtheorie, Sozialstrukturanalyse, Analyse der Kindheit und Kultursoziologie.
Anschrift: Brombergstr. 8A, 79102 Freiburg. E-Mail: friedrich.pohlmann@soziologie.uni-freiburg.de

Josef H. Reichholf, Dr. rer. nat., geb. 1945. Studium der Biologie, Chemie, Geografie und Tropenmedizin an der Universität München. Promotion 1969 in Zoologie. 1970 Forschungsjahr in Brasilien. 1971 bis 1973 Ökosystemforschung an Stauseen. 1974 bis 2010 an der Zoologischen Staatssammlung in München als Leiter der Abteilung Wirbeltiere und der Sektion Ornithologie. Lehrtätigkeit an beiden Münchner Universitäten. Seit 1985 Honorarprofessor an der TU München. Umfangreiche Tätigkeiten im nationalen und internationalen Naturschutz. Mitglied der Kommission für Ökologie der Bayerischen Akademie der Wissenschaften.
Veröffentlichungen u. a.: Die falschen Propheten (2002); Der Tanz um das Goldene Kalb (2004); Die Zukunft der Arten (2005); Eine kurze Naturgeschichte des letzten Jahrtausends (2007); Stadtnatur (2008); Stabile Ungleichgewichte (2008); Der Ursprung der Schönheit (2011); Begeistert vom Lebendigen (2013); Ornis (2014); Mein Leben für die Natur (2015); Haustiere (2017); Waldjournal (2017); Der Hund und sein Mensch (2020).
Anschrift: Paulusstr. 6, 84524 Neuötting. E-Mail: reichholf-jh@gmx.de

Marcel Remme, Dr. phil., Dipl. Päd., M.A., geb. 1973 in Osnabrück. Studium der Philosophie, Pädagogik, Psychologie, Geschichte und Mathematik; ehemaliger Lehrbeauftragter für Erziehungswissenschaft und Philosophiedidaktik an den Universitäten Osnabrück und Tübingen; Lehrer am Wildermuth-Gymnasium Tübingen, tätig in der Aus- und Fortbildung von Lehrkräften der Fächer Philosophie und Ethik, Mitarbeit bei Unterrichtslehrwerken und Veröffentlichungen in fachdidaktischen Zeitschriften.
Anschrift: Theurerstraße 17, 72074 Tübingen. E-Mail: marcel.remme@seminar-tuebingen.de

Walter Sauer, Prof. Dr. phil., geb. 1939. Mehrere Jahre Volksschullehrer; Zweitstudium in Pädagogik, Philosophie, Biologie; Professor für Erziehungswissenschaft an den Pädagogischen Hochschulen Reutlingen und Ludwigsburg. Langjährige und vielfältige Aktivitäten in Jugendbünden.

Veröffentlichungen zu Themen der Pädagogik, Jugendbewegung, Kunst und Literatur. Autobiographie: Begegnungen und Schicksale (2013); Hrsg.: Max Himmelheber – Drei Facetten eines Lebens. (2016). Mitbegründer und Mitherausgeber der Schriftenreihe *Die Graue Edition* (1981–2015); Herausgeber der *Scheidewege. Jahresschrift für skeptisches Denken* (2001–2020).
Anschrift: Heppstr. 110, 72770 Reutlingen. E-Mail: sauer_walter@t-online.de

Hans-Martin Schönherr-Mann, Professor für politische Philosophie am Geschwister-Scholl-Institut der Uni München; regelmäßiger Gastprof. an der Uni Innsbruck.
Neuere Buchpublikationen. 2019: Dekonstruktion als Gerechtigkeit – Jacques Derridas Staatsverständnis und politische Philosophie; 2018: Michel Foucault als politischer Philosoph; 2017: Involution oder Revolution – Vorlesungen über Medien, „Bildung und Politik" an der Universität Innsbruck 2013–2017; 2015: Untergangsprophet und Lebenskünstlerin – Über die Ökologisierung der Welt; Gewalt, Macht, individueller Widerstand – Staatsverständnisse im Existenzialismus; Albert Camus als politischer Philosoph; 2012: Philosophie der Liebe. Ein Essay wider den Gemeinspruch „Die Lust ist kurz, die Reu' ist lang".
Anschrift: Baumannstr. 13, 83233 Bernau am Chiemsee.
E-Mail: hmschmann@gsi.uni-muenchen.de

Nora S. Stampfl, Mag. rer. soc. oec., MBA, geb. 1971. Studium der Wirtschaftswissenschaften an der Johannes-Kepler-Universität Linz, Österreich, und an der Goizueta Business School, Emory University, Atlanta, Georgia, USA. Lebt als Organisationsberaterin, Zukunftsforscherin und Publizistin in Berlin. Interessenschwerpunkte sind Zukunftsfitness von Organisationen und gesellschaftlicher Wandel.
Neuere Veröffentlichungen u. a.: Die Zukunft der Dienstleistungsökonomie (2011); Die verspielte Gesellschaft. Gamification oder Leben im Zeitalter des Computerspiels. (2012); Die berechnete Welt. Leben unter dem Einfluss von Algorithmen (2013); Homo Laborans Digitalis. Reflexionen über neue digitale Arbeitswelten (2018).
Anschrift: f/21 Büro für Zukunftsfragen, Rosenheimer Str. 35, 10781 Berlin.
E-Mail: nora.stampfl@f-21.de Internet: www.f-21.de

Heinz Theisen, Prof. Dr., lehrt Politikwissenschaft an der Katholischen Hochschule Nordrhein-Westfalen in Köln.
Veröffentlichungen u. a.: Die Grenzen Europas. Die Europäische Union zwischen Erweiterung und Überdehnung (2006); Zehn Gebote für Europa. Der Dekalog und die europäische Wertegemeinschaft (zus. mit Elisabeth Jünemann hrsg. 2009); Nach der Überdehnung. Die Grenzen des Westens und die Koexistenz der Kulturen (2012); Der Westen und sein Naher Osten (2015); Der Westen und die neue Weltordnung (2017).
Anschrift: Auf dem Heidgen 50, 53127 Bonn. E-Mail: h.theisen@katho-nrw.de

Valérie Wagner, geb. 1965 in Detmold. Lebt seit 1992 als Fotografin und Künstlerin in Hamburg. Studium der Musik- und Literaturwissenschaften an der Universität Hamburg und Studium der Freien Kunst in London (1986–1992). Stipendium Studienwerk Villigst (1987–1991). Kunstpreis Ökologie (2008).
Künstlerische Projekte und Rauminstallationen; Schwerpunkt: der Mensch, seine Beziehung zu sich selbst und zur Umwelt. Zahlreiche Ausstellungen im In- und Ausland.
Veröffentlichungen u. a.: Künstlergespräch mit Werkpräsentation im Haus der Photographie Hamburg 2010; Werkschau, Kunstverein Essenheim 2011; Zwischen Himmel und Erde, internationale gartenschau hamburg 2013 und Marktkirche Hannover 2015; OHNE WORTE, Bildband und Wanderausstellung, Triennale der Photographie Hamburg 2015; hier&morgen, Katalog und Wanderausstellung 2018. Kunsthaus Hamburg 2020; Bildstrecken u. a. in Spiegel Geschichte, Menschen, chrismon, taz, EMMA, Scheidewege.
Anschrift: Daimlerstraße 52, 22761 Hamburg. E-Mail: info@valeriewagner.de
Internet: www.valeriewagner.de

Andreas Weber, Dipl. Biol. Dr. phil., geb. 1967 in Hamburg. Lebt als freier Schriftsteller in Berlin und Varese Ligure, Italien. Arbeitsschwerpunkte: Überwindung des Dualismus, Verständnis der Wirklichkeit als Lebendigkeit, Nature Writing. Lehrbeauftrager an der Universität der Künste, Berlin.
Wichtige Veröffentlichungen: Alles fühlt (2006); Minima Animalia (2010); Lebendigkeit. Eine erotische Ökologie (2014); Biopoetics (2016); Sein und Teilen (2017); Indigenialität (2018); Enlivenment. A Poetics for the Anthropocene (2019).
Anschrift: Westendallee 111, 14052 Berlin. E-Mail: frankandreasweber@posteo.de

Claus Wiegert, geb. 1961 in Lahr/Schwarzwald, studierte nach einem Zeitungsvolontariat in Lahr und Offenburg (1981 bis 1983) die Fächer Musikwissenschaft, Philosophie und Ethnologie an den Universitäten Freiburg (1983 bis 1985) und Hamburg (1985 bis 1988). Seit 1989 Lokalredakteur beim Schwarzwälder Boten in Freudenstadt. Neben zahlreichen tagesaktuellen Veröffentlichungen auch kulturelle Beiträge für regionale Periodika.
Anschrift: Margeritenweg 2, 72250 Freudenstadt. E-Mail: wiegert61@web.de

Inhalt

Anita Albus
   Sonnenfalter und Mondmotten   161

Günther Bittner
   Skeptisches Denken?   10

Gerhard Fitzthum
   Verbundenheit und Ausbeutung
   Überlegungen zu einer postindustriellen Rückkehr zur Natur   30

Thomas Fuchs
   Transhumanismus und Verkörperung   222

Sigbert Gebert
   Technik, Technisierung, Moral und Glück –
   Technikphilosophie und philosophische Technik   200

Rainer Hagen
   Die Geschichte von den zwei Richtungen
   oder
   Die Welt in Kästchen   196

Rainer Hagen
   Über den Ruf der Nase
   Wer dieses liest ...   265

Frédéric Holzwarth
   Verbundenheit – ein leibliches Phänomen   55

Michael Holzwarth
   Vom Kaffee zum Café
   Über die psychosoziale Wirkung eines Getränks
   und die gesellschaftlichen Funktionen des Cafés   270

Norbert Jung
   Naturverständnis und Psychotop
   Der Dialog mit der Natur   177

Burkhard Liebsch
   Zahllose Verluste
   Zur politischen Dimension der Trauer   348

Peter Cornelius Mayer-Tasch
   Wege und Scheidewege des Deutsch-Äthiopiers Hermann Goetz (1878–1970)   311

Mins Minssen
   NO RESEARCH AREAS: Märchenhaft forschungsfrei   130

Friedrich Pohlmann
   Mut und Feigheit   376

Friedrich Pohlmann
   Spielen
   Zur Faszination einer außeralltäglichen Handlungsform   242

Josef H. Reichholf
   Skepsis ist nötig: Es wandelt sich nicht allein das Klima   23

Marcel Remme
   Mühlenrenaissance – ein philosophischer Deutungsversuch   292

Walter Sauer
   50 Jahre *Scheidewege – Jahresschrift für skeptisches Denken*
   Jubiläum und Ende   5

Hans-Martin Schönherr-Mann
   Zur Genealogie der Apokalypse
   Plädoyer für skeptisches Denken   324

Nora S. Stampfl
   Sind wir noch zu retten?!
   Reflexionen im Grenzbereich von Technologie und Ökologie   110

Heinz Theisen
   Selbstbegrenzung und Selbstbehauptung Europas   366

Valérie Wagner
   Vom Verschwinden der Vögel   89

Andreas Weber
   Die Psyche ist eine Pflanze   148

Andreas Weber
   Die Tragfähigkeit der Luft   74

Claus Wiegert
   Schach dem Schachmatt
   Unausweichlich stellt sich im Leben mit Krebs die Sinnfrage   261

Biographische Angaben   404

Gesamtregister der Bände 1–50

Die Graue Edition

www.die-graue-edition.de

Philipp Thomas

VON DER TIEFE DES LEBENS
Ein Wörterbuch der Melancholie

Die Melancholie ist uns allen bekannt. Meist versuchen wir, aus dieser Stimmung herauszukommen. Doch mitunter ist die Melancholie gerade richtig. Sie führt uns in die Tiefe des Lebens mitten in einer viel zu oberflächlichen Gesellschaft: der scheinbaren Gewissheiten und Wahrheiten. Doch was ist Melancholie? Worin besteht die Tiefe des Lebens? In der Trauer und in der Liebe, in den Transformationen unseres Lebens und in unserer Suche nach einer Lösung, in unserer Suche nach Sinn. Kann die Philosophie uns auf das wahre Leben hinweisen?

Philipp Thomas ist Professor für Philosophie/Ethik an der Pädagogischen Hochschule Weingarten. Davor forschte er an der Pädagogischen Hochschule Schwäbisch Gmünd und an der Universität Tübingen.

- 290 Seiten, gebunden
- ISBN 978-3-906336-81-7

##Ganteför/Fischer

AM SONNTAG NACH DER SCHÖPFUNG
Ein Katechismus der modernen Naturwissenschaften

Das Wunder der eigenen Existenz steht im Mittelpunkt dieses Buches, das den Leser spannend und anschaulich in die Geheimnisse von Physik und Biologie einweiht. Anders als die Religion erhebt die Physik nicht den Anspruch, alles erklären zu können. Viele grundlegende Fragen sind nach wie vor unbeantwortet. Die Biologie hingegen hat seit den Triumphen der Molekulargenetik zu einem neuen Menschenbild geführt. Die Frage „Was ist der Mensch?" findet eine neue Antwort, in der nicht mehr von einem Einzelwesen, sondern von einem Organismus die Rede ist, der mehr fremde als eigenen Zellen mit sich führt.

Gerd Ganteför ist Physikprofessor an der Universität Konstanz,
Ernst Peter Fischer apl. Professor für die Geschichte der Wissenschaft in Heidelberg.
Beide Autoren verfassten zahlreiche Publikationen.

- 233 Seiten, gebunden
- ISBN 978-3-906336-80-0

»Essen Sie nichts, wofür im Fernsehen geworben wird, nichts mit mehr als fünf Zutaten, nichts mit Zutaten, die Ihre kleine Tochter nicht aussprechen kann.«
Manfred Kriener

Unsere Esskultur verändert sich rasant. Dabei wird zwar allerorten über Ernährung geredet, doch bestimmen auch hier immer mehr »Fake News« die Diskussion. Es herrscht Verwirrung vor: über den wahren Nährwert des vermeintlichen Superfoods, die vielen undurchsichtigen Qualitätssiegel und das Etikettenchaos im Weinregal. In diese unübersichtliche Gemengelage bringt Manfred Kriener Orientierung, indem er ein realistisches Bild unseres Ernährungssystems zeichnet. Er spannt den Bogen vom Veganismus bis zur Insektenkost, von den Möglichkeiten der Aquakultur bis hin zum Fleisch aus dem Labor. So klärt er über Risiken und versteckte Gefahren der schönen, neuen Nahrungswelt auf und zeigt, worauf wir als Verbraucher achten sollten und wie wir die notwendige Ernährungswende schaffen.

Manfred Kriener
Lecker-Land ist abgebrannt
Ernährungslügen und der rasante Wandel der Esskultur
240 Seiten, 2 Abbildungen
Kartoniert
ISBN 978-3-7776-2815-8
E-Book: epub.
ISBN 978-3-7776-2856-1

www.hirzel.de

HIRZEL

Hirzel Verlag · Birkenwaldstraße 44 · 70191 Stuttgart · Tel. 0711 2582 341 · Fax 0711 2582 390 · Mail service@hirzel.de

»Das Leben ist wie ein Fahrrad. Man muss sich vorwärts bewegen, um das Gleichgewicht nicht zu verlieren« Albert Einstein

Aber was bedeutet das schon: „vorwärts bewegen", wenn der Weg steil, steinig, trostlos ist, der Akku leer? Wie „vorwärts bewegen", wenn der Rucksack, prallvoll, nach unten zieht? Und was heißt „vorwärts bewegen", wenn der Wegweiser fehlt – und man das Ziel nicht kennt?

Bernd Gomeringer, Jessica Sänger, Ulrike Sünkel, Gottfried M. Barth, Max Leutner
Vögel im Kopf
Geschichten aus dem Leben seelisch erkrankter Jugendlicher
280 Seiten. Gebunden
ISBN 978-3-7776-2885-1
E-Book: epub.
ISBN 978-3-7776-2899-8

www.hirzel.de

Psychische Erkrankungen bei Kindern und Jugendlichen sind ein Tabuthema

»Es gibt nach wie vor gesellschaftliche Vorbehalte«, sagt der Kinder- und Jugendpsychiater Dr. Robin Funke. »Viele Familien tun sich schwer, wenn sie das erste Mal zu uns kommen. Sie empfinden das als Scheitern.« Doch wie lebt es sich mit einer Depression, mit Zwangshandlungen, Angst- und Panikattacken, mit Ess-, Brech- oder Magersucht? Der Förderverein der Kinder- und Jugendpsychiatrie Tübingen, Schirm e. V., hat junge Patienten nach ihren Geschichten gefragt. Entstanden ist ein bewegendes Buch über das Leben mit einer seelischen Erkrankung, über den Alltag in der Psychiatrie und über die Kraft der Zuversicht.

HIRZEL

Hirzel Verlag · Birkenwaldstraße 44 · 70191 Stuttgart · Tel. 0711 2582 341 · Fax 0711 2582 390 · Mail service@hirzel.de

Frank Uekötter
Der Deutsche Kanal
Eine Mythologie der alten
Bundesrepublik
330 Seiten mit 21 s/w-Fotos
und 5 s/w-Abbildungen
Gebunden mit Schutzumschlag
ISBN 978-3-515-12603-8
E-Book: PDF.
ISBN 978-3-515-12610-6

www.steiner-verlag.de

Ein historisches Großbauprojekt im Geflecht der bundesdeutschen Politik

Vom Berliner Flughafen bis zu Stuttgart 21 – immer öfter scheinen öffentliche Vorhaben aus dem Ruder zu laufen. Frank Uekötter zeigt am Beispiel des 1976 in Betrieb genommenen Elbe-Seitenkanals, dass institutionelles Versagen kein neues Phänomen ist. Die fast vergessene Geschichte des Elbe-Seitenkanals stellt ein unrühmliches Kapitel des bundesdeutschen Politikbetriebs dar. Der Nutzen der 115 km langen Wasserstraße, die den Mittellandkanal mit der Elbe verbindet, stand in keinem Verhältnis zum Investitionsvolumen. Trotzdem war deren Bau im dichten Geflecht von Konzerninteressen, Politik und Wachstumsdenken bald nicht mehr aufzuhalten. Nur Wochen nach der Einweihung brach ein Damm bei Lüneburg. Uekötter plädiert mit der anschaulichen Chronologie dieser »organisierten Verantwortungslosigkeiten« für ein gesellschaftliches Umdenken.

Franz Steiner Verlag · Birkenwaldstraße 44 · 70191 Stuttgart · Tel. 0711 2582 341 · Fax 0711 2582 390 · service@steiner-verlag.d

JAHRBUCH ÖKOLOGIE

- global und aktuell: Umweltpolitik, umfassend betrachtet
- Renommierte Autoren präsentieren ihre Ideen und Zukunftsvisionen
- Zentrale Themen kurz und verständlich

Jahrbuch Ökologie 2019/20
Die Ökologie der digitalen Gesellschaft
256 Seiten. 4 Abb. Kartoniert.
ISBN 978-3-7776-2832-5

E-Book: PDF.
ISBN 978-3-7776-2833-2
E-Books sind als PDF online zum Download erhältlich unter www.dav-medien.de

www.hirzel.de

Das vorliegende JAHRBUCH ÖKOLOGIE skizziert eine »Ökologie der digitalen Gesellschaft«, ein sozial-ökologisches Einhegen der Digitalisierung. Dies ist die Voraussetzung, damit Digitalisierung die Grundlage einer Transformation hin zu einer regenerativen und das globale Ökosystem schonenden Lebens- und Wirtschaftsweise wird und eben nicht zum Instrument totalitärer Politik mit verheerenden Folgen für den Planeten und die Menschheit.

HIRZEL

S. Hirzel Verlag · Birkenwaldstraße 44 · 70191 Stuttgart · Tel. 0711 2582 341 · Fax 0711 2582 390 · service@hirzel.de

Die Graue Edition

www.die-graue-edition.de

In Vorbereitung...

MENSCH, NATUR UND GESELLSCHAFT

50 Jahre Scheidewege

Die Jahresschrift Scheidewege blickt auf 50 Jahre seit ihrer Gründung zurück.

Die schönsten und bedeutendsten Beiträge aus fünf Jahrzehnten werden demnächst in einem Sonderband der Grauen Edition erscheinen, herausgegeben von Michael Hauskeller.

Scheidewege
Jahresschrift für skeptisches Denken

Herausgegeben von der Max Himmelheber-Stiftung

50 JAHRE SONDERBAND

Jahrgang 2020/2021

50

S. Hirzel Verlag

Gesamtregister der Bände 1–50

A

Adam, Konrad
- Die erzwungene Vision, Bd. 20, Jg. 1990/1991
- Krieg heißt Frieden, Frieden Krieg, Bd. 19, Jg. 1989/1990
- Zehn Gebote aus dem praktischen Umweltschutz, Bd. 21, Jg. 1991/1992
- Zerbrochene Erfahrungen, Bd. 18, Jg. 1988/1989

Adolf, Heinrich
- Im Windschatten der Nicht-Orte. Beschleunigtes Durch*reisen* und *Durch*reisen, Bd. 32, Jg. 2002/2003

Afheldt, Horst
- Defensive Verteidigung, Bd. 14, Jg. 1984/1985
- Überleben und moderne Technik, Bd. 8, Jg. 1978

Albus, Anita
- Das botanische Schauspiel, Bd. 37, Jg. 2007/2008
- Der Tanz um das goldene Kalb. Laudatio zum Sigmund-Freud-Preis für wissenschaftliche Prosa auf Josef H. Reichholf, Bd. 38, Jg. 2008/2009
- Die Gaben der Schildkröte, Bd. 44, Jg. 2014/2015
- Erinnerung ist das Leben selbst. Zum 100. Geburtstag von Claude Lévi-Strauss, Bd. 39, Jg. 2009/2010
- Findelvögel oder Der Nestling auf meiner Schulter, Bd. 40, Jg. 2010/2011
- Sonnenfalter und Mondmotten, Bd. 50, Jg. 2020/2021
- Von seltenen Vögeln, Bd. 35, Jg. 2005/2006

Altner, Günter
- Albert Einstein und Albert Schweitzer, Bd. 36, Jg. 2006/2007
- Auf der Suche nach einer neuen ökologischen Ethik, Bd. 27, Jg. 1997/1998
- Der gefährliche Irrweg in die Plutoniumwirtschaft, Bd. 9, Jg. 1979
- Die Biologisierung des Menschen und ihre gefährlichen Folgen. Eine Auseinandersetzung mit Konrad Lorenz, Bd. 19, Jg. 1989/1990
- Die verlorene Einheit der Natur. Überlegungen zum Naturbegriff ausgehend von Nikolaus von Cues, Bd. 32, Jg. 2002/2003
- Die wissenschaftliche Kontroverse als Mittel politischer Kontrolle. Öffentliche Erklärungen und öffentliche Planung in der Atompolitik, Bd. 7, Jg. 1977
- Energie-Enquete – wie lange noch? Die Gefährdung eines erfolgreich begonnenen Experiments, Bd. 12, Jg. 1982
- Frieden, Europa und die Überlebenskrise, Bd. 20, Jg. 1990/1991
- Ist Evolution biologische Gentechnik? Dialog über das Unzulängliche in der Geschichte der Natur, Bd. 18, Jg. 1988/1989
- Mensch, Natur, Zeit – Die Vieldimensionalität der Zeit und ihre Konsequenzen, Bd. 15, Jg. 1985/1986
- Ökologisierung der Technik, Bd. 16, Jg. 1986/1987
- Rio, das Programm der Nachhaltigkeit und die Erd-Charta, Bd. 34, Jg. 2004/2005
- Schöpfungsglaube und Evolutionstheorie, Bd. 31, Jg. 2001/2002
- Tannensterben und Mystik, Bd. 12, Jg. 1982
- Theologische Reflexionen zur Krise der technischen Zivilisation, Bd. 8, Jg. 1978

Gesamtregister der Bände 1–50

– Überlegungen zur Notwendigkeit einer zweiten Aufklärung, Bd. 24, Jg. 1994/1995
– Umweltethik – Grundsätze und Perspektiven, Bd. 14, Jg. 1984/1985
– Von Lebewesen und Lebensmitteln, Bd. 26, Jg. 1996/1997
– Wie heute über Schöpfer und Schöpfung zu denken sei, Bd. 17, Jg. 1987/1988
– Zwischen Leben und Tod. Zum Zeitbegriff der Evolutionstheorie, Bd. 10, Jg. 1980
– Zwischen Wertneutralität und öffentlicher Verantwortung, Bd. 13, Jg. 1983/1984

Amery, Carl
– Der Betrug an den Knaben, Bd. 9, Jg. 1979
– Die Botschaft des Jahrtausends, Bd. 27, Jg. 1997/1998
– Die Reichsreligion. Eine Rede an die Zivilgesellschaft, Bd. 33, Jg. 2003/2004
– Heraus aus der schlechten Utopie, Bd. 30, Jg. 2000/2001

Amstutz, Jakob
– Philosophie des Taschentuches, Bd. 12, Jg. 1982

An der Lan, Hannes
– Umwelt und lebende Zelle, Bd. 8, Jg. 1978

Anders, Günther
– Deduktion von Raum und Zeit, Bd. 2, Jg. 1972
– Maschinenexpansion, Bd. 1, Jg. 1971

Ankel, Wulf Emmo
– Von Seewalzen und Vögeln, Bd. 5, Jg. 1975

B

Bärmann, Matthias
– Kunst in „dürftiger Zeit", Bd. 13, Jg. 1983/1984

Bahr, Hans-Eckehard
– Zur Philosophie des Verzeihens, Bd. 36, Jg. 2006/2007

Baranzke, Heike
– Ehrfurcht vor dem Leben und Würde der Kreatur, Bd. 36, Jg. 2006/2007
– Schächten zwischen Tierschutz und Religionsfreiheit, Bd. 34, Jg. 2004/2005

Bargatzky, Thomas
– Das Schaf und der vernünftige Gott. Vom Verlust der Befähigung zum Kultus, Bd. 24, Jg. 1994/1995
– „Die Höchste Meisterin vom Himalaya" Anmerkungen zur modernen Auswahl-Spiritualität, Bd. 23, Jg. 1993/1994
– Ökonomie, Ökologie und die „Naturvölker". Anmerkungen zu einer romantizistischen Illusion, Bd. 22, Jg. 1992/1993

Bastian, Till
– Das Rätsel der Gesundheit und die „schrecklichen Vereinfacher", Bd. 31, Jg. 2001/2002
– Die stille Bedrohung. Die alten und die neuen Seuchen, Bd. 33, Jg. 2003/2004
– Ethik des Maßes. Weitere Anmerkungen zum „Prinzip" Schrumpfung, Bd. 24, Jg. 1994/1995
– Mangelware Wasser – Kriegsgrund der Zukunft?, Bd. 21, Jg. 1991/1992
– MEGALOPOLIS. Über das dringlichste ökologische Problem der Zukunft, Bd. 22, Jg. 1992/1993
– Schrumpfung – das rettende Prinzip, Bd. 23, Jg. 1993/1994
– Stadtkultur als Chance, Bd. 27, Jg. 1997/1998
– Unglückliche, was hast Du gehofft? Die Hexenprozesse – ein historisches Rätsel, Bd. 28, Jg. 1998/1999
– Unterwegs zum Frieden, Bd. 30, Jg. 2000/2001
– Vom Sinn, vom Zweck und vom ökologischen Ablasshandel, Bd. 32, Jg. 2002/2003
– Weltbürgertum, „Inhospitales Betragen" und das „Radikal Böse", Bd. 26, Jg. 1996/1997
– Wozu Erinnern? Mühsal und Chance in der deutschen Geschichte, Bd. 29, Jg. 1999/2000

Bastian, Till / Hansch, Dietmar
– Moderne Hirnforschung. Im Reich der überschätzten Möglichkeiten, Bd. 34, Jg. 2004/2005

Bausinger, Hermann
– Globalisierung und Heimat. Für eine Revision des Heimatbegriffs, Bd. 31, Jg. 2001/2002

Beirow, Philipp
– Tierhaltung am Scheideweg? Überlegungen zwischen „smart farming" und Weideschlachtung, Bd. 47, Jg. 2017/2018
– Tomatenfisch und Hauptstadtbarsch. Wie Aquaponik die Nachhaltigkeit der Produktion von Nahrungsmitteln verbessern könnte, Bd. 49, Jg. 2019/2020
– Wüstenprojekt DESERTEC, Bd. 45, Jg. 2015/2016

Beisel, Dieter
– Vom Verlust der Landschaft, Bd. 16, Jg. 1986/1987

Bennent-Vahle, Heidemarie
– Zitterpartie. Siri Hustvedt und die nie endende Suche nach dem Selbst, Bd. 41, Jg. 2011/2012

Berger, Siegfried
– Operation Crossroads. Das Atom-Hearing der CBS aus dem Jahre 1946, Bd. 12, Jg. 1982

Bernhard, Wilhelm
– Geist und Ungeist in der Wissenschaft, Bd. 9, Jg. 1979

Berzbach, Frank
– Reise in die Leere. Drei Tage im Kloster, Bd. 40, Jg. 2010/2011
– Vom liebenden Kampf, Bd. 46, Jg. 2016/2017
– Von der Fähigkeit, still zu sein, Bd. 43, Jg. 2013/2014

Bieber, Horst
– Entwicklung und Umwelt. Das Nord-Süd-Dilemma, Bd. 20, Jg. 1990/1991
– Nachruf auf eine verpaßte Gelegenheit, Bd. 22, Jg. 1992/1993
– Ökologie im Wartestand, Bd. 23, Jg. 1993/1994

Binder, Theodor
– Die Erde weint. Begegnungen mit der indianischen Welt, Bd. 12, Jg. 1982
– Diesseits und jenseits des Heroismus, Bd. 12, Jg. 1982

– Indianer heute und wir, Bd. 19, Jg. 1989/1990
– Kolumbus und die Folgen, Bd. 21, Jg. 1991/1992
– Weißer Vogel, Bd. 8, Jg. 1978

Bittner, Günther
– ... die Wahrheit fatieren? (S. Freud), Bd. 45, Jg. 2015/2016
– „... daß man den Lauf der Dinge kaum bewußt regieren kann", Bd. 44, Jg. 2014/2015
– „Die individuelle Freiheit ist kein Kulturgut" (S. Freud), Bd. 46, Jg. 2016/2017
– „Verlorne Liebesmühe" – oder: der vergebliche Versuch, die Menschen ethisch aufzurüsten, Bd. 47, Jg. 2017/2018
– (Un-)wahrscheinliche Bedrohungen – oder: Frisst die „probabilistische Revolution" ihre Kinder?, Bd. 49, Jg. 2019/2020
– „... die Unterwelt aufrühren". S. Freuds „Traumdeutung" und die Psyche im 20. Jahrhundert, Bd. 26, Jg. 1996/1997
– Die Utopie einer Befreiung und ihr Scheitern. Ein Rückblick auf die 68er Studentenbewegung, Bd. 28, Jg. 1998/1999
– Ich bin, du bist, er (sie, es) ist ... Über die linguistischen und psychologischen Bedingungen der Möglichkeit, *ich* zu sagen, Bd. 22, Jg. 1992/1993
– „Kein Mensch kann für mich fühlen, ich bin" – Über Paradoxien, Komplexitäten und Multiplizitäten des Ich-Gefühls, Bd. 31, Jg. 2001/2002
– Lob der Nostalgie, Bd. 48, Jg. 2018/2019
– Patientenorientierte Medizin?, Bd. 23, Jg. 1993/1994
– Skeptisches Denken?, Bd. 50, Jg. 2020/2021

Blechschmidt, Erich
– Das Gesetz von der Erhaltung der Individualität. Selbstbewußtsein – Körperbewußtsein – Werkzeugbewußtsein, Bd. 12, Jg. 1982
– Der Systemcharakter der Zelle, Bd. 8, Jg. 1978
– Entwicklungsgeschichte und Entwicklung, Bd. 5, Jg. 1975

Gesamtregister der Bände 1–50

– Personalität oder Personalisation des Menschen?, Bd. 14, Jg. 1984/1985

Blüher, Hans
– Der Wissenschaftscharakter der Philosophie, Bd. 3, Jg. 1973

Böhler, Dietrich
– „Frieden mit der Natur" – Verantwortung für die Menschheitszukunft, Bd. 45, Jg. 2015/2016
– Verbindlichkeit der Zukunftsverantwortung?, Bd. 46, Jg. 2016/2017

Böhme, Gernot
– Atmosphären wahrnehmen, Atmosphären gestalten – mit Atmosphären leben. Ein neues Konzept ästhetischer Bildung, Bd. 34, Jg. 2004/2005
– Das Schwinden der Natur, Bd. 43, Jg. 2013/2014
– Die Stasi ist mein Eckermann, Bd. 45, Jg. 2015/2016
– Europa wird vom Gehirn gehalten, vom Denken..., Bd. 36, Jg. 2006/2007
– German Angst oder German Miracle?, Bd. 42, Jg. 2012/2013
– Im Licht gehen, Bd. 49, Jg. 2019/2020
– Invasive Technisierung, Bd. 37, Jg. 2007/2008
– Invasive Technisierung, Bd. 45, Jg. 2015/2016
– Krankheit und Behinderung, Bd. 33, Jg. 2003/2004
– Leib und Körper – erläutert am Beispiel Liebe, Bd. 47, Jg. 2017/2018
– Moderner Körperkult – ein demokratisches Projekt?, Bd. 32, Jg. 2002/2003
– Schweigen als moralisches Problem, Bd. 39, Jg. 2009/2010
– Stille Orte und der Raum des Schweigens, Bd. 46, Jg. 2016/2017
– Technikphilosophie und Technikkritik, Bd. 38, Jg. 2008/2009
– Was uns Bäume bedeuten, Bd. 30, Jg. 2000/2001

Bölkow, Ludwig
– Energie im nächsten Jahrhundert – Bedarf und Deckung, Bd. 16, Jg. 1986/1987

Boer, Wolfgang de
– Das Dogma von der „Entzauberung" der Welt, Bd. 24, Jg. 1994/1995
– Technischer Fortschritt – wovon fort und wohin?, Bd. 19, Jg. 1989/1990

Borries, Dietrich von
– Der Zauberer und die Krokodile, Bd. 9, Jg. 1979

Boström, Jörg
– Sprache der Strahlen. Raumtiefe. Raumhöhe. Raumzeit. Unsichtbar. Sichtbar., Bd. 42, Jg. 2012/2013

Brenner, Andreas
– Altern als Ereignis und Schicksal, Bd. 49, Jg. 2019/2020

Bruchhausen, Walter
– Die vielen Bedeutungen des Ethischen in der Medizin, Bd. 38, Jg. 2008/2009

Brüggemann, Erich
– Design, Bd. 34, Jg. 2004/2005
– Ein mechanisch gewordenes Denken, Bd. 31, Jg. 2001/2002
– Wendezeiten, Bd. 32, Jg. 2002/2003

Büchner, Franz
– Zur Evolution des Menschen: Zufall oder Plan?, Bd. 6, Jg. 1976

Büttner, Stefan
– Totalitäre Denkstrukturen in den Konzepten der Medizin, Bd. 21, Jg. 1991/1992

Bulkowski, Hansjürgen
– Der eigene Körper, Bd. 47, Jg. 2017/2018
– Geräumige Gegenwart, Bd. 46, Jg. 2016/2017
– Voller Energie, Bd. 44, Jg. 2014/2015
– Von mir aus, von uns aus, Bd. 43, Jg. 2013/2014
– Worauf wir zugehen, Bd. 42, Jg. 2012/2013

Burkhardt, Otto Paul / Koch, Gert
– Überfahrten, Bd. 48, Jg. 2018/2019

Bussauer Manifest
– Zur umweltpolitischen Situation, Bd. 5, Jg. 1975

C

Chargaff, Erwin
- Amiel oder Das Zeitalter der Mittelmäßigkeit, Bd. 10, Jg. 1980
- Bedauerliche Erfüllung einer Vorhersage. Zu einigen Sätzen von Adalbert Stifter, Bd. 20, Jg. 1990/1991
- Belsazar kloniert. Bemerkungen zur Fortpflanzungstechnologie, Bd. 18, Jg. 1988/1989
- Bemerkungen, Bd. 5, Jg. 1975
- Bemerkungen, Bd. 6, Jg. 1976
- Bittere Früchte vom Baume der Erkenntnis, Bd. 4, Jg. 1974
- Die Aussicht vom dreizehnten Stock, Bd. 25, Jg. 1995/1996
- Die Schrift ist nicht der Text, Bd. 5, Jg. 1975
- Die Schwierigkeit, eine Satire zu schreiben, Bd. 14, Jg. 1984/1985
- Ein kurzer Besuch bei Bouvard und Pécuchet oder Der Laie als Fachmann, Bd. 8, Jg. 1978
- Einmal, am 2. Dezember, Bd. 13, Jg. 1983/1984
- Ein Monument für Albert Einstein. Einige Überlegungen über den Nachruhm des Naturforschers, Bd. 9, Jg. 1979
- Fortschritt und Überholtheit in den Wissenschaften, Bd. 11, Jg. 1981
- Fragmente über das nicht gewußte Wissen, Bd. 21, Jg. 1991/1992
- Frühe Furcht vor den Naturwissenschaften, Bd. 11, Jg. 1981
- Gedichte/Bemerkungen, Bd. 5, Jg. 1975
- „Kannibal ante portas". Gegen die übertriebene Förderung der Naturforschung durch den Staat, Bd. 23, Jg. 1993/1994
- Kommentar im Proszenium. Über die Grenzen der Naturwissenschaften, Bd. 7, Jg. 1977
- Nützliche Wunder, Bd. 6, Jg. 1976
- Segen des Unerklärlichen, Bd. 23, Jg. 1993/1994
- Selbstbesichtigung, Bd. 28, Jg. 1998/1999
- Sprachmeditationen über das Anderssein, Bd. 12, Jg. 1982
- Stimmen im Labyrinth, Bd. 7, Jg. 1977
- Trivialität in der Naturwissenschaft, Bd. 7, Jg. 1977
- Über den Wissensdurst, Bd. 17, Jg. 1987/1988
- Über die Vergeblichkeit des Widerspruchs, Bd. 22, Jg. 1992/1993
- Variationen über Themen der Naturforschung nach Worten von Pascal und anderen, Bd. 5, Jg. 1975
- Voraussichtliche Rücknahme eines Fluches, Bd. 15, Jg. 1985/1986
- Was ist Natur?, Bd. 24, Jg. 1994/1995
- Wehklage über das Verschwinden der Dryaden, Bd. 26, Jg. 1996/1997
- Wenig Lärm um Viel, Bd. 8, Jg. 1978
- Wider den Reduktionismus, Bd. 31, Jg. 2001/2002
- Zu müssen, was man nicht soll, Bd. 19, Jg. 1989/1990
- Zwei schlaflose Nächte, Bd. 27, Jg. 1997/1998

Claussen, Johann Hinrich
- Begegnung mit einem toten Tier. Über zwei Gedichte von Miroslav Holub und Ted Hughes, Bd. 33, Jg. 2003/2004
- Ornitheologie. Versuch über den walisischen Priester und Dichter R. S. Thomas, Bd. 32, Jg. 2002/2003
- Über das Glück einer Seifenblase, Bd. 44, Jg. 2014/2015
- Über einen Glücksritter von der traurigen Gestalt, Bd. 37, Jg. 2007/2008

Cox, Richard A. / Gesing, Martin
- Die Verschwörung der Macht. Bildfolgen, Bd. 33, Jg. 2003/2004

Cramer, Friedrich
- Was hat die Gentechnik dem Menschen gebracht und was kann sie ihm noch bringen?, Bd. 33, Jg. 2003/2004

D

Dahl, Jürgen
- Annäherung an den Salbei, Bd. 12, Jg. 1982
- Auf Gedeih und Verderb. Zur Metaphysik der Atomenergie-Erzeugung, Bd. 5, Jg. 1975
- Auf Gedeih und Verderb. Zur Metaphysik der Atomenergie-Erzeugung. Wiederabdruck aus gegebenem Anlass, Bd. 41, Jg. 2011/2012
- Aus Handel und Gewerbe, Bd. 3, Jg. 1973
- Aus Handel und Gewerbe, Bd. 4, Jg. 1974
- Bericht von der Abschaffung der Schimpansen, Bd. 9, Jg. 1979
- Das nichts sagende Orakel aus Starnberg, Bd. 6, Jg. 1976
- „Das Unerforschte" und das Unerforschte, Bd. 6, Jg. 1976
- Das Wispern nach dem Knall / Wollen Sie einen Bomber kaufen? / Der Krieger im Weltraum – ratlos / Das unverfrorene Schneeglöckchen, Bd. 12, Jg. 1982
- Der Aufenthalt im Schwenkbereich des Baggers ist verboten, Bd. 13, Jg. 1983/1984
- Der feuchte Blick der Hominiden, Bd. 10, Jg. 1980
- Der Geist als Körper-Teil betrachtet, Bd. 7, Jg. 1977
- Der Himmel hängt voller Sonden. Von der Vergeblichkeit der Weltraum-Erforschung, Bd. 9, Jg. 1979
- Der Raumfahrtprofessor und die Kohlrabiheiligen / Der Rufmord an der Technik / Gebrauchtwarenhandel im Sterbezimmer / So was gibt's gar nicht, Bd. 10, Jg. 1980
- Der Tag der Astronomen ist die Nacht, Bd. 8, Jg. 1978
- Der unbegreifliche Garten und seine Verwüstung, Bd. 11, Jg. 1981
- Die Eile hat der Teufel erfunden, Bd. 19, Jg. 1989/1990
- Die Inkompetenz der Kompetenten und andere Fußnoten, Bd. 6, Jg. 1976
- Die Sicherheit im Leitartikel, Bd. 3, Jg. 1973
- Die Sirenen haben einen Boom, Bd. 11, Jg. 1981
- Die Ursachen der Ursachen, Bd. 2, Jg. 1972
- Die Wiederkehr von Vaucansons Ente, Bd. 11, Jg. 1981
- Eine Laienpredigt über die Unbegreiflichkeit, Bd. 17, Jg. 1987/1988
- Einführung in die Schiefer, Bd. 5, Jg. 1975
- Einiges über die Eiche, Bd. 27, Jg. 1997/1998
- Feindbild, grobgerastert, Bd. 6, Jg. 1976
- Fußnoten, Bd. 8, Jg. 1978
- Fußnoten, Bd. 9, Jg. 1979
- Fußnoten, Bd. 17, Jg. 1987/1988
- Fußnoten, Bd. 18, Jg. 1988/1989
- Fußnoten, Bd. 24, Jg. 1994/1995
- Fußnoten, Bd. 26, Jg. 1996/1997
- Ganz moderne Fabeltiere / Stromerzeugung als Staatsgeheimnis / Gibt es denn wohl zwei Chemien?, Bd. 12, Jg. 1982
- Genesis mit Starkstromanschluß, Bd. 11, Jg. 1981
- Großes Augen-Spektakel. Zu: O. König, Urmotiv Auge, Bd. 6, Jg. 1976
- Handgemenge auf einem dünnen Seil – Ein Zwischenruf zur Tierschutzfrage, Bd. 14, Jg. 1984/1985
- Hat der Schwarze Kutscher recht? – Organtransplantation und die Folgen, Bd. 16, Jg. 1986/1987
- Hühnerzähne im Mäuseauge / Vom Blutdruckmessen und von verlorenen Maßen / Granaten, die im Glas wachsen / Schwierigkeiten mit der Intelligenz, Bd. 10, Jg. 1980
- Kalkstein und Feuerstein. Beispiele einer Natur-Anschauung, Bd. 2, Jg. 1972
- Kommt Zeit, kommt Unrat, Bd. 7, Jg. 1977
- Max Himmelheber zum Fünfundachtzigsten, Bd. 19, Jg. 1989/1990
- Metaphern aus Nachbars Garten, Bd. 7, Jg. 1977
- Mit dem Schnellen Brüter in die Sackgasse? / Über Columbia, den Krieg und die Verwundbarkeit / Der Mensch an der Steckdose / Die Mikrobe, unser Freund und Helfer

- / Rosa Brillen für Hühnerseelen, Bd. 11, Jg. 1981
- „Neue Mathematik" und „altes Rechnen", Bd. 3, Jg. 1973
- Nun reist mal schön! Schöner neuer Markt, Bd. 30, Jg. 2000/2001
- Oersteds Springbrunnen, Bd. 9, Jg. 1979
- Orakel für die Katz. Bitteres Lachen im grünen Bereich, Bd. 29, Jg. 1999/2000
- Papiertaschentuch und Atomreaktor. Aspekte der Dauerhaftigkeit, auch im weiteren Sinn, Bd. 22, Jg. 1992/1993
- Per aspera ad absurdum, Bd. 15, Jg. 1985/1986
- Preisliste fürs Überleben / Genetik als Wahrsagekunst / Embryos zu Tagespreisen / Mozart kam zu uns ins Haus, Bd. 14, Jg. 1984/1985
- Rache, bar genossen. Aus Philosophie und Praxis des Schmerzensgeldes, Bd. 2, Jg. 1972
- Riesenmäuse im toten Wald / Dioxin zum Weltgesundheitstag / Die perfekte Notlösung / Ein Preis für eine Besserwisserin, Bd. 13, Jg. 1983/1984
- Schwertlilie und Schokolade, Bd. 7, Jg. 1977
- Schwierigkeiten mit der Physik / Schlußkadenz / Ein weites Feld, ein morphogenetisches Feld, Bd. 12, Jg. 1982
- Sturzflug in die Banalität und Moazagotls Vertreibung, Bd. 7, Jg. 1977
- Übermorgen knallt es, Bd. 20, Jg. 1990/1991
- Über Schaulust und Dabeisein – Die Grausamkeiten des Hinsehens, Bd. 6, Jg. 1976
- Verteidigung des Federgeistchens. Über Ökologie und über Ökologie hinaus, Bd. 12, Jg. 1982
- Vertraulicher Umgang mit Materie, Bd. 25, Jg. 1995/1996
- Vom Folgerichtigen zum Absurden ist nur ein Schritt 278, Bd. 10, Jg. 1980
- Von den Ausschweifungen „des" Großhirns, Bd. 5, Jg. 1975
- Wachstumsstörungen der Heilindustrie, Bd. 5, Jg. 1975
- Warenrezensionen, Bd. 5, Jg. 1975
- Wer liefert eigentlich was? – Ein Universum von Wörtern und Sachen, Bd. 31, Jg. 2001/2002
- Wie man Adler mit Bouletten ausrottet / Mit dem Weltall wird es ernst / Federgeistchen, Bd. 11, Jg. 1981
- Woran dürfen wir sterben?, Bd. 28, Jg. 1998/1999
- Zeit des Gärtners, Bd. 23, Jg. 1993/1994
- Zu: C. M. Turnbull, Das Volk ohne Liebe, Bd. 4, Jg. 1974
- Zu: E. Lausch, Manipulation, Bd. 3, Jg. 1973
- Zu: Pu Yi, Ich war Kaiser von China, Bd. 4, Jg. 1974
- Zwölfzylinder, schadstoffarm. Von den Aporien des sogenannten Umweltschutzes, Bd. 21, Jg. 1991/1992

Deggau, Hans-Georg
- Das Ungenügen des Mitleids, Bd. 41, Jg. 2011/2012
- Die Homogenisierung des Heterogenen. Über das fragwürdige Ziel der Chancengleichheit im Bildungswesen, Bd. 49, Jg. 2019/2020
- Ein Vorschlag, Griechenland besser zu verstehen, Bd. 45, Jg. 2015/2016
- Es gibt Geld – Zur Mentalität der Verschuldung, Bd. 43, Jg. 2013/2014
- Verhüllung des Gesichts?, Bd. 42, Jg. 2012/2013
- Zur Wertschätzung der Arbeit im Islam, Bd. 47, Jg. 2017/2018

Dempe, Hellmuth
- Marsilio Ficino oder Die Versöhnung der Philosophie mit dem Glauben, Bd. 5, Jg. 1975

Detering, Klaus
- Einsparung des Menschen im Zeitalter des Computers, Bd. 15, Jg. 1985/1986
- Mensch und Automat, Bd. 1, Jg. 1971
- System, Natur und Sprache, Bd. 8, Jg. 1978

Deutsch, Werner
- Gespaltene Identität. Überlegungen zur Geschichte der Persönlichkeitsforschung, Bd. 35, Jg. 2005/2006

– Sternkinder, Bd. 33, Jg. 2003/2004
Diebitz, Stefan
– Die Bedeutung des Gesichts für die Moral, Bd. 43, Jg. 2013/2014
– Facetten der Gewalt, Bd. 44, Jg. 2014/2015
Dörflinger, Johannes / Gohr, Siegfried
– Apokalypse – offen, Bd. 40, Jg. 2010/2011
Dörflinger, Johannes / Storz, Bernd
– Große Balance. Skulpturen und Gedichte, Bd. 36, Jg. 2006/2007
Dörner, Dietrich
– Ut desint vires. Über den Umgang mit sehr komplexen Systemen, Bd. 9, Jg. 1979
Donnelley, Strachan
– Descartes, Spinoza und Biotechnik mit Tieren, Bd. 24, Jg. 1994/1995
Dorchain, Claudia Simone
– Chauvinistische Politik und europäisches Denken – Friedrich Nietzsche und der Faschismusvorwurf, Bd. 40, Jg. 2010/2011
– Totentanz – Der Tod in Bewegung, Bd. 41, Jg. 2011/2012
Dotterweich, Gedo
– Geometrie und Gestaltung, Bd. 13, Jg. 1983/1984
Drafz, Helge
– Heimatlos und unterwegs, Bd. 25, Jg. 1995/1996
Dries, Christian
– Das Zeitalter der positiven Anthropologie Überlegungen zur Dialektik des Fortschritts, Bd. 41, Jg. 2011/2012
– Die Shopping-Mall als Denkfigur der Spätmoderne. Ein gelegenheitsphilosophischer Stadtbummel, Bd. 38, Jg. 2008/2009
– Griechenland als Dystopie und Avantgarde, Bd. 42, Jg. 2012/2013
– Nach Auschwitz – Ein philosophischer Reisereport, Bd. 40, Jg. 2010/2011
– Wissen 2.0. Wie das Internet die Wissenschaft verändert, Bd. 37, Jg. 2007/2008
Dürr, Hans-Peter
– Ist Frieden machbar?, Bd. 16, Jg. 1986/1987
– Naturwissenschaft und Poesie – Begreifen und Spiegeln der Wirklichkeit, Bd. 22, Jg. 1992/1993

– Verantwortbare Wissenschaft und nachhaltige Wirtschaftsweise, Bd. 20, Jg. 1990/1991

E

Eber, Manfred
– Kernfusion, Bd. 11, Jg. 1981
Eberhardt, Robert
– Naturgebilde auf Papier. Zu den Zeichnungen von Ulrich Moritz, Bd. 45, Jg. 2015/2016
Eckert, Roland
– Bildungschancen sind Lebenschancen, Bd. 39, Jg. 2009/2010
– Die Besiedelung mit Gefühlen. Landschaft als Raum der Seele, Bd. 33, Jg. 2003/2004
– Prozesse der Radikalisierung, Bd. 47, Jg. 2017/2018
– Terrorismus, Ressentiment und religiöse Identität, Bd. 35, Jg. 2005/2006
Eckholm, Erik
– Der Artenschutz als Menschheitsaufgabe, Bd. 10, Jg. 1980
– Der Artentod und seine Folgen, Bd. 10, Jg. 1980
Egger, Kurt
– Ausbeutung und Kooperation – Landbau in ökologischer Verantwortung, Bd. 6, Jg. 1976
– Kritik der Grünen Revolution, Bd. 4, Jg. 1974
– Traditioneller Landbau in Tanzania – Modell ökologischer Ordnung?, Bd. 5, Jg. 1975
Eldjárn, Kristján
– Die Neujahrsbotschaft 1976 des Präsidenten Islands, Bd. 6, Jg. 1976
Ende, Michael
– Die Legende vom „Wegweiser", Bd. 18, Jg. 1988/1989
– Meine Vorstellung, Bd. 6, Jg. 1976
– Über das Ewig-Kindliche, Bd. 16, Jg. 1986/1987
– Über Kunst und Erkenntnis. Brief an einen Esoteriker, Bd. 17, Jg. 1987/1988

Eppler, Erhard
– Die Energiediskussion als Signal, Bd. 11, Jg. 1981
– Die Steine im Weg – Ökologische Einsichten und ihre Durchsetzung, Bd. 16, Jg. 1986/1987

Erenz, Benedikt
– Trost und Zorn. Notizen zu einem Gedicht von Ronsard, Bd. 28, Jg. 1998/1999

F

Falter, Reinhard
– Worin besteht das Umweltproblem? Gedanken zur Natur und Naturschutz im 21. Jahrhundert, Bd. 35, Jg. 2005/2006

Fetthauer, Peter / Matthes, Olaf
– Der heilige König im Bild, Bd. 47, Jg. 2017/2018

Fetthauer, Peter / Tabbert, Reinbert
– Körperspiel und Körperschrecken: Die Märchenholzschnitte Peter Fetthauers, Bd. 32, Jg. 2002/2003

Fischer, Ernst Peter
– Das schwarze Loch im öffentlichen Diskurs, Bd. 44, Jg. 2014/2015
– Die Gefahr, sich lächerlich zu machen, Bd. 48, Jg. 2018/2019
– Die Gesetze der Größe, Bd. 48, Jg. 2018/2019
– Mein Weltbild, Bd. 49, Jg. 2019/2020
– Nach den Genen, Bd. 46, Jg. 2016/2017
– Naturwissenschaftler beim Wort genommen – Eine Anmerkung von Hans Blumenberg zu Werner Heisenberg, Bd. 40, Jg. 2010/2011
– Zwei Weisen der Energie, Bd. 43, Jg. 2013/2014

Fischer, Hans-Joachim
– Entwicklung nach unten denken, Bd. 36, Jg. 2006/2007
– Freiheit und Bindung in kindlichen Bildungsprozessen, Bd. 46, Jg. 2016/2017
– Frühe Bildung, Bd. 35, Jg. 2005/2006
– Tanz an der Tür – Welt- und Selbstbegegnung als ästhetischer Prozeß, Bd. 31, Jg. 2001/2002
– Wie kommt man in eine Kathedrale, Bd. 34, Jg. 2004/2005

Fischer, Hans-Joachim / Kothe, Bettina
– „Es gibt vielerlei Lärm. Aber es gibt nur eine Stille". Religiöse Erfahrung an den Grenzen unserer Realität, Bd. 39, Jg. 2009/2010

Fischer, Leonhard
– Vom Verlust der Autorität, Bd. 4, Jg. 1974
– Zum Tode Erhart Kästners und Carl J. Burckhardts, Bd. 4, Jg. 1974

Fischer-Barnicol, Hans A.
– Das Veto des Islam. Die muslimischen Motive der Revolte, Bd. 11, Jg. 1981
– Die Herausforderung des Abendlandes durch den Islam. Zu den Ursachen der politischen Krise, Bd. 11, Jg. 1981

Fitzthum, Gerhard
– Die Asphaltierung der Welt, Bd. 43, Jg. 2013/2014
– Fliegen(wollen) ist menschlich, aber riskant, Bd. 46, Jg. 2016/2017
– Fluchtpunkt Wildnis, Bd. 44, Jg. 2014/2015
– Freie Fahrt den Barbaren, Bd. 48, Jg. 2018/2019
– Ohne Orientierung, Bd. 48, Jg. 2018/2019
– Panik als Normalzustand, Bd. 45, Jg. 2015/2016
– Verbundenheit und Ausbeutung. Postindustrielle Rückkehr zur Natur, Bd. 50, Jg. 2020/2021
– Vermessenheit – Strukturmerkmal der modernen Welt?, Bd. 47, Jg. 2017/2018

Flad-Schnorrenberg, Beatrice
– Amazoniens ungewisse Zukunft, Bd. 11, Jg. 1981
– Die Biologie des Geistes und der Geist der Biologie, Bd. 10, Jg. 1980

Flechsig, Hartmut
– Über den Umgang mit der Zeit. Dargestellt an einer Komposition von John Cage, Bd. 39, Jg. 2009/2010

Gesamtregister der Bände 1–50

Fleischhauer, Hans D.
– Sprechen – Schreiben – Lesen. Überlegungen und Vorschläge zum Deutschunterricht, Bd. 21, Jg. 1991/1992

Flint, Thomas
– Vom Beruf des Richters, Bd. 45, Jg. 2015/2016

Flitner, Andreas
– Das Musencabinett. Vom heiteren und vom bitteren Ernst der Künste, Bd. 39, Jg. 2009/2010
– Spuren-Lesen in Breslau, Bd. 33, Jg. 2003/2004
– Voyages couteux – voyages gratuit. Erinnerungen an Marseille, Les Milles, Port Bou, Bd. 34, Jg. 2004/2005

Flügge, Johannes
– Goethes morphologische Naturanschauung, Bd. 12, Jg. 1982
– In der Reformeuphorie vergessene Lebensbedingungen einer guten Schule, Bd. 10, Jg. 1980
– Verfehlte Wissenschaft – verfehlte Bildungspolitik, Bd. 13, Jg. 1983/1984

Fornallaz, Pierre A.
– Die Sonne als Energiequelle, Bd. 11, Jg. 1981

Franck, Georg
– Der Raubbau an der Umwelt muß unerschwinglich werden, Bd. 20, Jg. 1990/1991

Frank, Klaus D.
– Das Dialogische, Bd. 25, Jg. 1995/1996
– Der Krieg unserer Technik gegen uns, Bd. 31, Jg. 2001/2002
– Die Perfektion ist das Tote, Bd. 30, Jg. 2000/2001
– Gott ist tot! Und was nun?, Bd. 27, Jg. 1997/1998
– Hoffnung und Sinn in der Welt heute, Bd. 19, Jg. 1989/1990
– In lieblicher Bläue blühet ..., Bd. 24, Jg. 1994/1995
– Kulturobjekt Schulmaschine, Bd. 21, Jg. 1991/1992
– Struwwelpeter, Peter Hase und wir. Gehorsam und Konformität, Bd. 26, Jg. 1996/1997
– Wie wahr ist die Wirklichkeit?, Bd. 29, Jg. 1999/2000

Franz, Ulrich Th.
– Glück und Herrschaft, Bd. 30, Jg. 2000/2001

Friedrich, Hugo
– Pascal, Bd. 2, Jg. 1972

Friese, Klaus Gerrit / Kneffel, Karin
– Endlich, Bd. 44, Jg. 2014/2015

Fritsch, Bruno
– Der Weg in die Veränderung, Bd. 7, Jg. 1977

Fuchs, Thomas
– Cinematographische Anmerkungen zum Verschwinden der Wirklichkeit, Bd. 31, Jg. 2001/2002
– Das ungelebte Leben, Bd. 38, Jg. 2008/2009
– Der manische Mensch, Bd. 30, Jg. 2000/2001
– Glück und Zeit, Bd. 43, Jg. 2013/2014
– Innen oder außen – wo finden wir uns selbst?, Bd. 45, Jg. 2015/2016
– Ist Schuld ein Gefühl?, Bd. 40, Jg. 2010/2011
– Klone und Doppelgänger. Über die Duplikatur des Menschen, Bd. 29, Jg. 1999/2000
– Körper haben oder Leib sein, Bd. 41, Jg. 2011/2012
– Kosmos im Kopf? Zur Kritik des Cerebrozentrismus, Bd. 33, Jg. 2003/2004
– Lebenswissenschaften und Lebenswelt, Bd. 34, Jg. 2004/2005
– Leib, Zeit, Identität. Das Selbsterleben in der Adoleszenz, Bd. 39, Jg. 2009/2010
– Leibliche und virtuelle Realität, Bd. 27, Jg. 1997/1998
– Neuromythologien, Bd. 36, Jg. 2006/2007
– Sexualität im Zeitalter ihrer technischen Reproduzierbarkeit, Bd. 32, Jg. 2002/2003
– Transhumanismus und Verkörperung, Bd. 50, Jg. 2020/2021
– Vom Nutzen des Vergessens, Bd. 42, Jg. 2012/2013
– Was heißt „sich entscheiden"? Zur Debatte um die Willensfreiheit, Bd. 35, Jg. 2005/2006

G

Gebert, Sigbert
– Das Böse (Menschenrechtsverletzungen) verstehen – mit und gegen Hannah Arendt, Bd. 46, Jg. 2016/2017
– Die Sehnsucht der Reise, Bd. 43, Jg. 2013/2014
– Gegen das Unglück im Alter, Bd. 42, Jg. 2012/2013
– Kitschige Zeiten, Bd. 47, Jg. 2017/2018
– Moral allein genügt nicht – Zur Lage und Strategie des Vegetarismus, Bd. 48, Jg. 2018/2019
– Skeptisches Vertrauen: Der heute normale Weltzugang, Bd. 49, Jg. 2019/2020
– Technik, Technisierung, Moral und Glück – Technikphilosophie und philosophische Technik, Bd. 50, Jg. 2020/2021
– Vegetarismus als Konsequenz der modernen Moral, Bd. 41, Jg. 2011/2012

Gebhard, Ulrich
– Naturverhältnis und Selbstverhältnis, Bd. 35, Jg. 2005/2006

George, Stefan
– Der Mensch und der Drud, Bd. 6, Jg. 1976

Gerhardt, Kurt
– Der Mensch als Qualität und Quantität, Bd. 6, Jg. 1976
– Der Mensch und seine Aggression in neuer Sicht, Bd. 13, Jg. 1983/1984
– Spuren der Menschwerdung, Bd. 5, Jg. 1975

Gerhardt, Volker
– Genom und Übermensch. Nietzsche in der biopolitischen Diskussion, Bd. 33, Jg. 2003/2004

Geserich, Hans-Peter
– Nullwachstum als Gleichgewichtszustand einer hochentwickelten Industriegesellschaft?, Bd. 10, Jg. 1980
– Weg vom Öl – aber wie?, Bd. 12, Jg. 1982
– Wieviel (Kern-)Energie brauchen wir?, Bd. 7, Jg. 1977

Gesing, Martin
– Verschwörung der Macht. Zu den Bildfolgen von Richard A. Cox, Bd. 33, Jg. 2003/2004

Gizycki, Horst von
– Aus dem Entwurf einer erotischen Farbenlehre, Bd. 11, Jg. 1981

Glaeser, Bernhard
– Die ökologische Dimension der Entwicklungspolitik, Bd. 16, Jg. 1986/1987
– Kritik der Grünen Revolution, Bd. 4, Jg. 1974
– Landwirtschaft in China, Bd. 11, Jg. 1981
– Umweltpolitik zwischen Frühkapitalismus und sozialistischer Modernisierung: Die Kontinentalreiche Brasilien und China, Bd. 10, Jg. 1980
– Umweltschonende Produktionsformen für die Landwirtschaft der Entwicklungsländer, Bd. 9, Jg. 1979

Glanzmann, Sibylle
– Leben in den Wäldern? Das Ideal der Vita contemplativa bei Henry David Thoreau, Bd. 21, Jg. 1991/1992

Gohr, Siegfried / Dörflinger, Johannes
– Apokalypse – offen, Bd. 40, Jg. 2010/2011

Göppel, Rolf
– Das Jugendalter heute, Bd. 25, Jg. 1995/1996
– Sich der Gewalt stellen. Zum Umgang mit Aggression und Gewalt, Bd. 28, Jg. 1998/1999
– Umweltpädagogik und Naturästhetik, Bd. 23, Jg. 1993/1994
– Wenn ich hasse, habe ich keine Angst mehr ... Gewalt als Ausdruck von Ich-Schwäche?, Bd. 29, Jg. 1999/2000

Görner, Rüdiger
– Denkbrüche oder: Von der Dialektik zur Pluralektik, Bd. 37, Jg. 2007/2008
– Modernität und Universität: Überlegungen zu einem Spannungsverhältnis, Bd. 39, Jg. 2009/2010
– Thomas Mann. Der skeptische Weltbürger, Bd. 49, Jg. 2019/2020

– Weil wir sind, was wir erinnern – Überlegungen zu einer Mnemontologie, Bd. 40, Jg. 2010/2011

Gosebruch, Martin
– „Documenta" und die Erweichung der Begriffe, Bd. 8, Jg. 1978
– Von der modernen Wissenschaft und den Grenzen ihres Wahrheitsbegriffes, Bd. 8, Jg. 1978

Gradl, Karlheinz
– Novalis und die Ordensburg, Bd. 36, Jg. 2006/2007
– Rousseau träumt auf der Insel. Ein Beitrag zur Geschichte des individuellen Bewusstseins, Bd. 38, Jg. 2008/2009
– Sehnsucht nach vollkommener Stille. W. G. Sebald und die Wiederentdeckung des romantischen Heimatbegriffs, Bd. 35, Jg. 2005/2006
– Strindberg – die letzte Leuchtspur Rousseaus in Europa, Bd. 37, Jg. 2007/2008

Greffrath, Mathias
– Die Zweite Renaissance, Bd. 39, Jg. 2009/2010
– Ebereschen und Eliten und anderes, Bd. 29, Jg. 1999/2000
– Genuß – Vermutungen über den Stand der Forschung, Bd. 31, Jg. 2001/2002
– Im Steinbruch der Kulturen, Bd. 30, Jg. 2000/2001

Grimmel, Eckard
– Endlager Gorleben – Stationen eines Irrweges (1977-1984), Bd. 14, Jg. 1984/1985

Grober, Ulrich
– Die grüne Seele der Weimarer Klassik. Eine Spurensuche auf Goethes Wegen im Thüringer Wald, Bd. 37, Jg. 2007/2008
– Ein sperriger Begriff: Über die Erfindung von Nachhaltigkeit, Bd. 38, Jg. 2008/2009
– Heidegger bei Neuschnee, Bd. 33, Jg. 2003/2004
– Hochschule für Nachhaltigkeit – 200 Jahre Forstakademie Tharandt, Bd. 40, Jg. 2010/2011
– Im Schneeland. Eine Winterwanderung durch Stifters Hochwald, Bd. 35, Jg. 2005/2006
– Lebenslinien. Notizen von einer meditativen Wanderung am Grünen Band, Bd. 32, Jg. 2002/2003
– Urphänomene. Notizen von einer Wanderung am Darß, Bd. 34, Jg. 2004/2005

Gröhler, Harald
– Die Zeit dauert, Bd. 49, Jg. 2019/2020

Grützke, Johannes
– Übers Portraitieren. Der Maler spricht. Eine Rede, Bd. 41, Jg. 2011/2012

Grunwald, Armin
– Entsorgung von Verantwortung statt narzisstischer Kränkung: das stille Vergnügen des Menschen an seiner Marginalisierung, Bd. 47, Jg. 2017/2018

Gruppe Ökologie Hannover
– Endlagerung von Atommüll. Die Vorgehensweise in verschiedenen Staaten, Bd. 20, Jg. 1990/1991

Gsponer, André
– Teilchenbeschleuniger und Fusionstechnologien. Schleichwege zur atomaren Rüstung, Bd. 11, Jg. 1981

Günter, Janne
– Mündliche Geschichtsschreibung, Bd. 11, Jg. 1981

H

Hädecke, Wolfgang
– Das Magazin zur Wachstumskrise, Bd. 11, Jg. 1981
– Der Fußgänger in der Stadt, Bd. 13, Jg. 1983/1984
– Der Korsar und die Krise. Über Pier Paolo Pasolinis „Freibeuterschriften", Bd. 10, Jg. 1980
– Die englischen Propheten: John Ruskin und William Morris, Bd. 14, Jg. 1984/1985
– Die gefährdete Stadt, Bd. 11, Jg. 1981
– Die große Abblendung, Bd. 7, Jg. 1977

– Die Welt als Maschine. Über Friedrich Georg Jüngers Buch „Die Perfektion der Technik", Bd. 10, Jg. 1980
– Heinrich Heine und der Industrialismus, Bd. 16, Jg. 1986/1987
– Plädoyer für eine andere Stadt, Bd. 12, Jg. 1982

Hägele, Ulrich
– Frontfotografie, Bd. 48, Jg. 2018/2019

Hagen, Rainer
– Das schöne Märchen vom Blick in die Augen, Bd. 40, Jg. 2010/2011
– Die Geschichte von den zwei Richtungen oder Die Welt in Kästchen, Bd. 50, Jg. 2020/2021
– Die Haare auf dem Kopf, Bd. 42, Jg. 2012/2013
– Hinter dem Schleier, Bd. 43, Jg. 2013/2014
– Körperwärme ist kein gutes Thema, Bd. 47, Jg. 2017/2018
– Über den Ruf der Nase, Bd. 50, Jg. 2020/2021
– Über Momos. Vom Olymp gestürzt – der Gott des skeptischen Denkens, Bd. 41, Jg. 2011/2012
– Über Witze mit beschränkter Reichweite, Bd. 49, Jg. 2019/2020
– Und wo bleibt der Ernst?, Bd. 48, Jg. 2018/2019
– Was sagt uns der Lärm der Badeanstalt?, Bd. 46, Jg. 2016/2017
– Zum Streit zwischen Fantasie und Wirklichkeit, Bd. 48, Jg. 2018/2019

Hahn, Ekhart
– Der eigenen Kraft vertrauen und auf zwei Beinen gehen. Vom Planen und Bauen in China, Bd. 9, Jg. 1979

Han, Byung-Chul
– Homo sacer und Guantanamo, Bd. 40, Jg. 2010/2011
– Über das Schließen. Eine Eloge, Bd. 38, Jg. 2008/2009

Haneke, Burkhard
– Mystischer Aufbruch ins neue Zeitalter. Bewußtseinstransformation und kosmische Evolution im Zeichen des „New Age", Bd. 19, Jg. 1989/1990

Hansch, Dietmar / Bastian, Till
– Moderne Hirnforschung. Im Reich der überschätzten Möglichkeiten, Bd. 34, Jg. 2004/2005

Hartmann, Otto Julius
– Altes und neues Weltbild, Bd. 2, Jg. 1972
– Die energetischen Grundlagen der Technik und der freien Natur, Bd. 2, Jg. 1972
– Die Selbstverleugnung des Geistes, Bd. 2, Jg. 1972
– Mensch, Maschine, Lebewesen, Bd. 3, Jg. 1973
– Probleme der Evolutionstheorie, Bd. 1, Jg. 1971
– Vererbung und Selbst-Sein, Bd. 2, Jg. 1972

Hartung, Gerald
– Warum das, was ist, nicht alles sein kann. Anmerkungen zu Adorno, Bd. 34, Jg. 2004/2005

Hasse, Jürgen
– Naturidealisierungen im Umweltschutzhandeln. Umweltpolitik zwischen Naturidealisierung und politischer Intervention, Bd. 23, Jg. 1993/1994
– „Rochenflügel in Calvados". Kulinarische Beziehungen zum Fisch: ästhetisch-ethische Abgründe, Bd. 49, Jg. 2019/2020

Hauskeller, Christine
– Subjekt und Folter, Bd. 31, Jg. 2001/2002

Hauskeller, Michael
– Das Ringen um Humanität, Bd. 31, Jg. 2001/2002
– Die Kunst der Photographie, Bd. 33, Jg. 2003/2004
– Die Menschenverbesserer, Bd. 41, Jg. 2011/2012
– Die Natur des verbesserten Menschen, Bd. 43, Jg. 2013/2014
– Die Schonung der Bilder, Bd. 26, Jg. 1996/1997
– Die Weisheit des Hippias. Reflexionen zum Problem des Schönen, Bd. 37, Jg. 2007/2008
– Ich sein, Bd. 49, Jg. 2019/2020
– Ist die Moralphilosophie eine Gefahr für die Moral?, Bd. 32, Jg. 2002/2003
– Ist Leben heilig?, Bd. 38, Jg. 2008/2009

Gesamtregister der Bände 1–50

- Menschen-Bilder, Bd. 47, Jg. 2017/2018
- Mitten im Leben. Über Altern, Tod und Unsterblichkeit, Bd. 45, Jg. 2015/2016
- Naturschutz für wen?, Bd. 25, Jg. 1995/1996
- Unsinn auf Stelzen? Menschenwürde als säkularer Glaubensartikel, Bd. 35, Jg. 2005/2006
- Von der heiligen Pflicht, die Toten zu essen, und anderen merkwürdigen Bräuchen, Bd. 34, Jg. 2004/2005
- Was heißt es, die Würde eines Tieres zu achten?, Bd. 44, Jg. 2014/2015
- Was im Tier blickt uns an?, Bd. 46, Jg. 2016/2017
- Was ist falsch daran, einen Menschen zu töten?, Bd. 30, Jg. 2000/2001
- Was ist Kunst?, Bd. 29, Jg. 1999/2000
- Zwischen Leben und Tod. Wider den bioethischen Rationalismus, Bd. 27, Jg. 1997/1998

Hediger, Heini
- Kuckucks-Rätsel, Bd. 12, Jg. 1982

Heidrich, Christian
- Unser schönes Scheitern, Bd. 30, Jg. 2000/2001

Heinrichs, Johannes
- Begriff und Wert der Arbeit in Zeiten der Massenarbeitslosigkeit, Bd. 28, Jg. 1998/1999

Heitler, Walter
- Bewußtseinswandlungen. Ehrfurcht vor dem Leben – gelebt, Bd. 10, Jg. 1980
- Die Evolution – ein physikalischer Zufall?, Bd. 5, Jg. 1975
- Die hierarchische Ordnung der Natur, Bd. 4, Jg. 1974
- Gott und die Technik, Bd. 24, Jg. 1994/1995
- Über die Komplementarität von lebloser und lebender Materie, Bd. 8, Jg. 1978
- Von der Liebe zur Natur, Bd. 9, Jg. 1979
- Wertfreiheit – oder Wert der Wissenschaft, Bd. 11, Jg. 1981

Hellmann, Lutz
- Zur Rolle von Risikobetrachtungen bei der Durchsetzung der Kernenergie, Bd. 9, Jg. 1979

Helwig, Werner
- Duft und Wesen, Bd. 12, Jg. 1982
- Im Dünenschutt der Stunden, Bd. 13, Jg. 1983/1984
- Japanische Skizzen, Bd. 5, Jg. 1975
- Scheidewege, Bd. 4, Jg. 1974

Hennig, Christoph
- Das Verschwinden der Landschaft, Bd. 42, Jg. 2012/2013
- Die Illusion der Macht: Shakespeare und Hobbes, Bd. 45, Jg. 2015/2016

Hense, Karl-Heinz
- Zum 40. Todestag des skeptischen Humanisten Ludwig Marcuse, Bd. 41, Jg. 2011/2012

Hentig, Hartmut von
- Oikos, Bd. 23, Jg. 1993/1994
- Vier Generationen – vier Welten?, Bd. 6, Jg. 1976

Herre, Volkmar
- Jenseits des Augenblicks. Camera-obscura-Photographien, Bd. 32, Jg. 2002/2003

Herzog, Volker
- Die Natur organisiert sich selbst. Molekulare Selbstorganisation der belebten Welt, Bd. 42, Jg. 2012/2013
- Epigenetik: Das molekulare Gedächtnis des Körpers als ein Dirigent unseres Lebens, Bd. 41, Jg. 2011/2012
- Vogelgesang und Musik. Streifzüge durch eine besondere Wechselbeziehung zwischen Mensch und Vogel, Bd. 43, Jg. 2013/2014

Hesse, Hans-Albert
- Der Experte als Experte, als Laie und als Dilettant, Bd. 29, Jg. 1999/2000

Heynicke, Kurt
- Positionen. Gedichte, Bd. 3, Jg. 1973

Hilbert, Klaus / Soentgen, Jens
- Terra Preta als politischer Mythos: „Das Wunder aus dem Regenwald", Bd. 45, Jg. 2015/2016

Himmelheber, Max
- Abstraktion und Vorstellung, Bd. 10, Jg. 1980
- Aggression und Selbstverwirklichung., Bd. 3, Jg. 1973
- „Alternativen zur Kernenergie" – Gedanken nach einer Tagung über Energiepolitik, Bd. 6, Jg. 1976
- Aus den Tagebüchern 1942-1982, Bd. 12, Jg. 1982
- Das Leben ist der Güter höchstes, Bd. 12, Jg. 1982
- Der Explosionsmythos. Über einen wissenschaftlichen Anschauungszwang, Bd. 1, Jg. 1971
- Die Trinität der Natur, Bd. 18, Jg. 1988/1989
- Gedanken über die Schönheit. Begegnungen mit Walen und Delphinen, Bd. 23, Jg. 1993/1994
- Grenzen des technischen Fortschritts, Bd. 1, Jg. 1971
- Grenzen des technischen Fortschritts, Bd. 22, Jg. 1992/1993
- In memoriam Friedrich Georg Jünger, Bd. 7, Jg. 1977
- Lehren aus Japan, Bd. 10, Jg. 1980
- Mißverständnisse, Irrtümer, Utopien, Bd. 23, Jg. 1993/1994
- Notizen zur Entwicklungstheorie, Bd. 24, Jg. 1994/1995
- Rückschritt zum Überleben. Erster Teil, Bd. 4, Jg. 1974
- Rückschritt zum Überleben. Zweiter Teil, Bd. 4, Jg. 1974
- Schiene und Straße – Verkehrswege in die Zukunft, Bd. 7, Jg. 1977
- Selbsthilfewerkstätten für jugendliche Arbeitslose. Konsumgütererzeugung außerhalb der Geld- und Marktwirtschaft, Bd. 34, Jg. 2004/2005
- Selbsthilfewerkstätten für jugendliche Arbeitslose, Bd. 23, Jg. 1993/1994
- Statistisches Gleichgewicht. Versuch einer kinetischen Theorie, Bd. 23, Jg. 1993/1994
- Symptom-Therapie und Heilung am Beispiel des Abwasserproblems, Bd. 5, Jg. 1975
- Vorbemerkung zu den Beiträgen „Statistisches Gleichgewicht" und „Mißverständnisse, Irrtümer, Utopien", Bd. 23, Jg. 1993/1994
- Zur Energiekrise, Bd. 4, Jg. 1974

Hirsch, Helmut
- Die Bundesrepublik Deutschland und der Atomwaffensperrvertrag – Eine Analyse der Politik 1974-1985, Bd. 16, Jg. 1986/1987
- Endlagerung Atommüll: Schutzziele für ein Jahrmillionenproblem, Bd. 14, Jg. 1984/1985
- Radioisotope in Wirtschaft, Medizin und Forschung, Bd. 15, Jg. 1985/1986
- Reaktor(un-)sicherheit in den RGW-Staaten, Bd. 17, Jg. 1987/1988

Hiß, Christian
- Der Bauer ist kein Händler, Bd. 46, Jg. 2016/2017
- Produktionsformen sind Lebensformen, Bd. 27, Jg. 1997/1998

Höffe, Otfried
- Die Ethik der Natur im Streit um die Moderne, Bd. 19, Jg. 1989/1990

Hösle, Vittorio G.
- Charismatiker, Genie, Prophet und dynamischer Unternehmer, Bd. 43, Jg. 2013/2014
- Die Einheit des Wissens und die Wirklichkeit der Universität. Ein Bericht über eine Begegnung, Bd. 39, Jg. 2009/2010
- Die Metaebene der bioethischen Diskussion – Einige Bemerkungen zu Michael Naumanns Kirchentagsrede, Bd. 31, Jg. 2001/2002

Hoffmann, Gerd E.
- Auf dem Weg in die Dossier-Gesellschaft? Prinzipien und Folgen der Computer-Technologie, Bd. 9, Jg. 1979
- Die geheimen Überwacher, Bd. 12, Jg. 1982
- Philosophie der Informationsgesellschaft, Bd. 11, Jg. 1981

Gesamtregister der Bände 1–50

Hoffmann, Roald
– Das Gleiche und das Nichtgleiche, Bd. 48, Jg. 2018/2019

Hofmann, Hasso
– Langzeitrisiko und Verfassung: Eine Rechtsfrage der atomaren Entsorgung, Bd. 10, Jg. 1980

Holm, Henrik
– Die Macht der Dummheit oder: Nietzsche und wir?, Bd. 48, Jg. 2018/2019

Holzwarth, Frédéric
– Verbundenheit – ein leibliches Phänomen, Bd. 50, Jg. 2020/2021

Holzwarth, Michael
– Brot – modern und postmodern, Bd. 49, Jg. 2019/2020
– Das Smartphone, Bd. 45, Jg. 2015/2016
– Ekel und Moral – Zur Aktualität einer sozial vernichtenden Emotion, Bd. 47, Jg. 2017/2018
– Vom Automobil zum Smartphone, von McDonald's zu Facebook, Bd. 48, Jg. 2018/2019
– Vom Kaffee zum Café. Über die psychosoziale Wirkung eines Getränks, Bd. 50, Jg. 2020/2021
– Vom Mythos zum Logos und andere Mythen, Bd. 46, Jg. 2016/2017
– Wasser to go, Bd. 44, Jg. 2014/2015

Horstmann, Ulrich
– „Vielleicht bin ich ein Hanswurst" – Friedrich Nietzsche übel mitgespielt, Bd. 26, Jg. 1996/1997
– Melancholie und Essay, Bd. 28, Jg. 1998/1999
– Technologisches Denken und apokalyptische Imagination, Bd. 23, Jg. 1993/1994
– Übergangslos – Zur Utopie des Abschieds, Bd. 29, Jg. 1999/2000

Huber, Herbert
– Philosophieunterricht an der Schule, Bd. 18, Jg. 1988/1989

Hübner, Kurt
– Albert Einstein – Versuch einer geistesgeschichtlichen Einordung, Bd. 10, Jg. 1980
– Die nicht endende Geschichte des Mythischen, Bd. 16, Jg. 1986/1987
– Prometheus – Rebell wofür?, Bd. 24, Jg. 1994/1995
– Wie aktuell ist Plato heute?, Bd. 12, Jg. 1982

Hügelmann, Hill Renée
– Gedichte, Bd. 4, Jg. 1974
– Gedichte, Bd. 5, Jg. 1975

Hurm, Karl / Sauer, Walter
– Bilderwelten, Bd. 46, Jg. 2016/2017

Husemann, Friedrich W.
– Vor den verbalen Wagenburgen, Bd. 27, Jg. 1997/1998

I

Illich, Ivan
– Die Gesellschaft in den Fängen der Bedürfnismacher, Bd. 7, Jg. 1977
– Ein Plädoyer für die Erforschung der Laien-Bildung, Bd. 17, Jg. 1987/1988
– Wort und Alphabet, Bd. 14, Jg. 1984/1985

Illies, Christian
– „Schau an der schönen Gärten Zier", Bd. 42, Jg. 2012/2013
– Das normative Fundament des Gerechten Krieges und das Nachhaltigkeitsgebot der Friedenssicherung, Bd. 38, Jg. 2008/2009
– Der Mensch im Zeitalter seiner technischen Reproduzierbarkeit – Eine philosophische Betrachtung, Bd. 31, Jg. 2001/2002
– Dolly Browns Dilemma. Führt die Biotechnik zu einer moralischen Überforderung der Zukunft?, Bd. 32, Jg. 2002/2003

Ingensiep, Hans Werner
– Antizipatorische Bioethik – reale Rückblicke und fiktive Ausblicke, Bd. 34, Jg. 2004/2005

J

Jacobi, Rainer-M.E.
– Wahrheit und Verantwortung in der Medizin, Bd. 25, Jg. 1995/1996

Jägersberg, Otto
– Max Himmelheber zum 100. Geburtstag, Bd. 34, Jg. 2004/2005

Jonas, Hans
– Aktuelle ethische Probleme aus jüdischer Sicht, Bd. 24, Jg. 1994/1995
– Das Recht zu sterben, Bd. 14, Jg. 1984/1985
– Evolution und Freiheit. Mit einem biographischen Beitrag von Robert Spaemann, Bd. 13, Jg. 1983/1984
– Freiheit der Forschung und öffentliches Wohl, Bd. 11, Jg. 1981
– Geist, Natur und Schöpfung. Kosmologischer Befund und kosmogonische Vermutung, Bd. 18, Jg. 1988/1989
– Laßt uns einen Menschen klonieren, Bd. 12, Jg. 1982
– Last und Segen der Sterblichkeit, Bd. 21, Jg. 1991/1992
– Vergangenheit und Wahrheit, Bd. 20, Jg. 1990/1991
– Werkzeug, Bild und Grab. Vom Transanimalischen im Menschen, Bd. 15, Jg. 1985/1986

Jung, Norbert
– Naturverständnis und Psychotop, Bd. 50, Jg. 2020/2021

Jünger, Ernst
– Angola I, Bd. 6, Jg. 1976
– Aus „Eumeswil", Bd. 7, Jg. 1977
– Aus „Siebzig verweht", Bd. 7, Jg. 1977
– Aus den Tagebüchern, Bd. 8, Jg. 1978
– Aus den Tagebüchern, Bd. 9, Jg. 1979
– Aus der Villa Massimo, Bd. 9, Jg. 1979
– Aus der Villa Massimo II, Bd. 9, Jg. 1979
– Aus der Villa Massimo III, Bd. 10, Jg. 1980
– Aus der Villa Massimo IV, Bd. 10, Jg. 1980
– Ausgehend vom Brümmerhof. Für Alfred Toepfer zum achtzigsten Geburtstag, Bd. 4, Jg. 1974
– Autor und Autorschaft, Bd. 11, Jg. 1981
– Autor und Autorschaft II, Bd. 11, Jg. 1981
– Autor und Autorschaft III, Bd. 11, Jg. 1981
– Autor und Autorschaft IV, Bd. 12, Jg. 1982
– Autor und Autorschaft V, Bd. 13, Jg. 1983/1984
– Autor und Autorschaft – Nachträge, Bd. 16, Jg. 1986/1987
– Autor und Autorschaft – Nachträge, Bd. 17, Jg. 1987/1988
– Autor und Autorschaft – Nachträge, Bd. 19, Jg. 1989/1990
– Autor und Autorschaft – Nachträge, Bd. 20, Jg. 1990/1991
– Im Interim. Notizen zur „Schere", Bd. 21, Jg. 1991/1992
– Philemon und Baucis. Der Tod in der mythischen und in der technischen Welt, Bd. 3, Jg. 1973
– Rund um den Sinai, Bd. 5, Jg. 1975
– Siebzig verweht III, Bd. 15, Jg. 1985/1986
– Singapur, Bd. 11, Jg. 1981
– Singapur, Teil 2, Bd. 12, Jg. 1982
– Spitzbergen, Bd. 12, Jg. 1982
– Verlorene Schatten – Agadir III, Bd. 6, Jg. 1976
– Zahlen und Götter. Erster Teil 3, Fortsetzung, Bd. 4, Jg. 1974

Jünger, Friedrich Georg
– „Der europäische Nihilismus", Bd. 3, Jg. 1973
– Alter Friedhof, Bd. 7, Jg. 1977
– Anarchismus und Kommunismus, Bd. 2, Jg. 1972
– Bemerkungen, Bd. 6, Jg. 1976
– Bemerkungen in Prosa und Versen, Bd. 1, Jg. 1971
– Bibliothekarische Notizen, Bd. 3, Jg. 1973
– Der Adler, Bd. 12, Jg. 1982
– Eigentum und Kapital, Bd. 1, Jg. 1971
– Ein Briefwechsel (Einstein/Born), Bd. 4, Jg. 1974
– Entwicklung und Evolution, Bd. 5, Jg. 1975
– Gedichte, Bd. 6, Jg. 1976
– Geld, Bd. 1, Jg. 1971
– Glück im Unglück, Bd. 5, Jg. 1975
– Masse und Kollektiv, Bd. 4, Jg. 1974
– Mythen und Mythologie, Bd. 6, Jg. 1976
– Otto Weininger, Bd. 2, Jg. 1972
– Staat und Gesellschaft, Bd. 1, Jg. 1971
– Tunis, Bd. 3, Jg. 1973

Gesamtregister der Bände 1–50

– Zu: Chr. Enzensberger, Größerer Versuch über den Schmutz, Bd. 1, Jg. 1971

Jünger, Hans-Dieter
– Am Ende der Heilsgeschichte, Bd. 30, Jg. 2000/2001
– Der Vogel beweist nichts. Gedanken zum Fliegen mit und gegen die Natur, Bd. 28, Jg. 1998/1999
– Die Schrift, die Technik und das Vergessen. Zum Stand der digitalen Neu-Alphabetisierung, Bd. 27, Jg. 1997/1998
– Kommunikation unter Kamelhäuten, Bd. 29, Jg. 1999/2000

K

Kächele, Joachim
– Bäume – Transformationen in Schwarz-Weiß, Bd. 35, Jg. 2005/2006

Kaeser, Eduard
– Auf den elektrischen Hund gekommen?, Bd. 36, Jg. 2006/2007
– Das Sportwerk im Zeitalter seiner technischen Reproduzierbarkeit, Bd. 38, Jg. 2008/2009
– Der Basar der Experten, Bd. 39, Jg. 2009/2010
– Der gute Roboter, Bd. 45, Jg. 2015/2016
– Die Ökonomie ist eine Sozialwissenschaft, Bd. 46, Jg. 2016/2017
– Herr Keuner und die Bäume, Bd. 47, Jg. 2017/2018
– Ignoranzproduzenten, Bd. 40, Jg. 2010/2011
– Im Schatten der Innovation, Bd. 48, Jg. 2018/2019
– Langeweile: Die Tugend eines Lasters, Bd. 42, Jg. 2012/2013
– Simulo ergo sum. Es gibt kein richtiges Leben im virtuellen, Bd. 41, Jg. 2011/2012
– Trotz als Menschenwürde. Ein Versuch über Renitenzialismus, Bd. 49, Jg. 2019/2020
– Was zum Teufel ist Kliodynamik?, Bd. 44, Jg. 2014/2015

– Wissenschaftskitsch – Eine Erkundung, Bd. 43, Jg. 2013/2014

Kahl, Joachim
– Sexualität – Ehe – Familie. Eine Polemik gegen den modischen Irrtum einer Gleichrangigkeit aller Lebensformen, Bd. 35, Jg. 2005/2006

Kahle, Henning
– Die „Mechanismen" der Evolution. Eine Überprüfung aus der Sicht von Genetik und Paläontologie, Teil 1, Bd. 12, Jg. 1982
– Die „Mechanismen" der Evolution. Eine Überprüfung aus der Sicht von Genetik und Paläontologie, Teil 2, Bd. 12, Jg. 1982

Kaltenbrunner, Gerd-Klaus
– Mani und die Manichäer, Bd. 4, Jg. 1974
– Pythagoras – Himmelsmusik und Harmonie der Seelen, Bd. 17, Jg. 1987/1988
– Thomas von Aquin und die Gesellschaft, Bd. 4, Jg. 1974
– Von der Inflation zur Liquidierung. Geldwertverfall als Ursache und Folge des Totalitarismus, Bd. 24, Jg. 1994/1995
– William Blake, Bd. 10, Jg. 1980

Kaplan, Helmut F.
– Über Ethiker und Diebe, Bd. 30, Jg. 2000/2001

Karafyllis, Nicole C.
– Die Gesundheit humaner Biofakte, Bd. 32, Jg. 2002/2003

Kerbs, Diethart
– Baustellen und Bürgerproteste, Bd. 41, Jg. 2011/2012
– Es gibt ein Bürgerrecht auf Geschichte, Bd. 39, Jg. 2009/2010

Klaus, Michael
– Die Ruhr, Bd. 31, Jg. 2001/2002

Klein, Johannes
– Der Stilreichtum in Hölderlins Hyperion, Bd. 2, Jg. 1972
– Hölderlins Absage an seine Zeit im „Hyperion", Bd. 3, Jg. 1973

Klett, Michael
– Das Konservative, Bd. 30, Jg. 2000/2001
– Trocken mauern. Erfahrungen beim Aufschichten einer Hangwehr, Bd. 27, Jg. 1997/1998

Klosinski, Gunther
– Betrügen und betrogen werden. Von der Lust an der Macht und der Scham ohnmächtig zu sein, Bd. 41, Jg. 2011/2012
– Hände und Torsi: Fragmente menschlicher Ganzheit. Gedanken und Collagen, Bd. 38, Jg. 2008/2009

Knapp, Andreas
– Biologisches Menschenbild und Moral, Bd. 17, Jg. 1987/1988

Knaup, Marcus
– Hilfe, ich bin hirntot! Überlegungen zur problematischen Hirntoddefinition, Bd. 39, Jg. 2009/2010

Kneffel, Karin / Friese, Klaus Gerrit
– Endlich, Bd. 44, Jg. 2014/2015

Koch, Dietrich
– Opfertäter. Analyse eines Deformationsprozesses, Bd. 32, Jg. 2002/2003

Koch, Ekkehard
– Die Sicherheit kerntechnischer Anlagen aus der Sicht der Geowissenschaften, Bd. 9, Jg. 1979

Koch, Gert / Burkhardt, Otto Paul
– Überfahrten, Bd. 48, Jg. 2018/2019

Köpf, Ernst Ulrich
– Der Wald in unseren Händen, Bd. 21, Jg. 1991/1992
– Können wir nachhaltig leben?, Bd. 39, Jg. 2009/2010
– Nachhaltigkeit: Prinzip der Waldwirtschaft, Hoffnung der Menschheit?, Bd. 25, Jg. 1995/1996
– Nachhaltigkeit und globales Finanzwesen, Bd. 42, Jg. 2012/2013

Kohr, Leopold
– Das Drama des Menschen, Bd. 15, Jg. 1985/1986
– Die Physik der Politik, Bd. 17, Jg. 1987/1988
– Kritische Größe, Bd. 16, Jg. 1986/1987
– Von der Stadt, von den Plätzen und ihrer möglichen Wiedergeburt, Bd. 14, Jg. 1984/1985

Konersmann, Rolf
– Surrealismus und „histoire naturelle", Bd. 24, Jg. 1994/1995

Korff, Friedrich Wilhelm
– Geometrie des Zweifels, Bd. 23, Jg. 1993/1994

Koslowski, Peter
– Die Postmodernität der Weisheitstradition, Bd. 18, Jg. 1988/1989
– In den Stahlgewittern der Moderne. Über das Werk Ernst Jüngers, Bd. 20, Jg. 1990/1991
– Moderne oder Postmoderne? Zur Signatur des gegenwärtigen Zeitalters, Bd. 16, Jg. 1986/1987
– Über Notwendigkeit und Möglichkeit einer Wirtschaftsethik, Bd. 15, Jg. 1985/1986
– Wissenschaftlichkeit und Romantik. Über den Zusammenhang von Szientismus, Gnostizismus und Romantizismus, Bd. 17, Jg. 1987/1988

Kothe, Bettina / Fischer, Hans-Joachim
– „Es gibt vielerlei Lärm. Aber es gibt nur eine Stille". Religiöse Erfahrung an den Grenzen unserer Realität, Bd. 39, Jg. 2009/2010

Kraft, Jörn
– Aufsteigen als Sport, Bd. 28, Jg. 1998/1999
– Der tägliche Anschlag. Nachdenken über Attentäter, Bd. 32, Jg. 2002/2003
– Für alles offen, an nichts gebunden – Die Lust an der Unverbindlichkeit, Bd. 31, Jg. 2001/2002
– Müll- und Marktwirtschaft, Bd. 25, Jg. 1995/1996
– Vom Wohlstand zum Notstand, Bd. 27, Jg. 1997/1998
– Warum Wirtschaftswachstum? Fragen an unsere Ökonomie, Bd. 34, Jg. 2004/2005
– Wie die Politik den Verstand verliert. Vom Taktischen und vom Faktischen, Bd. 35, Jg. 2005/2006
– Wirtschaft über alles? Überlegungen zum Ökonomismus von heute, Bd. 29, Jg. 1999/2000

Krause, Florentin
– Eine sanfte Lösung für die Energieprobleme der Bundesrepublik Deutschland, Bd. 10, Jg. 1980

Gesamtregister der Bände 1–50

Kritz, Jürgen
- Begegnungen und Erkenntnis, Bd. 27, Jg. 1997/1998
- In der Baumschule, Bd. 23, Jg. 1993/1994

Kükelhaus, Hugo
- Der Schraube Weg, Bd. 6, Jg. 1976
- Eine mitzuteilende Methode, Bd. 4, Jg. 1974
- Stelle Dir vor, Du wärest blind, Bd. 9, Jg. 1979

Küster, Fritz
- Die Lotusblüte. Über westliches und östliches Denken, Bd. 4, Jg. 1974

Kugler, Lena
- Zukunft denken mit Iguanodon und Überbeutler, Bd. 44, Jg. 2014/2015

Kuhn, Helmut
- Der Weg der sich zu verlaufen droht, Bd. 3, Jg. 1973

L

Landmann, Georg Peter
- Fortschritt und Ehrfurcht, Bd. 2, Jg. 1972

Landvogt, Rainer
- Die Rede von meiner Zeit. Über drei sprachliche Wendungen, Bd. 38, Jg. 2008/2009
- Ein nicht stören wollendes Zuwinken, Bd. 42, Jg. 2012/2013
- Vom übermittelten Gruß, Bd. 36, Jg. 2006/2007
- Was heißt Bei-sich-Denken?, Bd. 35, Jg. 2005/2006

Lauermann, Dietmar
- Der Mensch und sein Auto, Bd. 3, Jg. 1973

Leipert, Christian
- Illusionäres Wachstum. Ökologisch und ökonomisch kontraproduktive Konsequenzen des herrschenden Wachstumskonzepts, Bd. 18, Jg. 1988/1989

Leiß, Ottmar
- Lebenswelt und naturwissenschaftliche Medizin – Kritische Anmerkungen, Bd. 40, Jg. 2010/2011

Leistikow, Klaus Ulrich
- Ein Reich der Balsambäume I, Bd. 11, Jg. 1981
- Ein Reich der Balsambäume II, Bd. 11, Jg. 1981
- Epitaktischer Zug, Bd. 12, Jg. 1982
- Grüner Bezüge wegen, Bd. 6, Jg. 1976
- In Kürze mehr, Bd. 6, Jg. 1976
- Interne Strukturen, Bd. 5, Jg. 1975
- Martischer Röte Schein, Bd. 4, Jg. 1974
- Zweifelsfall/Ernstfall, Bd. 4, Jg. 1974
- Zwei Gedichte, Bd. 5, Jg. 1975

Lenger, Hans-Joachim
- Unser System der Vertagung, Bd. 24, Jg. 1994/1995

Leopold, Aldo
- Marschlandelegie, Bd. 23, Jg. 1993/1994

Liebert, Wolfgang
- Wertfreiheit und Ambivalenz. Janusköpfige Wissenschaft, Bd. 29, Jg. 1999/2000

Liebsch, Burkhard
- „Ich empöre mich, also sind wir"?, Bd. 48, Jg. 2018/2019
- „… wie dich selbst", Bd. 42, Jg. 2012/2013
- Andere hassen, Bd. 44, Jg. 2014/2015
- Deutschland: ein gastliches Land im europäischen Kontext?, Bd. 47, Jg. 2017/2018
- Fremdheit jenseits und diesseits des Mondes, Bd. 37, Jg. 2007/2008
- Leben und Überleben, Bd. 26, Jg. 1996/1997
- Opfer, Überlebende und Nicht-Überlebende, Bd. 25, Jg. 1995/1996
- Verletzung in und mit Worten. Fragen nach dem Verhältnis von Sprache und Gewalt, Bd. 34, Jg. 2004/2005
- Vom Leben zur Philosophie (und zurück), Bd. 40, Jg. 2010/2011
- Zahllose Verluste. Zur politischen Dimension der Trauer, Bd. 50, Jg. 2020/2021
- Zur Wiedergewinnung der Trauer, Bd. 36, Jg. 2006/2007

Lindauer, Martin
- : Die Sinneswelt der Tiere, Bd. 17, Jg. 1987/1988

Lindenberg, Wladimir
- Der verdrängte Tod, Bd. 4, Jg. 1974

Lippe, Rudolf zur
- Bei den Kranichen im Linumer Bruch, Bd. 36, Jg. 2006/2007
- Die Mauersegler der Descalzos, Bd. 35, Jg. 2005/2006
- Nachhaltigkeit und Ästhetik, Bd. 40, Jg. 2010/2011

Lötsch, Bernd
- Städtebau heute – Krise der Technokratie, Bd. 9, Jg. 1979

Löw, Reinhard
- Darwinismus und die Entstehung des Neuen, Bd. 13, Jg. 1983/1984
- Das Schöne und das Göttliche, Bd. 24, Jg. 1994/1995
- Die moralische Dimension von Organtransplantationen, Bd. 17, Jg. 1987/1988
- Die Selbstbildung des Menschen im Künstlerischen. Philosophische Bemerkungen zu Adalbert Stifters Nachsommer, Bd. 21, Jg. 1991/1992
- Erfahrung und Überwältigung. Überlegungen zu einem erweiterten Begriff von Erfahrung, Bd. 22, Jg. 1992/1993
- Gedanken, Bd. 27, Jg. 1997/1998
- Ironie und Postmoderne, Bd. 20, Jg. 1990/1991
- Kastner und Liebig, Bd. 26, Jg. 1996/1997
- Kosmologie und Anthropologie, Bd. 15, Jg. 1985/1986
- Natur und Zweck, Bd. 14, Jg. 1984/1985
- Neue Träume eines Geistersehers, Bd. 12, Jg. 1982
- Philosophische Begründung des Naturschutzes, Bd. 18, Jg. 1988/1989
- Selbsterziehung und Übermensch. Reflexionen über Friedrich Nietzsches Pädagogik, Bd. 23, Jg. 1993/1994
- Skeptisches Denken und Philosophie, Bd. 19, Jg. 1989/1990
- Tod und Erwartung, Bd. 25, Jg. 1995/1996
- Wissenschaft als Gefährdung der Aufmerksamkeit, Bd. 22, Jg. 1992/1993
- Zum Verhältnis von Naturwissenschaft und Ethik, Bd. 16, Jg. 1986/1987
- Zur Vernunft der reinen Kritik, Bd. 23, Jg. 1993/1994

Lohberger, Hans
- Gedanken und Einfälle, Bd. 3, Jg. 1973
- Sätze und Gegensätze. Aphorismen, Bd. 1, Jg. 1971

Lohmann, Michael
- Grundlagen und Aussichten ökologischen Landbaus, Bd. 7, Jg. 1977
- Wer den Eisvogel stört ... Über die Unzulänglichkeit unzugänglicher Naturschutzgebiete, Bd. 18, Jg. 1988/1989

Lommel, Andreas
- Das Problem Vietnam, Bd. 2, Jg. 1972
- Das „Weltbevölkerungsjahr 1974", Bd. 4, Jg. 1974
- Entwicklungshilfe als Weltanschauung, Bd. 3, Jg. 1973

Loosen, Renate
- Der Frühmensch – Affe oder Poet? Zu Werner Müllers Buch „Geliebte Erde", Bd. 3, Jg. 1973
- Die „Kugel" der Wissenschaften. Zur Idee der Enzyklopädie bei Novalis, Bd. 2, Jg. 1972
- Die notwendige und unmögliche Diagnose der Zeit, Bd. 1, Jg. 1971
- Zu: A. Lommel, Fortschritt ins Nichts, Bd. 1, Jg. 1971
- Zu: Franz Lämmli, Homo faber, Bd. 1, Jg. 1971

Loske, Reinhard
- Dem Zweifel zum Trotz, Bd. 25, Jg. 1995/1996
- Der Schrei des Hirschen. Wider die neue Wachstumsfrömmigkeit, Bd. 35, Jg. 2005/2006

Lütkehaus, Ludger
- Auf der Suche nach der vergeudeten Zeit: Die Zeitverschwendungsgesellschaft, Bd. 34, Jg. 2004/2005
- Das Alaska-Syndrom, Bd. 37, Jg. 2007/2008
- Der antiquierte Mensch von Fukushima, Bd. 41, Jg. 2011/2012
- Der Turmbau von Dubabel, Bd. 40, Jg. 2010/2011
- Die Biotechnik und die Philosophie der Geburt, Bd. 33, Jg. 2003/2004

– Die infantilisierte Gesellschaft, Bd. 39, Jg. 2009/2010
– Die Natur der Zukunft, Bd. 38, Jg. 2008/2009
– Lichtverschmutzung. Über die prekäre Lage der Nacht zu Zeiten des überhandnehmenden Lichts, Bd. 35, Jg. 2005/2006
– Motorisierter Rousseauismus, Bd. 36, Jg. 2006/2007

M

Macho, Thomas
– Buphonien und „Herodesprämien" – Ein europäisches Rinderopfer?, Bd. 31, Jg. 2001/2002

Mahayni, Ziad
– Altern in der Spaßgesellschaft, Bd. 32, Jg. 2002/2003
– Aristoteles auf Facebook oder: Was ist Freundschaft?, Bd. 48, Jg. 2018/2019
– Das Wasser in körperlich-leiblicher Erfahrung – Zur Phänomenologie des Wassers, Bd. 31, Jg. 2001/2002
– Individualität als Massenphänomen. Die Dialektik des Kaufens in der modernen Konsumgesellschaft, Bd. 38, Jg. 2008/2009
– Körper ohne Leib. Phänomenologische Betrachtungen unter Teilnarkose, Bd. 34, Jg. 2004/2005

Malkmus, Bernhard
– Naturgeschichten vom Fisch, oder: Die Angst vor dem Anthropozän, Bd. 45, Jg. 2015/2016

Malunat, Bernd M.
– Arbeit – unser täglich Brot. Anmerkungen zum Sozialstaat, Bd. 23, Jg. 1993/1994

Maruyama, Tokuji
– Naturverständnis und ökologische Ethik aus japanischer Sicht, Bd. 29, Jg. 1999/2000

Matthes, Olaf / Fetthauer, Peter
– Der heilige Könige im Bild, Bd. 47, Jg. 2017/2018

Matthes, Olaf / Voigt, Agnes
– Denkzeit – Abbruch, Bd. 45, Jg. 2015/2016

Mayer-Tasch, Peter Cornelius
– Chinesische Scheidewege. Persönliche Eindrücke einer China-Reise, Bd. 38, Jg. 2008/2009
– Das Geld wie Ostwind groß ... – Zeitgemäß-unzeitgemäße Anmerkungen zum Thema Geld und Finanzen, Bd. 40, Jg. 2010/2011
– Der Geist weht, wo (und wie) er will. Mediation in Gesellschaft, Kunst und Wissenschaft, Bd. 33, Jg. 2003/2004
– Die Gestaltung öffentlicher Räume – eine Herausforderung für die Demokratie, Bd. 15, Jg. 1985/1986
– Die große Spaltung – Über den Zusammenhang von Ökologie, Politik und Ästhetik, Bd. 16, Jg. 1986/1987
– Europa unterwegs: Sinnsuche in Kultur und Natur, Bd. 36, Jg. 2006/2007
– Frustra docet?, Bd. 46, Jg. 2016/2017
– Fünf Thesen zur Identifikation des Bürgers mit der Gestaltung öffentlicher Räume im Dorf, Bd. 17, Jg. 1987/1988
– Gärten der Macht. Die Gartenkunst als Medium der Machtentfaltung, Bd. 34, Jg. 2004/2005
– German for Germans oder: Schaffen die Deutschen ihre Sprache ab?, Bd. 43, Jg. 2013/2014
– Gesundheit im öffentlichen Raum zwischen Daseinsvorsorge und Selbstverantwortung. Perspektiven der Politischen Ökologie, Bd. 39, Jg. 2009/2010
– Migration und Integration aus historischer Sicht, Bd. 47, Jg. 2017/2018
– Politik- und Demokratieverdrossenheit? Vom Segen, vom Fluch und vom Echo der Macht, Bd. 41, Jg. 2011/2012
– Raum als Erlebnis und Erlösung, Bd. 32, Jg. 2002/2003
– Religion und Politik im Spannungsfeld von Ver- und Entzauberung der Welt, Bd. 37, Jg. 2007/2008

- Soziökologische Gerechtigkeit. Ein (sehr persönlicher) Rück-, Rund- und Ausblick, Bd. 49, Jg. 2019/2020
- Von Bild und Bildung in ganzheitlicher Sicht, Bd. 44, Jg. 2014/2015
- Von der Symbolnot unserer Zeit, Bd. 48, Jg. 2018/2019
- Von Wert und Würde des ländlichen Raumes. Landwirtschaft und Landschaft im Visier, Bd. 35, Jg. 2005/2006
- Wasser des Lebens – Wasser des Todes, Bd. 42, Jg. 2012/2013
- Wege und Scheidewege des Deutsch-Äthiopiers Hermann Goetz (1878-1970), Bd. 50, Jg. 2020/2021
- Würde – ein allzu großes, ein unzeitgemäßes Wort?, Bd. 45, Jg. 2015/2016

Mayer, Hans-Christian
- Plädoyer für die Freiheit der Theologie von der Soziologie, Bd. 4, Jg. 1974

McRobie, George
- Small is beautiful. Die Arbeit der Intermediate Technology Development Group, Bd. 5, Jg. 1975

Mersch, Dieter
- Vom Homo oeconomicus zum Bios oikologikos, Bd. 27, Jg. 1997/1998

Mertens, Ulrich
- GUTE AUSSICHTEN – Deutsche Landschaften zwischen Himmel und Erde, Bd. 43, Jg. 2013/2014
- Strahlen, Bd. 42, Jg. 2012/2013

Metzner, Helmut
- Was heißt und zu welchem Ende studiert man Ökologie?, Bd. 25, Jg. 1995/1996

Meyer-Abich, Klaus Michael
- Dauerwirtschaft – Ein waldwirtschaftliches Leitbild für die industrielle Wirtschaft, Bd. 24, Jg. 1994/1995
- Den Tod des Fischs leben, Bd. 44, Jg. 2014/2015
- Der geheime Wille zur Erlösung in der Keimbahntheorie. Religiöse und ethische Grundlagen der Humangenetik, Bd. 29, Jg. 1999/2000
- Der Geist im Leib oder: Warum die Hirnforschung nur dann ein Ärgernis ist, wenn man sie falsch interpretiert, Bd. 42, Jg. 2012/2013
- Des Menschen Seele gleicht dem Wasser. Erinnerung an den Quell des Lebens unserer Kultur, Bd. 39, Jg. 2009/2010
- Die Menschheit und das Feuer. Zur Sozialverträglichkeit der Energieversorgung seit Prometheus, Bd. 9, Jg. 1979
- Die Sehnsucht nach dem wahren Lebensraum – zu Hause wie auf Reisen, Bd. 35, Jg. 2005/2006
- Eine persönliche Konfession, Bd. 48, Jg. 2018/2019
- Ein Hauch von Ungenauigkeit, Bd. 30, Jg. 2000/2001
- Entwicklung statt Fortschritt in einer gemeinsamen Zukunft von Industrieländern und Entwicklungsländern, Bd. 19, Jg. 1989/1990
- Evolutive Wertsetzung in der Naturgeschichte, Bd. 36, Jg. 2006/2007
- Goethes höhere Kultur der natürlichen Fortschritte, Bd. 25, Jg. 1995/1996
- Haben wir an der Materie etwas wieder gutzumachen?, Bd. 40, Jg. 2010/2011
- Holismus – Philosophie der ökologischen Erneuerung, Bd. 17, Jg. 1987/1988
- Jenseits des Liberalismus, Bd. 26, Jg. 1996/1997
- Kann die Natur durch den Menschen gewinnen?, Bd. 23, Jg. 1993/1994
- Kommen Krankheiten von außen oder von innen?, Bd. 34, Jg. 2004/2005
- Kriterien der Zumutbarkeit, Bd. 15, Jg. 1985/1986
- Leiblichkeit im natürlichen Mitsein, Bd. 38, Jg. 2008/2009
- Man sieht nur, was man weiß, Bd. 43, Jg. 2013/2014
- Selbstkenntnis, Freiheit und Ironie? Die Sprache der Natur bei Goethe, Bd. 13, Jg. 1983/1984
- Technologische Risiken und gesellschaftliche Konflikte, Bd. 12, Jg. 1982
- Tiere sind Andere wie wir, Bd. 33, Jg. 2003/2004

– Umgang mit dem Raum. Natur, Künstlichkeit und Kunst, Bd. 20, Jg. 1990/1991
– Unruhe und Ordnung im Prozeß des Lebens. Plädoyer für einen agrikulturellen Naturschutz, Bd. 37, Jg. 2007/2008
– Unsere gescheiterte Mondfahrt. Die Rationalität der Brüterentwicklung unter den Zielen der 60er Jahre, Bd. 14, Jg. 1984/1985
– Vom bürgerlichen Rechtsstaat zur Rechtsgemeinschaft der Natur, Bd. 12, Jg. 1982
– Vom Nutzen der Medizin. Wofür sind Ärzte, Medikamente, Krankenkassen, Krankheiten und Genesungen gut?, Bd. 32, Jg. 2002/2003
– Von der Umwelt zur Mitwelt. Unterwegs zu einem neuen Selbstverständnis des Menschen im Ganzen der Natur, Bd. 18, Jg. 1988/1989
– Warum muß die Natur vor uns geschützt werden?, Bd. 45, Jg. 2015/2016
– Was hindert uns daran, nachhaltig zu wirtschaften? Vom Sinn der Arbeit im Frieden mit der Natur, Bd. 41, Jg. 2011/2012
– Was trägt der wissenschaftliche Fortschritt zur geistigen Entwicklung der Menschheit bei?, Bd. 22, Jg. 1992/1993
– Zurück zur Natur in der Agri-Kultur, Bd. 28, Jg. 1998/1999

Michel, Helmut
– In dubio contra rem – Über das Recht des Zweifels, Bd. 16, Jg. 1986/1987

Michell, John
– Vorschlag für eine andere Denkart, Bd. 10, Jg. 1980

Minssen, Mins
– Angriffe auf den öffentlichen Raum – Zeichen der Verwahrlosung, Bd. 29, Jg. 1999/2000
– Das Ding als Taugenichts, Bd. 15, Jg. 1985/1986
– Das Gold von Peru, Bd. 16, Jg. 1986/1987
– Das Leben der Unseren, damals, Bd. 48, Jg. 2018/2019
– Der englische Koffer, Bd. 49, Jg. 2019/2020
– Der fliegende Hund. Über Phänomenologie und das Leiden am chemischen Unterricht, Bd. 28, Jg. 1998/1999
– Der vordergründige Lehm und sein Untergrund, Bd. 35, Jg. 2005/2006
– Die Kunst der leichten Beschwerde, Bd. 38, Jg. 2008/2009
– Die Ruh' ist hin, es rappelt in der Kiste – Pädagogik der Naturwissenschaften oder eine Pädagogik der Natur?, Bd. 31, Jg. 2001/2002
– Häuschen auf dem Eis – Zu Labor und Landschaft, Bd. 14, Jg. 1984/1985
– In Betrachtung einiger Brillenetuis, Bd 32, Jg. 2002/2003
– Krank in Polen, krank in Deutschland – Vorurteile und Vorkommnisse, Bd. 39, Jg. 2009/2010
– Larssons Wasserschutzsirene – oder: Umweltdaten alarmieren nicht, Bd. 20, Jg. 1990/1991
– NO RESEARCH AREAS: Märchenhaft forschungsfrei, Bd. 50, Jg. 2020/2021
– Nur gute Erinnerungen, Bd. 46, Jg. 2016/2017
– Schmetterlingstraum und Handwerk – Verhältnisse mit dem Stoff, Bd. 13, Jg. 1983/1984
– Tröstlicher Sand, verwirrende Zeichen, Bd. 33, Jg. 2003/2004
– Über das Paradies, Bd. 34, Jg. 2004/2005
– Über Land, übers Wasser, in der Stadt, Bd. 47, Jg. 2017/2018
– Über mutwillig versuchte Natur auf der Bühne und im tatsächlichen Leben und über die Kunst des Blinzelns, Bd. 17, Jg. 1987/1988
– Über Wahrnehmung und Spuk, Bd. 27, Jg. 1997/1998
– Vernachlässigte Ansichten des Naturstoffs, Bd. 12, Jg. 1982
– Vogelsang und Glockenläuten, Bd. 30, Jg. 2000/2001
– Von Elfen, Naturschutz, Denkmalschutz und Wirtschaftswachstum, Bd. 26, Jg. 1996/1997

– Windharfen, Äolsharfen, Wetterharfen, Geisterharfen, Bd. 25, Jg. 1995/1996

Mittelstraß, Jürgen
– Profile statt Systeme? – Bemerkungen zu einem notwendigen Umbau unseres Hochschulsystems, Bd. 31, Jg. 2001/2002

Mösler, Gustava / Reiter, Udo
– Robert J. White oder Die Grenzen der Forschung, Bd. 8, Jg. 1978

Mollenhauer, Dieter
– Biologie an den Lebewesen vorbei, Bd. 12, Jg. 1982
– Gegen eine ereignislose Biologie, Bd. 12, Jg. 1982
– Ökologie – das enfant terrible der Biologie, Bd. 15, Jg. 1985/1986
– Spessarterfahrungen – Naturschutzarbeit in der Provinz, Bd. 17, Jg. 1987/1988
– Zum Traditionsbewußtsein und Methodenverständnis des Biologen, Bd. 14, Jg. 1984/1985

Molnar, Thomas
– Mythos und Utopie, Bd. 3, Jg. 1973

Moritz, Ulrich
– Naturgebilde auf Papier, Bd. 45, Jg. 2015/2016

Moser, Sebastian J.
– Zusammen laufen, nicht rennen! Anmerkungen zum heutigen Wissenschaftsbetrieb, Bd. 43, Jg. 2013/2014

Müller, A. M. Klaus
– Geschöpflichkeit als Herausforderung an Naturwissenschaft und Theologie, Bd. 8, Jg. 1978

Müller, Christoph
– Von deutscher Innovation, Bd. 28, Jg. 1998/1999

Müller, Frank
– Hirngespinst Marke. Ein Aufruf, Vernunft anzunehmen, Bd. 35, Jg. 2005/2006

Müller, Helmut
– Das Denken des Lebendigen und das Rätsel des Humanen, Bd. 18, Jg. 1988/1989

Müller, Werner
– Archaische Gesellschaften – und was wir von ihnen erfahren können, Bd. 13, Jg. 1983/1984

– Archaische Sprachen und archaisches Sprechen, Bd. 14, Jg. 1984/1985
– Der Rankesche Irrtum, Bd. 3, Jg. 1973
– Hera und Herakles, Bd. 4, Jg. 1974
– Poesie der Uramerikaner, Bd. 5, Jg. 1975
– Übertragung indianischer Dichtung, Bd. 4, Jg. 1974

Mutschler, Hans-Dieter
– Die Technisierung des Lebendigen, Bd. 29, Jg. 1999/2000
– Technik als Religionsersatz, Bd. 28, Jg. 1998/1999
– Zur Herrschaft der Computermetapher, Bd. 32, Jg. 2002/2003

Mynarek, Hubertus
– Plädoyer für eine Wirklichkeitsreligion der Verantwortung, Bd. 12, Jg. 1982

N

Nebel, Gerhard
– Hamann und Hegel, Bd. 3, Jg. 1973
– Hamanns rauhe Fügung, Bd. 4, Jg. 1974
– Hume und Hamann, Bd. 4, Jg. 1974

Nickl, Peter
– Auf der Suche nach dem gerechten Preis. Ethische Aspekte der ökologischen Steuerreform, Bd. 29, Jg. 1999/2000
– Der Mensch als animal oecologicum, Bd. 30, Jg. 2000/2001

O

Oersted, Hans Christian
– Der Springbrunnen. Ein Gespräch, Bd. 9, Jg. 1979

Oesterle, Kurt
– Das Haus der Freiheit hat uns Gott gegründet. Versuch über einen katholischen Theologen aus Tells Schweiz in Schillers Schwabenland, Bd. 38, Jg. 2008/2009
– Plötzlich war da dieser Riss – Der Verwaltungsbeamte Kurt Müller und wie sein Sohn, der Dichter Heiner Müller, ihn sah, Bd. 40, Jg. 2010/2011

Gesamtregister der Bände 1–50

– Verdun, Bd. 39, Jg. 2009/2010
Onnasch, Ilse
– Alles perfekt!, Bd. 36, Jg. 2006/2007
– Aufmerksamkeit, Bd. 38, Jg. 2008/2009
– Das Fremde und das Eigene, Bd. 48, Jg. 2018/2019
– Ein Loblied auf die Mobilität, Bd. 34, Jg. 2004/2005
– Fit für die Zukunft oder das Hören auf die Obertöne der Zeit, Bd. 35, Jg. 2005/2006
– Gedanken zur Langeweile, Bd. 46, Jg. 2016/2017
– Lebensziel: Karriere, Bd. 40, Jg. 2010/2011
– Mehr Licht – oder vom Verschwinden der Nacht, Bd. 43, Jg. 2013/2014
– Nichts zu verbergen, Bd. 37, Jg. 2007/2008
– Viel Lärm! Um Nichts?, Bd. 41, Jg. 2011/2012
– Zu Fuß!, Bd. 44, Jg. 2014/2015
Osten, Manfred
– Erinnern in einer Gesellschaft des Vergessens, Bd. 36, Jg. 2006/2007
Otto, Walter Friedrich
– Der Mensch, Bd. 4, Jg. 1974
– Sokrates und die Ethik. Ein Vortrag, Bd. 12, Jg. 1982
Overhoff, Edith
– Hüter der Ordnung, Bd. 8, Jg. 1978
– Stadt in der Wüste – zwei Bilder, Bd. 11, Jg. 1981
Overhoff, Julius
– Drei Inseln, Bd. 6, Jg. 1976
– Wintertage in Malta, Bd. 8, Jg. 1978

P

Papke, Helmut
– Aus dem Lebendigen gehet der Grund, Bd. 30, Jg. 2000/2001
Pasieka, Simon
– Frei – Ich male meine Fiktionen, Bd. 43, Jg. 2013/2014
Passarge, Marion
– … ich weiß nicht, ob ich das so angeben kann. Einige Gedanken zum Rückzugsunternehmen Morbus Alzheimer, Bd. 33, Jg. 2003/2004
– Von der Unmöglichkeit, eine Schildkröte spazierenzuführen. Überlegungen zu den Tücken des Ruhestands, Bd. 35, Jg. 2005/2006
Passett, Peter
– Vom Fetisch der Wissenschaftlichkeit, Bd. 36, Jg. 2006/2007
Pfannholz, Maria J.
– Wald und Geld. Aufruf zum Wirtschaftlichen Ungehorsam, Bd. 28, Jg. 1998/1999
Pieper, Hans-Joachim
– Menschenwürde und Leiblichkeit. Zur Integrität der Person als leiblich-geistiger Einheit, Bd. 34, Jg. 2004/2005
Podewils, Clemens
– Gedichte, Bd. 6, Jg. 1976
– Übertragung aus dem Altirischen: Oisins Klage, Bd. 4, Jg. 1974
Podewils, Sophie Dorothee
– Der Elch von Erisfjord, Bd. 5, Jg. 1975
– Über das Schöne im Gesetz. Ein Versuch, Bd. 9, Jg. 1979
Pörksen, Gunhild
– Samenfest und offen blühend, Bd. 30, Jg. 2000/2001
Pörksen, Uwe und Gunhild
– Produktionsformen sind Lebensformen, Bd. 27, Jg. 1997/1998
Pohlmann, Friedrich
– „PowerPoint" und „Bologna" Wie sich unser Wissen industrialisiert, Bd. 41, Jg. 2011/2012
– Der mobile Mensch, Bd. 45, Jg. 2015/2016
– Der Schlachthof, Bd. 44, Jg. 2014/2015
– Die Rückkehr der Besiegten, Bd. 49, Jg. 2019/2020
– Die Vielfalt des menschlichen Gesichts, Bd. 43, Jg. 2013/2014
– Die Währung als soziales Medium, Bd. 42, Jg. 2012/2013
– Die Weltreligionen und die Gewalt. Zum Kulturkonflikt zwischen islamischer und westlicher Welt, Bd. 37, Jg. 2007/2008

– Erinnern und Verdrängen. Die Unzuverlässigkeit unseres Gedächtnisses, Bd. 49, Jg. 2019/2020
– Mut und Feigheit, Bd. 50, Jg. 2020/2021
– Spielen, Bd. 50, Jg. 2020/2021
– Stabilität, Erosion und Zusammenbruch politischer Herrschaftssysteme, Bd. 47, Jg. 2017/2018
– Steckt in uns allen ein Folterer?, Bd. 46, Jg. 2016/2017
– Stolz und Zorn, Bd. 48, Jg. 2018/2019

Politycki, Matthias
– Die zwei Gesichter des Reinhard Löw, Bd. 25, Jg. 1995/1996

Poliwoda, Sebastian
– Ein Mann mit seinem Widerspruch, Bd. 25, Jg. 1995/1996

Portmann, Adolf
– Vom Geheimnis des Lebendigen, Bd. 8, Jg. 1978

Priebe, Hermann
– Abwege und Auswege – Veränderte Probleme und Aufgaben der Agrarpolitik, Bd. 16, Jg. 1986/1987
– Auswege aus der Unvernunft, Bd. 19, Jg. 1989/1990
– Ein historischer Großversuch. Die unterschiedliche Agrarentwicklung im geteilten Deutschland, Bd. 20, Jg. 1990/1991

Q

Quarch, Christoph
– Die Natur als inneres Erlebnis. Ernst Jüngers Perspektivwechsel in der Zweiten Fassung von „Das Abenteuerliche Herz", Bd. 23, Jg. 1993/1994

R

Rapoport, Anatol
– Die Tyrannei der Wörter, Bd. 12, Jg. 1982

Ratzel, Friedrich
– Das Sichhineindenken und Sicheinfühlen in die Natur, Bd. 21, Jg. 1991/1992

– Sehen, Beobachten, Schauen, Bd. 31, Jg. 2001/2002

Rausch, Jürgen
– Anthropologie zwischen Ideologie und Dialektik, Bd. 7, Jg. 1977
– Gedichte, Bd. 6, Jg. 1976

Reheis, Fritz
– Die Resonanzstrategie, Bd. 49, Jg. 2019/2020
– Energetische Vielfalt, Bd. 43, Jg. 2013/2014

Rehmann-Sutter, Christoph
– Was ist ein Lebewesen? Zur philosophischen Herausforderung durch die Molekularbiologie, Bd. 23, Jg. 1993/1994

Reichholf, Josef H.
– Adriatische Küsten. Eine Nachlese zu Ernst Jünger, Bd. 37, Jg. 2007/2008
– Altweibersommer, Bd. 36, Jg. 2006/2007
– Der Waldkauz, Bd. 39, Jg. 2009/2010
– Die Hinwendung von Tieren zum Menschen, Bd. 46, Jg. 2016/2017
– Die systemisierte Natur, Bd. 35, Jg. 2005/2006
– Die Wiederentdeckung des Wandels, Bd. 42, Jg. 2012/2013
– Nachruf auf einen Winter, Bd. 44, Jg. 2014/2015
– Nachsommerfalter, Bd. 47, Jg. 2017/2018
– Natur, die uns vorenthalten wird, Bd. 38, Jg. 2008/2009
– Natur in minimis ..., Bd. 45, Jg. 2015/2016
– Neue Natur, Bd. 48, Jg. 2018/2019
– Schätze im Kuriositätenschrank, Bd. 43, Jg. 2013/2014
– Sind wir eine Art?, Bd. 47, Jg. 2017/2018
– Skepsis ist nötig: Es wandelt sich nicht allein das Klima, Bd. 50, Jg. 2020/2021
– Souvernirs entomologiques – Jean-Henry Fabre, Ernst Jünger und die Welt der Insekten, Bd. 40, Jg. 2010/2011
– Waldesruh, Bd. 45, Jg. 2015/2016
– Wale im Sonnenuntergang, Bd. 36, Jg. 2006/2007

Gesamtregister der Bände 1–50

Reiner, Andreas
– „SichtlichMensch". Fotografien von Menschen mit Behinderungen, Bd. 41, Jg. 2011/2012

Reiter, Udo / Mösler, Gustava
– Robert J. White oder die Grenzen der Forschung, Bd. 8, Jg. 1978

Reitmeier, Henner
– Anders leben seit 15 Jahren, Bd. 30, Jg. 2000/2001

Reitmeier, Henner
– Anders leben seit 15 Jahren, Bd. 30, Jg. 2000/2001

Remme, Marcel
– Mühlenrenaissance – ein philosophischer Deutungsversuch, Bd. 50, Jg. 2020/2021

Revers, Wilhelm Josef
– Die scientistische Einäugigkeit des modernen Realitätsbewußtseins, Bd. 9, Jg. 1979

Rilke, Rainer Maria
– Die Könige der Welt sind alt, Bd. 12, Jg. 1982

Rinninsland, Jörg / Sauer, Walter
– Bilder-Geschichten – Gestaltungen aus der neurologischen Rehabilitation, Bd. 31, Jg. 2001/2002

Rittersma, Rengenier C.
– Wer verstaubt ist, hat Zukunft, Bd. 38, Jg. 2008/2009

Rodewald, Raimund
– Baum und Zeit, Bd. 36, Jg. 2006/2007
– Die Manie der Einfamilienhäuser und die Suche nach dem Idyll, Bd. 42, Jg. 2012/2013
– Kulturlandschaft zwischen Ästhetik, Biodiversität und Geschichte. Was ist eine schöne Landschaft?, Bd. 41, Jg. 2011/2012
– Symbolkraft der Gletscher, Bd. 40, Jg. 2010/2011
– Windkraft und die Hoffnung auf Nova Atlantis, Bd. 37, Jg. 2007/2008

Rolston III, Holmes
– Die Umweltethik und der Mensch. Über intrinsische Werte in der Natur, Bd. 33, Jg. 2003/2004

Roßnagel, Alexander
– Energiepolitik und die Zukunft des Rechtsstaats, Bd. 12, Jg. 1982

Rudorff, Ernst
– Über das Verhältnis des modernen Lebens zur Natur, Bd. 6, Jg. 1976

S

Sachs, Wolfgang
– Der blaue Planet? Zur Zweideutigkeit einer modernen Ikone, Bd. 23, Jg. 1993/1994
– Natur als System. Vorläufiges zur Kritik der Ökologie, Bd. 21, Jg. 1991/1992

Sailer, Hans Daniel / Sauer, Walter
– Mythen – in Stein gehauen, in Holz geschnitten, Bd. 49, Jg. 2019/2020

Sakamoto, Miki
– Gärten. Das Kunstvolle und das Natürliche: Betrachtungen einer Japanerin, Bd. 38, Jg. 2008/2009
– Poesie des Augenblicks in der Natur, Bd. 45, Jg. 2015/2016

Sauer, Walter
– 50 Jahre *Scheidewege – Jahresschrift für skeptisches Denken*. Jubiläum und Ende, Bd. 50, Jg. 2020/2021
– 100 Jahre Hoher Meißner 1913 – 2013, Bd. 44, Jg. 2014/2015
– Drei Facetten eines Lebens: Pfadfinder – Erfinder – Philosoph. Zum Tod des Scheidewege-Begründers Max Himmelheber, Bd. 31, Jg. 2001/2002
– Idee und Gestalt einer Bündischen Akademie, Bd. 25, Jg. 1995/1996
– Kinderphilosophie – Philosophieren mit Kindern, Bd. 26, Jg. 1996/1997
– Über Naturschönheit und Naturschädigung. Anmerkungen zu zwei Kunstbüchern über Natur, Bd. 29, Jg. 1999/2000

Sauer, Walter / Hurm, Karl
– Bilderwelten, Bd. 46, Jg. 2016/2017

Sauer, Walter / Rinninsland, Jörg
– Bilder-Geschichten – Gestaltungen aus der neurologischen Rehabilitation, Bd. 31, Jg. 2001/2002

Sauer, Walter / Sailer, Hans Daniel
– Mythen – in Stein gehauen, in Holz geschnitten, Bd. 49, Jg. 2019/2020

Schaefer, Hans
– Die Entwicklung der deutschen Bevölkerung, Bd. 7, Jg. 1977

Schaefer, Rüdiger
– Zur Rolle von Risikobetrachtungen bei der Durchsetzung der Kernenergie, Bd. 9, Jg. 1979

Schefold, Bertram
– Kernenergie: Große, kleine oder keine?, Bd. 19, Jg. 1989/1990

Schenkel, Elmar
– Chimären im Buch des Lebens. Jorge Luis Borges und die Genetik, Bd. 32, Jg. 2002/2003
– Geisterzüge. Über Technik, Spuk und Fortschritt, Bd. 38, Jg. 2008/2009
– Invasion aus der Zukunft – Zur Aktualität von H. G. Wells, Bd. 31, Jg. 2001/2002
– Newtons Gehirn. Literatur als neurologische Expedition, Bd. 33, Jg. 2003/2004
– Zahl und Wahn. Gedanken über die Nachtseite des Numerischen, Bd. 37, Jg. 2007/2008

Schindler, Jörg / Zittel, Werner
– Wie lange reicht das billige Öl?, Bd. 28, Jg. 1998/1999

Schipperges, Heinrich
– Auf dem Weg zu einem ökologischen Zeitalter? Wegweisung einer Medizin am Scheidewege, Bd. 7, Jg. 1977
– Der Mensch wird geringer, Bd. 10, Jg. 1980
– Medizin-Technik und Arzt-Ethik im Dilemma, Bd. 15, Jg. 1985/1986
– Prioritäten für die Medizin der achtziger Jahre, Bd. 11, Jg. 1981
– Vom Licht der Natur im Weltbild des Paracelsus, Bd. 6, Jg. 1976
– „Zuneigung und Mitteilung zugleich". Zur Bedeutung von Inspiration und Intuition im Weltbild des Novalis, Bd. 8, Jg. 1978

Schirnding, Albert von
– Das Schöne ist nicht das „Schöne", Bd. 8, Jg. 1978
– Entzauberung. Das doppelte Gesicht der antiken Aufklärung, Bd. 14, Jg. 1984/1985
– Odysseus ist immer unterwegs. Zur Odyssee-Übertragung von Friedrich Georg Jünger, Bd. 10, Jg. 1980

Schiwy, Günther
– Reise nach Europa. Rückblick auf einen Text von Friedrich Schlegel, Bd. 29, Jg. 1999/2000

Schlensog, Stephan
– Weltethos: Die Suche nach globalen Spielregeln, Bd. 38, Jg. 2008/2009

Schmidt, Christopher
– „Inquietum est cor nostrum" Eine musikalische Meditation, Bd. 24, Jg. 1994/1995
– Musik – Tanz der Seele, Bd. 22, Jg. 1992/1993

Schmidt, Jan C.
– Chaosfähige Natur in der nachmodernen Physik, Bd. 29, Jg. 1999/2000
– Sinnvolles Chaos? – Neue Perspektiven der Hirnforschung, Bd. 31, Jg. 2001/2002
– Über Schönheit in Natur und Physik ... – Der Glanz der Natur im Lichte der Physik, Bd. 40, Jg. 2010/2011
– Welche Natur wollen wir?, Bd. 30, Jg. 2000/2001
– Wundstelle der Wissenschaft. Wege durch den Dschungel der Interdisziplinarität, Bd. 33, Jg. 2003/2004

Schmidt, Josef M.
– Homöopathie und Philosophie, Bd. 20, Jg. 1990/1991

Schmidt, Martin
– Zum Naturverständnis bei Goethe, Bd. 24, Jg. 1994/1995

Schmidt, Rudolf
– Atomwaffen und Zukunft – An der Wegscheide: Verbreitung oder Abschaffung der Atomwaffen?, Bd. 40, Jg. 2010/2011
– Überlebensrecht, Bd. 39, Jg. 2009/2010

Schmidt, Wolf-Rüdiger
– Das gottebenbildliche Tier – der zur Sprache befähigte Mensch, Bd. 37, Jg. 2007/2008
– Unterwegs zu einer evolutionären Religionstheorie – Chancen und Risiken des

Gesprächs zwischen Theologie und Evolutionsbiologie auch nach dem Darwin-Jahr, Bd. 40, Jg. 2010/2011

Schmucker, Josef F.
– Intuition und Weltbild, Bd. 10, Jg. 1980
– Transzendenz und Sinnerfahrung, Bd. 9, Jg. 1979

Schneider, Manuel
– Der ferne Blick. Eigenwert und Würde des Tieres, Bd. 37, Jg. 2007/2008
– Die Beschleunigungsgesellschaft und ihr Sport, Bd. 38, Jg. 2008/2009
– Mensch und Tier – Eine gestörte Beziehung, Bd. 29, Jg. 1999/2000
– Sein und Zahl, Bd. 30, Jg. 2000/2001
– Tempodiät, Bd. 26, Jg. 1996/1997

Schönherr-Mann, Hans-Martin
– Beherrscht der Computer das Denken?, Bd. 26, Jg. 1996/1997
– Der Feminismus ist ein Existentialismus! Simone de Beauvoirs Philosophie der Emanzipation, Bd. 37, Jg. 2007/2008
– Die apokalyptische Wiederkehr der Geschichtsphilosophie, Bd. 48, Jg. 2018/2019
– Die unbegrenzte Verantwortung des modernen Menschen – Jean-Paul Sartres Wegbereitung des ethischen Diskurses im 20. Jahrhundert, Bd. 35, Jg. 2005/2006
– Ein Utopist der Toleranz oder ein Libertin? – Der Marquis de Sade als politischer Philosoph, Bd. 49, Jg. 2019/2020
– Involution oder Diskriminierung, Bd. 47, Jg. 2017/2018
– Ivan Illich – Für eine Politik der Selbstbegrenzung, Bd. 33, Jg. 2003/2004
– Jesus von Nazareth und Karl Marx. Der Visionär der universellen Ethik und der Visionär des universellen Interesses, Bd. 41, Jg. 2011/2012
– Macht und Wahrheit. Hannah Arendts politische Philosophie, Bd. 36, Jg. 2006/2007
– Natur als Ereigniszusammenhang, Bd. 34, Jg. 2004/2005
– Negative Ökologie, Bd. 25, Jg. 1995/1996
– Solidarität aus Verantwortung – eine Perspektive ohne Weltbild, Bd. 42, Jg. 2012/2013
– Verstehen und Gespräch als Antwort auf den Krieg der Ideologien – Hans-Georg Gadamers Werk *Wahrheit und Methode* erschien vor 50 Jahren, Bd. 40, Jg. 2010/2011
– Vom Widerstand zum aktuellen Bürger-Protest, Bd. 43, Jg. 2013/2014
– Von der Pflicht zur Lebendigkeit. Zum Wandel der Menschlichkeit in der zweiten Hälfte des 20. Jahrhunderts, Bd. 27, Jg. 1997/1998
– Von der Pille zum Wutbürger – Politische Lebenskunst angesichts des sozialen Wandels, Bd. 45, Jg. 2015/2016
– Von der Utopie zur Dystopie und zurück, Bd. 44, Jg. 2014/2015
– Warum sollte man Flüchtlingen helfen?, Bd. 46, Jg. 2016/2017
– Welchen Beitrag kann die Philosophie zu einem Weltethos leisten? Hans Küngs *Projekt Weltethos* aus der Perspektive eines säkularen Denkens, Bd. 38, Jg. 2008/2009
– Zur Genealogie der Apokalypse, Bd. 50, Jg. 2020/2021

Schommers, Wolfram
– Bilder von der Wirklichkeit, Bd. 26, Jg. 1996/1997
– Dinge kommen, und gehen. Besteht die prinzipielle Möglichkeit, die Welt vollständig und wahr zu erkennen?, Bd. 28, Jg. 1998/1999

Schott, Heinz
– Das Ungeborene im Fadenkreuz der Medizin. Medizinhistorische Anmerkungen zur Pränataldiagnostik, Bd. 35, Jg. 2005/2006
– Freuds Zauberspiegel, Bd. 36, Jg. 2006/2007
– Krebs, Krieg, Krankheit. Medizinhistorische Schlaglichter und Assoziationen, Bd. 39, Jg. 2009/2010
– Magie und Tabu – über ein Problem der „wissenschaftlichen Weltanschauung", Bd. 40, Jg. 2010/2011

– Menschenversuche. Ethische Probleme im Spiegel der Medizingeschichte, Bd. 33, Jg. 2003/2004
– Natürliche Magie. Zur Tradition des Okkulten in der Medizin der Neuzeit, Bd. 34, Jg. 2004/2005

Schramm, Engelbert
– Vom Tiger lernen – Orientierung am technischen Wasserkreislauf von Singapur?, Bd. 43, Jg. 2013/2014

Schreier, Helmut
– Die befremdliche Nähe von Bäumen, Bd. 30, Jg. 2000/2001
– Natur drucken, Bd. 33, Jg. 2003/2004

Schrenk, Martin
– Zwiedenken. Zum Gedenken an Hartmut Gründler, Bd. 9, Jg. 1979

Schröder, Hans Eggert
– Die Selbstgefährdung der Menschheit durch die Wissenschaft, Bd. 3, Jg. 1973
– Über den Geistbegriff bei Klages, Bd. 4, Jg. 1974

Schüler, Henning
– Natur erleben: Event und Verbot, Bd. 46, Jg. 2016/2017
– Pädagogik im Wald, Bd. 34, Jg. 2004/2005

Schütze, Christian
– Die Lage der Natur in der Nation, Bd. 13, Jg. 1983/1984
– Die Lage der Natur in der Nation, Bd. 15, Jg. 1985/1986
– Die Lage der Natur in der Nation, Bd. 16, Jg. 1986/1987
– Die Lage der Natur in der Nation, Bd. 17, Jg. 1987/1988
– Die Lage der Natur in der Nation, Bd. 18, Jg. 1988/1989
– Die Lage der Natur in der Nation, Bd. 19, Jg. 1989/1990
– Die Lage der Natur in der Nation, Bd. 20, Jg. 1990/1991
– Die Lage der Natur in der Nation, Bd. 21, Jg. 1991/1992
– Die Lage der Natur in der Nation, Bd. 22, Jg. 1992/1993
– Die Lage der Natur in der Nation, Bd. 23, Jg. 1993/1994
– Die Lage der Natur in der Nation, Bd. 24, Jg. 1994/1995
– Die Lage der Natur in der Nation, Bd. 25, Jg. 1995/1996
– Die Lage der Natur in der Nation, Bd. 26, Jg. 1996/1997
– Die Lage der Natur in der Nation, Bd. 27, Jg. 1997/1998
– Die Lage der Natur in der Nation, Bd. 28, Jg. 1998/1999
– Die Lage der Natur in der Nation, Bd. 29, Jg. 1999/2000
– Die Lage der Natur in der Nation, Bd. 30, Jg. 2000/2001
– Wachstum als Niedergang, Bd. 20, Jg. 1990/1991
– Zur Lage der Natur in der Nation, Bd. 9, Jg. 1979
– Zur Lage der Natur in der Nation, Bd. 10, Jg. 1980
– Zur Lage der Natur in der Nation, Bd. 11, Jg. 1981
– Zur Lage der Natur in der Nation, Bd. 12, Jg. 1982

Schultz, Wolfgang-Andreas
– Die Postmoderne und das Ganze. Zur Kritik des Pluralismus-Konzepts, Bd. 21, Jg. 1991/1992

Schulz, Nils Björn
– Die Ameisen werden uns überleben. Zu Ernst Jüngers Tagebüchern „Siebzig verweht I-V", Bd. 39, Jg. 2009/2010
– Digitale Bewertungsraster als Form der Entmündigung, Bd. 47, Jg. 2017/2018
– Vom Gerede zum Gespräch, Bd. 44, Jg. 2014/2015
– Vom Verschwinden des Lehrers, Bd. 37, Jg. 2007/2008
– Vom Verschwinden des Schülers, Bd. 45, Jg. 2015/2016

Schumacher, Ernst Friedrich
– Anpassung der Technologie an die Bedürfnisse der Entwicklungsländer, Bd. 4, Jg. 1974

Gesamtregister der Bände 1–50

- Die Weltkrise und die Ganzheit des Lebens, Bd. 9, Jg. 1979
- Humanisierung der Industriearbeit?, Bd. 5, Jg. 1975
- Menschliche Technologie, Bd. 8, Jg. 1978
- Unabhängigkeit und wirtschaftliche Entwicklung, Bd. 17, Jg. 1987/1988

Schumacher, Otfried
- Dampfexplosionen. Der verdrängte Risikofaktor bei Leichtwasserreaktoren, Bd. 18, Jg. 1988/1989

Schwaabe, Christian
- Seismographie des Abgründigen – Ernst Jüngers Auseinandersetzung mit der Moderne aus postheroischer Perspektive, Bd. 40, Jg. 2010/2011

Schwabe, Gerhard Helmut
- Fünfzig Thesen zur Umweltkrise, Bd. 2, Jg. 1972
- Gewässer und Kultur, Bd. 14, Jg. 1984/1985
- Menschheit am Wendepunkt? Zum 2. Bericht an den Club of Rome, Bd. 5, Jg. 1975
- Naturschutz, Bd. 1, Jg. 1971
- Offener Brief, Bd. 7, Jg. 1977
- Optimum – eine Vokabelkritik, Bd. 6, Jg. 1976
- System, Natur und Sprache, Bd. 8, Jg. 1978
- Thesen zur Energiefrage, Bd. 8, Jg. 1978
- Umweltpolitische Forderungen der Internationalen Vereinigung für Vegetationskunde, Bd. 5, Jg. 1975
- Wachstum, Bd. 6, Jg. 1976
- Zu: Rudolf Bilz, Paläoanthropologie, Bd. 4, Jg. 1974

Schwarz, Florian
- Aber sie haben keine Heimat .... Fotografische Anmerkungen zu einem Indianerschicksal, Bd. 38, Jg. 2008/2009
- Drachen steigen lassen und Sterne beobachten, Bd. 44, Jg. 2014/2015
- Portraits entlang des Weges, Bd. 46, Jg. 2016/2017

Schweidler, Walter
- Wissenschaftliche Reduktion und technische Integration, Bd. 20, Jg. 1990/1991

Sedlmayr, Hans
- Ästhetischer Anarchismus in Romantik und Moderne, Bd. 8, Jg. 1978
- Leblose Umwelt, Bd. 2, Jg. 1972

Seifert, Michael J.
- Naturbeherrschung und die Destruktivität der Vernunft, Bd. 42, Jg. 2012/2013

Selle, Gert
- Die Vertreibung aus dem Paradies. Über Privatheit und Öffentlichkeit des Wohnens, Bd. 33, Jg. 2003/2004

Seubert, Harald
- #Me too, Bd. 48, Jg. 2018/2019
- Die Zukunft der europäischen Seele, Bd. 47, Jg. 2017/2018
- Nach dem 7. 1. 2015 ... oder: Bedingungen skeptischer Freiheit, Bd. 46, Jg. 2016/2017
- Was fehlt, wenn Heidegger endgültig verschwindet, Bd. 46, Jg. 2016/2017

Simons, Eberhard
- Die Geschichte der Technik – Die Kunst und die Philosophie, Bd. 14, Jg. 1984/1985

Soentgen, Jens
- Aspirin und Heroin, Bd. 41, Jg. 2011/2012
- Bilder Brasiliens, Bd. 31, Jg. 2001/2002
- Die Purzelbäume des Physikalismus, Bd. 26, Jg. 1996/1997
- Marmor, Stein und Isopropylalkohol, Bd. 27, Jg. 1997/1998
- Ökologischer Pluralismus, Bd. 44, Jg. 2014/2015

Soentgen, Jens / Hilbert, Klaus
- Terra Preta als politischer Mythos: „Das Wunder aus dem Regenwald", Bd. 45, Jg. 2015/2016

Spaemann, Cordelia
- Die „Anathemata" von David Jones – Entdeckung eines Dichters, Bd. 17, Jg. 1987/1988
- Langsamkeit gegen den Tod, Bd. 30, Jg. 2000/2001

Spaemann, Robert
- Das Gezeugte, das Gemachte und das Geschaffene, Bd. 36, Jg. 2006/2007

- Das Natürliche und das Vernünftige, Bd. 16, Jg. 1986/1987
- Das Schöne und das Göttliche, Bd. 24, Jg. 1994/1995
- Die Herausforderung des ärztlichen Berufsethos durch die medizinische Wissenschaft, Bd. 22, Jg. 1992/1993
- Disziplin und das Problem der sekundären Tugenden, Bd. 18, Jg. 1988/1989
- Erziehung zur Wirklichkeit. Zum Jubiläum eines Kinderhauses, Bd. 17, Jg. 1987/1988
- Mensch und Natur, Bd. 21, Jg. 1991/1992
- Rationalität als „kulturelles Erbe", Bd. 14, Jg. 1984/1985
- Technische Eingriffe in die Natur als Problem der politischen Ethik, Bd. 9, Jg. 1979
- Über den Begriff der Menschenwürde, Bd. 15, Jg. 1985/1986

Stachowitsch, Alexej
- Rußland – Hoffnung oder Bedrohung?, Bd. 23, Jg. 1993/1994
- Sechzehn Thesen zu „Russland – Hoffnung oder Bedrohung?", Bd. 24, Jg. 1994/1995
- Werkschulheim Felbertal. Schule der Zukunft?, Bd. 23, Jg. 1993/1994

Stählin, Christof
- Die Freiheit, als eine schöne Kunst betrachtet, Bd. 36, Jg. 2006/2007

Staiger, Emil
- Sophokles: König Ödipus, Bd. 3, Jg. 1973

Stampfl, Nora S.
- „Freie Fahrt für freie Bürger"?, Bd. 45, Jg. 2015/2016
- Arbeit über alles? Warum (Erwerbs-)Arbeit nicht länger zur Strukturierung unseres Lebens taugt und ein Grundeinkommen für alle sinnvoll ist, Bd. 38, Jg. 2008/2009
- Die Freiheit muss grenzenlos sein ..., Bd. 46, Jg. 2016/2017
- Die Verdummung der Städte, Bd. 47, Jg. 2017/2018
- Die Vermessung der Welt, Bd. 44, Jg. 2014/2015

- Diktatur der Bits und Bytes. Paternalismus in einer informatisierten Welt, Bd. 41, Jg. 2011/2012
- Identitätssuche im virtuellen Raum. Zur Erosion traditioneller Gemeinschaften, Bd. 39, Jg. 2009/2010
- Leben im digitalen Panopticon, Bd. 42, Jg. 2012/2013
- Maschinenmenschen. Die Kybernetisierung der Arbeitswelt, Bd. 49, Jg. 2019/2020
- Mensch und Maschine, Bd. 48, Jg. 2018/2019
- Schöne neue Arbeitswelt? – Das doppelte Antlitz von Dienstleistungsarbeit, Bd. 40, Jg. 2010/2011
- Sind wir noch zu retten?!, Bd. 50, Jg. 2020/2021
- Spielwelten – Das Leben als Computerspiel?, Bd. 43, Jg. 2013/2014

Stapenhorst, Kurd
- Bedenkenswertes zur Herzverpflanzung. Die Transplantationschirurgie im Widerstreit der Meinungen, Bd. 23, Jg. 1993/1994
- Leben mit fremdem Herzen, Bd. 24, Jg. 1994/1995
- Über den Umgang des Arztes mit dem Sterben des Menschen, Bd. 26, Jg. 1996/1997

Staudinger, Hugo
- Metaphysik und Trinität, Bd. 25, Jg. 1995/1996

Steincke, Heinz
- Gedichte, Bd. 4, Jg. 1974

Steininger, René
- Was heißt deleuzianisch? Zur Aktualität von Gilles Deleuze, Bd. 39, Jg. 2009/2010

Steinlin, Hansjürg
- Die Naturwälder der feuchten Tropen, Bd. 9, Jg. 1979

Stephenson, Gunther
- Geisteswissenschaften – Grenze und Ausblick, Bd. 7, Jg. 1977

Störig, Hans Joachim
- Die Zeit – eine Illusion?, Bd. 36, Jg. 2006/2007

Gesamtregister der Bände 1–50

– Die Zeitkonserve, Bd. 34, Jg. 2004/2005
Stoffels, Hans
– Medizin und Naturwissenschaft in geschichtlicher Entscheidung, Bd. 3, Jg. 1973
Storz, Bernd / Dörflinger, Johannes
– Große Balance. Skulpturen und Gedichte, Bd. 36, Jg. 2006/2007
Strasser, Johano
– Arbeit, Spiel, Fortschritt – Schillers Utopie des ästhetischen Staates, Bd. 41, Jg. 2011/2012
– Arbeitszeit, Freizeit, Lebenszeit, Bd. 48, Jg. 2018/2019
– Der Kritiker als Intellektueller, Bd. 49, Jg. 2019/2020
– Gesundheit in Gefahr!, Bd. 42, Jg. 2012/2013
– Über Melancholie und lachende Vernunft, Bd. 44, Jg. 2014/2015
– Über milde Skepsis und Lebenszuversicht, Bd. 47, Jg. 2017/2018
Strauss, Wolfgang
– Zurück aufs Land! Maschinenstürmer und Bauernapostel in der UdSSR, Bd. 9, Jg. 1979
Strolz, Walter
– Das Naturgeheimnis in Goethes Anschauungskraft, Bd. 8, Jg. 1978
– Prophetische Schöpfungsverantwortung, Bd. 10, Jg. 1980
Struve, Wolfgang
– Kierkegaard und das existentielle Denken, Bd. 3, Jg. 1973
– Welt und Wirklichkeit. Philosophische Reflexionen, Bd. 2, Jg. 1972
Stürmer, Martin / Weizsäcker, Ernst Ulrich von
– Grenzen der Privatisierung, Bd. 34, Jg. 2004/2005
Stüttgen, Albert
– Die Dimension lebendiger Erfahrung, Bd. 25, Jg. 1995/1996
– Die noch ausstehende Befreiung des Menschen, Bd. 9, Jg. 1979
– Gestaltete Wirklichkeit – Zur Dimension gestalterischen Tuns, Bd. 16, Jg. 1986/1987
– Transzendenz erfahren. Perspektiven eines sinnbezogenen Daseins, Bd. 24, Jg. 1994/1995
– Welterkenntnis im Zeichen der Heilserwartung, Bd. 15, Jg. 1985/1986
Stumpf, Harald
– Wirtschaftswachstum und Wohlstandsgesellschaft, Bd. 7, Jg. 1977
Sturm, Vilma
– In der Planetenbahn. Erinnerung an Gerhard Nebel und Erhart Kästner, Bd. 10, Jg. 1980

T

Tabbert, Reinbert
– Körperspiel und Körperschrecken: Die Märchenholzschnitte Peter Fetthauers, Bd. 32, Jg. 2002/2003
– Von der Schönheit und Verletzlichkeit der Städte: Bilder Wienand Victors 1954-2001, Bd. 34, Jg. 2004/2005
– Von einem, dem der Witz zum Traum geriet. Der Zeichner und Stückeschreiber Friedrich Karl Waechter, Bd. 37, Jg. 2007/2008
Tenbruck, Friedrich
– Die Bedeutung der Massenmedien für die gesellschaftliche und kulturelle Entwicklung, Bd. 19, Jg. 1989/1990
Teufel, Dieter
– Atomenergie-Fakten und die Frage nach den Bewertungsmaßstäben, Bd. 8, Jg. 1978
Teutsch, Gotthard M.
– Ethik und Tierschutz – Überlegungen zur Novellierung des deutschen Tierschutzgesetzes von 1972, Bd. 14, Jg. 1984/1985
– Ethische Probleme der Massentierhaltung, Bd. 8, Jg. 1978
– Leben und Tod der Tiere nach dem Gleichheitsgrundsatz, Bd. 24, Jg. 1994/1995
– Tierschutz oder Menschenschutz, Bd. 9, Jg. 1979
– Über fragwürdige Thesen zur Tierschutzethik, Bd. 11, Jg. 1981

Thalheimer, Siegfried
– Die zionistische Herausforderung. Erster Teil, Bd. 4, Jg. 1974
– Die zionistische Herausforderung. Zweiter Teil, Bd. 4, Jg. 1974
– Unwürdig der Herrschaft – Über den Verfall der westlichen Welt., Bd. 7, Jg. 1977
– Wer ist schuld an Hitler?, Bd. 1, Jg. 1971

Theimer, Walter
– Die naturwissenschaftliche Methode, Bd. 9, Jg. 1979

Theisen, Heinz
– Afghanistan und die Zukunft des Westens – Lehren aus einer gescheiterten Intervention, Bd. 40, Jg. 2010/2011
– Das Prinzip Gegenseitigkeit, Bd. 37, Jg. 2007/2008
– Die Ausdifferenzierung der Europäischen Union. Europas Rollen in einer neuen Weltordnung, Bd. 49, Jg. 2019/2020
– Die Grenzen der westlichen Demokratie, Bd. 41, Jg. 2011/2012
– Die vielfältige Einheit Europas. Das Dilemma der europäischen Union zwischen Erweiterung und Vertiefung, Bd. 34, Jg. 2004/2005
– Eindämmung des Islamismus als Minimalkonsens, Bd. 45, Jg. 2015/2016
– Generation ausweglos?, Bd. 44, Jg. 2014/2015
– Interkulturelle Skepsis, Bd. 46, Jg. 2016/2017
– Nach der Überdehnung, Bd. 42, Jg. 2012/2013
– Nachhaltigkeit zwischen Korruption und Kooperation – Leitbild zwischen Wunsch und Wirklichkeit, Bd. 31, Jg. 2001/2002
– Selbstbegrenzung und Selbstbehauptung Europas, Bd. 50, Jg. 2020/2021
– Wege zu einer multipolaren Weltordnung, Bd. 48, Jg. 2018/2019

Theobald, Werner
– Denkfalle Ethik, Bd. 37, Jg. 2007/2008
– Die Ideologie der Moderne, Bd. 41, Jg. 2011/2012
– Ethik der Nachhaltigkeit?, Bd. 43, Jg. 2013/2014
– Ethik und Trauma, Bd. 46, Jg. 2016/2017

Thomas, Hans
– Ethik und Pluralismus finden keinen Reim. Die Ethikdiskussion um Reproduktionsmedizin, Embryonenforschung und Gentherapie, Bd. 20, Jg. 1990/1991
– Vom Umgang mit dem Tod in der Wissenschaft, Bd. 23, Jg. 1993/1994

Thun, Roderich
– Der „Bauernkalender", ein Medium für Volksbildung in Entwicklungsländern, Bd. 8, Jg. 1978

Tralau, Johan
– Dialektik der pruitanischen Jugend, Bd. 28, Jg. 1998/1999

Tripp, Jan Peter
– Das starke Bild, Bd. 42, Jg. 2012/2013

Troeger, Stefan
– Verlorenes Haus am Fluß. Ein ganz gewöhnlicher Fall von Esoterik, Bd. 19, Jg. 1989/1990

U

Uhland, Friedwart
– Das Unmögliche, Bd. 43, Jg. 2013/2014
– Die Zukunft der Vergangenheit, Bd. 38, Jg. 2008/2009

Ulrich, Otto
– Am Ende der Aufklärung: Die Herrschaft der Maschine, Bd. 18, Jg. 1988/1989
– Nach der Katastrophe ist vor der Katastrophe, Bd. 36, Jg. 2006/2007

Unseld, Godela
– „Wildnis" und andere Räubermärchen, Bd. 30, Jg. 2000/2001
– Die Macht der Naturbeherrschung und der Verlust der individuellen Autonomie, Bd. 26, Jg. 1996/1997
– Für oder gegen Technik. Die Streitfrage um unsere Zukunft, Bd. 21, Jg. 1991/1992
– Naturliebe – und was sonst noch alles so darunter zum Vorschein kommt, Bd. 33, Jg. 2003/2004
– Vom Nutzen und Zauber alter Reisebeschreibungen, Bd. 36, Jg. 2006/2007

Gesamtregister der Bände 1–50

– Wissenschaft als kultureller Mythos. Struktur und Alternativen, Bd. 23, Jg. 1993/1994

Urban, Martin
– Der Schnelle Brüter, Bd. 8, Jg. 1978

Uslar, Detlev von
– Psychische Ursprünge des Religiösen, Bd. 6, Jg. 1976
– Psychische Ursprünge des Religiösen. 2. Teil, Bd. 7, Jg. 1977

V

Valk, Rüdiger und Maria-Regina
– Computer als Sicherheitsrisiko, Bd. 18, Jg. 1988/1989

Vasconcellos, Manuel Michaelis de
– Fördern und Warten. Über zwei Bedingungen des Erziehers, Bd. 11, Jg. 1981

Veit, Otto
– Ein schönes Wort, wer's recht verstünde, Bd. 3, Jg. 1973

Verbeek, Ludwig
– Desintegrierte Kräfte. Gedichte, Bd. 2, Jg. 1972
– Grenzen und Erinnerung. Sechs Gedichte, Bd. 3, Jg. 1973

Victor, Wienand
– Von der Schönheit und Verletzlichkeit der Städte: Bilder Wienand Victors 1954-2001, Bd. 34, Jg. 2004/2005

Voegelin, Eric
– Über klassische Studien, Bd. 3, Jg. 1973

Voigt, Agnes / Matthes, Olaf
– Denkzeit – Abbruch, Bd. 45, Jg. 2015/2016
– Stille Orte. Der fotografische Blick in verborgene Bildräume, Bd. 39, Jg. 2009/2010

Volkmann-Schluck, Karl-Heinz
– Nietzsches Enthüllung der Metaphysik als Ideologie, Bd. 1, Jg. 1971

Vonessen, Franz
– Affäre und Demokratie, Bd. 2, Jg. 1972
– Der Preis für die Zukunft, Bd. 1, Jg. 1971
– Die Botschaft des Papstes zur Mondlandung am 21. Juli 1969, Bd. 1, Jg. 1971
– Die Kunst, fair zu zanken, Bd. 2, Jg. 1972
– Die Unglaublichkeit der Wahrheit. Zur Mythologie des Stiefmuttermärchens, Bd. 1, Jg. 1971
– Nochmals: Eine Papstansprache zur Mondfahrt, Bd. 1, Jg. 1971
– Ökologie und Ethik. Das Problem einer säkularisierten Kosmologie, Bd. 2, Jg. 1972
– Umwelt und Entfremdung, Bd. 1, Jg. 1971
– Zu: Wolfgang Bauer, China und die Hoffnung auf Glück, Bd. 2, Jg. 1972

W

Wagenschein, Martin
– „Wenn unsere Gelehrten so fortarbeiten …" Wissenschaft in ihrer Zugänglichkeit, Bd. 13, Jg. 1983/1984
– Die beiden Monde, Bd. 9, Jg. 1979
– Lehren mit Respekt, Bd. 7, Jg. 1977
– Rettet die Phänomene!, Bd. 6, Jg. 1976

Wagner, Friedrich
– Antike und moderne Wissenschaftswelt, Bd. 12, Jg. 1982
– Das Problem der historischen Interferenz in Staat und Gesellschaft, Bd. 5, Jg. 1975
– Eros und Wissenschaft, Bd. 8, Jg. 1978
– Goethe und die französische Revolution, Bd. 4, Jg. 1974
– Henry Adams, Bd. 1, Jg. 1971
– Napoleon, Gestalt und Verhängnis, Bd. 4, Jg. 1974
– Verantwortung und Wissenschaft, Bd. 2, Jg. 1972
– Wissenschaft und Menschenwelt, Bd. 2, Jg. 1972

Wagner, Valérie
– Closed Up. Ein Fotoprojekt im Hochsicherheitstrakt einer Forensischen Psychiatrie, Bd. 49, Jg. 2019/2020
– Vom Verschwinden der Vögel, Bd. 50, Jg. 2020/2021

Wald, George
– Die Kinder weinen, Bd. 14, Jg. 1984/1985
– Eine Welt zu gewinnen …, Bd. 7, Jg. 1977

– Leben in einer letalen Gesellschaft, Bd. 9, Jg. 1979
– Plädoyers und Urteile. Über die Standpunkte in der Atomkontroverse, Bd. 7, Jg. 1977

Watzlawik, Meike
– Gespaltene Identität. Überlegungen zur Geschichte der Persönlichkeitsforschung, Bd. 35, Jg. 2005/2006

Weber, Andreas
– Die Psyche ist eine Pflanze, Bd. 50, Jg. 2020/2021
– Die Tragfähigkeit der Luft, Bd. 50, Jg. 2020/2021

Weber, Steffo
– Die Schönheit des Bettlers, Bd. 40, Jg. 2010/2011

Weidner, Helmut
– Kontinuität statt Wende. Die Umweltpolitik der konservativliberalen Regierung, Bd. 19, Jg. 1989/1990
– Umweltpolitische Denkanstöße aus Japan, Bd. 17, Jg. 1987/1988

Weizsäcker, Christine von
– Skizzen zum Entwurf einer Landwirtschaftsphilosophie, Bd. 22, Jg. 1992/1993

Weizsäcker, Ernst Ulrich und Christine von
– Recht auf Eigenarbeit statt Pflicht zum Wachstum, Bd. 9, Jg. 1979

Weizsäcker, Ernst Ulrich von
– Binnenmarkt und Umwelt, Bd. 19, Jg. 1989/1990
– Das Geld als Zauberstab. Rezension, Bd. 35, Jg. 2005/2006
– Eine neue Aufklärung für die Volle Welt, Bd. 48, Jg. 2018/2019
– Gesamthochschule in der Krise, Bd. 6, Jg. 1976
– Klimapolitik als Erdpolitik, Bd. 20, Jg. 1990/1991
– Plädoyer für eine ökologische Steuerreform, Bd. 18, Jg. 1988/1989
– Umweltkrise – Umweltpolitik – Umweltbildung, Bd. 17, Jg. 1987/1988
– Umweltpolitik nach Rio, Bd. 22, Jg. 1992/1993
– Wer fällt in die Globalisierungsfalle?, Bd. 27, Jg. 1997/1998

Weizsäcker, Ernst Ulrich von / Stürmer, Martin
– Grenzen der Privatisierung, Bd. 34, Jg. 2004/2005

Welzk, Stefan
– „Wie ich die Börse lieben lernte", Bd. 30, Jg. 2000/2001
– Vom neoliberalen Epochenwechsel zum Verfall der Zivilgesellschaft?, Bd. 29, Jg. 1999/2000

Werner-Felmayer, Gabriele
– Evolution und die Vorliebe für vertikale Hierarchien, Bd. 47, Jg. 2017/2018

Wiegert, Claus
– Schach dem Schachmatt, Bd. 50, Jg. 2020/2021

Wilhelm, Rudolf
– Was ist Naturheilkunde, Bd. 25, Jg. 1995/1996

Wohlgemuth, Hans
– Der Waldspaziergang, Bd. 44, Jg. 2014/2015

Wolf, Christa
– Krebs und Gesellschaft, Bd. 22, Jg. 1992/1993

Wolf, Erik
– Verpflichtende Sprache im Rechtsdenken, Bd. 3, Jg. 1973

Wolff, Philipp
– Thoreau, Bd. 7, Jg. 1977

Wolff, Wilhelm von
– Im Hinterzimmer. Gedanken zu einer Tagung über den Zivilen Selbstschutz, Bd. 11, Jg. 1981

Woyke, Andreas
– Macht Big Data die Demokratie klein?, Bd. 49, Jg. 2019/2020
– Naturerkenntnis jenseits eines universellen Naturalismus, Bd. 36, Jg. 2006/2007
– Rechthaberei im Leben und in der Politik – Thesen und Alternativen, Bd. 47, Jg. 2017/2018
– Sinn- und Glückssuche in modernen Zeiten, Bd. 42, Jg. 2012/2013

Gesamtregister der Bände 1–50

Wucherpfennig, Wolf
- Der Mittelmäßige und der Intellektuelle: Zwei Gestalten der Moderne, Bd. 46, Jg. 2016/2017

Wulffen, Barbara von
- An den Grenzen des Wissens – Von der Zukünftigkeit Adolf Portmanns, Bd. 31, Jg. 2001/2002
- Chiffren des Vogelzuges, Bd. 20, Jg. 1990/1991
- Den Vögeln nachgereist. Vom Anschauen und Durch-Schauen, Bd. 26, Jg. 1996/1997
- Der bedrohte Wald in uns – Erziehung im „realen Nihilismus", Bd. 15, Jg. 1985/1986
- Die Schwalbe fliegt der DNA davon. Über Mutation der Evolutionstheorien, Bd. 29, Jg. 1999/2000
- Einladung zu Wahrnehmung und Liebe, Bd. 17, Jg. 1987/1988
- Enge und Weite, Bd. 22, Jg. 1992/1993
- Ephemeriden. Über die Besonnenheit im Umgang mit der Welt, Bd. 18, Jg. 1988/1989
- Erhöhte Aufmerksamkeit. Über die Geschichten und Ansichten der Annie Dillard, Bd. 28, Jg. 1998/1999
- Gefängnis oder Ursprung aller Gemeinschaft. Über die Möglichkeiten von Familie, Bd. 9, Jg. 1979
- Hirte, Herden, Hirtenland, Bd. 16, Jg. 1986/1987
- Saint-Nectaire. Über die Kunst des Käsemachens, Bd. 37, Jg. 2007/2008
- Über Abschied und Ankunft des Waldes, Bd. 14, Jg. 1984/1985
- Über die Erfahrung der Langsamkeit, Bd. 23, Jg. 1993/1994
- Vom Leben mit und ohne Flügel, Bd. 25, Jg. 1995/1996
- Vom Verlieren oder: Die tiefe Nacht der Dinge, Bd. 34, Jg. 2004/2005
- Von der Erkenntnis der Natur zur Liebe, Bd. 39, Jg. 2009/2010
- Von der unversieglichen Glückseligkeit des Forschens, Bd. 35, Jg. 2005/2006
- Von Wüstenzeit und Menschenzeit, Bd. 21, Jg. 1991/1992
- Zeige mir die Welt, Bd. 7, Jg. 1977
- Zeit des Wüstenchamäleons, Bd. 33, Jg. 2003/2004
- Zwei Briefe, Bd. 11, Jg. 1981
- Zwei Briefe, Bd. 12, Jg. 1982

Wulffen, Hubertus von
- Der pythagoreische Vorhang. Ist das Mysterium der Zahlen zugänglich?, Bd. 19, Jg. 1989/1990

Wyß, Bernhard
- Eine Verteidigung der griechischen Religion. Des Sallustios Schrift „Von den Göttern und dem Weltall", Bd. 3, Jg. 1973
- Zu W. F. Ottos Vortrag „Sokrates und die Ethik", Bd. 12, Jg. 1982

Z

Zaborowski, Holger
- Beißen Hunde, die bellen, wirklich nicht? Utopien, Zynismen und noch eine Dialektik der Aufklärung, Bd. 31, Jg. 2001/2002

Zahn, Lothar
- Kant und die Problematik des neuesten Friedensbegriffs, Bd. 2, Jg. 1972

Zeller, Eberhard
- Arzttum im Wandel der Zeit, Bd. 7, Jg. 1977
- Erinnerung an Martin Heidegger, Bd. 8, Jg. 1978
- Freiheit zur Arznei, Bd. 7, Jg. 1977
- Halbzeit einer Hoffnung, Bd. 6, Jg. 1976

Zierer, Klaus
- Bildung: Jetzt! Warum Bildung wichtiger denn je ist und was wir tun müssen, Bd. 49, Jg. 2019/2020
- Damit wir uns nicht zu Tode amüsieren, Bd. 48, Jg. 2018/2019
- Post-Pisa-Bildung, Bd. 44, Jg. 2014/2015

Zimmermann, Carsten
- Der Tod, das Denken, die Geräte, Bd. 37, Jg. 2007/2008

Zitouni, Benedikte
- Was ist Abfall? Abfall als Materie – Abfall in den Sozialwissenschaften, Bd. 39, Jg. 2009/2010

Zittel, Werner / Schindler, Jörg
- Wie lange reicht das billige Öl?, Bd. 28, Jg. 1998/1999

Zoller, Heinrich
- Die Natur als Quelle künstlerischer Inspiration, Bd. 11, Jg. 1981
- Die Pflanze und die Stadt, Bd. 10, Jg. 1980
- Gestalt in Natur und Kultur – Vom Urnebel zum Antlitz des Menschen, Bd. 13, Jg. 1983/1984
- Meditationen über das Naturschöne, Bd. 7, Jg. 1977
- Pluralität und Harmonie der Intuition, Bd. 10, Jg. 1980
- Wissenschaften – Dogmatismus – Glaube, Bd. 6, Jg. 1976
- Zum Ästhetischen in der Evolution, Bd. 5, Jg. 1975

Zolper, Wolfgang
- Kernfusion, Bd. 11, Jg. 1981

Walter Sauer (Hrsg.)
**Max Himmelheber –
Drei Facetten eines Lebens**
Philosoph – Erfinder – Pfadfinder
Ausgewählte Schriften

376 Seiten | Hardcover
24 Seiten Fotos und Dokumente
18 x 25 cm | 1. Auflage
Spurbuchverlag Baunach
ISBN 978-3-88778-487-4

Walter Sauer (Hrsg.)
Max Himmelheber – Drei Facetten eines Lebens
Philosoph – Erfinder – Pfadfinder
Ausgewählte Schriften

Max Himmelheber (1904-2000) gilt gemeinhin als Erfinder der Spanplatte. Dass sein Leben und Werk auch ganz andere Facetten aufweisen, wird in diesem Band *Ausgewählter Schriften* dokumentiert. Da gibt es ganz wesentlich den *Philosophen* Himmelheber, der sich schon früh für eine Ökophilosophie einsetzte mit ethischen Forderungen nach einem anderen Umgang mit Natur und Umwelt, publiziert in der von ihm begründeten Zeitschrift *Scheidewege*.

Als Ingenieur, Unternehmer und *Erfinder* hat er der Spanplatte weltweit zum Durchbruch verholfen und damit einen ökologisch unschätzbaren Beitrag geleistet zur Schonung der natürlichen Ressourcen Holz und Wald.

Und schließlich von Jugend an der *Pfadfinder*-Bewegung verbunden, setzte er sich mit deren Grundlagen auseinander und widmete sich der Führung junger Menschen hin zu einem verantwortungsvollen Umgang mit der Natur und Mitwelt.

Zu allen drei Bereichen werden grundlegende Schriften in Auswahl geboten, eingebunden in den Rahmen einer detailreichen Biografie. Der Herausgeber, Dr. Walter Sauer, Professor für Pädagogik und seit Langem mit dem Lebenswerk von Himmelheber vertraut, ist derzeit Geschäftsführer der Max-Himmelheber-Stiftung und Herausgeber der *Scheidewege*.

Spurbuchverlag – 96146 Baunach – Telefon 09544/1561 – www.spurbuch.de